Wilhelm H. Peterßen
Handbuch Unterrichtsplanung

Wilhelm H. Peterßen

Handbuch Unterrichtsplanung

Grundfragen

Modelle

Stufen

Dimensionen

9., aktualisierte und überarbeitete Auflage

Oldenbourg

Bibliografische Information der Deutschen Nationalbibliothek

Die Deutsche Nationalbibliothek verzeichnet diese Publikation in der Deutschen Nationalbibliografie; detaillierte bibliografische Daten sind im Internet über http://dnb.d-nb.de abrufbar.

Das Papier ist aus chlorfrei gebleichtem Zellstoff hergestellt, ist säurefrei und recyclingfähig.

© 1982, 2000 Oldenbourg Schulbuchverlag GmbH, München, Düsseldorf, Stuttgart
www.oldenbourg-bsv.de

Das Werk und seine Teile sind urheberrechtlich geschützt. Jede Nutzung in anderen als den gesetzlich zugelassenen Fällen bedarf der vorherigen schriftlichen Einwilligung des Verlages. Hinweis zu § 52a UrhG: Weder das Werk noch seine Teile dürfen ohne eine solche Einwilligung eingescannt und in ein Netzwerk eingestellt werden. Dies gilt auch für Intranets von Schulen und sonstigen Bildungseinrichtungen.

Der Verlag übernimmt für die Inhalte, die Sicherheit und die Gebührenfreiheit der in diesem Band genannten externen Links keine Verantwortung. Der Verlag schließt seine Haftung für Schäden aller Art aus. Ebenso kann der Verlag keine Gewähr für Veränderungen eines Internetlinks übernehmen.

Trotz entsprechender Bemühungen ist es nicht in allen Fällen gelungen, den Rechteinhaber einiger Quellen ausfindig zu machen. Gegen Nachweis der Rechte zahlt der Verlag für die Abdruckerlaubnis die gesetzlich geschuldete Vergütung.

9., aktualisierte und überarbeitete Auflage 2000
Druck 15 14 13 12 11
Die letzte Zahl bezeichnet das Jahr des Drucks.

Umschlagkonzeption: Mendell & Oberer, München
Lektorat: Ralf Stecher
Herstellung: Christa Neukirchinger
Satz: Friedrich Pustet, Regensburg
Druck u. Bindung: Tutte Druckerei GmbH, Salzweg

ISBN 978-3-637-02364-2

Inhalt

Vorwort 11

Erster Teil
Grundfragen der Unterrichtsplanung

1 Muß Unterricht geplant werden?	17
2 Streitfragen	21
2.1 Vorpädagogische Sachanalyse!?	21
2.2 These vom ›Primat der Inhalte‹ versus These von der ›Interdependenz‹	23
2.3 Schriftliche Planung!?	24
Literatur	26
3 Nachbesinnung: Teil der Planung!?	28
4 Unterrichtsplanung – Unterrichtsvorbereitung	31
5 Grundsätze der Unterrichtsplanung und -vorbereitung	32
5.1 Grundsatz der Kontinuität	32
5.2 Grundsatz der Reversibilität	35
5.3 Grundsatz der Eindeutigkeit	38
5.4 Grundsatz der Widerspruchsfreiheit	40
5.5 Grundsatz der Angemessenheit	41
Literatur	43

Zweiter Teil
Modelle der Unterrichtsplanung

1 Didaktische Analyse	47
Vorklärungen	47
1.1 Die Fragen der Didaktischen Analyse mit einem Beispiel	48
1.2 Bildungstheoretischer Hintergrund	53
1.3 Didaktischer Hintergrund	55
1.4 Funktion der Didaktischen Analyse	59
Literatur	61
2 »Perspektivenschema« zur Unterrichtsplanung	62
Vorklärungen	62
2.1 Das Perspektivenschema	63
2.1.1 Kurzform nach KLAFKI	63
2.1.2 Strukturhilfen zum Verständnis und Umgang	63
2.1.2.1 Didaktische Felder und ihr Zusammenhang 64	
2.1.2.2 Didaktische Aufgaben 65 · 2.1.2.3 Didaktische Hilfen 67	
2.1.2.4 Zum Umgang mit dem Perspektivenschema 69	
2.1.3 Ein Beispiel	70
2.2 Didaktischer Hintergrund	75
2.2.1 Paradigmenwechsel: Immer noch bildungstheoretisch, aber...	75

2.2.1.1 Die neuen Bildungsbegriffe 76 · 2.2.1.2 Kritisch-konstruktive Theorie 78

2.2.2 Mischtheorie: Bewährtes hat sich durchgesetzt   79
Literatur   80

3 Das »Berliner Modell«   82
Vorklärungen   82
3.1 Die Planung   82
    3.1.1 Der Raster   83
    3.1.2 Struktur- und Verlaufsplanung mit einem Beispiel   87
3.2 Funktion der Planung   89
3.3 Didaktischer Hintergrund   91
    3.3.1 ›Offene‹ versus ›geschlossene‹ Theorie   92
    3.3.2 ›Lernbegriff‹ versus ›Bildungsbegriff‹   93
    3.3.3 ›These von der Interdependenz‹ versus ›These vom Primat der Inhalte‹   94
Literatur   95

4 Das »Hamburger Modell«   96
Vorklärungen   96
4.1 Grundstruktur und Aufgaben der Unterrichtsplanung   96
    4.1.1 Die Perspektivplanung   97
    4.1.2 Die Umrißplanung   99
    4.1.3 Die Prozeßplanung   101
    4.1.4 Der Entwurf   102
4.2 Prinzipien der Planung   103
4.3 Ein Beispiel   104
4.4 Didaktischer Hintergrund   111
Literatur   113

5 Lernzielorientierte Unterrichtsplanung   114
5.1 Der Planungsvorgang   116
    5.1.1 Bestimmung und Legitimierung von Lernzielen   116
    5.1.2 Elementarisierung von Lernzielen   119
    5.1.3 Ordnung von Teillernzielen   122
    5.1.4 Operationalisierung von Lernzielen   123
    5.1.5 Entscheidung über zielförderliche Maßnahmen   126
5.2 Zur didaktischen Funktion der Planung   127
5.3 Didaktischer Hintergrund   131
    5.3.1 Lerntheoretische Didaktik   131
    5.3.2 Curriculumtherorie   132
    5.3.3 Behaviorismus   133
    5.3.4 Theorie der Programmierten Unterweisung   135
5.4 Lernzielorientierter Unterricht in der Diskussion   135
    5.4.1 Skepsis und Ablehnung   135
    5.4.2 Ergänzungen und Alternativen   138
5.5 Beispiel eines lernzielorientierten Unterrichtsentwurfes   143
Literatur   151

6 Offene Unterrichtsplanung — 153
Vorklärungen — 153
6.1 Prinzipien offener Unterrichtsplanung — 154
6.2 Didaktischer Hintergrund — 161
6.3 Diskussion über offene Unterrichtsplanung — 165
   6.3.1 Gegenargumente — 165
   6.3.2 Alternative oder Ergänzung!? — 167
Literatur — 167

7 Schülerorientierte Unterrichtsplanung — 169
Vorklärungen — 169
7.1 Grundstruktur und Aufgaben der Unterrichtsplanung — 169
7.2 Planungshilfen für die Prozeßplanung — 171
   7.2.1 Prinzipien der Planung — 172
   7.2.2 Hinweise für die Planung — 173
   7.2.3 Unterrichtsentwurf — 174
7.3 Ein Beispiel — 176
7.4 Didaktischer Hintergrund — 181
Literatur — 182

8 Unterrichtsplanung als »Konstruktion« — 183
Vorklärungen — 183
8.1 Die Planung — 184
   8.1.1 Planung als ein Moment didaktischer Tätigkeit — 184
   8.1.2 Planungselemente — 185
   8.1.3 Planungssequenzen — 187
   8.1.4 Algorithmen — 189
8.2 Didaktischer Hintergrund — 190
   8.2.1 Problembereiche Systemtheoretischer Didaktik — 190
   8.2.2 Verwendung der Systemtheorie — 191
   8.2.3 Kybernetische Didaktik — 192
8.3 Zur didaktischen Funktion der Planung — 193
   8.3.1 Zweckbewußtes Handeln — 193
   8.3.2 Verantwortungsbewußtes Handeln — 194
   8.3.3 Flexibles Handeln — 195
8.4 Beispiele — 195
   8.4.1 Bestimmung von organisatorischen Maßnahmen, Begleitprozessen und indirekten Initiationen — 195
   8.4.2 Algorithmus zur Bestimmung von organisatorischen Maßnahmen, Begleitprozessen und indirekten Initiationen — 197
Literatur — 199

Dritter Teil
Grundstruktur der Unterrichtsplanung: eine Einführung

Vorklärungen — 203
1 Stufen der Unterrichtsplanung — 205
2 Dimensionen der Unterrichtsplanung — 208

Vierter Teil
Planungsstufen:
Strukturierungshilfen für die Planungsarbeit des Lehrers

1 Bildungspolitische Programme	213
1.1 Funktion und Struktur	213
1.2 Planungsaufgaben des Lehrers	214
2 Lehrplan/Curriculum	216
Vorklärungen	216
2.1 Zur Funktion des Lehrplans	216
2.2 Zur Struktur des Lehrplans	218
2.3 Formen des Lehrplans	221
2.3.1 Minimalplan–Maximalplan–Richtlinien	221
2.3.2 Lehrplan–Curriculum	224
2.3.3 Horizontalplan–Vertikalplan	226
2.3.4 Spiral-Lehrplan	229
2.4 Entstehung von Lehrplänen	230
2.5 Bedeutung des Lehrplans für den Lehrer	231
2.6 Planungsaufgaben des Lehrers	232
2.7 Beispiel: Arbeit am Lehrplan	234
Literatur	234
3 Jahresplan	235
3.1 Zur Funktion des Jahresplans	235
3.2 Zur Struktur des Jahresplans	237
3.3 Planungsaufgaben des Lehrers	237
3.4 Beispiel: Jahresplan	239
Literatur	240
4 Arbeitsplan	241
4.1 Zur Funktion des Arbeitsplans	241
4.2 Zur Struktur des Arbeitsplans	243
4.3 Planungsaufgaben des Lehrers	243
4.4 Beispiele zum Arbeitsplan	244
4.4.1 Biologie Realschule 8. Schuljahr	244
4.4.2 Unterricht im 3. Schuljahr	248
4.4.3 5. Schuljahr	250
4.4.4 Biologie Hauptschule 7. Schuljahr	252
Literatur	255
5 Mittelfristige Unterrichtseinheit	256
5.1 Zur Funktion der mittelfristigen Unterrichtseinheit	256
5.2 Zur Struktur der mittelfristigen Unterrichtseinheit	259
5.3 Planungsaufgaben des Lehrers	260
5.4 Beispiel: Mittelfristige Unterrichtseinheit	262
Literatur	264
6 Unterrichtsentwurf	265
Vorklärungen	265
6.1 Zur Funktion des Unterrichtsentwurfs	265

Inhalt

Mehr als ein Exkurs: Non scholae, sed discipulis docemus!	268
6.2 Zur Struktur des Unterrichtsentwurfs	273
6.3 Planungsaufgaben des Lehrers	278
6.4 Beispiele zum Unterrichtsentwurf	280
6.4.1 Biologie Realschule 8. Schuljahr	280
6.4.2 Chemie Hauptschule 6. Schuljahr	287
Mehr als ein Exkurs: Der alltägliche Unterrichtsentwurf	296
Literatur	301
7 Beispiel gestufter Unterrichtsplanung	**303**
Vorklärungen	303
7.1 Auszüge aus dem Lehrplan	303
7.2 Jahresplan	304
7.3 Arbeitsplan	309
7.4 Mittelfristige Unterrichtseinheit	311
7.5 Unterrichtsentwurf	316
8 Zur Planung fächerverbindenden Unterrichts –	
Ein offenes Modell	**321**
8.1 Ansprüche und Grundlegung –	
Was fächerverbindender Unterricht ist und nicht ist!	321
8.2 Zur Systematik der Planung	324
8.2.1 Planungsfelder	325
8.2.2 Beteiligung von Lehrern	326
8.2.3 Planungsaufgaben und -tätigkeiten	327
8.3 Beispiel: Entwurf für eine fächerverbindende	
Unterrichtseinheit	339

Fünfter Teil
Planungsdimensionen:
Strukturierungshilfen für die Planungsarbeit des Lehrers

Vorklärungen	361
1 Lehr- und Lernziele	**363**
Vorklärungen	363
1.1 Zielbereiche schulischen Lehrens und Lernens	364
1.1.1 Raster von Intentionen (Berliner Modell)	364
1.1.2 Taxonomien von Lernzielen	365
1.1.3 »Heuristische« Lernziele (WULF)	370
1.2 Zielperspektiven schulischen Lehrens und Lernens	371
1.2.1 »Fachliche« und »allgemeine« Lernziele (Strukturplan)	371
1.2.2 »Instrumentelle« und »potentiell-emanzipatorische« Lernziele (KLAFKI)	371
1.2.3 »Heuristische Matrix zur Bestimmung von Richtzielen« (SCHULZ)	372

1.3 Zielhierarchien schulischen Lehrens und Lernens 373
    1.3.1 Abstraktionsniveaus (MÖLLER) 373
    1.3.2 Ziel-Stufen (Strukturplan) 374
Literatur 375

2 Lehr- und Lerninhalte   377
Vorklärungen 377
2.1 Grundraster inhaltlich-thematischer Entscheidungen (HEIMANN) 377
2.2 »Elementare« Inhalte (KLAFKI) 378
2.3 »Exemplarische« Inhalte (WAGENSCHEIN) 380
2.4 »Wissenschaftsorientierte« Inhalte 382
Mehr als ein Exkurs: Prioritäten bei der Lernplanung – am Beispiel wissenschaftsbestimmten Lernens erörtert 382
Literatur 393

3 Lehr- und Lernverfahren   394
Vorklärungen 394
3.1 Ebenen methodischer Entscheidungen (HEIMANN) 395
3.2 Artikulation des Lehr- und Lernprozesses 395
    3.2.1 Formalstufen (HERBART) 395
    3.2.2 Lernschritte (H. ROTH) 396
3.3 Lehr- und Lernformen 398
    3.3.1 Lehren und Lernen: Formen – Akte – Techniken (UHLIG) 398
    3.3.2 Grundformen (KLINGBERG) 400
    3.3.3 Lerntypen (GAGNÉ) 402
    3.3.4 Muster des Lehrverhaltens (WEINERT) 403
Literatur 404

4 Lehr- und Lerninteraktionen   405
Vorklärungen 405
4.1 Soziale Organisationsformen des Lehr- und Lernprozesses . . . 406
    4.1.1 Sozialformen des Unterrichts I (KÖSEL) 406
    4.1.2 Sozialformen des Unterrichts II (ASCHERSLEBEN) 409
    4.1.3 Formen der Arbeitsteilung (WEISS) 411
    4.1.4 Formen des Gruppenunterrichts (KLINGBERG) 411
4.2 Führungsstile im Lehr- und Lernprozeß 413
    4.2.1 Führungsstile (LEWIN/LIPPIT/WHITE) 413
    4.2.2 Erziehungsverhalten (TAUSCH/TAUSCH) 415
    4.2.3 Integrationsweisen (GORDON) 419
Literatur 422

5 Lehr- und Lernmittel   423
Vorklärungen 423
5.1 Schematische Übersicht über Veranschaulichungsmittel (HUBER) 424
5.2 Matrix zur unterrichtlichen Funktion von Medien (GAGNÉ) . . 425
5.3 »Kegel der Erfahrung« (DALE) 426
Exkurs: Über den Einsatz von Medien im Unterricht – Ein Beitrag zu den Bestimmungsgründen der Medienwahl 428
Literatur 441

6 Voraussetzungen des Lehrens und Lernens 443
   6.1 Didaktische Theorien der Gegenwart und Voraussetzungs-Komplexe 443
   6.2 Zur Erfassung anthropologisch-psychologischer Voraussetzungen 445
   6.3 Zur Erfassung sozio-kultureller Voraussetzungen 449
   Angebot: Pragmatische Hilfe für die schnelle Erfassung und Ordnung von Voraussetzungen des Unterrichts 452
   Literatur 455
Personenregister 457
Sachregister 459

Es stellte sich heraus, daß das Verhalten der Schüler weitaus weniger problematisch war, wenn der Lehrer den Unterricht entsprechend vorbereitet hatte . . ., wenn der Lehrer pünktlich zum Unterrichtsbeginn erschien und wenn seine Aufmerksamkeit – bei lehrerzentrierter Unterrichtsführung – vorwiegend auf die gesamte Klasse gerichtet war . . . Eine entscheidende Voraussetzung erfolgreicher Unterrichtsführung besteht offenbar darin, die Schüler nicht unnötig lange warten zu lassen, bis etwas »passiert«, sondern ihnen möglichst durchgängig anregende Aktivitäten anzubieten.

Michael RUTTER u. a.: Fünfzehntausend Stunden – Schulen und ihre Wirkung auf die Kinder. (Weinheim 1980)

Vorwort

Unterrichtsplanung und Unterrichtsvorbereitung sind wesentliche tägliche Aufgaben des Lehrers. Mögen Art und Weise, wie diese Aufgaben vom einzelnen Lehrer wahrgenommen werden, sich auch in vielfacher Hinsicht unterscheiden – um die Aufgabe selbst kommt kein Lehrer herum: Ein Lehrer muß Unterricht planen und vorbereiten!

Während ›Unterricht‹ umgangssprachlich jenes Geschehen bezeichnet, das sich ›zwischen zwei Klingelzeichen‹ abspielt, umfaßt Unterricht für den Lehrer mehr. Dazu zählen neben dem eigentlichen Unterrichts*verlauf* immer auch die beiden diesem vorhergehenden Phasen der Unterrichts*planung* und der Unterrichts*vorbereitung* (wobei beide durchaus auch gelegentlich simultan erfolgen können) sowie eine folgende (oder ebenfalls simultane) Phase der Unterrichts*kontrolle*. *Planung* wird unten erklärt und ist das Thema dieses Buches. *Vorbereitung* meint die Umsetzung der bloß im Kopf vorgenommenen Planungsentscheidungen in konkrete Maßnahmen, durch die der *Verlauf* allererst ermöglicht wird, *Kontrolle* den Vergleich von geplanten und tatsächlich umgesetzten und aktualisierten Maßnahmen. (Vgl. auch S. 31 ff.)

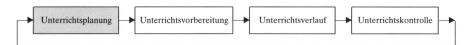

Mit Unterrichtsplanung wird jener Teil der Unterrichtswirklichkeit bezeichnet, in dem Entscheidungen darüber fallen, wie der Unterricht im einzelnen ablaufen soll – d. h. in der Sprache des Berliner Modells der Didaktik: welche Zielsetzungen angesteuert, welche Themen behandelt, welche Methoden angewendet, welche Medien eingesetzt werden sollen –, und festgestellt wird, unter welchen besonderen Bedingungen diese Entscheidungen jeweils getroffen werden sollten. Für die Aufgabe der Unterrichtsplanung sind zahlreiche Konzeptionen und Strategien entwickelt worden. Sie weisen Übereinstimmungen, aber auch grundlegende Unterschiede auf. Unterschiede zeigen sich vor allem darin,
- welche der notwendigen Planungsentscheidungen als besonders bedeutsam angesehen werden, beispielsweise die ›Zielsetzung‹ beim lernzielorientierten Konzept oder die ›Thematik‹ in der ursprünglichen Fassung der Didaktischen Analyse;
- ob Planung als völlig dem Unterrichtsverlauf vorhergehend oder auch simultan zum Unterrichtsverlauf möglich oder gar notwendig aufgefaßt wird, wie z. B. bei der extremen Ausprägung des lernzielorientierten Konzepts bzw. jenem offener Unterrichtsplanung;
- wem die Planungsentscheidungen abverlangt bzw. gestattet werden, ob ausschließlich dem Lehrer oder dem Lehrer und den Schülern gemeinsam.

Konzeptionen und Strategien der Unterrichtsplanung erhalten ihre besondere Struktur und Ausprägung immer von den hinter ihnen stehenden pädagogischen und didaktischen Auffassungen und Theorien. Wer Unterricht nicht bloß als steuerbaren Vorgang und als technische Aufgabe begreift – das verbietet sich für mich schlechterdings wegen des erzieherischen Zwecks des Unterrichts –, der muß nicht nur Planungsstrategien beherrschen, sondern auch die dahinterstehenden theoretischen Konzepte kennen. Nur

Vorwort

dadurch bleibt gewährleistet, daß Theorie und Praxis des Unterrichts eine Einheit bilden, daß nicht unversehens dysfunktionale Auswirkungen entstehen. Und nur dadurch wird ein Lehrer instand gesetzt, sein Handeln bewußt zu gestalten, es im Bereich der Planung an eine von ihm anerkannte Konzeption zu binden, zugleich aber auch davon unabhängig zu machen, da die Möglichkeit der jederzeitigen Lösung gewahrt bleibt. –

Dieses Buch will Lehrer nicht auf eine bekannte Planungskonzeption festlegen, sondern ihnen ihre besondere Planungsaufgabe transparent machen und ihnen die dafür in der Theorie derzeit angebotenen Hilfen vor Augen führen. Das Buch ist gegliedert in fünf Teile:

- Erstens werden GRUNDFRAGEN der Planung, wie sie sich jedem Lehrer ständig oder auch gelegentlich stellen, erörtert und aktuelle Stellungnahmen dazu aufgegriffen.
- Zweitens werden MODELLE zur Planung vorgestellt, und zwar jene Modelle, die gegenwärtig am bekanntesten sind und am häufigsten praktiziert werden: das *Berliner Modell* und das *Hamburger Modell*, die *Didaktische Analyse* und das *Perspektivenschema* KLAFKIS, die *lernzielorientierte Planung*, die *konstruktive Konzeption*, die *offene Unterrichtsplanung* und die *schülerorientierte Unterrichtsplanung*. Dabei wird jeweils die besondere Planungsstrategie beschrieben, die theoretischen Implikationen werden aufgedeckt und – wo möglich – auf eine didaktische Theorie bezogen. Da gerade zur Zeit Bewegung in die Theoriebildung zur Unterrichtsplanung geraten ist, werden Wandlungen und Veränderungstendenzen mit geschildert. Beispiele dienen zur Veranschaulichung.
- Drittens wird in die GRUNDSTRUKTUR der Unterrichtsplanung eine Einführung gegeben. »Stufen« und »Dimensionen« von Unterrichtsplanung werden unterschieden.
- Viertens werden die STUFEN der Unterrichtsplanung des Lehrers entwickelt und beschrieben. Planung wird hier als ein ständiger Prozeß begriffen; beginnend mit der Arbeit am Lehrplan, verläuft er über die Planung eines Schuljahres, über mittelfristige Entscheidungen bis hin zu kurzfristig-konkreten Entwürfen bevorstehenden Unterrichts. Jede Stufe wird hinsichtlich ihrer Funktion und der notwendigen Planungsaufgaben erörtert. Planungshilfen werden entwickelt und in einer Strategie zusammengefaßt. Beispiele veranschaulichen auch hier.
- Fünftens werden die DIMENSIONEN der Planung behandelt, d. h. jene Bereiche, in denen sich Planungshandeln ereignet. Von verschiedenen Seiten angebotene Strukturierungshilfen werden vorgestellt, Entscheidungsmöglichkeiten werden damit sichtbar gemacht.

Wo die bloße Darstellung des aktuellen Diskussionsstandes nicht ausreicht, werden *Exkurse* eingeschoben. Und wo auch diese Exkurse nicht mehr ausreichen, wird die persönliche Meinung unter der Ankündigung *Mehr als ein Exkurs* zum Ausdruck gebracht.

Dies ist kein Buch, sollte es nicht sein, das man systematisch von vorn nach hinten durchliest. Der Leser sollte sich vielmehr jene Abschnitte und Kapitel vornehmen, an deren Problematik und Lösung er gerade interessiert ist. Der Anfänger in der Unterrichtsplanung hat mit Sicherheit ganz andere Probleme als der Routinier in diesem

Vorwort

Bereich. Der Anfänger wird wahrscheinlich – und hierin möchte ich ihn ausdrücklich ermuntern – viel eher nach bewährten und anerkannten Konzepten suchen, um sich eng an sie zu binden und dadurch Sicherheit zu erlangen, Sicherheit aus zweiter Hand, die er selber wegen mangelnder Erfahrung sich noch nicht bieten kann. Der Routinier hingegen wird – oder sollte es meiner Auffassung nach zumindest – sich die Zeit nehmen, nach den didaktischen Hintergründen seiner langjährigen Planungspraxis – oder auch deren Mängeln – zu fragen. Wo Planung sich dem Anfänger anders darstellt als dem Routinier, ist versucht worden, dies auch aufzufangen und abzuhandeln.

Weingarten, im Herbst 1995 *Wilhelm H. Peterßen*

Erster Teil
Grundfragen der Unterrichtsplanung

1 Muß Unterricht geplant werden?

Die Frage, ob Unterricht geplant werden muß, ist uneingeschränkt mit »Ja« zu beantworten; es gibt wohl niemanden, der diese Frage anders beantworten würde. Allenfalls wird die Antwort »Ja – aber« lauten, womit aber auch keine Einschränkung des Postulats der Unterrichtsplanung angedeutet werden soll. Vielmehr ist darin ein Hinweis enthalten, und zwar darauf, die Antwort nicht bloß zur Kenntnis zu nehmen, sondern ihr in ihren unausgesprochenen Implikationen noch weiter nachzugehen (nämlich dem »aber«). Denn Unterrichtsplanung ist ein kompliziertes Problem.

Planung ist ein strukturelles Moment des Unterrichts, d. h., ein Unterricht ohne Planung ist nicht denkbar. Unterricht stellt eine Form ›intentionalen‹, also zweckgerichteten Lernens dar, und Planung ist mithin ein ihm eigenes Moment. Wenn gesagt wird, daß aller Unterricht auf Planung angewiesen ist, so ist damit noch nichts über die Art der Planung ausgesagt: ob diese viel oder wenig umfaßt, ob sie stets langfristig oder auch kurzfristig erfolgen kann, ob sie immer vorhergehend oder auch simultan-begleitend sein kann usw.

Als besondere Notwendigkeit zeigt sich die Planung auch, wenn man näher betrachtet, was auf dem Spiel steht. Schulischer Unterricht ist das Ergebnis eines weitreichenden, weit ausholenden, ungeheuer aufwendigen und intensiv betriebenen Vorgangs in der Gesellschaft, den diese ausgelöst hat, um Heranwachsenden die Möglichkeit zu geben, zu lernen, erzogen und ausgebildet zu werden, wodurch sich die Gesellschaft zugleich auch selbst erhält. Ein solches Vorhaben darf nicht dadurch aufs Spiel gesetzt werden, daß es – mehr oder weniger – unmittelbar vor seinem Ziel, der Realisierung, dem Zufall überlassen wird. Unterricht dem Zufall zu überlassen hieße, ihn möglicherweise Zwängen auszusetzen, die ihm in seiner Zwecksetzung zuwiderlaufen. Damit Unterricht seinen Zweck, seine umfassend begründete Funktion so gut wie möglich erfüllen kann, ist Planung nötig. Das bedeutet jedoch nicht, daß Zufälle völlig aus dem realen Unterrichtsgeschehen ausgeschlossen würden. Sie werden zugelassen, aber nur dort, wo sie – beispielsweise als erzieherisches Risiko – erwünscht sind, wo also zuvor eine entsprechende planerische Entscheidung gefallen sein muß.

Planung von Unterricht verlangt rational begründbare Entscheidungen über die beabsichtigte konkrete Ausgestaltung von künftigem Unterricht. Das bedeutet: *Für die Planungs- bzw. Entscheidungsebene von Unterricht gilt die Forderung nach bestmöglicher rationaler Begründbarkeit, für die Handlungsebene des ablaufenden Unterrichts sind emotionale Vorgänge nicht ausgeschlossen.* Alle Entscheidungen und Maßnahmen sind daran zu messen, ob und wie sie zur Schaffung pädagogischer und didaktischer Situationen beitragen, in denen Erziehung und Lernen optimal möglich werden können.

Auf das eigenartige Spannungsverhältnis zwischen Festlegung und Freiheit, Verplantheit und Offenheit weisen durchweg alle Erörterungen zur Problematik von Unterrichtsplanung hin. Zum einen wird stark betont, daß Planung nicht als Aufgeben pädagogischer und didaktischer Freiheit aufgefaßt werden kann, sondern freie und simultane Maßnahmen allererst ermöglicht; zum anderen wird die Einbeziehung solcher Möglichkeiten schon in planerische Überlegungen als notwendig ausgewiesen:

Literatur zu diesem Kapitel siehe Seite 26.

- HAUSMANN bemüht hierfür ein Wort des Bauhaus-Architekten GROPIUS: »Planen heißt nicht festlegen, sondern offenhalten von Möglichkeiten für die Zukunft.« (HAUSMANN 1969, S. 93)
- »Sowenig der Baumeister ein Haus baut, ohne einen Plan gemacht zu haben, sowenig soll der Lehrer unterrichten wollen, ohne sich vorher überlegt zu haben, was er will und wie er das Erstrebte am besten erreichen könnte . . .
  . . . daß noch niemand schlecht unterrichtet hat, der gut vorbereitet war, aber umgekehrt auch der beste Gestalter im Ganzen oder in bestimmten Teilen versagt, wenn er sich nur auf die Gunst des Augenblicks verläßt. Es ist immer ein gewagtes Spiel, sich auf einen glücklichen Zufall oder eine beglückende Inspiration aus dem Augenblick heraus zu verlassen. Der große Regisseur Kortner sagte einmal, Früchte des Zufalls seien faul, und die Inspiration komme nur dem zu Hilfe, der sich gut vorbereitet habe.« (HUBER o. J., S. 196)
- »Es ist pädagogisch Unsinn, nur zu arrangieren, ohne improvisieren zu lassen, aus der Ordnung das Wagnis zu entfernen; es ist im didaktischen Feld aber auch unmöglich, improvisieren zu lassen, ohne arrangiert zu haben.« (MEYER 1965, S. 22)
- »In letzter Konsequenz kann auch ein möglichst frei angelegter ›Gelegenheitsunterricht‹, der alle sich bietenden Gelegenheiten zur Initiierung von Lernprozessen nutzt, nicht auf eine weiträumige, manches vorhersehende Planung des Unterrichts verzichten. Genausowenig kommt ein noch so detaillierter, sorgfältig geplanter und erprobter Unterricht ohne ein gewisses Maß von Freiraum aus, der von Lehrenden und Lernenden aufgrund improvisatorischer Akte ausgefüllt wird.« (DICHANZ/MOHRMANN 1976, S. 22)
- »*Ich werde jeden glücklichen Einfall, der mir im Tun kommt, dankbar annehmen, halte es aber für abenteuerlich, die intensive gründliche Planung zu versäumen* mit der Begründung, im Tun werde mich schon der pädagogische Eros küssen. Das Risiko, gänzlich auf den glücklichen Augenblick zu vertrauen, ist mir zu groß. Dieses Vabanquespiel können wir den Kindern gegenüber nicht verantworten! Im übrigen bleibt zu fragen, ob nicht gerade die glücklichen Einfälle im Tun häufig Frucht früherer Überlegungen und reflektierter Erfahrungen sind.« (KLINK 1973, S. 27)
- »Es gibt keinen Zweifel: Unterricht muß geplant werden aus Verantwortung gegenüber den Schülern.«

»Die Fähigkeit zur Improvisation wächst – außer durch Erfahrung – zweifellos durch variationsreiches Planen . . .« (GLÖCKEL 1977, S. 14, S. 19)

›Es gibt keinen Zweifel‹, so sagt GLÖCKEL, ›Unterricht muß geplant werden!‹ Planung macht frei von den häßlichen Zwängen, die der Zufall mit sich führen kann. Gerade Planung aber ermöglicht auch, auf zufällig glückliche Umstände nicht verzichten zu müssen. In der Erziehung spielen unvorhersehbare Ereignisse eine große Rolle. *Planung schafft jene Autonomie und Distanz, die für ein pädagogisch sinnvolles Handeln* – vor allem auch als Ausnutzung plötzlicher Ereignisse und spontaner Einfälle – *unerläßlich sind*. COPEI hat in seiner Untersuchung des ›fruchtbaren Moments‹ nachgewiesen, daß bahnbrechende Einfälle und erleuchtende Einsichten von intensiven Vorbemühungen abhängig sind. Und das gilt für Planung und Führung von Unterricht durchaus in gleicher Weise.

Umgekehrt verlangt die Tatsache, daß es für die Erziehung bedeutsame ›unstetige‹ und unvorhersehbare Akte gibt, diese in der Unterrichtsplanung zu berücksichtigen. Daraus

kann nun aber keinesfalls auf einen partiellen Planungsverzicht geschlossen werden. Der zutreffende Schluß geht vielmehr dahin, daß Planung solche Akte einzubeziehen hat, jedoch nicht, indem sie versucht, sie von vornherein einzufangen – das würde sie mit Sicherheit verfälschen und ihre Wirkung mindern –, sondern in der besonderen Einstellung ihnen gegenüber, in der Bereitschaft, sie zu gegebener Zeit zuzulassen und vorsichtig aufzufangen. Daß Planung auf solche Weise immer zugleich festlegen und öffnen soll – mithin sich dialektisch verstehen soll –, wird in der Fachliteratur ausdrücklich betont:
– »Der didaktisch organisierte Lernprozeß nimmt jedoch um seines Zieles willen in Kauf, daß die Planung immer durchbrochen werden kann.«
». . . daß der didaktisch organisierte Lernprozeß eine Gliederung besitzen muß, welche die Aufhebung des Gegensatzes zwischen Planung und Zufall möglich macht.« (WITTERN 1975, S. 7, S. 8)
– »Ich werde mich um die Offenheit allem Unstetigen gegenüber bemühen – das Stetige, Planbare, Methodische aber so weit wie möglich treiben.« (KLINK 1973, S. 30)
Aus der Einsicht in solche Polarität wird auch gleich gefolgert:
– »Soviel Freiheit als möglich, soviel Bindung als nötig.« (HUBER 1965, S. 25)
– »Weder die bis ins einzelne gebundene noch die völlig ungebundene Unterrichtsweise hat die günstigsten Aussichten auf Gelingen, sondern ein mittleres Verfahren, das das Mögliche zu sichern versucht, ohne die Freiheit des Handelns damit aufzugeben.« (JANNASCH 1969, S. 121)
Es muß noch einmal betont werden: *Ein solch ›mittleres Verfahren‹*, wie es JANNASCH nennt, *bedeutet keinen teilweisen Verzicht auf Planung, sondern die bereits alle Planung mitbestimmende Bereitschaft, auf unvorhergesehene ›fruchtbare‹ Ereignisse einzugehen.*
›Fruchtbare‹ Ereignisse wird wahrscheinlich nur wahrnehmen, wer einen Plan hat und darüber hinaus auf sie eingestellt ist. Ob sie aber in erzieherischer Hinsicht auch tatsächlich fruchtbar sein können, läßt sich nur am Plan entscheiden. Situationen, in denen nicht einmal dies erkennbar wird, machen das Wagnis nötig, wozu sich aber auch nur entschließen kann, wer es in umgreifende planvolle und geplante Erziehung einzuordnen vermag.

Unterricht muß auf jeden Fall geplant werden. Aber: Es gibt Grenzen der Planung, und diese liegen dort, wo unstetige Akte sich ereignen und Improvisationen notwendig werden. Auf sie kann man sich einstellen, aber durch-planen kann man sie nicht. Besonders eindringlich weist K. JASPERS darauf hin, wenn er einerseits die Notwendigkeit ›pädagogischen Planens‹ anerkennt, andererseits aber vor seiner Verfälschung durch Verselbständigung warnt:
– »Planen, unaufhörliches Planen ist für uns Menschen notwendig. Nicht gegen das Planen, sondern gegen einen falschen Geist dieses Planens und gegen ein Planen, das das Unfaßbare miteinbeziehen will, ist der Schutz notwendig.«
»Wo aber Planen und Wissen, statt Mittel der umgreifenden Führung zu sein, unwillkürlich selber Zweck werden, da verwandelt sich Erziehung in Abrichtung, der Mensch in Funktion . . .« (JASPERS 1952, S. 73, S. 77)
Es wäre völlig falsch, an eine vollständige Induzierbarkeit des erzieherischen Geschehens im Unterricht zu glauben. Die Unterrichtsplanung als ein Mittel zu betrachten – als ein unerläßliches, für den Unterricht und seine Funktion unaufgebbares – läßt wohl auch den Lehrer die bestmögliche Einstellung zu dieser seiner Aufgabe finden. So erkennt er

Planung als notwendig, sieht aber auch deren immer wieder zu erinnernde Probleme. Lehrer, Planende, sehen solchermaßen ein, daß es ihre Pflicht ist, Unterricht zu planen. Als Beauftragte und Zuständige für Unterricht haben sie nicht nur spontan zu handeln, sondern ihr Handeln planend vorzubereiten. Auf ihre Intuitionsfähigkeit zu vertrauen reicht nicht aus:
– »Vorbereitung ist folglich wichtiger Maßstab für die Qualität pädagogischen Verhaltens. Auch wenn natürlich sicher ist, daß das tatsächliche Verhalten im Unterrichtsverlauf nicht nur umgesetzte Vorbereitung sein kann, weil die Elemente der Situation immer nur in Annäherung antizipierbar sind und gerade die eigentlich ›fruchtbaren Momente‹ im Bildungsgeschehen sich einer exakten Vorplanung beharrlich zu entziehen scheinen, gilt der Satz, daß wir nicht auf eine natürliche intuitive Begabung für erzieherisches Verhalten vertrauen dürfen, weil wir, wie LITT schon einmal ironisch bemerkte, schwerlich so viele solchermaßen ausgestattete Persönlichkeiten finden dürften, wie gerade Lehrer im Lande gebraucht werden.« (GEISSLER 1973, S. 290)
– »Was geschieht, wenn die Intuition keine brauchbaren Einfälle hervorbringt? Ist jeder Lehrer mit einer Erfindungskraft begabt, die ihm im Augenblick der Anforderung rasch ein richtiges pädagogisches Handeln ermöglicht? Verhilft nicht vielleicht gerade eine gründliche Beschäftigung mit der Unterrichtsplanung dem Lehrer zur Entfaltung seiner pädagogischen Gestaltungskraft?« (JEZIORSKY 1968, S. 9)

Auch die auf langjähriger Erfahrung und Auswertung zahlreicher Untersuchungen basierende Erörterung von GAGE über die Frage, ob es ein »wissenschaftliches Fundament des Lehrens« gäbe, kommt zu ähnlicher Aussage:
– Die Vorbereitung des Lehrens durch Rückgriffe auf wissenschaftlich gewonnene Erkenntnisse ist notwendig. Da aber letzten Endes nur recht einfache Lehr-Vorgänge planvoll vorbereitet werden können, bleibt dem Lehrer ebenso die Notwendigkeit, sich in komplexeren Situationen seiner »Kunstfertigkeit« zu bedienen. GAGE betont die Notwendigkeit, beides zu tun, rational zu planen und offen für die Situation zu sein (vgl. GAGE 1979, bes. S. 3ff.).
– »Nur ein Höchstmaß an realistischer Planung ermöglicht auch ein Höchstmaß an Spontaneität im Verhalten des Lehrers und ein Höchstmaß von Spontaneität und Eigenständigkeit des Schülers.« (BROMME/SEEGER 1980, S. 66)

Eine ganz neue Qualität kann Unterrichtsplanung erhalten, wenn dafür die neuen medialen Möglichkeiten in Anspruch genommen werden, also vor allem das Internet. Darin finden sich heute von vielen Seiten Informationen über Unterricht, und zwar vor allem in Form von Berichten und von geplanten Unterrichtseinheiten. Lehrer – in vielen Fällen aber auch ganze Schulen – neigen ganz offensichtlich dazu, sich und ihren für gut empfundenen Unterricht ganz oder teilweise auf eigenen Homepages zu veröffentlichen. Das ist im Grunde genommen ein überaus positiv zu bewertender Vorgang, kann aber auf Nutzer auch durchaus negative Wirkungen ausüben. So befürchten nämlich KAHLERT/HEDTKE/SCHWIER, daß statt des grundsätzlich möglichen Informationsaustausches und -erwerbs oftmals bloß ein Infotainment dabei herauskommt. Gemeint ist, daß nicht die tatsächlich bedeutsamen und wirksamen Informationen aufgesucht und übernommen werden, sondern daß stattdessen dem unterhaltsam – weil anschaulich und verständlich im Internet präsentiert – Gebotenen Vorrang eingeräumt wird (vgl. KAHLERT/HEDTKE/SCHWIER, 1998, S. 298).

2 Streitfragen

Über die Unterrichtsplanung insgesamt wie auch über einzelne Fragen gibt es durchaus unterschiedliche Auffassungen, wie vor allem auch die zahlreichen Vorschläge für die praktische Planung belegen. Nicht auf alle Auffassungen soll hier eingegangen werden, sondern nur auf besonders markante ›Streitfragen‹, mit denen sich auch jeder Lehrer irgendwann auseinandersetzen muß.

2.1 Vorpädagogische Sachanalyse!?

Eine Art ›vorpädagogischer Sachanalyse‹ fordert H. ROTH in seinem berühmten Aufsatz über die »Kunst der rechten Vorbereitung« (ROTH 1960, S. 127 ff.). Für den Beginn aller Unterrichtsvorbereitung durch den Lehrer stellt er kategorisch fest: »Es geht zunächst nur um die Sache.« (S. 128)

ROTH postuliert dies nicht aus bloß technischen Gründen, weil auf diese Weise eine besonders effiziente Unterrichtspraxis zustande käme. Ihm ist es um wesentlich mehr zu tun. Für ihn handelt es sich bei Unterrichtsinhalten nicht um irgendwelchen ›Stoff‹, sondern um Ausschnitte einer »kulturellen Wirklichkeit, in der Geist greifbare Gestalt geworden ist« (S. 127). Dementsprechend beschreibt er das erste Bemühen des Lehrers auch nicht als ›Stoffbeherrschung‹; es geht ihm vielmehr darum, daß der Lehrer sich selbst in eine Beziehung zu dem spezifischen ›Kulturgut‹ zu bringen hat, und zwar in eine solche, die ihn die ›Wahrheit‹ ahnen läßt. Dies erfordert, sich anfangs ganz und gar der ›Sache‹ hinzugeben, sich durch keinerlei Fragen von ihr ablenken zu lassen. Es erfordert auch, sich nicht gleich anfangs auf Lehrbücher – oder gar Schulbücher – zu stürzen, sondern sich mit der ursprünglichen Literatur, mit den ›originalen Vertretern des Faches‹ zu befassen. Erst eine solche – geradezu intime – Auseinandersetzung mit der Sache führt beim Lehrer zu jener Sachkenntnis, die für pädagogische Entscheidungen unerläßlich ist, wie ROTH meint. Pädagogische und didaktische Überlegungen, was davon und wie es gelernt und gelehrt werden kann, setzen solche Sachkenntnis voraus, können erst nach dem Vorgang der Sachaneignung vollzogen werden. Für ROTH »ist (es) völlig verkehrt, bei diesen ersten Bemühungen schon an das Kind oder den Jugendlichen zu denken« (S. 128).

Vertritt ROTH entschieden die Auffassung, eine ›vorpädagogische Sachanalyse‹ sei notwendig, so wendet sich KLAFKI ebenso entschieden dagegen: »Es wäre – so scheint uns – eine zeitliche und gedankliche Überforderung des Lehrers, wollte man von ihm erwarten, daß er sich den Inhalten in jeder Vorbereitung zunächst in einer vorpädagogisch verstandenen ›Sachlichkeit‹ stellte, also etwa in der Haltung des Wissenschaftlers, der den betreffenden Inhalt als fachwissenschaftliches Forschungsproblem betrachtet.« Und er fährt fort, wobei er besonders die ›fachwissenschaftliche‹ Ausbildung und Orientierung von Gymnasiallehrern anspricht: »Das gilt unseres Erachtens nicht nur für die Lehrer der Volks-, Mittel- und Berufsschulen, sondern auch für die der höheren Schule!« (KLAFKI 1964, S. 128/129) KLAFKI spricht keiner in ›sachlicher‹ Hinsicht verwa-

---

Literatur zu diesem Kapitel siehe Seite 26.

schenen und oberflächlichen Vorbereitung das Wort, sieht aber die Auseinandersetzung mit der Sache anders gewichtet als ROTH. Für ihn gibt es aufgrund der besonderen Situation eines Lehrers, der Unterricht vorzubereiten hat, keine ›vorpädagogische‹ Befassung mit der Sache. Wer Unterricht vorbereitet und sich dabei mit der Sache befaßt, tut dies immer schon pädagogisch: »Sehr wohl ist von dem sich der Vorbereitung widmenden Lehrer zunächst eine Konzentration auf die ›Sache‹ gefordert, auf das ›WAS‹ des Unterrichts. Aber diese ›Sache‹ ist für ihn von vornherein ein unter pädagogischem Aspekt gesehener ›Gegenstand‹, der einem jungen Menschen zum ›geistigen Eigentum‹ werden soll, kurz: ein Bildungsinhalt.« (S. 129)

Ohne hier auf die bei KLAFKI durchscheinende bildungstheoretische Grundlegung einzugehen (dies geschieht im Kapitel ›Didaktische Analyse‹, S. 47 ff.), liegt der Streitpunkt zwischen ihm und ROTH darin, ob es für Lehrer im Rahmen ihrer ständigen Vorbereitung von Unterricht eine vorpädagogische Auseinandersetzung mit der Sache gibt. ROTH hält diese unbedingt für erforderlich, KLAFKI hält sie weder für notwendig noch für möglich.

Um diese Streitfrage für sich entscheiden zu können, macht man sich am besten den Unterschied zwischen der Vorbereitung eines Lehrers auf seinen Beruf und dessen Aufgaben und der Vorbereitung des Unterrichts durch den Lehrer deutlich. Unbestritten gilt, daß ein Lehrer die ›Sache‹, um die es im Unterricht geht, beherrschen muß, d. h., er darf sie nicht von vornherein nur in der verkürzten Sichtweise kennenlernen, wie sie das jeweilige Schulfach vorgibt. Er muß sie vielmehr insgesamt, in ihrer ursprünglichen Struktur und ohne Einengungen kennen. Denn auch noch kleine Ausschnitte einer Sache, wie sie gewöhnlich im Unterricht behandelt werden, setzen die unverfälschte Kenntnis der gesamten Sache voraus. Elementarisieren kann nämlich sinnvoll nur der einen komplexen und umfassenden Sachverhalt, der diesen wirklich kennt. Soweit ist ROTH zuzustimmen. Eine solche Kenntnis jedoch erwirbt ein Lehrer während seiner Ausbildung oder in seiner Fortbildung. Hierauf verweist auch KLAFKI: »daß sie . . . ihren eigentlichen Ort in der Lehrerbildung und in der Lehrerfortbildung – auch in der vom Lehrer ständig geforderten privaten Weiterbildung – hat. In ihr geht es um die eigene Bildung des Lehrers, die eine Voraussetzung seiner Bildungsarbeit und also auch jeder Unterrichtsvorbereitung ist.« (S. 129) Eine vorpädagogische Sachanalyse hat also ihren Platz in der Vorbereitung des Lehrers auf seinen Beruf, nicht aber in seiner Unterrichtsvorbereitung.

Hinsichtlich der Unterrichtsvorbereitung ist zunächst zu fragen, ob ein Lehrer sich überhaupt anders als pädagogisch mit der anstehenden Sache befassen kann. Zum einen spricht wohl der starke Aufgaben- und Zeitdruck dagegen, daß ein Lehrer bei jeder Unterrichtsvorbereitung, also letzten Endes täglich, ohne pädagogische Absichten an die Sache herangeht. Er befaßt sich doch mit Sachen, weil er sie im Unterricht behandeln muß oder möchte oder weil er zumindest die Möglichkeit einer unterrichtlichen Behandlung erkunden möchte. D. h. die im weitesten Sinne pädagogische Motivation geht in der Regel beim Lehrer der persönlichen Sachbegegnung voraus. Unvorstellbar erscheint es auch, daß ein Lehrer aufgrund seiner Berufs- und Rollenfixiertheit überhaupt in größerem Maße von seiner pädagogischen Betrachtungs- und Behandlungsweise der Sachen lassen kann. Weiterhin ist aber auch zu fragen, ob ein Lehrer sich überhaupt anders als pädagogisch mit der Sache befassen *soll*. Wohlgemerkt: im Rahmen seiner Unterrichtsvorbereitung. Daß er sich persönlich und privat anders als pädagogisch mit

Sachen befassen kann und darf, ist wohl selbstverständlich. Ein Lehrer aber, der Unterricht vorbereitet, tut ein Stück seiner pädagogischen Aufgabe. Er sollte geradezu mit pädagogischem Bemühen auch dies, die Unterrichtsvorbereitung, leisten. Die Streitfrage, meine ich, ist entschieden: Die Auseinandersetzung von Lehrern mit der ›Sache‹ im Rahmen ihrer Unterrichtsvorbereitung kann und sollte nicht ›vorpädagogisch‹ erfolgen. Allerdings setzt ein pädagogisch sinnvolles Bemühen um die Sache deren fundierte Kenntnis voraus. Woraus folgt: Wer solche fundierte Kenntnis nicht schon besitzt, muß sie sich verschaffen. Das tägliche Geschäft der Unterrichtsplanung und -vorbereitung nötigt den Lehrer, sich von Zeit zu Zeit aus der Planung zu entlassen und sich – im echten Sinne der Fort- und Weiterbildung – um Auffrischung und Erweiterung seiner Sach-Kompetenz zu bemühen.

2.2 These vom ›Primat der Inhalte‹ versus These von der ›Interdependenz‹

Die hier erörterte Streitfrage ist zwar in der allgemeindidaktischen Diskussion angesiedelt, wirkt sich aber in den Bereich der Unterrichtsplanung hinein aus. Gegeneinander stehen die Auffassungen über den ›Primat der Inhalte‹ und die ›Interdependenz‹ in didaktischem Geschehen.

Die These vom Primat der Inhalte gegenüber der Methode – und letztlich allen übrigen Momenten des Unterrichts – ist von der ›bildungstheoretischen‹ Didaktik aufgestellt worden. Erstmals formulierte sie WENIGER aus, wirksam aber wurde sie besonders in der theorie- und praxisumgreifenden Konzeption KLAFKIS (vgl. die Ausführungen im Kapitel über die ›Didaktische Analyse‹, S. 47ff.). Die These besagt, daß im tatsächlichen Bildungsgeschehen die ›Inhalte‹ den ständigen Wirkprimat hätten, daß sie von allen unterscheidbaren Momenten den Unterricht am stärksten beeinflußten. Zurück geht diese These auf die Auffassung, für den Bildungsvorgang seien am entscheidensten die Inhalte, mit denen der Schüler während des Lernprozesses konfrontiert werde. Wenn nun aber Inhalte größte Wirkung auf den gesamten Unterricht haben, dann muß ihnen selbstverständlich auch im Planungsstadium schon größte, ja die meiste Aufmerksamkeit gewidmet werden. So kommt es zu Planungsmodellen und Planungsprinzipien, die den Lehrer verpflichten, sich zunächst und vor allem mit den vorgesehenen Inhalten des Unterrichts zu befassen; die Frage der Methode könnte danach entschieden werden, da sie von sekundärer Bedeutung für die Unterrichtsplanung sei. Als bekanntestes Modell, sogar als bloßes Instrument benutzt, hat sich KLAFKIS ›Didaktische Analyse‹ erwiesen, die er als ›Kern der Unterrichtsvorbereitung‹ bezeichnete (vgl. im folgenden S. 47ff.).

Gegen die bildungstheoretische Didaktik wandte sich sehr entschieden die ›lerntheoretische‹ Didaktik. Ihr Begründer, HEIMANN, stellte die These von der ›Interdependenz‹ auf. Diese These besagt, daß alle Momente des Unterrichts – also vor allem: Ziele, Inhalte, Methoden, Medien – in einem ständigen Prozeß gegenseitiger Beeinflussung stehen, so daß ein Primat eines einzelnen Momentes nicht behauptet werden kann (vgl. HEIMANN 1962). Für Planungskonzeptionen auf der Grundlage dieser didaktischen Vorstellung gibt es keine generelle Aussage darüber, welchem Moment die größte Aufmerksamkeit entgegenzubringen und welches zuerst zu entscheiden sei. Die Planung kann bei allen Momenten ansetzen und muß sich allen in gleicher Weise zuwenden. Es ist bei der Entscheidung über die einzelnen Planungsmomente sogar zu berücksichtigen, daß sie sich wechselseitig beeinflussen; jede Entscheidung ist von jeweils allen anderen abhängig zu machen.

KLAFKI gesteht neuerdings ein, daß die These vom Primat der Inhalte zugunsten eines ›Primats der Intentionalität‹, der Ziele, aufgegeben werden müßte. Zu dieser veränderten Auffassung hat ihm vor allem die Konzeption eines ›lernzielorientierten‹ Unterrichts verholfen (vgl. das entsprechende Kapitel, S. 114ff.).

Obwohl die Kontroverse über ›Primat der Inhalte‹ bzw. ›Interdependenz‹ aller Momente schon didaktische Historie geworden ist, mußte sie dargestellt werden. Zum einen ist die veränderte Auffassung KLAFKIS vielleicht noch nicht allgemein bekannt, zum anderen hat sie noch nicht zu einer hinreichenden Änderung der entsprechenden Planungskonzeptionen geführt. Das zeigt sich vor allem in fachdidaktischen Vorschlägen zur Unterrichtsplanung, wo noch nach der ursprünglichen Fassung der ›Didaktischen Analyse‹ verfahren wird. Da diese mit Sicherheit ihre große Bedeutung behalten wird, sollte die Streitfrage bekannt sein. Auch im vorliegenden Buch wird die ›Didaktische Analyse‹ u. a. noch in ihrer bisherigen Form vorgestellt.

Daß Unterrichtsplanung sich der Folge und Bedeutung nach immer an einem von vielen Momenten zu orientieren bemüht, geht auch aus der gegenwärtig besonders stark verfolgten Konzeption ›lernzielorientierter‹ Planung hervor. Sie räumt dem Lernziel für die Planung von Unterricht Priorität ein. Dies geschieht nicht, weil eine entsprechende ontische Realität angenommen würde; es wird die Interdependenz-These vertreten. Es geschieht vielmehr aus planungsorganisatorischen Gründen, weil man sich von einer Orientierung aller Unterrichtsplanung am ›Lernziel‹ eine in pädagogischer und didaktischer Hinsicht angemessenere Planung und mithin auch effektvolleren Unterricht verspricht. Die Priorität der Zielsetzung kann als heute allgemein anerkannte didaktische Auffassung zur Unterrichtsplanung gelten, die daraus erwachsenen Konzepte unterscheiden sich jedoch (vgl. das Kapitel über »Lernzielorientierte Unterrichtsplanung«, S. 114ff.).

2.3 Schriftliche Planung!?

Die Streitfrage, ob Unterrichtsplanung schriftlich zu erfolgen habe oder nicht, ist nur sehr selten in der Theorie, sondern fast ausschließlich in der Praxis angesiedelt. Dort sind es diejenigen, die zur Unterrichtsplanung verpflichtet sind – Lehrer, besonders auch Lehrerstudenten –, die immer mal wieder den Wert schriftlicher Planung anzweifeln und sich der ›lästigen‹ Pflicht der schriftlichen Niederlegung entledigen möchten. Die schriftliche Niederlegung wird als zusätzliche Arbeit empfunden, als nicht unbedingt zur eigentlichen Planung gehörend und – meistens – als überflüssig.

Unterrichtsplanung ohne schriftliche Fixierung scheint mir schlechthin nicht möglich zu sein. Fraglich ist nur, in welchem Umfang und bei welchen Planungsvorgängen sie erfolgen muß. Keineswegs sollte sie Maße annehmen, die weder pädagogisch noch ökonomisch vertretbar sind. Eine pädagogisch und didaktisch vertretbare Grenze ist beispielsweise dort zu ziehen, wo Fixierungen der Planung dazu führen können, den Blick für die reale Unterrichtssituation zu verstellen, wo ohne Rücksicht auf mögliche situative Gegebenheiten ausschließlich der fertige Plan in Praxis umgesetzt wird. Ökonomische Grenzen zeigen sich vor allem dort, wo die schriftliche Niederlegung den Lehrer von anderen, eindeutig wichtigeren Arbeiten abhält.

Zu unterscheiden ist bei dieser Frage auch zwischen dem Lehr-Anfänger und dem ›gestandenen‹ Lehrer. Für den Anfänger ist schriftliche Planung immer auch ein notwendiger Bestandteil seiner Ausbildung. Auch wo institutionelle Ausbildungsformen schon durchlaufen wurden, wo ein junger Lehrer bereits voll- und eigenverantwortlich zu unterrichten hat, setzt sich seine Ausbildung noch fort, allerdings in mehr autodidaktischer Weise. Ihm ist die schriftliche Planung dringend anzuraten, auch wenn sie ihm persönlich oft übersteigert und unangemessen erscheint. Er vermag ein konturenreiches Bild von sich und seiner Lehrfähigkeit nur zu gewinnen, wenn er seine pädagogisch-didaktischen Absichten mit der unterrichtlichen Realität vergleichen kann, und ein sauberer Vergleich erfordert die Niederschrift der Planung. In noch stärkerem Maße gilt dies für Lehrerstudenten.

Überhaupt schafft erst die schriftliche Fassung der Unterrichtsplanung die Möglichkeit zu einem weitgehend unvoreingenommenen Vergleich von Plan und Realität. Vorgebeugt wird durch das schriftliche Dokument sowohl ungewollten als auch gewollten Gedächtnislücken, die zu Verfälschungen führen. Nur wo tatsächlich verglichen werden kann, was beabsichtigt und was realisiert wurde, kann der Lehrer ein wahrheitsgetreues Bild seiner Fähigkeiten gewinnen. Dabei sind Schlußfolgerungen selbstverständlich nicht nur auf die Person des Lehrers zu ziehen, sondern auf die gesamte Unterrichtssituation. Schriftliche Pläne schaffen die Voraussetzung für distanzierte und sachliche *Diagnosen des Unterrichts*, womit der Grund dafür gelegt wird, künftige Planungsentscheidungen angemessener treffen zu können. Wo Planungen nicht schriftlich gefaßt werden, pflanzt sich u. U. ein einmal im Planungsstadium gemachter Fehler, der sich möglicherweise verheerend auf den Unterricht auswirkt, lange Zeit fort, weil er unentdeckt bleibt. Schriftliche Planungen decken Planungsfehler frühzeitig auf, vorausgesetzt allerdings, es erfolgt auch ein ständiger Vergleich von Planung und Wirklichkeit.

Schriftliche Planung gewährleistet des weiteren eine sichere und konsequente Vorbereitung des Unterrichts; der schriftliche Plan erinnert rechtzeitig daran, welche Mittel man für notwendig zum Unterricht hält, so daß sie auch rechtzeitig bereitgestellt werden können. Dies gilt besonders auch für die kurzfristige Planung, wo der Plan enthält, welche Lehr- und Lernmittel an welchem Tag, zu welcher Stunde benötigt werden. Auf diese Weise ist z. B. die rechtzeitige Bestellung und Beschaffung von Filmen bei außerschulischen Stellen – z. B. Bildstelle des Landkreises – abgesichert. Ohne in zeitliche Konflikte mit seinen weiteren Verpflichtungen zu geraten, kann der Lehrer Mittel aus der schulischen Sammlung in den Klassenraum schaffen. Der Plan kann an vorgesehene Botschaften (z. B.: Schüler sollen am nächsten Tag Streichholzschachteln mitbringen, Termin des Elternabends), an zugeordnete Hausaufgaben (z. B.: genaue Seitenzahl und Aufgaben-Nummer im Rechenbuch), an Geburtstage von Schülern usw. erinnern; er sichert auf diese Weise den Unterricht organisatorisch ab und entlastet den Lehrer.

Schriftlich gefaßte Pläne sichern vor allem auch den kontinuierlichen Fortgang des Unterrichts. Anschlußplanungen müssen nicht vage und auf gut Glück irgendwo ansetzen, sondern schließen unmittelbar an vorhergehende Planungen an und setzen diese fort (was immer auch begründete Neuansätze mitbeinhaltet).

Schriftliche Planung vermag auch Unvertretbarkeiten aufzuzeigen, z. B. dort, wo an einem Vormittag ausschließlich stark belastende Stunden – z. B. nur Kernfächer, jeweils dieselbe Lernmethode etc. – auf die Schüler zukommen. Ein Blick auf den Plan des Vormittags bzw. die Pläne der einzelnen Stunden deckt so etwas auf, bevor nachteilige Auswirkungen in Gang gesetzt werden.

Eine sehr bedeutsame Funktion haben schriftlich festgehaltene Unterrichtspläne schließlich in der *Dokumentation*: Sie dient keinem Selbstzweck, sondern kann den kontinuierlichen Anschluß des Unterrichts absichern, wie dies beispielsweise ja auch auf der Lehrplan-Ebene geschieht. Sie kann für den einzelnen Lehrer aber auch eine nicht unerhebliche Ersparnis an Arbeitszeit und -aufwand bedeuten. Künftige Unterrichtsaufgaben im ähnlichen Rahmen erlauben es, auf Planungsdokumente zurückzugreifen und dort festgehaltene Entscheidungen und Informationen zu übernehmen. Z. B. kann der Hinweis auf einen Film (Titel, Registernummer, Standort usw.) oder ein Tafelbild übernommen werden, mindestens aber Anstoß zu entsprechenden Überlegungen werden. Daß keine schematische Übernahme des gesamten Planes in Frage kommt, versteht sich; Unterricht ist stets situationsgebunden und kann nur situationsangemessen geplant werden.

Unterrichtsplanungen auch schriftlich festzuhalten verlangt im Moment zwar größeren Aufwand, erspart auf Dauer aber Aufwand und sichert den Unterricht ab.

Im einleitenden Satz dieses Abschnitts wurde schon angedeutet, daß es auch, wenn auch sehr selten, Bedenken in der Theorie gegen Entwürfe, gegen schriftliche Pläne gibt. Eine der stringentesten Argumentationen in diesem Zusammenhang führt Kröll (1994). Aus seinem systemischen Ansatz zur Unterrichtsplanung heraus stellt er u. a. fest, daß Planung immer zwei Erscheinungsweisen aufweist: eine *prozeßantizipierende* und eine *prozeßbegleitende*. Und dementsprechend kommt es nach ihm darauf an, Lehrer nicht nur für die *vorhergehende Planung* von Unterricht auszubilden, sondern ebenso sehr für die *simultan-begleitende*. Letztere Fähigkeit sieht er nun bei Lehrern dadurch gefährdet, daß man sie durch das Verlangen von schriftlichen Plänen geradezu in ein Dilemma bringt. Wer Unterricht nach einem vor-gefertigten Plan gestaltet und führt und während des Unterrichtens die Notwendigkeit simultaner Korrekturen und Planungsentscheidungen spürt, führt letzteres möglicherweise darauf zurück, daß er selber nicht gut genug vor-geplant habe. Das heißt: er steht sich wegen seines Planes selber im Wege, und zwar wird dies nach Krölls Meinung durch eine schriftliche Fassung noch verstärkt. Eine These, die man aufmerksam verfolgen muß. Vor allem derzeit laufende empirische Untersuchungen zum alltäglichen Planungsverhalten von Lehrern könnten diesbezüglich Aufschlüsse geben. Daß beispielsweise Studierende von Lehrämtern sich oftmals ohne vorherige rationale Orientierung in Planungshandeln stürzen, hat Seel (1996) erkannt, die dies bei künftigen österreichischen Hauptschullehrerinnen untersuchte.

Literatur

Zu den Kapiteln 1 und 2

Bromme, Rainer/Seeger, Falk: Ein psychologisches Konzept zur alltäglichen Unterrichtsvorbereitung für Ausbildung und Forschung: Unterrichtsplanung als Handlungsplanung. In: Adl-Amini, Bijan/Künzli, Rudolf (Hrsg.): Seminar: Unterrichtsvorbereitung. IPN-Arbeitsbericht Nr. 38. Kiel 1980, S. 58–79

Streitfragen

CASPER, Berthold/GLÖCKEL, Hans/RABENSTEIN, Rainer: Die Vorbereitung des Unterrichts. Bd. 2, Sekundarstufe I. Bad Heilbrunn 1973
DICHANZ, Horst/MOHRMANN, Karin: Unterrichtsvorbereitung. Probleme, Beispiele, Vorbereitungshilfen. Stuttgart 1976
FEIKS, Dietger/KRAUSS, Ella: Überlegungen zur täglichen schriftlichen Vorbereitung der Lehranfänger. In: Lehren und Lernen, 12. Jg., 1986, H. 2, S. 33–54
GAGE, Nathaniel L.: Unterrichten – Kunst oder Wissenschaft? München 1979
GEISSLER, Erich H.: Analyse des Unterrichts. Bochum 1973
GRZESIK, Jürgen: Unterrichtsplanung. Heidelberg 1979
GLÖCKEL, Hans: Die Planbarkeit des Unterrichts. In: HACKER,Hartmut/POSCHARD, Dieter (Hrsg.): Zur Frage der Lernplanung und Unterrichtsgestaltung. Hannover 1977, S. 13–36
HAUSMANN, Gottfried: Strategie der Bildungsreform. Aktiva – Passiva – Impulse. In: FÜHR, Christoph (Hrsg.): Zur Bildungsreform in der Bundesrepublik Deutschland. Weinheim/Berlin/Basel 1969, S. 87–105
HEIMANN, Paul: Didaktik als Theorie und Lehre. In: Die Deutsche Schule, 54. Jg., 1962, S. 407ff.
HOLSTEIN, Hermann/LIEKENBROCK, Helmut: Unterrichtsplanung und Unterrichtsprozeß. Zur Leistung und Wirksamkeit vorbereitender Unterrichtsreflexion. Kastellaun 1976
HUBER, Franz: Allgemeine Unterrichtslehre. Bad Heilbrunn, 10., überarb. Aufl., o. J.
HUBER, Franz: Der Unterrichtsentwurf. Theoretische Grundlegung und praktische Beispiele. Bad Heilbrunn 1965
JANNASCH, Hans-Windekilde: Unterrichtspraxis. Neu bearb. u. erw. von G. JOPPICH. Hannover ⁷1969
JASPERS, Karl: Von den Grenzen pädagogischen Planens. In: Basler Schulblatt, 13. Jg., 1952, Nr. 4, S. 72–77
JEZIORSKY, Walter: Praxis und Theorie der Unterrichtsvorbereitung. Braunschweig 1968
KAHLERT, Joachim/HEDTKE, Reinhold/SCHWIER, Volker: Internet und Unterrichtsvorbereitung. Elektronische Planungshilfen im Urteil von Lehrerinnen und Lehrern. In: Die Deutsche Schule, 90. Jg. 1998, H. 3, S. 284–300
KLAFKI, Wolfgang: Studien zur Bildungstheorie und Didaktik. Weinheim ³/⁴1964
KLINK, Job-Günter: Planung des Unterrichts: Freiheit und Festlegung. In: CASPER, Berthold/GLÖCKEL, Hans/RABENSTEIN, Reiner: Die Vorbereitung des Unterrichts. Bd. 2, Sekundarstufe I. Bad Heilbrunn 1973, S. 25–33
KRAMP, Wolfgang: Hinweise zur Unterrichtsvorbereitung für Anfänger. In: Didaktische Analyse. Hannover ⁶1964
KRÖLL, Martin: Lehr-Lernplanung – Grenzen und Möglichkeiten –. Köln 1989
KRÖLL, Martin: Lehr-Lernplanung als iterativer Prozeß und die Konsequenzen für die Weiterbildung von Lehrern. In: Zeitschrift für Berufs- und Wirtschaftspädagogik, Bd. 90, H. 2, 1994, S. 159–171
KRÖLL, Martin: Lehr-Lern-Planung als iterativer und selektiver Abstimmungsprozeß. In: Bildung und Erziehung, 48. Jg., 1995, H. 4, S. 343–362
KUNERT, Kristian: Kritik und Erneuerung der Unterrichtsplanung. Baltmannsweiler 1986
MEYER, Ernst: Unterrichtsvorbereitung in Beispielen. Bochum o. J. (⁸1965)
ROTH, Heinrich: Die Kunst der rechten Vorbereitung. In: ders.: Pädagogische Psychologie des Lehrens und Lernens. Hannover ⁴1960
ROTH, Heinrich: Pädagogische Anthropologie. Bd. I. Bildsamkeit und Bestimmung. Göttingen, 2., durchgeseh. u. erg. Aufl., 1968
RUTTER, Michael u. a.: Fünfzehntausend Stunden – Schulen und ihre Wirkung auf die Kinder. Weinheim 1980
SEEL, A.: Von der Unterrichtsplanung zum konkreten Lehrerhandeln. Eine Untersuchung zum Zusammenhang von Planung und Durchführung von Unterricht bei Hauptschullehrerstudentinnen. Graz 1996
TEBRÜGGE, Andrea: Unterrichtsplanung zwischen didaktischen Ansprüchen und alltäglicher Berufsanforderung. Frankfurt a. M., Berlin, Bern u. a. 2001
WITTERN, Jörn: Mediendidaktik. Bd. I. Opladen 1975

3 Nachbesinnung: Teil der Planung!?

Es ist noch gar nicht lange her, daß eine ›Nachbesinnung‹ zu jedem schriftlichen Unterrichtsentwurf gehörte. Allenfalls jene, die eine solche Nachbesinnung schreiben mußten, wehrten sich dagegen. Dabei wurde jedoch meist nicht die Bedeutung einer Nachbesinnung angezweifelt, sondern die Forderung, sie zur Unterrichtsplanung zu zählen. Erst im Gefolge der lernzielorientierten Unterrichtsplanung verschwand die Nachbesinnung aus den Unterrichtsentwürfen, wohl weil sie als durch die planvoll eingesetzten Lernzielkontrollen ersetzt empfunden wurde.

Lernzielkontrolle und Nachbesinnung sind aber keineswegs dasselbe. Lernzielkontrollen sind fast ausschließlich auf die Überprüfung der Effektivität des Unterrichts gerichtet, sie verkürzen diese auf den Vergleich des Beabsichtigten mit dem Erreichten, des ›Soll‹ mit dem eingetretenen ›Ist‹. Sie fragen danach, ob die vorgesehenen Lernziele verwirklicht wurden und woran es gelegen haben kann, wenn sie nicht voll erreicht werden konnten. Sie fragen nach der Angemessenheit von Mitteln (i.w.S.) für die Zielerreichung, ohne die Ziele selbst rückblickend noch einmal reflektierend aufzugreifen.

Eine Nachbesinnung geht über solche bloße Kontrolle hinaus. Eine Nachbesinnung ist zuallererst immer eine pädagogische Besinnung. Ihre Frage richtet sich darauf, ob der Unterricht seine pädagogische Aufgabe auch tatsächlich geleistet hat, ob er wirklich zur Erziehung und Bildung der Schüler beigetragen hat und ob er dies in vertretbarer Weise getan hat. Eine Nachbesinnung ist insbesondere die rückblickende Auseinandersetzung des Lehrers mit sich selbst, mit seinen Einschätzungen, seinen Entscheidungen, seinen Maßnahmen, durch die der Unterricht seine Gestalt und wohl auch seine besondere Wirksamkeit erhielt. Nachbesinnung ist persönlicher Art, sie wird vom Lehrer angestellt, ohne großen Einsatz von Kontrollmitteln.

Obwohl selbstverständlich die Lerndiagnose – die Feststellung des realen Lernergebnisses – Teil der Nachbesinnung ist, greift diese weiter. Sie ist nicht auf Ergebnisse kurzfristiger Unterrichtseinheiten, sondern auf den gesamten Fortgang des Unterrichts bezogen. Als Moment dieses Fortgangs trägt sie den langfristigen Prozeß sinnvollen Unterrichts mit, indem sie immer wieder nach der pädagogischen Bedeutung des vorhergegangenen Unterrichts fragt und künftigen Unterricht zur Wahrnehmung des pädagogischen Auftrags drängt. Eine derartige Nachbesinnung ist nicht auf bestimmte Zeiten oder bestimmte Phasen im Unterricht beschränkt, sondern kann und sollte immer dann vorgenommen werden, wenn es sich anbietet. Das können Pausen im realen Unterrichtsgeschehen sein, die zur Besinnung genutzt werden, es werden vor allem aber wohl die Augenblicke nach dem Unterricht sein, wo ein Lehrer sich langsam von dem löst, was geschah, und sich dem zuwendet, was geschehen wird. Solche Nachbesinnung kann selbstverständlich nicht schon Bestandteil der Planung künftigen Unterrichts sein, zumindest nicht inhaltlich. Wohl aber kann sie als ein Programmpunkt in die Planung aufgenommen werden, als etwas, das man sich zu tun vornimmt. So wie der Lehrer seine Absicht fixiert, bestimmte Lernmittel vor der Stunde zu beschaffen, so kann er auch seine Absicht fixieren, sich nach Ablauf des Unterrichts auf diesen zu besinnen.

Worin liegt der Wert solchen Tuns? Was erbringt eine Nachbesinnung? Ich meine, ein

Nachbesinnung: Teil der Planung!?

Lehrer, der sich hierfür nicht die Zeit nimmt und der seinen Unterricht nicht ständig der Nachbesinnung unterzieht, verliert sehr schnell die Distanz zu seinem pädagogischen und didaktischen Handeln. Er steht in Gefahr, so unmittelbar in das turbulente Unterrichtsgeschehen einbezogen zu werden, daß nicht mehr er es steuert, sondern von diesem mitgezogen und gesteuert wird. Er verliert die Übersicht und wird möglicherweise blind gegenüber dem Geschehen, so daß er weder wahrnimmt, was von seiner Seite aus geschehen muß, noch, was von seiner Seite aus geschehen kann. ›Fruchtbare Momente‹, sich anbietende Gelegenheiten werden ebenso übersehen wie zwingende Notwendigkeiten, wenn ein Lehrer sich vom Geschehen mitreißen läßt. Die Nachbesinnung auf das unmittelbar zuvor abgelaufene Geschehen kann dem Lehrer den Blick für die vielfältigen Erfordernisse und Angebote wieder öffnen.

Was gehört zu einer Nachbesinnung?

- An erster Stelle steht die Selbst-Reflexion. Durch Besinnung auf sich selbst, auf das, was er getan, vor allem aber auch empfunden hat, bewältigt ein Lehrer seine eigene Situation. Wenn er langfristig ohne psychische und soziale Störungen bleiben will, muß er versuchen, seine Empfindungen so weit wie möglich gedanklich aufzuarbeiten. Sein Beruf birgt Gefahren für ihn in sich, die allzuleicht geringgeschätzt werden. Vor allem die Isolierung von Berufskollegen aufgrund der Tätigkeit im hermetisch abgeschlossenen Klassenzimmer (die Amerikaner sprechen von ›self-contained-classroom‹) bringt die Gefahr mit sich, Empfindungen zu unterschätzen und zu verdrängen, statt sie aufzuarbeiten. Bei regelmäßiger Nachbesinnung wird solchen Gefahren begegnet, noch erinnerungsstarke Eindrücke können aufgegriffen und durchdacht werden.
- Die Nachbesinnung bezieht sich auf Schüler, und zwar auf jene und die von diesen ausgegangenen Signale, mit denen ein Lehrer es zuvor zu tun hatte. Die Besinnung auf sie hilft ihm, zu erkennen, ob sich in ihrem Verhalten etwas angezeigt hat, was sich dort angedeutet hat und auf welche möglichen Entwicklungen dies hindeutet. Simultan, während des Unterrichts, werden die von den Schülern ausgehenden Signale allenfalls aufgefangen, verarbeitet werden können sie spontan gar nicht so, wie dies angemessen nötig wäre. Das hat in der ruhigen Phase der Nachbesinnung zu geschehen.
- Im Mittelpunkt der rückblickenden Besinnung stehen die pädagogischen und didaktischen Entscheidungen und die daraus erfolgten Maßnahmen eines Lehrers. Vor allem wird die Nachbesinnung noch einmal die Frage stellen, ob die vorgesehenen Zielsetzungen auch tatsächlich berechtigt waren und ob sie sich als erreichbar erwiesen. An dieser Stelle – zum Zeitpunkt der Nachbesinnung – stellt der Lehrer die entscheidenden Weichen für den weiteren Unterricht. Er wird seine ›Wertentscheidungen‹ noch einmal überdenken und sich vornehmen, künftig so weiter zu verfahren oder auch nicht. Im Zusammenhang hiermit wird sich dem Lehrer auch die auf ihn selbst bezogene Frage stellen und beantworten, ob es sich ›gelohnt‹ hat, den Unterricht auf die angestrebten Ziele auszurichten. Einbezogen wird selbstverständlich auch die Frage nach der Angemessenheit der eingeschlagenen Wege und der eingesetzten Mittel. Und aus diesen Überlegungen werden Schlußfolgerungen auf mögliche und notwendige Veränderungen gezogen.

Nachbesinnung sollte nicht gleichgesetzt werden mit der Lernkontrolle. Von dieser unterscheidet sie sich durch ihre Eigenart, ständige und grundlegende Reflexion der konkreten Arbeit des Lehrers – vor dem Hintergrund seines pädagogischen Auftrags – zu sein. Sie führt nicht zu bloßem unterrichtstechnischen Tun, sondern von ihr aus ergehen Impulse auf die gesamte Einstellung und Tätigkeit eines Lehrers, beispielsweise auch auf weitere theoretische Studien.

Gegenüber der vorbereitenden Planung von Unterricht hat die Nachbesinnung zweifellos an Bedeutung verloren, wie ein Blick in die Literatur, aber auch in die Praxis zeigt. Sie sollte wieder als unaufgebbarer Bestandteil der Lehrertätigkeit anerkannt werden. Als dem Unterrichtsgeschehen folgend wird sie zum Moment der Planung künftigen Unterrichts.

4 Unterrichtsplanung – Unterrichtsvorbereitung

Warum ist meistens von Unterrichtsplanung und nicht von Unterrichtsvorbereitung die Rede? Daß in der Tat häufiger von ›Planung‹ statt von ›Vorbereitung‹ geredet wird, zeigt ein Blick auf die entsprechenden Titel oder auch Beiträge in Fachlexika u. ä. Von Vorbereitung des Unterrichts wird dabei zumeist gesprochen, wenn es um Erörterung kurzfristiger, unmittelbarer Notwendigkeiten und Maßnahmen geht. Vorbereitung ist sprachlich unzweifelhaft der weiter greifende Begriff. Vorbereitung umfaßt alles, was getan und benötigt wird, um Unterricht zu ermöglichen, praktische Maßnahmen und organisatorische Überlegungen ebenso wie Entscheidungen aller Art. Planung hingegen bezieht sich nur auf die theoretische Seite des Geschehens, nur auf Überlegungen und Entscheidungen zur Ermöglichung von Unterricht.

Planung allein reicht nicht aus, um jene unterrichtlichen Situationen zu schaffen, in denen gelernt werden kann, wo absichtliche und gelenkte Erziehung sich ereignen kann. Planerische Überlegungen stoßen allenfalls zu Entscheidungen vor, zu Entscheidungen darüber, was geschehen soll. Damit die in den Entscheidungen angezielten Maßnahmen auch realisiert werden können, muß die Vorbereitung als unerläßliches Moment hinzutreten. Vorzubereiten hat sich beispielsweise der Lehrer selbst auf den realen Unterricht, indem er sich jene Informationen verschafft, die im Unterricht weitergegeben werden sollen, indem er sich physisch und psychisch in jenen Stand versetzt, der für sein Unterrichten unbedingt notwendig ist usw. Vorbereitet werden müssen beispielsweise aber auch die Umstände, durch die eine beabsichtigte Lehr- und Lernsituation gebildet werden soll, die räumlichen Voraussetzungen, Materialien usw. Zur Planung gehört z. B. die pädagogisch und didaktisch ausgerichtete Überlegung, welche Lernmittel für eine bestimmte Unterrichtssituation zum Einsatz kommen sollen, und die daraus resultierende Entscheidung, den Film X einzusetzen. In praktischem Handeln wird diese Entscheidung fortgeführt, und es erfolgt die Vorbereitung: Der Film X wird bestellt, beschafft, überprüft, zur vorgesehenen Stunde wird das Vorführgerät in den verfügbaren Klassenraum geschafft, der Film eingelegt, der Raum verdunkelt usw.

Planung und Vorbereitung sind zwar nicht völlig identisch, überschneiden sich aber. In diesem Buch wird von Planung gesprochen, weil der zeitlich größere Teil der unterrichtsvorbereitenden Tätigkeit von Lehrern sich theoretisch abspielt, sich in Reflexionen, Bewertungen, Urteilen, Entscheidungen vollzieht. Auf Tätigkeiten, die darüber hinausgehen und von praktischer Art sind, wird allerdings an den entsprechenden Stellen auch eingegangen.

5 Grundsätze der Unterrichtsplanung und -vorbereitung

Von Grundsätzen der Unterrichtsplanung und -vorbereitung zu sprechen setzt voraus, daß es in der Tat klar formulierbare und hinreichend beschreibbare prinzipielle Erwägungen gibt, ohne die Entscheidungen über eine intentionale Auslösung und Steuerung von Unterricht nicht erfolgen können. Wir gehen davon aus, daß es mindestens fünf derartige Prinzipien gibt, die der Lehrer auf allen Stufen seiner Planung und bei allen Dimensionen seiner Lehrentscheidungen unbedingt zu berücksichtigen hat, und zwar das Prinzip
- der *Kontinuität*
- der *Reversibilität*
- der *Eindeutigkeit*
- der *Widerspruchsfreiheit*
- der *Angemessenheit*.

Diese Prinzipien gelten für alle Konzeptionen der Unterrichtsplanung, für solche lernzielorientierter Art ebenso wie für solche inhaltsorientierter Art. Wenn von »Stufen« der Planung die Rede ist, so sind damit die im chronologischen Planungsprozeß aufeinanderfolgenden Planungstätigkeiten gemeint: Lehrplan → Jahresplan → Arbeitsplan → Epochenplan → Unterrichtsentwurf (vgl. das Kapitel »Stufen der Unterrichtsplanung«, S. 205 ff.). Unter »Dimensionen« werden die »Entscheidungsfelder« verstanden, von denen HEIMANN spricht (vgl. das Kapitel »Dimensionen der Unterrichtsplanung«, S. 208 ff.).

5.1 Grundsatz der Kontinuität

Als einen ersten Grundatz für die Planung des Unterrichts nennen wir den der Kontinuität aller Lehrentscheidungen. Die Entscheidungen des Lehrers, den Unterricht in seinen verschiedenen Dimensionen durch bestimmte Vorleistungen und Maßnahmen in ganz bestimmter Weise strukturieren zu wollen, sollten in strenger Abfolge aufeinander bezogen sein. Im Verlauf des Planungsvollzugs stellt sich dem Lehrer die Aufgabe, eine einmal getroffene Entscheidung zunehmend konkreter zu bestimmen und zu formulieren. Ein und dieselbe Entscheidung ist von ihm auf den Planungsstufen immer wieder neu zu durchdenken, wobei es auf den einzelnen Stufen vor allem darauf ankommt, sie mit den jeweils in das Reflexionsfeld neu einbezogenen Bedingungen und Aspekten in Einklang zu bringen. Und gerade das Hinzukommen neuer Aspekte, die berücksichtigt sein wollen, führt oftmals dazu, die bereits grundsätzlich getroffene Entscheidung nur noch peripher in das Denken einzubeziehen und sich statt dessen den neu auftauchenden Problemen über Gebühr zuzuwenden. Es resultiert daraus nicht selten ein Bruch zwischen den aufeinanderfolgenden Planungsstufen.

Ein Blick in Klassenbücher, wo regelmäßig Lehrberichte zu erstatten sind, bestätigt dies. Zwischen den vorweg angegebenen Zielsetzungen und Themen für ein Schuljahr und den Berichten über zeitlich befristete Einheiten entdeckt man Brüche, z. B., daß als ein

Literatur zu diesem Kapitel siehe Seite 43.

geplantes Jahresthema unter anderen genannt wird: »Der 30jährige Krieg als Beispiel für ideologisch-religiöse Auseinandersetzungen und ihre Folgen« und dann später als Epochenthema steht: »Der 30jährige Krieg in seinem Verlauf«. Bleibt es thematisch bei dieser einen Epoche, so ist ganz offensichtlich, daß die Implikationen des ursprünglich vorgesehenen Themas nur unvollständig und verkürzt oder gar nicht in das Epochenthema übernommen wurden. Dies kann selbstverständlich auf eine grundlegende Revision des Themas zurückzuführen sein, die dem Lehrer aufgrund bisher unbeachteter Umstände notwendig zu sein scheint (vgl. dazu 5.2). Aber in den meisten Fällen wird ein solcher Bruch in der kontinuierlichen Verfolgung und Weiterentwicklung einer schon getroffenen Entscheidung wohl darauf zurückzuführen sein, daß der Lehrer die bisherigen Implikationen aus dem Blick verliert. Der Zwang, sich – je näher die reale Unterrichtssituation rückt – mit technisch-organisatorischen Maßnahmen für einen reibungslosen Verlauf des Unterrichtsprozesses zu befassen, könnte als Erklärung hierfür dienen.

Der Grundsatz der Kontinuität meint, eine einmal gefällte Lehrentscheidung konsequent weiterzuverfolgen. Dieser Grundsatz bedeutet aber nicht, Entscheidungen unter allen Umständen – auch solchen, die sich nachweisbar negativ auswirken werden – aufrechtzuerhalten. Um beurteilen zu können, ob auch weiterhin auf die Aktualisierung einer Entscheidung hingearbeitet werden soll, ist diese jedoch stets im Blick zu halten, zu überprüfen und zu hinterfragen.

Auf den einander folgenden Planungsstufen können die anstehenden Lehrentscheidungen nicht immer wieder so in Angriff genommen werden, als wenn sie völlig neu in den Entscheidungshorizont des Lehrers träten. Sie sind vielmehr aus den vorhergegangenen systematisch zu entwickeln. Wohlgemerkt: Wir vertreten nicht die Auffassung, daß unterschiedlichen Dimensionen zugehörige didaktische »Griffe« auseinander ableitbar wären, *unsere Ausführungen zur Konsequenz und Kontinuität beziehen sich immer nur auf eine Entscheidungsdimension.* Innerhalb dieser muß der Lehrer die kontinuierliche Fortsetzung der Planung dadurch sicherstellen, daß er stufenmäßig nachgeordnete Entscheidungen immer auf jene übergeordneter Art bezieht, sie von hier aus vorbereitet. Von Lehrplanentscheidungen über Jahres-, Arbeits- und Epochenplanentscheidungen ist eine konsequente Entwicklung bis hin zu situativen praktischen Maßnahmen zu gewährleisten.

Ein Beispiel aus der Themenplanung soll die Ausführungen illustrieren.

Lehrplan:
In den »Richtlinien für die Volksschulen des Landes Niedersachsen« (1962, S. 53 bzw. S. 54) heißt es, daß Schüler der »zweiten Bildungsstufe« im Erdkundeunterricht »den Einfluß der Landschaft für die Lebensweise der Bewohner als typische Erscheinungen an charakteristischen Einzelbildern« erfahren sollen. Als ein Beispiel wird u. a. genannt: »Menschen kämpfen mit der Nordsee um Land«.

Jahresplan:
Ein Lehrer könnte dieses Einzelbild für ein 5. Schuljahr übernehmen.

Arbeitsplan:
Zeitlich gedenkt er es in einer zwei Wochen langen Einheit zu bringen und ordnet u. U. ein:
   11. 9.–23. 9. 78: »Menschen kämpfen mit der Nordsee um Land«.

Epochenplan:
Auf der Stufe der Epochenplanung muß das Thema konkreter bestimmt und gefaßt werden. Der Lehrer könnte die Epoche vielleicht mit dem Thema vorsehen »Der Kampf um die Zuiderzee« oder auch »Die Gewinnung der Leybuchtpolder« oder auch »Der Seenotrettungsdienst«.
Wir haben das letztere Thema absichtlich so formuliert, damit ersichtlich wird, daß hier ein Bruch eingetreten ist. Die ersten beiden Themen stellen eine kontinuierliche Fortsetzung des Themas aus Lehr-, Jahres- und Arbeitsplan dar. Und auch das letzte Thema ist artverwandt, es bezieht sich auf den »Kampf des Menschen mit der Nordsee«, aber nicht auf dessen »Kampf mit der Nordsee um Land«. Es trifft nicht die in den übergeordneten Themen intendierte Sache, sondern führt – im Vergleich zur intendierten Sache – auf Nebenwege. Der Grundsatz der Kontinuität wird nicht gewahrt.

Begrenzte Unterrichtseinheit:
Eine Unterrichtseinheit von 90 Min. (eine Doppelstunde) könnte der Lehrer, ausgehend vom zweiten Thema: »Die Gewinnung des Leybuchtpolder«, unter das Thema stellen: »Der Störtebeker-Deich, Profil und Querschnitt«. Damit würde er den eingeschlagenen Weg konsequent fortsetzen.

Der Grundsatz der Kontinuität aller Unterrichtsplanung soll vor allem zwei Dinge gewährleisten: Einerseits soll vermieden werden, daß durch Fehlentwicklung der Planungsentscheidungen der Unterricht letzten Endes auf Nebenwege gerät oder gar an der einmal intendierten Zielsetzung vorbeiläuft; andererseits soll *eine einheitliche Bildung aller Schüler sichergestellt* werden, deren Unterricht sich im Geltungsbereich eines Lehrplans vollzieht. Insbesondere dieser letztere Gesichtspunkt ist entscheidend.

Alle Entscheidungen des Lehrers für Zielsetzungen und Inhalte des Unterrichts bauen auf Vorentscheidungen des Lehrplans auf. In diesem sind verbindliche Angaben enthalten, die jeweils für einen bestimmten Bereich gelten. Neben anderen Intentionen soll ein Lehrplan insbesondere eine Vereinheitlichung der Bildung garantieren (vgl. WENIGER 1965). Die im Lehrplan aufgestellten Forderungen an den schulischen Unterricht können die Einheitlichkeit der Bildung aber nur unter der Voraussetzung leisten, daß in der Tat auch alle Lehrer ihre auf die Aktualisierung genereller Ansprüche zielenden Lehrentscheidungen kontinuierlich an die Lehrplan-Entscheidungen anschließen und aus ihnen entwickeln. Dies stellt eine äußerst schwierige Aufgabe für den Lehrer dar, denn die Formulierungen unserer Lehrpläne sind, wie TOPITSCH an einzelnen Beispielen überzeugend nachgewiesen hat (TOPITSCH 1960, S. 124ff.), außerordentlich vage gehalten. Allerdings sind neuere Curricula schon wesentlich eindeutiger formuliert.

Die Kontinuität der Lehrplanung, die konsequente Fortsetzung einmal getroffener Lehrentscheidungen durch alle Planungsstufen hindurch, ist ein unerläßlicher Grundsatz für die unterrichtskonstruktive Arbeit des Lehrers. Diesen Grundsatz einzuhalten bedeutet jedoch nicht, einer starren Programmatik zu huldigen. Wie SCHORB sagt: »Die Planung muß . . . konsequent und elastisch zugleich sein.« (SCHORB o. J., S. 7) Auf den Gesichtspunkt der »Elastizität« – und dabei auf jenen der »Kontinuität« zurückblickend – ist nun einzugehen.

5.2 Grundsatz der Reversibilität

Als einen zweiten Grundsatz für die Planung und Vorbereitung des Unterrichts nennen wir den der Reversibilität aller Lehrentscheidungen. Diesen Grundsatz zu befolgen bedeutet, alle Entscheidungen so zu treffen, daß sie einer ständigen Revision unterzogen und unter bestimmten Umständen zugunsten neuer Entscheidungen verändert oder sogar aufgehoben werden können. Welche Voraussetzungen für die Fixierung und Formulierung solcher Entscheidungen zu beachten sind, soll an späterer Stelle erörtert werden (vgl. 5.3). Hier sollen zunächst die Gründe erwogen werden, die für das Prinzip der Reversibilität maßgeblich sind, so daß ersichtlich wird, weshalb der Lehrer zur permanenten Revision seiner Planung bereit sein sollte.

Lehrentscheidungen grundsätzlich reversibel zu halten wird insonderheit erforderlich, weil sie einen Prozeß mit vielen Stufen durchlaufen, bis sie in realen Unterrichtssituationen aktualisiert werden. Der Entscheidungsprozeß in Richtung auf die Praxis ist dadurch gekennzeichnet, *daß das Reflexionsfeld sich zunehmend ausweitet, weil auf allen Stufen neue Aspekte hinzutreten und berücksichtigt werden müssen.* Diese Aspekte können unter Umständen die bisherigen Entscheidungen als unangemessen ausweisen, so daß ihre Revision notwendig wird. Und um diese zu ermöglichen, müssen alle Lehrentscheidungen im Stadium der Unterrichtsplanung von vornherein reversibel angelegt und als revidierbar aufgefaßt werden. Die Kontinuität der Planung darf nicht derartig hypostasiert werden, daß die erst nach und nach in den Entscheidungshorizont einbeziehbaren konkreten Bedingungen des Unterrichts unbeachtet bleiben; wäre dies der Fall, so würde die Planung zwar ein stringentes Gedankenspiel sein können, bliebe aber für die Praxis irrelevant, da die Theoriebildung kein Äquivalent zu den tatsächlichen Bedingungen und Erfordernissen der Praxis sein würde. Die Planung muß zwar konsequent die einmal getroffenen Entscheidungen fortsetzen, zugleich aber offen sein für alle neu hinzutretenden Aspekte.

Wie kann dies aussehen? Wenn wir z. B. annehmen, ein Lehrer habe sich im Jahresplan dafür entschieden, im »eigensprachlichen Unterricht« die dramatische Struktur eines Schauspiels an Schillers »Don Carlos« einsichtig zu machen, dann könnte ihn beispielsweise die Gastaufführung von Kleists »Der zerbrochene Krug« dazu veranlassen, nun *dieses* Schauspiel als Exempel zu wählen. In diesem Fall würde die *Zielsetzung*, das Lernziel, konsequent weiterverfolgt, der *Lerninhalt*, an dem das Ziel verwirklicht werden soll, unter Einbeziehung tatsächlicher Bedingungen aber ausgewechselt. Revidiert würde mithin die Entscheidung für den Lerninhalt, weil neue Bedingungen sichtbar und in den Entscheidungsprozeß aufgenommen wurden; und zwar würde hier sicherlich die Überlegung angestellt, daß dasselbe Lernziel leichter zu verwirklichen sei, wenn die Schüler das Kleistsche Drama als Aufführung erleben können, statt das Schillersche Schauspiel nur zu lesen. Im eigentlichen wäre hier der Inhalt nicht ausgetauscht worden aufgrund von *inhaltsbezogenen* Überlegungen, sondern weil die *mediale* Wirkung der Aufführung gegenüber der des Lesens für erfolgversprechender gehalten wird.

Dies – sehr globale – Beispiel verweist auf einen Tatbestand, den insonderheit HEIMANN für die Unterrichtsplanung als wesentlichen Faktor herausgestellt hat und berücksichtigt wissen möchte: Interdependenz aller Lehrentscheidungen. Alle Lehrentscheidungen stehen in interdependentem Zusammenhang, sie beeinflussen sich wechselseitig, so daß sie nicht isoliert voneinander getroffen werden können. Wenn wir uns wieder darauf besinnen, daß wir die Unterrichtsplanung als einen Prozeß begreifen, in dem auf den aufeinanderfolgenden »Stufen« die Zahl der Entscheidungen zunimmt – da stets weitere Dimensionen des Unterrichts in den Blick genommen und geplant werden müssen –, dann erklärt sich uns die Notwendigkeit einer reversiblen und offen angelegten Planung auch von der Annahme der »Interdependenz« her. Denn jede Unterrichtsdimension, die neu zur Entscheidung ansteht, ist zunächst nach spezifischen Kriterien zu planen, dann aber auch mit den übrigen in Übereinstimmung zu bringen. Sie wirkt mithin auch auf diese zurück und vermag unter Umständen verändernd auf diese einzuwirken. Damit derartige Rückwirkungen aber auch aufgefangen und angemessen berücksichtigt werden können, hat der Lehrer sich auf ständige Revisionen seiner Lehrentscheidungen einzustellen.

Noch deutlicher wird die Notwendigkeit, Unterricht nicht starr, sondern flexibel zu planen und Entscheidungen reversibel anzulegen, wenn man jene Phase betrachtet, in der die Planung unmittelbar in praktische Maßnahmen umschlägt – die Unterrichtssituation. In allen neueren unterrichtstheoretischen Veröffentlichungen wird betont, daß nur ein langfristig geplanter und sorgfältig vorbereiteter Unterricht sinnvoll ist und Erfolg haben kann (vgl. z. B. HACKER u. a. 1977, S. 13ff.); zugleich aber wird darauf hingewiesen, daß endgültige Entscheidungen über Lehr- und Lernaktivitäten im Unterricht letzten Endes nur in konkreten Unterrichtssituationen fallen können. Dies wird damit begründet, daß erst in realen Situationen die wahren Bedingungen sichtbar und mithin geortet und ausgewertet werden können, die sich auf Lehr- und Lernvorgänge beeinflussend auswirken. HAUSMANN spricht für den Einfluß solcher situativer Voraussetzungen auf didaktische Aktivitäten vom »Gesetz der Stunde« (HAUSMANN 1959, S. 138); HEIMANN faßt alle Lehrentscheidungen als abhängig von situativen Faktorenkonstellationen auf (HEIMANN 1962, S. 422ff.; vgl. auch WINNEFELD 1957, S. 34ff.). HEIMANN verweist auch auf den grundsätzlich prozeßhaften Charakter des Unterrichts, der eine didaktische Theoriebildung – als theoretische Basis aller Lehrentscheidungen – erforderlich mache, die selbst Prozeß-Form annimmt (HEIMANN 1962; 1965). Unterrichtsplanung – als ein kontinuierlicher Prozeß von Lehrentscheidungen mit zunehmender Konkretheit und Angepaßtheit an Erfordernisse realer Lernsituationen – muß offen angelegt sein, und zwar so, daß alle Entscheidungen revidierbar sind, wenn dies aufgrund neuartiger Voraussetzungen angebracht ist.

Dies gilt insonderheit auch für die unmittelbare Vorbereitung des Unterrichts, wie sie sich zumeist in einem »Stundenentwurf« o. ä. niederschlägt. Denn selbst in der kurzen Zeitspanne zwischen der Erstellung eines Unterrichtsentwurfs und seiner Aktualisierung ändern sich die Bedingungen, von denen alle didaktischen Maßnahmen und Eingriffe in den Lernprozeß abhängig sind. Wo diese Bedingungen negiert werden und Unterrichtsentwürfe für unumstößlich gehalten werden, da nimmt der Lehrprozeß gleichsam Primitiv-Charakter an, wie KLOTZ in einer »verkürzten Beschreibung des Lehrablaufs« urteilt. In einem »Primitiv-Modell« des Lehrprozesses stellt KLOTZ diesen Tatbestand dar (*Abb. 1* auf Seite 37; verändert nach KLOTZ 1968, S. 151).

»Primitiv« ist also ein Lehrprozeß zu nennen, in dem die einmal getroffenen Lehrentscheidungen in jeder Hinsicht unverändert beibehalten und in praktische Maßnahmen umgesetzt werden, in dem die Entscheidungen als irreversibel aufgefaßt werden. Unberücksichtigt bleiben dabei alle Veränderungen der Lernvoraussetzungen, die sich fortwährend auf seiten der Lernenden sowie in der gesamten Lernsituation vollziehen.

Grundsätze der Unterrichtsplanung und -vorbereitung

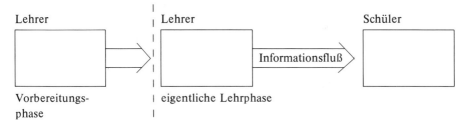

Abb. 1: »Primitiv-Modell« des Lernprozesses

KLOTZ geht nur auf die ersteren ein – Änderung der Voraussetzungen beim Lernenden –, wenn er den funktional vollständigen Unterricht als »ein Wechselspiel zwischen Lehrer und Schüler« begreift und den Lehrprozeß in folgendem Schema darstellt (verändert nach KLOTZ 1968, S. 150 bzw. S. 153):

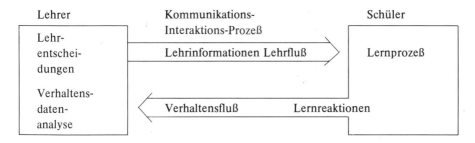

Abb. 2: Grundschema des Lehrprozesses

Aus diesem Schema geht deutlich hervor, daß situationsadäquate Lehrentscheidungen letzten Endes nur simultan getroffen werden können. Jede Lehrentscheidung realisiert sich in bestimmten Lehrmaßnahmen, die den Lernprozeß eines Lernenden steuern und dessen Verhalten ändern, zumindest aber beeinflussen. *Das veränderte Lernverhalten bzw. die Reaktion des Lernenden auf Lehraktivitäten stellt Bedingungen dar, die für weitere Lehraktivitäten unbedingt zu berücksichtigen sind, mithin also in den Entscheidungsprozeß einbezogen werden müssen.* In situationsadäquate Lehrentscheidungen können nur solche vorhergegangenen Entscheidungen umgewandelt werden, die grundsätzlich reversibel gehalten sind. Wichtig ist vor allem auch, daß der Lehrer sich von vornherein darauf einstellt, seine in der Planungsphase vollzogenen Entscheidungen notwendig werdenden Revisionen zu unterziehen.

Der Unterricht für das Schuljahr 1977/78 wurde beispielsweise schon sehr früh geplant; und kaum ein Lehrer dürfte bei seiner Arbeit am Jahresplan schon an die Fußball-Ereignisse des Jahres 1978 gedacht haben. Da aber nun einmal die Fußballweltmeisterschaft ausgerechnet in den beiden letzten Schulwochen stattfand, weiterhin mit großer Sicherheit anzunehmen war, daß die meisten Schüler via Fernsehen an diesem Ereignis teilnehmen würden, hätte der Lehrer spätestens Ende Mai 1978 seine Pläne daraufhin durchsehen müssen, ob nicht die Weltmeisterschaft nutzenswerte Motive für verschiedene Themen in unterschiedlichen Fächern bietet. Worum er aber nun keineswegs herumkam – auch wenn er ein Fußballmuffel sein sollte –, war die Tatsache, daß viele Schüler morgens müde in der Schule erschienen, weil sie ferngesehen hatten; er mußte also wohl oder übel seinen Unterricht so gestalten, daß trotz Müdigkeit gelernt wurde, er mußte also durch kurzfristige Umplanung möglicherweise andere als die vorgesehenen Methoden, Themen usw. zum Einsatz bringen.

Die Unterrichtsplanung unter den Grundsatz der Reversibilität zu stellen bedeutet nicht nur nicht, auf Vorentscheidungen zu verzichten, sondern erfordert ausdrücklich derartige Vollzüge. Denn nur wenn klare Vorstellungen über Zielsetzungen, Inhalte, Verfahren und Mittel des Unterrichts bestehen – wenn also Entscheidungen getroffen wurden –, können kurzfristige und simultane Lehrentscheidungen zweckmäßig und den realen Bedingungen angemessen gefällt werden. Dies leitet uns zu unserem nächsten Planungsprinzip über, dem der »Eindeutigkeit«.

5.3 Grundsatz der Eindeutigkeit

Den Grundsatz der Eindeutigkeit in der Unterrichtsplanung zu befolgen meint, jede didaktische Entscheidung so zu treffen, daß in ihr unmißverständlich die beabsichtigten Maßnahmen für die Auslösung, Steuerung und inhaltliche Gestaltung des Unterrichts zum Ausdruck kommen. Wie wichtig eine solche Eindeutigkeit ist, hat MAGER am Beispiel der Planung von Lernzielen nachgewiesen (MAGER 1965). Wenn auch die deutsche Übersetzung seiner Anleitungen die sprachlich sinnlose Formulierung wählt: »Wer nicht weiß, wohin er will, braucht sich nicht zu wundern, wenn er ganz woanders ankommt« (MAGER 1965, Umschlagtext)*, so weiß der Leser doch, was eigentlich gesagt werden soll: Nur wer sich klar und eindeutig für ein ganz bestimmtes Lernziel entscheidet, wird dieses durch seine Lehraktivitäten auch verwirklichen können. Wer hingegen verschwommene Vorstellungen über ein Lernziel hat, der wird unter Umständen alle nur denkbaren ansteuern und erreichen helfen, nur nicht jenes, das er eigentlich erreichen wollte oder sollte. Was für das Lernziel gilt, gilt auch für die Entscheidungen über alle anderen Dimensionen des Unterrichts, gilt auch für Inhalte, Methoden und Medien.

Eindeutige Entscheidungen sind Grundvoraussetzung für die Reversibilität der Planung des Unterrichts, genauer gesagt: für die sinnvolle und den praktischen Erfordernissen angemessene Revision der Lehrentscheidungen. Denn ob eine beabsichtigte Lehraktivität bei einem bestimmten Grad an Einsicht in die realen Bedingungen des Unterrichts noch als sinnvoll und zweckmäßig beurteilt werden kann – und mithin die Entscheidung aufrechterhalten bleiben kann – oder ob sie als wenig sinnvoll und unzweckmäßig zu beurteilen ist – mithin die Entscheidung zu revidieren wäre –, das läßt sich nur überprüfen, wenn auch wirklich Überprüfbares vorhanden ist. Dazu ist ein ganz konkreter Anhaltspunkt notwendig, eben die eindeutige Entscheidung, die eindeutige Klarlegung der Absicht.

Wer bereit ist, seine Entscheidungen reversibel zu halten und sie ständig wieder kritisch zu reflektieren – und dazu sollte jeder Lehrer bereit sein (vgl. 5.2) –, der muß

---

* Wer nicht weiß, wohin er will, der kann sich zwar darüber wundern, wo er letzten Endes hingelangt, aber nicht darüber, daß er »woanders ankommt«. Denn ein »Woanders« kann es für ihn nur geben, wenn er genau wußte, wohin er wollte.

Grundsätze der Unterrichtsplanung und -vorbereitung

sich darum bemühen, seine Entscheidungen eindeutig zu treffen. Er darf sich nicht, wie es im Volksmund heißt, vor Entscheidungen »drücken« und sich mit verschwommenen Vorstellungen zufriedengeben über das, was er zu tun beabsichtigt. Um gleich hier einem Mißverständnis vorzubeugen: *Die geforderte Eindeutigkeit schließt Alternativen der Handlungsabsicht nicht aus.* Aber die in Aussicht genommenen Alternativen müssen ebenfalls von vornherein möglichst eindeutig bestimmt werden. Im allgemeinen wird es sogar sinnvoll sein, von Anfang an alternative Möglichkeiten des Unterrichtens zu durchdenken und im Hintergrund abrufbereit zu halten.

Wie läßt sich die zur Überprüfung von Lehrentscheidungen erforderliche Eindeutigkeit erreichen? Dafür, wie man den einzelnen Lehrer dazu motivieren kann, eindeutige Entscheidungen zu treffen, können wir hier keine Antwort geben; das ist ein Problem der Lehrerausbildung. Uns geht es vielmehr darum, zu erörtern, *in welcher Form Eindeutigkeit von Lehrentscheidungen explizit gemacht werden kann, so daß Überprüfbares geschaffen wird.* Dies kann nur durch sprachliche Formulierungen geschehen.

Erstens sollte jeder Lehrer dazu übergehen, Lehrentscheidungen sprachlich zu fixieren, d. h. auf jeder Planungsstufe seine Absichten schriftlich festzuhalten. Dadurch schafft er sich feste Anhaltspunkte, die er immer wieder überprüfen kann. Zweitens sollte die Entscheidung präzise formuliert werden, d. h., die implizierten didaktischen Aktivitäten sollten möglichst genau bezeichnet werden.

Ungenaue und verschwommene Beschreibungen der in Aussicht genommenen Aktivitäten haben nur geringen Wert für spätere Überprüfungen von Lehrentscheidungen. Sprachliche »Leerformeln« (TOPITSCH 1960, S. 124ff.), wie sie sich gerade in der Bildungs- und Unterrichtsplanung häufig finden, haben denkbar weite Interpretationsräume und sind damit letzten Endes nichtssagend. Für die Überprüfung von Entscheidungen sind sie wertlos, da der Lehrer die wahren Implikationen nur schwer wieder aus ihnen herauslesen kann. An ihre Stelle haben weitgehend »operationale« Definitionen zu treten, d. h. Beschreibungen der didaktischen Absichten unter Verwendung von Ausdrücken, die Meßbares und Beobachtbares bezeichnen. Dies sollte grundsätzlich möglich sein, da didaktische Entscheidungen stets auf praktische Maßnahmen bezogen sind, deren Aktualisierung sie intendieren. Daß hier nicht an eine überspitzte Operationalisierbarkeit gedacht wird, sollte sich von selbst verstehen. MÖLLER hat in ihrer Abhandlung über die »Technik der Lernplanung« hinlänglich klargestellt, daß der Planungsprozeß ein Vorgang mit zunehmender Konkretheit bzw. abnehmender Abstraktheit ist und daß die Forderung nach Operationalisierung der Entscheidungen erst im Endstadium voll erfüllt werden kann (vgl. MÖLLER 1971, bes. S. 45ff.). Dies entläßt den Lehrer aber nicht aus der Aufgabe, *bereits auf den ersten Planungsstufen anstelle von vagen Begriffen möglichst Beschreibungen mit eindeutigem Aussagewert zu verwenden.*

Es ist z. B. nicht einzusehen, warum in Jahresplänen nur stichwortartig stehen sollte »Frühlingsblumen an einzelnen Beispielen« oder »Bruchrechnen«. Die in der Jahresplanung bereits fälligen Entscheidungen über Lernziele und Lerninhalte sind aus solchen vagen Formulierungen keineswegs eindeutig abzulesen. Denn um welche Art von Brüchen geht es, um welche Frühlingsblumen? Was bedeutet überhaupt »Frühlingsblume«, was »Bruchrechnen«? Eine Überprüfung derartig formulierter Entscheidungen ist nicht möglich, da zuviel nur angedeutet ist. Der Lehrer sollte schon auf dieser Planungsstufe völlige Klarheit über seine Absichten haben und diese unmißverständlich zum Ausdruck bringen. Wenn es ihm beispielsweise darauf ankommt, Frühblüher als Pflanzen auszuweisen, die aufgrund besonderer Speicherorgane blühen können, bevor intensiver Sonnenschein den ansonsten erforderlichen Stoffwechsel auslöst, dann sollte er dies auch möglichst exakt ausdrücken. Im Jahresplan könnte es dann vielleicht heißen: »Am Beispiel der Tulpe (als einem Zwiebelgewächs) und des Scharbockskrautes (als einem Knollengewächs) sollen die Schüler erkennen, daß manche Pflanzen über besondere Speicherorgane verfügen, die sie besonders früh und ohne auf viel Sonne angewiesen zu sein blühen lassen.« Eindeutig – wenn auch noch auf hohem Abstraktionsniveau – sind Zielsetzung und Inhalt des Lernprozesses formuliert. Bei veränderten Umständen könnte nunmehr überprüft werden, ob Zwiebel- oder Knollengewächse tatsächlich jenen Erfahrungsinhalt stellen, an dem die beabsichtigte Zielsetzung verwirklicht werden kann.

Wer auf eindeutige Lehrentscheidungen und deren unmißverständliche Beschreibung verzichtet, der mag zwar auch dazu gelangen, seine Entscheidungen zunehmend zu präzisieren und den realen Umständen anzupassen, aber dies wird mehr zufällig geschehen, statt das Resultat rationaler Unterrichtsplanung zu sein. Kontinuierliche Planung und sinnvolle Revision von Lehrentscheidungen setzen eindeutige Absichten und unmißverständliche Formulierungen voraus; sie schaffen die Voraussetzungen für die Kontrollierbarkeit der Entscheidungen und der Aktivitäten.

5.4 Grundsatz der Widerspruchsfreiheit

Widerspruchsfreiheit als ein Grundsatz der Unterrichtsplanung meint, alle didaktischen Entscheidungen so zu treffen, daß sie in sich stimmig sind. Daß die für eine Unterrichtsdimension auf verschiedenen Planungsstufen erforderlichen Entscheidungen eine in sich möglichst widerspruchsfreie Folge bilden sollten, ist in der Erörterung des Grundsatzes der »Kontinuität« hervorgehoben worden. Hier ist nunmehr davon die Rede, daß die für die verschiedenen Unterrichtsdimensionen jeweils notwendigen Entscheidungen ebenfalls nicht widersprüchlich sein dürfen.

Auf das Prinzip der Widerspruchsfreiheit ist zum ersten Mal von HEIMANN und SCHULZ ausdrücklich hingewiesen worden (HEIMANN/SCHULZ/OTTO 1965, S. 45). Diesem Prinzip liegt die von HEIMANN aufgestellte Unterrichtstheorie des Berliner Modells der Didaktik zugrunde (HEIMANN 1962). Diese Theorie geht von der Voraussetzung aus, daß alle unterscheidbaren Dimensionen des Lehr- und Lerngeschehens im Unterricht in einem wechselseitigen Abhängigkeitsverhältnis zueinander stehen. Mit dem Begriff der »Interdependenz« will HEIMANN ausdrücken, daß man nicht das generelle Primat einer Unterrichtskomponente annehmen kann – wie dies z. B. KLAFKI hinsichtlich der Komponente »Inhalt« bzw. »Thema« tat (KLAFKI 1964, S. 72 ff.) –, sondern daß man grundsätzliche Gleichrangigkeit der Komponenten voraussetzen muß. Wenn nun aber zwischen den einzelnen Unterrichtsdimensionen Interdependenz herrscht, dann muß diese bei der Planung von Unterricht auf jeden Fall berücksichtigt werden. Denn Planung bedeutet nichts anderes, als das Lehr- und Lerngeschehen durch Entscheidungen für bestimmte Aktivitäten vorzustrukturieren, so daß sich bei späterer Aktualisierung Unterricht konstituiert. Damit die vorgesehenen Aktivitäten nicht gegenläufig sind, was unter Umständen sogar zur gegenseitigen Aufhebung ihrer Wirksamkeit für den Lernprozeß führen kann, sind schon die Lehrentscheidungen auf allen Stufen aufeinander zu beziehen und abzustimmen.

Grundsätze der Unterrichtsplanung und -vorbereitung

Für den Lehrer ergibt sich hieraus vor allem die Notwendigkeit, seine Lehrentscheidungen nicht isoliert – d. h. jede Entscheidung ausschließlich für sich allein –, sondern im Kontext mit allen jeweils anstehenden Entscheidungen zu treffen. Das bedeutet nun aber nicht, daß nicht für jede seiner Entscheidungen – für Zielsetzung, Inhalt, Verfahren und Mittel des Unterrichts – spezifische Kriterien eine Rolle spielten, sondern daß neben solchen spezifischen Gesichtspunkten immer auch der gesamte Wirkungszusammenhang zu beachten ist. Ein Lehrer, der den Einsatz von Medien plant und sich beispielsweise zwischen verfügbaren Filmen und Dias zu entscheiden hat, kann dies nicht ausschließlich unter medienspezifischen Gesichtspunkten tun. Er muß vielmehr erwägen, ob die verfügbaren Medien in Einklang mit den beabsichtigen Lernzielen, -inhalten und -verfahren stehen, und sich letzten Endes für jenes Mittel entscheiden, das am besten in den Kontext seiner übrigen Entscheidungen hineinpaßt, also sowohl medientechnisch optimal ausgestattet ist als auch den Unterricht in sich stimmig werden läßt.

Umgekehrt bedeutet die Forderung nach widerspruchsfreier Planung nun aber auch nicht, daß die einzelnen Entscheidungen gleichsam auseinander deduziert werden könnten. Im Hinblick auf den Lernerfolg – und Unterricht ist eine Veranstaltung, die vorwiegend der Sicherstellung des Lernerfolges von Schülern gilt – ist aber eine bestimmte Kombination von Aktivitäten effektiver als andere; und diese eine gilt es durch Entscheidungen vorzubereiten. Man kann von einer »negativ ausschließenden Weise« des Zusammenhangs der Entscheidungen sprechen (BLANKERTZ 1969, S. 102). Wo beispielsweise die Entscheidung für die Unterrichtsmethode gefallen ist und aus besonderen Gründen nicht mehr aufgehoben werden kann und wo der Lehrer sich für die Form des »selbständig-produktiven« Lernens (UHLIG 1953/54, S. 497ff.) entschieden hat, da wäre etwa das Medium »Erzählung« unangebracht. Denn dieses Medium würde die Schüler zum rezeptiven Lernen zwingen und mithin der gewählten Methode zuwiderlaufen. Der Lehrer müßte hier nach solchen Medien suchen, die sich in die gewählte Methode einpassen.

In Abwandlung des amerikanischen »match« (HECKHAUSEN 1969, S. 209ff.) könnte man in diesem Zusammenhang von einem Prinzip der »optimalen Passung« sprechen. Worauf es danach ankäme, wäre nicht eine logische Stringenz der didaktischen Entscheidungen um jeden Preis und nur des Kalküls wegen, sondern eine optimale Abstimmung der Lehrentscheidungen aufeinander, wobei einzig und allein die Berechenbarkeit des Lernerfolgs maßgebend wäre. Die für jeden Lernprozeß bedeutsamen sozialen und individuellen Voraussetzungen müßten hinsichtlich ihrer voraussichtlichen Einwirkung auf die Lehrentscheidungen auf jeden Fall in den Kalkül einbezogen werden.

An diesem Tatbestand müssen zwangsläufig auch alle Planungshilfen, Handbücher usw. scheitern, die dem Lehrer generelle Planungen vorgeben und die mit dem Anspruch »Freiheit im Lehrerhaus« auftreten und werben. Dasselbe gilt übrigens auch für »geschlossene« Curricula.

5.5 Grundsatz der Angemessenheit

Von Angemessenheit der Unterrichtsplanung wird hier in einem doppelten Sinne gesprochen: Einerseits sollten *die Lehrentscheidungen nach zweckrationalen Gesichtspunkten getroffen* werden und die beabsichtigten Maßnahmen in einem angemessenen

Verhältnis zueinander stehen, andererseits sollte *der Aufwand des Lehrers bei der Planung den tatsächlichen Erfordernissen der Unterrichtspraxis »angemessen«* sein.

Wenn von »zweckrationalen« Entscheidungen gesprochen wird, so soll damit ausgedrückt werden, daß erstens alle Lehraktivitäten im Hinblick auf das jeweils in Aussicht genommene Unterrichts-*Ziel* geplant werden sollten und daß zweitens allen geplanten Lehraktivitäten *wissenschaftlich abgesicherte theoretische Aussagen zugrunde liegen* sollten.

Unterricht ist als ein Prozeß aufzufassen, in dem den Schülern absichtsvoll und planmäßig Gelegenheit gegeben wird, Erfahrungen zu machen, durch die sich ihr Verhalten in Richtung auf das im Lernziel beschriebene Endverhalten ändern kann. Unterricht muß mithin als ein Erfahrungsprozeß konstruiert werden, der geradezu zwangsläufig die erwünschte Verhaltensänderung bei den Lernenden bewirkt. Alle auf den Lernprozeß einwirkenden Maßnahmen und Mittel müssen also dem jeweils besonderen Zweck untergeordnet werden. Als »angemessen« sind sie zu betrachten, wenn sie im Hinblick auf diesen Zweck – das Lernziel – weder zu aufwendig noch zu gering sind. Um es in sprichwörtlichen Formeln auszudrücken, der Lehrer sollte nicht »mit Kanonen auf Spatzen schießen«, er sollte aber auch nicht »Spielzeuggewehre auf Großwild ansetzen«. Einer solchen Gefahr wird er selbst am besten vorbeugen können, wenn er – statt Zuflucht zu intuitiven Entscheidungen und alten, angeblich bewährten Maßnahmen zu nehmen – seine Entscheidungen dadurch rationalisiert, daß er sie auf wissenschaftlich erprobte, empirisch überprüfte Mittel und Verfahren gründet. *Das schließt phantasievolle Aktivitäten keinesfalls aus, doch sollten diese in Bezug zu theoretisch abgeklärten Aussagen gesetzt und reflektiert werden*; in unserem institutionalisierten und methodisch organisierten Unterricht haben sie keine so große Bedeutung mehr, wie ihnen gelegentlich noch zugesprochen wird. Sie sind notwendig – nach wie vor –, aber man sollte sich ehrlicherweise eingestehen, daß sie immer wieder auf institutionelle Grenzen stoßen (z. B. wird die Phantasie eines Lehrers, aus der spontan neue Medien entstehen, durch den entsprechenden Medien-Erlaß in Baden-Württemberg oder auch in Bayern von vornherein eingeengt). Um nicht mißverstanden zu werden: Wir halten Phantasie beim Lehrer für unverzichtbar, machen sogar Mut dazu; phantasievolle Eingebungen müssen sich aber auch gefallen lassen, auf ihre Wirksamkeit überprüft zu werden, da Lehrerphantasie kein Selbstzweck ist, sondern sich in den Dienst von Unterricht einordnen muß.

Unterrichtsplanung ist kein Selbstzweck, sondern ist auf eine nachfolgende Praxis bezogen. Diese geradezu triviale Aussage zu machen scheint uns notwendig, wenn man betrachtet, wieviel Wert oft auf die endogene Geschlossenheit, Stimmigkeit usw. der Planung gelegt wird, ohne daß deren Bezug zur Praxis ersichtlich würde. Tatsächlich ist es oft so – und dies vor allem bei Lehranfängern und Junglehrern –, daß mehr Zeit darauf verwendet wird, Planungen und Vorbereitungen »inspektionssicher« zu machen, als sie theoretisch abzusichern und praxisadäquat zu gestalten. Um Vorwürfen bei Unterrichtsbesuchen vorzubeugen, werden umfangreiche und übersichtlich angelegte schriftliche Unterrichtspläne vorgelegt, die in sich überzeugend wirken, deren Bedeutung für die Unterrichtspraxis häufig aber sehr gering ist. Meistens wird ein zu großer Aufwand getrieben. Wer längere Zeit an Zweiten Lehramtsprüfungen teilgenommen hat, wird dies bestätigen können.

»Angemessene« Unterrichtsplanung bedeutet auch, daß der Lehrer keinen zweckentfremdeten Aufwand betreibt. Und diesen zu vermeiden und nicht in einen Kult der Planung zu verfallen scheint uns insonderheit dadurch zu gewährleisten möglich, daß jeder Lehrer zu persönlich-bestimmten Formen der Fixierung seiner Lehrentscheidungen findet. *Es ist nicht notwendig, daß alle Lehrer dieselben Formen und womöglich noch vorgedruckte Formulare benützen, sondern daß sie zu Formen finden, die gerade für sie am wenigsten aufwendig und zeitraubend sind.* Zu verlangen ist allerdings, daß – unangesehen der jeweils gewählten Form – diese objektiv ist, d. h., sie muß wiederholbar und nachprüfbar sein für jeden Leser. Sie wird dies sein, wenn die hier erörterten Grundsätze der *Kontinuität,* der *Reversibilität,* der *Eindeutigkeit,* der *Widerspruchsfreiheit* und der *Angemessenheit* eingehalten werden.

Literatur

BLANKERTZ, Herwig: Theorien und Modelle der Didaktik. München 1969
HACKER, Hartmut/POSCHARDT, Dieter (Hrsg.): Zur Frage der Lernplanung und Unterrichtsgestaltung. Hannover 1977
HAUSMANN, Gottfried: Didaktik als Dramaturgie des Unterrichts. Heidelberg 1959
HECKHAUSEN, Heinz: Förderung der Lernmotivierung und der intellektuellen Tüchtigkeiten. In: Begabung und Lernen. Hrsg. von H. ROTH. Stuttgart 1969, S. 193 ff.
HEIMANN, Paul: Didaktik als Theorie und Lehre. In: Die Deutsche Schule, 54. Jg., 1962, S. 407 ff.
HEIMANN, Paul/OTTO, Gunter/SCHULZ, Wolfgang: Unterricht – Analyse und Planung. Hannover 1965
KLAFKI, Wolfgang: Das Problem der Didaktik. In: ders.: Studien zur Bildungstheorie und Didaktik. Weinheim ³/⁴1964, S. 72 ff.
KLOTZ, Günter: Das didaktische Grundmodell in seiner Funktionalität. In: Pädagogische Rundschau, 22. Jg., 1968, S. 149 ff.
MAGER, Robert F.: Lernziele und Programmierter Unterricht. Weinheim 1965
MÖLLER, Christine: Technik der Lernplanung. Weinheim/Berlin/Basel ³1971
PETERSSEN, Wilhelm H.: Unterrichtsplanung. In: Handlexikon zur Erziehungswissenschaft. Hrsg. von L. ROTH. München 1976, S. 453 ff.
RICHTLINIEN für die Volksschulen des Landes Niedersachsen. Hannover 1962
SCHORB, Alfons Otto: 160 Stichworte zum Unterricht. Bochum o. J.
TOPITSCH, Ernst: Zeitgenössische Bildungspläne in sprachkritischer Betrachtung. In: Schule und Erziehung. Hrsg. von HASELOFF, Otto Walter/STACHOWIAK, Herbert. Berlin 1960, S. 124 ff.
UHLIG, Albert: Zum Begriff und zur Unterscheidung der Lehrmethoden. In: Wissenschaftliche Zeitschrift der Friedrich-Schiller-Universität Jena, 3. Jg., 1953/54, S. 497 ff.
VOHLAND, Ulrich: Praxis der Unterrichtsplanung. Düsseldorf 1982
WENIGER, Erich: Didaktik als Bildungslehre. Teil 1. Theorie der Bildungsinhalte und des Lehrplans. Weinheim ⁶/⁸1965
WINNEFELD, Friedrich: Pädagogischer Kontakt und pädagogisches Feld. München/Basel 1957

Zweiter Teil
Modelle der Unterrichtsplanung

1 Didaktische Analyse

Vorklärungen

Die Bezeichnung didaktische Analyse findet sich recht häufig, und hinter ihr verbergen sich (etwa in der fachdidaktischen Literatur) unterschiedliche Auffassungen und Konzeptionen zu Erfordernissen und Verfahren der Unterrichtsplanung. Hier soll ausschließlich auf jenes weitbekannte Planungskonzept eingegangen werden, das Wolfgang KLAFKI erstmals 1958 unter dem Titel »Didaktische Analyse als Kern der Unterrichtsvorbereitung« veröffentlichte (KLAFKI 1958; 1964a; 1964b). Nach eigenen Angaben KLAFKIS handelt es sich dabei »nicht um ein ›rein theoretisch‹ ausgedachtes Konzept, das dann erst in einem zweiten Schritt auf Praxis übertragen worden wäre, sondern dieses Konzept war das systematisierte Ergebnis von konkret durchgeführten Stundenanalysen« (KLAFKI 1977, S. 6), und zwar von Analysen von Stunden, die in Praktika von Lehrerstudenten geplant und verwirklicht wurden. Die Didaktische Analyse KLAFKIS kann allerdings nicht leugnen, daß sie auch unmittelbarer Ausfluß des von KLAFKI seinerzeit praktizierten bildungstheoretisch-didaktischen Denkens und geisteswissenschaftlichen Forschens ist. Sie erweist sich geradezu als notwendige Verlängerung der spezifischen Theoriebildung in die Praxis hinein und erfüllt damit im Bereich von Pädagogik und Didaktik vorzüglich das geisteswissenschaftliche Postulat handlungsorientierten und pragmatischen Vorgehens. Die Didaktische Analyse ist Prinzip und Anweisung zum unterrichtsplanenden Handeln, wie es aufgrund bildungstheoretischer und didaktisch-theoretischer Untersuchungen und Überlegungen für erforderlich gehalten wird (hierauf wird in den Abschnitten über den ›bildungstheoretischen‹ und ›didaktischen‹ Hintergrund näher eingegangen).

Für eine ganze Lehrergeneration, die Ende der 50er und Anfang der 60er Jahre ihre Ausbildung durchlief, wurde die Didaktische Analyse zum bestimmenden Modell – oftmals aber auch zum bloßen Instrument – der Unterrichtsvorbereitung. Sie gab, wonach man bis dahin vergebens gesucht hatte: theoretisch begründete und verständliche Handlungsimpulse für die Arbeit der Unterrichtsplanung. Sie wurde vor allem auch von den Fachdidaktiken adaptiert, dort aber auch häufig verkehrend und vereinfachend in Anspruch genommen, wodurch es zum formalen Gebrauch des Frageraster der Didaktischen Analyse kam. Das Modell blieb bestimmend bis zu jenem Zeitpunkt, da das »Berliner Modell« der lerntheoretischen Didaktik die didaktische Szene zu beherrschen begann (vgl. das entsprechende Kapitel, S. 82 ff.). Daß es auch heute noch, nach rund vierzig Jahren seiner Erstveröffentlichung, »Verwendung findet«, stellt ziemlich erstaunt und mit kritischer Rückfrage WINTGENS fest (vgl. WINTGENS 1994, S. 242 ff.).

Der Fragenkatalog der Didaktischen Analyse umfaßt fünf Hauptfragen mit zahlreichen Unterfragen. Die Fragen richten sich samt und sonders auf den Inhalt bzw. das Thema des Unterrichts. Die Didaktische Analyse erweist sich somit als ein Modell der Didaktik ›im engeren Sinne‹, die ihr Gegenstandsfeld aufgrund der von ihr verfochtenen Grundthese des »Primats der Inhalte« vor der Methode auf die Inhaltsdimension

---

Literatur zu diesem Kapitel siehe Seite 61.

Modelle der Unterrichtsplanung

didaktischer Vorgänge eingrenzt. Die fünf Hauptfragen, mit deren Hilfe sich der Lehrer auf den Unterricht vorbereiten soll, richten sich auf
- die exemplarische Bedeutung des Inhalts bzw. Themas
- dessen gegenwärtige und
- zukünftige Bedeutung im Leben der betroffenen Schüler
- die Struktur des Inhalts sowie
- jene Gegebenheiten und Gelegenheiten, unter denen er besonders günstig im Unterricht ›behandelt‹ werden kann.

Dabei ist nicht von bloßen Inhalten die Rede, sondern gemäß den bildungstheoretischen Vorklärungen immer nur von ›Bildungsinhalten‹, d. h. von solchen Inhalten, von denen unter bestimmten Umständen angenommen werden kann, daß sie im Unterricht bildungswirksam werden können (vgl. die Ausführungen über den ›bildungstheoretischen Hintergrund‹, S. 53 ff.).

Wenn auch KLAFKI selbst inzwischen die Fragestruktur der Didaktischen Analyse zugunsten eines neuen »Perspektivenschemas zur Unterrichtsplanung« aufgegeben hat (vgl. das folgende Kapitel, S. 62ff.), so behält sie doch m. E. ihren Wert. Sie hat nicht bloß historische Bedeutung, sondern sie kann immer noch als ein theoretisch fundiertes und praktisch wirksames Alternativmodell zur täglichen Unterrichtsvorbereitung gelten. Wer es verwendet, sollte sich allerdings mit seinen bildungstheoretischen und didaktischen Voraussetzungen weitgehend identifizieren können.

1.1 Die Fragen der Didaktischen Analyse mit einem Beispiel

Die Fragen werden zitiert nach KLAFKI 1964a, S. 135ff. Das Beispiel zur Erläuterung der Fragen entstammt einer Analyse von Ingrid GEISER aus Bodnegg (Baden-Württemberg) aus dem Jahr 1979; es ist bezogen auf das Fach Biologie im 6. Schuljahr einer Realschule.

Frage I: Exemplarische Bedeutung
Hauptfrage: *Welchen größeren bzw. welchen allgemeinen Sinn- oder Sachzusammenhang vertritt und erschließt dieser Inhalt?*
Welches Urphänomen oder Grundprinzip, welches Gesetz, Kriterium, Problem, welche Methode, Technik oder Haltung läßt sich in der Auseinandersetzung mit ihm »exemplarisch« erfassen?
Unterfragen: 1. Wofür soll das geplante Thema exemplarisch, repräsentativ, typisch sein?
2. Wo läßt sich das an diesem Thema zu Gewinnende als Ganzes oder in einzelnen Elementen – Einsichten, Vorstellungen, Wertbegriffen, Arbeitsmethoden, Techniken – später als Moment fruchtbar machen?
Erläuterung: Diese Frage ist die Kernfrage der Didaktischen Analyse; aus ihr wird ersichtlich, daß die Analyse von vornherein nicht auf alle Inhalte zielt, sondern nur auf solche, die über sich selbst hinausweisen, die aufgrund ihrer exemplarischen, repräsentativen usw. Struktur eine allgemeine Zielsetzung verwirklichen helfen. Die ›Ente‹ z. B. wird im Unterricht nicht nur als einzelnes Tier behandelt, sondern stellvertretend für alle

Didaktische Analyse

Wasservögel, mit denen sie ja vieles gemein hat, z. B. die Schwimmhäute. Bildung wird nur von derart strukturierten Inhalten erhofft, Bildung ist immer Allgemeinbildung (im obigen Sinne); und nur Inhalte, die das ermöglichen, können Bildungsinhalte genannt werden.

Das Allgemeinere, auf das der ins Auge gefaßte Inhalt, das anstehende Thema verweist, soll mit dieser Frage herausgestellt werden. Präziser muß man sagen: Das Allgemeinere, auf das verwiesen werden soll; denn die bewußte Intention ist von Anfang an eingeschlossen. U. U. stellt sich später, besonders durch Frage 4, heraus, daß sich die Intention nicht so gut verwirklichen läßt, daß statt dessen eine andere, allgemeinere Möglichkeit sich anbietet. In diesem Fall muß die Antwort auf die erste Frage revidiert werden. Daß jedoch die bewußte Intention an den Anfang gestellt ist, geht auch daraus hervor, daß KLAFKI diese Frage in der ersten Fassung der Analyse noch als vierte aufführte, sie nach Hinweisen von dritter Seite und eigenen Überlegungen aber später dann voranstellte. Dadurch wird auch die Priorität pädagogischer Planung vor der bloßen Sachanalyse unterstrichen; KLAFKIS Analyse ist an jeder Stelle pädagogisch, nie nur befassend mit der Sache ohne pädagogische Absicht.

Beispiel:

Das Thema »Biologisches Gleichgewicht zwischen Feldmäusen und Mäusebussard« ist exemplarisch für biologisches Gleichgewicht überhaupt. An der sogenannten Räuber-Beute-Beziehung, wie sie dieses exemplarische Beispiel bietet, lassen sich besonders gut die Nahrungsabhängigkeit aller Lebewesen und das Gleichgewicht zwischen den Lebewesen darstellen. Bei der unterrichtlichen Behandlung können zudem biologische Arbeitsweisen erlernt oder geübt werden, z. B. Beobachten, Vergleichen, Experimentieren, die bei allen folgenden Themen wieder fruchtbar werden können.

Das Thema soll eine Einführung in biologische Grundbegriffe leisten, wobei diese in den kommenden Schuljahren nach dem ›Spiralprinzip‹ (BRUNER) in neuem und umfassenderem Sinn zusammenhängend aufgegriffen und erneut behandelt werden. Die Einsicht in die Nahrungsabhängigkeit von Lebewesen am Beispiel Mäusebussard – Feldmäuse soll zur späteren Erkenntnis von Nahrungsabhängigkeiten führen, wie sie sich in Erscheinungsformen von ›Nahrungsketten‹ und ›Nahrungsnetzen‹ zeigen und wie sie im Lehrplan der Schuljahre 7 und 8 vorgesehen sind. Die hier erfahrbare Grundeinsicht erleichtert den Schülern das Verständnis für größere und schwierigere ökologische Zusammenhänge, z. B. Ökosysteme, die in Klasse 7 (Ökosystem Wald) und Klasse 8 (Ökosystem See) vorgesehen sind.

Frage II: Gegenwartsbedeutung

Frage: Welche Bedeutung hat der betreffende Inhalt bzw. die an diesem Thema zu gewinnende Erfahrung, Erkenntnis, Fähigkeit oder Fertigkeit bereits im geistigen Leben der Kinder meiner Klasse, welche Bedeutung sollte er – vom pädagogischen Gesichtspunkt aus gesehen – darin haben?

Erläuterung: Die von KLAFKI gewählte Formulierung zeigt noch einmal deutlich die grundsätzlich pädagogische Tendenz der Analyse und ihrer Fragen. Es wird auch hier nicht nur nach vorfindbaren Fakten gefragt, sondern

Modelle der Unterrichtsplanung

zugleich nach der zu verfolgenden Absicht. Einerseits stellt die Antwort auf diese Frage Voraussetzungen fest, die bei der didaktischen Vorbereitung und Durchführung des Unterrichts zu berücksichtigen sind, indem nach spezifischem Vorwissen, Können, vorhandener Einstellung und Beziehungen gefragt wird. Andererseits schärft die Frage die Vorstellung des Lehrers darüber, was pädagogisch eigentlich schon »dasein« sollte. Bezugspunkt sind nicht irgendwelche Schüler, sondern jeweils jene bestimmten Schüler, mit denen der Unterricht durchgeführt werden soll.

Beispiel:
Unter dem Gesichtspunkt des Zugangs zum Thema ist festzuhalten, daß alle Kinder der Klasse die Feldmaus und den Mäusebussard kennen. Als (Getreide-)Schädling kennen die Landkinder vor allem die Feldmaus. Der Mäusebussard ist als »Raubvogel« bekannt. Den Kindern wird möglicherweise bekannt sein, daß der Mäusebussard sich unter anderem von Feldmäusen ernährt, aber wohl kaum, welche bedeutende Rolle er im Gesamtgefüge des Naturhaushaltes spielt. Das zwischen beiden Tierarten bestehende Abhängigkeitsverhältnis, durch das ein biologisches Gleichgewicht bedingt wird, kennen sie wahrscheinlich noch nicht. Sie sollten jedoch als Landkinder unbedingt wissen, daß sich die Zahl der Bussarde nach der der Mäuse richtet und wie dies der Fall ist.
  Bereits jetzt erfahren die Kinder immer wieder, wie der Mensch durch Schädlingsbekämpfung, Anlegen von Monokulturen usw. in den Naturhaushalt eingreift und das biologische Gleichgewicht stört. Je früher sie hierüber Grundeinsichten gewinnen, desto eher können sie Störungen entgegenwirken und auch entsprechende Haltungen annehmen. Darüber hinaus wird eine Fragehaltung zu Umweltproblemen schlechthin in ihnen geweckt. Heute ist es eine Notwendigkeit, in Schülern die Bereitschaft zu wecken, sich mit ökologischen Fragen auseinanderzusetzen.

Frage III: Zukunftsbedeutung
Frage: Worin liegt die Bedeutung des Themas für die Zukunft der Kinder?
Erläuterung: Auch diese Frage bezieht sich gezielt auf die Schüler in der ganz konkreten Situation des bevorstehenden Unterrichts. Die zukunftsgerichtete Fragestellung darf nicht utilitaristisch aufgefaßt werden; sie ist auch keine möglicherweise schon berufliche Spezialisierungen berücksichtigende Frage. Sie versteht sich als auf eine wohlverstandene Allgemeinbildung ausgerichtet, als auf den »gebildeten Laien« bezogen. Sie mißt zudem die historische Bedeutung des Themas aus und legitimiert so dessen Behandlung.

Beispiel:
Es ist ein wichtiges Merkmal ausgewogener Allgemeinbildung, so objektiv und kenntnisreich wie möglich zu Umweltproblemen Stellung zu beziehen, um die ein Erwachsener heute nicht herumkommt. Deshalb ist die hier vermittelbare Grundeinsicht in biologische Gleichgewichtsverhältnisse so bedeutsam für die Schüler. Viele werden später einen Garten bearbeiten und aufgrund der hier gewonnenen Einsicht hoffentlich überlegt und sparsam mit chemischen Mitteln bei der Schädlingsbekämpfung umgehen. Nicht nur späterhin aktive Kommunalpolitiker, sondern jeder Bürger muß zu Umweltproblemen Stellung beziehen. Manche der Schüler werden später vielleicht aktiv für Umweltschutz,

Didaktische Analyse

Naturschutz und Pflanzenschutz arbeiten. Dieses Thema ist wie kaum ein anderes geeignet, auf die mit solchen besonderen Problemen verbundene Zukunft vorzubereiten.

Frage IV: Struktur des Inhalts
Hauptfrage: *Welches ist die Struktur des (durch die Fragen I, II und III in die spezifisch pädagogische Sicht gerückten) Inhaltes?*
Unterfragen: 1. Welches sind die einzelnen Momente des Inhaltes als eines Sinnzusammenhanges?
2. In welchem Zusammenhang stehen diese einzelnen Momente?
3. Ist der betreffende Inhalt geschichtet? Hat er verschiedene Sinn- und Bedeutungsschichten?
4. In welchem größeren sachlichen Zusammenhang steht dieser Inhalt? Was muß sachlich vorausgegangen sein?
5. Welche Eigentümlichkeiten werden den Kindern den Zugang zur Sache vermutlich schwermachen?
6. Was hat als notwendiger, festzuhaltender Wissensbesitz (»Mindestwissen«) zu gelten, wenn der im vorangegangenen bestimmte Bildungsinhalt als angeeignet, als »lebendiger«, als »arbeitender« geistiger Besitz gelten soll?
Erläuterung: »Es ist entscheidend wichtig, festzuhalten, daß die Frage nach der Struktur des jeweiligen Inhaltes nur im Aspekt der ersten drei didaktischen Grundfragen pädagogisch richtig gestellt ist. Unabhängig von der durch jene Fragen geschaffenen Perspektive wird die Strukturfrage zur vorpädagogischen Sachanalyse . . .« (KLAFKI 1964a, S. 137) Die Frage führt zur Präzisierung der Vorstellungen des Lehrers über das Thema, über den Inhalt. Dabei ist die bereits vorgenommene pädagogische Aspektierung einerseits Gewähr dafür, daß es zu keiner ausfernden und überflüssigen bloßen Sachanalyse kommt, andererseits ein Zwang zur Befassung mit der Sache, um die pädagogische Intention auch von dieser Seite her solide zu stützen.

Beispiel:
Momente:
– Der Mäusebussard ist der größte Feind der Feldmaus, er ernährt sich hauptsächlich von ihr.
– Nasser Sommer → wenig Getreide → wenige Feldmäuse → Bussarde können ihren jüngsten Jungvogel nicht großziehen → es stellt sich ein biologisches Gleichgewicht ein.
– Warmer Sommer → viel Getreide → viele Feldmäuse → Bussarde vermehren sich stärker, können alle Jungtiere großziehen → es stellt sich wiederum ein biologisches Gleichgewicht ein.
– Typische Beutetiere (wie Feldmaus) haben immer ein kleines Revier, aber viele Nachkommen.
– Typische Räuber (wie Bussard) haben immer ein großes Revier, aber wenige Nachkommen.
Für das Thema muß das erstgenannte Moment den Schülern auch als erstes bekannt sein, wohingegen der faktische Wirkungszusammenhang der übrigen Momente eine didaktische Folge für den Unterricht nicht zwingend vorschreibt.

Modelle der Unterrichtsplanung

Das Thema weist neben der rein biologischen noch eine ökonomische (aus der Sicht des Bauern: Feldmäuse sind Schädlinge, die mit allen Mitteln bekämpft werden müssen) und eine politisch-ökologische Schicht auf (aus der Sicht des umweltbewußten Politikers und des Naturschützers). Im Unterricht soll zentral das Problem des sich zwischen Tieren immer wieder einstellenden Gleichgewichts verfolgt werden.

Vorausgegangen sein müssen monographische Behandlungen von Feldmaus und Mäusebussard, beide müssen den Kindern bekannt sein. Dies ist geschehen, dabei wurden schwerpunktmäßig ›Ernährung‹ und ›Vermehrung‹ behandelt, um das folgende Thema vorzubereiten.

Landkindern dürfte schwerfallen, die als Schädling geltende Feldmaus vorbehaltlos ohne dies Prädikat zu sehen. Ebenso dürfte auch die immer noch gebräuchliche Bezeichnung »Raubvogel« ihnen den vorurteilsfreien Blick auf den Bussard versperren. Im Unterricht vorgesehene »Modelle« können möglicherweise nur schwer auf die Wirklichkeit übertragen werden (Balkenwaage mit Sand für Feldmäuse, Kies für Mäusebussarde soll Gleichgewicht veranschaulichen).

Als Mindestwissen müssen der oben dargestellte Zusammenhang zwischen der Anzahl von Mäusen und Bussarden und die daraus mögliche Einsicht in sich einstellendes Gleichgewicht gelten.

Frage V: Unterrichtliche Zugänglichkeit

Hauptfrage: Welches sind die besonderen Fälle, Phänomene, Situationen, Versuche, Personen, Ereignisse, Formelemente, in oder an denen die Struktur des jeweiligen Inhaltes den Kindern dieser Bildungsstufe, dieser Klasse interessant, fragwürdig, zugänglich, begreiflich, ›anschaulich‹ werden kann?

Unterfragen: 1. Welche Sachverhalte, Phänomene, Situationen, Versuche, Kontroversen usw., m. a. W.: welche »Anschauungen« sind geeignet, die auf das Wesen des jeweiligen Inhaltes, auf seine Struktur gerichtete Fragestellung in den Kindern zu erwecken, jene Fragestellung, die gleichsam den Motor des Unterrichtsverlaufs darstellen soll?

2. Welche Anschauungen, Hinweise, Situationen, Beobachtungen, Erzählungen, Versuche, Modelle usw. sind geeignet, den Kindern dazu zu verhelfen, möglichst selbständig die auf das Wesentliche der Sache, des Problems gerichtete Fragestellung zu beantworten?

3. Welche Situationen und Aufgaben sind geeignet, das am exemplarischen Beispiel, am elementaren »Fall« erfaßte Prinzip einer Sache, die Struktur eines Inhaltes fruchtbar werden, in der Anwendung sich bewähren und damit üben (– immanent wiederholen –) zu lassen?

Erläuterung: Diese Frage geht schon in die methodische Gestaltung des Unterrichts über, fragt aber konsequent vom besonderen Thema aus und wie dieses optimal verwirklicht werden kann.

Betont wird die Selbständigkeit, mit der das Thema möglichst bewältigt werden soll; »Anschaulichkeit« meint hier auch eine Darbietung des Themas, die zur selbständigen Auseinandersetzung mit dem Inhalt anleitet. Gefragt wird zum einen nach den sich vom Thema her anbietenden Gelegenheiten, zum anderen nach den vom Thema her unbedingt notwendigen Erfordernissen für die Art und Weise, in der die Schüler sich mit ihm auseinandersetzen können und sollen. Auch diese Frage ist nicht genereller Art, sondern nur mit Blick auf die bestimmten Kinder in der konkreten Situation zu beantworten.

Beispiel:
Es gibt einen Film über den Mäusebussard, der auch für diese Landkinder bei diesem Thema der wohl beste Ausgangspunkt ist. Ein Ausschnitt des Films zeigt, wie ein Bussardweibchen nacheinander mehrere Eier legt, wie die Jungen im Abstand von wenigen Tagen ausschlüpfen und wie sie gefüttert werden. Dabei wird deutlich, daß die Jungen nicht reihum gestopft werden, sondern daß jeweils das älteste und kräftigste Junge nach der vom Altvogel hingehaltenen Beute schnappt. Folge hiervon ist, daß das jüngste Junge verhungert und aus dem Nest gestoßen wird. Dieser Vorgang wird die Schüler anfangs wahrscheinlich schockieren, aber auch Problemhaltungen in ihnen auslösen: 1. warum das Weibchen überhaupt mehr Eier legt als Junge großgezogen werden, 2. wie sich das biologische Gleichgewicht nach verschiedenen Witterungsbedingungen überhaupt wieder einstellen kann. Die Lösung dieser Fragen kann der Film nicht mehr bieten. Während die erste Frage voraussichtlich durch eigene Anstrengung der Schüler, durch Vermutungen und Nachdenken zur Lösung kommt, muß für die zweite Frage zusätzliche Anschauung vermittelt werden, und zwar in Form einer Balkenwaage, deren eine Seite mit Sand (viele Mäuse), deren andere mit Kieselsteinen (wenige Bussarde) belegt wird.
Die gewonnenen Einsichten können im künftigen Unterricht aufgegriffen und angewendet werden, z. B. bei Themen wie »Jagd und Hege« (der Jäger sorgt für Gleichgewicht in der Natur, ist gleichsam ein »Ersatzraubwild«, das an die Stelle des vom Menschen ausgerotteten Raubwildes getreten ist) oder »Schädlingsbekämpfung« (Frage nach der biologischen Schädlingsbekämpfung anstelle chemischer, die zu sich ständig vergrößernden Ungleichgewichten in der Natur geführt hat). –

Aufbau, Fragestellungen und Funktion der Didaktischen Analyse werden noch verständlicher, wenn man sie vor ihrem spezifischen theoretischen Hintergrund betrachtet.

1.2 Bildungstheoretischer Hintergrund

Anders als bei anderen Planungskonzepten, die oftmals für Zielsetzungen unterschiedlichster Art offenstehen und allenfalls versteckt eine Anbindung an bestimmte Erziehungs- und Bildungsvorstellungen haben, ist die Didaktische Analyse an eine ganz bestimmte Bildungstheorie und deren Zielvorstellungen gebunden. Dies beruht auf der Prämisse des die Didaktische Analyse begründenden didaktischen Modells, Bildung sei die »zentrierende Kategorie« zur Klärung didaktischer Vorgänge und zur Entscheidung über didaktisches Handeln. Dementsprechend ist diese didaktische Theorie unabdingbar mit einer Bildungstheorie verflochten und auf ihre Vorklärungen und Vorgaben angewiesen. Dabei handelt es sich um die Theorie der kategorialen Bildung (KLAFKI 1963; 1964b, S. 25–45).

KLAFKIS Studie zum grundlegenden Bildungsbegriff liegt die Metapher der Begegnung zugrunde, nach der Bildung sich in der Begegnung des Menschen mit der kulturellen Wirklichkeit ereignet. Unter Rückgriff auf diese von WENIGER 1930 erstmals ausdrücklich in die Didaktik eingeführte Kategorie versucht KLAFKI in einer umgreifenden historisch-systematischen Untersuchung festzustellen, welche Vorstellungen in der Bildungstheorie über den Vorgang der bildenden Begegnung vorliegen. Er unterscheidet zwei Gruppen von Bildungstheorien: die materialen und die formalen Bildungstheorien. Nach dem Bild der Begegnung lassen sich diese beiden Theorien vor allem danach differenzieren, welcher Seite der Begegnung sie die größere Bedeutung für den Bildungsvorgang zusprechen. Die materialen Bildungstheorien sind vorwiegend an der Objekt-seite, die formalen vorwiegend an der Subjekt-seite des Bildungsgeschehens orientiert. In den materialen Bildungstheorien wird der Standpunkt vertreten, daß der Schüler sich im Bildungs-vorgang die ihm konfrontierten Inhalte aneignet und daß das Bildungs-ergebnis vor allem im Besitz eines umfangreichen Wissens besteht. In formalen Bildungstheorien herrscht hingegen die Ansicht vor, daß dem Schüler die Konfrontation mit Inhalten nur zur Ausformung und Übung von Kräften und Funktionen dient und daß als Bildungsergebnis ein möglichst virtuoses Können – im Umgang mit der Wirklichkeit – anzusehen ist.

Seit dem Ausgang des 18. Jahrhunderts sind – nach der Feststellung KLAFKIS – diese beiden Theorien auseinandergefallen, und es kam zu der Vorstellung, daß beide Bildungsformen isoliert nebeneinanderstehen. Das hat sich besonders auf das Problem der Auswahl von Inhalten für den Bildungsprozeß ausgewirkt. Während die materialen Bildungstheorien die Inhaltsauswahl allein nach gegenständlich-stofflichen Kriterien vornahmen, maßen die formalen Bildungstheorien Inhalte nur an ihrer Bedeutung für die Kräfteschulung des Zöglings. In seiner historisch-systematischen Studie kommt KLAFKI zu dem Ergebnis, daß – entgegen dieser erst Ende des 18. Jahrhunderts zur Geltung gelangten Vorstellung – in allen bedeutenden Bildungstheorien seit PESTALOZZI die Auffassung vertreten wird, daß Bildung ein einheitlicher Prozeß sei. Bildung ist stets materiale und formale Bildung zugleich. Im Bildungsprozeß ist nach KLAFKIS Worten die »Aufnahme und Aneignung von Inhalten« stets verbunden mit der »Formung, Entwicklung, Reifung von körperlichen, seelischen und geistigen Kräften« (KLAFKI 1964a, S. 33). Für diese Bildungsvorstellung nun nimmt KLAFKI den Begriff der kategorialen Bildung auf. Den Bildungsvorgang umschreibt er mit der Formel der »doppelseitigen Erschließung«, die zu dem Ergebnis führt, »daß sich dem Menschen seine Wirklichkeit kategorial erschlossen hat und daß eben damit er selbst ... für diese Wirklichkeit erschlossen worden ist« (KLAFKI 1963, S. 298). Dabei stellt die erschlossene Wirklichkeit den materialen und der erschlossene Mensch den formalen Aspekt des einheitlichen Bildungsergebnisses dar. Durch diese Bestimmung von Bildung wird letzten Endes nur das Allgemeine als bildend anerkannt, nur das, was über sich selbst auch noch hinausweist.

KLAFKIS bildungstheoretische Klärung bleibt aber nicht bei der Analyse des Bildungsvorganges stehen. Durch deren Befunde ist ihm letzten Endes nur ein formaler Rahmen vorgezeichnet. Wenn der Bildungsbegriff zur ›zentrierenden Kategorie‹ und zum ›Maßstab‹ der Vorklärung didaktischen Handelns werden soll, muß er diesen Begriff zusätzlich mit ›Inhalt‹ füllen. Eine Theorie des Handelns kann er nur entwickeln, wenn die Ziele dieses Handelns bekannt sind. Zur Bestimmung dieser Zielsetzungen greift KLAFKI auf die in der geisteswissenschaftlichen Pädagogik – vor allem von NOHL, FLITNER und WENIGER – entworfene Bildungsvorstellung zurück. Er übernimmt das Postulat, daß die pädagogische Verantwortung gegenüber dem Heranwachsenden die »didaktische Generalinstanz« sein muß, unter der alle Entscheidungen über didaktisches Handeln zu prüfen und zu treffen sind (KLAFKI 1964a, S. 101). Im einzelnen resultieren aus dieser ›Generalinstanz‹ drei Gesichtspunkte für alle intentionalen Eingriffe in den Bildungsprozeß Heranwachsender. Erstens ist bei allen Bildungsbemühungen darauf zu achten, daß der »Anspruch« des Schülers auf »erfüllte Gegenwart« gewahrt bleibt. Zweitens müssen im Hinblick darauf, daß der Schüler nicht in der gegenwärtigen, sondern in einer zukünftigen Welt leben wird, »Vorwegnahmen« »gewagt« werden. Drittens darf keiner Spezialbildung vorgegriffen werden, das Leitbild muß vielmehr der »gebildete Laie« sein (vgl. S. 102ff., S. 108ff.). Diese drei Zielsetzungen, die zu Regulativen der didaktischen Theorie und des didaktischen Handelns werden, können nach KLAFKIS Ansicht nur verwirklicht werden, wenn es im Bildungsvorgang tatsächlich zur »doppelseitigen Erschließung« kommt. Mithin stellt sich ihm als nächstes die Frage, wodurch diese doppelseitige Erschließung ausgelöst werden kann.

Sie kann nach KLAFKI nur durch die Inhalte von Bildungsprozessen bewirkt werden. Denn die Inhalte sind gleichsam das Medium, in dem im Bildungsprozeß dem Schüler die Wirklichkeit gegenübertritt. Daraus ergibt sich für die kategoriale Bildungstheorie die Kernfrage, wie die Inhalte beschaffen sein müssen, die eine doppelseitige Erschließung bewirken. Da Bildung für KLAFKI die zentrale Kategorie zur Klärung des didaktischen Problems darstellt, ist mit der bildungstheoretischen zugleich auch die didaktische Kernfrage gestellt. Sie spitzt sich zu auf die Frage nach den Inhalten von Bildungsprozessen. Dementsprechend definiert KLAFKI seine bildungstheoretisch begründete Didaktik als die »Theorie der Bildungsinhalte, ihrer Struktur und Auswahl« (S. 72). Auf eine knappe Formel gebracht, lautet der Auftrag der Didaktik, danach zu fragen, unter welchen Bedingungen und Voraussetzungen Inhalte zu Bildungsinhalten werden.

1.3 Didaktischer Hintergrund

KLAFKIS hinter der Didaktischen Analyse stehende didaktische Theorie ist durch ihre bildungstheoretische Bestimmung nicht nur auf das Inhaltsproblem festgelegt, sondern ihr sind durch die bildungstheoretischen Vorentscheidungen bereits auch bestimmte Betrachtungsgesichtspunkte vorgegeben. Sie ist auf das Problem der *Bildungs*inhalte eingegrenzt; die didaktische Theorie befaßt sich von vornherein ausschließlich mit solchen Inhalten, die den Entscheidungen der Bildungstheorie entsprechen können. Der primäre Gesichtspunkt ist dabei die Forderung, daß Bildungsinhalte die »doppelseitige Erschließung« bewirken müssen.

Die »doppelseitige Erschließung« wird nach Auffassung KLAFKIS nur durch Inhalte mit einer spezifischen Gegenstandsstruktur ausgelöst. Sie müssen als Besonderes ein Allgemeines enthalten: »Es charakterisiert einen Bildungsinhalt, daß er als einzelner Inhalt immer stellvertretend für viele Kulturinhalte steht« (KLAFKI 1964a, S. 134). Im Vorgang der bildenden Begegnung tritt dem Schüler im besonderen Inhalt immer auch ein allgemeiner Sachverhalt gegenüber. Er lernt mithin nicht nur den konkreten Inhalt kennen, sondern er erkennt auch das darin eingeschlossene Allgemeine. Im ersteren sieht KLAFKI den materialen Aspekt des Bildungsvorganges – die Wirklichkeit erschließt sich dem Schüler –, im letzteren den formalen Aspekt – der Schüler erschließt sich für die

Modelle der Unterrichtsplanung

Wirklichkeit. Der besondere Wert dieses Bildungsvollzugs liegt nach KLAFKI darin, daß der Schüler das Allgemeine ergreift und dadurch eine Kategorie erwirbt, mit der er sich in Zukunft ähnlich strukturierte Inhalte selbständig aufschließen kann. Die Anekdote über NEWTON, in der es heißt, er habe am fallenden Apfel das Gravitationsgesetz erkannt, illustriert diese Vorstellung. An einem ganz besonderen Fall hat NEWTON das allgemeine Gesetz erkannt, das ihm ermöglichte, sämtliche Gravitationserscheinungen zu erklären.

Alle Inhalte, die diese spezifische Struktur besitzen, nennt KLAFKI Elementaria. Ein Elementares ist ein Inhalt, der im Besonderen ein Allgemeines enthält (KLAFKI 1963, S. 321 ff.). Es gelingt KLAFKI, sieben Grundformen zu beschreiben, in denen das Elementare im Unterricht auftreten kann. Erscheinungsformen des Elementaren sind (S. 442 ff.):

- »Fundamentales«
  Fundamentale Elementaria sind dem Schüler nur in Erfahrung und Erlebnis zugänglich, können letzten Endes methodisch gar nicht aufbereitet und aufgeschlossen werden. Es handelt sich um ausschließlich ganzheitlich empfindbare Inhalte in Form von Stimmungen und Atmosphäre. Im schulischen Unterricht könnte z. B. das Wesen eines Unterrichtsfaches hierunter fallen, etwa in Geschichte das Geschichtliche, das möglicherweise im Erleben des »Es war einmal anders« bestehen könnte.
- »Exemplarisches«
  Besonderes und Allgemeines stehen hier vorwiegend im Verhältnis von ›Fall‹ und ›Gesetz‹ zueinander. Der besondere Inhalt ist hier stets ein ›konkretes Exempel‹ (dieses Haus, diese Aufgabe usw.), an dem das Allgemeine gewonnen werden kann. Z. B. steht die Ente als besonderer Wasservogel stellvertretend für alle Wasservögel, wobei hier am Besonderen die Merkmale eines Wasservogels erkannt und die Kategorie ›Wasservogel‹ ausgefüllt werden kann.
- »Typisches«
  Hier zeigt sich das Allgemeine im Besonderen, wird nur darin sichtbar und in der Transparenz des Besonderen erfaßbar. Hierher gehören z. B. »Wüste« als geographischer, »Laubbaum« als biologischer Typus.
- »Klassisches«
  Es enthält immer eine Wertung und kommt im Unterricht nur als Antwort auf eine zuvor gestellte Wertfrage vor, wenn an einem konkreten Beispiel eine ›gültige, vorbildliche Lösung‹ aufgezeigt und eingesehen wird.
- »Repräsentatives«
  Ein im wesentlichen im Geschichtsunterricht anzutreffendes Verhältnis von Allgemeinem zu Besonderem. Während der besondere Inhalt beispielsweise ein auch gegenwärtig zugängliches historisches Bauwerk sein kann, etwa eine Stadtmauer aus dem Mittelalter, ist das Allgemeine hier die Stiftung des historischen Zusammenhanges zwischen der heutigen Erscheinung (Stadtmauer) und deren Ursprung im Mittelalter.
- »Einfache Zweckformen«
  Allgemeines und Besonderes lassen sich nicht voneinander trennen, sie sind allenfalls als ›Inneres‹ und ›Äußeres‹, ›Form‹ und ›Inhalt‹, ›Zweck‹ und ›Mittel‹ ein und desselben auseinanderzuhalten. Durch Vollzug des Besonderen wird das Allgemeine erworben, z. B. das Lesen.

Didaktische Analyse

– »Einfache ästhetische Formen«
Auch hier fallen Allgemeines und Besonderes zusammen und sind nur im Vollzug zu durchdringen. Sie sind im musischen Unterricht anzutreffen.

In der didaktischen Diskussion ist KLAFKI häufig entgegengehalten worden, seine Didaktik sei zu ausschließlich an ›Gegenständen‹ orientiert und vernachlässige den prozessualen Charakter des Lernens. Dabei wurde übersehen, daß in seinem System der inhaltlichen Elementarformen beispielsweise auch das Problem des ›Lernenlernens‹ enthalten ist. Die von ihm beschriebenen ›einfachen Formen‹ werden im Vergleich zu den fünf anderen Formen zuwenig beachtet. Auch gegenüber einer völlig anders argumentierenden Kritik erweist sich KLAFKIS Kategoriensystem als relativ vollständig. Von seiten der bildungstheoretischen Didaktik wirft DERBOLAV ihm vor, der Begriff des Elementaren beharre zu sehr im »Gegenstandsbewußtsein« und trage deshalb nicht zur Lösung des Erziehungsproblems bei. DERBOLAV sieht den Vorgang des Bildungsgeschehens darin, daß alles »Wissen« in »Gewissen« umschlägt. Die Didaktik darf aufgrund dieser dialektischen Struktur des Bildungsprozesses nicht nur auf Inhalte bezogen sein, die am besonderen Gegenstand einen weiten Gegenstandsbereich erschließen. Sie muß nach DERBOLAVS Ansicht vielmehr nach Bildungskategorien suchen, in denen eine Gewissensnorm beschlossen ist, die sich dem Schüler im Bildungsprozeß erschließt und zur Norm seines Handelns werden kann (DERBOLAV 1960, S. 17 ff.). In KLAFKIS System sind aber auch solche werthaften Bildungskategorien erfaßt, und zwar vor allem in der Elementarform des ›Klassischen‹. Sein System ist wohl das zur Zeit weitaus differenzierteste Kategoriensystem inhaltlicher Elementarformen.

Als erstes strukturelles Moment des Bildungsinhaltes hat sich die Relation eines Besonderen zum Allgemeinen herausgestellt. Aber dieses ausschließlich gegenständlich-stoffliche Kriterium allein reicht nicht aus, damit der elementare Inhalt auch tatsächlich die doppelseitige Erschließung bewirkt. Die Bedingungen eines Bildungsinhaltes nur auf der Objektseite der ›bildenden Begegnung‹ zu suchen, bedeutete einen Rückfall in den längst überholten bildungstheoretischen Objektivismus. KLAFKI hat in seiner bildungstheoretischen Klärung jedoch gerade nachgewiesen, daß die beiden Seiten der bildenden Begegnung – Inhalt und Schüler – nicht isoliert betrachtet werden können. Bildungsinhalte können nicht aufgrund ihrer gegenständlich-stofflichen Beschaffenheit ein für allemal bestimmt und ausgewählt werden. Bildungsinhalte sind nicht zeitlos gültig, sondern für sie ist, wie KLAFKI betont, »eine doppelte Relativität . . . geradezu konstitutiv«: »Was ein Bildungsinhalt sei . . ., das kann erstens nur im Blick auf bestimmte Kinder und Jugendliche gesagt werden, die gebildet werden sollen, und zweitens nur im Blick auf eine bestimmte geschichtlich-geistige Situation« (KLAFKI 1964a, S. 132). Ob ein Elementares die doppelseitige Erschließung auslöst und sich dadurch als Bildungsinhalt erweist, hängt also von zwei weiteren Bedingungskomplexen ab: Einerseits muß es so beschaffen sein, daß der Schüler auch in der Lage ist, die Relation Besonderes-Allgemeines zu durchschauen. Er muß das Allgemeine ergreifen können, so daß es für ihn zu einer Schlüsselkategorie seines zukünftigen Lebens wird. Mithin resultieren wesentliche Bedingungen für das Zustandekommen eines Bildungsinhaltes aus der persönlichen Situation des Schülers. Im einzelnen hängt es von seiner psychischen und physischen Konstitution, von seiner sozialen Herkunft sowie von seinem Wissens- und Könnensstand ab, ob er den elementaren Inhalt zu durchdringen vermag. Andererseits ist von der spezifischen geschichtlichen Situation abhängig, welche

Inhalte zu Bildungsinhalten werden. Denn nur in einer konkreten Situation kann entschieden werden, welche Schlüsselkategorien ein Mensch besitzen muß, um die geschichtliche Wirklichkeit bewältigen zu können. KLAFKIS bildungstheoretische Leitmotive, der ›gebildete Laie‹ und die ›Vorwegnahme‹ der zukünftigen Existenz, sind allgemeiner Art und müssen in jeder geschichtlichen Situation neu bestimmt und mit konkreten Zielvorstellungen aufgeladen werden.

KLAFKI macht auch deutlich, wie weit sein Begriff Inhalt greift: »In der Kategorie ›Inhaltlichkeit der Bildung‹ . . . konvergieren die von Heimann unterschiedenen Momente der Intentionalität, der Inhaltlichkeit, der anthropologischen und der sozialkulturellen Determination«; alle »diese Momente konstituieren nur in ihrem inneren Zusammenhang Inhalte als Bildungsinhalte« (S. 85). Die inhaltsbezogene Didaktik ist auf diesen Gesamtzusammenhang bezogen. Aufgrund dieses Bezuges lehnt KLAFKI es beispielsweise auch entschieden ab, die Auswahl von Inhalten den Fachwissenschaften zu überlassen, deren Gegenstandsbereich sie jeweils entstammen. Die Fragestellung der Fachwissenschaft ist ausschließlich auf die Gegenstandsstruktur der Inhalte gerichtet; eine Didaktik ist hinsichtlich dieses besonderen Problems auf die Aussagen der Fachwissenschaften angewiesen, denn nur diese können kompetente Aussagen über die Gegenstandsstruktur machen und sind mithin auch für die Frage zuständig, wann ein Inhalt als Elementares in einem Besonderen ein Allgemeines enthält. Die Fragestellung der Didaktik ist aber umgreifender, sie hat »eigene, nicht eo ipso in den Fachwissenschaften schon vertretene Frage- und Problemstellungen« (KLAFKI 1966, S. 188). Ihr Feld ist nicht der Gegenstand, sondern der Bildungsinhalt und der Bedingungszusammenhang, in dem dieser sich konstituiert. Durch diese auf die Bedingungen der Möglichkeit von Bildungsinhalten zielende Fragestellung gewinnt die Didaktik ihre Eigenständigkeit.

KLAFKI grenzt das Feld seiner Didaktik auf das Inhaltsproblem von Bildungsprozessen ein und unterscheidet diese Position als »Didaktik im engeren Sinne« von der »Didaktik im weiteren Sinne«, wie sie das ›Berliner Modell‹ propagiert. Er begründet seine ›enge‹ Fassung mit der These vom Primat des Inhaltes gegenüber allen anderen übrigen Momenten didaktischer Prozesse. Nach seiner Auffassung haben Inhalte den ständigen ›Wirkprimat‹. Daraus folgert er, daß es genügt, die Inhaltsproblematik didaktischer Vorgänge zu erschließen, weil damit zugleich die didaktische Gesamtproblematik erschlossen wird. Für ihn birgt deshalb der »engere Begriff von Didaktik . . . , konsequent durchdacht, bereits in nuce alle jene Beziehungen in sich, die in den weiteren Fassungen ausdrücklich und ausführlich zur Sprache gebracht werden« (KLAFKI 1964a, S. 84).

KLAFKIS didaktische Theorie greift in die Praxis vor. Dieser Vorgriff folgt einerseits aus der zugrunde gelegten These vom Primat der Inhalte und andererseits aus der bildungstheoretischen Begründung der Didaktik. Mit der These vom Primat der Inhalte ist in KLAFKIS Theorie ein für allemal über die didaktische Priorität entschieden. Mit dem Begriff der kategorialen Bildung ist von vornherein festgelegt, daß nur das Allgemeine bildet. Dem Praktiker sind durch diese theoretischen Vorentscheidungen zwar keine konkreten Inhalte vorgegeben, aber seine Entscheidungen sind eingeschränkt. Zum einen kann er die Prioritäten seines didaktischen Handelns nicht mehr aus der jeweils vorfindbaren Situation entwickeln, sondern ist an den Auftrag gebunden, sich stets zuerst der Auswahl von Inhalten zuzuwenden und erst daraufhin den ausgewählten Inhalten entsprechende Methoden und Medien zuzuordnen. Zum anderen ist er auf solche Inhalte verwiesen, die mit den bildungstheoretischen Forderungen übereinstimmen. Die in der Theorie getroffenen Vorentscheidungen sind zwar formaler Art, aber hinter ihnen steht eine bildungstheoretische Norm, die der Praktiker akzeptieren und situationsgerecht verwirklichen muß.

Die Didaktische Analyse erweist sich als das in die Praxis reichende Instrument dieser geisteswissenschaftlich-bildungstheoretischen, auf das Inhaltsproblem bezogenen Didaktik.

1.4 Funktion der Didaktischen Analyse

Die Didaktische Analyse ist ein Modell für die Hand des Lehrers, mit dem er die theoretischen Forderungen in seinem alltäglichen Unterricht in Praxis umsetzen kann. Hier erweist sich die Analyse als Moment einer geisteswissenschaftlichen Theoriebildung. Deren Anspruch und Absicht, immer »Theorie für die Praxis« zu sein und als solche »mögliche Lösungen (zu) begründen« und »Entscheidungshilfe« zu bieten (KLAFKI 1971, S. 357f.), wird für die bildungstheoretische Didaktik ›im engeren Sinne‹ durch die Didaktische Analyse erfüllt. Mit ihren Fragen kann der Lehrer die hauptsächlichen Voraussetzungen für einen Unterricht schaffen, in dem kategoriale Bildungsvorgänge ablaufen können. Entsprechend den theoretischen Forderungen muß dazu vor allem den Inhalten des Unterrichts besonderes Augenmerk gewidmet werden. Inhalte auszuwählen, die aufgrund ihrer besonderen Struktur kategoriale Bildung ermöglichen, hierzu verhilft die Didaktische Analyse. Sie verschafft dem Lehrer Klarheit darüber, ob ein Inhalt zugleich über ein Besonderes und Allgemeines verfügt und ob er einerseits dem Erkenntnisvermögen der Schüler und andererseits einem Erkenntnispostulat der Zeit entspricht, so daß er als Bildungsinhalt in Frage kommt. Die Entscheidung selbst, ob er dann auch in den Unterricht eingebracht werden soll, liegt ausschließlich beim Lehrer, die Analyse klärt lediglich die Voraussetzungen und bietet Entscheidungshilfe. Ob ein Inhalt allgemeine Einsichten ermöglicht und welche er ermöglicht, wird durch die Frage I und IV der Didaktischen Analyse geklärt, wobei letztere Frage auch die innere Struktur des Inhalts offenlegt. Ob er Bedeutung für die Schüler hat und voraussichtlich haben wird, klären die Fragen II und III und damit zugleich, ob seine unterrichtliche Behandlung ein Eingriff in den Anspruch des Schülers auf ›erfüllte Gegenwart‹ oder ein Vorgriff auf eine spezialisierte Bildung (was einem Verstoß gegen das Leitbild des ›gebildeten Laien‹ gleichkäme) ist.

Daß die Didaktische Analyse keineswegs die Funktion eines Modells zur vollständigen Unterrichtsvorbereitung haben soll, folgt schon aus der eben erwähnten Tatsache, daß sie nur vorklären und Entscheidungshilfe sein will, wohingegen endgültige Entscheidungen durch den Lehrer selbst zu treffen sind. Noch deutlicher aber wird dies an der Beschränkung der Analyse auf das unterrichtliche Inhaltsproblem. Unterricht weist zweifellos mehr Dimensionen als nur eine inhaltliche auf. KLAFKI bezeichnet die Didaktische Analyse auch ausdrücklich als »Kern der Unterrichtsvorbereitung«. Als Kern, weil die Inhaltsfrage aufgrund der Prämisse vom ›Primat der Inhalts- vor der Methodenfrage‹ als wichtigste angesehen wird. Aber eben auch nur Kern, weil nur die Inhaltsfrage gelöst wird. Daß allerdings hier zugleich die Zielfrage immanent mitbehandelt wird, steht außer Zweifel; darauf wurde schon hingewiesen. Mit Frage V der

Didaktischen Analyse gerät auch die methodische Frage schon ins Blickfeld, doch nur im Anhang an die Inhaltsfrage. Diese nach methodischer Zugänglichkeit suchende Frage wird u. a. deshalb erforderlich, weil ein Inhalt sich den Schülern grundsätzlich als zugänglich erweisen muß, bevor über seine Aufnahme in den Unterricht überhaupt entschieden werden kann. Die Didaktische Analyse klärt nach Auffassung KLAFKIS zwar bedeutsame, aber nicht alle Voraussetzungen eines im spezifischen Sinne bildungswirksamen Unterrichts.

Wie realitätsnah die Didaktische Analyse entstanden ist, geht auch aus einer weiteren von KLAFKI selbst ausgesprochenen Einschätzung hervor: »Der erste Schritt der Unterrichtsvorbereitung ist das Eindringen in die Bildungsinhalte. Der Praktiker muß die in den Lehrplaninhalten verborgene pädagogische Vorentscheidung der Lehrplangestalter gleichsam noch einmal vollziehen« (KLAFKI 1964a, S. 128). Der Lehrer steht nicht am Anfang aller Unterrichtsplanung, sondern er ist auf Vorgaben angewiesen, sogar an diese gebunden; er ist beauftragt, den Lehrplan, das Curriculum umzusetzen. Das sieht KLAFKI deutlich und bezieht deshalb die Didaktische Analyse auf im Lehrplan gemachte Angaben zu Themen und Inhalten des Unterrichts.

Dem Lehrer entsteht die wichtige Aufgabe, die Inhaltsdimension auf die Situation des von ihm zu gestaltenden Unterrichts zuzuschneiden. Und hier liegt ein weiteres Funktionsmerkmal der Didaktischen Analyse: Sie bereitet die Inhalte unter Berücksichtigung situativer Bedingungen vor. Die Fragen der Didaktischen Analyse bringen den Inhalt in Beziehung zu gerade diesen Schülern, bei diesen Umständen usw. Die Didaktische Analyse bezieht also die anthropologisch-psychologischen und die sozial-kulturellen Voraussetzungen des Unterrichts mit ein.

Nicht nur auf die mittelbare Vorbereitung von Unterricht ist die Didaktische Analyse gerichtet. Eine Funktion hat sie auch darin, dem Lehrer die Reflexion auf sich selbst und sein Handeln zu ermöglichen. Im täglichen Geschäft des Unterrichtens gehen nur zu leicht einzelne pädagogische Dimensionen und Aspekte des Auftrags an den Lehrer verloren. Die Didaktische Analyse vermag dazu beizutragen, daß der Lehrer sie wiedergewinnt, wenn er darüber reflektiert, weshalb er bestimmte Inhalte in den Unterricht einbringt.

Die Didaktische Analyse hat einer ganzen Lehrergeneration gute Dienste geleistet; sie hat fruchtbaren Unterricht begründet. Kaum ein didaktisches Modell zur Unterrichtsvorbereitung hat sich so weite Verbreitung und Anerkennung verschaffen können wie die Didaktische Analyse. Allerdings ist gerade diese Verbreitung und ihre Übernahme in fachdidaktische Ansätze zugleich auch zu einer Ursache dafür geworden, daß sie in vielen Fällen als ein bloß noch formales Modell unmittelbarer Unterrichtsvorbereitung verwendet wird. Die Fragen werden in diesen Fällen ausschließlich noch zur Aufdeckung exemplarischer Strukturen von Inhalten eingesetzt, wohingegen die impliziten pädagogischen Intentionen weitgehend vernachlässigt werden. In einer wohlwollenden Kritik an der Didaktischen Analyse richtet WINTGENS – obwohl er am Modell selbst auch Schwächen feststellt – seine Hauptvorwürfe nicht gegen das Modell, sondern gegen seine Rezipienten: Die kritischen Einlassungen richten sich an diejenigen, die dieses Modell ohne Relativitätsbewußtsein und dementsprechend ohne Modifizierung ... übertragen haben (WINTGENS 1994, S. 251).

Die Didaktische Analyse ist zu einer Zeit (Ende der 50er Jahre) entstanden, als die deutschsprachige Didaktik fast ausschließlich geisteswissenschaftlich geprägt war. Seither haben sich relevante Veränderungen in der didaktischen Diskussion vollzogen, die auch für die Konzeption der Didaktischen Analyse berücksichtigt werden müssen, wenn sie ihre Funktion weiterhin zeitgemäß erfüllen soll. Die Kern-Struktur der Didaktischen Analyse kann m. E. aber nach wie vor wertvolle Dienste leisten, sofern man sie vor ihrem theoretischen Hintergrund betrachtet und relativiert. Aus seiner soeben angeführten Kritik an der Rezeption des Modells schreitet auch WINTGENS zur Aussage weiter, daß die Didaktische Analyse auch heute noch praxiswirksam sein könnte, sofern man sie an die aktuellen Voraussetzungen anpassen würde. Allerdings hebt er dabei mehr auf die faktischen Veränderungen in der Gesellschaft ab, wobei ihm insbesondere notwendig erscheint, die Tatsache der stärkeren Individualisierung der Schüler in die Fragen der Analyse – nach Gegenwarts- und Zukunftsbedeutung – einzuarbeiten.

Literatur

BORN, Wolfgang/OTTO, Gunter (Hrsg.): Didaktische Trends. München 1978; darin: Von der bildungstheoretischen Didaktik zu einem kritisch-konstruktiven Bildungsbegriff-Dialog mit W. Klafki, S. 49–83

DERBOLAV, Josef: Versuch einer wissenschaftstheoretischen Grundlegung der Didaktik. In: Didaktik in der Lehrerbildung. Zeitschrift für Pädagogik. 2. Beiheft. Weinheim 1960, S. 17–45

HENDRICKS, Wilfried: Interview mit Wolfgang Klafki über Probleme und neue Aspekte der »Didaktischen Analyse«. In: Die Deutsche Schule, 64. Jg., 1972, S. 138–148

KLAFKI, Wolfgang: Didaktische Analyse als Kern der Unterrichtsvorbereitung. In: Die Deutsche Schule, 50. Jg., 1958, S. 450–471

–: Das pädagogische Problem des Elementaren und die Theorie der kategorialen Bildung. Weinheim, 2., erw. Aufl., 1963

–: Studien zur Bildungstheorie und Didaktik. Weinheim $^{3/4}$1964; darin: Kategoriale Bildung, S. 24–45; Das Problem der Didaktik, S. 72–125; Didaktische Analyse als Kern der Unterrichtsvorbereitung, S. 126–153 (1964a)

–: Didaktische Analyse als Kern der Unterrichtsvorbereitung. In: ROTH, Heinrich/BLUMENTHAL, Alfred (Hrsg.): Didaktische Analyse. Hannover ^{4}1964, S. 5–34 (1964b)

–: Replik (auf H. SEIFFERT: Muß die Didaktik eigenständig sein?). In: Die Deutsche Schule, 58. Jg., 1966, S. 182–189

–: Erziehungswissenschaft als kritisch-konstruktive Theorie: Hermeneutik – Empirie – Ideologiekritik. In: Zeitschrift für Pädagogik, 17. Jg., 1971, S. 351–385; auch in: ders. (Hrsg.): Aspekte kritisch-konstruktiver Erziehungswissenschaft. Weinheim 1976

–: Zum Verhältnis von Didaktik und Methodik. In: Zeitschrift für Pädagogik, 22. Jg., 1976, S. 77–94; auch in: ders./OTTO, Gunter/SCHULZ, Wolfgang: Didaktik und Praxis. Weinheim 1977; gekürzt in: DOHMEN, Günther/MAURER, Friedemann (Hrsg.): Unterricht – Aufbau und Kritik. München, 6., neubearb. Aufl. 1976, S. 45–61

–: Probleme einer Neukonzeption der didaktischen Analyse. Pädagogisches Institut der Landeshauptstadt Düsseldorf, Schriftenreihe H. 34. Düsseldorf 1977

–: Zur Entwicklung einer kritisch-konstruktiven Didaktik. In: Die Deutsche Schule, 69. Jg., 1977, S. 703–715

–: Zur Unterrichtsplanung im Sinne kritisch-konstruktiver Didaktik. In: KÖNIG, Ekkehard/SCHIER, Norbert/VOHLAND, Ulrich (Hrsg.): Diskussion Unterrichtsvorbereitung – Verfahren und Modelle. München 1980, S. 13–44

–: Zur Unterrichtsplanung im Sinne kritisch-konstruktiver Didaktik. In: ADL-AMINI, Bijan/KÜNZLI, Rudolf (Hrsg.): Didaktische Modelle und Unterrichtsplanung. München 1980, S. 11–48

–: Die Bildungstheoretische Didaktik im Rahmen kritisch-konstruktiver Erziehungswissenschaft – Zur Neufassung der Didaktischen Analyse. In: Westermanns Pädagogische Beiträge, 32. Jg., 1980, S. 32–37. Auch in: GUDJONS, Herbert/TESKE, Rita/WINKEL, Rainer (Hrsg.): Didaktische Theorien. Braunschweig 1981, S. 11–26

WINTGENS, Hans-Herbert, Didaktische Analyse – ihr Anspruch und ihre Leistung. Eine kritische Reflexion zur offensichtlichen Unsterblichkeit von Wolfgang Klafkis »Didaktischer Analyse«. In: Pädagogik und Schulalltag, 49. Jg., 1994, H. 2, S. 242–260.

2 »Perspektivenschema« zur Unterrichtsplanung

Vorklärungen

Das »Perspektivenschema« zur Unterrichtsplanung ist aus der Didaktischen Analyse der bildungstheoretischen Didaktik (KLAFKI) hervorgegangen und stellt ihre Anpassung an veränderte Umstände in der gegenwärtigen didaktischen Wirklichkeit und in der didaktischen Theorie dar.

Im Grunde genommen hat die Didaktische Analyse den Keim zu ihrer Veränderung immer schon in sich getragen. Als geisteswissenschaftlich konzipiertes Planungsmodell (vgl. PETERSSEN ²1989, bes. S. 83ff.) war sie geschichtlich angelegt. Sobald also die Situation sich änderte, auf die sie bezogen und für die sie konzipiert worden war, mußte auch das Planungsmodell verändert werden. Und die Planungssituation für Lehrer hat sich von 1958 – dem Jahr der Erstveröffentlichung der Didaktischen Analyse – bis zu den 80er Jahren besonders in einem, überaus bedeutsamen Punkt verändert: Lehrer haben ihre Planungsarbeit an Lehrpläne anzuschließen. Diese waren seinerzeit als inhaltsorientierte Pläne vorgegeben, d. h., sie machten vor allem Aussagen über Themen und Inhalte schulischen Unterrichts. Lehrer brauchten mithin auch inhaltsorientierte Planungsmodelle wie die Didaktische Analyse. Inzwischen jedoch sind Lehrpläne im deutschsprachigen Raum zielorientiert, d. h., sie geben Zielsetzungen vor und sind zielorientiert aufgebaut. Dieser realen Situation versucht das Perspektivenschema zu entsprechen, es ermöglicht dem Lehrer, seine Planung zielorientiert zu strukturieren (vgl. den Abschnitt »Didaktischer Hintergrund«, S. 75ff.).

KLAFKI hat bereits lange signalisiert, daß auch er solche Veränderungen für erforderlich hält (vgl. KLAFKI 1976; 1977; 1978; 1980). Er behält zwar die Grundstruktur der Didaktischen Analyse – ihre fünf Hauptfragen und die zugeordneten Lösungshilfen – bei, paßt sie aber nach Form und Gewichtung den neuartigen Verhältnissen in didaktischer Praxis und Theorie an.

Bereits hier sei auf folgende Änderungen gegenüber der Didaktischen Analyse stichwortartig hingewiesen:
– Das Perspektivenschema ist nicht mehr bloß ›Kern der Unterrichtsvorbereitung‹, sondern ein generelles Planungsinstrument. Die Befassung lediglich mit Inhaltsfragen des Unterrichts wird zugunsten der Behandlung aller Unterrichtsdimensionen aufgegeben: »Eine Neufassung der Didaktischen Analyse muß also den Zusammenhang zwischen Ziel- und Inhaltsproblematik und der Vermittlungs- und Medienproblematik schärfer in den Blick fassen.« (KLAFKI 1978, S. 71)
– Nicht den Inhalts-, sondern den Zielentscheidungen wird die größte Bedeutung für die Planung zugesprochen: »Man müßte von einem *Primat der Intentionalität* gegenüber allen anderen Dimensionen des didaktischen Feldes sprechen, d. h. vom Primat der *Intentionalität* gegenüber dem Bereich der Thematik, den Methoden, den Medien und den dahinterstehenden anthropogenen und soziokulturellen Voraussetzungen.« (ebd.)

Literatur zu diesem Kapitel siehe Seite 61 und Seite 80f.

»Perspektivenschema« zur Unterrichtsplanung

– Wie gegenwärtig alle Planungsmodelle, so sieht auch das Perspektivenschema bereits für die Planung den Einbau von Kontrollen und Überprüfungen vor.

2.1 Das Perspektivenschema

2.1.1 Kurzform nach KLAFKI

Gleich der von SCHULZ seinerzeit vorgenommenen Umsetzung des Berliner Modells in eine Graphik (1969, S. 63) stellt KLAFKI das Perspektivenschema ebenfalls immer auch graphisch dar (1985, S. 215). Auf diese Weise werden nicht nur die angenommenen Felder didaktischen Handelns verständlich vorgestellt, sondern auch die zwischen ihnen vermuteten Beziehungen anschaulich vor Augen geführt.

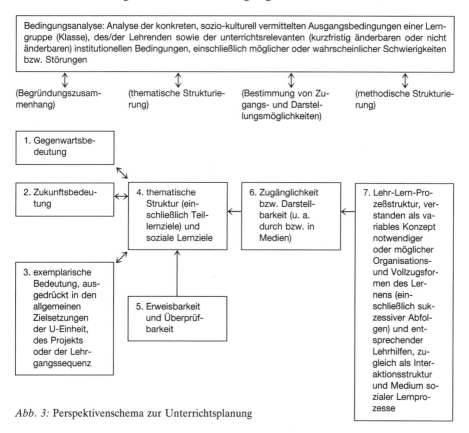

Abb. 3: Perspektivenschema zur Unterrichtsplanung

2.1.2 Strukturhilfen zum Verständnis und Umgang

Das Planungsmodell erschließt sich leichter, wenn man sich Schritt für Schritt in es hineintastet und dabei die von KLAFKI gelegte Struktur heranzieht. Diese weist nämlich drei verschiedene Ebenen auf:
– die didaktischen Felder,
– die didaktischen Aufgaben und
– die didaktischen Hilfen.

2.1.2.1 Didaktische Felder und ihr Zusammenhang

Bei einer ersten Betrachtung des Perspektivenschemas zeigen sich *Felder didaktischen Handelns* bei der Unterrichtsplanung. Fünf Felder werden unterschieden:
- *Bedingungen:* Hierunter werden alle historischen und situativen Faktoren verstanden, die sich auf den beabsichtigten Unterricht auswirken können.
- *Begründung:* Hier ist der Zusammenhang aller Überlegungen zur situativen Rechtfertigung des vorgesehenen Unterrichts gemeint.
- *Thema:* Hier geht es um die didaktische Aufbereitung einer bloßen ›Sache‹ zum Thema, um dessen Strukturierung und Gewichtung.
- *Zugang/Darstellung:* Dies meint die Suche nach den sich – vom Thema und der Lernsituation her – anbietenden Möglichkeiten, die Schüler in eine Konfrontation mit der thematisch aufbereiteten Sache zu bringen.
- *Methode:* Dies sind alle Bemühungen um die Art und Weise der Auseinandersetzung der Schüler mit dem Thema und den Inhalten.

Über den Zusammenhang dieser Felder ist zu sagen:
- Von den im ›Bedingungsfeld‹ zusammengefaßten Faktoren historischer und situativer Art wird angenommen, daß sie sich auf alle übrigen didaktischen Felder auswirken bzw. auswirken können. Ohne Kenntnis der jeweils wirksamen Bedingungen können keine akzeptablen didaktischen Überlegungen zu den übrigen vier Komplexen angestellt werden. KLAFKI greift hier voll das schon in der früheren Didaktischen Analyse verfolgte Prinzip des hic et nunc auf; Unterricht wird immer nur mit ganz bestimmten Schülern in einer ganz bestimmten Situation durchgeführt, und das gilt es bei der Planung zu beachten: *Planung ist stets Planung für eine ganz bestimmte Lerngruppe in einer konkreten Situation.* In der früheren Didaktischen Analyse wurden solche Bedingungen implizit in den übrigen didaktischen Feldern und Fragen mitbehandelt, im Perspektivenschema werden sie explizit dargestellt und als besondere didaktische Aufgabe den Lehrern aufgegeben – sicher eine Übernahme aus dem Berliner Modell der lerntheoretischen Didaktik.
- Am Anfang aller didaktischen ›Entscheidungen‹ stehen Überlegungen zur Rechtfertigung der Lernziele für den vorgesehenen Unterricht. Auf diese Weise entspricht das Perspektivenschema dem angenommenen *Primat der Zielsetzung* vor allen anderen didaktischen Entscheidungen. Und alle Planung hat hier erste Entscheidungen herbeizuführen.
- Alle didaktischen Felder stehen in Wechselbeziehung zueinander, und die in ihnen getroffenen Entscheidungen usw. können sich gegenseitig beeinflussen*. Diese angenommene *Interdependenz* mindert den Primat der Zielsetzung in keiner Weise; Zielsetzungen haben einen ständigen Wirkprimat für didaktisches Handeln, was allerdings nicht dahingehend mißverstanden werden darf, daß die übrigen didaktischen Entscheidungen aus derjenigen über die Zielsetzung deduktiv abgeleitet werden könnten. Dies ist – darauf verweist auch KLAFKI nachdrücklich – nicht möglich; die Zielentscheidung hat gleichsam orientierenden Charakter, an ihr müssen alle weiteren

---

* Obwohl KLAFKI durch eingezeichnete Pfeile bloß einzelne Beziehungen darstellt, kann wohl angenommen werden, daß auch für dieses Modell die Interdependenz-These gilt, d. h., alle Felder – und die in ihnen zu erledigenden Planungsaufgaben – müssen als in ständiger Wechselwirkung miteinander stehend aufgefaßt werden.

Entscheidungen daraufhin gemessen werden, ob sie zielförderlich bzw. zielhinderlich sind.
Das Strukturgefüge der didaktischen Felder – aus ›Bedingungen‹ und ›Entscheidungen‹ – läßt sich wie in *Abb. 4* visualisieren.

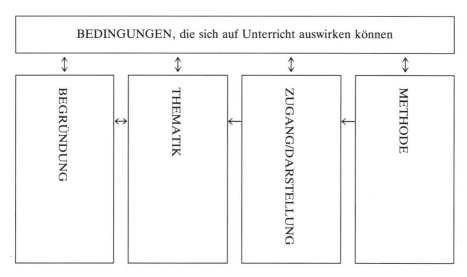

Abb. 4: Bedingungen und Entscheidungen bei der Unterrichtsplanung

2.1.2.2 Didaktische Aufgaben

Blickt man in die didaktischen Felder hinein, dann enthüllen sich die darin jeweils angenommenen didaktischen Aufgaben. Allerdings erweisen sich Art und Zahl der Aufgaben in den didaktischen Feldern als überaus unterschiedlich; man muß wohl annehmen, daß die Felder noch nicht alle in gleicher Weise durchdacht und ihre inneren Strukturen noch nicht vollständig aufgedeckt sind. Dabei verwundert es zum Beispiel nicht, daß die beiden ersten Felder ›Begründung‹ und ›Thematik‹ sich als am stärksten gegliedert erweisen. Hier schließt KLAFKI lückenlos und vollständig an seine frühere Didaktische Analyse an, deren Fragen er für die Beschreibung der Aufgaben übernimmt.

– *Aufgaben im Bedingungsfeld:*
  Es gilt, die in einer bestimmten Situation wirksamen, von Personen und Sachen eingebrachten *Bedingungen* zu ›*erfassen*‹ und auf ihre möglichen didaktischen Auswirkungen hin zu ›*analysieren*‹. Manche Bedingungen können wegen ihrer Eigenart langfristig erfaßt und in Rechnung gestellt werden, z. B. Zeitströmungen, Schultyp, Klassenraum u. ä.; andere Bedingungen hingegen sind für jede Situation, d. h. für jede Unterrichtsstunde, neu auszumessen, z. B. der Zustand der Schüler, die Tageszeit u. a. Ohne Kenntnis aller Bedingungen und ihrer möglichen Auswirkungen kann kein Unterricht angemessen und mit Aussicht auf Erfolg geplant werden.

– *Aufgaben im Begründungsfeld:*
  Dem Lehrer stellen sich hier drei zusammenhängende Fragen, von deren Beantwor-

Modelle der Unterrichtsplanung

tung es abhängt, ob die ins Auge gefaßten Zielsetzungen für gerade die jeweils unterrichtete Lerngruppe in der jeweiligen Situation legitimierbar sind. Diese Fragen richten sich auf die *Gegenwarts-, Zukunfts-* und *exemplarische Bedeutung* der Zielsetzungen. In recht subjektiver Manier muß ein Lehrer die Fragen nach Gegenwarts- und Zukunftsbedeutung der Zielsetzungen für seine Schüler angehen und beantworten. Von seiner eigenen Wertauffassung hinsichtlich der Zielsetzungen hängt es letzten Endes ab, ob er sie als auch für seine Schüler vertretbar anerkennt und für den Unterricht akzeptiert. In der Frage nach der exemplarischen Bedeutung taucht wieder die alte Vorstellung von Bildung durch das ›Allgemeine‹ auf. Nicht alles, sondern nur das Allgemeine, das über sich Hinausweisende wird als bildungswirksam aufgefaßt. Erst wenn außer einer Gegenwarts- und Zukunftsbedeutung auch der ›allgemeine‹ Charakter einer Zielsetzung nachgewiesen ist, kann ein solches Lernziel als gerechtfertigt betrachtet werden.

– *Aufgaben im thematischen Feld:*
Hier wird die dritte Frage der seinerzeitigen Didaktischen Analyse fast unverändert aufgegriffen. Es wird nach der *inneren Struktur der Sache* gefragt, aber nicht nach der bloßen Sachlogik, sondern nach der thematischen Logik, d. h., es wird gefragt nach jenen Momenten und Zusammenhängen, wie sie sich zuallererst ergeben und zeigen, wenn ein Thema didaktisch formuliert worden ist, wenn zu dem bloßen Sachverhalt das pädagogische Moment hinzukommt, wenn er für pädagogisch-didaktische Zwecke verwendet werden soll.
Daneben taucht hier aber noch eine weitere Frage auf, und zwar die nach der jetzt schon erkennbaren Möglichkeit, den angezielten Lernerfolg später überprüfen zu können. Die *Überprüfbarkeit* bzw. *Erweisbarkeit des Lernerfolgs* gilt als Moment schon der Planung von Lernvorgängen – zweifellos eine aus der lernzielorientierten Didaktik übernommene Auffassung und Maßnahme.

– *Aufgaben im Feld von Zugänglichkeit und Darstellung:*
Dieses Feld entspricht der seinerzeitigen fünften Frage der Didaktischen Analyse. Und so, wie diese schwer verständlich war, so kommen auch hier besondere Schwierigkeiten auf. Denn hier geht es noch nicht um methodische Fragen im engeren Sinne, nicht schon um bewußte Entscheidungen über den Weg des Lehrens und Lernens. Vielmehr wird das Thema – insgesamt und in seinen im zweiten Feld aufgedeckten Teilen – gleichsam daraufhin abgeklopft, ob es von sich aus und in dieser Situation *besondere Einstiege, Zugänge* u. ä. anbietet, die zu nutzen wären, oder ob *besondere Anstrengungen der Darstellung* dafür notwendig werden. Dies ist sicher ein überaus bedeutsames Problem didaktischen Handelns und vor allem der Unterrichtsplanung und -vorbereitung, das aber hier nur sehr kurz und m. E. unzureichend behandelt wird.

– *Aufgaben im methodischen Feld:*
Auch für dieses Feld bleibt das Perspektivenschema überaus blaß und unzureichend. Abgesehen davon, daß es hier gilt, Entscheidungen über den *Weg der Auseinandersetzung von Schülern mit dem Thema* zu treffen, und daß es dabei auf flexible und wechselnde Formen ankommt, erfährt der Lehrer nicht viel. Allerdings wird gerade hier schon im formalen Perspektivenschema auch ein inhaltliches Substitut gesetzt: von Lehrern wird erwartet, daß sie Lehren und Lernen als einen Vorgang der

›*Interaktion*‹, nicht der bloßen Information begreifen, und es wird ihnen empfohlen, vor allem nach ›entdeckenden bzw. nachentdeckenden‹ Verfahren zu suchen. Das formale Strukturbild des Perspektivenschemas zur Unterrichtsplanung zeigt sich jetzt verfeinert *(Abb. 5)*; neben Erfassung und Analyse der ›Bedingungen‹ weist es insgesamt sieben didaktische Aufgaben für die Unterrichtsplanung aus.

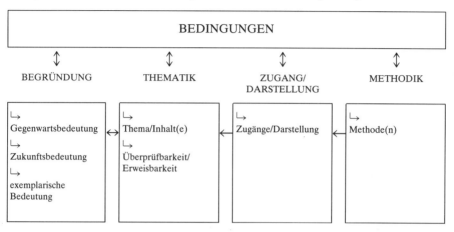

Abb. 5: Didaktische Aufgaben bei der Unterrichtsplanung

2.1.2.3 Didaktische Hilfen

Auch die ›Aufgaben‹ in den Entscheidungsfeldern erweisen sich als noch einmal in sich strukturiert. Für sie, insgesamt sieben, gibt das Modell zusätzliche Verständnishilfen und auch Ausführungsanleitungen vor. Allerdings beschränken sich dezidierte Anleitungen bisher auf zwei der Aufgaben:

– *Die Frage nach der exemplarischen Bedeutung (Feld:* Begründung*):*
Auf diese nach Lernzielen fragende Aufgabe überträgt KLAFKI die Vorstellung der lernzielorientierten Didaktik von einer ›Hierarchie‹ der Lernziele. Er ist der Auffassung, daß Lernziele grundsätzlich auf vier Zielebenen angesiedelt sein können und daß sich Lehrer bei der Unterrichtsplanung darüber klarwerden müssen, auf welcher Ebene bzw. welchen Ebenen die ins Auge gefaßten Lernziele angesiedelt sind. Unterschieden werden:
- Lernziele allgemeiner/allgemeinster Art, wovon in der lernzielorientierten Didaktik als Leit- oder Richtzielen die Rede ist, z. B. *»Mündigkeit«.*
- Auf einer zweiten Ebene zeigt sich, ob Qualifikationen bei den Schülern bewirkt werden können, die zwar konkreter sind als z. B. die Angabe *»Mündigkeit«,* aber noch nicht so konkret, um auch schon inhaltlich, d. h. an bestimmte Sachaufgaben gebunden zu sein, hier also beispielsweise *»Kritikfähigkeit«,* verstanden als Moment von *»Mündigkeit«.*
- Auf der dritten Ebene können sich Lernziele als von spezifischer Art erweisen, allerdings nicht schon an Fächer gebunden, sondern als vielen oder mehreren Fächern bzw. Bereichen gemeinsame Strukturen, z. B. *»naturwissenschaftliches Denken«,* das – um unser Beispiel fortzuführen – für *»Kritikfähigkeit«* als unabdingbares Moment betrachtet würde.

- Auf der vierten Ebene schließlich kommen die fachspezifischen oder auch fächerübergreifenden Zielsetzungen in den Blick, die als konkrete – aber keineswegs zu operationalisierende – Lernziele verstanden werden, z. B. das *»Ausmessen«*, das *»Abwägen«* u. ä. als Momente *»naturwissenschaftlichen Denkens«* und Handelns.

- *Die Frage nach dem Thema (Feld:* Thematik*):*
  Hier kehrt die Fragefolge der früheren Didaktischen Analyse wieder. Sieben Teilfragen werden dem Lehrer zur Strukturierung des Themas empfohlen (KLAFKI 1985, S. 222 ff.):
  - »Unter welchen Perspektiven soll das Thema bearbeitet werden?«
  Jedes Thema weist unterschiedliche Aspekte auf; zu bestimmen sind jene, unter denen die Schüler sich mit dem Thema auseinandersetzen sollen, z. B.: historischer Aspekt, systematischer Aspekt, ökonomischer Aspekt usw.
  - »Welches ist die immanent-methodische Struktur der jeweils perspektivisch gefaßten Thematik?«
  Die Frage richtet sich letzten Endes auf die je besondere vorhergehende Genese, die gerade zu diesem Sachverhalt, den die Thematik enthält, geführt hat.
  - »Welche Momente konstituieren die Thematik, jeweils unter bestimmten Perspektiven?«
  Nachdem man bereits die Perspektive entschieden hat, unter der das Thema bearbeitet werden soll, fragt man von da aus weiter, welche besonderen Inhalte das Thema gerade unter diesem ausgewählten Aspekt ausmachen.
  - »In welchem Zusammenhang stehen die ermittelten Momente?«
  Die ermittelten Momente können in logischen, kausalen o. ä. Zusammenhängen stehen und müßten auch so dargestellt werden.
  - »Weist die Thematik eine Schichtung, etwa im Sinne von Oberflächen- und Tiefenstrukturen, auf?«
  Geht es dabei z. B. nur um die Auseinandersetzung der Schüler mit Phänomenen, oder soll über diese Phänomene in eine bestimmte Tiefe vorgestoßen werden?
  - »In welchem größeren Zusammenhang bzw. in welchen Zusammenhängen steht – je nach den gewählten Perspektiven – die Thematik?«
  Die Einordnung der jeweils besonderen Problematik in den umfassenderen Lehrgang fachlicher Art oder in den Ausbildungsgang gilt es hier zu klären.
  - »Welches sind die notwendigen begrifflichen, kategorialen Voraussetzungen für die Auseinandersetzung mit dem Thema, und welche Verfahren für die Bewältigung des Themas müssen die Schüler, sei es bereits mitbringen, sei es im Zusammenhang der Auseinandersetzung erwerben?«
  Das Thema wird unter einer bestimmten Perspektive bearbeitet, dabei sollte man sich darüber klarsein, ob die Schüler bereits alle für gerade diese Bearbeitung erforderlichen Voraussetzungen mitbringen oder ob sie zunächst bzw. im Verlaufe des Lernvorgangs zusätzlich vermittelt werden müssen.

  Bringt man diese Hilfen in das Strukturbild hinein, dann hat man das gesamte Perspektivenschema in seinen bisher aufgedeckten Momenten und in deren Zusammenhängen vor Augen *(Abb. 6).*

»Perspektivenschema« zur Unterrichtsplanung

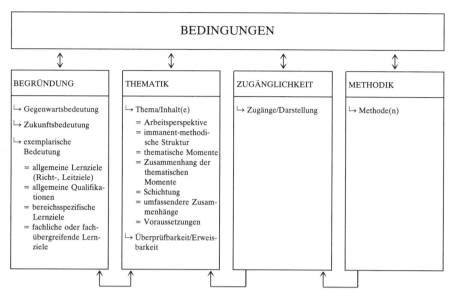

Abb. 6: Hilfen für die didaktischen Aufgaben bei der Unterrichtsplanung

2.1.2.4 Zum Umgang mit dem Perspektivenschema

Es ist möglich, das Planungsmodell bloß pragmatisch zu beanspruchen. Wer dies tut, muß es allerdings so nutzen, wie es das Modell von sich aus vorschreibt: er muß seine Planung mit der Erfassung und Analyse aller historischen und situativen Bedingungen beginnen und diese dann für die folgenden Entscheidungen berücksichtigen; die beabsichtigten Zielsetzungen sind gegenüber den Schülern zu rechtfertigen und als ›allgemeiner‹ Art auszuweisen; die Strukturierung des Themas und der Inhalte ist vorzunehmen, ihre spätere Überprüfbarkeit ist einzuleiten; Zugänge und Darstellbarkeit für die Schüler sind zu erkunden; methodische Strukturierungen sind vorzunehmen.

Das Modell hilft, Unterricht stringent zu planen und die dafür erforderlichen Entscheidungen situations- und schülerangemessen sowie in sich weitgehend widerspruchsfrei zu treffen. Dies in der Hoffnung, daß ein solchermaßen gedanklich vorskizzierter Unterricht auch einen entsprechenden realen Verlauf nimmt und dadurch beste Lernvoraussetzungen schafft.

Das Modell führt dem Lehrer aber nicht nur anschaulich vor Augen, worin seine didaktische Arbeit bei der Planung von Unterricht besteht, sondern es bietet ihm darüber hinaus auch noch Hilfen für diese didaktische Arbeit an. Wir haben sie in Form von inhaltlichen Bezogenheiten (didaktische Felder) und von genauen Fragen vorgefunden und dargestellt. Für die pragmatische Seite des didaktischen Geschäfts der Unterrichtsplanung bietet dieses Modell also viele und gute Hilfen, die allerdings für mehr Felder als bisher schon auch noch erstellt werden könnten und sollten.

Möglich ist es also, dieses Modell bloß seiner pragmatischen Struktur nach in Anspruch zu nehmen. Aber das ist nicht legitim. Ganz abgesehen davon, daß ein zumeist nur formalistischer Gebrauch zur Erstarrung didaktischen Denkens und zur Stereotypisierung didaktischen Handelns führt und somit gerade die hier vertretene Forderung nach immer wieder neuer Situationsgemäßheit bald nicht mehr eingelöst werden kann – das ist übrigens mit der früheren Didaktischen Analyse geschehen –, ist eine solche Beanspruchung nicht legitim, weil sie den zum pragmatischen Planungsmodell gehörenden Hintergrund ausklammert. Gerade dieses Planungsmodell aber ist an seinen bildungstheoretischen Hintergrund gebunden; ohne diesen wird es weder richtig verstanden noch richtig verwendet. Man kann es so verkürzt und unvollständig anwenden, es ist durchaus ein zu konkretem Handeln anleitendes Modell – und darin liegt seine Gefahr –, aber solchem didaktischen Handeln fehlt die Rechtfertigung. Diese Rechtfertigung geschieht durch bildungstheoretische Überlegungen (vgl. S. 75 ff.). Wer dieses Modell zur Planung von Unterricht benutzt, muß sich letzten Endes mit dessen bildungstheoretischen Prämissen weitgehend identifizieren, muß den neu umrissenen Allgemeinbildungsbegriff und die Bildungsvorstellungen kritisch annehmen (vgl. S. 75 ff.).

Die Praktikabilität des Perspektivenmodells als alltäglich nutzbares Planungsinstrument zweifelt sehr stark MATTHES an, und zwar wegen der nach ihrer Meinung zu großen Anzahl von Aspekten, die es zu berücksichtigen verlangt (MATTHES 1992, bes. S. 191).

2.1.3 Ein Beispiel

Fach: HTW (Hauswirtschaft/Textiles Werken)
Schuljahr: 8., Realschule
Thema: Nährstoffbedarf
Zielsetzung: Kenntnisse über den Nährstoffbedarf von Jugendlichen; Planen und Herstellen einer bedarfsgerechten Mittagsmahlzeit

Feld I: Bedingungen
Für diese Einheit stehen vier Wochenstunden zu Verfügung, die als Block am Mittwochmorgen von 7.30 bis 10.55 Uhr unterrichtet werden. Die Einheit ist die erste in diesem Schuljahr, in dem im zweiten Jahr das Fach unterrichtet wird. Die fachspezifischen Erfahrungen – Kenntnisse, Fertigkeiten – sind noch recht gering. Allerdings sind alle Schüler an die besondere Unterrichtsweise im Fach Hauswirtschaft durchaus gewöhnt. Vier Jungen und zwölf Mädchen bilden diese Lerngruppe; sie stammen alle aus einer Stammklasse. Die Jungen zeigen sich fachlich zwar interessiert wie die Mädchen, bringen aber bei den praktischen Arbeiten nicht die gleiche Sorgfalt auf, sind dabei recht »großzügig«, was saubere Zubereitung und sparsamen Umgang mit Lebensmitteln sowie Reinigung und Einordnung von Arbeitsgeräten nach dem Kochen betrifft.

Alle Teilnehmer haben eine überaus positive Einstellung zum Fach, das sie übrigens wählen konnten (Wahlpflichtfach). Diese Einstellung resultiert aus mehreren Faktoren:
– Wenn auch das Fach später dieselbe Rolle für das Abschlußzeugnis spielt wie andere Fächer, so wirkt sich dies zum einen im 8. Schuljahr noch nicht so stark aus, zum anderen haftet dem Fach immer noch der überkommene Ruch eines klassischen »Nebenfaches« ohne große Auswirkung auf Zeugnisse an, so daß die Schüler/innen ohne Leistungsdruck in den Unterricht gehen.
– Die Lerngruppe ist klein und durch ein Jahr gemeinsamen Fachunterrichts zusammengewachsen.
– Das Fach weicht mit seinen speziellen Arbeits- und Unterrichtsweisen sehr vom üblichen Unterricht ab; hier halten sich abstrakte Information und praktisches Tun die Waage.
– Dies wirkt sich besonders auch auf das Verhältnis zur Fachlehrerin aus, der gegen-

»Perspektivenschema« zur Unterrichtsplanung

über die Schülerinnen und Schüler sich »locker« bewegen können; es wird – vor allem während des praktischen Tuns im Unterricht – offen über allgemeine Schulprobleme gesprochen.

Diese grundsätzlich positive Einstellung darf aber nicht dahingehend interpretiert werden, daß damit auch alle Lernschwierigkeiten gering würden. Hier stellen sich der Lehrerin die üblichen Probleme, lediglich in anderen Erscheinungsweisen; auch hier sind die Probleme: Motivation (zum konkreten Lernen), Konzentration (auf Lernen und Arbeit), Lernhilfen usw.

Der Unterrichtsraum besteht aus einer großen Küche – zugleich mit Wandtafel usw. ausgestattet –, die in fünf insgesamt gut überschaubare Kojen (das sind vollständig eingerichtete Kücheneinheiten) unterteilt ist, und einem anliegenden, durch eine Holz-Glas-Wand abgetrennten Raum, der sowohl als Speiseraum wie auch als Klassenzimmer verwendet werden kann.

Der Lehrplan läßt ausdrücklich Freiräume für pädagogisch gerechtfertigte Maßnahmen, d. h., von insgesamt angenommenen 36 Schulwochen werden durch ihn nur 29 von vornherein fest belegt. Die Freiräume werden jedoch – abgesehen vom üblichen Ausfall einzelner Stunden wegen Krankheit, Feiertagen usw. – dadurch zusehends eingeengt, daß z. B. Fachleiterinnen versuchen, ihre Interpretation der Lehrplanvorgaben in Fortbildungsveranstaltungen als einzig richtig auszugeben und möglichst verbindlich zu machen. Und auch die – eigentlich wünschenswerte – Ausarbeitung von schulspezifischen Fachplänen durch alle Fachlehrerinnen engt letzten Endes die Möglichkeit des Bezuges auf die besondere Lerngruppe stark ein.

Feld II: Begründung
Thema und Zielsetzung werden grundsätzlich als von existentieller Bedeutung aufgefaßt: es sollen nicht bloß Kenntnisse und Fertigkeiten erworben werden, sondern sie sollen in möglichst unmittelbare Beziehung zu den Schülern und ihr gegenwärtiges Leben gesetzt werden, ihnen Hilfe für eine gesunde Lebensführung geben.

1. Gegenwartsbedeutung
Man darf wohl für die meisten Schüler/innen dieser Lerngruppe annehmen, daß sie sich weitgehend unreflektiert ernähren, daß sie essen, was ihnen »vorgesetzt« wird. Da in ihren Elternhäusern wohl eher nach überkommenen, nicht besonders durchdachten Vorstellungen ernährt wird und überwiegend die regional üblichen Gerichte zubereitet werden, kann von einer gesunden Ernährung wohl kaum die Rede sein. Entsprechende Kenntnisse, Fertigkeiten und Einstellungen der Schüler/innen können sich so zu Hause nur schwer entwickeln: diese Aufgabe bleibt der Schule überlassen, die dabei oft geradezu gegen Unüberlegtheit, Unbesonnenheit und liebgewordene Gewohnheiten anzugehen hat. Die Jugendlichen der Lerngruppe lassen sich bei ihrer Ernährung fast ausschließlich von der Absicht leiten, satt zu werden, wozu allenfalls noch der Auswahlgesichtspunkt »was mir gut schmeckt« hinzutritt. Dies hat in vielen Fällen zu falscher Ernährung geführt, die es abzubauen gilt, z. B. der regional übliche hohe Verzehr von Teigwaren – Spätzle –, der Bierkonsum – besonders bei den Jungen – und, generell, die Gewohnheit, stets große Portionen zu sich zu nehmen. Regional allerdings bisher nicht üblich ist der Griff zum Fast-Food oder zur Pommes-frites-Portion, da es entsprechende »Restaurant«-Ketten hier noch nicht gibt.

Daß die Schüler/innen sich gesund ernähren sollten, ernährungskundliche Kompetenz also erforderlich ist, steht außer Zweifel. Diese Kompetenz sichert die Selbstbestimmungsfähigkeit der Jugendlichen und hilft ihnen bei eigenständigen Entscheidungen im gegenwärtigen Leben.

2. Zukunftsbedeutung

Gleicherweise wichtig ist die genannte Kompetenz (und die Einübung des entsprechenden Verhaltens) auch für das gesamte künftige Leben der heutigen Jugendlichen. So kann hier der Unterricht – offensichtlicher als in anderen Fächern – konkrete Beiträge zu einer »allseitigen« Bildung der Jugendlichen leisten, er wendet sich nicht nur an den Intellekt, sondern unmittelbar auch an den Körper und kann auf diese Weise »Lebenshilfe« geben. Dabei wird es allerdings darauf ankommen, nicht bloß relevante Kenntnisse zu vermitteln und sie bestenfalls in Beziehung zu Fähigkeiten – entsprechend kochen usw. zu können – zu setzen, sondern eine dauerhafte, grundlegende Bereitschaft zu gesunder Ernährung zu wecken. Nur wenn diese Bereitschaft tatsächlich tief verankert ist, wird die künftige Lebensweise durch gesunde Ernährung gekennzeichnet sein, einerseits durch eigene darauf gerichtete Aktivitäten, andererseits auch durch entschiedene Abwehr gegen ungesunde Zwänge von außen (Werbung für Nahrungsmittel, Genußmittel usw.,»Nun nehmen Sie schon noch ein Stückchen, einen Löffel, einen Schluck . . .!«). Über die eigene Person hinaus wird solche Lebenshilfe z. B. für Familienmitglieder ebenfalls von Bedeutung werden können. Hier können in der Tat Fundamente für die künftige individuelle Lebensbewältigung gelegt werden.

3. Exemplarische Bedeutung

Die im Zusammenhang mit diesem Unterrichtsthema erworbenen Fertigkeiten küchentechnischer Art und die Tischmanieren kommen immer wieder im Fach zum Tragen. Überfachlich können die erworbenen Kenntnisse aktualisiert werden bei verwandten Themen aus Biologie und Sport, wenn dort Fragen gesunder Lebensführung anstehen. Aber auch bei einzelnen Themen, z. B. Rachitis als Mangelkrankheit, werden Kenntnisse über den Nährstoffbedarf wirksam. Ohne dies überbetonen zu wollen, läßt sich doch vorstellen, daß auch das aktuelle Schlüsselproblem des Welthungers, z. B. in seiner besonderen Form des »weißen Hungers« (Eiweißmangel), dadurch verständlicher wird. –

Die Behandlung des Themas scheint durch die aufgezeigten Bedeutungszusammenhänge hinreichend gerechtfertigt. Es hilft den Schülern, über einen bedeutsamen Bereich ihres Lebens selbst bestimmen zu können, und es kann als instrumentelles Moment künftig in Lernvorgängen und Lebensvollzügen wirksam werden. Mitbestimmungsfähigkeiten werden übrigens durch die übliche Unterrichtsweise im Fach – Teamarbeit in den Kochgruppen – gefördert. Daß das Thema allseitige Bildung ermöglicht, stellte sich heraus; es geht unmittelbar nicht nur auf den Intellekt, sondern auch auf den Leib der Schüler aus; Pestalozzis Formel von »Kopf–Herz–Hand« wird hier aktualisiert. Und daß dieses Thema nicht bloß einzelne angeht, die zufällig durch ihr Elternhaus damit konfrontiert werden – was wohl nur in Mittelschichtfamilien geschieht, wo überlegt ernährt wird und darüber auch gesprochen wird –, sondern daß es alle angeht, versteht sich wohl von selbst (Bildung »für alle«). Es wäre verhältnismäßig einfach, auch die sozialkritische Implikation des Planungsmodells an diesem Thema zu exemplifizieren; aber das entspräche gewiß nicht der realen Bedeutung und Behandlung des Themas in der Realschule.

Feld III: Thematik

A 1. – Als *Perspektive* für die unterrichtliche Behandlung des Themas wird eine pragmatische bestimmt, d. h., das Thema »Nährstoffbedarf« wird unter dem Aspekt seiner Bedeutung für die betroffenen Schüler und der daraus ableitbaren Konsequenzen für deren Lebensführung aufgegriffen. Andere Gesichtspunkte (systematische z. B.) spielen eine untergeordnete Rolle, können aber, wie z. B. der ökonomische, nicht

»Perspektivenschema« zur Unterrichtsplanung

ganz ausgeklammert werden, da sie durchgängige Sicht- und Behandlungsweisen des Faches sind.

2. – Ausgewogene Nahrungsmittelverwendung als Moment gesunder Ernährungsweise und Lebensführung ist wohl nur Schulthema in einer Gesellschaft wie der unseren. Das Angebot an Nahrungsmitteln ist nicht nur so groß, daß man die Frage der richtigen Auswahl stellen kann, sondern es hat auch zu Fehlformen der Verwendung geführt, die solche Fragen geradezu wieder notwendig machen. In Mangelgesellschaften würde die *immanent-methodische Struktur* der Thematik ganz anders aussehen. D. h., nicht Mangel, sondern Überfluß muß als Ursache für die didaktische Notwendigkeit des Themas gesehen werden; und es wäre angebracht, auch die Schüler dies einsehen, zumindest erahnen zu lassen.

3. – Wichtige *Momente* der Thematik sind:
– Der Mensch ist auf Nährstoffe angewiesen, und zwar auf Kohlenhydrate, Eiweißstoffe, Fette, Mineralstoffe, Wasser, Vitamine.
– Der Mensch muß die Nährstoffe in richtiger Menge zu sich nehmen, wobei diese von vielen Faktoren abhängt, so vor allem vom »Grundumsatz« (= der im Zeitraum eines Tages bei völliger Ruhe benötigte Bedarf) und vom »Leistungsumsatz« (= der durch Aktivitäten zusätzlich erforderliche Bedarf), wobei diese wiederum abhängig sind von weiteren Faktoren, z. B. Geschlecht, Alter, Gewicht.
– Allgemein nimmt man an, daß je kg Körpergewicht täglich etwa 0,9 g Eiweiß, 0,7 bis 0,8 g Fett und 4–6 g Kohlenhydrate usw. benötigt werden, daß aber Jugendliche einen gegenüber diesen Standardwerten erhöhten Bedarf haben (Wachstum, Bewegungsaktivitäten usw.).
– Jugendliche im Alter von 15–18 Jahren haben in der Regel einen Bedarf – der im Einzelfall aber abweichen kann – von täglich 13 000 kj (Kilojoule) (männlich) bzw. 10 500 kj (weiblich).
– Gespendet wird Energie im einzelnen von: Kohlenhydraten ca. 16 kj/g; Eiweiß ca. 16 kj/g; Fett ca. 36 kj/g.
– Die energiespendenden Nährstoffe sollten in 5 Mahlzeiten täglich eingenommen werden: Frühstück mit ca. 25%; Zwischenmahlzeit mit ca. 10%; Mittagessen mit ca. 30%; Zwischenmahlzeit mit ca. 10%; Abendessen mit ca. 25%.
– Jede Mahlzeit sollte die Nährstoffe in ausgewogenem Verhältnis zueinander bereitstellen: Kohlenhydrate 55%; Fett 30%; Eiweiß 15%.
– Je 100 g eßbaren Anteil spenden:
  – Kartoffeln (roh, mit Schale) 300 kj; Nudeln/Spätzle 1580 kj;
  – Rinderhackfleisch 880 kj; Schweineschnitzel 680 kj; Brathuhn 600 kj;
  – Blumenkohl 105 kj; Chinakohl 67 kj; Rotkohl 120 kj;
  – Äpfel 245 kj; Birnen 230 kj; Melonen 100 kj.

4. – Diese Momente bezeichnen angenommene Wertigkeiten und deren Abhängigkeiten voneinander und sollten von den Schülern auch so aufgenommen und erfaßt werden. Die Reihenfolge ist schon eingehalten.

5. – Das Thema wurde bislang lediglich seiner physiologischen Bedeutung nach strukturiert, alle anderen auch möglichen *Bedeutungsschichten* rückten in den Hintergrund. Den Jugendlichen soll zunächst bloß die Bedeutung gesunder Ernährung – hier: durch bedarfsgerechte Nahrungsmittelverwendung – einsichtig werden. Die dafür erforderlichen Kenntnisse werden bereitgestellt. Doch könnte – zu späterer Zeit – der Nährstoffbedarf für sie nicht bloß unter dem Gesichtspunkt gesunder Ernährung, sondern zugleich auch unter dem Gesichtspunkt der geschmackvollen, u. U. sogar der genußvollen Ernährung thematisiert werden. Darüber hinaus wären zahlreiche weitere Perspektiven für das Thema möglich, z. B. die des kritischen und ökonomischen

Einkaufsverhaltens bei Nahrungsmitteln, des überlegten Umgangs mit Nahrungsmitteln, d. h. des gegenüber anderen verantwortungsvollen Verbrauchs (globale Solidarität, vor allem mit Hungernden) usw. Doch es sei ausdrücklich noch einmal gesagt: Solche Perspektiven bzw. die didaktische Priorisierung anderer Bedeutungsschichten dieses Themas mögen auf den ersten Blick faszinierend und auch vorzuziehen sein, vor allem weil sie tiefere Schichten menschlicher Existenz betreffen, aber sie sind unterrichtlich erst behandelbar, wenn die Realschüler über pragmatisch verwertbare Grundkenntnisse und -fertigkeiten verfügen; das muß man – abgesehen von den Lehrplanvorgaben – realistisch sehen.

6. – Kenntnisse und Fertigkeiten der hier gemeinten Art reihen sich lückenlos in den *fachlichen Zusammenhang* ein. Auf sie baut der hauswirtschaftliche Unterricht künftig auf, und zwar mit der Zielrichtung, zu physiologisch gesundem, ökonomisch rationellem und ökologisch verantwortungsvollem Haushalten im privaten Bereich zu befähigen.

7. – Da das Thema im Zusammenhang des Fachlehrganges steht, sind alle fachspezifischen *Voraussetzungen für eine Auseinandersetzung damit* vorhanden, d. h., man kann davon ausgehen, daß die Kenntnisse und Fertigkeiten für den Umgang mit dieser Thematik vorher aufgebaut worden sind. Als Schwierigkeit dürfte sich ergeben: Trotz der Einführung der Bezeichnung »Joule« (j)/»Kilojoule« (kj) für den Energieumsatz hält sich im Alltag die überkommene Bezeichnung »Kalorie« (cal)/»Kilokalorie« (kcal), die auch von den Schülern benutzt wird. Es wird demnach u. U. nötig sein, auf diese Maßsysteme einzugehen, um die intendierten Einsichten überhaupt sachgerecht stiften zu können.

B – Die Frage nach der *Erweisbarkeit/Überprüfbarkeit* des Erlernten klärt sich gleichsam von selbst, weil im Anschluß an das »theoretische« Lernen (Erwerb der Kenntnisse) das »praktische« Lernen folgt – die Herstellung einer Mahlzeit auf der Grundlage der erworbenen Kenntnisse –, so daß diese gleich überprüft werden. Das verlangt allerdings, die praktische Aufgabe derart offen zu stellen, daß aus dem selbstgesteuerten Verhalten der Schüler – Welche Nahrungsmittel wählen sie? Welche Mengen davon nehmen sie? – die erworbene Kenntnis bzw. die noch vorhandene Unkenntnis gefolgert werden kann.

Feld IV: Zugänglichkeit

Die vorgenommene Strukturierung des Themas zeigt schon die für möglich gehaltene Zugänglichkeit an, nämlich die Einführung in das Problem »Nährstoffbedarf« vom aktuellen Bedarf der betroffenen 15jährigen her. Allerdings dürfte dieser Bedarf, der von dritter Seite – Medizinern, Ökotrophologen, Lehrplangestaltern usw. – für sie angenommen wird, nicht auch ihrem tatsächlichen Bedürfnis und Interesse ohne weiteres entsprechen. Wie schon vorher erwähnt (Stichwort »Gegenwartsbedeutung«), ernähren sich die Jugendlichen eher unreflektiert und dürften im Grunde – zumal sie durch ihre Eltern »bekocht« werden – noch gar kein großes Interesse an überlegter Ernährung aufbringen. Die Jugendlichen gerade dieser Lerngruppe interessieren sich hingegen für die Frage, ob eine Fast-Food-Kette von den kommunalen Behörden nun endlich die lange Zeit schon beantragte Genehmigung für die Einrichtung eines entsprechenden Lokals erhält oder nicht. Dieser Vorgang in der Region, an dem die Jugendlichen eifrig Anteil nehmen – sie mögen Fast-Food-Erzeugnisse –, wäre also sicher ein Ansatz, von dem aus man die Thematik erschließen könnte. Dagegen aber sprechen besonders zwei Gründe: (a) Der Vorgang ist hochgeputscht und emotionalisiert, die tatsächlichen Fakten und Hintergründe sind kaum erschließbar. (b) Von hier aus ließe sich wohl kaum auf die im hauswirtschaftlichen Unterricht übliche praktische Themenbearbeitung übergehen, die – vom Lehrplan zwingend vorgeschrieben – Teil des fachlichen Lehrgangs ist und nicht übergangen werden kann. Bei dem gewählten

Ansatz kommt es also darauf an, die Schüler zunächst auch einsehen zu lassen, daß und wie existentiell wichtig dieses Thema schon für ihr eigenes derzeitiges Leben ist. Das kann nicht einfach vorausgesetzt, sondern muß im Unterricht geleistet werden.

Feld V: Methodik
Von der Sache/den Fakten her bieten sich für die Auseinandersetzung keine besonderen Schwierigkeiten. Die Sachverhalte lassen sich – dem Alter der Schüler angemessen – anschaulich darstellen, so daß sie durchschaubar und faßlich werden. Dabei kommen die üblichen Mittel in Betracht: Tafelbilder, Folienbilder für den Tageslichtprojektor, Hektogramme für Zusammenfassungen und Arbeitsanweisungen, die originalen Nahrungsmittel und ihre Verpackungen, die Küche mit ihren Einrichtungen usw.

Das in diesem Unterricht übliche Arbeiten im Team (Kochgruppen aus vier Schülerinnen/Schülern: gemischt wegen der unterschiedlichen Einstellungen und Vorkenntnisse) im praktischen Teil fördert sicherlich soziale Lernziele: die Arbeit »zwingt« zu Rücksichtnahme, gegenseitiger Hilfe und ständiger Kommunikation. Soziales Verhalten – u. a. Tischmanieren als soziale Techniken und auch hier Rücksichtnahme – wird durch das gemeinsame Abschlußessen ebenfalls gefördert.

Selbständiges Arbeiten wird durch eine relativ offene Aufgabenstellung für die praktische Arbeit gewährleistet: Herstellen einer Mittagsmahlzeit aus Fleisch, Gemüse, Beilage (Kartoffeln oder Nudeln) und Obst, die den erlernten Einsichten entsprechen sollte. Die Schüler können aus verschiedenen bereitgestellten Nahrungsmitteln »ihre« Mahlzeit zusammenstellen.

Da die Realschüler der Lerngruppe Leistungsüberprüfungen in Form schriftlicher Klassenarbeiten auch in diesem Fach unterzogen werden, sollte man ihnen hierfür insofern helfen, daß man ihnen die zu lernenden – und abrufbaren – Kenntnisse und Daten systematisch geordnet auf Hektogrammen übergibt. Solche wären vorzubereiten.

Die Blockstunden würden so aufgeteilt, daß
1. die Information in strukturierter und von Alltagsproblemen der Schüler ausgehender Weise erfolgt (gesamte Klasse),
2. die Bestandteile und Mengen der vorgesehenen Mittagsmahlzeit berechnet und entschieden werden (Kochgruppen),
3. die Bereitstellung, Zubereitung der Bestandteile und die Herstellung der Mahlzeit vorgenommen wird (Kochgruppen),
4. die Mahlzeit gemeinsam eingenommen wird (Koch- und Tischgruppen) und
5. die Reinigung und Zuordnung der Küche bzw. der Küchengeräte erfolgt.

2.2 Didaktischer Hintergrund

Das Perspektivenschema weist zwar viele Gemeinsamkeiten mit der Didaktischen Analyse auf, ist aber Ausfluß einer gegenüber der hinter der Analyse stehenden Sehweise völlig veränderten didaktischen Theorie (vgl. PETERSSEN 1983, S. 82ff.). Und nicht nur die didaktische Theorie, auch die mit ihr zusammenhängende Bildungstheorie hat sich gewandelt.

2.2.1 Paradigmenwechsel: Immer noch bildungstheoretisch, aber . . .
Auch das Perspektivenschema ist Planungsmodell einer bildungstheoretischen Didaktik. Hierauf hinzuweisen ist KLAFKIS Hauptanliegen; er sagt, »daß der Verzicht auf den

Bildungsbegriff, hier: innerhalb der Didaktik und der Unterrichtsplanung, weder notwendig noch empfehlenswert ist, ja bedenklichste Konsequenzen haben könnte. Eine zentrale Kategorie wie der Bildungsbegriff oder ein Äquivalent dafür ist unbedingt notwendig, wenn die pädagogischen Bemühungen nicht in ein unverbundenes Nebeneinander von Einzelaktivitäten auseinanderfallen sollen« (1985, S. 195).

Dementsprechend muß auch dieses Planungsmodell bildungstheoretische Vorgaben aufweisen, müssen dem didaktisch Handelnden Bildungsvorstellungen vorgegeben sein. Denn Unterricht soll Bildung verwirklichen, und Unterrichtsplanung soll solchen bildungswirksamen Unterricht absichern helfen. Wie nun lauten die vorgegebenen Bildungsvorstellungen hier?

2.2.1.1 Die neuen Bildungsbegriffe

Für den neuen Bildungsbegriff der bildungstheoretischen Didaktik wird ein zweifacher Ansatz gewählt, und zwar ein sozialer und ein individueller. Vom sozialen Ansatz her gelangt KLAFKI zu Umrissen eines neuen ›Allgemeinbildungskonzepts‹, vom individuellen her zu einer Neubeschreibung des ›Bildungsideals‹ (ebd., S. 12ff.).

a) *Das neue Allgemeinbildungskonzept*
Das neue Allgemeinbildungskonzept weist drei Postulate auf:
– *Allgemeinbildung ist Bildung für alle:*
  Die gegenwärtige bildungstheoretische Didaktik fühlt sich verpflichtet, den Bildungsanspruch für alle einzulösen und zu verwirklichen. Dies gilt auch für die überschaubare Lerngruppe, d. h. die Schulklasse. Dort hat die Planung sich nicht an einem Schülerstereotyp oder dem sogenannten Durchschnittsschüler zu orientieren, sondern jeden einzelnen Schüler – *in seiner derzeitigen Verfassung* – zu berücksichtigen, wenn didaktische Entscheidungen und Maßnahmen vorbereitet und durchgeführt werden.

– *Allgemeinbildung ist allseitige Bildung:*
  Diese neue bildungstheoretische Didaktik will den jungen Menschen so allseitig bilden, wie dies nur möglich ist, sie will nicht bloß seinen Intellekt fördern, sondern ebensosehr seine Emotionen, besonders aber seine sozialen Beziehungen gestalten bzw. ihn befähigen, sie gestalten zu können. Dies führt zu der grundsätzlichen Forderung, neben inhaltlichen stets und ständig auch soziale Lernziele bewußt zu verfolgen und zu verwirklichen.

– *Allgemeinbildung ist Bildung im Allgemeinen:*
  Hier greift die neue bildungstheoretische Didaktik auf Vorstellungen ihrer ursprünglichen Fassung zurück, wenn sie von Bildung im Allgemeinen bzw. durch das Allgemeine spricht. Es wird als durchaus notwendig angesehen, einzelnes lernen zu lassen, aber dem Lernen von Einzelheiten wird ein bloß instrumenteller Charakter für die Bildung der betroffenen Personen zuerkannt. Als wahrhaft bildungswirksam wird nur das Allgemeine begriffen, dasjenige, das über sich selbst hinausweist und einen größeren Lebensbereich u. ä. erschließt.
  Allerdings ist das neue Verständnis des Allgemeinen gegenüber dem früheren – bloß formalen – des Elementaren und seiner Erscheinungsformen erweitert. Was allgemein ist, muß sich vor allem in aktuell-historischer Sicht als allgemein erweisen,

muß nach KLAFKI ›Schlüsselproblem‹ der Gegenwart der betroffenen Schüler sein und sie über sich in die Gegenwart oder zumindest einen äußerst weiten Bereich dieser Gegenwart hineinführen.

b) *Das neue Bildungsideal*
Der ›gebildete Laie‹, der unpolitische Mensch des früheren Bildungskonzepts ist zugunsten des auch politisch verantwortlich und selbständig Handelnden aufgegeben worden. Für den Gebildeten wird die Kategorie ›Emanzipation‹ aufgegriffen, allerdings sogleich wieder durch drei andere Kategorien ersetzt, da sie für didaktisches Handeln wegen ihres sprachlogisch negativen Charakters als wenig anleitend empfunden wird. Auch für das Bildungsideal schälen sich dementsprechend drei Strukturmomente heraus:

- *Selbstbestimmungsfähigkeit:*
  Als gebildet gilt, wer über sich selbst bestimmen kann, wer alle Qualifikationen und Kompetenzen besitzt, um dies tun zu können. Dementsprechend muß Unterricht auf den Zustand der Selbstbestimmungsfähigkeit aller Schüler ausgerichtet sein.

- *Mitbestimmungsfähigkeit:*
  Zur Selbstbestimmungsfähigkeit muß die Mitbestimmungsfähigkeit hinzukommen, d. h., sich selbst zurücknehmen und seine Rechte und Möglichkeiten in den Kreis anderer mit einbringen zu können. Auch hierauf hat Unterricht jeden Schüler hinzuführen.

- *Solidaritätsfähigkeit:*
  Zur Fähigkeit, aus sich selbst heraus und mit anderen zusammen handeln zu wollen und zu können, muß noch jene Fähigkeit hinzutreten, für andere, für alle Menschen einzutreten und handeln zu wollen und zu können. Diese als Solidaritätsfähigkeit bezeichnete Kompetenz ist nicht an soziale Gruppierungen gebunden, sondern wird global auf alle Menschen bezogen. Sie zu verwirklichen ist ebenfalls Auftrag des Unterrichts.

Planung hat, so sagten wir schon, den bildungswirksamen Unterricht durch Vorüberlegungen, Entscheidungen usw. abzusichern. Demgemäß müssen alle planerischen Überlegungen und Maßnahmen den Forderungen der bildungstheoretischen Vorgaben entsprechen, muß alle Planung immer zur Verwirklichung des Allgemeinbildungskonzepts und des Bildungsideals beizutragen versuchen.

War das Perspektivenschema, für sich genommen, Anleitung zum Handeln, so ist es zusammen mit seinem didaktischen Hintergrund *»Anleitung zum gerechtfertigten Handeln«*. Auf Rechtfertigung ist letztlich alles didaktische Handeln angewiesen, ob sie subjektiv-naiv, subjektiv-kursiv oder – wie hier – durch eine wissenschaftliche Theorie geschieht. Dieses Modell leistet zwar überaus gute pragmatische Hilfe für die Unterrichtsplanung, aber im Grunde genommen gewichtet es die Rechtfertigung didaktischen Handelns wesentlich stärker; und dies ist geradezu das besondere Merkmal bildungstheoretischer Didaktik, die unlöslich mit der Bildungstheorie verbunden ist.

Wie aber leisten die Bildungskategorien das? Sie sind keine Vorgaben, aus denen – gleich aus einem vollen Sack – man nun alle weiteren didaktischen Überlegungen, Entscheidungen und Maßnahmen entnehmen, ableiten könnte; sie sind vielmehr gedankliche Vorgaben, an denen didaktisch Handelnde ihre eigenen Überlegungen und Maßnahmen messen können, um zu sehen, ob sie ihnen entsprechen oder nicht. Sie wirken also als ›regulative Prinzipien‹ für didaktisches Handeln; man versucht sie annäherungsweise zu erreichen, indem man etwas tut oder auch unterläßt, wovon man selber annimmt, daß es zur Erreichung beiträgt. Hier: Die Planung soll Unterricht in einer Art und Weise vorsehen und absichern, daß Allgemeinbildung im dargestellten Sinne sich verwirklichen läßt, also eine Bildung für alle Schüler der jeweiligen Lerngruppe, deren allseitige und nicht bloß einseitige Bildung sowie deren Bildung durch bzw. an allgemeinen Themen. Und: für den einzelnen betroffenen Schüler soll jede vorgesehene Maßnahme zur Förderung der Selbstbestimmungsfähigkeit, der Mitbestimmungsfähigkeit und der Solidaritätsfähigkeit beitragen und ihm auf diese Weise bei seinem Emanzipationsprozeß helfen.

2.2.1.2 Kritisch-konstruktive Theorie

Um Struktur und Funktion seiner Didaktik zu legitimieren, greift KLAFKI auf die Kategorisierung von Wissenschaften bei HABERMAS zurück. Dieser hat bekanntlich Wissenschaften nach ihrem ›erkenntnisleitenden Interesse‹ unterschieden und ist dabei auf drei grundlegende Positionen gestoßen: Geisteswissenschaften, empirisch-analytische Wissenschaften und kritische Wissenschaften. Jede ausgeübte Wissenschaft läßt sich, unangesehen ihres besonderen Gegenstandsfeldes, wenigstens einer dieser Positionen zuordnen, je nach ihrem Interesse, von dem sie sich bei ihrer Suche nach Erkenntnissen leiten läßt. Für HABERMAS stellte sich heraus, daß jede dieser drei Positionen mit spezifischen Methoden zu Erkenntnissen zu gelangen sucht: die Geisteswissenschaften mittels der Hermeneutik, die empirisch-analytischen Wissenschaften mittels der Empirie und die kritischen Wissenschaften mittels der Ideologiekritik (HABERMAS 1965).

Auch die als Wissenschaft postulierte bildungstheoretische Didaktik muß sich mindestens einer dieser Positionen zuordnen lassen. Der früher von KLAFKI vertretene Ansatz bildungstheoretischer Didaktik war ganz und gar geisteswissenschaftlicher Art. Die hinter dem Perspektivenschema zur Unterrichtsplanung stehende didaktische Theorie hingegen ist keineswegs mehr bloß an die Geisteswissenschaft gebunden. Sie ist der ausdrückliche Versuch zur Integration aller drei Positionen. Diese Didaktik ist ihrem Anspruch nach also zugleich geisteswissenschaftlich, empirisch-analytisch und kritisch orientiert. Ohne hier diesen Tatbestand auch kritisch anzugehen, soll nur festgehalten werden, daß KLAFKI sowohl im Hinblick auf die Kategorie des erkenntnisleitenden Interesses wie auch im Hinblick auf die Methodologie nachzuweisen trachtet – und seines Erachtens auch nachgewiesen hat –, daß pädagogische und didaktische Theoriebildung nur angemessen und umfassend erfolgen kann, wenn sie Momente aller drei nach HABERMAS unterschiedenen Positionen in Verschränkung wirksam werden läßt. Wenn man statt ›Position‹ den Begriff des ›Paradigmas‹ wählt, so läßt sich hier von einem neuen Paradigma in der Didaktik reden, vom *Paradigma ›kritisch-konstruktiv‹*.

Als Paradigma gilt die besondere, durch ein bestimmtes Grundverständnis strukturierte Art und Weise, die Wirklichkeit anzugehen, um zu Erkenntnissen über sie zu gelangen. Das Paradigma ist also weitaus mehr als bloß Methode, Technik u. ä. zur Erkenntnisgewinnung; das Paradigma charakterisiert eine bestimmte wissenschaftliche Denk- und Sichtweise, aus der spezifische Verfahren zur Erkenntnisgewinnung zwangsläufig resultieren (vgl. KUHN 1976). KLAFKI nun ist offensichtlich zu der Auffassung gekommen, daß das bisherige – bloß geisteswissenschaftlich bestimmte – von ihm vertretene Paradigma für eine gegenwärtige Didaktik nicht mehr ausreicht (vgl. KNECHT-VON MARTIAL 1985). Zwar soll das neue Paradigma immer auch geisteswissenschaftlich bestimmt sein, aber nicht mehr ausschließlich. Dies bringt er zum Ausdruck, wenn er von ›Aufhebung‹ der geisteswissenschaftlichen Didaktik spricht; gemeint ist ein Zweifaches: Aufgehoben werden soll die geisteswissenschaftliche Didaktik im Sinne ihrer Überwindung und Ergänzung; aufgehoben werden soll sie aber auch im Sinne der Bewahrung ihrer bewährten Momente. Und so schlägt KLAFKI ein neues Paradigma vor, in das Momente aller drei Ansätze eingehen, und zwar nicht summativ, sondern in integrierender Verschränkung. Für die Didaktik spricht KLAFKI für diese integrierende Position von ›kritisch-konstruktiver‹ Theorie (1985, S. 31ff.).

Kritisch ist diese neue Didaktik, weil didaktisches Geschehen als grundsätzlich gesellschaftspolitisch verursacht und bedingt angesehen wird und die Ausweitung des Gesichtsfeldes didaktischer Theoriebildung auf diesen umfassenden gesellschaftspolitischen Bereich gefordert wird. *Kritisch* ist sie vor allem, weil sie nicht mehr nur affirmativ sein will, wie es die bisherige geisteswissenschaftlich orientierte bildungstheoretische Didaktik aufgrund ihres bloß praktischen Interesses war, sondern weil sie vielmehr aktiv alle dem menschlichen Bildungsinteresse im Wege stehenden Hindernisse erkennen und ausräumen will. Entsprechend dem Selbstverständnis kritischer Theroriebildung ist dabei besonders an Hindernisse im gesellschaftspolitischen Umfeld gedacht, die vor allem durch ideologiekritische Verfahren aufgedeckt werden sollen. Didaktik beschränkt sich also keineswegs mehr auf den Innenbereich didaktischen Geschehens, sondern greift in das gesamte gesellschaftliche Umfeld aus, um dort für gute Voraussetzungen didaktischen Handelns zu sorgen.

Auf solches aktive Handeln will diese Theorie nicht verzichten. Sie will insonderheit nicht bei ständiger Kritik stehenbleiben, sondern vielmehr *konstruktive* Vorschläge zur Behebung von Mängeln und zur Beseitigung von Hindernissen entwickeln, wenn sie diese aufgedeckt hat. Dazu fühlt sich diese Didaktik wegen ihres emanzipatorischen Interesses verpflichtet. Pädagogik und Didaktik werden schon von ihrem Wesen her als emanzipatorisch begriffen; dies gilt für wissenschaftliche Erkenntnisse und praktisches Handeln in gleicher Weise; Erkenntnis- und Handlungsinteresse in der Didaktik sind identisch. Und aus der Bindung an das emanzipatorische Interesse folgt nach KLAFKI konsequent, daß Didaktik immer auch praktisch und technologisch ausgerichtet sein muß, weil ansonsten die realen Aufgaben nicht lösbar sind, da in der didaktischen Wirklichkeit Sachverhalte und Verhältnisse vorliegen, die stets auch technischer Art sind und immer auch pragmatischer Lösungen bedürfen.

2.2.2 Mischtheorie: Bewährtes hat sich durchgesetzt

Das Perspektivenschema ist nicht nur Ausfluß einer alle grundsätzlichen Positionen integrierenden Didaktik unter der neuen Bezeichnung ›kritisch-konstruktiv‹, sondern es sind auch einzelne Momente aus anderen Planungsmodellen und den hinter ihnen stehenden didaktischen Theorien eingegangen. Offensichtlich hat KLAFKI alle als bewährt empfundenen Momente, Vorschläge usw. der seinerzeit miteinander konkurrierenden didaktischen Theorien zu einer Mischtheorie zusammengefaßt (vgl. PETERSSEN ²1989, S. 76). Zu Erläuterung werden im folgenden hauptsächliche Auffassungen anderer didaktisacher Theorien skizziert, die übernommen worden sind.

(a) *Lerntheoretische Didaktik (Berliner Modell; Hamburger Modell)*
Aus der lerntheoretischen Didaktik, die sich anfänglich erbittert mit der bildungstheoretischen Didaktik KLAFKIS auseinandersetzte, sind mehrere Elemente übernommen worden. Die »explizite Bedingungsanalyse« ist zweifellos auf die im Berliner Modell der Didaktik erstmals explizit mit den Kategorien »soziokulturelle« und »anthropologisch-psychologische Voraussetzungen« aufgestellte Bedingungsanalyse zurückzuführen. Die von KLAFKI aufgeführten Kategorien verweisen auch darauf, daß die »Prozeß-Struktur« auf HEIMANNS Strukturanalyse von Unterricht zurückzuführen ist. In der Auseinandersetzung mit lerntheoretischen Auffassungen dürfte KLAFKI des weiteren erkannt haben, daß die Vorstellung einer »Didaktik im weiteren Sinne« der täglichen Unterrichtspraxis besser zu entsprechen vermag als seine seinerzeitige Vorstellung von einer »Didaktik im engeren Sinne«. Es ist anzunehmen, daß die erweiterte Vorstellung erfolgte, um der schon von HEIMANN befürchteten Desintegration in der didaktischen Theoriebildung entgegenzuwirken.

(b) *Kritisch-kommunikative Didaktik (Offene Planung; Kommunikative Planung)*
Aus der kommunikativen Didaktik sind zweifellos alle ›kritischen‹ sowie ›gesellschaftspolitischen‹ Aspekte übernommen worden. Die Vorstellung, Unterricht müsse aus didaktischen Gründen vor allem als ein Prozeß der Interaktion begriffen werden, geht auf die kommunikative Didaktik zurück, ebenso die Übernahme der Ideologiekritik als unerläßliches Moment aller Unterrichtsplanung. Daß der Zielgedanke der Emanzipation auch auf diese didaktische Position zurückzuführen ist, dürfte zweifelsfrei feststehen.

(c) *Curriculare Didaktik (Lernzielorientierte Planung)*
Die Veränderungen allein auf Positionen deutschsprachiger Didaktik zurückzuführen reicht nicht aus. In die deutschsprachige Didaktik stieß seinerzeit die aus angloamerikanischen Ansätzen kommende »curriculare« Bewegung mit völlig neuen Intentionen hinein. Auch diese sind nicht ohne Auswirkungen auf KLAFKIS Denken geblieben. Auf die curriculare Bewegung und die aus ihr erwachsene lernzielorientierte Planung sind mit Sicherheit zurückzuführen die »Zielorientierung« sowie die »Überprüfung« als neue Momente des Planungsmodells. Und auch die mit der Zielorientierung vorgenommene »Hierarchisierung von Lernzielen« dürfte ihren Ursprung in der curricularen Bewegung haben.

Literatur

Siehe die Literaturangaben zum Kapitel »Didaktische Analyse« auf Seite 61. Außerdem:

HABERMAS, Jürgen: Erkenntnis und Interesse. In: Merkur, H. 213, 1965, S. 1139ff.
KLAFKI, Wolfgang: Neue Studien zur Bildungstheorie und Didaktik. Weinheim/Basel 1985; darin besonders: Zur Unterrichtsplanung im Sinne kritisch-konstruktiver Didaktik, S. 194–227; Grundlinien kritisch-konstruktiver Didaktik, S. 31–86; Konturen eines neuen Allgemeinbildungskonzepts, S. 12–30
–: Von der bildungstheoretischen Didaktik zu einem kritisch-konstruktiven Bildungsbegriff – Dialog mit W. Klafki. In: BORN, Wolfgang/OTTO, Gunter (Hrsg.): Didaktische Trends. München 1978, S. 49–83

»Perspektivenschema« zur Unterrichtsplanung

KNECHT-VON MARTIAL, Ingbert: Geschichte der Didaktik. Frankfurt/M. 1985
KUHN, Thomas: Die Struktur wissenschaftlicher Revolutionen. Frankfurt/M. ²1976
MATTHES, Eva: Von der geisteswissenschaftlichen zur kritisch-konstruktiven Pädagogik und Didaktik, Bad Heilbrunn 1992
PETERSSEN, Wilhelm H.: Lehrbuch Allgemeine Didaktik, München ²1989
–: Das Planungsmodell der kritisch-konstruktiven Didaktik – Darstellung seiner Struktur und Beanspruchbarkeit. In: Stuttgarter Beiträge zur Berufs- und Wirtschaftspädagogik. Bd. 4: Aspekte der Planung und Gestaltung von Unterricht und Unterweisung. Hrsg. v. K. H. SOMMER. Stuttgart 1986, S. 9–35
SCHULZ, Wolfgang: Umriß einer didaktischen Theorie der Schule. In: Die Deutsche Schule, 61. Jg., 1969, S. 61–72

3 Das »Berliner Modell«

Vorklärungen

Das »Berliner Modell« zur Unterrichtsplanung ist Teil einer umfassenden didaktischen und hochschuldidaktischen Konzeption, die unter der Bezeichnung »Berliner Schule der Didaktik« bekannt wurde. Entwickelt wurde sie anfänglich für Ausbildungszwecke im Rahmen der Lehrerausbildung an der Pädagogischen Hochschule in Berlin; auf diese Weise erhielt sie auch ihren Namen. Initiator dieser Konzeption war P. HEIMANN, durch dessen Abhandlung »Didaktik als Theorie und Lehre« sie 1962 erstmals in ihrer heute noch gültigen Struktur der Öffentlichkeit vorgestellt wurde (HEIMANN 1962, S. 407ff.). 1965 folgte eine weitere Veröffentlichung, die sich prägend auf die gesamte Diskussion auswirkte und an der neben HEIMANN vor allem zwei weitere Vertreter dieses Konzepts beteiligt waren, W. SCHULZ und G. OTTO (HEIMANN u. a., 1965). Im wesentlichen waren es diese beiden Publikationen, durch die das »Berliner Modell« allgemein bekannt wurde und die das didaktische Denken und Handeln – zum Teil radikal – veränderten.

Das »Berliner Modell« löste im deutschsprachigen Raum die bis dahin ›konkurrenzlos‹ praktizierte Didaktische Analyse ab (siehe oben, S. 47ff.). Das Berliner Modell verstand sich selbst auch als ausdrücklich gegen die Didaktische Analyse und deren theoretischen Hintergrund gerichtetes Konzept. Das überaus schnell aufkommende Interesse am Berliner Modell und seine daraus folgende Verbreitung sind wohl vor allem auf diese Tatsache zurückzuführen, daß es gegen die bisher verbreitete Praxis und ihre Grundlagen konzipiert wurde. Insonderheit die zweifach intendierte Öffnung des didaktischen Handelns muß wohl als Ursache hierfür angesehen werden: einerseits die Loslösung von einer bestimmten Bildungsauffassung zugunsten aller möglichen Zielsetzungen im Lehr- und Lernprozeß, andererseits die Aufgabe vorwiegend inhaltsorientierten zugunsten eines gleichmäßig allen Unterrichtsdimensionen geltenden didaktischen Handelns.

Die Grundlagen des Berliner Modells wurden zum Fundament einer neuen didaktischen Gesamtposition, der lerntheoretischen Didaktik. Da sie sich in erklärten Gegensatz zur bildungstheoretischen Didaktik stellte, kam es bald zu heftigen Kontroversen zwischen Vertretern beider Ansätze. Inzwischen jedoch sind die Kontroversen beigelegt, die unterschiedlichen Positionen werden als notwendige Ergänzungen zueinander begriffen.

3.1 Die Planung

Das Planungsmodell oder gar ein Planungsmuster isoliert darzustellen ist nicht möglich, da die Struktur der Unterrichtsplanung aus der Gesamtstruktur der didaktischen Theorie hervorwächst und weitgehend auch mit dieser identisch ist. Aus diesem Grunde wird zunächst der durch die didaktische Theorie entwickelte Raster des Unterrichts vorgestellt und erst im Anschluß daran die konkreten Vorschläge zur Unterrichtsplanung, wobei diese in der Tat erst aus dem Raster verständlich werden.

Literatur zu diesem Kapitel siehe Seite 95.

Das »Berliner Modell«

3.1.1 Der Raster

Prämisse der lerntheoretischen Didaktik ist, daß alle Unterrichtsvorgänge – mögen sie im einzelnen auch noch so unterschiedlich in Erscheinung treten – über dieselbe Grundstruktur verfügen. Unterricht verfügt also gleichsam über ein grundsätzliches Baumuster, über ein Gefüge überdauernder Strukturen. HEIMANN vermutet hierzu: »Aller Unterricht ist offenbar so gebaut, daß in ihm immer . . . *formal* konstant bleibende, *inhaltlich* variable Elementar-Strukturen gegeben sind.« (HEIMANN 1962, S. 416) *Formale Konstanz* des tragenden Strukturgefüges und *inhaltliche Varianz* der Erscheinungsweise dieses Strukturgefüges ermöglichen es, einen für allen Unterricht gleichen Raster zu erstellen, mit dessen Hilfe Unterricht einerseits analysiert, anderseits konstruiert werden kann.

Die Frage, welche Momente solcher Raster aufweisen muß, wird von HEIMANN phänomenologisch gelöst, indem er seinen Blick auf das alltägliche Unterrichtsgeschehen richtet: »In laiensprachlicher Formulierung ließe sich dann etwa sagen: im Schul-Unterricht geht es offenbar immer darum, irgendwelche Gegenstände (Lernanlässe) in bestimmter Absicht (zu Lernzwecken) und in bestimmten Situationen in den Erkenntnis-, Erlebnis- und Tätigkeits-Horizont von Kindern oder Jugendlichen zu bringen, wobei man sich bestimmter Verfahrensweisen und Medien bedient.« (S. 415) In leicht eingängigen Kategorien gefaßt, schälen sich sechs überdauernde Strukturen des Unterrichts heraus. Diese werden von HEIMANN noch danach unterschieden, wie sie zur Tätigkeit des Lehrers in Beziehung stehen, ob sie Bereiche bezeichnen, über die er Entscheidungen zu treffen hat, oder Bereiche, die seinem Handeln Voraussetzungen vorgeben bzw. Bedingungen setzen:

ENTSCHEIDUNGSFELDER

– Intentionen
– Inhalte
– Methoden
– Medien

BEDINGUNGSFELDER

– anthropologisch-psychologische Voraussetzungen
– sozial-kulturelle Voraussetzungen

Dem Lehrer wird hier auf einen Blick deutlich, daß er – um Unterricht aufzubauen – vier Entscheidungen fällen muß (und welche dies sind) und daß er sie mit den genannten Bedingungskomplexen in Einklang zu bringen hat. *Abb. 7* auf Seite 84 stellt dieses dauerhafte Strukturgefüge des Unterrichts dar.
Die Abbildung läßt unmittelbar einige Kernpunkte des didaktischen Denkens deutlich werden, auf dem diese Vorstellung aufbaut:
– Die einzelnen unterschiedenen sechs Elemente stehen in einem wechselseitigen Abhängigkeitsverhältnis zueinander, in *Interdependenz*.
– Unterricht ist ein ständiger Prozeß, in dem Entscheidungen auf Voraussetzungen aufbauen, ihrerseits aber Folgen zeitigen, die wiederum zu Voraussetzungen für künftige Entscheidungen werden. Das Strukturbild ist gleichsam nur eine Momentaufnahme.
– Unterricht ist in seiner wahrnehmbaren Ausprägung situationsbedingt.

Über die Darstellung dieses Grobgefüges hinaus deckt das Berliner Modell auch noch die jeweilige Binnenstruktur der einzelnen sechs Elementar-Strukturen auf.

Modelle der Unterrichtsplanung

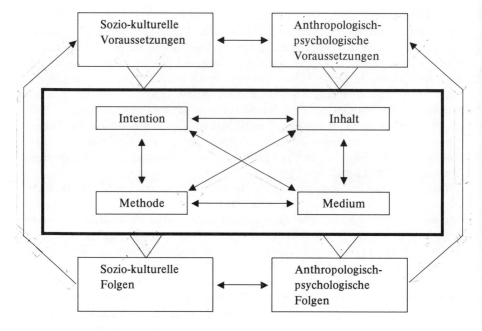

Abb. 7: Strukturgefüge des Unterrichts nach HEIMANN

Intentionen
»Zwecksetzung und Sinngebung unterrichtlicher Akte« (HEIMANN 1962, S. 416) sind keineswegs einfach und eindimensional, sondern in ihrer formalen Art überaus strukturiert und vielfältig:

KLASSE ⟶	kognitiv-aktiv	affektiv-pathisch	pragmatisch-dynamisch
spezifische Akte der ⟶	Daseins-Erhellung	Daseins-Erfüllung	Daseins-Bewältigung
Stufen ↓			
1. Anbahnung	Kenntnis	Anmutung	Fähigkeit
2. Entfaltung	Erkenntnis	Erlebnis	Fertigkeit
3. Gestaltung	Überzeugung	Gesinnung	Gewohnheit

Abb. 8: Raster der Intentionen

Im Raster wird zum Ausdruck gebracht,
- daß Zielsetzungen im Unterricht grundsätzlich in drei Bereichen angesiedelt sein können; es kann im Unterricht darum gehen, kognitive Ziele zu verfolgen (z. B. die Vermittlung von Kenntnissen über einen Hochofen) oder affektive Ziele (z. B. das

Das »Berliner Modell«

Erleben vorbildlichen partnerschaftlichen Verhaltens) oder pragmatische Ziele (z. B. die Einübung in Fertigkeiten zur Holzbearbeitung);
- daß Zielsetzungen im Unterricht verschiedene Qualitätsstufen aufweisen können – von der Anbahnung über die Entfaltung zur Gestaltung – und daß dies als »aufsteigende Leistungs-Tendenz« einer Entwicklung entspricht, die als »Gesetz der dimensionalen Bereicherung« aufgefaßt werden kann (S. 418);
- daß neben der »aufsteigenden Leistungs-Tendenz« auch Querverbindungen zwischen den Feldern bestehen und die Zielsetzungen sich gegenseitig induzieren können (»Gesetz der permanenten Induktion«, S. 418);
- daß die drei Grundarten von Zielsetzungen bei den betroffenen Schülern ›spezifische Akte‹ bewirken und zur ›Erhellung‹, ›Erfüllung‹ oder ›Bewältigung‹ ihres ›Daseins‹ beitragen.

Inhalte
Für Inhalte bzw. Themen des Unterrichts sieht das Berliner Modell drei unterscheidbare Bereiche:»Die Inhalte präsentieren sich entweder als Wissenschaften, Techniken oder Pragmata« (S. 418).

- Wissenschaften: Sie meinen die aus der Wissenschaft resultierende »Schul-Wissenschaft«, wo Erkenntnisse oder Verfahren auf die Verständnisebene von Schülern transferiert werden.
- Techniken: Zu ihnen gehören alle Fertigkeiten, in denen Schüler geschult werden müssen (formale Bestimmung).
- Pragmata: Hierzu zählen alle auf ein konkretes Ergebnis zielenden Handlungsfähigkeiten, die Schüler erwerben sollten (inhaltliche Bestimmung).

Methoden
Das Berliner Modell gliedert das komplexe Methodenproblem des Unterrichts auf und weist nach, daß methodische Entscheidungen stets auf fünf Ebenen getroffen werden müssen (S. 420ff.):

- Artikulation
  Der Verlauf des Unterrichtsprozesses gliedert sich in viele aufeinanderfolgende Phasen oder Stufen, wobei z. B. die Phasen, Schritte u. ä. des gewöhnlichen Lernvorgangs eine Rolle spielen.
- Gruppen- und Raumorganisation
  Die Beziehung von Lehrenden und Lernenden, von Lernenden untereinander kann auf verschiedenste Arten geregelt werden, und dementsprechend muß auch der verfügbare Raum vorbereitet sein.
- Lehr- und Lernweisen
  Die einzelnen Aktivitäten von Lehrer und Schülern sind nach Art und Folge zu bestimmen, z. B. Lehrervortrag, Schülerreferat usw.
- Methodische Modelle
  Der Unterricht kann an bewährten Modellen orientiert werden, z. B. an dem des »exemplarischen und genetischen Lernens«.
- Prinzipien-Kanon

Einzelne Handlungsprinzipien können für den Unterricht aktualisiert werden, z. B. das Prinzip der Selbsttätigkeit von Schülern. Mit Recht verweist HEIMANN darauf, daß ein Lehrer nirgends so großen Spielraum für sein didaktisches Handeln hat und seiner Phantasie nirgends so wenig Grenzen gesetzt sind wie im methodischen Bereich. Zu beachten ist allerdings, daß methodische Entscheidungen sich auf allen fünf Ebenen überlagern, daß somit alle fünf in Einklang zu bringen sind. Wer beispielsweise das Modell des »genetischen« Lernens praktizieren will, muß dem auf allen übrigen vier Ebenen Rechnung tragen, kann also nicht etwa das »Prinzip« der »Selbsttätigkeit« außer acht lassen.

Medien
Erstmals im Berliner Modell wurde die Entscheidung über den Einsatz von Unterrichtsmedien aus der umfassenden Methodenfrage ausgegliedert. Zum einen liegt das wohl in der Person HEIMANNS begründet, der sich intensiv mit der Medienfrage befaßte, zum anderen daran, daß seinerzeit die Medienfrage mit der Erfindung und Herstellung neuer Medien überaus stark in den schulischen Alltag einrückte. Eine eigene weitere Differenzierung wird nicht vorgenommen.

Anthropologisch-psychologische und sozial-kulturelle Voraussetzungen
Über die innere Struktur der Bedingungsfaktoren des Unterrichts führt HEIMANN aus, es könnten drei Faktorengruppen unterschieden werden (S. 423):
»1. normenbildende (zielsetzende), meist ideologische und außerpädagogische Faktoren,
2. bedingungensetzende (konditionierende) Sachfaktoren,
3. formschaffende (organisierende) Faktoren, die hier als die eigentlich stilbildenden anzusehen sind.«
In Verbindung mit den beiden übergeordneten Bedingungsfeldern lassen sich die Faktoren zum einen nach ihrer Herkunft, zum anderen nach ihrer Wirkung unterscheiden:

Klassifizierung der Faktoren nach ihrer Herkunft und Wirkung

HERKUNFT	anthropologisch-psychologische Voraussetzungen	sozial-kulturelle Voraussetzungen
WIRKUNG	normenbildend	
	bedingungensetzend	
	formschaffend	

Abb. 9: Raster der Unterrichtsfaktoren

Anthropologisch-psychologische Faktoren sind solche, die von den am Unterricht beteiligten Personen, Lehrern wie Schülern, eingebracht werden, z. B. der Lernstatus, der Reifestand, die Sprachfähigkeit, die physische Konstitution der Schüler. Sozialkulturelle Faktoren sind die aus Gesellschaft im weiteren Sinne und kulturellen Zeitströ-

Das »Berliner Modell«

mungen in den Unterricht hineinwirkenden Faktoren, z. B. ein bestimmtes Menschenbild, verfügbare finanzielle Mittel usw.

Normenbildende Wirkung wird hier ausschließlich ideologieabhängigen Faktoren zugesprochen, also z. B. den auf den Unterricht sich auswirkenden Auffassungen über das duale Bildungssystem, Auffassungen über geschlechtsspezifische Begabungsunterschiede u. ä. Konditionierende Wirkung geht von ›objektiven Tatbeständen‹ aus, z. B. von einer bestimmten Regelschule mit den ihr eigenen Organisationsformen, der für den Unterricht vorgegebenen Größe eines Klassenzimmers usw. Formschaffend wirken Faktoren, die nach HEIMANNs Worten »in uns selbst, in der Produktivität unserer entwerfenden und konstruierenden Phantasie zu suchen« sind (S. 425). Die angedeuteten Beispiele lassen leicht erkennen, daß Grenzen zwischen den einzelnen Faktoren nur schwer zu ziehen sind, daß eine ständige Verschränkung unter ihnen besteht.

Der bis in die dargestellten Verästelungen entwickelte Raster des unterrichtlichen Geschehens ist das Grundgerüst für die Unterrichtsplanung. Die Aufgabe des Lehrers besteht darin, dieses formale Gerüst für die jeweilige konkrete Situation mit Inhalten aufzuladen. Dazu muß er sich vor allem entscheiden, welche der ungeheuer vielen Möglichkeiten, Unterricht zu gestalten, verwirklicht werden sollen; diese seine Entscheidungen müssen in sich stimmig und in Übereinstimmung mit den situativen Bedingungen sein. Der Lehrer hat durch möglichst vollständige Erfassung aller den gemeinten Unterricht beeinflussenden Faktoren und möglichst weitgehende Reflexion aller für den gemeinten Unterricht in Frage kommenden Realisierungsansätze den Unterricht sorgfältig zu konstruieren.

3.1.2 Struktur- und Verlaufsplanung mit einem Beispiel

Die Planungsaufgabe des Lehrers, das formale Strukturgefüge inhaltlich aufzuladen, geht in zwei Richtungen, in die Breite und in die Länge des Unterrichts. Breite: Die sich durchdringenden, beeinflussenden Elementarstrukturen sind unter Berücksichtigung der Interdependenz hinsichtlich ihrer realen Ausgestaltung zu entscheiden. Länge: Es ist der Verlauf des Unterrichts durch eine Folge von solchen Entscheidungen zu bestimmen. Entsprechend unterscheidet SCHULZ (1965, S. 46f.) Struktur- und Verlaufsplanung.

Strukturplanung
Hierbei wird von SCHULZ zwischen der langfristigen »Planung ganzer Unterrichtseinheiten« und der kurzfristigen Planung »einer einzelnen Stunde« unterschieden.
Langfristige Planung:
»a) als anthropogene Voraussetzungen werden im Idealfall die Ermittlungen des Informationsstandes und des Meinungsstandes der gegebenen Lerngruppe zur Unterrichtseinheit genannt . . .
  b) als sozial-kulturelle Voraussetzungen sollte man ebenfalls die konkret gegebenen Verhältnisse wenigstens vor sich selbst klar zu erfassen versuchen . . .
  c) Intentionen
  d) Themenfolge
  e) Methodische Schwerpunkte
  f) bevorzugte Medien« (S. 46)

Kurzfristige Planung:
Hier wird man die Bemerkungen zu den anthropogenen und sozial-kulturellen Voraussetzungen nur durch das ergänzen, was für die Stunde selbst bedeutsam ist, vor allem präzisieren, was ihr vorausging.
a) unmittelbare Voraussetzungen der Stunde . . .
b) Intention(en)
c) Thema (Themen)
d) methodische Schwerpunkte
e) bevorzugte Medien
f) beabsichtigte Weiterführung des Unterrichts« (S. 46).

Verlaufsplanung
Der vorgesehene Verlauf des Unterrichts wird in drei Spalten aufgezeichnet:
Erwartetes Schülerverhalten – Geplantes Lehrerverhalten – Didaktischer Kommentar
Zusätzlich kann ein Zeitmaß aufgenommen werden. Wert legt SCHULZ darauf, daß mögliche Alternativen bei einzelnen vorgesehenen didaktischen Maßnahmen auch in diesen Plan aufgenommen werden, indem man sie mit ›oder‹ kennzeichnet.

Kurzes Beispiel

Zeit	Erwartetes Schülerverhalten	Geplantes Lehrerverhalten	Didaktischer Kommentar
2. Mi.	Allgemeine Begrüßung, evtl. Bekanntmachungen usw.		
	Sch. legen aus vorgefertigten Teilen (Haare, Augen, Nase, Mund, Bart, Brille usw.) in einen gegebenen Gesichtsumriß ein Gesichtsbild	L. läßt auf Tonband aufgenommene Zeugenaussage über einen Einbrecher (Personenbeschreibung, Text vgl. Anlage) ablaufen	Zu Anfang der Stunde sollen alle Sch. motiviert werden und das Problem »Personenbeschreibung« in gleicher Weise angehen
		L. verteilt vorgefertigtes Material und fordert Sch. auf, Gesichtsbilder nach der Personenbeschreibung zu legen	
12.		L. spielt Personenbeschreibung noch einmal langsam ab	Hilfe für die Sch., ihre Aufgabe zu bewältigen
18.	Sch. stellen fest, daß Bilder überaus unterschiedlich ausgefallen sind, weil die Personenbeschreibung ungenau war	L. bittet Sch., die entstandenen Bilder zu vergleichen (kurz in Klasse herumgehen lassen)	Die Einsicht in die Notwendigkeit eindeutiger Personenbeschreibung soll vermittelt werden
	usw.	usw.	usw.

3.2 Funktion der Planung

Im Grunde genommen stellt das Berliner Modell keine unmittelbare Theorie zur Unterrichtsplanung dar, sondern nur eine mittelbare. Wie im folgenden Abschnitt über den »Didaktischen Hintergrund« noch näher erläutert wird, ist das Berliner Modell nämlich keine didaktische Theorie, die unmittelbar zu bestimmtem Handeln aufforderte, sondern eine Metatheorie des Didaktischen. Sie sagt aus, wie theoretische Äquivalente zu vorfindbaren didaktischen Situationen zu schaffen sind und worauf dabei zu achten ist. In diesem Sinne läßt sie sich selbstverständlich auch zur Planung – ebenso aber auch Analyse – von Unterricht beanspruchen: Mit Hilfe des kategorisierten Strukturgefüges wird ein Plan, eine Theorie bzw. ein theoretisches Äquivalent beabsichtigter Unterrichtswirklichkeit geschaffen. Von HEIMANN wurde das Modell ausdrücklich dazu erstellt, Lehrer zu solcher Theoriebildung instand zu setzen. Seine hauptsächliche Absicht, der sich alle anderen unterordnen, dürfte darin bestanden haben, der Unterrichtsplanung einen höheren Grad an Rationalität zu verschaffen. Da er das Modell für die Hand von Lehrern schuf, trifft wohl am besten ein Wort von ROBINSOHN diese Absicht: »die Lehrer instand zu setzen, ihre täglichen Unterrichtsprobleme so weit wie möglich rational begründbaren Lösungen näher zu bringen«.

Als erste und wichtigste Funktion des Berliner Modells in der Unterrichtsplanung ist also die größere Rationalität derselben zu nennen. Sie soll durch den ständigen Einsatz und Gebrauch des Struktur- und Faktorenrasters erreicht werden:
– Es macht dem Lehrer die Bedeutung seines Handelns bewußt, indem es ihm ständig vor Augen führt, daß seine Entscheidungen die Ausgestaltung des Unterrichts bedingen. Das soll dazu führen, daß er seine Maßnahmen sorgfältig und überlegt vorbereitet.
– Es zeigt dem Lehrer, wo er handeln und entscheiden muß, und orientiert sein theoretisches didaktisches Handeln an einem überdauernden Raster, so daß es wiederholbar, kontrollierbar und nötigenfalls umkehrbar wird, bevor es in Praxis umgesetzt wird.
– Es zwingt den Lehrer, seine Entscheidungen nicht willkürlich, sondern am Objekt orientiert, am Unterricht, zu treffen, es drängt konsequent darauf, alle Faktoren zu erfassen und zu berücksichtigen, die den vorgesehenen Unterricht beeinflussen könnten.
– Es verlangt eine besonders radikale Aufklärung aller den Unterricht möglicherweise beeinträchtigenden Voraussetzungen, vor allem auch der ideologiebildenden Faktoren (dies wird gesondert aufgegriffen).
– Es verweist den Lehrer auf die reale Situation und löst ihn von bloß tradiertem und ›stratosphärenhaftem‹ Denken.

Wo das Berliner Modell bei der Unterrichtsplanung konsequente Anwendung findet, wirken sich diese Züge aus und gestalten die Planung zu einem weitgehend rational gelenkten Vorgang.

Eine hervorstechende Funktion des Modells für die Unterrichtsplanung wurde bereits erwähnt: die ideologiekritische. Erstmals wurde ›Ideologiekritik‹ mit dem Berliner Modell in ein Planungskonzept aufgenommen. Die von HEIMANN in der Strukturanalyse bzw. -planung verankerte ›permanente Ideologiekritik‹ soll gewährleisten, daß bisher unkontrollierte und weitgehend unerwünschte Absichten, wie sie als ›Ideologien‹ bezeichnet werden, keinen Eingang in den Unterricht finden. Ob die im Berliner Modell vorgesehene permanente Kritik dies aber tatsächlich leisten kann oder ob sie nicht vielmehr zwangsläufig bei bloßer Aufklärung stehenbleiben muß, ist ein heftig umstrittenes Problem. So vertritt beispielsweise BLANKERTZ die Auffassung, daß das Modell die Elimination ideologischer Faktoren zwar nicht leisten kann, daß aber für die tägliche Arbeit des Lehrers ein ›unschätzbarer methodischer Vorteil vor anderen Modellen‹ gegeben ist: »Sie hindert denjenigen, der sich ihrer bedient, daran, unvermittelt in das Kampfgetümmel zu stürzen, lobende und tadelnde Urteile nach allen Seiten auszuteilen, bevor die Bedingungen der fraglichen Situation vollständig erfaßt sind.« (BLANKERTZ 1969, S. 108) BLANKERTZ betont also auch die rational-aufklärerische Funktion des Berliner Modells.

Alle Merkmale des Berliner Modells verweisen deutlich darauf, daß es eine bedeutsame Funktion darin haben soll, Unterricht eine höhere Effizienz zu verleihen. Vor allem anderen wird dies in zwei Postulaten bzw. Merkmalen deutlich: zum einen in der ›Totalerfassung‹ der Faktoren – d. h., vor endgültigen Entscheidungen sollen alle Faktoren der maßgeblichen Situation erfaßt und somit berücksichtigt werden –, zum anderen in der Stimmigkeit aller Entscheidungen untereinander und ihrer Abstimmung auf alle Faktoren. Auf diese Weise soll schon prophylaktisch die größtmögliche Reibungslosigkeit des Unterrichtsgeschehens gewährleistet werden; voraussehbare Reibungsverluste sollen von vornherein vermieden werden. Es wäre falsch, solche Reibungslosigkeit hier ausschließlich als technische Angelegenheit zu begreifen, das würde der von HEIMANN verfolgten Absicht geradezu widersprechen. Für ihn ist ein perfekter Unterricht kein Selbstzweck, sondern Mittel, den betroffenen Schülern die jeweils bestmögliche Ausgangslage für ihren Lernprozeß zu schaffen. Und auch dies ist letzten Endes nur Zwischenglied, wie aus vielen Äußerungen HEIMANNS, besonders aber auch von SCHULZ hervorgeht; Lernen ist für sie unerläßliche und beste Voraussetzung für den Emanzipationsprozeß Heranwachsender, so daß die Schule lernwirksamen Unterricht bereitstellen muß und Lehrer diesen durch Planung zu gestalten haben. Effizienz wird auch dadurch bewirkt, daß der Lehrer konsequent gehalten ist, sich die spezifisch situativen Voraussetzungen (diese Schüler, dieser Tag usw.) zu vergegenwärtigen und für die Planung zu berücksichtigen.

Von SCHULZ sind drei »Prinzipien der Planung« formuliert worden, die die über die Funktion des Berliner Modells bei der Planung gemachten Aussagen bestätigen, zur Vervollständigung aber noch aufgeführt werden sollen (SCHULZ 1965, S. 44ff.):
– das »Prinzip der Interdependenz, der widerspruchsfreien Wechselwirkung der Planungsmomente« (S. 45),
– das »Prinzip der Variabilität, der absichtsvollen Bereitstellung von Alternativen, der Zulassung von Variationen, der nachträglichen Korrektur von Unterrichtszielen und der Elastizität beim Ansteuern dieser Ziele« (S. 45),
– das »Prinzip der Kontrollierbarkeit didaktischer Entwürfe« (S. 45ff.), wobei nicht nur eine exakte Überprüfung durch abgesicherte Prüfverfahren und durch operationale Planbeschreibungen gemeint ist, sondern auch Verfahren, die dem Lehrer »ein planmäßig entwickeltes Annäherungswissen von der Wirksamkeit der eigenen Aktivität« vermitteln, indem Plan und folgende Realisierung verglichen werden, also auf jeden Fall eine schriftliche Fixierung des Planes mit möglichst eindeutigen Begriffen verlangt wird.

3.3 Didaktischer Hintergrund

Der für die Unterrichtsplanung beanspruchbare Raster ist wesentliches Element und zentrale Aussage der inzwischen als lerntheoretische Didaktik bekannt gewordenen Position in der gegenwärtigen didaktischen Theoriebildung. Diese Position wurde an der Pädagogischen Hochschule in Berlin entwickelt und sicherte das dort in der Lehrerausbildung praktizierte »Didaktikum« – eine Art reflektiertes Praktikum – theoretisch ab. Zunächst sollte der Raster den am Didaktikum beteiligten Lehrenden und Studierenden zur Analyse und zur Planung des von ihnen beobachteten oder gestalteten Unterrichts zur Verfügung stehen. Durch die Veröffentlichung der Konzeption und ihrer ausführlichen Begründung ging sie bald in die didaktische Diskussion ein und wurde als ein didaktisches Modell neben anderen aufgefaßt, wurde sogar über längere Zeit im deutschsprachigen Raum das höchstfavorisierte Modell und löste die von der bildungstheoretischen Didaktik getragene Didaktische Analyse ab.

Allerdings läßt sich die lerntheoretische Didaktik nur schwer in die Reihe didaktischer Konzeptionen der Gegenwart stellen. Während diese überwiegend den Charakter didaktischer Theorien haben, stellt die lerntheoretische Didaktik Berliner Herkunft eher eine Metatheorie dar. Sie macht keine inhaltlichen Aussagen über das didaktische Feld und gibt keine Handlungsanweisungen dazu vor, wie im didaktischen Feld zu verfahren ist. Sie versteht sich vielmehr als Anleitung, Theorien über das didaktische Feld und das darin sich abspielende Geschehen erstellen zu können. Dabei war die Grundeinsicht maßgebend, daß das didaktische Geschehen stets in Fluß ist, daß es grundsätzlich prozeßhafter Natur ist. Aus dieser Tatsache schloß HEIMANN zunächst, daß es »in solcher Sicht keine statischen Theorien, sondern nur theoretische Prozesse« (HEIMANN 1962, S. 413) geben kann, weil jeder »Einzelprozeß praktisch sein eigenes theoretisches Äquivalent besitzt« (S. 412). Praktikern ist mithin, wie weiter geschlossen wurde, auch nicht mit festen Theorien, mit Theoremen gedient, sondern sie müssen vielmehr befähigt sein, die der jeweiligen realen Situation ›adäquate Theorie‹ bilden zu können. Aus diesem Grund versuchte die Berliner Lehrerbildung »nicht so sehr die Theorien, ... (sondern) das Theoretisieren zu lehren« (S. 413). Und um dieses Ziel zu erreichen, wurde die angenommene Strukturgesetzlichkeit des Unterrichts in Kategorien gefaßt, mit deren Hilfe Unterricht analysiert und konstruiert werden konnte. Die Veröffentlichung des Modells 1962 stellte einen Angriff auf die seinerzeit etablierten didaktischen Theorien dar, denen HEIMANN seine Auffassung über eine derartige Theorie vor allem in drei Punkten entgegenhielt:
– Er setzte die offene gegen ›geschlossene‹ Theorien;
– er setzte den Lernbegriff gegen den ›Bildungsbegriff‹;
– er setzte die These von der Interdependenz gegen die These vom Primat der Inhalte.

3.3.1 ›Offene‹ versus ›geschlossene‹ Theorie

Im intendierten Sinne soll die lerntheoretische Didaktik Berliner Provenienz sich in die ›offenen Systeme‹ eingliedern, durch die wohl die gesamte didaktische Diskussion schon seit längerer Zeit beherrscht wird. Charakterisiert durch ›geringe materiale Festgelegtheit und hohe Formalität und Allgemeinheit‹ (HEIMANN 1962, S. 409), unterscheiden sie sich von den ›geschlossenen‹ Systemen der ›Schulen‹ und ›Pläne‹, die sich »als Bildungsorganismen großer materialer Festgelegtheit« (ebd.) erwiesen. Die lerntheoretische

Didaktik muß offen sein, weil sie ja die Prämisse grundsätzlicher Prozeßhaftigkeit didaktischer Vorgänge und mithin auch didaktischen Denkens hat. Ihr System muß so offen gehalten sein, daß es auf jede nur erdenkliche didaktische Situation zutreffen kann. Dies wird dadurch erreicht, daß nur die formal konstanten, inhaltlich jedoch variablen Elementar-Strukturen des Unterrichts begrifflich gefaßt werden.

Offen – nicht nur für jede didaktische Situation – ist die Theorie aber noch in zweifacher Hinsicht: Erstens ist sie in sich so offen und beweglich, daß sie ohne weiteres Veränderungen und Erweiterungen aufnehmen kann, sofern dies durch neue wissenschaftliche Erkenntnisse erforderlich wird. Zweitens ist sie nach allen Seiten, gegenüber allen didaktischen, darüber hinaus aber auch allen maßgeblichen wissenschaftlichen Disziplinen offen, deren Einsicht sie in sich aufnehmen kann. Sie erweist sich dadurch als didaktische Theorie mit besonderer Integrationskraft für alle einschlägigen Forschungen und Forschungsergebnisse, die sie unter dem Gesichtspunkt ihrer Bedeutung für das Planen aufnimmt. Sie erweist sich in der didaktischen Diskussion der 60er Jahre als so offen, daß die von HEIMANN anfänglich gezogenen Abgrenzungen gegen die bildungstheoretische Didaktik mehr und mehr verschwanden. Es war SCHULZ, der in einer Diskussion mit KLAFKI die Polarisierung aufheben half und auf die Ergänzungsfähigkeit beider Ansätze, des lern- und des bildungstheoretischen, hinwies (vgl. SCHULZ 1967).

3.3.2 ›Lernbegriff‹ versus ›Bildungsbegriff‹

Auch wenn die scharfen Abgrenzungen inzwischen aufgegeben worden sind, so bleibt doch festzustellen, daß HEIMANN in bis dahin ungewohnter Schärfe Stellung gegen den Bildungsbegriff und seine Verwendung in didaktischer Theoriebildung bezog: »Es sei deshalb hier einmal die mit Gewißheit Anstoß erregende Hypothese vertreten, daß der ›Bildungsbegriff‹ vielleicht grundsätzlich ungeeignet ist, auf ihm eine praktikable Didaktik aufzubauen.« (HEIMANN 1962, S. 410)

Man muß sich vor Augen führen, daß diese Aussage zu einem Zeitpunkt fiel, als didaktische Theorie und Praxis fast ausschließlich von bildungstheoretischen Entwürfen bestimmt waren. Dreifach argumentierte HEIMANN gegen den Bildungsbegriff und für den Lernbegriff, auf dem er seine Theorie begründen wollte:
- Er hält der bildungstheoretisch orientierten Didaktik vor, sie bezeichne mit dem Bildungsbegriff »subtile Vorgänge«, die im Schulalltag kaum eine Rolle spielten, und ihre Theorie habe sich in ein »Stratosphärendenken« geflüchtet, das keine Beziehung mehr zur Unterrichtspraxis aufweise (S. 410f.). Eine Gefahr sieht er vor allem darin, daß sich die bildungstheoretische Didaktik zu weit vom tatsächlichen Geschehen im Unterricht entfernt und dadurch eine Kluft zwischen Theorie und Praxis des didaktischen Handelns aufweist, die nicht zu überwinden ist. Das aber führt nach seiner Ansicht dazu, daß die Modelle der bildungstheoretischen Didaktik dem Lehrer keine Orientierungshilfe für sein Handeln gewähren und daß dieser in seiner Ratlosigkeit zur »didaktische(n) Kompendien- und Hintertreppenliteratur« greift, was zwangsläufig eine Verflachung des Unterrichts zur Folge haben muß (BLANKERTZ 1969, S. 90). Um dieser Gefahr zu entgehen und Theorie und Praxis wieder in Einklang zu bringen, will HEIMANN nach eigenen Worten »jene Vorgänge, um die es im didaktischen Bereich geht, schlicht als ›Lehr- und Lernvorgänge‹ bezeichnen« (HEIMANN 1962, S. 411). Seine Argumentation gegen den Bildungsbegriff ist nur vor dem Hintergrund der für die deutschsprachige Pädagogik eigentümlichen Bildungsauffassung und -dis-

kussion zu verstehen. In seiner Argumentation zeigt sich noch die Befangenheit der Pädagogen gegenüber dem durch vielfältige Sinngebung überbelasteten und unscharf gewordenen Begriff der Bildung.
- HEIMANNS zweites Argument gegen die bildungstheoretische Didaktik läßt schon deutlicher erkennen, worum es ihm mit der lerntheoretischen Bestimmung der Didaktik geht. Mit der Feststellung, der Bildungsbegriff stelle »eine von Anfang an ideologisch aufgeladene Begriffsbildung dar«, wendet er sich gegen eine ausschließlich bildungsphilosophisch geführte Diskussion der didaktischen Problematik (S. 410). Nach seiner Auffassung weist eine so begründete didaktische Theorie zwei Grundzüge auf; sie impliziert stets normative Aussagen, und sie kommt vorwiegend spekulativ zustande. Er hingegen will eine Theorie entwerfen, die weder Normen setzt noch auf bestimmte Verfahrensweisen beschränkt ist. Die lerntheoretische Didaktik soll, wie auch BLANKERTZ interpretiert, durch kein »pädagogisches Eigenständigkeitspostulat behindert« sein (BLANKERTZ 1969, S. 89). Die Theorie HEIMANNS soll den praktischen Entscheidungen nicht vorgreifen, sondern sie nur vorbereiten, indem sie Entscheidungsmöglichkeiten aufzeigt. In der lerntheoretischen Didaktik wird aus diesem Grund die Frage nach der Zielsetzung didaktischer Prozesse in keiner Weise vorentschieden. Die Probleme der Normenanalyse und Normensetzung sind in ihr prinzipiell getrennt. Durch die Loslösung der Didaktik vom Bildungsbegriff beabsichtigt HEIMANN zugleich auch, sie vom traditionellen Verfahren der bildungstheoretischen Didaktik, der Hermeneutik, zu lösen und sie für alle Verfahren, besonders auch empirische, zu öffnen. Die lerntheoretische Didaktik soll sich einerseits aller Vorgriffe in die Praxis enthalten und andererseits keinem Methodenmonismus unterliegen. Seine Forderungen sind durchaus berechtigt, aber er übersieht bei seiner Frontstellung gegen die bildungstheoretische Didaktik, daß der Bildungsbegriff weitgehend »entideologisiert« worden ist und daß auch die mit dem Bildungsbegriff operierende Didaktik bereits nach dem Einsatz empirischer Verfahren verlangt.
- Endgültig erschließt sich die Intention der lerntheoretischen Didaktik erst, wenn auch das dritte von HEIMANN gegen die bildungstheoretische Didaktik vorgetragene Argument betrachtet wird. Nach seiner Ansicht gibt es zwar das »Phänomen« der Bildung, so daß auch der Bildungsbegriff »in jeder didaktischen Theorie auftreten muß«, aber mit Bildung wird nicht das gesamte didaktische Geschehen, sondern nur ein kleiner Ausschnitt bezeichnet (HEIMANN 1962, S. 410). Eine didaktische Theorie, in der der Bildungsbegriff zur zentralen Kategorie und zum Maßstab ihres Auftrages gemacht wird, ist mithin immer nur auf einen Teilbereich didaktischer Vorgänge bezogen; ihr Auftrag ist unangemessen verkürzt. Nach HEIMANNS Auffassung kann der Bildungsbegriff in einer didaktischen Theorie nur einen »abhängigen Stellenwert« besitzen« (ebd.). Obwohl er den Bildungsbegriff nicht völlig aus der didaktischen Theorie eliminieren will, sondern nur seine zentrale Bedeutung bestreitet, findet an keiner Stelle seiner ausgeführten Didaktik eine positive Erörterung der Bildungsproblematik statt.

Das Feld der lerntheoretischen Didaktik erstreckt sich letzten Endes über alle Lernvorgänge, intentionale wie funktionale, obwohl sich ihre Fragen vorwiegend auf das Lehr- und Lerngeschehen im Unterricht konzentrieren.

3.3.3 ›These von der Interdependenz‹ versus ›These vom Primat der Inhalte‹

Von einer bildungstheoretisch orientierten didaktischen Auffassung – von der seinerzeit bedeutsamsten und einflußreichsten Theorie, jener ›Didaktik im engeren Sinne‹ nach KLAFKI (vgl. oben S. 47ff.) – grenzte sich HEIMANN noch durch ein weiteres Postulat ab. Er forderte, die These durchgängiger Interdependenz dem didaktischen Denken zugrunde zu legen.

Damit stellte er sich gegen die ›These vom Primat der Inhalte vor der Methode‹. Diese These besagt, daß Inhaltsfragen besonderes Augenmerk zu widmen ist, weil Inhalte in Bildungsvorgängen höchste Bedeutung haben. Von der Lösung der Inhaltsfragen hängt die Lösung der übrigen didaktischen Fragen ab, z. B. die Frage nach Methoden und Medien. Die lerntheoretische Didaktik hingegen baut auf der Auffassung auf, daß alle unterscheidbaren Strukturmomente des Unterrichts in einem wechselseitigen Abhängigkeitsverhältnis stehen und ein genereller Wirkprimat eines dieser Momente nicht angenommen werden darf. Diese These paßt sich nahtlos der beabsichtigten Totalerfassung didaktischer Vorgänge ein, die ansonsten nicht möglich wäre. Eine Beschränkung oder Zentrierung didaktischen Denkens auf die Inhaltsfrage oder ein anderes Moment müßte nach HEIMANNs Meinung als »Akt folgenschwerer Desintegration« die Erforschung und Gestaltung des didaktischen Feldes nachteilig beeinflussen (S. 418).

KLAFKI war es, der die Berliner Didaktik wegen ihrer gleichmäßigen Bezogenheit auf alle Momente als ›Didaktik im weiteren Sinne‹ von seiner eigenen auf Inhalte beschränkten ›Didaktik im engeren Sinne‹ abhob. Inzwischen jedoch ist eine Annäherung der Standpunkte erfolgt, wie vor allem KLAFKI immer wieder herausstellt und auch für die Neukonzeption seines Ansatzes berücksichtigt (vgl. die entsprechenden Ausführungen im Kapitel über das Perspektivenschema, S. 62ff.).

Von der didaktischen Grundlegung her erweist sich das Berliner Modell als das denkbar offenste, weiteste und flexibelste zur Unterrichtsplanung. Es ist offen für alle Positionen und Disziplinen und deren Ergebnisse, sofern sie sich auf Lehr- und Lernvorgänge beziehen lassen. Es ist so weit gefaßt, daß alle Seiten didaktischer Probleme in den Blick genommen werden können. Es ist so flexibel angelegt, daß neuere Einsichten ohne Schwierigkeiten aufgenommen werden können.

Literatur

BLANKERTZ, Herwig: Theorien und Modelle der Didaktik. München 1969
HEIMANN, Paul: Didaktik als Theorie und Lehre. In: Die Deutsche Schule, 54. Jg., 1962, S. 407 bis 472
–: Didaktik 1965. In: ders./OTTO, Gunter/SCHULZ, Wolfgang: Unterricht – Analyse und Planung. Hannover 1965, S. 7–12
–/OTTO, Gunter/SCHULZ, Wolfgang: Unterricht – Analyse und Planung. Hannover 1965
NORTHEMANN, Wolfgang/OTTO, Gunter (Hrsg.): Geplante Information – Paul Heimanns didaktisches Konzept: Ansätze, Entwicklungen, Kritik. Weinheim/Berlin/Basel 1969
REICH, Kersten: Theorien der Allgemeinen Didaktik. Stuttgart 1977
–/THOMAS, Helga (Hrsg.): Paul Heimann – Didaktik als Unterrichtswissenschaft. Stuttgart 1976
SCHULZ, Wolfgang: Unterricht – Analyse und Planung. In: HEIMANN, Paul/OTTO, Gunter/–: Unterricht – Analyse und Planung. Hannover 1965, S. 13–47

Das »Berliner Modell«

–: Zur Diskussion über Probleme der Didaktik. In: Rundgespräch, 1967, S. 141–144
–: Die Wissenschaft vom Unterricht; Grundzüge der Unterrichtsanalyse; Unterrichtsplanung. In: DOHMEN, Günther/MAURER, Friedemann (Hrsg.): Unterricht – Aufbau und Kritik. München 1968, S. 11–24; 57–63; 63–67
–: Aufgaben der Didaktik. In: KOCHAN, Detlef C. (Hrsg.): Allgemeine Didaktik – Fachdidaktik – Fachwissenschaft. Darmstadt 1970, S. 403–440
–: Unterricht zwischen Funktionalisierung und Emanzipationshilfe – Zwischenbilanz auf dem Wege zu einer kritischen Didaktik. In: RUPRECHT, Horst u. a.: Modelle grundlegender didaktischer Theorien. Hannover 1972, S. 155–184
–: Die lerntheoretische Didaktik – oder: Didaktisches Handeln im Schulfeld – Modellskizze einer professionellen Tätigkeit. In: Westermanns Pädagogische Beiträge, 32. Jg., 1980, S. 80–85 (1980a)
–: Unterrichtsplanung. München 1980b
–: Alltagspraxis und Wissenschaftspraxis in Unterricht und Schule. In: KÖNIG, Ekkehard/SCHIER, Norbert/VOHLAND, Ulrich (Hrsg.): Diskussion Unterrichtsvorbereitung – Verfahren und Modelle. München 1980, S. 45 ff. (1980c)

4 Das »Hamburger Modell«

Vorklärungen

Das »Hamburger Modell« zur Unterrichtsplanung wurde von SCHULZ im Anschluß an das Berliner Modell entwickelt (1980a/b). Seinen Namen erhielt es ausdrücklich auch, um es gleichzeitig als verwandt mit dem Berliner Modell und doch von ihm unterschieden auszuweisen. Hamburger Modell wird es genannt, weil SCHULZ an die Universität Hamburg wechselte.

Vor allem in den verwendeten Kategorien kann das Hamburger Modell seine enge Anlehnung an das Berliner Modell nicht verleugnen. In zwei Punkten besonders unterscheidet es sich aber davon: Zum einen ist es ein Modell nicht nur kurzfristiger, sondern auch langfristiger Unterrichtsplanung; zum anderen ein *Handlungsmodell,* wo das Berliner ein *Entscheidungsmodell* war; es beschreibt – wie SCHULZ ausdrücklich betont – »nicht mehr Unterrichtsplanung überhaupt«, sondern bietet »ein Handlungsmodell für unsere Situation« (der Unterrichtsplanung) an (1980a, S. VIIff.). Zugleich mit dem Austausch des Begriffs ›Entscheidung‹ durch den der ›Handlung‹ wird eine völlig andere Auffassung über die für Unterrichtsplanung maßgeblichen Personen in das Modell aufgenommen: nicht mehr Lehrer allein sollen über Unterricht entscheiden, sondern alle Beteiligten sollen in gemeinsamem Handeln den Unterricht planen. Und auch die hinter dem Modell stehenden Auffassungen über Funktion und Struktur von didaktischer Theorie sind gegenüber denen beim Berliner Modell verändert.

Obwohl das Hamburger Modell seit einigen Jahren auf dem didaktischen »Markt« ist, hat es das Berliner Modell weder ersetzen noch verdrängen können. Nach meinen Beobachtungen wird allerorten offensichtlich eher mit einem stark variierten Berliner Modell gearbeitet, statt auf das Hamburger Modell überzugehen. Meiner Meinung nach liegt das vor allem an der Schlichtheit und Plausibilität des Berliner Modells, das sich leicht einprägen, behalten und anwenden läßt, wohingegen das Hamburger Modell mit sehr viel mehr Kategorien und inneren Verzweigungen arbeitet, so daß es als Ganzes nur schwer aufnehmbar und verwendbar ist.

4.1 Grundstruktur und Aufgaben der Unterrichtsplanung

SCHULZ möchte die Aufgabe der Unterrichtsplanung nicht bloß auf die Lektion, die Einzel- oder allenfalls Doppelstunde begrenzt sehen. Unterrichtsplanung umfaßt alle im Anschluß an gesetzliche und administrative Vorgaben und den Lehrplan noch für den Unterricht erforderliche Planung. Und so schälen sich drei große Planungsebenen heraus:
– die *Perspektivplanung,*
– die *Umrißplanung,*
– die *Prozeßplanung* (einschließlich simultaner Planungskorrekturen).

Mit SCHULZ' eigenen Worten lassen sich diese drei Ebenen wie folgt unterscheiden (1980a, S. 3):

Literatur zu diesem Kapitel siehe Seite 113.

– »In der *Perspektivplanung* wird der Unterricht über einen längeren Zeitraum, etwa ein Semester, ein Jahr, eine Schulstufe hin geordnet, in Auseinandersetzung mit den Rahmenplänen, den institutionellen und jeweils individuellen Bedingungen des Unterrichts, als Abfolge von Unterrichtseinheiten unter durchgängig geltenden Gesichtspunkten.«
– »In der *Umrißplanung* einzelner Unterrichtseinheiten werden im Umriß die Vorbereitungen für eine Sinneinheit innerhalb der in der Perspektivplanung in Aussicht genommenen Unterrichtsreihe getroffen.«
– »Die *Prozeßplanung* legt innerhalb dieses Umrisses da, wo es nötig erscheint, die Abfolge der Unterrichtsschritte in der Zeit fest, die Kommunikations- und Arbeitsformen im einzelnen.«

Diese drei Planungsaufgaben schließen, wie ersichtlich, aneinander an.

4.1.1 Die Perspektivplanung

Perspektivplanung ist auf lange Zeiträume bezogen, sie wird aufgrund unserer Schulorganisation wahrscheinlich am ehesten über Schuljahre hinweg zu betreiben sein, jedenfalls immer dann, wo Lehrer neue Aufgaben in Schule und Unterricht übernehmen. Perspektivplanung hält SCHULZ für unbedingt notwendig, weil die Rahmenvorgaben für Unterricht einerseits so allgemein gehalten sind, daß sie nicht ohne weiteres in konkreten Unterricht übersetzt werden können, und weil solche Allgemeinheit andererseits Lehrern die Chance gibt, ihre pädagogischen Verpflichtungen gegenüber ihren Schülern durch Planung auf der Grundlage von deren besonderen Bedürfnissen einzulösen. Perspektivplanung muß Lehrern für den in Frage stehenden Zeitraum einen Orientierungsrahmen für ihr weiteres didaktisches Denken und Handeln bieten. Das heißt: Sie erbringt noch keine festen und inhaltlich verbindlichen Vorgaben für die weitere didaktische Arbeit, sondern gibt dieser eine Art Regulativ vor, an dem dann jeweils die Berechtigung weiterer Entscheidungen, Maßnahmen usw. gemessen werden kann. SCHULZ spricht hierfür auch von »Richtzielen«. Diese gehen möglicherweise in eine Reihe von vorgesehenen Unterrichtseinheiten ein.

SCHULZ bietet dem Lehrer als Hilfe hierzu eine Matrix an. Diese wird allerdings erst verständlich, wenn man sich klarmacht, was Unterricht nach Auffassung von SCHULZ eigentlich ist und überhaupt bewirken soll: Unterricht soll einen Beitrag zur Emanzipation leisten und Heranwachsenden ermöglichen, über sich selbst verfügen zu können, er soll sie »zu kompetenter, selbstbestimmter, solidarischer Lebensführung« befähigen (1980a, S. 23).

Und hier bieten sich schon die Stücke für die Matrix an:
– *Kompetenz*
– *Autonomie*
– *Solidarität*.

Sie sind bei den Schülern zu fördern; nicht eines von diesen, sondern alle drei in Verschränkung. *Kompetenz* meint die Ausstattung des einzelnen mit allen Qualifikationen, die er für sein Leben, für seinen Beruf, seine Teilhabe an der Gesellschaft usw. braucht. *Autonomie* wird als persönliche Unabhängigkeit in eigenständigem und verantwortlichem Denken und Handeln begriffen. *Solidarität* ist die Bereitschaft und Befähigung zu gegenseitiger Hilfe und wechselseitigem Handeln mit anderen.

Diese drei Kategorien sollen Lehrer bei der Perspektivplanung dazu anhalten, hin-

Modelle der Unterrichtsplanung

sichtlich des ins Auge gefaßten Unterrichts bzw. der für den Unterricht ins Auge gefaßten Einheiten vorweg zu reflektieren, was darin geschehen könnte bzw. unterlassen werden müßte, damit in ihm bzw. durch ihn die Schüler emanzipatorisch wirksame Hilfen erfahren können. Die drei Kategorien bezeichnen nicht bloß die übliche Zieldimension von Unterricht, sondern stehen als Regulative des gesamten didaktischen Denkens und Handelns über dem Unterrichtsgeschehen.

Zur Matrix werden diese drei Kategorien dadurch erweitert, daß SCHULZ sie mit möglichen Erfahrungssituationen des Unterrichts zusammenbringt, in denen die entsprechende Ausstattung erworben werden kann:
– die *Sacherfahrung*
– die *Gefühlserfahrung*
– die *Sozialerfahrung*.

Sacherfahrung liegt immer vor, wo Schüler sich mit bestimmten Sachverhalten, in Unterrichtsinhalten beschlossen, auseinandersetzen, wo sie z. B. die Struktur einer Farbe, die Formel für die Flächenberechnung von Dreiecken o. ä. erfahren. Solche Sacherfahrung ist stets von mehr oder minder starken *Gefühlserfahrungen* begleitet, von persönlich angenehmen oder unangenehmen Gefühlen beispielsweise. Und *Sozialerfahrungen* werden dabei – ob gewollt oder ungewollt – stets mit gemacht, z. B. im Umgang mit anderen Schülern und dem Lehrer.

Solche Matrix verhilft Lehrern dazu, vorausschauend Gelegenheiten zu sehen, um ihr didaktisches Handeln konsequent unter den Erziehungsauftrag zu stellen, indem sie die

INTENTIONEN (Absichten) THEMEN (Erfahrungsaspekte)	I KOMPETENZ	II AUTONOMIE	III SOLIDARITÄT
1 SACHERFAHRUNG	I/1	II/1	III/1
2 GEFÜHLS– ERFAHRUNG	I/2	II/2	III/2
3 SOZIALERFAHRUNG	I/3	II/3	III/3

Abb. 10: Matrix für die Perspektivplanung (SCHULZ 1980a, S. 39)

ins Auge gefaßten Themen daraufhin sichten, welche Intentionen sie verwirklichen helfen, oder für besonders vorgesehene Intentionen rechtzeitig entsprechende Themen bereitzustellen.

SCHULZ wendet sich mit dieser Matrix zwar vor allem an Lehrer – als die »professionell« Handelnden –, erwartet aber auch, daß Eltern und Schülern rechtzeitig Gelegenheit gegeben wird, ebenfalls ihre Vorstellungen mit einzubringen.

Am Ende der Perspektivplanung sollte als Ergebnis nicht bloß eine Reihe von – thematisch umrissenen – Unterrichtseinheiten für den längeren Zeitraum feststehen, sondern der Lehrer sollte – gemessen an der Matrix – auch wissen, welchen Stellenwert sie jeweils für den schulischen Erziehungs- und Bildungsauftrag haben können, d. h., welchen personalen Bereich sie fördern können und welche Art von Erfahrung sie dafür aktualisieren müssen. Solche reflektierten und legitimierten Einheiten werden zum unmittelbaren Ansatzpunkt der weiteren Planung, der »Umrißplanung«.

4.1.2 Die Umrißplanung

Die Umrißplanung bildet den Kern des Hamburger Modells. Die Planung bezieht sich hier auf eine thematisch abgrenzbare Sinneinheit, die einen zeitlich überschaubaren Rahmen ausfüllt. Auf jeden Fall ist der zeitliche Rahmen hinsichtlich der vorfindbaren und gestaltbaren Struktur des Unterrichts auslotbar. Diese Planung strukturiert den Unterricht vor, d. h., seine planbaren Dimensionen werden entschieden. Aber solche Entscheidungen legen nicht fest, sondern sie schaffen einen *Umriß* für den vorgesehenen Unterricht, einen Umriß, innerhalb dessen der konkrete Unterricht sich dann vollziehen soll und für den nicht nur noch Präzisierungen nötig, sondern auch Revisionen noch möglich sind.

Folgerichtig zeigt SCHULZ für die Umrißplanung denn auch die Struktur anschaulich auf, und zwar indem er die Handlungsbereiche des Unterrichts sowie die für solches Handeln maßgeblichen Einflüsse aufdeckt. Diese sind (vgl. 1980a, S. 80ff.):

- die *Unterrichtsziele* (UZ), die Intentionen und Themen
- die *Ausgangslage* (AL) der lernenden und lehrenden Personen
- die *Vermittlungsvariablen* (VV), d. h. die zum Ziel führenden Wege und Mittel
- die *Erfolgskontrollen* (EK), die nicht im Sinne von Leistungsüberprüfungen, sondern als Selbstkontrollen von Lernenden und Lehrenden zur Korrektur ihres Handelns zu verstehen sind;

und zusätzlich:

- institutionelle Bedingungen, die dem Unterricht durch Gesetz, Verordnungen, Lehrplan, Ressourcen usw. gesetzt sind
- Produktions- und Herrschaftsverhältnisse, die hinter solchen Bedingungen stehen und sie hervorgebracht oder wenigstens beeinflußt haben.

Den Zusammenhang dieser Dimensionen veranschaulicht SCHULZ in einer Skizze (1980a, S. 82; vgl. die folgende *Abb. 11* auf Seite 100).

Es fällt auf, daß SCHULZ
- diese Planung offensichtlich von mehr als bloß einem Lehrer getragen sehen möchte
- Schüler über alle Dimensionen mitbestimmen lassen möchte
- Interdependenzverhältnisse zwischen den Dimensionen annimmt.

Dem/den Planenden stellen sich für die Unterrichtseinheit folgende Aufgaben:

Modelle der Unterrichtsplanung

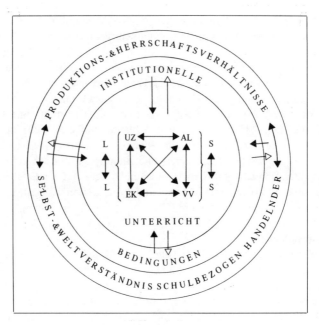

Abb. 11: Struktur planerischen Handelns (Umrißplanung)

1. *Unterrichtsziele*
Sie sind inhaltlich konkret und im Hinblick auf die Situation abzufassen und in Übereinstimmung mit den übergeordneten Perspektiven zu bringen, d. h., es sind die erwünschten Beiträge zur Förderung von Kompetenz, Autonomie und Solidarität zu bestimmen und die Erfahrungen zu umreißen, durch die sie erwerbbar sind.

2. *Ausgangslage*
Die konkrete Situation soll nicht bloß durchleuchtet werden, um sie zu berücksichtigen, indem man sich an sie anpaßt, sondern sie soll auch befragt werden, ob sie nicht durch besondere Maßnahmen – innerhalb der Unterrichtseinheit – aufgefangen, in ihrer möglichen Auswirkung auf den Unterricht abgeschwächt oder verändert werden kann bzw. muß.

3. *Vermittlungsvariablen*
Wie schon im Berliner Modell, so wird auch hier die Methodenfrage des Unterrichts als mehrschichtig angesehen, so daß sich auch mehrere Planungsaufgaben stellen.
– *Methodische Modelle* müssen begutachtet und als in Frage kommend ausgewiesen werden (z. B. Rollenspiel, Projektunterricht oder eine andere Methode).
– *Phasen* des Unterrichts müssen vorgesehen und richtig gereiht werden, von der anstehenden Sache und von den Fähigkeiten der Schüler her. Es geht also um die Artikulation des Unterrichts.
– *Sozialformen* sind zu erörtern (z. B. Partner- oder Gruppenarbeit).
– *Aktionsweisen* sind zu bestimmen (wer soll in welcher Weise tätig werden, die Schüler z. B. mit Vorträgen oder in einem Gespräch).
– *Medien* sind zu sichten, auf ihre Wirksamkeit zu überprüfen und für den Unterricht entsprechend auszuwählen.

– *Objektivierungen* sind auf möglichen Einsatz hin zu prüfen (Können z. B. fest vorgeformte Lehrsysteme Unterrichtsfunktionen übernehmen, etwa Lehrbücher oder Lehrprogramme?).
4. *Erfolgskontrolle*
Für alle Beteiligten, Schüler wie Lehrer, sind thematisch einzuordnende Kontrollen vorzusehen, mit deren Hilfe Lern- und Lehrvollzüge als korrekturbedürftig erkannt werden können.

Am Ende der Umrißplanung steht für die vorgesehene Unterrichtseinheit eine tragfähige – gleichwohl revidierbare – Struktur bereit, die nach SCHULZ' Vorstellung am besten durch eine gemeinsame Planung von Lehrer und Schülern geschaffen worden sein sollte. Wichtig ist, daß die einzelnen Momente dieser Struktur, die einzelnen Dimensionen, in Einklang gebracht wurden, daß Interdependenzen und Integrationszusammenhänge bedacht und berücksichtigt worden sind. Ein *Umrißplan* gibt Auskunft darüber, *welche Ziele an welchem Thema mit welchen Verfahren verwirklicht werden können, ohne daß dieser Plan nun auch tatsächlich so umgesetzt werden müßte.*

4.1.3 Die Prozeßplanung

»Prozeßplanung heißt hier: Transformation, Überführung der Möglichkeiten des Handelns, die sich in der Umrißplanung unter den planungsleitenden Perspektiven ergeben haben, in den Plan, den man zunächst zu realisieren versuchen will, Umsetzen der aufgeklärten Handlungsgrundlagen in einen Entwurf des Handlungsablaufs.« (SCHULZ 1980a, S. 162)

Die Prozeßplanung setzt vor allem in eine Abfolge um, was schon auf der Ebene der Umrißplanung als möglich und wünschenswert ausgewiesen wurde. Das macht in der Regel zunächst noch konkretere und präzisere Überlegungen nötig; das bisher grob formulierte Unterrichtsziel wird in einzelne (Teil-)Lernziele zerlegt, und ihnen werden die zu ihrer Erreichung notwendigen Verfahren, Mittel usw. zugeordnet. Worauf SCHULZ bei dieser Konkretisierung besonderen Wert legt, ist die bereits bei der Planung vorzusehende *Alternative* bei den einzelnen Lehr-Lern-Schritten.

SCHULZ verdeutlicht den Unterschied zwischen Umriß- und Prozeßplanung mit folgender Gegenüberstellung (1980a, S. 163):

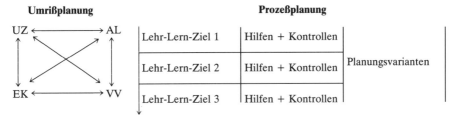

Abb. 12: Umrißplanung – Prozeßplanung

Die Prozeßplanung erbringt den Plan zum Verlauf des kurz bevorstehenden Unterrichts.

4.1.4 Der Entwurf

SCHULZ selbst gibt zwar – abgesehen von Beispielen für den Verlaufsplan – kein Beispiel für einen Unterrichtsentwurf, man kann aber annehmen, daß er hierin den üblichen Formen zu folgen wünscht. Dies würde bedeuten, daß der Entwurf – in freier Gestaltung – folgende Teile haben sollte:
1. *Daten* (der Unterrichtssituation)
2. *Reflexionen* (über Ziele, Bedingungen, Vermittlung und Kontrolle des Unterrichts)
3. *Verlauf* (vgl. unten)
4. *Anlagen* zum Entwurf

Für den Verlaufsplan findet sich bei SCHULZ folgendes Beispiel (1980a, S. 167ff.):

Zeitbedarf	Lehr-Lern-Ziele	Lernhilfen und Lernkontrollen	Planungsvarianten
ca. 8	Die Kinder beschreiben, was sie auf dem Bild sehen, und vermuten, wie die Kinder auf dem Bild zueinander stehen.	Lehrer(in) organisiert einen Halbkreis um die Projektionswand und zeigt das erste Bild mit dem Overheadprojektor. »Was ist hier los?« – »Was ist mit dem Mädchen auf der Decke?« – »Da sitzt doch nun noch ein Kind.« Die Kinder prüfen, von Lehrer(in) unterstützt, ob sie schon alles beschrieben haben.	Lehrer(in) gibt an immer zwei Kinder das erste Bild aus. Sie erzählen sich, was sie sehen; dann berichten sie vom Platz aus. Oder Lehrer(in) gibt den ganzen Bogen mit Scheren aus, um Zerschneiden und Legen einer Geschichte (aus drei ausgewählten Bildern) zu ermöglichen. »Welche Gruppe will versuchen, eine Geschichte mit allen Bildern zu legen? Aber man muß die Geschichte auch erzählen können!«
ca. 5	Je zwei Kinder legen die Bildgeschichte mit dem Lösungsvorschlag »Schmuddelkind wäscht sich« nach Absprache vor sich auf den Tisch. (Begründet abweichende Lösungen werden toleriert.)	Lehrer(in) hat die Kinder gebeten, wieder an den Tischen Platz zu nehmen, und gibt jedem Tisch ein Couvert mit drei Bildkarten, von denen die erste Bildkarte schon bekannt ist. »Versucht euch zu einigen, wie die Geschichte geht.« Die Kinder berichten auf Befragen den übrigen, warum sie sich so und nicht anders geeinigt haben, gegebenenfalls warum sie sich nicht geeinigt haben. Daran erkennt Lehrer(in) das Verständnis der Kinder.	

Abb. 13: Unterrichtsentwurf (Skizze des Verlaufsplans)

4.2 Prinzipien der Planung

Die Art unserer Darstellung macht es nötig, noch einmal gesondert auf Prinzipien der Planung einzugehen, auf die SCHULZ immer schon Wert gelegt hat und die er in das Hamburger Modell mit besonderer Wertlegung einarbeitet (vgl. 1965, S. 44 ff.).

In der Darstellung bereits erkennbar geworden sein dürfte das *Prinzip der Interaktion*. Es meint zum einen, daß Unterricht grundsätzlich als ein Vorgang der Interaktion, nicht bloß der Information – vom Lehrer für die Schüler – begriffen wird. Information würde heißen, daß Lehrer informieren und Schüler informiert werden, Unterricht also eine bloß in eine Richtung zu befahrende Straße, eine Einbahnstraße wäre – zudem noch eine, in der nur Lehrer fahren dürfen. Interaktion will Unterricht als ein Handlungsgefüge ausweisen, in dem Lehrer und Schüler in gleicher Weise tätig sind. SCHULZ bezieht sich ausdrücklich wiederholt auf das Konzept der ›themenzentrierten Interaktion‹ von R. COHN (vgl. COHN 1978). Allerdings will er deren grundsätzlich auf Gruppen eingeschränktes Verständnis von Interaktion zum Konzept für alles unterrichtliche Handeln machen, für Gruppen-, Partner- und Einzelhandeln. Interaktion bezeichnet bei SCHULZ das gemeinsame Bemühen um den gesamten Unterricht, auch um die Planung (1980a, S. 12): »Es bedeutet, daß auch der *Prozeß der Unterrichtsplanung* letztlich *eine Interaktion* zwischen den Unterrichtsteilnehmern sein sollte und damit Teil des Unterrichts selbst.« Solche gemeinsame Planung ist also zum zweiten gemeint als Forderung an didaktisches Handeln. Lehrer, von SCHULZ als verantwortlich für den Unterricht und auch als professionell dafür zuständig angesehen, müssen Sorge dafür tragen, daß Schüler – und auch Eltern – in den stufenweisen Planungsprozeß einsteigen können. Nicht nur die durch Lehre vorweggenommenen und in die Planung eingebrachten Bedürfnisse und Interessen von Schülern sind hier gemeint, sondern die aktive Teilnahme aller Beteiligten an der Planung wird gefordert.

Deutlich geworden sein dürfte auch ein zweites Prinzip, das Prinzip *der Variabilität,* das SCHULZ einmal beschrieb als Prinzip »der absichtsvollen Bereitstellung von Alternativen, der Zulassung von Variationen, der nachträglichen Korrektur von Unterrichtszielen und der Elastizität beim Ansteuern dieser Ziele« (1965, S. 45). Es verlangt, Alternativen vorsorglich mitzuplanen und bereitzustellen, aber auch die Bereitschaft, Unvorhergesehenes nicht einfach zu negieren, sondern aufzugreifen und in den Unterrichtsverlauf einzuarbeiten.

Das dritte Prinzip, das *Prinzip der Interdependenz,* ist besonders für die Umrißplanung maßgeblich. Es kommt darauf an, die planerischen Einzelentscheidungen einerseits unter sich, andererseits mit den Bedingungen des Lehr-Lern-Vorgangs in Einklang zu bringen. Dysfunktionale Auswirkungen einander widersprechender Entscheidungen sollen so durch vorwegnehmende Überlegungen vermieden werden.

Das vierte Prinzip, das *Prinzip der Kontrollierbarkeit,* ist sogar als eine Planungsaufgabe formuliert worden. Bereits der Plan soll Möglichkeiten und Maßnahmen der Kontrolle ausweisen. Dabei geht es nicht um Lernkontrolle als Leistungskontrolle, sondern um eine ständige Überprüfung des gesamten Lern-Lehr-Prozesses daraufhin, ob er in seiner konkreten Realisierung noch verantwortbar ist. Gegebenenfalls müssen neue und angepaßte Entscheidungen getroffen und Maßnahmen eingeleitet werden. Planung wird bei SCHULZ zu einem grundsätzlich nicht abschließbaren Prozeß.

4.3 Ein Beispiel

Fach: Heimat- und Sachunterricht
Schuljahr: 3., Grundschule
Thema: Obst und Gemüse können auf verschiedene Weisen haltbar gemacht werden.
Zielsetzung: Die Schüler sollen die Arten der Haltbarmachung von Obst und Gemüse kennen.

Vorgaben durch den Lehrplan
– Siehe Textauszüge auf der nächsten Seite. –

Bemerkungen
Für das gewählte Thema stehen im Rahmen der umfassenderen Unterrichtseinheit nur 2 Schulstunden (= 90 Minuten) zur Verfügung. Wenn sinnvoll gelernt werden soll, dann setzt das eine enge Verzahnung dieses Teilthemas mit den übrigen dieser Einheit, darüber hinaus aber auch mit dem gesamten Fachinhalt für dieses Schuljahr voraus. Das wird in der folgenden Darstellung zwar deutlich, aber nicht voll ausgeführt. Als Zeitpunkt der Behandlung kommt der Spätsommer bzw. der Frühherbst in Frage, wenn die regionale Ernte eingebracht wird und alle heimischen Obst- und Gemüsesorten verfügbar sind.

1. Perspektivplanung

1.1 Professionelle Vorüberlegungen

(Dem für die Planung zuständigen Lehrer erwächst zunächst die Aufgabe, sich über Vorgaben für die erzieherischen Perspektiven dieser Thematik zu informieren und sie für sich wie für Mitteilungen an andere klar zu fassen.)

Bereits in der neuen Bezeichnung »Heimat- und Sachunterricht« kommt der diesem Fach gestellte besondere Erziehungsauftrag zum Ausdruck, und zwar liegt die Besonderheit im doppelten Auftrag: Es geht um ›Sachen‹ und darum, Schülern Kenntnisse darüber und Fähigkeiten im Umgang damit zu vermitteln, wobei »sachliche Richtigkeit« – und nicht eine angeblich kindgerechte Verniedlichung, Verfälschung o. ä. – oberstes Prinzip ist (vgl. Bildungsplan, a.a.O., S. 135). Aber es geht um mehr als bloß kognitive Bildung; die Auseinandersetzung mit ›Sachen‹ soll dem Schüler »zu einer Betroffenheit verhelfen und ihm ermöglichen, die eigene Person mit bestehenden Strukturen seines Lebensraumes in Beziehung zu bringen . . ., sich mit ihm zu identifizieren und sich in ihm zu beheimaten« (ebd., S. 134). Dieser Doppelauftrag ist nun einmal gestellt und unterliegt jedem Thema.

›Wichtige Nutzpflanzen‹ stehen also nicht nur für sich, sind nicht bloß nach Erscheinung und Bezeichnung zu behandeln, sondern sollen für die Schüler beziehungsreich werden können. Das macht es nötig, nicht nur – wie üblich – an die Erfahrung der Schüler anzuschließen, sondern auch mögliche künftige Erfahrungen ins Auge zu fassen und davon wünschenswerte die Schüler erahnen zu lassen. Das setzt eine ›solide‹ Basis voraus, nämlich zutreffende Kenntnisse der Sachen.

Was nachdenklich stimmen sollte, wenn man nicht an bloße Kompetenzsteigerung, sondern an die Förderung der Autonomiefähigkeit der Schüler denkt, ist der rasche

Das »Hamburger Modell«

Aus dem Bildungsplan für die Grundschule, Baden-Württemberg (Stuttgart 1984):

1. Der allgemeine Erziehungs- und Bildungsauftrag

Der Heimat- und Sachunterricht hat das Ziel, den heranwachsenden Menschen zunehmend zu befähigen, am Leben teilzuhaben und seine Lebensbezüge differenziert zu verstehen. Leben und Lebensbezüge vollziehen sich in einer vielgestaltigen Wirklichkeit. Um die Lebenswirklichkeit im Unterricht zu erschließen, sind Inhalte ausgewählt, die für den Schüler zugänglich, verstehbar, bedeutsam und anwendbar sind. Sie werden in folgenden Arbeitsbereichen erfaßt:
Leben in der menschlichen Gemeinschaft
Formen der Lebensführung
Orientieren in Raum und Zeit
Begegnung mit Lebewesen
Erfahren von Naturerscheinungen
Umgang mit Technik
Verhalten im Verkehr

(S. 134)

Klasse 3   Richtstundenzahl

Arbeitsbereich 4:   Begegnung mit Lebewesen
                         Wichtige Nutzpflanzen   6
                         Tiere eines Lebensraumes   9

(S. 138)

Arbeitsbereich 4: Begegnung mit Lebewesen

Wichtige Nutzpflanzen
Die Schüler lernen die wichtigsten heimischen Nutzpflanzen und ihre Bedeutung für die Ernährung kennen und schätzen.

In unserer Gegend werden verschiedene Nutzpflanzen angebaut	Getreidearten, Kartoffeln, Obst, Gemüse Örtliche Sonderkulturen Wochenmarkt Erntedank → BK, Arbeitsbereiche 1 und 2, Gruppieren, Farben
Aus Pflanzen lassen sich Speisen und Getränke herstellen Obst und Gemüse können auf verschiedene Weise haltbar gemacht werden	Zubereitung in der Klasse

(S. 150)

Modelle der Unterrichtsplanung

Wandel, dem der Heimat- und Sachunterricht /die Heimatkunde/ der Sachunterricht konzeptionell immer ausgesetzt war. So hatten wir bis vor kurzem eine sehr nüchterne Auffassung über dieses Fach und seine Aufgabe; es sollte Sachkenntnisse vermitteln, möglichst noch nach wissenschaftsorientierten Lehr- und Lernkonzepten und propädeutisch vor allem für die ausdifferenzierten Sachfächer der folgenden Sekundarstufen. Der Wandel zum Heimat- und Sachunterricht – in der oben angedeuteten Weise – entspricht weitgehend der in unserer Gesellschaft gegenwärtig feststellbaren Wende zu stärkerer heimatlicher Bindung, durchaus im Verständnis räumlicher Nähe. Nun ist es aber die erwachsene Generation, die diesen bemerkenswerten Wandel vollzogen hat. Wird die jetzige Schülergeneration (hier: Grundschüler) im Erwachsenenalter auch so denken? Oder setzt dann eine Rück-Wende ein, schlägt das Pendel wieder einmal zurück? Der Unterricht sollte auf jeden Fall extreme Auffassungen oder gar Oktrois vermeiden und dafür sorgen, daß die Schüler eine eigene und freie Option auf ihre künftige Heimatbeziehung haben können. Der deutlich gestellte Erziehungsauftrag darf also sicherlich nicht dahingehend mißverstanden werden, daß den Schülern emotionale Bindungen ganz bestimmter Art – gar nach dem Muster vergangener Jahrzehnte (›Blut und Boden‹-Beziehungen) – aufgepfropft würden; der Bildungsplan läßt so etwas nicht zu.

1.2 Planung als Interaktion der Betroffenen

(Nach zunächst eigener, professionell ausgerichteter Reflexion muß der Lehrer nunmehr die Interaktion mit Schülern und Eltern suchen und in die Wege leiten.)
Über alle Themen dieses Faches wird zu Beginn des Schuljahres, am Klassenpflegschaftsabend, kurz mit den Eltern gesprochen. Sie sollen einsehen, daß gerade dieses Fach die Anknüpfung des Unterrichts an die eigenen Erfahrungen jedes einzelnen Kindes erforderlich macht, daß sie also zu erwarten haben, hier stärker als üblich von der Schule angesprochen und »eingespannt« zu werden. Die Eltern werden auch ermuntert, von sich aus Vorschläge einzubringen, Materialien bereitzustellen, u. U. sogar selber einmal aktiv am Unterricht teilzunehmen (über den eigenen Beruf berichten, das eigene Hobby mit den Kindern teilen . . .).

Was das vorliegende Thema betrifft, so ist bei den Eltern anzunehmen, daß sie gut Bescheid wissen, Kenntnisse auch über besondere regionale Konservierungsarten haben, da die Schule am Stadtrand liegt und die Eltern in der Mehrzahl über größere Gartengrundstücke verfügen, Obstbäume haben oder Gemüsegärten pflegen, einige sogar Bauern sind. Die Eltern werden frühzeitig gebeten, ihre Kinder teilhaben zu lassen, zumindest aber bewußt miterleben zu lassen, wenn im Hause etwas konserviert wird. Dabei sollten besonders die Bauern ihren Kindern über alte Verfahren erzählen, z. B. Darren, Einlegen in großen Bottichen usw. Das allgemeine Wissen und das Expertenwissen der Eltern bestimmen den Unterricht entscheidend mit.

Die Beteiligung der Schüler stellt sich ebenfalls auf diesem Wege ein. Sie bringen Kenntnisse und Sachen, nämlich zu Hause haltbar gemachtes Obst und Gemüse, in die Schule mit; und der Unterrichtsverlauf wird sich an dem ausrichten, was mitgebracht wurde. Außerdem werden Berichte, Bemerkungen usw. aufmerksam zu verfolgen sein, die von den Schülern im Zusammenhang mit der Einbringung der Sachen gemacht werden. So äußern sich ihre Interessen und können berücksichtigt und aufgenommen werden.

2. Umrißplanung

(Es geht darum, den vorgesehenen Umriß für die Unterrichtseinheit zu zeichnen, soweit dies nicht schon bisher hinreichend geschehen ist.)

Das »Hamburger Modell«

2.1 Zu den Zielsetzungen
Es geht um Antworten auf folgende Fragen:
- *Welche Arten der Haltbarmachung (Konservierung) von Obst und Gemüse werden bei uns angewendet?*
Regionale, häusliche, aber auch gewerbsmäßige Konservierungsarten für Obst und Gemüse sind:
  = *Lagern im Kühlschrank/Kühlhaus*
  = *Einfrieren im Gefrierschrank/in der Gefriertruhe*
  = *Einwecken/Einkochen in Gläsern/Dosen*
  = *Trocknen/Dörren auf Boden/an Bändern*
  = *Sauer/süß-Einlegen in Gläsern/Töpfen.*
- *Was geschieht bei diesen Arten der Haltbarmachung?*
In jedem Fall werden Mikroorganismen daran gehindert, das Obst und Gemüse zu schädigen.
Dies geschieht in unterschiedlicher Weise, und zwar durch:
  = *Kühlen*
  = *Gefrieren*
  = *Trocknen*
  = *Erhitzen*
  = *Säuern.*
- *Welche Art wird bei den verschiedenen Obst- und Gemüsesorten angewendet?*
Haltbargemacht werden durch:
  = *Kühlen*   *Äpfel, Gemüse (ganz)*
  = *Gefrieren*   *zerkleinertes Obst und Gemüse (Portionen)*
  = *Trocknen*   *Obst (Backobst, Dörrobst), Pilze, Bohnen, Erbsen*
  = *Erhitzen und Luftabschluß*   *Bohnen, Erbsen, Früchte, (Gelee, Marmelade)*
  = *Säuern*   *Gurken, Kürbis, Rote Bete, Sauerkraut*

Am Raster gemessen, geht es in den beiden verfügbaren Stunden vordringlich um ›Sacherfahrungen‹, die kompetenzsteigernd wirken, nämlich Wissen vermitteln und Einsichten auslösen sollen. Die oft selbstverständlichen Verrichtungen zu Hause und Erscheinungen in der heimatlichen Umgebung sollen bewußt werden; einsichtig soll werden, was dahintersteht, warum man das tut und warum gerade auf diese oder jene Weise. Solche Kompetenzen (hier: Wissen, Kenntnisse) sind Voraussetzung für den sicheren Umgang und ein verständnisvoll-zufriedenstellendes Leben in der täglichen Umwelt, d. h., sie eröffnen neue Möglichkeiten der Gefühlserfahrung und auch andersartiger Teilnahme am sozialen Leben in Familie und Ort bzw. Region. Daß diese vermuteten Auswirkungen nicht manipulativ erreichbar sind, sondern sich einstellen müssen, also mehr Zurückhaltung und Abwarten als Forcieren benötigen, versteht sich von selbst.

2.2 Zur Ausgangslage
Die Schüler dieses 3. Schuljahres sind Schule gewohnt, d. h., sie kennen sich mit allen maßgeblichen Lern- und Verhaltensweisen aus, das Vorwissen allgemeiner und besonderer Art ist vorhanden, so daß der Unterricht ohne große zusätzliche Vorbereitung zum Thema kommen kann. Dies auch, weil die Schüler bereits seit einiger Zeit haltbar gemachtes Obst und Gemüse von zu Hause mit in den Klassenraum gebracht haben und auf Tischen in einer Ecke ausgerichtet haben. Sie haben zu Hause auch schon mit den Eltern, vor allem wohl der Mutter, über deren Arbeiten gesprochen, nach dem Was und Wie und Warum gefragt. Solch langfristiges Arbeiten sind sie seit über einem Jahr gewohnt.

Wahrscheinlich ist durch solches Vorgehen auch ein mögliches Hemmnis beseitigt worden: Diese Kinder hatten durch die umfangreichen Kühl- und Gefriereinrichtungen vor allem in den Läden den Eindruck erhalten, Haltbarmachung von Obst und Gemüse (mehr noch bei Fleisch und Fisch) geschehe fast ausschließlich durch Kälte. Dieser Eindruck hat sich gewiß fast von selbst korrigiert. Es ist auch anzunehmen, daß die längerfristige Beobachtungs- und Sammlungsaufgabe in manchen Fällen in den Familien erst dazu geführt hat, daß die Mutter wieder selber haltbar macht und konserviert, statt Konserviertes einzukaufen, zumindest es – einmal wieder oder überhaupt erst – versucht hat. Da die meisten Eltern dieser Klasse aber (z. T. große) Obst- und Gemüsegärten haben, ist dies mit Sicherheit nicht überall der Fall, wie auch der Elternabend zu Schuljahresbeginn bestätigte; die meisten Eltern machen stets selber haltbar.

2.3 Zu den Vermittlungsvariablen

Die lernwirksame Sacherfahrung soll aus der bereits vorhandenen außerschulischen Erfahrung herauswachsen. Und das erfordert eine möglichst gute Abstimmung des schulischen auf das vorhergegangene Lernen. Allerdings muß in den beiden Stunden eine systematische Ertragssicherung erfolgen.

In Frage kommen alle bekannten Unterrichtsmethoden, die Schüler beherrschen alle gängigen Lerntechniken, sind auch fähig zu Fallstudien, Rollenspielen u. ä. Die Phasenfolge wird sich an zwei Gesichtspunkten zu orientieren haben: einmal Anschluß des Unterrichts an die Vorerfahrungen, zum anderen Einhalten der wirksamen Lernfolge, d. h. beispielsweise Motivation aller Schüler für das Thema gerade zu dem Zeitpunkt, da es behandelt werden soll. Alle langfristige Arbeit bleibt ohne Abschluß, wenn die konzentrierte Auswertung in diesem begrenzten Zeitraum nicht gelingt. Ein Schüler wird einen kurzen Vortrag (2–3 Minuten) darüber halten können, wie sein Vater Äpfel für den langfristigen Verkauf haltbar macht.

Aus zahlreichen wissenschaftlichen und schulischen Lehrwerken verschiedener Fächer sind informative Bilder, Skizzen, Diagramme, Übersichten usw. kopiert, zusammengeschnitten und mit ergänzenden Texten versehen worden, sie sind zugleich als Folien für den Tageslichtprojektor wie als Vorlage für Arbeitsunterlagen (Hektogramme) vorbereitet.

Auf den Ecktischen stehen bis heute: Einweckgläser mit Pfirsichen, Birnen, Zwetschgen, Gurken; Gläser und kleine Steinguttöpfe mit Gurken, Roter Bete, Kürbis; Konservendosen mit Apfelmus, (griechischen) Pfirsichen, Linsen (aus den Niederlanden); offene Gläser mit Trockenpilzen; eine Schnur mit aufgereihten Bohnen; (Schein)-Packungen mit Tiefkühlkost (Rotkohl, Suppengrün) etc. Die Schüler greifen in den Pausen u. a. auch zu diesen Ausstellungsstücken, sprechen darüber, erzählen sich gegenseitig, woher es kommt usw.

Der Lehrer hat, nicht bloß zur Vorbereitung dieser kleinen Einheit, mit seiner Video-Handkamera mehrmals einen Bauernhof in der Umgebung aufgesucht und dort Aufnahmen gemacht: Vergasen und Einfrieren von Äpfeln als Tafelobst; Einwecken von Birnen; Einlegen von Gurken (jede Sequenz etwa 4 Minuten lang).

2.4 Zur Erfolgskontrolle

Durch die langfristige Anlage, die übrigens auch alle anderen Themen dieses Faches betrifft, wird die zweistündige Einheit selbst gleichsam Kontrolle des Lehr-Lern-Erfolgs: gelingt die sprachliche und kategoriale Zusammenfassung, so sind offensichtlich die kognitiven Intentionen erreicht worden. Spontaneität und Intensität der Teilnahme der Schüler sind Indiz dafür, ob über Wissen und Einsicht hinaus auch weitere personale Beziehungen sich anbahnen, ob so etwas wie ›Betroffenheit‹ schon vorhanden ist.

Das »Hamburger Modell«

3. Prozeßplanung

(Das Ergebnis der Prozeßplanung wird hier gleich im Plan des vorgesehenen Verlaufs dargestellt; die Reflexionen entsprechen weitgehend den bereits angestellten, so daß auf den ausführlichen informierenden Entwurf hier verzichtet wird. Zudem haben sich in der Zwischenzeit keine merklichen Änderungen vollzogen.)

Verlaufsplan

Zeitbedarf	Lehr-Lern-Ziele	Lernhilfen und Lernkontrollen	Planungsvarianten
ca. 20–25 Min.	Schüler sehen, wie Obst und Gemüse haltbar gemacht werden (gleiche Ausgangslage für alle).	Lehrer führt seine Videoaufnahmen vor:	
(ca. 7 Min.)	Schüler schließen eigene Berichte an.	1.) Einwecken von Birnen Pause	
(ca. 7 Min.)	Schüler schließen eigene Berichte an.	2). Einlegen von Gurken Pause	
(ca. 7 Min.)	Schüler schließen eigene Berichte an.	3.) Vergasen und Einfrieren von Äpfeln Pause	
ca. 20 Min.	Schüler sehen ein, daß alle Haltbarmachung bzw. Konservierung letztlich darauf aus ist, Mikroorganismen abzutöten, wenigstens wirkungslos zu machen, die sonst Obst und Gemüse verderben. (Dies können die Schüler in ihrer Sprache, mit ihren Worten ausdrücken, der Lehrer achtet lediglich auf sachliche Richtigkeit und sprachliche Präzision.)	Lehrer fragt: Warum geschieht dies eigentlich? Was geschieht dabei eigentlich?	Lehrer führt ohne Kommentar noch einmal vor, wie der Bauer Äpfel vergast und einfriert (Bauer spricht dabei: »Durch dieses Gas töte ich fast alle Bakterien und Bazillen ab. Und was noch übrigbleibt, kann sich in der Gefrierkammer wegen der Kälte gar nicht entwickeln. Das mit den kleinen Bazillen glaubt man ja gar nicht so.«) Lehrer führt u. U. die kurze Sequenz noch einmal kommentarlos vor.
ca. 20 Min.	Schüler beschreiben die verschiedenen Weisen der Haltbarmachung: – bloß sprachlich – nehmen die gesammelten Materialien auf und nennen die Weise (mit eigenen Worten),	Lehrer sagt, daß dies bei aller Haltbarmachung der Fall ist (Einwirkung auf sog. Mikroorganismen), daß es dafür aber verschiedene Möglichkeiten gibt.	Lehrer hilft ggf. mit Stichworten aus.

109

Modelle der Unterrichtsplanung

Zeitbedarf	Lehr-Lern-Ziele	Lernhilfen und Lernkontrollen	Planungsvarianten
	wobei die bekannten/ beobachteten Tätigkeiten auch beschrieben werden, wie z. B. Einwecken, im Kühlschrank lagern usw.		
	– ordnen die gesammelten Materialien nach Weisen der Haltbarmachung kategorial (Kühlen/Gefrieren/ Trocknen/Erhitzen/ Säuern).		Lehrer legt vorbereitete Karten auf dem Boden aus (Kühlen/Gefrieren/ Trocknen/Erhitzen/ Säuern).
ca. 20 Min.	Schüler fassen die Ergebnisse sprachlich zusammen und übertragen sie in ihre Hefte.		
		Lehrer schreibt an Wandtafel: Durch werden haltbar gemacht: -Kühlen …………	Lehrer heftet vorbereitete kleine Kärtchen mit Abbildungen von Obst und Gemüse an Tafel, wenn Schüler wichtige Sorten vergessen oder Schwierigkeiten haben.
	Schüler ergänzen die Obst-/Gemüsearten und schreiben sie an Wandtafel.		
ca. 10/5 Min.	Schüler ergänzen Text durch eigene Zeichnungen.	Lehrer: Malt bitte passende Bilder in den Text!	

Hausaufgabe: Zu Hause erkundigen, sofern das noch nicht geschehen ist, welches Obst und Gemüse verdirbt und wieviel das üblicherweise ist.

Vorgesehenes Tafelbild

Durch	werden haltbar gemacht:
– Kühlen	Äpfel, Gemüse (Rotkohl, Weißkohl) als Ganzes, Salate (Feldsalat, Endiviensalat)
– Gefrieren	Obst und Gemüse in kleinen Portionen und bereits zubereitet für das Essen
– Trocknen	Pilze, Backobst, Dörrobst, Bohnen
– Erhitzen und Luftabschluß	Bohnen, Erbsen, Früchte (Gelee, Marmelade)
– Säuern	Gurken, Kürbis, Rote Bete, Sauerkraut (Weißkohl)

4.4 Didaktischer Hintergrund

Die Veränderung der Bezeichnung – vom Berliner zum Hamburger Modell – ist viel mehr als bloß ein Etikettenwechsel. Sie deutet auf ein verändertes didaktisches Denken hin, eine gegenüber der lerntheoretischen Didaktik – wie sie hinter dem Berliner Modell steht – veränderte Theorie. Ein Paradigmenwechsel wurde hiermit allerdings nicht vollzogen. SCHULZ hat die – seinen Behauptungen nach – von HEIMANN seinerzeit mit dem Berliner Modell verfolgten Absichten klarer herausgestellt und sie unter Rückgriff auf die inzwischen an anderer Stelle erfolgte begriffliche Fassung auch formuliert. Das Hamburger Modell ist auch ein lerntheoretisches Modell, für dessen theoretische Aufbereitung und deren Darstellung jedoch auch auf Vorstellungen und Kategorien einst außerhalb lerntheoretischer Didaktik liegender Ansätze zurückgegriffen wird.

Über das Planungsmodell führt SCHULZ aus (1980a, S. 9):»Dieses Modell soll helfen, Schulunterricht als ein soziales Handlungsfeld so zu begreifen, daß es den Handelnden in diesem Feld erleichtert wird, sich über die Planungselemente ihres Handelns zu verständigen, die Effektivität der Planung zu prüfen und die Bedingungen, unter denen die Übereinkünfte und ihre erfolgreiche Umsetzung angemessen erscheinen, zu hinterfragen.«
– Didaktik ist auf Effizienz aus;
– Didaktik ist auf mehr als Effizienz aus;
– Didaktik kennt ihre Grenzen.
Auf diese drei sich in SCHULZ' Erklärung andeutenden Grundzüge der hinter dem Modell stehenden didaktischen Theorie soll unsere Erörterung hier beschränkt werden.

SCHULZ sieht, wie FEND, eine Aufgabe der Schule darin, Heranwachsende zu »qualifizieren«, d. h. mit allem auszustatten, was sie für ihr Leben benötigen. Um diese Aufgabe erfüllen zu können, muß schulisches Lernen so erfolgreich wie möglich gestaltet werden. Alle in Frage kommenden Ansätze, Maßnahmen usw. sind daraufhin auszurichten, mithin auch die Planung von Unterricht. Unter diesem Gesichtspunkt der Effizienz des Unterrichts legt SCHULZ besonderen Wert auf die Stringenz der Planung, von der er sich die Absicherung eines an Reibungsverlusten armen, also effizienten Unterrichts verspricht. Zu diesem Zweck deckt er, wie die Berliner Didaktik, die Elemente der Unterrichtsplanung und ihren Zusammenhang auf und verweist auf die Notwendigkeit der in sich widerspruchsfreien Planungsentscheidungen. Insoweit ist sein Planungsmodell ein technologisches, das die Planungstechnik von Lehrern steuern kann. Würde es nur in dieser Weise verwendet, gäbe es keinen Unterschied zum Berliner Modell, außer dem, daß die Planungselemente im Hamburger Modell anders kategorisiert und in Beziehung zueinander gesetzt sind. Es wäre ein wohlüberlegtes Modell für professionelles Handeln von Lehrern bei der Unterrichtsplanung.

Das Hamburger Modell will durchaus auch ein Modell professionellen Handelns sein, strebt aber darüber hinaus. Zunächst einmal muß darauf hingewiesen werden, daß es ein Handlungsmodell nicht nur für Lehrer, sondern für alle Beteiligten ist; das Handeln aller Beteiligten wird transparent gemacht. Das Modell wendet sich allerdings vor allem an Lehrer, und zwar weil diese – und das schätzt SCHULZ realistisch ein – als einzige überhaupt für das Planungsproblem ansprechbar sind, da sie als Professionals dafür ausgebildet wurden. Nach SCHULZ' Verständnis sind sie aber nicht nur zuständig für eine in technischer Hinsicht professionelle und optimale Planung, sondern auch für eine

»emanzipatorisch relevante Unterrichtsplanung«. Letztes Ziel des Unterrichts muß es nach seiner Auffassung sein, Schüler zu emanzipieren (1980b, S. 85): »Didaktische Reflexion geschieht, wenn sie nicht nur verkürzter Rationalität verpflichtet ist, unter der Perspektive der Förderung möglichst weitgehender Verfügung aller Menschen über sich selbst.« Planung soll einen derartig emanzipatorisch wirksamen Unterricht – als »Förderung möglichst weitgehender Verfügung aller Menschen über sich selbst« – vorbereiten und absichern helfen. Es ist vor allem Sache des Lehrers, das von SCHULZ hierfür entwickelte Modell umzusetzen bzw. umsetzen zu lassen, so daß Schüler emanzipatorisch gefördert werden. Hierin liegt auch die wesentliche Änderung der hinter dem Hamburger Modell stehenden didaktischen Theorie gegenüber jener beim Berliner Modell, worauf auch SCHULZ, der über die Jahre hinweg kontinuierlich an der Veränderung gearbeitet hat, schon frühzeitig hinweist (1972, S. 163): »Was hat sich geändert, wenn man die hier skizzierte Position mit unseren didaktischen Entwürfen aus den sechziger Jahren vergleicht? Die wichtigste Modifikation besteht darin, daß wir das Engagement, das wir auch damals für erforderlich gehalten, offengelegt und praktiziert haben, heute zum Bestandteil, nicht mehr nur zur notwendigen Ergänzung der Theoriebildung erklären.«

Wenn Lehrer dieses Modell anwenden, wird von ihnen das entsprechende Engagement erwartet. Didaktische Theorie ist nach SCHULZ auf mehr als bloß Effizienz von Unterricht und Unterrichtsplanung aus, sie zielt auf deren emanzipatorische Wirkung; und Lehrer sollten *professionell emanzipatorisch relevant* handeln wollen und können.

SCHULZ gehört nun nicht zu jenen Utopisten, die annehmen, solche Wirksamkeit könnte auch tatsächlich und in vollem Umfang durch Unterricht überall und jederzeit erreicht werden (1980a, S. 23): »Nein, Schule, Unterricht, Unterrichtsplanung können nicht aus Abhängigkeiten befreien, die außerhalb ihres Wirkungsbereiches entstanden sind und sie mitbestimmen. Unterrichtsplanung bewirkt allein keine Emanzipation, aber sie kann, wie viele andere Tätigkeiten in unserer widerspruchsvollen Gesellschaft, einen bescheidenen Beitrag leisten, emanzipatorisch relevant zu sein.« Planung kann dies dadurch, daß sie Schüler als Subjekte mit einbezieht, sie nicht nur als ihre Objekte manipuliert und in ihnen so das Gefühl erweckt und stärkt, für sich selbst verantwortlich zu sein, nicht alles als naturwüchsig und unverrückbar, sondern als durchaus veränderbar anzusehen, sich selbst in die Hand zu nehmen.

Hier übernimmt SCHULZ Vorstellung und Begriff aus der kritischen Didaktik, ohne aber wie diese, über viele Jahre hinweg, in (sozialpolitische) Träumereien zu verfallen. SCHULZ wird auch nicht müde, die Anbindung dieser didaktischen Theorie an demokratische Gesellschaftsformen zu betonen, offenbar erschreckt durch Reaktionen auf die Verwendung der Kategorien ›kritisch‹ und ›emanzipatorisch‹ in Pädagogik und Didaktik. Das Bekenntnis zum Recht der Heranwachsenden auf ›Verfügung über sich selbst‹ und die Forderung nach einem entsprechenden Unterricht machen aus der lerntheoretischen aber noch keine kritische Didaktik, wozu sich SCHULZ einst auf dem Wege glaubte (vgl. 1972, S. 155, Überschrift), wohingegen er heute selbst auch wieder von lerntheoretischer Didaktik für das Hamburger Modell spricht (vgl. 1980b, S. 80, Überschrift).

Literatur

COHN, Ruth: Von der Psychoanalyse zur themenzentrierten Interaktion. Stuttgart 1978
FEND, Helmut: Theorie der Schule. München/Wien/Baltimore ²1981
SCHULZ, Wolfgang: Unterricht – Analyse und Planung. In: HEIMANN, Paul/OTTO, Gunter/–: Unterricht – Analyse und Planung. Hannover 1965, S. 13–47
–: Unterricht zwischen Funktionalisierung und Emanzipationshilfe – Zwischenbilanz auf dem Wege zu einer kritischen Didaktik. In: RUPRECHT, Horst, u. a. (Hrsg.): Modelle grundlegender didaktischer Theorien. Hannover 1972, S. 155–184
–: Unterrichtsplanung. München 1980a
–: Die lerntheoretische Didaktik – oder: Didaktisches Handeln im Schulfeld – Modellskizze einer professionellen Tätigkeit. In: Westermanns Pädagogische Beiträge, 32. Jg., 1980b, S. 80–85
–: Alltagspraxis und Wissenschaftspraxis in Unterricht und Schule. In: KÖNIG, Ekkehard/SCHIER, Norbert/VOHLAND, Ulrich (Hrsg.): Diskussion Unterrichtsvorbereitung – Verfahren und Modelle. München 1980c, S. 45–77
–: Ein Hamburger Modell der Unterrichtsplanung – Seine Funktionen in der Alltagspraxis. In: ADL-AMINI, Bijan/KÜNZLI, Rudolf (Hrsg.): Didaktische Modelle und Unterrichtsplanung. München 1980d, S. 49–87

5 Lernzielorientierte Unterrichtsplanung

Vorklärungen

Die Konzeption lernzielorientierter Unterrichtsplanung ist im Gefolge der Curriculum-Theorie entstanden und in die Praxis eingedrungen. Allerdings haben nicht nur curriculumtheoretische, sondern zusätzlich noch viele andere theoretische Momente diese Konzeption geprägt (vgl. hierzu die Ausführungen über den »Didaktischen Hintergrund«, S. 131 ff.). So mannigfaltig die in sie eingegangenen Ansätze sind, so vielfältig und unterschiedlich sind auch die aus ihr erwachsenen Vorschläge zur Unterrichtsplanung (vgl. z. B. die von MACKE/STRAKA entwickelte Variante, 1981). Uneingeschränkte Übereinstimmung besteht aber in der Auffassung – woher auch die Bezeichnung für dieses Konzept stammt –, daß die Planung des Unterrichts sich an den jeweiligen *Lernzielen* zu orientieren habe. Im Unterschied beispielsweise zur Didaktischen Analyse, bei der sich die gesamte Planung an *Lerninhalten* orientiert, wird hier das Lernziel zum Fixpunkt aller das Unterrichtsgeschehen planenden und vorbereitenden Überlegungen und Maßnahmen. Und obwohl mittlerweile auch divergierende Vorstellungen darüber bestehen, welcher Art die bevorzugten Lernziele sein sollten, läßt sich der wesentliche Lernzielbegriff ziemlich genau herausheben.

Fünf Momente bestimmen den gebräuchlichen Lernzielbegriff (zur Begründung und Erklärung vgl. »Zur didaktischen Funktion der Planung«, S. 127 ff., und »Didaktischer Hintergrund«, S. 131 ff.):

– *Ein Lernziel bezeichnet von außen gesetzte Ziele.*
Es handelt sich also nicht um zufällige Größen, sondern um Ergebnisse sorgfältiger und rationaler Planung. Dabei wird durchaus nicht ausgeschlossen, daß Schüler sich selbst Ziele setzen; ebensowenig sind spontane Zielsetzungen ausgeschlossen. In der Mehrzahl aller Fälle jedoch wird die Zielsetzung ein abschließender Akt längerer Überlegungen sein. Um einen bewährten Begriff aufzugreifen: Lernziele sind Merkmale intentionalen Lernens.
– *Ein Lernziel bezeichnet ein Verhalten.*
Ein Lernziel drückt stets einen beobachtbaren Sachverhalt aus. »Verhalten« ist hier nicht im Sinne der Umgangssprache (»Er verhält sich gut« o. ä.) gebraucht, sondern in einem spezifischen Sinne, wie er vor allem im Behaviorismus aufgekommen ist. Verhalten meint hier ein wahrnehmbares Tun, eine beobachtbare Handlung. Beobachtbar ist z. B., daß jemand gähnt, nicht aber, daß jemand müde ist; die Müdigkeit eines Menschen ist nicht unmittelbar wahrnehmbar, sondern nur mittelbar, anhand von bestimmten Handlungen, die wir als Anzeichen, als Indikatoren dafür interpretieren (Gähnen als Indikator für Müdigkeit; Tränen als Indikator für Traurigkeit oder übergroße Freude). Nicht das Lernen unmittelbar wird im Lernziel angesprochen, sondern mittelbar über Indikatoren, die für das Lernergebnis angegeben werden: z. B. das Lösen einer bestimmten Aufgabe als Anzeichen dafür, daß eine bestimmte Formel gelernt worden ist.

Literatur zu diesem Kapitel siehe Seite 151 f.

– *Ein Lernziel bezeichnet das Verhalten von Lernenden.*
  Es bringt beobachtbare Aktivitäten von Schülern zum Ausdruck. Obwohl er banal klingt, ist dieser Hinweis nötig, da ein häufiger Fehler in der Vergangenheit darin bestand, Zielen jeden möglichen Bezug zu unterlegen, den zum Schüler aber leicht zu übersehen (z. B.: »Ich will die Ballade vom Taucher darbringen«, also eine lehrerorientierte Aussage).
– *Ein Lernziel bezeichnet ein erwünschtes und in der Vorstellung vorweggenommenes Verhalten.*
  Lernziele sind Entwürfe von Verhalten, sie sind Verhaltensprogramme. Sie werden – zumeist – schon vor Beginn eines Lernprozesses entschieden, beziehen sich aber auf das von Schülern am Ende dieses Prozesses erwartete Verhalten.
– *Ein Lernziel bezeichnet die möglichst eindeutige Beschreibung von Verhalten.*
  Die Vorstellung von erwünschtem Verhalten ist in Worte zu fassen, da ja das Lernziel zum Fixpunkt der gesamten Unterrichtsplanung wird. Dabei kann der Grad an Eindeutigkeit durchaus unterschiedlich sein, aber je näher Lernziel und Lernprozeß zusammenrücken, desto präziser und eindeutiger muß die Beschreibung des erwünschten Endverhaltens sein.

Derart verstandene Lernziele stehen im Mittelpunkt der Planungsvorgänge nach diesem Konzept; zugleich bilden sie den Anfang aller Unterrichtsplanung. Auch darüber, welche planerischen Maßnahmen Lernziele erforderlich machen, besteht weitgehend Übereinstimmung. Für die Bestimmung von Lernzielen werden folgende Einzelmaßnahmen aufgeführt:

LATTMANN (1971)	MEYER (1974)	PETERSEN (1973; 1974)
Bestimmen des vom Lernziel abzudeckenden »psychologischen Lernbereichs«	»Lernziel-Dimensionierung«	»Formulierung eines Lernziels als Grobziel, das voraussichtlich in der verfügbaren Zeiteinheit zu verwirklichen sein wird«
Bestimmung der »Komplexitätsstufe« des im Lernziel ausgedrückten Verhaltens	»Lernziel-Hierarchisierung«	»Ordnung der inhaltlichen Strukturmomente des Grobziels«
Bestimmung der »inhaltlichen Momente« des Lernziels	(bei MEYER immer mitgedacht)	»Analyse des Grobziels auf seine inhaltlichen Strukturmomente hin«
Abstimmung des Lernziels auf die spezifischen »Lernvoraussetzungen«	»Lernziel-Operationalisierung«	»Formulierung von Teillernzielen unter Berücksichtigung situativer Voraussetzungen«

Die Darstellung der ›Planung‹ greift diese Teilaspekte auf und bringt sie in eine Folge, so daß Unterrichtsplanung als *gestufter Prozeß* erkennbar wird. Die bloße Befassung mit

Lernzielen wird um weitere Maßnahmen ergänzt, so daß sich folgende Planungsaufgaben für den Lehrer ergeben:
- Bestimmung und Legitimierung von Lernzielen
- Elementarisierung von Lernzielen
- Ordnung von Lernzielen
- Operationalisierung von Lernzielen
- Entscheidungen über zielförderliche Maßnahmen.

5.1 Der Planungsvorgang

5.1.1 Bestimmung und Legitimierung von Lernzielen

Lernzielorientierte Unterrichtsplanung beginnt mit der Entscheidung über Lernziele. Zu Beginn jeder Planungsstufe ist das übergeordnete Lernziel zu bestimmen, das in der zur Planung anstehenden Phase des Unterrichts verwirklicht werden soll. Die ›Bestimmung‹ stellt aber keinen bloß technologischen Akt dar, sie beinhaltet immer auch die Legitimierung dieses Lernziels. Denn es wäre – pädagogisch gesehen – völlig sinnlos, ein Lernziel zu bestimmen, von dem man nicht weiß, ob es überhaupt ›legitim‹ ist und weiterverfolgt werden kann oder nicht, und von dem möglicherweise erst zu einem späteren Zeitpunkt erkennbar wird, daß es nicht wünschenswert erscheint (selbstverständlich kann eine solche Einsicht immer noch auftauchen, zu jedem Zeitpunkt der Planung, so daß nachträglich die gesamte Planung in Frage gestellt ist und neu vollzogen werden muß). Das Ergebnis gedanklich entschiedener Bestimmung und Legitimation mündet in ein schriftlich formuliertes Lernziel, von dem aus dann die weiteren Planungsschritte angegangen werden.

Bestimmung von Lernzielen:
Ein Lernziel zu bestimmen meint, einen Zustand, eine Qualifikation festzulegen, die von den Lernern, den Schülern, am Ende des zur Planung anstehenden Zeitraumes erreicht und eingenommen werden soll. Wenn Lernen mit der allgemeinen Formel umschrieben wird, es sei dauerhafte Veränderung von Verhaltensdispositionen aufgrund von Erfahrungen, dann ist ein Lernziel die Beschreibung einer solchen Disposition. Und bei seiner Bestimmung geht es darum zu unterscheiden, welche von jeweils möglichen Dispositionen – und das sind mit Sicherheit stets mehrere oder sogar viele – in der besonderen Situation verwirklicht und damit zum Zweck des gesamten Unterrichts werden soll.

Für den planenden Lehrer stellt sich diese Aufgabe keineswegs in einem »luftleeren Raum«. Seine Entscheidung an dieser Stelle ist nicht ohne Voraussetzungen, wobei es unerheblich ist, ob er selbst oder andere diese Voraussetzungen geschaffen haben. Auf jeden Fall gibt es schon vorentschiedene Lernziele, an die ein Lehrer anzuknüpfen hat. Wenn er z. B. an einem Jahresplan arbeitet, muß er die Zielvorgaben des Lehrplans bzw. Curriculums beachten; arbeitet er am Stundenentwurf, so muß er die von ihm selbst auf höheren Planungsstufen formulierten Ziele berücksichtigen, wie sie in Entwürfe über längere Unterrichtseinheiten eingegangen sind. Durch den Anschluß an übergeordnete Zielsetzungen wird die Kontinuität von Unterricht und Lernen gewährleistet und Sorge dafür getragen, daß die einmal entschiedenen Lernziele auch tatsächlich angestrebt werden und nicht irgendwo im langen Planungsprozeß verlorengehen. Während des

Lernzielorientierte Unterrichtsplanung

gestuften Planungsprozesses wird das Lernziel zunehmend präziser bestimmt und formuliert und zur Umsetzung vorbereitet. Ein Beispiel für Kontinuität bzw. Diskontinuität: Wenn im Lehrplan für das Fach Geographie gefordert wird, die Schüler sollen den ständigen Kampf des Menschen mit dem Meer an einem Beispiel kennenlernen, dann könnte im Arbeitsplan eines Lehrers die Zielangabe stehen: »Kenntnis über Aufgabe und Wirken des Seenot-Rettungsdienstes«, oder auch: »Kenntnis des Landgewinns durch Deichbau«. Beide Zielsetzungen würden der übergeordneten Angabe entsprechen. Wenn im zweiten Fall (Deichbau und Landgewinnung) dann aber als Zielsetzung für eine begrenzte Unterrichtseinheit »Kenntnis des Unterschieds zwischen natürlichem und künstlichem Hafen« auftaucht, ist offensichtlich die Kontinuität nicht gewahrt.

Die Bestimmung von Lernzielen im Anschluß an übergeordnete Zielvorgaben gibt den neu zu bestimmenden Lernzielen den Charakter von Teil-Lernzielen, d. h. von solchen, die zur Verwirklichung der jeweils übergeordneten Ziele beitragen. Im Prozeß der Unterrichtsplanung entsteht auf diese Weise eine Hierarchie von Lernzielen. Es wäre jedoch grundfalsch anzunehmen, Teillernziele könnten aus den übergeordneten Zielsetzungen auf deduktive Art und Weise abgeleitet werden (vgl. MEYER 1972). Das ist nicht möglich. Vielmehr fragt der Lehrer gleichsam von außen auf das übergeordnete Ziel zu, wodurch und durch welche Zwischenziele es erreichbar werden kann (vgl. hierzu den folgenden Abschnitt über Elementarisierung). Welche Ziele dann tatsächlich ›bestimmt‹ werden, hängt von der Entscheidung des Lehrers ab, der im Grunde genommen völlig neue Entscheidungen trifft, sie allerdings hinsichtlich ihrer Zweckhaftigkeit und Sinnhaftigkeit an vorher getroffenen orientiert.

Legitimierung von Lernzielen:
Diese stets völlig neu erforderliche Entscheidung verlangt vom Lehrer geradezu, noch einmal (bzw. überhaupt in diesem Umfang erstmals) das Lernziel zu legitimieren, indem er nämlich nach dessen Sinn- und Zweckhaftigkeit fragt. Diese Frage geht über die soeben verlangte reibungslose Einordnung in umgreifendere Absichten hinaus. Legitimiert werden kann ein Lernziel ausschließlich aufgrund seiner Bedeutung für den Erziehungs- und Bildungsprozeß von Schülern.

Die Legitimationsfrage ist keine technische Frage danach, ob bei gerade diesen Schülern das ins Auge gefaßte Lernziel erreicht werden und wie es verwirklicht werden kann (dieses technische Problem wird im Abschnitt Elementarisierung und Operationalisierung erörtert). Die Legitimationsfrage ist die Frage danach, ob die besondere in diesem Lernziel ausgedrückte Verhaltensdisposition für die Schüler notwendig und wünschenswert ist, ob sie dazu beiträgt, die Schüler mündig zu machen. Die Legitimationsfrage ist nicht nur, wie das häufig geschieht, auf den inhaltlichen, sondern ebenso auch auf den formalen Aspekt des in Frage stehenden Lernzieles zu beziehen (zur Struktur von Lernzielen vgl. den nächsten Abschnitt »Elementarisierung«). Es ist nicht nur zu klären, ob der Schüler z. B. *Bestimmtes* wissen sollte, sondern auch, ob er es *wissen* sollte, d. h. immer auch die Qualität der angestrebten Verhaltensdisposition, nie nur ihr Inhalt. Bei dieser Überprüfung ist kein Schülerstereotyp anzulegen, sondern es geht jeweils um jene Schüler, für die Lernziele bestimmt werden; es geht um ihren Weg zu mündigen Menschen. Als Hilfe bieten sich hier durchaus die von KLAFKI formulierten Fragen nach der Gegenwarts- und Zukunftsbedeutung von Intentionen an (KLAFKI 1977; 1978 in: BORN/OTTO). Diese Fragen helfen, den möglichen Gefahrenkreis bloß utilitaristischer oder isoliert-individueller Orientierung zugunsten auch des sozialen Aspektes zu durchbrechen. Legitimiert wird ein Lernziel, wenn es offensichtlich dazu beitragen kann, den Schülern eine selbstverantwortete individuelle und soziale Gegenwart und Zukunft zu sichern. Das müssen nun aber keine hochgestochenen Ziele sein; auch geringste Wissenselemente oder kleinste Fertigkeiten erfüllen diese Funktion. Schüler eines fünften Schuljahres in Norden, in Ostfriesland, sollten sicherlich den Störtebeker-Deich und sein Zustandekommen kennen, so daß im Jahresplan stehen könnte:»Kenntnis über Bau und Funktion des Störtebeker-Deiches«. Letzten Endes trifft ein Lehrer hier Wertentscheidungen; er stellt die Fragen und gibt auch die Antworten. Seine Vernunft ist es, die ein Lernziel legitimiert. Jede seiner Entscheidungen beeinflußt das gegenwärtige und zukünftige Leben seiner Schüler in maßgeblicher Weise.

Zeitabstimmung:
Die Auswahl und Legitimierung des Zieles für bestimmte Zeiträume ist noch nicht alles, was ein Lehrer hier zu tun hat. Er muß es auch noch auf eben diesen verfügbaren Zeitraum abstimmen. Es wäre illusorisch, Lernziele ohne Berücksichtigung der jeweils verfügbaren Zeit zu bestimmen, da dann eine bedeutende Bedingung ihrer Verwirklichung negiert würde. Ein generelles Maß läßt sich dafür nicht angeben, hier muß wohl die Erfahrung des Lehrers den Ausschlag geben.

Unser Beispiel fortgesetzt: »Kenntnis über Bau und Funktion des Störtebeker-Deiches« kann sicherlich über eine Unterrichtseinheit von längerer Dauer (zwei bis vier Wochen) stehen. Für eine Einheit von 45 Minuten hat der Lehrer sich entschieden, das Ziel »Kenntnis der Warft als Vorform des Deichbaus« zu setzen. Es entspricht dem übergeordneten Ziel, wo am Beispiel des in der Nähe liegenden Störtebeker-Deiches ja auch der Deichbau erarbeitet werden soll, gewährleistet also Kontinuität, wenn auch die Vorform betrachtet wird, und es legitimiert sich für die gemeinten Schüler, weil sie die Warften als Hügel in ihrer kindlichen Umwelt täglich erleben.

Formulierung von Lernzielen:
Am Ende des Bestimmungsvorganges steht die Formulierung des Lernziels. Viele Lehrer haben eine große Scheu vor Formulierungen, vor allem vor präzisen Formulierungen. Ihnen sei gesagt, daß präzise Formulierungen nicht hemmen, sondern frei machen, und zwar dadurch, daß sie die Absicht so exakt wie möglich beschreiben und dem Lehrer ständig vor Augen stellen, so daß er sie im Gedränge des täglichen Geschäftes mit dessen vielfältigen Handlungsanreizen, Zufällen und spontan eintretenden Zwängen nicht aus dem Blick verlieren kann, sondern sie als einen ständigen Orientierungsmaßstab und eine Zielvorgabe, an der er seine spontanen Entscheidungen ausrichten kann, vor Augen hat. Gerade die ständige Kenntnis des der Einheit übergeordneten Ziels ermöglicht dem Lehrer, den einmal eingeschlagenen Weg weiterzuverfolgen oder auch zu verlassen und Umwege zu gehen, sofern ihm dies ein simultaner Vergleich zwischen vorgesehenem und neu auftauchendem Ziel – aus der Situation heraus – als notwendig erscheinen läßt. Die Formulierung sollte so präzise wie möglich sein.

Lernzielorientierte Unterrichtsplanung

Exkurs: Unterschiedliche Ebenen der Formulierung von Lernzielen
Hierfür hat MÖLLER ein Kategoriensystem vorgeschlagen, das drei Arten von Lernzielen danach unterscheidet, mit welchem Grad an Abstraktheit bzw. Konkretheit sie formuliert sind und welchen Grad an Exaktheit ihre Aussage aufweist (MÖLLER 1973):

Richtziele	Sie sind äußerst abstrakt gehalten und vieldeutig, so daß alternative Interpretationen möglich sind	z. B. Schüler sollen Wechselbeziehung zwischen Mensch und Landschaft einsehen
Grobziele	Sie sind so konkret gehalten, daß zwar viele, aber nicht alle alternativen Interpretationen ausgeschlossen sind	z. B. Schüler sollen Kenntnis des Landgewinns durch Deichbau haben; oder: Schüler sollen Warft als Vorform des Deichbaus kennen
Feinziele	Sie sind so eindeutig gehalten, daß nur eine Interpretation möglich ist	z. B. Schüler sollen wissen (... sagen), daß Warften künstlich aufgeschüttete Hügel sind

Die bereits erwähnte Formulierung unseres Beispiels wäre für die Unterrichtsstunde als »Grobziel« auszubringen: »Die Schüler sollen die Warft als Vorform des Deichbaus kennen«. Eine solche Formulierung ist so präzise, wie dies zu einem solchen Zeitraum sein kann. Sie ist – und hier kommt es mehr auf die Einstellung des Lehrers, nicht so sehr auf den Präzisionsgrad der Lernzielformulierung an – offen und revisionsfähig, sofern sich dies als erforderlich erweisen sollte. –

5.1.2 Elementarisierung von Lernzielen
Die so bestimmten Lernziele bilden zwar den Fixpunkt für alle weitere Unterrichtsplanung – zum einen sind in sie alle übergeordneten Intentionen aus umfassenderer Planung eingegangen, zum anderen sind sie gleichsam schon in Richtung auf die reale Praxis in Bewegung gesetzt –, aber sie können noch nicht unmittelbar in Unterricht umgesetzt werden. Die in ihnen enthaltene Verhaltensdisposition ist in der Regel zu umfangreich und zu komplex, als daß sie in einem Lehr- und Lernschritt verwirklicht werden könnte. Von seiten des Planenden sind noch Zwischenschritte vorzusehen, die dem Lernenden das Erreichen des Zieles ermöglichen. An methodisch-organisatorische Maßnahmen ist hierbei noch nicht gedacht. Die in lernzielorientierter Planung vorgesehene Operationalisierung (vgl. dazu den entsprechenden folgenden Abschnitt) kann ebenfalls wegen der Komplexität des bisher als Grobziel formulierten Lernzieles noch nicht vorgenommen werden.

Erreichbarkeit und Operationalisierung können in einem Vorgang in Angriff genommen werden, und zwar durch Elementarisierung des vorher bestimmten und legitimierten Lernzieles. Dabei wird die seit Beginn des Planungsprozesses schon eingeleitete Hierarchisierung fortgesetzt, d. h., es werden neue Teillernziele bestimmt, die zur Erreichung des vorgesehenen Zieles für notwendig erachtet werden. Ein *Beispiel:*

Modelle der Unterrichtsplanung

Lehrplan:
Schüler sollen ständigen Kampf des Menschen mit dem Meer an einem Beispiel kennenlernen (Grobziel)

Jahresplan:
Kenntnis über Aufgaben und Wirken des Seenot-Rettungsdienstes (Grobziel)   Kenntnis des Landgewinns durch Deichbau (Grobziel)

Arbeitsplan:
(Lernziele des Jahresplans werden übernommen und zeitlich zugeordnet)

Unterrichtseinheit: Kenntnis über Bau und Funktion des Störtebeker-Deiches (Landgewinn im Leybucht Polder) (Grobziel)

Unterrichtsentwurf:
Schüler sollen Sandkasten-Modell des Deiches bauen (Grobziel)   Schüler sollen Warft als Vorform des Deichbaus kennen (Grobziel)

Um die Ausfüllung dieser mit Fragezeichen versehenen Planungsräume geht es bei der Elementarisierung. Das schon bekannte Lernziel muß in seine Momente zerlegt werden, was aber ebensowenig wie bei der kontinuierlichen Bestimmung durch bloße Deduktion geschehen kann; das Lernziel ist kein Tresor, den es zu knacken gälte, um an seinen Inhalt heranzukommen. Lernziele sind immer geistige Konstrukte, hier solche von planenden Lehrern.

Exkurs: Grobaufbau eines Lernziels
Lernziele weisen immer zwei Komponenten auf, eine materiale bzw. Inhaltskomponente und eine formale bzw. Verhaltenskomponente:

Lernziel

Materiale Komponente	Formale Komponente

Das Beispiel »Warft« weist als materiale Komponente »Warft als Vorform des Deichbaus« und als formale Komponente »kennen« auf. Während die Inhaltskomponente ausdrückt, was die Schüler am Ende des jeweiligen Lernprozesses gelernt haben sollten, bringt die Verhaltenskomponente zum Ausdruck, welche Qualität das Erlernte bei den Schülern haben sollte. –

Bei der Elementarisierung geht es vor allem darum, die Inhaltskomponente des Lernziels aufzugliedern, gleichsam seine Struktur aufzudecken und die Strukturmomente herauszustellen. Anders ausgedrückt: Es gilt, alle essentiellen – exakter: alle für essentiell gehaltenen – Momente zu bestimmen, die für die Erreichung des vorgegebenen Grobziels unbedingt notwendig sind. Die nähere Bestimmung von Teillernzielen »darf nicht mit dem logischen Ableiten von Lernzielen verwechselt werden« (MEYER 1974, S. 65). Auch hier entscheidet weitgehend der Lehrer, welche Momente für unerläßlich gehalten werden (wenngleich von der Sache, dem Gegenstand, dem Inhalt her immer auch zwingende Vorgaben bestehen), entsprechend dem im Rahmen der Legitimationsaufgabe erörterten pädagogischen Grundsatz, daß neu zu bestimmende Lernziele keine bloß logische Fortsetzung bereits getroffener Entscheidungen sein können, sondern daß dies immer unter dem Gesichtspunkt ihres möglichen Beitrages für den Erziehungs- und Bildungsprozeß der betroffenen Schüler zu geschehen hat. Mithin ist auch keine bloße Sachanalyse gefordert, wie sie in vielen Planungskonzeptionen verlangt wird. Die Analyse der Sache muß zwar erfolgen, aber sie ist dann nicht Endergebnis, sondern erst Zwischenstufe des Vorgangs der Elementarisierung, der erst nach pädagogischer Betrachtung und Wertung abgeschlossen werden kann. Von bekannten Vorstellungen trifft auf diesen Sachverhalt am ehesten die von KLAFKI in seiner Didaktischen Analyse aufgestellte vierte Frage zu, von der ausdrücklich verlangt wird, sie sei unter pädagogischer Zwecksetzung zu stellen (vgl. KLAFKI 1964, S. 137).

Für die Elementarisierung kann durchaus diese auf Struktur, Schichtung usw. eines Inhalts gerichtete Frage der didaktischen Analyse übernommen werden. Als Hilfsmittel bieten sich auch die in den sogenannten »Lernziel-Taxonomien« vorgenommenen Klassifizierungen von Lernzielen (BLOOM u. a. 1972; KRATHWOHL/BLOOM/MASIA 1975) oder aus ihnen entwickelte Kategoriensysteme an (z. B. HORN 1973, bes. S. 40). Doch dürften sie aufgrund ihrer sehr großen Differenziertheit kaum geeignet sein, in der alltäglichen Praxis von Lehrern zum Einsatz zu gelangen. Dafür sind sie in der Handhabung nicht nur überaus schwierig und kompliziert, sondern einfach auch zu zeitaufwendig. Es reicht im Falle täglicher Unterrichtsplanung aus, den groben Raster der Taxonomie zu nutzen. Drei grobe Kategorien werden vorgegeben, es ist die Rede von kognitivem, psychomotorischem und affektivem Lernen, was den traditionellen Bezeichnungen deutschsprachiger Didaktik – Wissen, Können, Haltung – durchaus entspricht. MEYER definiert (1974, S. 80ff.):

– »Kognitive Lernziele beziehen sich auf Denken, Wissen, Problemlösung, auf Kenntnisse und intellektuelle Fertigkeit.«
– »Psycho-motorische Lernziele beziehen sich auf die manipulativen und motorischen Fertigkeiten eines Schülers.«
– »Affektive Lernziele beziehen sich auf die Veränderung von Interessenlagen, auf die Bereitschaft, etwas zu tun oder zu denken, auf Einstellungen und Werte und die Entwicklung dauerhafter Werthaltungen.«

Um jene Momente zuallererst in den Blick zu bekommen, die sich zur Erreichung des Lernziels, wie es bestimmt und legitimiert worden ist, als notwendig erweisen, kann unter Rückgriff auf diese Dreigliederung der Verhaltensqualität gleichsam von der Verhaltens- auf die Inhaltskomponente zugefragt werden.

Modelle der Unterrichtsplanung

Beispiel: »Schüler sollen Warft als Vorform des Deichbaus kennen«
- Was müssen die Schüler *wissen,* damit sie die »Warft als Vorform des Deichbaus kennen«?
  - daß es Haus- und Dorfwarften gab (und erstere früher entstanden);
  - daß Hügel in der Marsch, auf denen noch heute einzelne Gehöfte oder Dörfer stehen, künstlich aufgeschüttet wurden;
  - daß Hügel (Warften) gegen Hochwasser schützen sollten usw.
- Was müssen die Schüler *können,* damit sie die »Warft als Vorform des Deichbaus kennen«?
- Welche *Haltung/Einstellung* müssen die Schüler haben, damit sie die »Warft als Vorform des Deichbaus kennen«?

Die Sammlung inhaltlicher Strukturmomente des Grobziels sollte noch keinen Ordnungsgesichtspunkten für den Unterricht folgen und auch auf eine bewußte Auswahl zugunsten möglicher Vollständigkeit noch verzichten.

Bei dieser Aufgabe wird besonders das gesamte Fach- und Sachwissen des Lehrers gefordert und zu aktualisieren sein. Rückgreifen kann er auf ein großes Arsenal einschlägiger Veröffentlichungen, wobei sowohl fachwissenschaftliche und fachdidaktische Literatur als auch jede andere nur erdenkliche Informationsquelle (bei unserem Beispiel u. a. Veröffentlichungen der ostfriesischen Deichwacht) genutzt werden sollte. Nur das eigene Wissen einzusetzen dürfte auf Dauer und in der Regel zu didaktischem Dilettantismus führen. Erst im Verlauf der Strukturanalyse dürfte oftmals für den Lehrer ersichtlich werden, daß er selbst noch Informationslücken hat und wo diese sind, so daß daraus für ihn konsequenterweise die Notwendigkeit folgt, sich umgehend und umfassend zu informieren.

Nach der Elementarisierung des Lernzieles sollte ein Lehrer sich Übersicht darüber verschafft haben, welche inhaltlichen Momente zur Erreichung des Zieles notwendig sind bzw. welche er dafür hält.

5.1.3 Ordnung von Teillernzielen

In die bis zu diesem Zeitpunkt festgestellten Teillernziele muß Ordnung gebracht werden, wenn sie in planvollen Lernvorgängen verwirklicht werden sollen. Sie müssen in jene Folge gebracht werden, in der sie – nacheinander oder nebeneinander – verwirklicht werden sollen. Dabei wird zwangsläufig auch schon die gesamte Verlaufsstruktur des Unterrichts vorbestimmt. Bei der Festlegung und Entscheidung über die Reihenfolge der Teillernziele sind zwei Gesichtspunkte unbedingt zu berücksichtigen: der *sachlich-logische* und der *didaktisch-logische.*

(a) Sachlich-logisch:
  Es ist danach zu fragen, ob von der intendierten Sache und der ihr inhärenten Struktur her eine bestimmte Folge verbindlich vorgegeben oder zumindest naheliegend ist. Gegenstände einzelner Fächer oder auch vielleicht nur einzelne Bereiche von Fächern legen sicherlich eine bestimmte Reihenfolge verbindlich fest; aber in weitaus der größten Zahl aller Unterrichtsinhalte wird eine sachlich-logisch verbindliche Folge für den Lernprozeß sicherlich nicht vorzufinden sein. Auf keinen Fall darf beispielsweise der Fehler gemacht werden, inhaltliche Folgen aus Lehrbüchern und Schulbüchern als verbindlich zu betrachten. Es darf nicht vergessen werden,

sich darüber klarzuwerden, ob von der Intention her, wie Schüler eine Sache kennenlernen sollen, diese in bestimmter Reihenfolge angegangen werden muß.
(b) Didaktisch-logisch:
Es ist zu überlegen, ob aus Gründen leichterer und besserer Lernbarkeit oder eines aus solchen Gründen schon bekannten und verfolgten Prinzips eine bestimmte Folge von Teillernzielen eingeschlagen werden soll. Beispielsweise wird der Lehrer hier zu entscheiden haben, ob er mehr einem deduktiven Prinzip mit dem Fortgang vom Allgemeinen zum Besonderen hin oder mehr einem induktiven Prinzip, wie etwa dem des genetischen Lernens, mit dem Fortgang vom Besonderen (vielleicht sogar vom sinnlich-anschaulichen Einzelnen) bis hin zum allgemeinen Prinzip folgen will.

Die Entscheidung über die Folge von Teillernzielen oder über die Inanspruchnahme bestimmter didaktischer Modelle mit der aus ihnen resultierenden Folge muß wiederum unter pädagogischer Betrachtungsweise vorbereitet werden. D. h., auch die Ordnung von Lernzielen muß letzten Endes daran gemessen werden, ob die vorgesehene Folge den Prozeß der Mündigkeit der betroffenen Schüler fördert. Vorschnell einem angeblichen Zwang zu folgen kann wichtige erzieherische Impulse unterdrücken, wenn nicht gar dysfunktionale Erziehungswirkungen im Gefolge haben. Unter Umständen fällt hier auch die Entscheidung für eine ›offene‹ Verlaufsstruktur, dafür, die Lernziele nicht vorzuschreiben und vorzusetzen, sondern sie in die Unterrichtssituation einzubetten und es vom situativen Verlauf abhängig sein zu lassen, in welcher Folge sie von den Schülern realisiert werden. Ob dies aber möglich ist, ob dies – unter verschiedenen Aspekten – sogar notwendig ist, kann nur entschieden werden, wenn die Überlegungen überaus sorgfältig angestellt werden. Es kommt bei dieser Planungsphase darauf an, didaktisch für notwendig erachtete Ordnungen mit sachlich begründeter Möglichkeit für sie aufeinander abzustimmen.

Unser im kognitiven Bereich angesiedeltes *Beispiel* legt keine bestimmte Reihenfolge nahe, so daß diese etwa folgendermaßen aussehen könnte:

– Teillernziel 1: Wissen, daß Hügel in der Marsch, auf denen heute noch einzelne Gehöfte oder Dörfer stehen, künstlich aufgeschüttet wurden.
– Teillernziel 2: Wissen, daß diese Hügel Warften genannt werden und gegen Hochwasser schützen sollten.
– Teillernziel 3: Wissen, daß es neben ›Dorfwarften‹ auch ›Hauswarften‹ gab und letztere eher entstanden.

usw.

5.1.4 Operationalisierung von Lernzielen

Entsprechend dem Postulat des lernzielorientierten Unterrichts, Lernziele zum Zwecke ihrer Überprüfbarkeit in Verhaltensbeschreibungen von Lernenden zu übersetzen, geht es nunmehr darum, Lernziele operational zu beschreiben, d. h. Operationen, Tätigkeiten zu beschreiben, an denen ablesbar wird, daß die Schüler gelernt haben, was sie lernen sollten. Bisher ist eine Elementarisierung der Inhaltskomponente des Lernzieles erfolgt, nunmehr geht es um die Verhaltenskomponente: »Die Verhaltenskomponente, durch die zum Ausdruck kommt, was der Schüler mit den Inhalten tut, können soll, wird vernachlässigt (PETERSSEN: dies wurde 1971 formuliert!). Inhalte sind zwar wahrscheinlich die wichtigste Quelle für die Entwicklung von Zielen, aber erst in Verbindung mit

beobachtbarem Schülerverhalten werden sie zu brauchbaren empirischen Korrelaten, mit deren Hilfe Lernziele interpretiert werden können.« (MESSNER/POSCH 1971, S. 12) Eingeschoben sei schon hier: Nicht immer, nicht in jeder Stunde, nicht in jeder Phase des Unterrichts wird es möglich sein, mit operational gefaßten Lernzielen zu arbeiten. Es wird vielmehr darauf ankommen, ein ausgewogenes Verhältnis zwischen exakt vorformulierten und operational gefaßten Lernzielen und offenen Lernzielen, bei denen mehr der Prozeß denn das Ergebnis beschrieben wird, anzustreben. Lernzielorientierter Unterricht umfaßt sowohl jene Konzeption, die mit operationalen Fassungen von Lernzielen arbeitet, als auch jene Konzeptionen, die unter den Stichworten »heuristische Lernziele« und »Prozeßorientierung« usw. bekannt geworden sind. Um dies anzuzeigen, erscheint es angebracht, zwischen Lernzieloperationalisierung im engeren und weiteren Sinne zu unterscheiden (MEYER 1974, S. 57):
– Operationalisierung im engeren Sinne: »Angabe der Meßoperation, mit der ein beobachtbares Element einer gewünschten Veränderung des Schülerverhaltens erfaßt werden kann«;
– Operationalisierung im weiteren Sinne: »semantisch möglichst eindeutige Angabe der beobachtbaren Elemente der gewünschten Veränderung des Schülerverhaltens«.
Im strengen Sinne des aus der empirischen Forschung entlehnten Begriffs dürfte eigentlich nur im ersten Fall von Operationalisierung gesprochen werden. Für unterrichtliche Zwecke ist es aber nicht nur vertretbar, sondern notwendig, auch im weiteren Sinne zu operationalisieren, d. h., das erwünschte Endverhalten von Schülern so weit wie möglich mit eindeutigen Begriffen zu beschreiben, so daß es weitgehendst beobachtbar und somit überprüfbar wird. Durchgesetzt hat sich aber vor allem die Auffassung einer Lernzieloperationalisierung im engeren Sinne, bei der »nicht nur zu überprüfen (ist), ob eine bestimmte Verhaltensänderung beim Schüler vorhanden ist, sondern auch zu fragen (ist), in welchem Ausmaß, mit welchem Grade, wie stark oder wie schwach diese Verhaltensänderung eingetreten ist« (S. 62).

Als ein Verfahren hierfür hat sich die sogenannte »Drei-Komponenten-Beschreibung« nach MAGER durchgesetzt (MAGER 1971). Dieses Verfahren verlangt eine Beschreibung von Lernzielen nach drei Kriterien. Wenn diese drei Kriterien erfüllt sind, dann handelt es sich nach MAGER um operationale Fassungen von Lernzielen, handelt es sich – mit MÖLLER zu sprechen – um »Feinziele«. Gefordert werden:
(a) Die Beschreibung des von den Schülern erwarteten *Endverhaltens* mit *eindeutigen* Begriffen. Es reicht beispielsweise nicht aus, zu schreiben: »Der Schüler soll wissen, daß Tirana die Hauptstadt von Albanien ist.« Mit dem Wort »Wissen« ist zwar die Disposition beschrieben, die der Lernprozeß beim Schüler hervorbringen soll, aber für den Lehrer ist in die Formulierung des Ziels noch nicht das Kriterium eingegangen, mittels dessen er überprüfen will, ob der Schüler diese Disposition auch tatsächlich erreicht hat. Ohne in einen rigiden Behaviorismus zu verfallen, macht man sich für die Überprüfung die Parallelität von Lernen und Verhalten zunutze. Während Lernen bisher noch nicht hinreichend wissenschaftlich erklärt werden konnte, ist man immerhin in der Lage gewesen, festzustellen, daß bestimmte Verhaltensäußerungen stets nur das Ergebnis von Lernprozessen sein können, d. h., nicht alle Verhaltensäußerungen sind Ergebnisse von Lernprozessen, sondern nur solche, die nicht aufgrund von endogen angelegten Reifungsvorgängen, physischen Einwirkungen usw., sondern aufgrund von Auseinandersetzungen des Schülers mit

der Umwelt zustande gekommen sind. Hier kann auf die theoretische Grundlegung nicht weiter eingegangen werden. Knüpfen wir wieder an: »Wissen« reicht für die Überprüfbarkeit nicht aus. Es muß vielmehr ein Verhalten beschrieben werden. Das könnte in diesem Falle sein »sagen, schreiben, zeigen« usw., so daß das Feinziel heißen könnte: »Der Schüler soll sagen, daß Tirana die Hauptstadt von Albanien ist.«
Verhalten ist nach MAGER immer etwas Beobachtbares; die Wahl von eindeutigen Begriffen muß deshalb immer auf Beobachtbares bezogen sein, z. B. (MAGER 1971, S. 11):

Zutreffende Begriffe	Nicht zutreffende Begriffe
schreiben	wissen
auswendig hersagen	verstehen
identifizieren	wirklich verstehen
unterscheiden	zu würdigen wissen
vergleichen	vertrauen

(b) Als nächstes kommt es darauf an, die *Mittel* zu benennen, deren sich die Lernenden bedienen oder nicht bedienen dürfen, wenn sie die von ihnen verlangten Operationen vollziehen sollen. Es gilt die Bestimmungen zu beschreiben, unter denen sich das Verhalten als das erwünschte Endverhalten erweist. Darf z. B. der Schüler den Namen Tirana vom Atlas, aus dem Lexikon o. ä. ablesen? Oder muß er auf eine entsprechende Frage des Lehrers prompt die Antwort geben können, da die entsprechende Information in der vorhergehenden Geographie-Unterrichtsstunde erfolgte? Bei der Bestimmung und Entscheidung über solche Mittel wird sich ein Lehrer vor allem auch die spätere Ernstsituation vor Augen zu führen haben, in der das jeweils angestrebte Lernziel für den Schüler zum Tragen kommen soll. Wir wissen nur zu gut, daß in der Schule allzuoft erfolgreich überprüft werden kann, was sich dann in Ernstsituationen des späteren oder auch schon gegenwärtigen Lebens gar nicht mehr im Verhalten des Schülers auszudrücken vermag.

(c) Als letztes gilt es einen *Beurteilungsmaßstab* für die Qualität des Verhaltens aufzustellen. In manchen Fällen dürfte dies leicht, in manchen recht schwierig sein. Leicht dürfte es sein, sportliche Lernleistungen wie beispielsweise einen Lauf über eine bestimmte Distanz an die Einhaltung einer bestimmten Zeitspanne zu knüpfen. Schwierig hingegen dürfte es sein, an einen Aufsatz des Schülers mit aller Akribie schon von vornherein einen Maßstab legen zu wollen.

Von den genannten drei Komponenten nach MAGER dürfte die erste am wichtigsten sein; in jedem Fall sollte der Lehrer versuchen, ein Endverhalten eindeutig zu beschreiben. Damit würde er immer noch eine Operationalisierung im weiteren Sinne vornehmen.

Bei der Operationalisierung kommt es vor allem darauf an, die auf seiten der Schüler – und zwar gerade jener Schüler, für die man den jeweiligen Unterricht vorbereitet, und nicht irgendwelcher angenommener Schüler – bestehenden Lernbedingungen, wie Lernstand, Lernfähigkeit, Lerntempo, zu berücksichtigen. Nur im Hinblick auf bestimmte Schüler kann ein bestimmtes Verhalten einerseits als pädagogisch wünschenswert und andererseits als ein angemessener Indikator für Lernvollzüge eingestuft werden. Bisher sind im Planungsverlauf zwar immer schon die »bestimmten« Schüler ins Auge gefaßt worden, aber die Planungsergebnisse sind doch noch recht allgemein gefaßt

Modelle der Unterrichtsplanung

und ausformuliert worden. Nunmehr aber richten sich die Fragen darauf, was diese Schüler schon wissen, schon können, schon an Einstellung/Haltung im Hinblick auf diese Zielsetzung haben (hieß es zu einem früheren Zeitpunkt z. B. und u. a.: »Was müssen die Schüler wissen, damit sie . . .?«, so heißt es nun: »Was wissen die Schüler schon, . . .?«). Das konkrete Anfangsverhalten ist zu diesem Zeitpunkt einzubeziehen. Bei einem solchen situations- und personenbezogenen Vorgehen wird sich hinsichtlich des Unterrichts u. U. auch erweisen, daß oftmals die bereits formulierten Lernziele keine neuen Informationen für die jeweiligen Schüler darstellen, sondern nur ein Aufgreifen bedeuten, so daß der Unterricht in diesem Punkt ganz auf sie verzichten könnte oder auch die Gelegenheit zur wiederholten – immanenten – Übung bieten könnte. Im umgekehrten Fall kann es sich aber durchaus auch als notwendig erweisen, daß zusätzliche Informationen an die Schüler herangetragen werden müssen, damit sie von einem Teillernziel aus das nächste überhaupt erreichen können.

Unser *Beispiel* könnte so weitergehen:
– Schüler sagen, daß die Hügel in der Marsch, auf denen noch heute Dörfer stehen, künstlich aufgeschüttet wurden;
– Schüler schreiben an Tafelskizze (vom Lehrer vorbereitet) den Namen ›Warft‹;
– Schüler erklären mit eigenen Worten, daß Warften gegen Hochwasser schützen sollten;
usw.

5.1.5 Entscheidung über zielförderliche Maßnahmen

Die den Unterricht vorbereitenden Entscheidungen über Lernziele sind bis zu diesem Planungsstadium vorläufig abgeschlossen; vorläufig: weil selbstverständlich bis zum endgültigen Unterricht noch Revisionen notwendig werden können und auch möglich sein müssen. Die vorgenommene Anordnung von Lernzielen in einer für den Unterricht vorgesehenen Folge hat auch schon eine Verlaufsstruktur (ihren Plan) für diesen Unterricht geschaffen. Aber rationale und ausdrücklich auf die übrigen Momente des Unterrichts bezogene didaktische Reflexionen sind bisher nicht angestellt worden; sie müssen jetzt erfolgen. Und gemäß dem Prinzip der Lernzielorientierung werden alle weiteren Überlegungen an den getroffenen Lernzielentscheidungen ausgerichtet, wobei danach gefragt und auch entschieden wird, welche didaktischen Maßnahmen am besten zur Erreichung der Lernziele beitragen können. Falsch wäre die Annahme, man könnte solche Maßnahmen aus der vorliegenden Lernzielentscheidung einfach ableiten; diese ist zwar bedeutsam und zu berücksichtigen, aber es müssen neue Anläufe zu weiteren Entscheidungen gemacht werden.

Folgt man den Vorgaben der lerntheoretischen Didaktik, dann könnte sich die weitere Planung beziehen auf:
– Inhalte
– Methoden
– Interaktionen
– Medien und
– weitere organisatorische Dimensionen des Unterrichts.

Dabei ist vor allem darauf zu achten, daß keine von der konkreten Situation des Unterrichts isolierten Überlegungen angestellt werden. Denn die zu treffenden Entscheidungen für bestimmte didaktische Aktivitäten sind nur situativ angemessen möglich. Auch hier hilft das didaktische Modell der Berliner Schule weiter, indem es von sozio-kulturellen und anthropologisch-psychologischen Voraussetzungen spricht, die zu berücksichtigen sind. Wie die Lernziele, an denen die didaktischen Maßnahmen gemessen werden, bereits im Hinblick auf gerade jene Schüler legitimiert wurden, um die es geht, so sind auch die vorgesehenen didaktischen Aktivitäten mit Blick auf eben diese Schüler zu reflektieren. Sie müssen daraufhin durchdacht werden, ob sie tatsächlich den Erziehungsprozeß dieser Schüler fördern oder ob sie nicht irgendwelche verborgenen Hindernisse aufbauen. Wegen des Implikationszusammenhanges zwischen allen didaktischen Entscheidungen (BLANKERTZ 1969) sind einerseits zwar die jetzt anstehenden didaktischen Entscheidungen vorbestimmt, andererseits bestimmen sie aber auch rückwirkend die Lernziele. Dieser Tatbestand macht nicht nur sorgfältige Recherchen in jede erdenkbare Richtung bei jeder Maßnahme nötig, sondern erfordert vor allem auch, die Planung bis zur endgültigen Realisierung offenzuhalten für Korrekturen, Revisionen usw. Planung bleibt ein bis zum letzten offener Prozeß.

Wie weit die Planung zielförderlicher Maßnahmen jeweils greifen soll, wie detailliert und differenziert sie durchgeführt wird, hängt von der Situation ab, genauer: davon, wie der Lehrer sie einschätzt und was er aufgrund dessen an Planungsmaßnahmen für erforderlich hält. Auf jeden Fall müssen der Planungsumfang und die Planungsanlage einen Unterrichtsplan gewährleisten, durch den ein effektiver und pädagogisch verantwortbarer Unterricht soweit wie möglich sichergestellt wird.

Das von uns verfolgte *Beispiel* führt zu dem auf S. 128 wiedergegebenen Plan.

5.2 Zur didaktischen Funktion der Planung

Auch wenn dies im bisherigen Verlauf der Darstellung nicht ausdrücklich betont wurde, deutet die Planungspraxis selbst wohl hinreichend genug an, daß lernzielorientierte Unterrichtsplanung bestimmte und besondere Funktionen erfüllen soll, die bisher in Planungskonzeptionen nicht oder wenig beachtet wurden, und welche dies sind. Im wesentlichen sind vier charakteristische Funktionen lernzielorientierter Planung zu nennen; sie soll
– zielorientiertes Handeln
– zweckrationales Handeln
– kontrollierbares Handeln und
– schülerorientiertes Handeln
bewirken und gewährleisten.

An erster Stelle steht zielorientiertes Handeln: Mit der Zielorientierung des Planens hat dieses Konzept die lange Zeit ausschließlich praktizierte Inhaltsorientierung abgelöst, wie sie Kennzeichen aller bildungstheoretisch-didaktischen Konzeptionen ist. Der Wechsel von inhalts- zu lernzielorientierter Unterrichtsplanung vollzog sich als Folge des Wandels vom »Lehrplan«- zum »Curriculum«-Denken. Lehrpläne traditioneller Art machten primär Angaben über vorgesehene Inhalte und Themen des Unterrichts; Curricula hingegen enthalten vor allem Aussagen über vorgesehene Zielsetzungen des Unterrichts. Konsequent müßte die an curriculare Vorgaben anschließende Planungsarbeit von Lehrern sich ebenfalls primär den Zielsetzungen zuwenden.

Die besondere Gewichtung von Lernzielen in der Planung stellt eine planungsstrategische, eine didaktische Maßnahme dar. Dies unterscheidet die lernzielorientierte von der

Modelle der Unterrichtsplanung

Zeit	Inhalt	Verfahren	Interaktion	Medien	Begründung
0'	Sch. legen auf Anweisung bereit: Sachkundeheft, Schreibmaterial, Zeichenstifte (jeder Sch.); Lineal (je Tisch). L. hängt große Wandkarte von Ostfriesland ... in Front der Klasse auf.			Sachkundeheft, Schreibmaterial, Zeichenstifte (jeder Sch.); Karte Ostfrieslands ..., Lineal (je Tisch)	
2'	Marschengürtel: – Entstehung – Höhenlage – Bodengüte	Sch. äußern frei, was sie über »Marsch« wissen; L. greift nur bei sachlichen Fehlern ein	Sch. sitzen – wie üblich – in Gruppen zu vier, richten sich aber nach vorne aus		Wiederholung, zugleich Hinführung zum heutigen Thema
10'	Warft: als Hügelerscheinung in der Marsch	L. lenkt Sch.-Aufmerksamkeit auf Hügel in der Marsch; Sch. erzählen, was sie wissen, vor allem auch über Hügel, auf dem das eigene Dorf steht		nachdem Sch.-Berichte angelaufen sind: großformatige Bilder, u. a. Prospekte für Fremdenverkehr	Ansatz an Eigenerfahrung und alltäglicher Umwelt von Sch.
	Warft: Zustandekommen	L. engt – je nach Fortgang der lockeren Berichte – ein auf Frage des Zustandekommens Sofern richtige Sch.-Bemerkung fällt, greift L. sie auf und sorgt dafür, daß alle Sch. sie auch tatsächlich hören		Tafelskizze (ist vorbereitet, wird jetzt aufgeschlagen)	
	Warft: künstliche Aufschüttung	Sonst: L. informiert, daß diese Hügel künstlich aufgeschüttet wurden			Allzuviel Zeit soll auf diese Information nicht verwendet werden.
22'	LZ 1: Sch. sagen, daß die Hügel in der Marsch, auf denen noch heute Dörfer stehen, künstlich aufgeschüttet wurden usw.				

inhaltsorientierten Konzeption: Letztere ging von der Voraussetzung aus, daß Inhalte im realen Wirkungszusammenhang des Unterrichtsgeschehens einen ständigen Primat hätten, daß alle weiteren Momente – z. B. Methoden, Medien – von Inhalten abhängig seien, so daß mithin auch die Inhaltsentscheidungen zuerst getroffen werden müßten.

Grundauffassung der lernzielorientierten Planung ist, daß alle Unterrichtsmomente in Interdependenz zueinander stehen und eine generelle Vorrangigkeit nicht erkennbar ist (vgl. Berliner Modell). Wenn dennoch die Lernziele so sehr in den Vordergrund gestellt werden, dann wird ihnen aus planungstechnischen Gründen Priorität eingeräumt, weil man sich davon eine stringente Planung und – daraus folgend – einen effektiven Unterricht verspricht. Bekannt geworden ist das Wort MAGERS: ». . . wenn man nicht genau weiß, wohin man will, landet man leicht da, wo man gar nicht hin wollte« (MAGER 1971, S. XVII). Folgt man diesem Wort, dann soll Lernzielorientierung vor allem gewährleisten, daß durch die Entscheidung über das Lernziel gleich am Anfang aller Planung diese dann nicht mehr zerfasern und fehlgehen kann, sondern vielmehr möglichst schnurstracks auf das bestimmte Ziel zuläuft. Dahinter steckt auch die Auffassung, daß man sich bei der Unterrichtsplanung möglichst keine Umwege leisten sollte. Neben dieser mehr formalen gibt es auch eine inhaltliche Begründung für die Zielorientierung. DIETZ hat nachgewiesen, daß zielorientierter Unterricht die strukturelle Qualität der Kenntnisse, die im Unterricht vermittelt und erworben werden, steigert und daß dadurch wiederum der Lernerfolg gesteigert wird, indem »Festigkeit und Dauerhaftigkeit, Anwendbarkeit und die Qualität der sprachlichen Wiedergabe« der von den Schülern erworbenen Kenntnisse positiv beeinflußt werden (DIETZ 1969, S. 11). Allerdings darf dann nicht nur die Unterrichtsplanung lernzielorientiert sein – ›zielbestimmt‹, wie DIETZ sagt –, sondern der gesamte Unterricht muß zielorientiert realisiert werden.

Deutlicher wird die besondere Bedeutung der Zielorientierung, wenn man das zweite Handlungsprinzip betrachtet: die Zweckrationalität. Die in den Vordergrund gestellte Entscheidung über das Lernziel entspricht der inhaltlichen Bestimmung des Zwecks, dem der zur Planung anstehende Unterricht dienen soll und dem er sich in allen Dimensionen unterordnen sollte. Legitimiert wird zweckrationale Planung dadurch, daß Unterricht als ein Ort zum Zwecke optimalen Lernens aufgefaßt wird, so daß Planung auf diesen Zweck hinzuarbeiten, ihn abzusichern hat. Dann ist primäre Aufgabe der Planung, den Zweck des Unterrichts jeweils so gut wie möglich zu bestimmen und ihn gleichzeitig so präzise wie möglich zu beschreiben. Denn vom Zweck ausgehend erfolgt alle weitere Planung, indem alle Momente bestimmt werden, die am besten zur Erreichung der entschiedenen Zwecke beitragen, und indem – da der Zweck ja bei dieser Konzeption als ein Endverhalten von Schülern bestimmt und beschrieben worden ist – ein »zweckrationales Gefüge von Mitteln zur Produktion eines bestimmten Endverhaltens« aufgebaut wird (RUMPF 1976, S. 36). Auf rationaler Basis wird ein Netz von Maßnahmen geplant, von dem man mit größter Wahrscheinlichkeit annehmen kann, daß es das vorentschiedene Lernziel am besten zu verwirklichen vermag.

Das Netz von Maßnahmen ist nur ein Plan, ist ein theoretisches Konstrukt. Was dabei vor sich geht, beschreibt N. HARTMANN als *Finalnexus,* den er für Planungen für unerläßlich hält, wohingegen für Realisierungen der *Kausalnexus* maßgebend ist: »Beim Finalnexus . . . wird ein bestimmter Zweck, der weit vorausliegen kann, gesetzt. In Gedanken werden rückwärts vom Zweck aus die Mittel gesetzt, um sie dann schließlich und damit den Zweck zu verwirklichen. Der Finalnexus baut sich also über dem

Kausalnexus auf, insofern ich ja bei der Suche nach den Mitteln fest mit der Folge von Ursache und Wirkung rechne.« (HARTMANN 1954, S. 22) Bei der Bestimmung von didaktischen Maßnahmen, die zur Erfüllung des Zwecks – des Lernziels – beitragen sollen, müssen mithin wissenschaftlich gewonnene Einsichten in den kausalen Wirkungszusammenhang – z. B. zwischen bestimmter Methode und Auswirkung auf Schülerverhalten – berücksichtigt werden, wenn die Entscheidung zutreffend sein soll. Rational kann also nur bedeuten, auf gesicherte Erkenntnisse über Zweck-Mittel-Relationen zurückzugreifen. Das theoretische Konstrukt soll nach seinem Abruf einen realen Kausalnexus in Gang setzen.

Zweckrationale Unterrichtsplanung schließt weder aus, daß Alternativen mitgeplant werden, noch, daß im realen Unterricht mehrere und verschiedene Wege zum Ziel hin angeboten werden. Zweckrationalität der Planung bedeutet auch keinesfalls, daß spontane Aktivitäten ausgeschlossen wären, obwohl sie sich bei einem solchen stringenten Plan sicher recht schwer in den einmal geplanten Ablauf hineinzwängen können.

Die dritte Funktion der lernzielorientierten Planung, den Unterricht kontrollierbar zu machen, liegt nicht schon in der Zielorientierung beschlossen, obwohl sie mit der Zweckrationalität zusammenhängt, sondern sie stellt ihrerseits Ansprüche an die Art, Lernziele zu bestimmen und zu formulieren. Wenn die Überprüfung von Lernzielen daraufhin, ob sie auch tatsächlich verwirklicht worden sind, sichergestellt werden soll, dann müssen Lernziele vor allem mit größter Präzision bestimmt und höchster Eindeutigkeit formuliert werden. Aus diesem Grunde hat sich einerseits ein sorgfältig gestuftes Verfahren herausgebildet, durch das Lernziele so weitgehend wie möglich zum einen elementarisiert und zum anderen in ihrer besonderen Qualität erkannt werden sollen. Andererseits ist aus der empirischen Forschung das Verfahren der Operationalisierung übernommen worden, durch das Lernziele eindeutig beschreibbar werden. Und wie dort wird nicht das eigentlich gesetzte Ziel beschrieben, sondern es werden bloß Indikatoren dafür angegeben.

Lernen selbst vollzieht sich unbeobachtbar. Und auch Lernergebnisse, für die wir uns Formulierungen wie: er weiß, er kann usw. angewöhnt haben, sind der Beobachtung unzugänglich. Zugänglich aber sind Folgen vollzogener Lernprozesse, nämlich das Verhalten von Lernenden. Unter Rückgriff auf Vorstellungen des Behaviorismus wird angenommen, daß alle Lernprozesse von Verhaltensänderungen begleitet sind (was umgekehrt nicht gilt), so daß sich die Möglichkeit bietet, vom Verhalten, das beobachtbar ist, auf Lernen, das nicht beobachtbar ist, zu schließen. Operationale Beschreibungen von Lernzielen benennen also beobachtbares Verhalten von Schülern, aus dem darauf geschlossen werden kann, daß das angestrebte Lernziel erreicht ist. Auf diese Weise wird überprüfbar, ob der Unterricht auch tatsächlich geleistet hat, was er leisten sollte, nämlich die Schüler ein vorbestimmtes Lernziel erreichen zu lassen. Überprüfbar wird mithin auch, ob der Lehrer seine Planung so vollzogen hat, daß ein erfolgreicher Unterricht vorbereitet wurde. Eine solche Kontrolle ist kein Selbstzweck, sie ist notwendig, um Unterricht gegebenenfalls revidieren und korrigieren zu können, um zuvor aber erkennen zu können, wo genau die Abweichungen vorlagen: »Wenn das Lernen durch eine angebbare Intention gelenkt wird, so kann die Rückmeldung benutzt werden, um den Lernfortschritt zu kontrollieren.« (BRUNER 1972, S. 790)

Die eindeutige und verständliche Beschreibung bringt noch ein weiteres mit sich: Sie legt die Lehr- und Unterrichtsabsichten offen. Jeder, der will, kann sich darüber

informieren, und er kann auch den Plan mit der Verwirklichung vergleichen. (Daß dies schon eine Demokratisierung des Unterrichts sei, wie gelegentlich behauptet wird, dürfte allerdings eine übertriebene Einschätzung sein.)
Schülerorientiertes Handeln soll lernzielorientierte Planung leisten. Dabei vertraut man auf die regulative Wirkung des Begriffes Lernziel, indem das Lernen und mithin der Lernende ausdrücklich in den Vordergrund gerückt werden: »Sicherlich können ein Begriff und eine bestimmte Gewichtung der Praxis durch eine Theorie nicht mit Sicherheit bewirken, daß die Praxis-Bewältigung sich auch tatsächlich adäquat vollzieht. Sie können aber regulativ wirken und eine zunehmende Annäherung an die Intention der Konzeption unterstützen.« (PETERSSEN 1974, S. 39) Daß auch tatsächlich schülerorientierte Entscheidungen getroffen werden, wird dadurch sichergestellt, daß auf jeder Stufe der Lernzielbestimmung immer wieder nach den jeweils besonderen Schülern gefragt und die erzieherische Bedeutung der vorgesehenen Maßnahmen reflektiert wird. Aber auch nur, wenn dies immer wieder von neuem getan wird, kann der formale Zwang des technologischen Gewichts dieser Konzeption zugunsten einer tatsächlichen Schülerorientiertheit unterdrückt werden.

5.3 Didaktischer Hintergrund

Die Konzeption lernzielorientierter Unterrichtsplanung ist nicht aus einer einzigen und fest umrissenen didaktischen Theorie erwachsen, wie das beispielsweise bei der Didaktischen Analyse der Fall ist. In sie sind vielmehr mehrere und unterschiedliche theoretische Entwicklungen eingegangen. Lernzielorientierte Unterrichtsplanung ist ein sehr pragmatisches, auf die praktische Bewältigung des alltäglichen Problems der Unterrichtsplanung bezogenes Konzept. Im wesentlichen vereinigt es in sich vier Ansätze:
- die lerntheoretische Didaktik
- die Curriculumtheorie
- den Behaviorismus und
- die Theorie der Programmierten Unterweisung.

5.3.1 Lerntheoretische Didaktik
Ihren pragmatischen Grundzug hat lernzielorientierte Unterrichtsplanung wohl aus der lerntheoretischen Didaktik übernommen, wie sie von HEIMANN in Berlin konzipiert und 1962 erstmals einer breiten Öffentlichkeit vorgestellt wurde (vgl. das Kapitel zum Berliner Modell, S. 82ff.). Deren bezeichnendsten Zug weist lernzielorientierte Unterrichtsplanung ebenfalls auf: die Tendenz zu weitestmöglicher Rationalität bei der Unterrichtsplanung. Lernzielorientierte Planung ist eine radikale Absage an alle unberechtigten Ausflüchte, die immer wieder angeführt werden, um sich der Aufgabe der Unterrichtsplanung zu entziehen. Wenngleich die Auffassung vertreten wird, Unterricht sei in seinem weitesten Teil rational faßbar und planbar, und wenn dies auch in die Forderung an alle Unterrichtenden nach strikter Planung umgesetzt wird, so wird damit keineswegs der Tatbestand geleugnet, daß Unterricht aufgrund seiner pädagogischen Dimension auch irrationale und mithin nicht planbare Momente ausweist. Hier treffen die Worte H. ROTHS zu: »Pädagogik überschreitet so in jeder erzieherischen Handlung immer ihr eigenes Wissen, und doch muß es ihr Sinn sein, das Irrationale, dem sie sich gegenübersieht, auf weniger Irrationales zu verringern.« (ROTH 1968, I, S. 73)

In der lerntheoretischen Didaktik ist dies auch als Absage an alles didaktische »Stratosphärendenken« umschrieben. Wie diese verwendet auch die lernzielorientierte Konzeption den gegenüber dem Bildungsbegriff unverfänglicheren – und zudem ideologisch weniger aufgeladenen – *Lern*begriff als zentrale Kategorie und Bezeichnung für das, was im Unterricht geschieht und was mithin zu planen ist. Der Lernbegriff dient auch ihr dazu, die Unterrichtsplanung wieder auf den Boden der Tatsachen herunterzuziehen und – damit zusammenhängend – darauf zu verweisen, was tatsächlich planbar und planungsbedürftig ist.

Als planungsbedürftig und planbar begreift sie besonders jene im Berliner Modell herausgestellten vier Elementarstrukturen, die als Entscheidungsfelder bezeichnet werden: Zielsetzungen, Inhalte, Methoden und Medien des Lehr- und Lernprozesses im Unterricht (vgl. HEIMANN 1962). Sie übernimmt übrigens für den Planungsvollzug das gesamte im Berliner Modell entworfene Strukturbild von Unterricht, ohne dies allerdings dogmatisieren zu wollen. Eine Festlegung auf die darin aufgezeigten Strukturmomente widerspräche ihrem pragmatischen Charakter, der sie grundsätzlich für alle noch zusätzlich aufgedeckten Momente offenhält. Das Grundschema des Berliner Modells taucht aber im lernzielorientierten Konzept unverkennbar wieder auf.

Die lerntheoretische These von der Interdependenz aller Unterrichtsmomente wird übernommen, allerdings wird für die Planung die Priorität von Lernzielen postuliert. Hierin liegt der bedeutsame Wandel, den die lernzielorientierte Konzeption bei der Inanspruchnahme des Berliner Modells für die Unterrichtsplanung vollzieht. Das Berliner Modell läßt es zu, die Planung beliebig bei einem der genannten Entscheidungsfelder zu beginnen, lernzielorientierte Planung hingegen setzt grundsätzlich bei dem Moment der Zielsetzung ein. Diese aus planungsstrategischen Gründen vorgenommene Gewichtung des Lernziels ist das zentrale Charakteristikum lernzielorientierter Unterrichtsplanung.

Die Grundauffassung lerntheoretischer Didaktik, Unterricht sei ein Ort des Lernens und alle didaktischen Bemühungen seien darauf auszurichten, dieses zu optimieren, ist voll in die lernzielorientierte Konzeption eingegangen. Die Orientierung aller Planung am Lernziel steht geradezu unter der Absicht, Lernen so optimal wie möglich zu gestalten; Unterricht wird zum »Instrument der effizienten und ökonomischen Produktion« (RUMPF 1976, S. 40) dessen, was in Lernzielen ausgedrückt ist. Die starke Betonung kritisch-konstruktiver Intentionen, wie sie SCHULZ in die spätere Phase lerntheoretisch-didaktischer Reflexionen einführt, fehlt in der lernzielorientierten Konzeption, obwohl sich ihr Instrumentarium durchaus vergleichbar benutzen ließe. Im Grunde genommen ist das Instrumentarium aber vorrangig zur Optimierung des Lehrens und Lernens, zur Steigerung der Effizienz von Unterricht entwickelt und auf einer theoretischen Ebene angesiedelt worden, die es für den täglichen und praktischen Gebrauch von Lehrenden verwendbar macht.

5.3.2 Curriculumtheorie

Großen Anteil an der Entwicklung lernzielorientierter Unterrichtsplanung hat die in den letzten anderthalb Jahrzehnten im deutschsprachigen Bereich aufgekommene Curriculumtheorie, deren große Innovationen in sie eingeflossen sind. An erster Stelle ist auch hier der Gedanke zu nennen, alle Lernplanung größerer Rationalität zuzuführen. An die Stelle von Traditionen in Gesellschaft und Wissenschaft, durch die die Lehrplantheorie den Lehrplan im wesentlichen bestimmt sah, setzt die Curriculumtheorie wissenschaftliche Strategien zur Erstellung von Curricula. An die Stelle verschwommener gesellschaftlicher Mächte treten bewährte rationale Verfahren zur Bestimmung von Zielsetzungen, Inhalten und Mitteln des Lernens. Auch von der Curriculumtheorie ist mithin der Zug zu rationaler Planung in das lernzielorientierte Konzept eingeflossen.

Was bei Lehrplänen alter Art völlig fehlte, hingegen unbedingtes Moment jedes Curriculum ist: die ständige Überprüfung der eigenen Aussagen und damit verbunden die Bereitschaft zu steter Revision, ist auch Kernmoment lernzielorientierter Unterrichtsplanung geworden. Lernzielorientierte Planung hat ihr gesamtes Verfahren zur Entwicklung von Plänen darauf abgestellt, diese Pläne kontrollierbar und revidierbar zu gestalten. Sie tut dies dadurch, daß sie alle vorgesehenen didaktischen Maßnahmen so eindeutig wie möglich beschreibt, um den Plan offenzulegen und die beabsichtigten Aktivitäten beobachtbar – und auf diese Weise kontrollierbar – zu machen. Am deutlichsten zeigt sich dies an der postulierten Operationalisierung von Lernzielen.

Die vorrangige Gewichtung von Lernzielen ist aus der Curriculumtheorie übernommen. Curricula machen vor allem Aussagen über Ziele schulischer Bildung, wohingegen Lehrpläne alter Art sich weitgehend auf Inhalte und Themen beschränkten. Während die Curriculumtheorie aber noch zwischen geschlossenen und offenen Curricula unterscheidet (*geschlossene* Curricula geben dem Lehrer alle Entscheidungen des Unterrichts vor, die er nur noch in Praxis zu übersetzen hat; *offene* Curricula beschränken sich auf die Vorgabe von Lernzielen und allenfalls Empfehlungen zu den übrigen Entscheidungen), sind die bekannten Verfahren lernzielorientierter Planung zumeist als geschlossene Verfahren konzipiert. Obwohl der gegen geschlossene Curricula erhobene Vorwurf, sie seien »teacher-proof«, hier nicht mehr zutrifft, weil ja Lehrer die Pläne erstellen, gibt es dennoch aus anderer Richtung zahlreiche kritische Äußerungen zur Geschlossenheit lernzielorientierter Planung. Die Lernzielorientierung täglicher Unterrichtsplanung schließt Pläne mit höherem Grad an Offenheit aber durchaus nicht aus (vgl. den Abschnitt »Lernzielorientierter Unterricht in der Diskussion«, S. 135 ff.).

Die Zielorientierung von Curricula ist Folge der gleichzeitig in den Blick gerückten Legitimationsproblematik, d. h. der Frage, wie vorgesehener Unterricht gegenüber den Betroffenen – den Schülern und der Gesellschaft – verantwortet werden kann. Mit der Priorität der Legitimation erhielten auch Lernziele Priorität, weil sie vor allen anderen Unterrichtsmomenten dieses Problem unmittelbar implizieren. Viele von der Curriculumtheorie entwickelten Modelle und Kategoriensysteme fanden ebenfalls Eingang in die lernzielorientierte Unterrichtsplanung, beispielsweise die Taxonomien für Lernziele, mit deren Hilfe Qualität und Komplexität von Lernzielen festgestellt werden können.

5.3.3 Behaviorismus

Das Aufkommen lernzielorientierter Unterrichtsplanung im Gefolge der umfassenderen Curriculumtheorie ließ auch deren zahlreiche Anleihen beim Behaviorismus mit einfließen. Lernzielorientierte Planung machte sich dabei insbesondere die vom Behaviorismus aufgedeckte Parallele zwischen Lernen und Verhalten von Individuen zunutze, um das eigene Postulat nach ständiger Überprüfbarkeit der Planung einlösen zu können.

Während die extrem behavioristische Auffassung Lernen als Veränderung des Verhaltens begreift (Verhalten sind ausschließlich wahrnehmbare Aktivitäten von Individuen, z. B. eine Bewegung, ein Stoffwechselvorgang, nicht aber Vorgänge und Tatbestände, die mit z. B. Denken, Wissen bezeichnet werden), ist die den lernzielorientierten Unterricht bestimmende Auffassung gemäßigter: Lernen ist die dauerhafte Veränderung der Verhaltensdispositionen von Individuen aufgrund von Erfahrungen.

Lernen selbst ist entsprechend dieser Auffassung nicht wahrnehmbar, wird aber immer von wahrnehmbarem Verhalten begleitet: »Lernen ist immer . . . von wahrnehmbaren Vollzügen her zu erschließen, darf aber nicht mit diesen identifiziert werden« (SKOWRONEK 1970, S. 11). Lernzielorientierter Unterricht geht davon aus, daß es im Unterricht gleichsam zwei parallele Ebenen gibt: die nicht wahrnehmbare Lernebene und die wahrnehmbare Verhaltensebene. Wo gelernt worden ist, hat sich nicht nur im verborgenen Bereich etwas verändert, sondern parallel dazu auch im beobachtbaren Verhaltensbereich. Wer gelernt hat, daß Vitamin-A-Mangel Sehschwäche verursacht, dessen Disposition hat sich vom Nichtwissen zum Wissen dieses Inhalts verändert (nicht wahrnehmbar), der ist aber auch in der Lage zu sagen (beobachtbar): »Vitamin-A-Mangel verursacht Sehschwäche« oder sich angemessen mit Vitamin A zu versorgen (beobachtbar). Bei einer solchen Grundannahme kann man sich das beobachtbare Verhalten zunutze machen, um auf Lernvollzüge zu schließen. Das Verhalten wird also als Indikator für Lernen beansprucht. Daß dabei zwar alles Lernen von Verhaltensänderungen begleitet ist, nicht aber alle Verhaltensänderungen zugleich auch Lernvollzüge andeuten, ist ein wichtiges Kriterium. Auf gewaltsame Einflüsse und Reifeprozesse zurückgehende Verhaltensänderungen beispielsweise verweisen nicht auf Lernen (z. B. die durch den Stimmbruch veränderte Stimmlage). Nur solche Veränderungen, die auf Erfahrungen bzw. auf Auseinandersetzungen mit der Umwelt zurückgehen, lassen auf einen Lernvorgang schließen. Erfahrungen solcher Art sind z. B. die Befassung mit einer Formel oder das Erleben (Hören, Lesen) einer Ballade, die zur Kenntnis der Formel bzw. zum Gefallen an der Ballade führen, was sich dann verhaltensmäßig in der Lösung einer Aufgabe mit Hilfe der Formel bzw. im wiederholten Lesen der Ballade niederschlägt und an der Lösung oder dem wiederholten Lesen erkennbar wird.

Die lernzielorientierte Konzeption geht so vor, daß sie die Planung bereits im Verhalten gespiegelt sieht und für die fixierten Pläne die das jeweils zugeordnete Verhalten ausdrückende Sprache wählt. Daß bestimmtes Lernen bestimmtes Verhalten auslöst, ist dabei feste Auffassung. Vor allem das Ziel des Lernens wird auf der anderen Ebene ausgedrückt, als Endverhalten. Die Ausnutzung der Parallelität von Lernen und Verhalten bedeutet nicht, wie oft zum Vorwurf gemacht, es handele sich beim lernzielorientierten Unterricht um eine krude behavioristische Tochtertheorie. In der Praxis wird dieses Konzept aber oft auf solche Sicht verkürzt.

Der angenommene Zusammenhang von Lernen und Verhalten führt dazu, daß Unterricht als eine Veranstaltung zur Veränderung von Verhaltensdispositionen begriffen wird, wobei der wahrnehmbaren Komponente der Vorgänge, den sichtbaren Verhaltensänderungen, besonderes Augenmerk gewidmet wird. Unterricht wird – entsprechend der Auffassung, daß Verhaltensdispositionen ausschließlich durch Erfahrungen verändert werden, wenn es sich um Lernen handeln soll – in diesem Fall definiert als »eine Einrichtung, durch die und in der Lernenden regelmäßig Gelegenheit zu planvoller und gelenkter Interaktion mit der Umwelt (bzw. Erfahrung) gegeben wird, und zwar in der Absicht, ihre Verhaltensdispositionen in vorentschiedene Richtungen zu verändern« (PETERSSEN 1974, S. 27).

5.3.4 Theorie der Programmierten Unterweisung

Geprägt ist die bei uns vorherrschende Praxis lernzielorientierter Unterrichtsplanung vor allem auch durch Einflüsse aus der Programmierten Unterweisung. Die dort praktizierte Zerlegung des Lernprozesses in kleinste Schritte, oft als Atomisierung bezeichnet, ist wichtiges Merkmal lernzielorientierter Planung, die sich ebenfalls um eine Aufgliederung der einander immer wieder untergeordneten Lernziele bemüht, wodurch auch der Verlauf des Lernprozesses zwangsläufig in kleinste Phasen zerlegt wird. Ein Kennzeichen dieser kleinen Phasen ist ihre strenge Aufeinanderfolge, da die maßgeblichen Lernziele ihrer hierarchischen Beziehung nach bestimmt und untergeordnet wurden und angenommen wird, daß dadurch eine notwendige Folge ihrer Erreichbarkeit vorgegeben wird, was aber durchaus nicht der Fall sein muß (vgl. die obigen Ausführungen zur Bestimmung von Lernzielen, S. 116ff.). Folge aus solcher bei der Planung festgelegten Reihung ist, daß auch der reale Unterricht entsprechend strikt abläuft. Wo eine bestimmte Reihenfolge von Lernschritten aus Sachgründen für unumstößlich gehalten wird, da verbietet sich jeder spontane Eingriff. Unterricht wird als völlig und bis ins letzte Detail hinein planbar erachtet; Planung erstellt ein Programm, nach dem der Unterricht auch tatsächlich abläuft. Das muß bei lernzielorientierter Planung nicht unbedingt so sein, aber die Gefahr liegt nahe, wenn das Ergebnis der Planung nicht stets und ständig als revidierbar und korrigierbar aufgefaßt wird, wenn der Plan sich gleichsam verselbständigt hat und vergessen wird, daß er ein vom Lehrer erstelltes Konstrukt ist, das von ihm nicht nur jederzeit verändert werden kann, sondern bei sich ändernden situativen Voraussetzungen auch verändert werden muß.

Zweifellos wirken neben der offenen Übernahme von Gestaltungsprinzipien aus der Programmierten Unterweisung auch unter der Schwelle der Wahrnehmung noch Kräfte in das lernzielorientierte Konzept hinüber. Dabei spielt wohl der scheinbar völlig geschlossene Plan mit seiner logisch stringenten Struktur die größte Rolle, indem er in derselben Weise wie ein Lehrprogramm begriffen wird.

5.4 Lernzielorientierter Unterricht in der Diskussion

Die lernzielorientierte Unterrichtskonzeption ist einer regen und zum Teil äußerst heftig geführten Kritik ausgesetzt. Die Kritik richtet sich sowohl gegen das gesamte Konzept als auch gegen einzelne seiner besonderen Züge, hier äußert sie sich vor allem zum Problem der Operationalisierung und zur Zweckrationalität. Die Kritik äußert sich in leiser Skepsis, barscher Ablehnung, aber auch in enthusiastischer Zustimmung. Im folgenden sollen zunächst die hauptsächlichen derartig zum lernzielorientierten Unterricht vorgetragenen Argumente vorgestellt werden, im Anschluß daran vorgeschlagene Ergänzungen und Alternativen.

5.4.1 Skepsis und Ablehnung

Erstmals faßte SCHULZ die vor allem gegen die Operationalisierung von Lernzielen geäußerten Befürchtungen in drei Kritikansätzen zusammen (SCHULZ in: MAGER 1971, S. XIIff.):

1. »Präzisierte Lehrziele schränken, so hört man, die Lehrfreiheit der Unterrichtenden in unzumutbarer Weise ein. Die Lehrenden sind nicht mehr in der Lage, ihre persönli-

chen Vorzüge, ihre Kenntnisse der Lernenden und der Situation gegenüber vorgegebener Planung zur Geltung zu bringen, wenn diese so konkret und präzise festgelegt wird, wie MAGER es fordert.«
2. »Man ist leicht geneigt zu fürchten, daß ein energisch zielbestimmter Unterricht die Lernenden der Möglichkeit beraubt, das Geschehen mitzubestimmen.«
3. »Viele warnen vor der Orientierung an prüfbarem Verhalten, weil das leicht Prüfbare auch oft das weniger wichtige Wissen und Können sei. Sie fürchten, daß die Verlagerung des Interesses auf operationalisierbare Ziele zu einer Verflachung der erzieherischen Wirksamkeit der Schule führt.«

SCHULZ entkräftet diese Befürchtungen:
– Zum ersten Argument führt er an, daß man hier wohl die Genauigkeit von Angaben als identisch ansehe mit der Festlegung des Lehrverhaltens; gerade dies sei aber durchaus nicht der Fall.
– Zum zweiten Argument bemerkt er, auch hier sei Exaktheit der Formulierung von vornherein identifiziert worden mit einem »Ausschluß von Beteiligten«; dies sei aber nicht der Fall, und nichts rechtfertige die Annahme, daß dadurch Lernende ausschließlich passiv in den Lernprozeß aufgenommen würden und Möglichkeiten der Mitbestimmung ausgeschlossen würden.
– Zum dritten Argument verweist er darauf, daß einseitige Gewichtungen im Unterricht auch zu Zeiten aufgetaucht seien, wo keine strenge Überprüfung stattgefunden hätte; gegen sie könne man sich im übrigen besser wehren, wenn man Unterricht ständig überprüfe.

SCHULZ hält den Kritikern gleichsam Nachlässigkeit in der Argumentation vor und kommt für sich selbst zum Schluß, daß es »zur Befreiung des Unterrichts von den häßlichen Zwängen der Gewohnheit und der Willkür unentbehrlich« sei, anstelle der oft üblichen Praxis vager Zielangaben zur exakten Formulierung überzugehen (S. XV).

Als besonders entschiedener Gegner strenger Lernziel-Operationalisierung hat sich EISNER erwiesen; er behauptet (nach PETERSSEN 1974, S. 91):
– Die Möglichkeit, Lernergebnisse genauestens vorherzusehen und zu prognostizieren, sei für Lernvorgänge in Schulen gar nicht so sehr groß, so daß es sich aus diesem Grunde verbiete, Lernziele mit exakten Verhaltensbeschreibungen aufzustellen.
– Eine Präzision von Lernzielen, wie hier durch strenge Operationalisierung angestrebt werde, würde zu einer Nivellierung und Gleichschaltung aller Lerninhalte beitragen und mithin erzieherischen Absichten entgegenwirken, da Prioritätenverhältnisse einzelner Lernabsichten schlechthin immer vorhanden seien.
– Viele Konzeptionen zur Operationalisierung von Lernzielen würden die falsche Auffassung implizieren, man könne Lernziel-Präzisierungen isoliert und unbezogen auf umfassendere Curriculumrevisionen durchführen.

Aus dieser Kritik heraus entwickelt EISNER zwei unterscheidbare Grundformen von Lernzielen, für deren eine, die »instructional objectives«, er eine vorhergehende Präzisierung für möglich hält (vgl. dazu den nächsten Abschnitt »Ergänzungen und Alternativen«, S. 138ff.).

Ohne sich völlig gegen die Operationalisierung von Lernzielen auszusprechen, weist auch MEYER auf damit verbundene Gefahren hin, die er in drei Thesen ausspricht (MEYER 1974, S. 71ff.):

(1.) »Die Forderung, Lernziele zu operationalisieren, unterstellt die Manipulierbarkeit des Schülers. . . . Wenn durch die Operationalisierung Verhaltensänderungen geplant und meßbar gemacht werden sollen, wenn also das behavioristische Reiz-Reaktionsschema zugrunde gelegt wird, so wird auch dort, wo dies nicht ausdrücklich vermerkt worden ist, davon ausgegangen, daß durch einen bestimmten input ein bestimmter output mit einer bestimmten Wahrscheinlichkeit produziert werden kann. Daraus folgt meines Erachtens zwingend die These . . .
(2.) Lernziele, die ein autonomes Verhalten des Schülers zum Gegenstand haben, können nicht operationalisiert werden.«
(3.) »Die Operationalisierung von Lernzielen schafft die Voraussetzung zur Technologisierung des Unterrichts.«

In ähnlicher Weise gegen den formal-technologischen Charakter des lernzielorientierten Konzepts sprechen sich auch GEBAUER u. a. aus, indem sie auf daraus möglicherweise resultierende Zwänge und deren Folgen hinweisen (1977, S. 52):
»Da das Verfahren, das als Prozeß übrigens nirgends angegeben wird, in seinen Möglichkeiten überschätzt wird, zwingt es zu ungedeckten inhaltlichen Entscheidungen.« – »Die vorgeblich eindeutige und objektiv feststellbare Beziehung zwischen allgemeinen Zielen und Unterrichtszielen verschleiert tatsächlich vorliegende Entscheidungsfreiräume und führt dazu, daß die weniger Kompetenten und Einflußreichen manipuliert werden.«

Die Argumente gegen die Operationalisierung wurden intensiv diskutiert: BOECKMANN (1973, S. 16 ff.) behauptet, operationale Lernzielfassungen wirkten gerade nicht manipulativ, sondern trügen zur Demokratisierung des Unterrichts bei, indem sie diesen transparent machten. Er setzt dabei voraus, daß die Lernziele den Schülern bekanntgegeben werden. PETERSSEN (1974, S. 92 ff.) wendet sich gegen die Vorwürfe, operationale Lernziele würden einschränken: »Grundsätzlich sollte weder die präzise Angabe des inhaltlich gewünschten Endverhaltens noch die exakte operationale Fassung dieses Verhaltens bedeuten, daß es sich dabei um endgültige und unumstößliche Entscheidungen über beabsichtigten Unterricht handelt. Vielmehr sollte auch hier die Grundauffassung vertreten werden: Revisionen von Lehrerentscheidungen sind möglich, wo immer sie von der Situation her für erforderlich gehalten werden . . . Selbstverständlich tut man sich schwer, exakt formulierte und bis ins kleinste Detail überlegte Entscheidungen über Lernziele wieder umzuwerfen. . . . Exaktheit und Präzision dürfen nicht verwechselt werden mit einer Unmöglichkeit zu Revisionen.« – Eine solche Auffassung wird auch von anderen Autoren vertreten: POPHAM (1969, S. 32 ff.) ist der Meinung, daß eine Offenheit für situativ notwendig werdende Revisionen durchaus auch bei vorhergegangener strenger Operationalisierung gegeben ist; SULLIVAN (1969, S. 65 ff.) hält präzisierte Lernziele für anpaßbar an situativ auftretende Bedingungen; BRUNER hält die präzise Angabe von Intentionen sogar für die Voraussetzung von Korrekturen: »Aber man kann seinen Weg nicht korrigieren, wenn man nicht weiß, wohin man gelangen will.« (BRUNER 1972, S. 790) MESSNER/POSCH (1971, S. 39) erklären: »Die Formulierung der Lernziele . . . (schließt) die Offenheit für Situationen und Ergebnisse, die nicht vorausgeplant werden können, jedoch keineswegs aus.« Sie sehen durch Lernzieloperationalisierungen eine mögliche Effektivitätssteigerung des Lehr-

und Lernvorgangs, wobei sie vor allem eine Verstärkung der Motivation bei Lehrenden und Lernenden annehmen (vgl. S. 9ff.).

Sehr ausgewogen ist die von RUMPF vorgetragene Kritik; er lehnt die Operationalisierung und das strenge zweckrationale Konzept nicht ab, sondern möchte es in seine Grenzen verweisen. Für ihn hat es seine Berechtigung in bestimmten Lernbereichen, nämlich dort, wo aufgrund fest anzielbarer Lernleistungen eine Operationalisierung ohne weiteres möglich ist; in anderen Lernbereichen hingegen sollte das Recht von Schülern auf »Fehler, Umwege, Einfälle« durch offene Unterrichtskonzepte gewahrt werden (RUMPF 1972, S. 102ff.). Dies müssen Lehrende sehen lernen, sie dürfen sich nicht von formalen Zwängen der Konzeption blind machen lassen: »Gerade die ungeheure Plausibilität und Wichtigkeit des zweckrationalen Unterrichtskonzepts, das uns aus so vielen akuten Schulnöten herauszuhelfen verspricht, könnten aber die mit Unterricht Befaßten blind für seine Grenzen machen.« (1976, S. 52)

Das zweckrationale und mit der Operationalisierung von Lernzielen arbeitende Konzept darf nicht hypostasiert werden, sondern muß als eines von vielen möglichen Konzepten begriffen werden.

5.4.2 Ergänzungen und Alternativen

Im vorhergehenden Abschnitt wurden hauptsächlich kritische Argumente vorgetragen, wie sie aus dem Unbehagen gegenüber lernzielorientiertem Unterricht erwachsen sind. Nun muß auf theoretische Positionen eingegangen werden, die in ausdrücklichem Gegensatz zur Konzeption der Operationalisierung von Lernzielen stehen oder wenigstens versuchen, Konzeptionen der Unterrichtskonstruktion zu entwickeln, die sich in wesentlichen Punkten von Operationalisierungskonzepten abheben, gelegentlich aber auch als Ergänzung zu diesen verstanden werden. Es sei noch einmal betont, daß lernzielorientierter Unterricht mit seiner zentralen Forderung nach Operationalisierung von Lernzielen keineswegs dogmatisch verstanden werden darf, sondern daß diese Konzeption zusammen mit anderen praktiziert werden kann.

Wenn versucht wird, unterrichtskonstruktive Modelle anders als auf der Basis operationalisierter Lernziele aufzubauen, dann wird im allgemeinen mit den Begriffen *offene Curricula* und *heuristische Lernziele* agiert. Wenngleich mit beiden Kategorien letzten Endes ähnliche Intentionen angesprochen werden, so unterscheiden sich offene Curricula und heuristische Lernziele dennoch in einigen Punkten voneinander.

Die Bezeichnung »offenes Curriculum« wird manchmal auch für eine Curriculumkonzeption gebraucht, die ausschließlich Angaben über Lernziele macht. Von geschlossenen Curricula wird gewöhnlich dann gesprochen, wenn außer Angaben über Lernziele auch solche über Lerninhalte, Lernmethoden, Lernmedien usw. gemacht werden (teacher-proof).

In Abweichung von diesem Sprachgebrauch verwendet BRÜGELMANN den Begriff offenes Curriculum jedoch in einem anderen Sinn: In seinem Bericht über eine 1971 in England stattgefundene Tagung über Curriculumprobleme bezeichnet er als offenes Curriculum einen vorkonstruierten Unterricht, bei dem nicht konkrete Angaben über erwartetes Endverhalten von Schülern gemacht werden, sondern exakte Angaben über die Unterrichtssituation. Von offen ist hier also die Rede, weil das gewünschte Endverhalten offenbleibt und nicht von vornherein in Form operationaler Beschreibungen vorbestimmt wird. Mit anderen Worten: Als offen wird von BRÜGELMANN ein Curriculum bezeichnet, das keinerlei Angaben über das Endverhalten von Lernenden macht, sondern sich statt dessen mit genauen Angaben über die Situation begnügt, in der sich die verhaltensändernde Erfahrung vollziehen soll (BRÜGELMANN 1972, S. 95 ff.). BRÜGELMANN unterscheidet die Konzeption des offenen Curriculums von jener der operationalisierten Lernziele auch durch die Entgegensetzung der Begriffe *output* versus *input model*. Diese auf der erwähnten Tagung verwendete Gegenüberstellung ist ihm aber nicht deutlich genug, so daß er versucht, durch andere Begriffe den gemeinten Gegensatz noch eindeutiger herauszustellen. Er spricht deshalb auch von *Produkt*-Modell und von *Prozeß*-Modell.

Er erläutert den Gegensatz beider Modelle wie folgt (S. 103): »Dem output-model liegt folgende Logik zugrunde: Erziehung zielt letztlich auf Lernen, d. h. Verhaltensänderung. Es müßte deshalb möglich sein, jedes Erziehungsziel . . . in einzelne Verhaltensweisen . . . aufzuschlüsseln. Zeigt der Schüler das erwünschte Verhalten, so kann man Inhalte und Methoden aufsuchen, die vermutlich zum Erwerb der angezielten Verhaltensweisen beitragen. Diese didaktischen Arrangements werden in anschließenden Unterrichtsversuchen so lange variiert . . . bis der höchste ›output‹ bei den meisten Schülern möglichst ökonomisch erreicht wird. Das ›inputmodel‹ folgt einem anderen Konzept. Ausgehend von Zielen wie ›Denken‹, ›Verstehen‹ und ähnlich komplexen Dispositionen werden Unterrichtssituationen und -verfahren entworfen, von denen man annimmt, daß sie den angestrebten Zielen angemessene Lernerfahrungen vermitteln. Durch Experimentieren mit diesen Lernsituationen sucht man Richtlinien für eine Unterrichtsregie zu ermitteln, die im Sinne der Leitidee fruchtbare Situationen begünstigt und damit die gewünschten Erfahrungen ermöglicht. In diesem Fall wird die Leitidee in Form von ›standards‹ für das Lehrerverhalten oder Hypothesen über den Lernprozeß operationalisiert, nicht als Abfolge von Feinlernzielen.«

Noch einmal sei deutlich gesagt, worin der Unterschied besteht: Offene Curricula verzichten keineswegs auf operationale Angaben; worüber sie aber Angaben in operationalisierter Form machen, sind nicht Lernziele als Beschreibungen des von Schülern erwarteten Endverhaltens, sondern die Bedingungen der Situation, in denen der Schüler die verhaltensändernden Erfahrungen machen soll. BRÜGELMANN gesteht zu, daß es selbstverständlich auch beim inputmodel, d. h. beim offenen Curriculum, darum geht, die hinter den offengelassenen Lernzielen stehenden Leitideen zunehmend präziser auszudrücken – wie er sagt: »weiter zu spezifizieren und möglichst eindeutig zu beschreiben« (S. 105 ff.). Allerdings wird bei dieser Konzeption der Prozeß der Operationalisierung nicht fortgeführt bis hin zu einer konkreten Aufgaben- bzw. Verhaltens-Beschreibung. Vielmehr steckt hinter dieser Konzeption des offenen Curriculums die Auffassung, der »Prozeß der Operationalisierung . . . (könne) auf jeder Komplexitätsstufe beendet werden, wenn die jeweils erforderliche Bestimmtheit erreicht ist oder die Leitidee bei weiterer ›Atomisierung‹ nicht mehr adäquat wiedergegeben werden kann«; damit spricht BRÜGELMANN sich für den Grundsatz der Reversibilität aller Entscheidungen über Lernziele aus. Dies wird deutlich, wenn er unter Berufung auf ELLIOT meint: »In allen Phasen der Unterrichtsentwicklung und -durchführung können neue Ziele entdeckt oder alte Ziele variiert und präzisiert werden« (S. 106). Wenn man diese Aussagen BRÜGELMANNs genauer betrachtet, so wird deutlich, worum es eigentlich geht, wenn offene Curricula statt operationalisierter Lernziele gefordert werden. Es geht gar nicht so sehr darum, ein alternatives Gegenmodell zu schaffen, weil man der Meinung ist, Lernzieloperationalisierungen seien grundsätzlich ungeeignet, einen fruchtbaren und vor allem den individuellen Schülervoraussetzungen entsprechenden Unterricht zu schaffen. Es geht vielmehr darum, einer in der Lernzieloperationalisierung in der Tat verborgenen Gefahr von vornherein wirksam entgegenzutreten. Auf diese Gefahr wurde schon hingewiesen. Es handelt sich um den Tatbestand, daß einmal operationalisierte und mithin verbalisierte und ausformulierte Lernziele ungern revidiert werden. Was geschrieben ist, was mit aller Sorgfalt bis ins Detail bestimmt und geplant ist, was sorgsam ausformuliert ist, das stößt man nun einmal nicht gerne um. Daß eine Revision jedoch unter bestimmten Umständen erforderlich wird und deshalb grundsätzlich zur Konzeption lernzielorientierter Planung dazugehört, muß selbstverständlich sein. Die auch in dieser Konzeption vorgesehene zunehmend präzisere Beschreibung von Lernzielen hat nicht die Funktion, dem Lernenden ein Endverhalten verpflichtend vorzuschreiben, sondern vielmehr »eine rein heuristische Funktion« (S. 106).

Von *heuristischen Lernzielen* spricht WULF. Diese Bezeichnung basiert bei ihm auf einer Vorstellung von möglichem heuristischem Lernen als solchem Lernen, das auf Methoden bezogen ist. Das heißt, wie WULF selber es ausdrückt, Unterrichtsprozesse sind »nicht bloß instrumental als Mittel zur Erreichung von Lernzielen« aufzufassen, sondern sie »müssen . . . selber als Teil der Lernziele des Curriculum definiert werden«. Methoden können zum Erlernen von Inhalten eingesetzt werden und beitragen; in diesem Falle spricht WULF von Methoden als Zielen »zweiter Ordnung«. Andererseits können Methoden selbst Ziel des Lernens sein, in diesem Fall nennt WULF sie »Ziele erster Ordnung« (WULF 1972, S. 37). WULF will nicht, wenn er heuristische Lernziele und Verhaltenslernziele einander gegenüberstellt, zugleich auch behaupten, daß heuristische Lernziele nicht auch als Verhaltenslernziele ausgedrückt werden könnten. Worum es WULF zu tun ist, ist ein Verweis darauf, daß lernzielorientierter Unterricht, so wie er derzeit bei uns betrieben wird, Methodenziele weitgehend außer acht läßt. In der Tat sind nämlich die meisten bekannten konkreten Modelle, die auf lernzielorientierter Basis aufbauen, im Bereich kognitiven Lernens angesiedelt, schließen mithin Methoden, die im Bereich psychomotorischen Lernens beheimatet sind, aus.

WULF ist der Auffassung, daß man auf Methodenerwerb bezogene Lernziele nicht von vornherein in aller Vollendetheit operationalisieren sollte, weil Methoden zu sehr an persönliche Voraussetzungen gebunden seien. Er will Methoden lernen lassen, diese Methoden aber gleichzeitig durchaus von den Lernenden auf eine ihren individuellen Bedingungen entsprechende Art erlernen und später auch praktizieren lassen. WULF argumentiert im eigentlichen nur gegen ein übersteigert behavioristisches Verständnis lernzielorientierten Unterrichts. Er sagt: »Lernziele und das Verhalten der Schüler am Ende einer Curriculum-Einheit müssen also nicht wie im behavioristischen Modell isomorph sein« (S. 44). Letzten Endes will er auf dasselbe hinaus wie BRÜGELMANN. Heuristische Lernziele bzw. Lernziele für heuristisches Lernen sollten, wenn man sie als Verhaltensziele zu fassen sucht, als Hypothesen begriffen werden. Dies macht ganz deutlich, daß es auch WULF darum geht, den Prozeßcharakter der gesamten Unterrichtsplanung, vor allem aber des Entscheidungsvorgangs über Lernziele aufrechtzuerhalten.

Ob der Begriff heuristisches Lernziel tatsächlich zur Klarstellung der Probleme beitragen kann, muß dahingestellt bleiben, zumal die von WULF damit angesprochenen Lernziele im Bereich psychomotorischer Taxonomien aufgehoben sind. Man sollte besser, wie dies BRÜGELMANN tut, von heuristischer Funktion sprechen. Denn damit wird in der Tat die bei beiden sichtbar gewordene Intention deutlich zum Ausdruck gebracht: einer Verfestigung des unterrichtsvorbereitenden Vorgangs dadurch entgegenzutreten, daß man Lernziele so lange wie möglich vor ihrer praktischen Aktualisierung offen läßt, indem man sie möglichst nicht operational definiert.

Zurück geht sowohl die Bewegung des offenen Curriculums als auch WULFS Versuch der Eingrenzung heuristischer Lernziele speziell auf die Auffassung von EISNER (vgl. 1969). EISNER unterscheidet *expressive objectives* von *instructional objectives*. Den Begriff instructional objectives verwendet er für operationalisierte Lernziele, von denen er ebenfalls annimmt, daß sie aufgrund ihrer angeblich Alternativen ausschließenden Eindeutigkeit zur Erstarrung allen Bemühens um angemessenen Unterricht führen könnten. EISNER ist der Meinung, daß operationalisierte Lernziele vor allem die Eigenarten der betroffenen Lernenden außer acht lassen, daß sie alle Lernenden zu sehr in die Schablone eines von Lehrenden entschiedenen Endverhaltens hineinzwängen und daß es dadurch zu einer stereotypen Erziehung kommt (1969, S. 13). EISNER will statt dessen individuelle Lernmöglichkeiten schaffen und den Lernindividuen solche Bedingungen vorbereiten, durch die sie einerseits lernen, was sie unbedingt lernen müssen, um existieren zu können, auf der anderen Seite aber dieses Notwendige auf eine ihnen gemäße Art und Weise erlernen und später aktualisieren können. Aus diesem Grunde will er statt Lernzielen Lern*situationen* beschreiben. Und die Beschreibung derartiger Lernsituationen belegt er mit dem Begriff expressive objectives.

Gegen EISNER argumentiert SULLIVAN, daß es ohne Kenntnis eines auf seiten der Lernenden erwarteten Endverhaltens oder der bei diesen zugrundeliegenden Dispositionen unmöglich sei, Lernsituationen zu planen (SULLIVAN 1969). Man könne zwar Situationen planen, durch die es zu veränderten Verhaltensdispositionen und Veränderungen sichtbarer Verhaltensweisen komme. Allerdings bestünde eben die Gefahr, daß man Situationen plane, die für ein erwünschtes Lernen völlig falsche und unbedeutende Gelegenheiten und Bedingungen schüfen. Situationen zu planen sei mithin möglich, Lernsituationen zu planen aber unmöglich, wenn man nicht zuvor eine Vorstellung darüber besitze, woraufhin diese Lernsituationen den Lernenden zu beeinflussen hätten.

Es scheint, daß alle Versuche, Gegenmodelle gegen das Konzept der Lernzieloperationalisierung zu richten, auf einigen wiederkehrenden Voraussetzungen aufbauen:
– Erstens scheint angenommen zu werden, daß Lernzieloperationalisierungen ausschließlich auf den Bereich kognitiven Lernens bezogen werden.
– Zweitens scheint angenommen zu werden, daß Lernzieloperationalisierungen für unumstößlich gehalten werden.
– Drittens scheint angenommen zu werden, daß ein auf operationalisierten Lernzielen aufbauender Unterricht immer nur Lernziele »reproduktiver« Art ansteuern würde.

Es ist aber sicherlich deutlich geworden, daß man, wie auch BRÜGELMANN betont, die Konzeption operationalisierter Lernziele und die Konzeption heuristischer Lernziele und offener Curricula nicht als antagonistische Modelle auffassen kann. Sie müssen vielmehr als notwendige Ergänzungen zueinander verstanden werden. Weitere Ergänzungen, aber auch Alternativen sind besonders auch aus der Kritik erwachsen, ein rigide praktizierter lernzielorientierter Unterricht würde die Interessen und Bedürfnisse von Schülern übermäßig vernachlässigen. HEIPKE schlägt zur Überwindung bzw. Vermei-

dung einer solchen Vernachlässigung vor, Lernziele um *Handlungsziele* zu ergänzen. Handlungsziele geben nach seinem Verständnis kein von außen gesetztes Endverhalten vor, sondern erwachsen im Unterricht aus dem »Handeln der Betroffenen«, wobei sie zum einen Zielvorstellungen von Schülern enthalten sollen und zum anderen die Beteiligung von Schülern an der Erstellung gewährleisten sollen (HEIPKE 1974, S. 19):
- »Lehrziele haben für Schüler . . . weitgehend den Charakter des Vorgegebenseins, wogegen es zum Merkmal von Handlungszielen gehört, daß sie in einem gemeinsamen Ausarbeitungsprozeß entwickelt werden . . .«
- »Stehen hinsichtlich der Lehrziele Probleme der Entdeckung, Entscheidung und der Deduzierbarkeit im Vordergrund, so wird es hinsichtlich der Handlungsziele eher um Probleme der Kommunikation etc. gehen.«
- »Während für die Beschreibung von Lehrzielen im allgemeinen die Operationalisierung von Zielen . . . als notwendig erachtet wird, wird es bei der Formulierung von Handlungszielen vorwiegend um die Beschreibung von Produkten (Zwecken) und Situationen gehen.«

Während HEIPKE Lernziele im Unterricht um Handlungsziele ergänzen möchte, hat sich eine fast völlig an Schülerinteressen orientierte Konzeption entwickelt, die den lernzielorientierten Unterricht zu überwinden trachtet; sie ist unter der Formel *offener Unterricht* bzw. *offene Unterrichtsplanung* angetreten. (Auf sie wird in einem eigenen Kapitel, S. 153 ff., eingegangen.)

5.5 Beispiel eines lernzielorientierten Unterrichtsentwurfes
von *Ingrid Geiser*

Fach: Biologie
Schule: Ländliches Bildungszentrum Bodnegg
Schuljahr: 6., Realschule
Thema: Erarbeitung ökologischer Grundbegriffe anhand der Unterrichtseinheit ›Erhaltung und Störung des biologischen Gleichgewichts‹

3. Unterrichtsstunde: Biologisches Gleichgewicht zwischen Feldmaus und Mäusebussard

Lernziele
a) *Grobziel:*
Die Schüler sollen das Vorhandensein eines biologischen Gleichgewichts in der Natur an einem Beispiel, dem Verhältnis zwischen Feldmaus und Mäusebussard, kennenlernen.
b) *Feinziele:*
Die Schüler sollen
1. nach einem Vergleich von Bussard und Maus erklären können, daß ein Räuber nur wenige Nachkommen hat, weil er wenige Feinde hat, daß Beutetiere hingegen viele Nachkommen haben müssen, weil sie sehr vielen Feinden zum Opfer fallen;
2. erklären können, daß zwischen Beutetier und Räuber ein Gleichgewicht herrscht, das sogenannte biologische Gleichgewicht;
3. in praktischer Anwendung von LZ 2 mit Hilfe einer Waage demonstrieren und beschreiben können, wie sich zwischen Bussard und Maus in den verschiedensten Situationen (nach vorgegebenen Aufgaben, siehe UV und Arbeitsblatt) immer wieder ein biologisches Gleichgewicht einstellen kann;
4. nach einem Vergleich der Reviergrößen erklären können, daß ein Räuber wie der Bussard ein so großes Revier haben muß, weil er viele Beutetiere pro Jahr frißt, die Beutetiere aber wegen der Erhaltung des biologischen Gleichgewichts nicht ausgerottet werden dürfen; daß einem Beutetier wie der Maus ein so kleines Revier genügt, da es inmitten seiner Nahrungspflanzen lebt.

Modelle der Unterrichtsplanung

Zeit	Inhalt	Methode	Interaktion	Medien	Begründung
0'	Räuber-Beute-Beziehung	*Einstieg:* In welcher Beziehung stehen Feldmaus und Bussard zueinander? S: Bussard = Feind der Feldmaus Maus = Beute des Bussards – Überprüfen bzw. Bearbeitung des Arbeitsblattes 1	UG Partnerarbeit	Arbeitsblatt 1 Arbeitsblatt 1 Folie Overhead	S. sollen die Abhängigkeitsbeziehungen beider Tierarten erkennen Sicherung der Ergebnisse
	Vergleich der Nachkommenzahlen von Maus und Bussard	*Ergebnis:* Maus (Beutetier) hat viele Nachkommen, Bussard (Räuber) hat wenige Nachkommen. *Problem:* Warum muß ein Beutetier viele Nachkommen haben, ein Räuber aber nur wenige? S: Beutetier hat viele Feinde, muß also viele Nachkommen haben, da es sonst ausgerottet wird. Räuber hat wenige Feinde, braucht also nur wenige Nachkommen zu haben.	UG	Arbeitsblatt 1	S. sollen durch diesen Vergleich eine Gesetzmäßigkeit hinsichtlich der Nachkommen von Räuber und Beute kennenlernen
10'		*LZ 1:* Die Schüler sollen nach einem Vergleich von Bussard und Maus erklären können, daß ein Räuber nur wenige Nachkommen hat, weil er viele oder wenige Feinde hat, daß Beutetiere hingegen viele Nachkommen haben müssen, weil sie vielen Feinden zum Opfer fallen.			
	Biologisches Gleichgewicht zwischen Maus und Bussard	L: Aufgreifen eines Problems der vorhergehenden Stunde: Aufzucht der Nachkommen beim Bussard	UG		Wiederholung eines bereits bekannten Sachzusammenhanges

Lernzielorientierte Unterrichtsplanung

Zeit	Inhalt	Methode	Interaktion	Medien	Begründung
		S: a) Sommer naß und kalt, Getreide nicht gut, wenige Mäuse – wenige Bussarde b) Sommer trocken und warm, Getreide gut, viele Mäuse – mehr Bussarde			
		Lehrerinformation: Es herrscht ein Gleichgewicht zwischen Bussarden und Mäusen, sogenanntes biologisches Gleichgewicht.	Frontal-unterricht	Tafel	erleichtert das Verständnis für einen neuen Begriff
	LZ 2: Die Schüler sollen erklären können, daß zwischen Beutetier und Räuber ein Gleichgewicht herrscht, das sogenannte biologische Gleichgewicht.				
18'	Übungen zum biologischen Gleichgewicht	L: An was denkt ihr, wenn ihr das Wort Gleichgewicht hört? S: Waage L: Wir wollen untersuchen, wie sich biologisches Gleichgewicht zwischen Mäusen und Bussarden immer wieder einstellen kann. Durch was ersetzen wir diese beiden Tiere? S: Schlagen verschiedene Dinge vor	UG	Balkenwaage Kieselsteine Sand	S. werden durch eigene Vorschläge zum Nachdenken angeregt
		1. Aufgabe: Stellt auf eurer Waage ein Gleichgewicht zwischen Mäusen und Bussarden ein. *2. Aufgabe*: Zeigt an eurer Waage, was passiert, wenn ein Jahr mit nassem und kaltem Wetter folgt.	Gruppenarbeit	Folie Overhead	Durch eigenes Bearbeiten von 3 Aufgaben werden sich die S. die Zusammenhänge über das biologische Gleichgewicht besser einprägen können.

Zeit	Inhalt	Methode	Interaktion	Medien	Begründung
		S: Mäusezahl nimmt ab, Sand muß entfernt werden.	UG		Folienabbildungen, die genau Arbeitsblatt 3 entsprechen, dienen nach jeder Einzelaufgabe zur Verfestigung und Verdeutlichung des Versuchsergebnisses
		L: Was muß an der Waage verändert werden, damit sich wieder ein Gleichgewicht einstellen kann?			
		S: Kieselsteine entfernen			
		L: Bedeutung für biologisches Gleichgewicht in der Natur?			
		S: Zahl der Bussarde nimmt aus Nahrungsmangel ab: a) weniger Jungvögel, b) alte Bussarde ziehen in günstigere Gegenden ab.			
		3. *Aufgabe*: Es folgt ein Jahr mit trockenem und warmem Wetter. Was passiert? S: Mäusezahl nimmt wieder zu, das bedeutet, daß mehr Sand auf die Waagschalen gegeben werden muß.	Gruppenarbeit	Folie Overhead	
		L: Wie kann sich wieder ein biologisches Gleichgewicht einstellen?	UG	Folie Overhead	
		S: Zahl der Bussarde (Kieselsteine) nimmt zu: a) alle Jungvögel werden großgezogen, b) alte Bussarde wandern wieder zu.			

Lernzielorientierte Unterrichtsplanung

Zeit	Inhalt	Methode	Interaktion	Medien	Begründung
38'		LZ 3: Die Schüler sollen in einer praktischen Anwendung von LZ 2 mit Hilfe einer Waage demonstrieren und beschreiben können, wie sich zwischen Mäusebussard und Maus in den verschiedensten Situationen (nach vorgegebenen Aufgaben, siehe UV und Arbeitsblatt) immer wieder ein biologisches Gleichgewicht einstellen kann.			
	Vergleich der Reviergrößen von Maus und Bussard	L: Vergleicht die Reviergrößen; was fällt auf? S: Bussard hat ein sehr großes Revier. Maus hat ein sehr kleines Revier.	UG	Arbeitsblatt 1	
		Problem: Warum genügt einem Beutetier (Maus) ein so kleines Revier ($10\,m^2$), warum braucht ein Räuber (Bussard) ein so riesiges Revier (4–5 Mio. m^2)?			
		Weg der Problemlösung: L: Wie groß müßte das Revier einer Bussardfamilie sein, damit sie 1 Jahr lang genügend Mäuse hätte? S: Berechnung: etwa $70000\,m^2$. L: Folge für die Mäuse? S: Wären ausgerottet, kein biologisches Gleichgewicht mehr; Räuber braucht also großes Revier, damit biologisches Gleichgewicht erhalten bleibt.	Partnerarbeit UG		Dem Schüler soll durch diese Berechnungen klar vor Augen geführt werden, daß dieser Unterschied hinsichtlich der Reviergröße eine Naturgesetzmäßigkeit zur Erhaltung des biologischen Gleichgewichts darstellt.
		L: Warum genügt einem Beutetier wie der Maus ein so kleines Revier? S: Lebt mitten in ihrer Nahrung.			

Zeit	Inhalt	Methode	Interaktion	Medien	Begründung
50		– Bearbeitung von Arbeitsblatt 2 und Arbeitsblatt 3		Tafel Arbeitsblatt 2 und 3 Folie Overhead	Lernkontrolle

LZ 4: Die Schüler sollen nach einem Vergleich der Reviergrößen erklären können, daß ein Räuber wie der Bussard ein so großes Revier haben muß, weil er viele Beutetiere pro Jahr frißt, die Beutetiere aber wegen der Erhaltung des biologischen Gleichgewichts nicht ausgerottet werden dürfen; daß einem Beutetier wie der Maus ein so kleines Revier genügt, da es inmitten seiner Nahrungspflanzen lebt.

Lernzielorientierte Unterrichtsplanung

Arbeitsblatt 1:

	Anzahl der Jungen	Anzahl der Würfe/Gelege in einem Jahr	Anzahl der Nachkommen in einem Jahr	1 Tier frißt pro Tag	Ein Paar mit allen seinen Nachkommen frißt pro Jahr	Reviergröße
Beziehungen zwischen Räuber (Bussard) und Beute (Maus)							
Feldmaus	pro Wurf: 6–12	6	300	6 g Getreide	etwa 500 kg Getreide	10 m^2
Mäusebussard	pro Gelege: 2–3 manchmal 4	1	2–3	5 Mäuse	etwa 7000 Mäuse	4 Mill. – 9 Mill. m^2

Arbeitsblatt 2:

Das biologische Gleichgewicht

1. *Vergleich der Nachkommenzahl von Beutetier (Feldmaus) und Räuber (Mäusebussard)*

   Ein Beutetier (Maus) hat ...*sehr viele Nachkommen*..., weil ...*es auch viele Feinde hat.*...

   Ein Räuber (Bussard) hat ...*wenige Nachkommen*..., da ...*er sehr wenige Feinde hat.*...

2. *Vergleich der Reviergrößen von Beutetier (Feldmaus) und Räuber (Mäusebussard)*

   Ein Beutetier (Maus) braucht ...*nur ein kleines Revier*..., da es ...*inmitten seiner Nahrungspflanzen lebt.*...

   Ein Räuber (Bussard) braucht ...*ein sehr großes Revier*..., weil er ...*viele Beutetiere pro Jahr frißt.*...

Arbeitsblatt 3:

Biologisches Gleichgewicht zwischen Bussarden und Mäusen

1. Jahr: Normales Wetter

Es besteht ein biologisches Gleichgewicht zwischen Mäusebussarden und Feldmäusen.

2. Jahr: Nasses und kaltes Wetter

Wenige Mäuse im Verhältnis zu den Bussarden. Folge: Bussarde haben nur wenige Nachkommen und ziehen in günstigere Gegenden.
Biologisches Gleichgewicht stellt sich ein.

3. Jahr: Trockenes und warmes Wetter

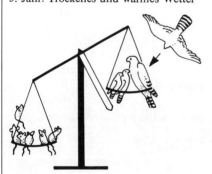

Sehr viele Mäuse im Verhältnis zu den Bussarden. Folge: Bussarde vermehren sich stärker und wandern aus anderen Gegenden ein.
Biologisches Gleichgewicht stellt sich ein.

Literatur

ACHTENHAGEN, Frank/MEYER, Hilbert (Hrsg.): Curriculumrevision – Möglichkeiten und Grenzen. München 1971
BLANKERTZ, Herwig: Theorien und Modelle der Didaktik. München 1969
BLOOM, Benjamin S. u. a.: Taxonomie von Lernzielen im kognitiven Bereich. Weinheim 1972
BOECKMANN, Klaus: Analyse und Definition operationaler Lernziele. In: ROTH, Heinrich/BLUMENTHAL, Alfred (Hrsg.): Zum Problem der Lernziele. Hannover 1973, S. 16 ff.
BRAUN, Dieter/BUCKENMAIER, Armin/KALBREYER, Walter: Lernzielorientierter Unterricht – Planung und Kontrolle. Anregungen für die Lehrerfortbildung. Heidelberg 1976
BRÜGELMANN, Hans: Offene Curricula. In: Zeitschrift für Pädagogik, 18. Jg., 1972, S. 95 ff.
BRUNER, Jerome S.: Über die »Unreife« in unserer Zeit. In: Zeitschrift für Pädagogik, 18. Jg., 1972, S. 789 ff.
CORRELL, Werner: Pädagogische Verhaltenspsychologie – Grundlagen und pädagogische Anwendung der neueren verhaltenspsychologischen Forschung. München/Basel 1965
– (Hrsg.): Programmiertes Lernen und Lehrmaschinen. Braunschweig ²1966
DIENER, Kuno/FÜLLER, Klaus/LEMKE, Dieter/REINERT, Gert-Bodo: Lernzieldiskussion und Unterrichtspraxis. Stuttgart 1978
DIETZ, Berthold: Zielorientierung im Unterricht. Berlin ²1969
EISNER, E. W.: Instructional and Expressive Educational Objectives. In: Instructional Objectives. AERA Monograph Series on Curriculum Evaluation. Bd. 3. Chicago 1969, S. 1 ff.
GEBAUER, M./HOLEFLEISCH, U./NIESSEN, M,/SEILER, H./VOGELSBERG, N.: Praxis der Unterrichtsvorbereitung – ein Studienbuch. Stuttgart 1977
HARTMANN, Nicolai: Einführung in die Philosophie. Osnabrück ³1954
HEIMANN, Paul: Didaktik als Theorie und Lehre. In: Die Deutsche Schule, 54. Jg., 1962, S. 407 bis 427
HEIPKE, Klaus: Lehrziele und Handlungsziele im Unterricht. In: betrifft erziehung, 7. Jg., 1974, S. 15–19
HORN, Ralf: Lernziele und Schülerleistung. Weinheim/Basel ³1973
KECK, Rudolf W.: Zielorientierte Unterrichtsplanung. Bochum 1975
KLAFKI, Wolfgang: Studien zur Bildungstheorie und Didaktik. Weinheim ³/⁴1964
–: Zur Entwicklung einer kritisch-konstruktiven Didaktik. In: Die Deutsche Schule, 69. Jg., 1977, S. 703 ff.
–: Von der bildungstheoretischen Didaktik zu einem kritisch-konstruktiven Bildungsbegriff – Dialog mit W. Klafki. In: BORN, Wolfgang/OTTO, Gunter (Hrsg.): Didaktische Trends. München 1978
KLOTZ, Günter: Programmierter Unterricht – ein Verfahren für morgen. München 1969
KRATHWOHL, David/BLOOM, Benjamin/MASIA, Bertram: Taxonomie von Lernzielen im affektiven Bereich. Weinheim/Basel 1975
KUNERT, Kristian: Einführung in die curriculare Unterrichtsplanung. München 1976
LATTMANN, Urs Peter: Lernziele und Unterrichtsvorbereitung. EBAC-Projekt. Bericht 7. Freiburg (Schweiz) 1971
MACKE, Gerd/STRAKA, Gerald A., Lehr-Lern-Theoretische Aspekte der Unterrichtsplanung. Mainz 1981 (Schriftenreihe des Instituts für Lehrerfort- und -weiterbildung, H. 34)
MAGER, Robert F.: Lernziele und Programmierter Unterricht. Weinheim 1971
–: Zielanalyse. Weinheim 1973
MESSNER, Rudolf/POSCH, Peter: Didaktische Impulse. Wien 1971
MEYER, Hilbert: Einführung in die Curriculum-Methodologie. München 1972
–: Trainingsprogramm zur Lernzielanalyse. Frankfurt/M. 1974
MÖLLER, Christine: Technik der Lernplanung. Weinheim ⁴1973
–: Praxis der Lernplanung. Weinheim 1974
–: Die curriculare Didaktik – oder: der lernzielorientierte Ansatz. In: Westermanns Pädagogische Beiträge, 32. Jg., 1980, S. 164–168
PETERSSEN, Wilhelm H.: Didaktik als Strukturtheorie des Lehrens und Lernens. Ratingen/Kastellaun/Düsseldorf 1973
–: Zur Bestimmung und Formulierung von Lernzielen für begrenzte Unterrichtseinheiten. In:

ROTH, Heinrich/BLUMENTHAL, Alfred (Hrsg.): Zum Problem der Lernziele. Hannover 1973, S. 62–75
–: Grundlagen und Praxis lernzielorientierten Unterrichts. Ravensburg 1974 (^{3}1978)
–: Gegenwärtige Didaktik. Positionen, Entwürfe, Modelle. Ravensburg 1977
–: Lernziel: Begriff, Struktur, Probleme. In: TWELLMANN, Walter (Hrsg.): Handbuch Schule und Unterricht. Bd. 4.1. Düsseldorf 1981, S. 215–232
POPHAM, J. W.: Objectives and Instruction. In: Instructional Objectives. AERA Monograph Series on Curriculum Evaluation. Bd. 3. Chicago 1969, S. 32 ff.
REICH, Kersten/THOMAS, Helga (Hrsg.): Paul Heimann – Didaktik als Unterrichtswissenschaft. Stuttgart 1976
ROBINSOHN, Saul B.: Bildungsreform als Revision des Curriculum. Neuwied ^{2}1969
ROTH, Heinrich: Pädagogische Anthropologie. Bd. I. Bildsamkeit und Bestimmung. Göttingen, 2. durchges. u. erg. Aufl. 1968
RUMPF, Horst: Unterricht und Identität. Perspektiven für ein humanes Lernen. München 1976
–: Zweifel am Monopol des zweckrationalen Unterrichtskonzepts – Thesen über das Verhältnis von Lernzielen und Unterrichtsereignissen, in: ders.: Unterricht und Identität. München 1976, S. 29–52
–: Lernschnellwege? Über das Recht auf Fehler, Umwege, Reinfälle und seine Liquidation in zweckrationalen Unterrichtskonzepten. In: FLÜGGE, Johannes (Hrsg.): Pädagogischer Fortschritt? Bad Heilbrunn 1972, S. 102–118
SKOWRONEK, Helmut: Lernen und Lernfähigkeit. München ^{2}1970
SULLIVAN, H. J.: Objectives, Evaluation, and Improved Learner Achievement. In: Instructional Objectives. AERA Monograph Series on Curriculum Evaluation. Bd. 3. Chicago 1969, S. 65 ff.
WHEELER, D. K.: Phasen und Probleme des Curriculumprozesses. Ravensburg 1974
WULF, Christoph: Heuristische Lernziele – Verhaltensziele. In: ROBINSOHN, Saul B. (Hrsg.): Curriculumentwicklung in der Diskussion. Stuttgart/Düsseldorf 1972, S. 36–45

6 Offene Unterrichtsplanung

Vorklärungen

Eine der jüngsten Konzeptionen zur Unterrichtsplanung hat sich selbst mit der Formel *offene Unterrichtsplanung* eingeführt. Sie ist aus der allgemeinen Curriculumdiskussion erwachsen, und auch ihr Hauptmerkmal, besser wohl: ihre Kernintention Offenheit, ist von daher übernommen. Wenn man zwischen mittelbarer und unmittelbarer Unterrichtsplanung unterscheidet, wobei die Nähe zur Unterrichtspraxis als Unterscheidungsmerkmal gilt, kann man die in Lehrplan, Curriculum usw. mündende Planung als mittelbar, die zum täglichen Unterrichtsentwurf führende Planung als unmittelbar bezeichnen. Was unter der Bezeichnung »offen« in der mittelbaren Planung schon lange diskutiert wird, hat nun auch Eingang in die unmittelbare Planung gefunden. Dabei hat sich jedoch der Bezugspunkt für die Einschätzung einer Planung als »offen« völlig verschoben.

Wenn in mittelbarer Planung von »offenem« Curriculum die Rede ist, so wird Offenheit mit Bezug auf den Lehrer festgestellt. Während ein »geschlossenes« Curriculum verbindliche Aussagen über alle maßgeblichen Unterrichtsdimensionen macht und den Lehrer dadurch zum bloßen »Umsetzer« dieser Vorgaben stempelt, seine Planungskompetenz mithin aufs äußerste beschneidet, wird dies bei »offenen« Curricula vermieden. Sie gewähren dem Lehrer eine große Planungskompetenz, da sie nur verbindliche Vorgaben über die Zielsetzungen des Unterrichts machen, alle weiteren Entscheidungen – über Wege, Mittel usw. zur Erreichung der Ziele – hingegen dem Lehrer überlassen. Solche Curricula sind offen für die Situation, in der sie verwirklicht werden sollen, und für didaktische Entscheidungen des Lehrers.

In der unmittelbaren Unterrichtsplanung dagegen ist nicht mehr der Lehrer, sondern der Schüler Bezugsperson für die Wertung der Planung als offen: »Wir definieren inhaltliche, methodische und institutionelle Offenheit nicht aus der Sicht des Unterricht planenden und erteilenden Lehrers, sondern primär im Hinblick auf den potentiellen Erfahrungsreichtum von Unterricht für den Schüler« (RAMSEGER 1977, S. 52). Die Kompetenz des Schülers, über Unterricht zu bestimmen und mitzubestimmen, wird also gegenüber anderen Planungskonzepten sehr vergrößert. Ob eine Unterrichtsplanung als offen bewertet werden kann, hängt davon ab, wie sehr sie durch ihre Anlage – durch Form und Aussagen – gewährleistet, daß die Schüler ihre eigenen Vorstellungen und Vorschläge zur Unterrichtsgestaltung praxiswirksam einbringen können.

Eine solche Auffassung führt nicht, wie oft zu hören ist, zum Verzicht auf die Planung von Unterricht; im Gegenteil: Planung soll die den Schülern zustehende Offenheit zuallererst gegen mögliche Zwänge absichern. Worauf hingegen verzichtet wird, ist die Vorgabe eines strengen Baumusters für die Unterrichtsplanung. Statt eines solchen Musters werden Prinzipien formuliert, deren Einhaltung und Umsetzung bei der Planung berücksichtigt werden sollten. Derartige Prinzipien haben für den Lehrer regulati-

---

Literatur zu diesem Kapitel siehe Seite 167f.

ve Funktion, sie sollen ihn bei seinen didaktischen Entscheidungen und Tätigkeiten während der Planung und Vorbereitung von Unterricht leiten. Es ist auch von »Bauelementen« offener Planung die Rede (vgl. THIEMANN/WITTENBRUCH 1975, S. 280 ff., hier: S. 286).

Es wäre falsch anzunehmen, es könnte eine Reihe von Prinzipien aufgeführt werden, über die allgemein Einigkeit herrscht. Die didaktische Diskussion ist vielmehr durch eine Vielzahl von Beiträgen, Vorschlägen und Berichten über eigene Erfahrungen gekennzeichnet. Die bedeutsamsten von ihnen, bei denen es durchaus auch Überschneidungen gibt, sollen im folgenden vorgestellt werden.

6.1 Prinzipien offener Unterrichtsplanung

In stichwortartiger Umschreibung ist auf vor allem folgende in der derzeitigen Diskussion erkennbare Planungsprinzipien hinzuweisen:
- Offenheit des Planes für notwendig werdende Veränderungen
- Alternativen für vorgesehene Maßnahmen
- Offenlegung der Entscheidungsvorgänge für die Schüler
- Kooperation von Lehrer und Schülern
- Personalität der Beteiligten rückt in den Vordergrund.

Eine gute zusammenfassende Definition findet sich bei SCHITTKO: »Offener Unterricht ist als ein Unterricht zu verstehen, der durch den Planungsentwurf und die Art der Unterrichtssteuerung in seinem Verlauf und seinen Ergebnissen nicht für die Beteiligten vorweg festgelegt ist, der vielmehr dem Lehrer und den Schülern eine Mitwirkung bei der Gestaltung der Unterrichtssituation und bei der Bestimmung der Ziele/Inhalte gestattet. Offener Unterricht ist durch vier Merkmale gekennzeichnet:
1. durch die Beteiligung der Schüler an den unterrichtlichen Entscheidungen,
2. durch die Einbeziehung der Erfahrungen, Fragen und Anliegen der Schüler,
3. durch die Berücksichtigung der unterschiedlichen Ausgangslage der Schüler,
4. durch die Förderung der sozialen Beziehungen und des kooperativen Verhaltens.«
  (SCHITTKO 1980, S. 655)

Auf die oben angeführten fünf Prinzipien wird im folgenden einzeln eingegangen.

a. Offenheit

Wenn ein Plan so angelegt sein soll, daß er den Schülern eine höchstmögliche wirksame Unterrichtsbeteiligung – d. h. Beteiligung an Entscheidungen über Unterricht – gewährleistet, dann ist er vor allem anderen solange wie möglich für Veränderungen offenzuhalten. In welcher Weise auch immer ein Plan erstellt und fixiert worden ist, in erster Linie kommt es dann auf die Einstellung des Lehrers, auf seine Bereitschaft an, die schon getroffenen Entscheidungen über vorgesehene Maßnahmen zurückzunehmen und andere an ihre Stelle zu setzen bzw. setzen zu lassen.

Auf die Forderung, Unterrichtsplanung als Prozeß aufzufassen und für Veränderungen offenzuhalten, wird häufig hingewiesen:
- »Der Unterrichtsplan sollte ... schon auf die Änderungen eingestellt sein, die er in der Realität des nie völlig planbaren Unterrichts wird erfahren müssen.« (MESSNER 1978, S. 386)

Offene Unterrichtsplanung

– »Ein Plan ist ein Denk- und Arbeitsmodell, das korrigiert wird, sobald es sich als falsch oder hinderlich erweist, sobald neue Gesichtspunkte auftauchen und das Ziel sich verändert. Planen ist ein dynamischer, ein kontinuierlicher Prozeß, der alle Arbeitsgänge begleiten soll.« (ULSHÖFER 1975, S. 38)

Allein die Bereitschaft des Lehrers, einen einmal fixierten Plan zu ändern, sofern dies erforderlich wird, reicht nicht aus, der Plan selbst sollte Änderungen ohne große Schwierigkeiten zulassen. Dies wird am wenigsten dort der Fall sein, wo ein Plan mit bis ins letzte Detail ausformulierten Beschreibungen vorgesehener Aktivitäten versehen ist; gegen die Änderung selbst vorgenommener sorgfältiger Beschreibungen sträubt man sich nun einmal. Deshalb wird dem Lehrer angeraten, seinen Plan von vornherein in dem Bewußtsein zu erstellen, daß er nicht endgültig ist, und dementsprechend die schriftliche Fixierung so vorzunehmen, daß sie – ohne Verlust an Eindeutigkeit – auch tatsächlich änderbar bleibt: »Die Alternative zu einem einlinigen, völlig verplanten Unterricht besteht also nicht darin, Unterricht überhaupt nicht mehr zu planen und seinen Verlauf dem Zufall zu überlassen . . ., sondern darin, ein Minimalprogramm aufzustellen, das eine möglichst freie Konkretisierung erlaubt . . .« (DICHANZ/MOHRMANN 1976, S. 159)

Ein solches ›Minimalprogramm‹ bedeutet nicht die Ausklammerung einzelner Unterrichtsdimensionen aus der Planung, sondern vielmehr, die vorgesehenen Maßnahmen statt als verbindliches Programm als ein *Angebot* zu verstehen, und zwar als ein Angebot für Lehrer und Schüler, dessen sie sich im realen Unterricht bedienen können, das sie aber auch verändern können. Der Plan ist nicht als Handlungsprogramm für den Unterricht und die daran Beteiligten, sondern als *Handlungsentwurf* für mögliches Handeln zu begreifen: »Für Planung gilt . . ., daß sie nicht einen idealen Verlauf antizipiert, dem Unterricht selbst unterzuordnen ist, sondern nur einen möglichen Verlauf beschreibt.« (THIEMANN/WITTENBRUCH 1975, S. 295)

Sich selbst und seinen Unterrichtsplan für Veränderungen offenzuhalten, verlangt vom Lehrer, »so sensitiv und überlegt wie möglich auf die Gesamtsituation« reagieren zu können (THOMAS/WALBERG in: SPODEK/WALBERG 1975, S. 15). Das erfordert besonders auch eine intensive Vorbereitung des Lehrers auf den Unterricht, also nicht Untätigkeit, sondern umfassende Instandsetzung zu »offenem« Handeln: »Je mehr sie (die Planung) sich dem Pol der Offenheit nähert, . . . desto mehr Entscheidungen in der Situation werden verlangt, desto höhere fachliche Kompetenz und ein um so höheres Niveau der geistigen Gesamtpersönlichkeit werden vom Lehrer gefordert.« (GLÖCKEL 1977, S. 36)

Die im traditionellen Schulunterricht allein vom Lehrer leistbare Offenhaltung der Unterrichtsplanung bis zum Zeitpunkt ihrer endgültigen Umsetzung in Unterricht verlangt ihm also einerseits eine entsprechende *offen-flexible Einstellung* zu seiner Planung und andererseits eine Kompetenz zu *offen-flexiblem Handeln* ab, die er nur dadurch erreichen kann, daß er sich umfassend und intensiv vorbereitet. Das schließt immer auch die Planung von Alternativen ein.

b. Alternativen

Je mehr Alternativen ein Plan enthält, desto eher kann er seine Funktion erfüllen, Entwurf und Angebot für unterrichtliches Handeln zu sein. Dies gilt auch für den Lehrer: Ihm bietet der von ihm selbst entwickelte Plan didaktische Handlungsalternativen an, auf die er im Unterricht aufgrund seiner situativen Angespanntheit kaum kommen wird, so daß eine rechtzeitige Reflexion unbedingt notwendig ist.

Das Prinzip der Planung von Alternativen wird auch in anderen als ausdrücklich »offenen« Konzeptionen zur Unterrichtsplanung betont. So spricht beispielsweise SCHULZ für das Planungsmodell der lerntheoretischen Didaktik vom »Prinzip der Variabilität«, »der absichtsvollen Bereitstellung von Alternativen, der Zulassung von Variationen, der nachträglichen Korrektur von Unterrichtszielen und der Elastizität beim Ansteuern dieser Ziele« (SCHULZ 1965, S. 45). Wie sich in der Beschreibung dieses Prinzips bei SCHULZ schon andeutet, bezieht es sich auf alle Dimensionen des Unterrichts. Nicht nur für die Methode des Unterrichts, wie am ehesten eingesehen und anerkannt wird, gilt die Forderung nach Planung und Bereitstellung von Alternativen. FEIKS geht hierauf im einzelnen ein (1978, S. 20):

- »Der Plan ist nicht durch operationalisierte Lernziele festgeschrieben. Die vom Lehrer in einem ›Handlungsentwurf‹ als einem vorläufigen Plan ausgebrachten Ziele sind insofern ›offene Ziele‹, als sie nicht einen vor- oder festgeschriebenen Unterrichtsverlauf fordern . . ., so kann es zu Abänderungen kommen, oder neue Lernziele als Artikulationen von Schülerinteressen, -wünschen oder -erwartungen tauchen auf.«
- »Für die Planungsvorlage sind verschiedene Methoden als unterrichtliche Verfahrensweisen auszubringen, unter denen im Verhandlungsprozeß ausgewählt werden kann.« »Damit werden zugleich Artikulationsschemata als mögliche Gliederungen des Unterrichts ausgebracht . . .«
- »Offen gestaltete Medien sind bereitzustellen; d. h., die angebotenen Materialien sollen die Schüler nicht durch Anweisungen auf eine bestimmte Vorgehensweise bzw. einen speziellen Lösungsweg festlegen oder mögliche Ergebnisse vorwegnehmen . . .«
- »Der jeweilige Part der Teilnehmer am unterrichtlichen Interaktionsprozeß kann in der Planungsphase noch nicht festgelegt werden. Es lassen sich nur alternative Möglichkeiten entwerfen.«

Daß die Bereitstellung von Alternativen allein nicht ausreicht, offenen Unterricht abzusichern, darauf verweist besonders GLÖCKEL: »Auch ein noch so reicher Vorrat an Handlungs-Alternativen kann nicht allen Unvorhersehbarkeiten gerecht werden. Es bedarf der Improvisation, des beweglichen Sich-Einstellens auf die jeweilige Lage . . . Die Fähigkeit zur Improvisation wächst – außer durch Erfahrungen – zweifellos durch variationsreiches Planen.« (1977, S. 19) GLÖCKEL weist also auch darauf hin, daß die erforderliche Improvisationskunst durch alternatives Planen gefördert werden kann, daß aber die beiden hier als erste aufgeführten Prinzipien offener Unterrichtsplanung einander ergänzend zusammengehören. Alternativen zu planen ist unerläßlich, aber in der Planungssituation können selbstverständlich nicht alle im Unterricht auch tatsächlich benötigten Aktivitäten, Mittel usw. prognostiziert werden.

c. Offenlegung

Es ist eine Selbstverständlichkeit, daß der Lehrer seine Entscheidungen in Verantwortung gegenüber den Schülern rechtfertigt und sie sich dazu völlig offenlegt; offene Unterrichtsplanung verlangt darüber hinaus auch die Offenlegung gegenüber den Schülern: »Offenheit bedeutet ausdrückliche Darlegung des Bezugssystems, heißt Offenlegung der Bedingungen, unter denen Entscheidungen gefällt worden sind. Offen ist eine Entscheidung demnach, wenn die Rechtfertigung der Entscheidung verlangt werden kann.« (LOSER 1975, S. 246) LOSER setzt sich mit dieser Vorstellung ausdrücklich von der

Auffassung ab, Unterrichtsplanung könne erst dann als offen gewertet werden, wenn sie Schülern zur Mitplanung offenstehe. Für LOSER ist die Planung bereits offen, wenn sie gegenüber Schülern in ihrer Begründungsstruktur offen dargeboten wird. Dieses Verständnis von offener Unterrichtsplanung ist in LOSERS Augen das »weitere«, wohingegen ihm die Forderung nach Beteiligung von Schülern als »die Verkürzung der offenen Unterrichtsplanung auf die Partizipationsforderung« erscheint (S. 245). Eine solche Offenlegung der Planung orientiert sich an der Frage, »wie Unterrichtspläne so transparent gemacht werden können, daß über sie ein Verständigungsprozeß in Gang kommt« (S. 248). Mit diesem Prinzip hebt sich das Konzept offener Unterrichtsplanung von der »zweckrationalen« Konzeption ab, die sich vorwiegend am Maßstab optimaler Verwirklichung von Zielsetzungen orientiert. »Offenlegen« kann nach Auffassung LOSERS auf durchaus unterschiedliche Weise erfolgen, z. B. »in der Form vorstrukturierender Hinweise auf Thematik und Ziele, Methoden, Lernschritte, mögliche Lernbarrieren etc.« oder durch »hektographierte Kurzfassungen der Unterrichtspläne«, die den Schülern gegeben werden (vgl. S. 248ff., hier: S. 249). Neben einer solchen unmittelbaren Offenlegung schlägt LOSER vor, »Reflexionsphasen« im Unterrichtsplanungsprozeß vorzusehen, in denen Veränderungen vorgenommen werden können, und in klar strukturierten Modellen zu unterrichten.

Während das Prinzip der Offenlegung und Legitimierung von Unterrichtsplänen gegenüber den betroffenen Schülern wesentliches Merkmal aller sich offen nennenden Konzeptionen ist, scheint LOSER zur Zeit der einzige zu sein, der schon allein dadurch die Forderung nach Offenheit erreicht sieht. Allgemein wird Offenheit als direkte Voraussetzung eines anderen Momentes gesehen, und zwar der ›Beteiligung‹ von Schülern an der Unterrichtsplanung.

d. Kooperation

Während sich für LOSER eine »dilettantische Unterrichtsplanung unter Beteiligung aller unmittelbar Betroffenen« verbietet (S. 246), ist gerade die Beteiligung von Schülern an der Planung für die meisten Vertreter eines offenen Konzepts eine unerläßliche Bedingung. Für LOSER kann die »Planung von Unterricht ... weder Ziel noch Weg offener Unterrichtsplanung sein« (S. 246). Offene Unterrichtsplanung als Voraussetzung eines offenen Unterrichts, in dem der Anspruch von Schülern auf Mitbestimmung auch in der Schule gewahrt bleibt, weist aber im allgemeinen Beteiligung von Schülern an der Planung als hauptsächliches Merkmal auf, zumindest wird dies so dargestellt und gefordert.

So heißt es beispielsweise bei SCHITTKO: »Bei diesem Konzept wird Unterricht als ein ›gemeinsames Handeln‹ verstanden, Lehrer und Schüler werden als ›kooperativ Handelnde‹ betrachtet ... Das bedeutet für das Lehrer-Schüler-Verhältnis: Der Lehrer gibt sein ›Planungsmonopol‹ auf, indem er seine Planung nur als einen ›Handlungsentwurf‹ ansieht, der entsprechend den Absichten und Interessen der Schüler verändert werden kann ... Der Lehrer stellt seine Planungen zur Diskussion, er begründet sein Vorhaben und seine Intentionen; die Schüler können ihre Wünsche und Vorschläge formulieren. Es kommt zur gemeinsamen Absprache über Ziele und Ablauf von Unterricht. Der weitere Unterrichtsverlauf bleibt offen für neue Ideen und Absichten von Lehrer und Schülern. Die Schüler werden also an der Bestimmung der Ziele/Inhalte und des Verlaufs des Unterrichts beteiligt; als vom Unterricht ›Betroffene‹ sollen auch sie mitentscheiden können.« (1976, S. 605) Eine radikale Forderung nach Beteiligung von Schülern an der Unterrichtsplanung von Anfang an unterbleibt auch hier. Es ist wiederum der Lehrer, der die Planung auslöst und beginnt, der allerdings bereit sein muß, sie den Schülern vorzustellen, zu begründen und bei Änderungswünschen zurückzunehmen und zu verändern. Deutlicher wird dies noch von MESSNER gesagt, der die unbedingt notwendige Vorarbeit des Lehrers betont: »Wünschenswert wäre es, die Funktion der Unterrichtsplanung nicht im Ausdenken des wirklichen Unterrichtsablaufes zu sehen, sondern in einer intensiven Auseinandersetzung des Lehrers mit der Thematik und der Situation des Unterrichts sowie den für die Schüler möglicherweise interessanten Arbeits- und Erkenntnisweisen. Der Zweck dieser Auseinandersetzung sollte gerade darin bestehen, einen inhaltlichen Rahmen und Handlungsperspektiven zu entwickeln, durch welche es den Schülern ermöglicht wird . . ., sich aus dem Horizont ihrer Fähigkeiten, Interessen und Bedürfnisse . . . in den Unterricht einzubringen.« Und: ». . . die Unterrichtsplanung sollte nicht in ein Lehrdiktat umschlagen, sondern den Interessen- und Zielkonflikt mit den Schülern aufzuarbeiten und eine Arbeitsperspektive zu gewinnen suchen.« (1978, S. 386)

Radikal ist also die Forderung nach Beteiligung von Schülern an Entscheidungen über den vorgesehenen Unterricht. Aber an der Expertenrolle des Lehrers in diesem Vorgang wird nicht gezweifelt, er hat durch eigene Planungsaktivitäten zuallererst zu gewährleisten, daß sich Schüler am weiteren Planungsprozeß angemessen beteiligen können. THIEMANN/WITTENBRUCH beispielsweise erwarten vom Lehrer eine »Metaplanung«, eine Planung der Planung, indem er vor allem durch Bereitstellung von »provokativen« Materialien und Aufzeigen möglicher Behandlungsperspektiven des anstehenden Themas den Schülern die Voraussetzung für ihre Teilnahme an der Planung schafft (vgl. 1975, S. 287 ff.). Radikal ist die Forderung nach Schülerbeteiligung insofern, als nicht mehr nur, wie bisher meistens der Fall, der Lehrer in wohlverstandener »pädagogischer Verantwortung« die Interessen- und Bedürfnislage der betroffenen Schüler reflektiert und daran seine didaktischen Entscheidungen vorbereitet, sondern daß Schüler ihre Interessen und Bedürfnisse unmittelbar einbringen.

Es steht außer Zweifel, daß Schüler im bisherigen Unterricht die Fähigkeiten und die Bereitschaft, die für ein solches Einbringen der eigenen Person nun einmal erforderlich sind, nicht erwerben konnten. Deshalb wird in der Konzeption offener Unterrichtsplanung ausdrücklich auch auf die Notwendigkeit hingewiesen, derartige Voraussetzungen gezielt zu schaffen. GARLICHS beispielsweise stellt dies an dem von ihr gewählten Stichwort »inoffizielles Thema« dar (1976, S. 95 ff.): Bei ausschließlicher Lehrerplanung und Lehrerlenkung treten neben »offiziellen« immer auch zahlreiche »inoffizielle« Unterrichtsthemen auf, wie sie aus spontanen Interessen, Bedürfnissen usw. von Schülern erwachsen. Diese inoffiziellen Themen haben keine Chance, zu offiziellen und sanktionierten Unterrichtsthemen zu werden, solange Schüler sie nicht einzubringen gelernt haben. Sie dies lernen zu lassen, sieht GARLICHS einen Weg in der von R. COHN propagierten »themenzentrierten interaktionellen Methode«. Vor allem zwei diese Methode kennzeichnende Verfahrensregeln möchte GARLICHS die Schüler praktizieren lernen lassen: die »Chairman-Regel« und die »Störungsvorfahrt-Regel«. Erstere besagt, daß jeder sein eigener »Chairman« ist und sich selber das Wort erteilt, sofern und wann immer er dies für notwendig und verantwortbar hält. Die zweite meint, daß vor dem geplanten Unterrichtsfortgang alle auftretenden Störungen Vorrecht zur Behandlung

haben. Wenn Lehrer und Schüler diese Regeln beherrschen und beachten, wird kooperative Unterrichtsplanung größere Chancen der Verwirklichung haben.
Es gibt bisher wenige überzeugende Beispiele eines von Schülern mitgeplanten Unterrichts (z. B. BOETTCHER/OTTO/SITTA/TYMISTER 1978), die Forderung danach bleibt aber der Kern offener Unterrichtsplanung. Systematisch abgestufte Möglichkeiten dazu stellt ULSHÖFER (1971, S. 39) vor:
»Es gibt drei Formen der Unterrichtsplanung:
1. Planung durch den Lehrer. Dieser teilt der Klasse den vorbereiteten Plan mit, erklärt seine Absicht, weckt ihr Interesse, nennt die Lernziele, zeigt die zu bewältigenden Probleme und fordert zur Mitarbeit auf. Der Lehrer begründet seinen Plan mit den Erfordernissen des Lehrplans, der Notwendigkeit kontinuierlichen Fortschreitens am Fach und der Aktualität des Gegenstandes.

Kann oder darf die Klasse keine Änderungswünsche vorbringen, so handelt es sich möglicherweise um eine autokratische, vermutlich aber um eine sachbedingte Form des lehrer-gesteuerten Planens. Diese ist in den systematisch aufgebauten Fächern Mathematik und Physik nicht immer zu umgehen und selbst in den humanwissenschaftlichen Fächern teilweise gegeben.
2. Kooperative Planung unter Führung des Lehrers. Dieser legt der Klasse den Plan vor. Die Klasse unterbreitet Änderungsvorschläge. Die Entscheidung wird gemeinsam getroffen. Eine Variante: die (anonyme) Erfragung der Schülerwünsche und -bedürfnisse bildet die Grundlage für den Plan, den der Lehrer ausarbeitet.
3. Kooperative Planung, vorbereitet durch eine Schülergruppe (Expertengruppe). Der Lehrer bittet die Klasse, sich an der Planung der Unterrichtseinheiten zu beteiligen. Planungsgruppen werden eingesetzt, die Entwürfe ausgearbeitet, mit dem Lehrer besprochen und der Klasse zur Stellungnahme vorgelegt.«

e. Personalität

Obwohl in dieser Konzeption die herkömmliche Expertenrolle des Lehrers durchaus gesehen wird, wird zugleich ein Wandel der Rollenauffassung angestrebt. Einerseits deutet sich das im Hinblick auf den Lehrer in Formulierungen wie »Abbau der Lehrerdominanz«, »Aufgabe des Planungsmonopols« u. ä. an, andererseits im Hinblick auf den Schüler in Forderungen wie »Kooperation«, »Partnerschaft« usw. Neben dem Rollenwandel, der vom Lehrer eine Veränderung seiner Einstellung zur Unterrichtsplanung und deren Funktion verlangt, wird aber in der offenen Konzeption auch die Forderung laut, die Person von Lehrer und Schülern im Unterricht vorrangig vor deren Rollen zu sehen, d. h., die rollenmäßig gesteuerte Beziehung zugunsten einer mehr personalen Beziehung zurückzunehmen. GARLICHS/GRODDECK votieren für einen solchen Umgang, »daß Lehrer und Schüler sich nicht hinter ihrer Rolle verstecken müssen, sondern sich als reale Personen mit Vorlieben und Abneigungen, mit Stärken und Schwächen zu erkennen geben« können (GARLICHS/GRODDECK 1978, S. 20). Planung sollte so erfolgen, daß ein derartiger Umgang jederzeit möglich wird, wenn er von Beteiligten als notwendig erachtet wird. Allerdings schränken auch GARLICHS/GRODDECK ein, daß ein völliger Verlust von Lehrer- und Schülerrolle und der sich daraus ergebenden Spannungen nicht erstrebenswert sei.

Welche Folgerungen das für die Planung hat, skizziert MESSNER: »Aus der Sicht der Schulpraxis geht es vor allem darum, den – oft beträchtlichen – Handlungsspielraum, über den Lehrer verfügen, für einen Unterricht zu nutzen, in den sich Lehrer und Schüler als Personen einbringen und ihren lernenden Umgang mit Inhalten möglichst lebendig, identitätserhaltend und . . . freudvoll gestalten können.« (MESSNER 1978, S. 389) Es geht hier nicht nur darum, zeitliche Freiräume vorzusehen und im Unterrichtsplan auszuweisen, sondern durch sorgfältige Reflexion aller Dimensionen und Voraussetzungen der jeweils konkreten Unterrichtssituation zu erkennen, wo das aktuelle Interesse von Schülern von diesen unmittelbar eingebracht werden kann.

Die offene Unterrichtsplanung greift hier die seit langem bestehende Tendenz auf, der Lehrer habe im Schüler kein Objekt des Unterrichts – und damit seiner eigenen Entscheidungen und Maßnahmen – zu sehen, sondern den Schüler als Subjekt des gesamten Unterrichtsgeschehens zu begreifen. In der Planung wird diesem Prinzip dadurch entsprochen, daß alle Entscheidungen beim Schüler ansetzen und ihn zum Maßstab haben. Das sollte nach Auffassung von Vertretern dieser Konzeption vor allem dazu führen, Unterricht an die Erfahrungslage von Schülern anschließen zu lassen: »Die Schüler sind . . . nicht als ›unbeschriebene Blätter‹ anzusehen; sie verfügen vielmehr bereits über soziale Erfahrungen und haben Einstellungen und Stellungnahmen entwickelt, die es aufzuarbeiten gilt. Der Unterricht wird daher als Ort aufgefaßt, bei dem die

Bauelemente einer	
vorschreibenden Planung	*nicht vorschreibenden Planung*
Der Plan orientiert sich an Lehrzielen als Konkretionen gesellschaftlicher Erwartungen.	Der Plan orientiert sich an Lernzielen als Artikulationen von Schülerwünschen (-erwartungen).
Soziale Interaktion wird kanalisiert, um sie dem Aufbau von Leistungsqualität dienstbar zu machen.	Die Modi sozialer Interaktion können zum Thema werden. Sie haben eine nicht bloß strategische Bedeutung.
Die Parts der Teilnehmer an der Interaktion sind eindeutig und vorab definiert.	Die Parts der Teilnehmer an der Interaktion sind nicht eindeutig definiert. Es besteht Raum für Um- und Neudefinition.
Die Parts von Lehrer und Schülern sind komplementär aufeinander bezogen.	Die Parts von Lehrer und Schülern sind situationsabhängig entweder symmetrisch oder komplementär aufeinander beziehbar.
Artikulationsschemata legen für alle Schüler verbindlich fest, zu welchem Zeitpunkt ein Lerngegenstand angegangen werden muß und in welchem Modus dies geschehen soll.	Artikulationsschemata sind mögliche Gliederungen. Es muß sich erst erweisen, für welche Schüler, Aufgaben und Tätigkeiten sie tatsächlich gelten können.
Sachbezogene Handlungen von Lehrer und Schülern sind festgelegt.	Sachbezogene Handlungen von Lehrer und Schülern sind diskutierbar. Es kann über sie in actu entschieden werden.
Materialien sind »präpariert« auf das Planziel hin.	Materialien sind unstrukturiert. Sie lassen verschiedene Interpretationen zu.

THIEMANN/WITTENBRUCH 1975, S. 286

Schüler die Erfahrungen und Probleme aus ihrer Lebenswelt einbringen und diese dann auch untersuchen können.« (SCHITTKO 1976, S. 605) GARLICHS/GRODDECK (1978) sprechen von einem »erfahrungsoffenen Unterricht«, den der Lehrer durch entsprechende Planung abzusichern habe. Dabei komme es besonders darauf an, Planung nicht zur vorstrukturierenden Verpackung von Erfahrungen zu machen, die dann im Unterricht weitergereicht würden an ihre Adressaten, sondern Unterricht vielmehr so zu planen, daß die Schüler durch unmittelbaren Anschluß an eigene Lebenserfahrungen die nun einmal durch Schule zu leistenden Erfahrungsprozesse durchlaufen können (vgl. auch MEYER 1980, besonders seine Ausführungen zu »konkreter Utopie«!).

An die Stelle eines festen Baumusters für die Planung treten in der Konzeption offener Unterrichtsplanung die beschriebenen Planungsprinzipien. Planung sollte sie soweit wie in der konkreten Situation jeweils möglich aktualisieren (vgl. die Gegenüberstellung von »*Bauelementen*« auf Seite 160).

6.2 Didaktischer Hintergrund

Es wurde schon darauf hingewiesen, daß offene Unterrichtsplanung einen »offenen Unterricht« sicherstellen soll. Offen ist die Planung hier aber nicht bloß, wie in grundsätzlich allen Konzeptionen zur Unterrichtsplanung, aus Einsicht in die Situationsabhängigkeit von Unterricht, die es erfordert, daß Planung situativ-spontane Aktivitäten nicht nur zuläßt, sondern ausdrücklich ermöglicht. Von offen ist hier vielmehr im Hinblick auf die Schüler die Rede. Ein *für sie* offener Unterricht soll durch entsprechende Planung gewährleistet werden. Der didaktische Hintergrund dieser Konzeption erschließt sich erst, wenn man weiterfragt, warum soviel Wert auf offenen Unterricht gelegt wird, was man sich von offenem Unterricht verspricht usw.

Die Antwort hierauf ist nicht einfach, da eine bündige Theorie offenen Unterrichts bisher noch fehlt. Statt dessen ist auf zahlreiche und unterschiedliche Ansätze zurückzugreifen, die in den letzten Jahren sowohl aus der Theorie als auch aus der Praxis vorgestellt worden sind. Gemeinsam ist allen die Forderung danach, daß die Schüler sich mit ihren – oftmals vom formellen Unterricht abweichenden – Interessen und Bedürfnissen in den Unterrichtsprozeß einbringen müssen:

- GARLICHS verlangt z. B., daß »inoffizielle Themen«, die aufgrund spontaner Schülerinteressen im Unterricht neben den offiziellen Themen entstehen und für diesen den Charakter von »Störungen« haben, zugelassen und aufgegriffen werden sollen, daß sie sogar vorrangig zu behandeln seien (GARLICHS 1976, S. 95ff.).
- GARLICHS/GRODDECK fordern einen gegenüber Schülerbedürfnissen »erfahrungsoffenen Unterricht«, der »bewußt an der konkreten ›Hier-und-Jetzt‹-Situation der Lernenden ansetzt und sich in diesen Ausgangsbedingungen bewegt« (GARLICHS/GRODDECK 1978, S. 10ff., Zitat: S. 16).
- NAUMANN-ETIENNE stellt fest: »In der offenen Klasse bestimmen die Schüler das Lerntempo und die Methoden, mit denen sie Probleme lösen.« (NAUMANN-ETIENNE 1978, S. 737f.)
- SCHITTKO beschreibt: ». . . die Schüler können ihre Wünsche und Vorschläge formulieren. Es kommt zur gemeinsamen Absprache über Ziele und Ablauf von Unterricht.« (SCHITTKO 1976, S. 605)

Unterschiedliche Vorstellungen bestehen in der spezifischen didaktischen Diskussion darüber, in welchem Maß Schülerinteressen usw. den Unterricht bestimmen sollen. Während beispielsweise GARLICHS konsequent die ständige »Vorfahrt« aller »Störungen« vor dem offiziellen Unterrichtsthema postuliert, gleichwohl eine Grenze der Offenheit sieht, nämlich dort, »wo die Grenzen der Freiwilligkeit und des Takts überschritten werden und ›Offenheit‹ unter Zwang eingefordert wird« (GARLICHS/ GRODDECK 1978, S. 21), verweist z. B. SCHITTKO auf die Notwendigkeit von Übereinkünften zwischen Lehrer und Schülern bereits von Beginn an nachdrücklich hin. Deutlich zum Ausdruck gebracht wird auch allseits, daß Offenheit nicht nur im Hinblick auf Zielsetzungen und Themen, sondern auf alle Bereiche und Dimensionen des Unterrichts gemeint ist. Ein auf diese Weise offener Unterricht ist nicht Selbstzweck, sondern seinerseits wiederum ein Mittel für einen weiter gesteckten Zweck. Pointiert zusammengefaßt: Dahinter steht die Auffassung, daß allein diese Form des Unterrichts, der offene Unterricht, unserer derzeitigen historischen Situation entspricht, da allein durch ihn einerseits die Heranwachsenden so erzogen und gebildet werden, wie dies die Zeitumstände erfordern, und andererseits die aktuelle Erkenntnislage über den Heranwachsenden angemessen berücksichtigt wird.

Schon aus technologischer Sicht wird für den offenen Unterricht mit dem Argument geworben: »Menschen (sind) sich selbst regulierende, offene Systeme . . ., die, wenn sie psychisch nicht daran gehindert werden, neugierig sind und nach Reizen suchen und ihre Ideen und Vorstellungen kreativ ordnen und umordnen.« (MAC DONALD in: SPODEK/ WALBERG 1975, S. 57) Ein ungelenkter oder wenig gelenkter Unterricht wird offensichtlich als der dem Menschen besser entsprechende aufgefaßt als der tradierte und in der Tat stark lenkende Unterricht. Auf ähnliche Weise argumentiert auch GRODDECK: Er versucht die grundsätzliche Subjektivität von Erfahrungen nachzuweisen, um dann daraus die Forderung abzuleiten, daß auch der Unterricht den Schülern weitgehend subjektive Erfahrungen ermöglichen müsse, statt sie ihm von dritter Seite aufzudrängen (GRODDECK in: GARLICHS/GRODDECK 1978, S. 124ff.). Der u. a. von GRODDECK propagierte »erfahrungsoffene Unterricht« begnügt sich aber auch schon mit weniger, indem er die eigenen Erfahrungen von Kindern aufnehmen und verarbeiten möchte. Dieser Gedanke findet sich auch bei SCHITTKO, der die Tatsache herausstellt, daß Kinder nicht als ›unbeschriebene Blätter‹ in den Unterricht eintreten: »Sie verfügen vielmehr bereits über soziale Erfahrungen und haben Einstellungen und Stellungnahmen entwickelt, die es aufzuarbeiten gilt.« (SCHITTKO 1976, S. 605)

Die hier vertretene didaktische Grundauffassung besonders über die Funktion von Unterricht in unserer Gesellschaft kristallisiert sich zunehmend klarer heraus: Unterricht wird nicht primär als Veranstaltung der Gesellschaft zu deren eigener Stabilisierung verstanden, der sich die Schüler unterzuordnen haben, sondern Unterricht wird primär als eine Veranstaltung aufgefaßt, die dem einzelnen Schüler zur Vervollständigung seiner selbst verhelfen soll. Verursacht ist solche Wende wohl durch das gegenwärtige Schulsystem: »Die Ursprünge offener Erziehung sind zu sehen in dem Unbehagen mit einem Massenschulwesen, das dem einzelnen Schüler wenig Raum zur individuellen Entfaltung läßt.« (NAUMANN-ETIENNE 1978, S. 735) Dies bedeutet keinesfalls eine Verleugnung sozialer Gesichtspunkte, wie noch zu erörtern sein wird.

Zweifellos will das Konzept offenen Unterrichts verkrustete Unterrichtsstrukturen aufbrechen. Ist eines der Hauptargumente dafür an der Person des Schülers orientiert, so

ein weiteres an unserer aktuellen Gesellschaftsform. Es heißt, daß eine demokratische Gesellschaft auch einen demokratisch verfaßten Unterricht benötigt, eben den »offenen«:
- »Die Frage nach dem Leistungsanspruch einer offenen Planung läßt sich nur beantworten, wenn man dieses Konzept auf dem Hintergrund der in den vergangenen Jahren zunehmend ernsthafter diskutierten Frage um die Demokratisierung der Schule versteht. Von diesem Ansatz her muß Schule als ein Subsystem der Gesellschaft verdeutlicht werden; Schule hat sich demnach in unserer demokratisch verfaßten Gesellschaft auch als demokratische Schule zu repräsentieren. Man erwartet von ihr, daß sie den Schülern ein Feld zur Vorbereitung auf die Anforderungen und Aufgaben einer demokratischen Lebenspraxis ist. Da in einer Demokratie alle Staatsbürger in den sie betreffenden Bereichen nach vereinbarten Regeln mitbestimmen können, muß folgerichtig dieser Anspruch auf Mitwirkung auch für den Raum der Schule gelten.« (FEIKS 1978, S. 20)
- ». . . Unterricht in einer sich ständig erneuernden demokratischen Gesellschaft mit pluralistischen Wertvorstellungen und dem Ziel der Sicherung des sozialen Fortschritts für alle kann nur als ›offener Unterricht in einer offenen Schule‹ . . . verwirklicht werden.« (ULSHÖFER/GÖTZ 1976, S. 14)
- »In einer Gesellschaft, die sich selbst den Anspruch gegeben hat, demokratisch voranzuschreiten, ist den Individuen die Chance einzuräumen, über ihren eigenen zukünftigen Zustand zumindest mitzubefinden. Diese formale Chance kann faktisch nicht eingelöst werden, wenn Individuen in Unterrichtsveranstaltungen nur gelernt haben, das anzunehmen, von dem andere meinen, daß es gut für sie sei.
In einer Gesellschaft, die sich als demokratische versteht, ist das, was für alle verbindlich sein soll, nicht vorgängig festgelegt, sondern als Ergebnis zu verstehen, das sich am Ende eines offenen, d. i. allen gleichermaßen zugänglichen, Prozesses gesellschaftlicher Kommunikation herausstellt.« (THIEMANN/WITTENBRUCH 1975, S. 282)

Offener Unterricht wird also zum einen als notwendig angesehen, um Schule und Unterricht isomorph mit der geltenden demokratischen gesellschaftlichen Struktur sein zu lassen. Zum anderen wird ausschließlich ein offen gestalteter Unterricht – und damit bereits demokratisch verfaßter Unterricht – für fähig gehalten, Schüler so handeln und heranwachsen zu lassen, daß sie später handlungsfähig in einer demokratischen Gesellschaft sind. In engem Zusammenhang mit diesen beiden Argumenten – polare Orientierung von Unterricht am Schüler und an der aktuellen Gesellschaft – steht ein beobachtbarer curricularer Wandel. In großem Maße ist ein Umschwung in der Gewichtung des Unterrichts eingeleitet worden: Statt wie in der Vergangenheit vorwiegend auf kognitive Lernziele wird mehr Wert auf die Verfolgung sozial-affektiver Zielsetzungen gelegt:

»a) Offener . . . Unterricht sucht eine Alternative zum herkömmlichen Erziehungsprozeß in unseren Schulen . . .
b) Während bisher das Schulsystem vor allem unter dem Anspruch stand, Qualifikationen anzubieten . . ., soll jetzt das erweiterte Sozialisierungskonzept im Mittelpunkt stehen . . .
c) Ziel eines so konzipierten Unterrichts ist es, den Schüler als ›sich verwirklichende und voll handlungsfähige Persönlichkeit‹ zu verstehen . . .

d) Global läßt sich das methodische Vorgehen als Hereinnahme der Prozesse des emotionalen und sozialen Lernens charakterisieren . . .« (KUNERT 1978, S. 12)
Hinter einer solchen Aufwertung ›sozialen Lernens‹ steht eine der gegenwärtigen Positionen in der didaktischen Theoriebildung: die *kommunikative Didaktik*. Sie vertritt jene Auffassungen, die als Bauelemente offenen Unterrichts wiederkehren, vor allem auch über die Öffnung des Unterrichts für Schülerinteressen und -bedürfnisse: »Das Unterrichtsgeschehen wird nicht einseitig als optimale Vermittlung von Wissensinhalten, Fertigkeiten, Methoden und stabilen Verhaltensmustern gesehen, sondern als ›Handlungsgefüge, für dessen Struktur die Intentionen aller Interagierenden konstitutiv sind‹.« (POPP 1976, S. 11) Wenn der offenen Unterrichtsplanung eine didaktische Grundkonzeption zugeordnet werden kann, dann ist es die ›kommunikative Didaktik‹. Aus ihrer Diskussion heraus entwickelte beispielsweise HILLER grundsätzliche Überlegungen zur »Unterrichtsplanung als kommunikativer Prozeß« (HILLER in: POPP 1976, S. 187ff.). Die kommunikative Didaktik lenkte den Blick auf das Interaktionsgeschehen im Unterricht, das als ständige Kommunikation aller Beteiligten angesehen wird. Bereits der erste Versuch zu metatheoretischer Grundlegung einer kommunikativen Didaktik durch SCHÄFER und SCHALLER stellte die Bedeutung der kommunikativen Dimension des Unterrichts heraus. Im Unterschied zu bisherigen didaktischen Konzeptionen wurde Kommunikation nicht mehr nur als ein Mittel – Kommunikation über etwas – aufgefaßt, sondern selbst als so bedeutsam begriffen, daß sie zum Gegenstand des Unterrichts gemacht werden mußte. Es wurde die »Kommunikation über die Kommunikation« propagiert. SCHÄFER/SCHALLER sprechen von der »Beziehungsdimension« des Unterrichts, die zumindest als gleichberechtigt neben der »Inhaltsdimension« anzusehen sei. Sie rücken also die Art der Beziehungen zwischen den am Unterricht Beteiligten in den Vordergrund. Diese Beziehungsdimension enthält Momente des allgemeinen Zusammenlebens, so daß sie ins Bewußtsein der Schüler zu heben ist, damit sie dadurch ihre eigenen – gegenwärtigen und künftigen – Beziehungen steuern lernen. Unterricht erhält auf diese Weise die Aufgabe der Metakommunikation.

Eine solche ›kommunikative‹ Didaktik verfolgt bestimmte Absichten: »Für die kommunikative und emanzipatorische Didaktik ist die Dimension des Metakommunikativen von besonderem Interesse, weil sie den emanzipatorischen Bildungsprozeß vorantreibt« (SCHÄFER/SCHALLER 1973, S. 206). Orientiert an den von HABERMAS aufgestellten Kategorien, verfolgt kommunikative Didaktik ein »emanzipatorisches Erkenntnisinteresse«. Ihre Theorie verfolgt die Absicht, eine »Unterrichtspraxis (zu schaffen), deren Kommunikationsprozesse emanzipatorische Prozesse sind« (SCHÄFER/SCHALLER 1973, S. 181). Und hier wird ihr Berührungspunkt mit dem Konzept offener Unterrichtsplanung besonders deutlich: Auch dieses Konzept möchte Unterricht hinsichtlich der Beziehungen, Interaktionen, Kommunikationsvorgänge so herbeiführen, daß Schüler sich als ganze Personen in diese einbringen und sie mitgestalten können, um auf diese Weise größtmögliche Selbständigkeit und Verselbständigung zu gewährleisten. Es geht nach GARLICHS um die »Einbeziehung von inoffiziellen Themen . . . mit dem Versuch, über Kommunikations- und Interaktionssituationen zu reflektieren« (GARLICHS 1976, S. 99).

Offene Unterrichtsplanung mit der Funktion, offenen Unterricht sicherzustellen, erweist sich als überaus aktuelle Konzeption. In der allgemeindidaktischen Theoriebildung läuft die Diskussion offensichtlich auch darauf zu, die unterscheidbaren erkenntnisleitende Interessen – mit den ihnen zugehörigen Methoden usw. – nicht als verschiedene Ansatzpunkte isolierter Theorien, sondern als verschiedene Seiten ein und derselben Theorie zu begreifen. Es stellt sich dann aber auch die Frage, ob offene Unterrichtsplanung als Alternative oder als Ergänzung zu anderen Planungskonzeptionen aufzufassen ist.

6.3 Diskussion über offene Unterrichtsplanung

Offene Unterrichtsplanung ist offensichtlich im »Gegenschwung zu den geschlossenen Curricula und den ihnen entsprechenden Unterrichtskonzepten« (FEIKS 1978, S. 19) entstanden. Kritik wird deshalb vor allem – aber nicht ausschließlich – von dort vorgetragen.

6.3.1 Gegenargumente

Bei offener Unterrichtsplanung handele es sich weitgehend um ein »Schlagwort« und einen »Slogan«, wirft z. B. LENZEN der Konzeption vor. Nach seiner Auffassung wird hier nur eine postulative Formel ohne hinreichende Definition und ohne wissenschaftliche Ausfüllbarkeit vertreten. Dabei tritt das »Offen« bloß als Forderung auf – Unterrichtsplanung soll offen sein! –, aus der weitere Teilforderungen abgeleitet werden, und zwar in der Weise, daß kurzerhand alle aktuellen Forderungen aus der Erziehungswissenschaft an Schule und Unterricht zu Momenten offener Planung erklärt werden (vgl. LENZEN 1976, S. 138 ff.). In ähnlicher Weise greift auch Ros die Konzeption an. Er sieht die Rechtfertigung des offenen Konzepts bei dessen Vertretern allein durch »Abwehr« der als ›geschlossen‹ gewerteten Ansätze gegeben, wobei diese »ausschließlich als Negativphänomene, als negative Folgen« aufgefaßt werden (Ros 1977, S. 27). Darüber hinaus werde die offene Konzeption unkritisch weitergetragen und ihr »heuristischer« Charakter nicht mehr beachtet: »Die Anhänger verfielen zunehmend der Selbstideologisierung, da sie Schlagwörter wie ›Offenheit‹, ›Praxisnähe‹ und ›Partizipation‹ nicht als allenfalls heuristisch brauchbare Slogans verstanden. Die Begriffe wurden für ihre Verfechter zu omnipotenten Erklärungsschlüsseln.« (S. 28)

Nicht gegen die Rechtfertigung oder den weitgehend unreflektierten Gebrauch wendet sich GSTETTNER, sondern gegen seiner Auffassung nach unausbleibliche und negative Folgen: »Was so ein Vorgang, sollte er tatsächlich in einer Schulklasse stattfinden und auf die ganze Schule ausstrahlen, an organisationssoziologischer und gesellschaftspolitischer Dynamik freisetzt, . . .« wagt er sich nicht auszumalen (GSTETTNER 1977, S. 17). Er befürchtet, daß Lehrer, die auf entsprechende Weise Unterricht planen, Leuten gleichen, »die mit didaktischen Sprengkörpern experimentieren, deren Wirkungen sie zwar nicht einzuschätzen in der Lage sind, von denen sie aber existentiell getroffen werden können« (ebd.). Für verwerflich hält er besonders, daß die verantwortliche Theorie selbst diese Folge nicht spürt, sie aber den Praktikern überläßt: Sie hat »Lehrer zu einem gefährlichen Spiel ermuntert, gefährlich allerdings nur für die Praktiker, weil ja sie bei Konflikten mit Schulverwaltung, Elternbeiräten und politischen Instanzen die Verantwortung tragen und von Sanktionen allein betroffen sind«. GSTETTNER hofft, »daß möglichst wenig Lehrer der Eloquenz und Faszination« der Konzeption »erliegen« (ebd.).

Gegen den Anspruch des offenen Planungskonzeptes, unserer demokratischen Gesellschaftsordnung am besten zu entsprechen und Schule als demokratisierende Instanz gestalten zu können, werden verschiedenartige Argumente vorgetragen. Auf eines wurde schon in anderem Zusammenhang hingewiesen, auf den Vorwurf des »Dilettantismus«, den LOSER erhebt: »Eine dilettantische Unterrichtsplanung unter Beteiligung aller unmittelbar Betroffenen . . . läuft daher gerade gegen den Strich einer ›Demokratisierung‹, die Offenlegung und damit Kontrolle von Entscheidungen verlangt und sich Handeln . . . ohne Rechtfertigung vor der Folie von Begründungshorizonten nicht bieten lassen kann.« (LOSER 1975, S. 246) Gegen LOSERS eigenen Vorschlag sind aber auch Bedenken zu erheben. Er verlangt Offenlegung der Planung gegenüber den Schülern zum Zweck der »Rechtfertigung«. Was aber nützt solche Rechtfertigung, wenn nicht von Schülerseite vorgetragene Bedenken, Alternativvorschläge usw. unmittelbar in die Planung eingehen können!? Es würde sich um bloße Augenwischerei handeln. LOSER sieht aber noch einen weiteren fragwürdigen Aspekt: »Die Flexibilität der divergierenden Unterrichtsmuster, bezogen auf kindliche Bedürfnisse, Interessen, Fähigkeiten und Fragen, privilegiert allzu leicht jene Privilegierten, die unterrichtsrelevante Bedürfnisse, Fähigkeiten, Interessen und Fragen bereits haben und diese zur Sprache bringen können.« (S. 247) In dieser Argumentation stimmt er mit MOSER überein, der als Auswirkung des offenen Unterrichts ebenfalls eine Vertiefung der Kluft zwischen Kindern verschiedener sozialer Herkunft befürchtet: Offener Unterricht bringe »für Unterschichtkinder einige schwerwiegende Probleme mit sich . . ., die eng mit dem eher rigiden, auf Einhaltung vorgegebener Normen orientierten Erziehungsstil zusammenhängen dürften. Denn damit wird es für diese Kinder sehr schwierig, in Diskurse einzutreten und Normen zu problematisieren und zu begründen . . . Demgegenüber dürfte die Qualität des Sozialisationsprozesses, wie er in der Mittelschicht vorherrscht, unter den genannten Aspekten eher Vorteile mit sich bringen.« (MOSER 1974, S. 177)

Wenn befürchtet wird, daß die erwartete demokratische und demokratisierende Wirkung des Unterrichts bei offener Planung ausbleibt oder sich sogar in ihr Gegenteil verkehrt, dann wird hierfür die unzureichende Kompetenz von Schülern angeführt. Einerseits ist von ihrer Unfähigkeit zur Planung von Unterricht – Dilettantismus – die Rede, andererseits von der unterschiedlichen Fähigkeit zur Beteiligung am offenen Unterricht. MOSER macht zusätzlich auf die Einstellung von Eltern aufmerksam, die ebenfalls schichtspezifische Unterschiede aufweist: So sprachen sich Mittelschichteltern signifikant häufiger für offenen Unterricht (»discovery-oriented teaching style«) aus als Unterschichteltern, die einen kontrollierenden Stil bevorzugten. Treffen alle diese Annahmen zu, dann muß befürchtet werden, daß offener Unterricht die Erziehungs- und Bildungsaufgabe der Schule nur unzulänglich verwirklichen, vor allem aber gegen den fundamentalen Gleichheitsgrundsatz unserer Gesellschaft verstoßen kann.

Auf die große Bedeutung der Kommunikation in dieser Konzeption eingehend, trägt FEIKS zwei Bedenken vor. Zum einen meint er, daß die Vorrangigkeit der Kommunikation die Inhalte des Lernens als zweitrangig und völlig austauschbar abstempelt: »Den Unterrichtsinhalten wird durch dieses Konzept ein verhältnismäßig geringer, vielleicht sogar ein zu geringer Stellenwert zugewiesen« (FEIKS 1978, S. 20). Zum anderen sieht er ein zwangsläufiges Dilemma in der Beziehung zwischen Lehrer und Schülern voraus: »Das offene Planungskonzept verlangt letztlich völlig symmetrische Kommunikation zwischen allen am Unterricht Beteiligten. Andererseits aber kommt ein erzieherisches Verhältnis ohne eine gewisse Dominanz des Erziehers nicht aus.« (S. 21)

Aus der Praxis werden Bedenken vor allem dann geäußert, wenn Fachunterricht in zerrissenen Einzelstunden und von Fachlehrern erteilt wird, so daß weder der zeitliche Aufwand für offen-kooperative Planung gewährleistet werden kann, noch die vorauszusetzende enge Vertrautheit zwischen Lehrer und Schülern besteht.

6.3.2 Alternative oder Ergänzung!?

Insbesondere aus der Praxis, aus der Unterrichtswirklichkeit heraus hat sich die Auffassung gebildet, daß offene Unterrichtsplanung nicht als krasse Alternative, sondern als Ergänzung zu den bekannten Planungskonzepten verstanden werden muß. So kommt auch FEIKS nach einer Gegenüberstellung offener und geschlossener Konzepte zu dem Ergebnis,»daß sich diese Spannung nicht einfach zu einem der Pole hin auflösen läßt, sondern Unterrichtsplanung in der Schulwirklichkeit wird sich abhängig vom jeweiligen Vorhaben und der jeweiligen Situation tendenziell an einem der beiden Planungskonzepte orientieren können« (FEIKS 1978, S. 21). GLÖCKEL kommt zu demselben Ergebnis: »Die Spannung zwischen den Polen der Festgelegtheit und der Offenheit läßt sich nicht zugunsten der einen oder anderen Seite auflösen. In ihr bewegt sich unterrichtliches Planen und Handeln, nur selten in reiner Form einen der Pole verkörpernd, in der Regel auf der Linie zwischen ihnen verlaufend, einmal der Festgelegtheit näher, ein andermal der Offenheit. Dementsprechend müssen wir zwischen geschlossener und offener Planung unterscheiden und uns fragen, unter welchen Bedingungen und zu welchen Zwecken mehr die eine oder mehr die andere am Platze ist.« (GLÖCKEL 1977, S. 24)

Ob offene Unterrichtsplanung sich als möglich erweist, wird von den in der konkreten Situation bestehenden Voraussetzungen abhängig sein. Ob sie sich als notwendig herausstellt, wird eher von den Zielsetzungen her zu entscheiden sein. Dabei wird es darauf ankommen, erwünschte Absichten mit den situativen Bedingungen in Einklang zu bringen. Auf jeden Fall scheint hier ein überaus fruchtbares Konzept in die Diskussion eingebracht worden zu sein, das nicht als ausschließende, sondern ergänzende Alternative zu den übrigen Konzepten in Frage kommt.

Wie bei allen gegenstehenden Umständen und Bedenken offener Unterricht schrittweise eingeführt und zum erfolgversprechenden Konzept werden kann, beschreibt BADEGRUBER (1992) überaus anschaulich und verständlich. Er legt Wert darauf, daß alle betroffenen Schüler Schritt für Schritt Formen und Techniken selbstgesteuerten Lernens kennenlernen und anwenden können. Dabei sollten sich Lehrer seiner Auffassung nach vor allem darauf einstellen, einzelne, in offener Unterrichtsatmosphäre nicht so sichere Schüler zu unterstützen.

Literatur

BADEGRUBER, Bernd: Offenes Lernen: in 28 Schritten, Linz 1992
BECKER, Georg E.: Planung von Unterricht. Weinheim 1984
BÖNSCH, Manfred / SCHITTKO, Klaus (Hrsg.): Offener Unterricht. Hannover 1979
BOETTCHER, Wolfgang / OTTO, Gunter / SITTA, Horst / TYMISTER, Hans-Josef: Lehrer und Schüler machen Unterricht. München ²1978
BROMME, Rainer / SEEGER, Falk: Unterrichtsplanung als Handlungsplanung. Königstein/Ts. 1979
DICHANZ, Horst / MOHRMANN, Karin: Unterrichtsvorbereitung. Probleme, Beispiele, Vorbereitungshilfen. Stuttgart 1976

Modelle der Unterrichtsplanung

FEIKS, Dietger: Zielbezogene und offene Unterrichtsplanung – Eine Bestandsaufnahme. In: Die Unterrichtspraxis. Beilage zur Lehrerzeitung Baden-Württemberg. 1978, H. 3, S. 17–22
GARLICHS, Ariane: Das inoffizielle Thema im Unterricht. In: GARLICHS/HEIPCKE/MESSNER/RUMPF: Didaktik offener Curricula. Weinheim ²1976, S. 95–106
– / GRODDECK, Norbert: Erfahrungsoffener Unterricht. Freiburg 1978
GLÖCKEL, Hans: Die Planbarkeit des Unterrichts. In: HACKER, Hartmut /POSCHARD, Dieter (Hrsg.): Zur Frage der Lernplanung und Unterrichtsgestaltung. Hannover 1977, S. 13–36
GSTETTNER, Peter: Ein Diskussionsbeitrag zu einem Angriff auf die Offenen Curricula und ihre Freunde. In: HALLER, Hans-Dieter / LENZEN, Dieter (Hrsg.): Repliken zum Jahrbuch für Erziehungswissenschaft 1976. Stuttgart 1977, S. 13–19.
HILLER, Gotthilf Gerhard: Unterrichtsplanung als kommunikativer Prozeß. In: POPP, Walter (Hrsg.): Kommunikative Didaktik. Weinheim / Basel 1976, S. 187–208
KUNERT, Kristian: Theorie und Praxis des offenen Unterrichts. München 1978
LENZEN, Dieter: Offene Curricula – Leidensweg einer Fiktion. In: HALLER, Hans-Dieter /– (Hrsg.): Jahrbuch für Erziehungswissenschaft 1976. Stuttgart 1976, S. 138–162
LOSER, Fritz: Aspekte einer offenen Unterrichtsplanung. In: Bildung und Erziehung, 28. Jg., 1975, S. 241–257
MANN, Iris: Lernen durch Handeln. München 1977
MESSNER, Rudolf: Theorien der Unterrichtsplanung und schulischer Alltag. In: Westermanns Pädagogische Beiträge, 30. Jg., 1978, S. 382–389
MEYER, Hilbert: Leitfaden zur Unterrichtsplanung. Königstein/Ts. 1980
MOSER, Heinz: Handlungsorientierte Curriculumforschung. Weinheim / Basel 1974
NAUMANN-ETIENNE, Maren: Probleme der Realisierung von offener Erziehung. In: Die Deutsche Schule, 70. Jg., 1978, S. 735–749
POPP, Walter (Hrsg.): Kommunikative Didaktik. Weinheim / Basel 1976
RAMSEGER, Jörg: Offener Unterricht in der Erprobung. Erfahrungen mit einem didaktischen Modell. München 1977
Ros, Michael: Wissenschaftssoziologische Analyse des Paradigmawechsels von »geschlossenen« zu »offenen Curricula«? In: HALLER, Hans-Dieter / LENZEN, Dieter (Hrsg.): Repliken zum Jahrbuch für Erziehungswissenschaft 1976. Stuttgart 1977, S. 26–31
SCHÄFER, Karl-Hermann / SCHALLER, Klaus: Kritische Erziehungswissenschaft und kommunikative Didaktik. Heidelberg, 2., verb. und erw. Aufl., 1973
SCHITTKO, Klaus: Überlegungen und Vorschläge zur Unterrichtsplanung des Lehrers/Lehrerteams. In: Die Deutsche Schule, 68. Jg., 1976, S. 590–612
–: Ansätze zu einer kritischen Didaktik. In: Die Deutsche Schule, 72. Jg., 1980, S. 652–659
SCHULZ, Wolfgang: Unterricht – Analyse und Planung. In: HEIMANN, Paul / OTTO, Gunter / –: Unterricht – Analyse und Planung. Hannover 1965, S. 13–47
SPODEK, B. / WALBERG, H. J. (Hrsg.): Studies in Open Education. New York 1975; darin: THOMAS / WALBERG, H. J.: An Analytic Review of the Literature, S. 13–44; MACDONALD: Perspective on Open Education: A Speculative Essay, S. 45–58
THIEMANN, Friedrich / WITTENBRUCH, Wilhelm: Gegen eine vor-schreibende Unterrichtsplanung. – Entwurf und Erprobung eines Alternativkonzepts. In: Bildung und Erziehung, 28. Jg., 1975, S. 280–296
ULSHÖFER, Robert: Theorie und Praxis des kooperativen Unterrichts. Bd. 1: Grundzüge der Didaktik des kooperativen Unterrichts. Stuttgart 1971 (²1975)
– / GÖTZ, Theo (Hrsg.): Praxis des offenen Unterrichts. Das Konzept einer neuen kooperativen Didaktik. Freiburg 1976
WILHELMER, Bernhard: Lernen als Handlung. Köln 1978

7 Schülerorientierte Unterrichtsplanung

Vorklärungen

Viele Momente und Postulate der hier erläuterten schülerorientierten Planung entsprechen jenen der »offenen Planung« (vgl. S. 153 ff.). Die von BIERMANN 1985 vorgestellte Konzeption scheint mir aber einerseits das Planungsproblem unter besonderer Perspektive überaus umfassend und in einsichtiger Systematik transparent zu machen und andererseits zu ausgewogenen und praktikablen Hilfen für die Planung durchzustoßen, wie sie von seiten kritisch-kommunikativer Didaktik bisher noch fehlten. Bestechend ist die Konsequenz, mit der auf Schülerbeteiligung gedrungen wird, überzeugend die Nüchternheit, mit der diese angesichts der Unterrichtswirklichkeit in unterschiedlich machbarer Weise eingelöst werden soll.

7.1 Grundstruktur und Aufgaben der Unterrichtsplanung

Unterricht ist nach BIERMANNS Auffassung stets durch zwei Planungsvorgänge bestimmt:
– die *Rahmenplanung*
– die *Prozeßplanung*.

Rahmenplanung bezieht sich auf die gesamte gesetzliche, institutionelle, curriculare, organisatorische Vorgabe, in der Lehrer und Schüler sich vorfinden, wenn sie gemeinsam den Unterricht zu bestreiten haben. Vorgegeben sind u. a. das Bildungssystem, die Schulgesetze, die Lehrpläne, Bauten und Räume und die sozialen Rollen von Lehrern und Schülern. Lehrer und Schüler treffen auf diese Vorgaben, die den Rahmen für alle weitere didaktische und mithin auch Planungsarbeit abstecken.

Prozeßplanung meint die Aufgabe, den konkreten Lernprozeß – einer bestimmten Schülergruppe in einer bestimmten Situation – durch entsprechende Überlegungen und Entscheidungen vorwegzunehmen und abzusichern. Hier stellt sich die »Aufgabe Unterrichtsplanung« (1985).

Ähnlich wie die Vertreter der lerntheoretischen Didaktik nimmt BIERMANN an, daß aller Unterricht dieselben dauerhaften Strukturen aufweist, so daß die Planungsaufgabe darin besteht, diese Strukturen jeweils in situativ angemessener Weise auszugestalten. Drei solcher Strukturen sind der Prozeßplanung aufgegeben:
– der *Inhaltsaspekt*
– der *Vermittlungsaspekt*
– der *Beziehungsaspekt*.

Die Planungsaufgabe wird demnach darin gesehen:
– den Inhalt, das, *was* gelernt und gelehrt werden soll, auszuwählen,
– die Art und Weise, *wie* gelehrt und gelernt, wie das Was vermittelt werden soll, zu bestimmen,
– die Art der sozialen Beziehung zu entscheiden, in der Lehrende und Lernende sich um Lehren und Lernen bemühen.

Literatur zu diesem Kapitel siehe Seite 182.

Soweit folgt die Strukturerhellung noch bekanntem didaktischem Muster; dann aber weicht sie erheblich davon ab. BIERMANN entwickelt nämlich hinsichtlich der Prozeßplanung nicht nur ein Modell, sondern zwei Modelle für die Unterrichtsplanung:
- das *Modell für gebundene partizipative Planung*
- das *Modell für kooperative Planung*.

Diese beiden Modelle ergänzen einander und sind in Verschränkung anzuwenden. Welches Modell jeweils in Frage kommt, hängt nach *Biermann* von der favorisierten Lernart ab. Unter Rückgriff auf VON HENTIG (1973) unterscheidet er zwei grundsätzliche Lernformen, die beide schulisches Lernen bestimmen und einander ergänzen:
- das *Lernen durch Lehre*
- das *Lernen aus Erfahrung*.

Am häufigsten findet man in der Schule das *Lernen durch Lehre*. Schüler werden im Unterricht mit Sachen konfrontiert, die sie noch gar nicht oder in dieser Art noch nicht kennen; sie nehmen erstmals im Unterricht Kenntnis von ihnen, erfahren sie dort und lernen über sie. Es gibt aber auch *Lernen aus Erfahrung,* das heißt hier: Lernen aus der Erfahrung der Schüler heraus, die diese selbst gemacht haben bzw. zu deren Eigenerfahrung der Unterricht ihnen Gelegenheit gibt. Beispiel: Schüler erleben die Folgen von Tschernobyl, diese Erfahrung reicht bis an den täglichen Frühstückstisch. Im Unterricht erwächst aus diesem Erleben, dieser Erfahrung am eigenen Leibe der Wunsch, über atomare Strahlung zu lernen (Lernen aus Erfahrung). Anders wäre es beim Lernen durch Lehre: Weil Lehrplan und Lehrbuch dies so vorgeben, wird im Unterricht die atomare Strahlung behandelt, die Schüler werden darüber belehrt, ungeachtet der möglichen eigenen Erfahrungen, die Schüler mit der Sache haben.

Die beiden Lernformen gehen mit den beiden Planungsmodellen zusammen:
- *Lernen durch Lehre – gebundene partizipative Planung*

Für dieses Lernen wird die Tatsache akzeptiert, daß Unterricht zahlreiche Vorgaben hat und ein streng geregeltes Geschehen ist, in dem Lehrer und Schüler unterschiedliche Aufgaben haben. Die Planung ist Sache des Lehrers; er hat über Inhalte, Vermittlungsformen und Beziehungsweisen zu entscheiden. Die Lehrer-Schüler-Beziehung wird hier nach Art »komplementärer Kommunikation« gestaltet sein, d. h., während der Lehrer auch nach außen sichtbar mehr die Lehr-Aufgabe wahrnimmt, bleibt den Schülern ihre Lern-Aufgabe; beide zusammen erst ergeben das vollständige Lehr-Lern-Geschehen (vgl. WATZLAWICK u. a. 1969). Keineswegs darf diese Planungskonzeption dahingehend mißverstanden werden, daß der Lehrer hier die Aufgabe hätte, vorweg eine feste Beschreibung von Unterricht vorzunehmen und diese dann der Lerngruppe wie ein bändigendes und einbindendes Korsett überzustülpen. In der Bezeichnung »gebunden partizipativ« kommt vielmehr die Aufforderung zum Ausdruck, die Bindung an alle maßgeblichen Vorgaben durchaus anzunehmen, die Schüler aber auch an der Planung partizipieren zu lassen, wo immer dies möglich ist.

- *Lernen aus Erfahrung – kooperative Planung*

VON HENTIG hat überzeugend argumentiert, daß Schule weder völlig in das wirkliche Leben hinausgehen noch dieses uneingeschränkt in sich hineinholen kann, weil sie ein Raum zubereiteter Erfahrung für Lernen ist, er hat aber auch auf die Bedeutung hingewiesen, die dem Lernen aus eigener Erfahrung der Schüler zukommt (vgl. 1973). Eigenerfahrung von Schülern aber kann nicht vorgeplant oder gar verplant werden, denn dann wäre sie es nicht mehr. Was Schule tun kann, ist: Unterricht für die Aufarbeitung von Schülererfahrungen öffnen oder Unterricht für mögliche Eigenerfahrungen von Schülern offenhalten sowie Zeit, Mittel und Hilfen hierfür bereitstellen. Konsequenterweise müssen dann Schüler über Inhalte, Vermittlung und Beziehung entscheiden oder zumindest mit-entscheiden, soweit dies der vorgegebene Rahmen noch zuläßt. Kooperation von Lehrern und Schülern bei der Planung lautet demnach die didaktische Forderung, wobei die Beziehung zwischen allen Beteiligten nach dem Prinzip »symmetrischer Kommunikation« auszugestalten wäre (vgl. WATZLAWICK u. a. 1969).

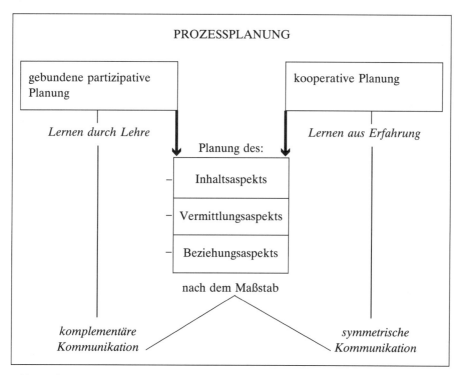

Abb. 14: Grundstruktur schülerorientierter Unterrichtsplanung

7.2 Planungshilfen für die Prozeßplanung

Es sei noch einmal dargestellt: »Prozeßplanung« nennt BIERMANN die für bestimmte Lerngruppen in bestimmten Lernsituationen notwendige Lehr-Lern-Planung, wobei diese im Rahmen von Vorgaben erfolgt, die jedem Unterricht durch Gesetze, Lehrplan, Verordnungen, Umstände usw. gesetzt sind. Auch wenn beträchtliche Unterschiede in der Planbarkeit von ›Lernen durch Lehre‹ und ›Lernen aus Erfahrung‹ bestehen, versucht BIERMANN so weitgehende Strukturhilfen für beide Planungsaufgaben zu geben, wie ihm dies möglich erscheint. Auf jeden Fall werden im Schulalltag beide Planungsformen, die ›gebundene partizipative‹ und die ›kooperative‹, erforderlich; auf beide müssen Lehrer eingestellt und vorbereitet sein.

7.2.1 Prinzipien der Planung

Die Planungsaufgabe erstreckt sich nach BIERMANN auf drei Aspekte: den Inhalts-, den Vermittlungs- und den Beziehungsaspekt von Unterricht. Für jeden dieser drei Aspekte beschreibt er für beide Planungsformen die prinzipielle Gestaltung.

Inhaltsaspekt

Es geht hier darum, die Sache zu entscheiden, die gelernt werden bzw. an der gelernt werden soll, d. h. das *Was* des Unterrichts. Beim ›Lernen aus Erfahrung‹ kann dies nur die eigene *Erfahrung* der Schüler sein, die in den Unterricht hereingeholt wird. Entweder ist dies eine Erfahrung, die von den Schülern bereits gemacht worden ist, die es mithin im Unterricht bloß wiederaufzugreifen und dort zu verarbeiten gilt, oder es ist eine Erfahrung, die Schüler noch (am eigenen Leibe) machen sollen, die dann in den Unterricht hineingenommen und dort ermöglicht wird.

Beim ›Lernen durch Lehre‹ ist es nie die ureigene und unmittelbare Erfahrung, sondern eine Erfahrung »aus zweiter Hand«, um die es geht. Es handelt sich – für die Schüler – stets um *Theorie*. Solche Theorie, schon ein in Worte gefaßtes Wissen aus der Erfahrung anderer um etwas, kann durchaus verschiedene Formen haben, kann die subjektive Erfahrung des Lehrers, kann aber auch die versierte wissenschaftliche Erfahrung zur Grundlage haben.

Für die ›gebundene partizipative Planung‹ geht es also darum, solche *Theorien* zu Unterrichtsinhalten zu machen, für die ›kooperative Planung‹ hingegen um *Erfahrungen* im oben beschriebenen Sinne. Selbstverständlich kann ein Unterrichtsinhalt, wenn man Theorie und Erfahrung als Endpunkte eines Bandes möglicher Inhaltsformen begreift, auch irgendwo dazwischen angesiedelt sein und eine Mischform darstellen.

Vermittlungsaspekt

Es geht hier um die Planung der Art und Weise, in der ein Inhalt vermittelt werden soll, in der Schüler sich mit ihm auseinandersetzen können, um so zu lernen.

Beim ›Lernen durch Lehre‹ wird es darauf ankommen, den Schülern *Lernhilfen* an die Hand zu geben, d. h. Hilfen für ihre Auseinandersetzung mit den Inhalten. Beim ›Lernen aus Erfahrung‹ dagegen kann solche Vermittlung konsequenterweise bloß durch die Schüler selbst bestimmt werden, können allein sie selbst über ihre Lernweise entscheiden. Folglich spricht BIERMANN hier auch von *selbstbestimmtem Lernen*.

Während die ›gebundene partizipative Planung‹ nach geeigneten Lernhilfen Ausschau halten muß, kann ›kooperative Planung‹ nur Zurücknahme aller vorbestimmten Entscheidungen zugunsten der Schüler-Selbstbestimmung bedeuten.

Beziehungsaspekt

Hier ist die Art des Umgangs – vor allem zwischen Lehrendem und Lernenden – gemeint. Bei ›Lernen aus Erfahrung‹ kann der Lehrer sich bloß als Partner den Schülern anbieten und für sie als Experte (auf Abruf) zur Verfügung stehen, d. h., die Beziehung läßt sich als *Kooperation* beschreiben. ›Lernen durch Lehre‹ aber verlangt den Lehrer, der beratend – auch vorsorglich – den Schülern zur Seite steht, der sie bei ihren Lernanstrengungen unterstützt; BIERMANN spricht hier auch von *Unterstützung*.

Planung kann demnach darin bestehen, Maßnahmen und Formen der ›Unterstützung‹ zu überlegen, vorzusehen und bereitzustellen (gebundene partizipative Planung), oder

Schülerorientierte Unterrichtsplanung

darin, sich bereitzumachen für ›Kooperation‹, für das Einlassen mit Schülern auf die gemeinsame Anstrengung des Lernens (kooperative Planung). BIERMANN sieht überaus nüchtern, daß beide Planungsformen notwendig sind. Die Aufgabe der Schule, Heranwachsende zu qualifizieren und in die Gesellschaft zu integrieren, erfordert gebundene Planung, weil freies selbstbestimmtes Lernen zuviel dem Zufall überlassen müßte und so die Zukunft der Heranwachsenden einseitig deren Gegenwart geopfert würde. Aber es gilt auch, jede nur erspähbare Gelegenheit im täglichen Unterricht zu nutzen für einen an der eigenen Erfahrung der Heranwachsenden orientierten Unterricht, so daß beim Lehrer eine Einstellung gegenüber Planung nach dem Muster kooperativer Planung nötig wird.

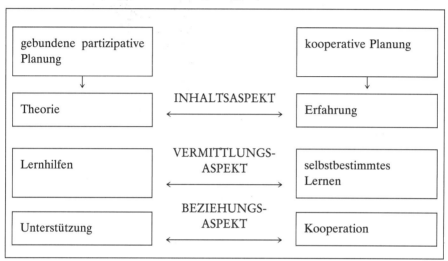

Abb. 15: Prinzipielle Bestimmungsstücke der schülerorientierten Planung

7.2.2 Hinweise für die Planung

BIERMANN geht mit seiner Hilfe für den planenden Lehrer noch weiter, indem er grundsätzliche Hinweise darauf gibt, wie nach den beiden Modellen bei der Planung der Bestimmungsstücke unter den drei Aspekten vorgegangen werden soll. So möchte er sicherstellen, daß die didaktische Intention verwirklicht wird (vgl. Abschnitt 7.4: »Didaktischer Hintergrund«, S. 181f.).

Gebundene partizipative Planung
Für den *Inhaltsaspekt* gilt es, die geeignete *Theorie* in den Unterricht zu bringen. Trotz aller curricularen Vorgaben, besonders durch den Lehrplan, hat der Lehrer fast durchweg noch weite Spielräume, um die konkreten Inhalte für den Unterricht zu bestimmen. Nach BIERMANN soll er sich dabei von drei Postulaten leiten lassen:
– Die Inhalte sollten den Schülern Zugang zur Wissenschaft eröffnen, sie also nicht mit irgendwelchen, gar obskuren Sachverhalten beladen, sondern ihnen wissenschaftlich abgesicherte Kenntnisse vermitteln.
– Die Inhalte sollten Anknüpfungen an persönliche Lebenserfahrungen der Schüler zulassen.

– Die Inhalte sollten einen existentiellen Bezug auf die Zukunft der Schüler haben.

Für die *Theorie* ist der Lehrer Experte und hat durch Planung dafür zu sorgen, daß die Auswahl und Aufbereitung didaktisch richtig erfolgt.

Bezüglich des *Vermittlungsaspekts* sollten *Lernhilfen* so geplant werden, daß im Unterricht stets Alternativen verfügbar sind, die den Schülern angeboten werden. Nicht ein einziger Weg, eine Einbahnstraße, als Lernhilfe, sondern ein Bündel möglicher Wege muß vorbereitet werden.

Hinsichtlich des *Beziehungsaspekts* kann die *Unterstützung* den Lernenden nicht wortlos vorgegeben, gar aufgezwungen werden. Sie sollte vielmehr den Schülern offengelegt werden, d. h., die Art der jeweils vorgesehenen Beziehung – und die Begründung dafür – sollte den Schülern aufgedeckt und auch plausibel gemacht werden. Hier läßt sich BIERMANN offensichtlich von den Argumenten und Forderungen LOSERS über die reale Möglichkeit der Beteiligung von Schülern an der Unterrichtsplanung überzeugen (vgl. im vorliegenden Buch das Kapitel »Offene Unterrichtsplanung«, S. 153 ff.).

Kooperative Planung
Die kooperative Planung ist selbstverständlich viel zurückhaltender, die Planung soll ja gerade Lernräume für ein eigenbestimmtes Lernen der Schüler offenhalten und nicht den ansonsten üblichen Zwang durch Vorgaben nunmehr durch ein Diktat des Lehrers ersetzen.

Die Planung zum *Inhaltsaspekt* geht auf *Erfahrungen* der Schüler aus; und es ist gemeinsame Sache von Lehrern und Schülern – die ja hierfür ihre eigenen Experten sind –, sich auf jene Erfahrungen zu einigen, die im Unterricht bearbeitet werden sollen. BIERMANN schlägt vor, hier dem Prinzip »generativer Themen« nach P. FREIRE zu folgen. (Generative Themen enthalten die Möglichkeit, »in viele mögliche Themen weiter entfaltet zu werden, die ihrerseits nach der Durchführung neuer Aufgaben verlangen«. [FREIRE 1971, S. 113.]) Die Themen sollten nicht isoliert vom Leben der Betroffenen sein und sich nicht in sich selbst erledigen, sondern zum Handeln auffordern bzw. dazu überleiten.

Auch für den *Vermittlungsaspekt* wird derselbe Hinweis gegeben: *Selbstbestimmtes Lernen* sollte unter Mithilfe des Lehrers solche Methoden und Verfahren aufgreifen, die Schüler nicht bloß zu schulüblichem sprachlichem Handeln, sondern zu praktischem Handeln anleiten.

Für den *Beziehungsaspekt* rät BIERMANN, *Kooperation* vor allem dadurch anzustreben, daß auf die übliche Wahrnehmung der traditionellen Rollen – als Lehrer und Schüler – verzichtet wird, d. h., Lehrer und Schüler sollen zu häufigem Rollenwechsel und zur Wahrnehmung vielfältiger und unterschiedlicher Rollen bereit sein.

7.2.3 Unterrichtsentwurf
Einen Unterrichtsentwurf kann es nur für die ›gebundene partizipative Planung‹ geben, nicht aber für die ›kooperative Planung‹. Ein Plan enthält Vorentscheidungen über beabsichtigte Maßnahmen, bei echter Kooperation können Entscheidungen aber nur gemeinsam, beim Zusammentreffen von Lehrern und Schülern getroffen werden; Lehrer können allenfalls – und darauf richtet sich diese Planung – gedanklich gut gerüstet in diese gemeinsame Situation hineingehen. Planung ist hier sorgfältige Erarbeitung von Möglichkeiten, Reflexion und sprachliche Bewältigung. Aber auch der aus gebundener

Schülerorientierte Unterrichtsplanung

| Name des Lehrers | Ort, Datum |

Unterrichtsentwurf
Schule/Klasse:
Fach/Unterrichtseinheit/Zeit:
Thema der Unterrichtsstunde:

1. Vorüberlegungen

1.1 Vorgaben des Unterrichts
- Zeit/Ort
- Qualifikation/Integration
- Curriculum
- Schüler/Lehrer

1.2 Inhaltsaspekt des Unterrichts
- Curriculare Einordnung
- Kodifizierung der Inhalte
- Inhaltsklassen
- Qualifikation der Lernenden
- Lernstand der Schüler

1.3 Vermittlungsaspekt des Unterrichts
- Methodenkonzept
- Unterrichtssituationen
- Medienverwendung
- Lehrakte/Lernakte

1.4 Beziehungsaspekt des Unterrichts
- Sozialformen
- Interaktionsstil
- Soziales Lernen
- Sprachlich-soziale Aktionen

1.5 Gliederung des Unterrichtsprozesses
- Einzelne Unterrichtsphasen
- Folge der Phasen

1.6 Anlagen
- Arbeitsblätter
- Tafelanschriften, Folien, Zeichnungen u. a.

2. Verlaufsskizze

Phase/Zeit	Unterrichtshandeln (einschließlich des Inhalts-, Vermittlungs- und Beziehungsaspekts)	Zusätze
1. Einstieg 10 Min	Im Klassenunterricht soll aus der Abbildung »Arbeit und Freizeit« die Zunahme der Freizeit heute erschlossen werden. L: Versucht bitte das Schaubild zu deuten! SS kommentieren das Bild und stellen die Unterschiede in Vergangenheit und Gegenwart heraus.	TLP

Abb. 16: Anlage des Unterrichtsentwurfs (BIERMANN 1985, S. 127)

Planung hervorgegangene Entwurf soll nicht vor-schreibender Art sein, sondern bloß jene Möglichkeiten vorgeben, die sich als wahrscheinlich beste herausgeschält haben (vgl. das Kapitel »Offene Unterrichtsplanung«, S. 153ff.).

Für die ›gebundene partizipative Planung‹ schlägt BIERMANN vor, dem eigentlichen Entwurf des vorgesehenen Unterrichtsverlaufs (a) Daten und (b) Vorüberlegungen vorzuschalten (vgl. *Abb. 16* auf Seite 175).

7.3 Ein Beispiel

Fach: Heimat- und Sachunterricht
Schuljahr: 3., Grundschule
Thema: Kinder naschen gerne.
Zielsetzung: Einsehen, daß zu viele Näschereien ungesund sind und man sich daher einschränken sollte.

Vorüberlegungen

1. *Vorgaben des Unterrichts*

Arbeitsbereich 2: Formen der Lebensführung
Nahrung und Ernährung

Dem Schüler wird deutlich, daß Gesundheit und Wohlbefinden des Menschen auch von richtiger und ausgewogener Ernährung abhängen. Er sieht ein, daß man mit Lebensmitteln verantwortungsvoll umgehen soll.

Unsere Nahrungsmittel stammen von Tieren und Pflanzen	Unterschiedliche Speisezettel Ausgewogene Zusammenstellung
˩Eine gesunde Ernährung ist wichtig ˩	Gesundheitsgefährdung durch Genußmittel
Das Pausenbrot kann sich jeder von uns selbst zusammenstellen	»Das gesunde Frühstück« Verantwortungsvoller Umgang mit Nahrungsmitteln
Viele Kinder in der Welt müssen hungern	Hungergebiete in der Welt → evR, Lehrplaneinheit 3.4, Richtig helfen

---

(Bildungsplan für die Grundschule, Baden-Württemberg, Stuttgart 1984, S. 149)

In diesem Lehrplan sind verbindliche Lernziele (horizontal über dem T-Balken), verbindliche Lerninhalte (vertikal, links am T) und unverbindliche methodische u. a. Hinweise (vertikal, rechts am T) vorgegeben. Hier ist ein Thema für den Inhalt ›Eine gesunde Ernährung ist wichtig‹ aufgestellt worden. Die damit angestrebte Qualifikation beschreiben die Lernziele.

Die Klasse setzt sich aus elf Mädchen und sieben Jungen zusammen, die seit dem Schulanfang zusammen sind. Die Lehrerin übernahm die Klasse – wie üblich – zu Beginn des dritten Schuljahres, hat aber inzwischen eine sehr gute Beziehung zu allen Schülern. Es besteht ein lockerer Umgang; im Unterricht wird viel gelacht, auf äußere

Disziplin wird kein großer Wert gelegt; die Schüler bewegen sich frei im Klassenzimmer, wenn sie dies für nötig halten; die Arbeitshaltung ist – bis auf einen Schüler – konzentriert, die üblichen schulischen Lerntechniken und sozialen Verhaltensweisen werden eingehalten.
Für das Thema steht eine Doppelstunde (90 Minuten) von 7.30–9.05 Uhr am Dienstag morgen zur Verfügung.

2. *Inhaltsaspekt des Unterrichts*
Das Thema ordnet sich curricular, wie aus dem Lehrplanzitat ersichtlich, dem Arbeitsbereich »Formen der Lebensführung« ein, für den das Thema im dritten Schuljahr »Nahrung und Ernährung« ist. Der Lehrplan für den Heimat- und Sachunterricht in der Grundschule sieht für jedes Schuljahr dieselben sieben Arbeitsbereiche vor, die in jedem Schuljahr andere besondere Zielsetzungen aufweisen und diesen Zielsetzungen spezifische Themen zuordnen.

Die Schüler sollen hier – unmittelbar und zugleich exemplarisch am Problem »Naschen« – für eine gesunde Lebensführung qualifiziert werden, d. h. die dafür erforderlichen Kenntnisse erwerben. Wenn möglich, soll die Qualifikation aber auch im affektiven und nicht bloß im kognitiven Bereich erfolgen, d. h., es soll sich möglichst schon jetzt eine grundlegende positive Einstellung und Bereitschaft zu gesunder Ernährung anbahnen.

Bisher ist mit den Schülern eine solche Thematik in der Schule noch nicht reflektiert worden; in Einzelfällen ist gelegentlich am Beispiel vorgefertigter Pausenfrühstücke (»süße Stengel« u. ä.) schon auf falsche Ernährung durch Näschereien eingegangen worden.
Die Anknüpfung der Themenbehandlung an das Vorwissen der Schüler wäre in der üblichen Weise sicher möglich, man könnte also das Thema gesprächsweise aufgreifen und dann gezielt weiterbehandeln. Statt aber von der Erfahrung der Kinder unmittelbar auszugehen, soll hier eine gemeinsame Erfahrungsbasis geschaffen und zum Ausgangspunkt des Unterrichts werden. Es wird eine Näscherei – Popcorn – hergestellt und auch verzehrt.
Daß das gewählte Thema »Näscherei« tatsächlich einen existentiellen Zukunftsbezug für diese Kinder hat, dürfte ohne weiteres einsichtig sein.
Zur »Theorie« – als Inhaltlichkeit dieses Unterrichts – zählt auch das Popcorn-Rezept:
– Zutaten: 3 EL Öl; 125 g Maiskörner; Salz und Zucker
– Zubereitung: = Öl in einem nicht zu niedrigen Topf erhitzen.
  = Boden des Topfes mit Maiskörnern bedecken.
  = Deckel fest auf den Topf drücken und nicht öffnen.
  = Nach Ende der Knallerei im Topf Deckel abnehmen.
  = Geröstete Maiskörner in Schüssel schütten und mit Salz oder Zucker bestreuen.
Weitere Momente der »Theorie« sind:
– Näschereien sind in der Regel Genußmittel.
– Genußmittel sind – im Unterschied zu Lebensmitteln – solche Nahrung, auf die wir nicht unbedingt angewiesen sind.
– Näschereien »schmecken ganz einfach gut«, man kann nicht so leicht auf sie verzichten.
– Man nascht gerne zuviel.
– Näschereien sind häufig recht einseitig zusammengesetzt, oft bloß aus süßen Bestandteilen.

Modelle der Unterrichtsplanung

- Näschereien halten oft von richtigen Mahlzeiten ab.
- Zu viele Näschereien sind ungesund, weil sie einseitig ernähren, weil sie Zähne zerstören können etc.

Auf besondere Begriffe, wie z. B. »Joule«/»Kalorie« und Nahrungsbestandteile – Kohlenhydrate, Eiweiß usw. –, soll nicht näher eingegangen werden; wenn sie fallen, werden sie aber aufgegriffen und präzisiert, soweit dies im dritten Schuljahr möglich ist, d. h., sie können u. U. für einzelne, nicht aber immer für alle Schüler geklärt werden. Dies hängt von Fragen, Äußerungen und vom Verhalten der Schüler während des gesamten Unterrichts ab.

3. *Vermittlungsaspekt des Unterrichts*
Ein Unterricht als bloße Informationsveranstaltung oder – gerade bei diesem Thema – als erzieherischer Appell mit erhobenem Zeigefinger (»Also Kinder, laßt gefälligst das Naschen sein! Das ist ungesund für euch!«) verbietet sich. Das wäre einerseits diesen Drittkläßlern unangemessen, andererseits wohl völlig wirkungslos. Die Schüler müssen sich mit ihren bisherigen Erfahrungen, ihren derzeitigen Interessen und Fragen einbringen können, und zwar nicht bloß sprachlich, sondern handelnd. Enaktiv zu lernen heißt hier aber auch, nicht nur über Naschen zu reden, sondern selbst zu naschen; deshalb steht hier am Beginn die Herstellung einer beliebten Näscherei, des Popcorn, und selbstverständlich auch deren Verzehr. Das kann, schon während der Herstellung und des Verzehrs, zum Anreiz für Erzählungen usw. über eigene Näscherei, Erlebnisse im Zusammenhang damit usw. werden, so daß der Unterricht aus dem gemeinsamen Erleben »Popcorn« herauszufließen beginnen kann.

Der Aufwand ist nicht groß, die Motivationswirkung sicher stark, und auch die Erinnerungsfähigkeit an das Erlernte wird durch solches Handeln gestärkt.

Die Folge der inhaltlichen Momente im Unterricht wird zuvor in einer bestimmten Weise geplant, aber Vorrang haben die Beiträge und Einlassungen der Schüler, solange sie themenbezogen sind, was aber bei diesem Einstieg, der ja zugleich durchaus auch lehrhaft sein soll (nämlich das Rezept vermitteln), wohl zu erwarten ist, er bindet an die Thematik. Für die vorsorglich ins Auge gefaßte planvolle Folge sind auch methodische Griffe und Maßnahmen in Bereitschaft zu halten:
- Lehrerin kann über eigene lustige Kindheitserfahrungen mit Näschereien erzählen;
- Rollenspiel (offener Typ mit bloß verbalen Anleitungen) über einen Teilaspekt des Themas;
- Werbesprüche für angeblich ernährungsgerechte, kinderfreundliche Süßigkeiten (ausgeschnitten, auf Folie für Overhead-Projektor übertragen);
- kurze, leichtverständliche Zeitungsartikel über die Auswirkungen von Zucker und Süßigkeiten auf Zähne;
- Lehrerin kann ggf. »Naschkatze« spielen.

Das Rezept für Popcorn wird verständlich und anschaulich als Hektogramm vorbereitet und an die Schüler verteilt. Arbeitsaufgaben usw. können ebenfalls als Hektogramme vorgefertigt werden.

4. *Beziehungsaspekt des Unterrichts*
Der in der Klasse übliche lockere Umgangsstil wird auch hier beibehalten werden können, d. h., die Schüler werden sich in gewohnter Weise im Klassenzimmer bewegen und ihre Gesprächsbeiträge einbringen sowie sich untereinander bereden können, ohne daß dies noch besonderer Hinweise bedürfte.

Gewohnt sind sie auch an Gruppenarbeit in verschiedenen Formen. Sie sitzen das ganze Jahr über schon in Tischgruppen, die zugleich auch Arbeitsgruppen sind. Während der Gruppenarbeitsphasen geht die Lehrerin von Tisch zu Tisch, von Gruppe zu Gruppe, überprüft deren Arbeit, greift aber ohne Aufforderung von Schülerseite nicht ein, oder sie sitzt an ihrem Arbeitsplatz, wo sie in gewohnter Weise von einzelnen Schülern aufgesucht und um Rat, Überprüfung von Arbeiten usw. angegangen werden kann.

5. Gliederung des Unterrichtsprozesses

Auf eine traditionelle Artikulation des Unterrichts kann sowohl wegen der Thematik als auch wegen der Arbeitsfähigkeiten dieser Schüler weitgehend verzichtet werden. Das Thema mit seinen Teilaspekten bestimmt die Folge des Vorgehens:
- Popcorn: herstellen, verzehren (»naschen«)
- Kindliche Näschereien heute, bekannte Probleme damit
- Zu viele Näschereien sind ungesund.

6. Anlagen

Popcorn: 3 Eßlöffel Öl / 125 g Maiskörner / Salz oder Zucker

Öl in einem Topf erhitzen.

Soviel Maiskörner in den Topf geben, daß der Boden gerade bedeckt ist.

Deckel fest auf den Topf legen, nicht öffnen.

Wenn das Maiskörnerknallen aufgehört hat, darf der Deckel wieder abgenommen werden.

Popcorn mit Salz oder Zucker bestreuen.

Schreibe bitte ein weiteres Rezept für eine kleine Näscherei auf!
Laß dir von deiner Mutter oder jemand anderem dabei helfen!

Abb. aus: SCHLIEPER, Cornelia A.: Nahrungszubereitung Schritt für Schritt. 2., verb. Aufl. Hamburg, Verlag Dr. Felix Büchner – Verlag Handwerk und Technik, 1985, S. 170

Modelle der Unterrichtsplanung

Verlaufsskizze

Phase/Zeit	Unterrichtshandeln	Zusätze
Begrüßung und Regularien 5 Min.	Wer fehlt? Termine bei Schulpsychologen (Klaus).	
Einstieg/ Motivation	Lehrerin hat Gerätschaften und Zutaten auf Demonstrationstisch aufgestellt (Elektroplatte; Ölflasche; Eßlöffel; Kochtopf mit Deckel; Mais in Tüte; Salz und Zucker in Streuern; 2 Schüsseln).	Absicherung
	Lehrerin bereitet Popcorn zu: Dabei erläutert sie den rundherum stehenden/hockenden Schülern, was sie tut, warum sie es tut, was besonders zu beachten ist ... und geht auf Fragen, Bemerkungen usw. von Schülern ein.	Demonstration Klärungen
	Popcorn wird je nach Wunsch süß oder salzig bestreut und jedem Schüler eine Handvoll verteilt.	
20 Min.	Schüler ziehen sich an ihre Plätze zurück, verzehren Popcorn und unterhalten sich (Stichwort »Naschen« o. ä. fällt).	
Erarbeitung	Lehrerin: Stellt in euren Gruppen bitte zusammen, was ihr so täglich nascht, und unterhaltet euch auch darüber, was ihr dazu meint, ob es euch z. B. möglich wäre, auf Näschereien zu verzichten ... Haltet das wie üblich fest, so daß ihr darüber berichten könnt!	Gruppenarbeit
	Schüler arbeiten in Gruppen.	
	Je Gruppe berichtet ein Schüler: – Unsere Näschereien – Unsere Probleme damit	
20 Min.	Lehrerin hält stichwortartig an der Tafel fest: – Näschereien – Probleme mit Näschereien	
Auswertung I	Lehrerin kreist wortlos an der Tafel einzelne Stichworte mit Kreide ein, die zum Ausdruck bringen / andeuten, daß Näschereien eigentlich überflüssig sind / Genußmittel sind o. ä., und wartet auf Gesprächsbeiträge von Schülern.	Unterrichtsgespräch
	Schüler drücken mit eigenen Worten den Sachverhalt noch einmal aus, äußern sich ausgiebig / ausführlich / argumentieren / erzählen über eigene Erfahrungen ... Lehrer achtet darauf, daß Beiträge nicht abschweifen und ausufern.	
10 Min. Auswertung II	Lehrerin: »Ich behaupte, zu viele Näschereien sind ungesund.«	Streitgespräch (den Schülern bekannte Form)
	Schüler nehmen Stellung, argumentieren, diskutieren die Behauptung.	

Schülerorientierte Unterrichtsplanung

Phase/Zeit	Unterrichtshandeln	Zusätze
10 Min.	Lehrerin fügt u. U. von sich Informationen (Auswirkung von Süßigkeiten auf Zähne; Sättigung) und Beispiele (Man mag kein Mittagessen mehr, weil man zuviel genascht hat) ein, spielt – sofern als Anreiz und Lenkungsmaßnahme nötig – das »Naschkätzchen«.	
Überprüfung/ Anwendung	Lehrerin: Wir spielen wieder einmal ein kleines Rollenspiel. Da sind Eltern (eine Mutter und ein Vater), die ihre beiden Kinder (ein Mädchen und ein Junge) kurz vor dem Sonntagsmittagessen eine große Tüte mit Gummibärchen essen sehen und sie darauf nun ansprechen.	Simulation
	Schüler spielen Rollenspiel.	
20 Min.	Schüler kommentieren Eltern und Kinder, so, wie diese sich im Rollenspiel gezeigt haben, nehmen deren Verhalten, Argumente usw. auf und setzen sich damit auseinander.	
	Lehrerin faßt von Schülern bei der Kommentierung offensichtlich übereinstimmend geäußerte Meinungen in kurzen Merksätzen an der Tafel zusammen.	
	Schüler übertragen Merksätze in ihre Hefte.	
5/10 Min.	Lehrerin verteilt Rezepte für Popcorn. (Hektogramm enthält zugleich die Aufforderung an die Schüler, als Hausaufgabe ein weiteres Rezept für eine kleine Näscherei aufzuschreiben.)	Hausaufgabe

7.4 Didaktischer Hintergrund

Den Bezug der schülerorientierten Unterrichtsplanung auf eine didaktische Theorie klärt BIERMANN selbst sehr eindeutig: »Der Ansatz soll in der kommunikativen Didaktik bzw. Pädagogik liegen . . ., weil diese die Erziehung allgemein auf Humanität und Emanzipation der Menschen in der demokratischen Gesellschaft gründet« (1985, S. 11). Nicht nur der Bezug auf die kritisch-kommunikative Didaktik wird also deutlich gemacht, sondern auch die Anbindung besonders an deren kommunikatives Moment, wohingegen das kritische in den Hintergrund tritt (vgl. dazu PETERSSEN [2]1989, bes. S. 154ff.). Didaktik zentriert ihre Betrachtung auf das kommunikative Geschehen in Schule und Unterricht, und diese besondere Planungstheorie übernimmt solche Betrachtungsweisen.

BIERMANN kommt diese Betrachtungsweise gerade recht, wie er ja eingesteht. Sein Planungsmodell ordnet sich didaktischem Denken und Handeln ein, deren erklärte Absicht es ist, Menschen ein Leben in »Humanität und Emanzipation« zu ermöglichen. Das Ziel aller erzieherischen Bemühungen wird darin gesehen, Menschen Hilfestellung bei ihrer Selbstverwirklichung zu geben (vgl. BIERMANN 1985, S. 21). Den Weg für entsprechende Hilfestellungen weist die didaktische Position mit ihrer Hervorhebung des Kommunikativen in Lehr- und Lernvorgängen.

Selbstverwirklichung, so wird angenommen, ist vor allem über Kommunikation zu erreichen; und dies gilt auch für die Kommunikation im Unterricht. Unter Rückgriff auf maßgebliche Einsichten der Kommunikationstheorie wird weiter angenommen, daß es dabei auf bestimmte Formen der Kommunikation ankommt, um das Ziel zu erreichen. Die Didaktik stellt dann auch folgerichtig heraus:
- Unterricht als ein Ort des Lernens muß vordringlich als kommunikatives Geschehen begriffen werden. Unterricht kann nicht so sehr als ein Ort des Umschlags von Wissen, Fertigkeiten und Haltungen aufgefaßt werden, obwohl er das in der Tat immer auch ist, sondern als eine Gelegenheit für »Kommunikation mit anderen« (vgl. ebd., S. 20).
- Es kommt nicht bloß darauf an, das *Was* und *Wie* des Unterrichts, seine inhaltliche und methodische Dimension zu reflektieren, sondern vor allem anderen geht es darum, die Kommunikation zwischen den Beteiligten, die unterrichtliche *Beziehungsdimension* in den Blick zu nehmen.
- Die Art der Kommunikation kann eher *komplementärer* oder eher *symmetrischer* Art sein (vgl. WATZLAWICK u. a. 1969). Damit unterrichtliche Kommunikation sich förderlich auf den Prozeß menschlicher Selbstverwirklichung auswirkt, sollte sie möglichst symmetrischer, zumindest tendenziell symmetrischer Art sein. Zum Regulativ didaktischen Handelns – mithin auch für die Planung von Unterricht – wird der Anspruch auf symmetrische Kommunikation.

BIERMANN ist nüchtern genug, um zuzugestehen, daß derart symmetrische Kommunikation in Schule und Unterricht nicht immer und durchgängig möglich ist, sondern daß komplementäre Strukturen stets auch eine bedeutsame Rolle spielen. Und entsprechend gibt er dem Lehrer für die Planung auch beide Aufgaben auf: Unterricht nach dem Maßstab sowohl symmetrischer wie komplementärer Kommunikation vorzusehen und zu planen. Für jede dieser beiden Aufgaben entwickelt er Modellvorstellungen und Hilfen, für die kooperative wie für die gebundene partizipative Planung.

Die formalen Strukturen seiner Planungsmodelle sind nicht neu, stimmen weitgehend mit bekannten und verbreiteten Vorstellungen überein. Und auch seine Hilfen entnimmt er dem bereitstehenden Reservoir bekannter didaktischer Kategorien und Prinzipien. BIERMANNS Verdienst liegt m. E. besonders darin, daß er – indem er folgerichtig argumentiert und praktikable Planungsvorstellungen entwickelt – überzeugend vor Augen führt, daß der erstrebenswerte kommunikative Unterricht trotz aller Eingebundenheit in zahlreiche Vorgaben durchaus möglich ist.

Literatur

BIERMANN, Rudolf: Interaktion im Unterricht. Darmstadt 1978
–: Aufgabe Unterrichtsplanung. Essen 1985
–: Die Vorbereitung des Unterrichts – ein Konzept der kommunikativen Didaktik. In: Forum Pädagogik, 3. Jg. 1990, H. 1, S. 9–15
– (Hrsg.): Unterricht – ein Programm der Schüler. Frankfurt/M. 1981
FREIRE, Paulo: Pädagogik der Unterdrückten. Stuttgart/Berlin 1971
VON HENTIG, Hartmut: Schule als Erfahrungsraum. Stuttgart 1973
PETERSSEN, Wilhelm H.: Lehrbuch Allgemeine Didaktik, München ²1989
WATZLAWICK, Paul, u. a.: Menschliche Kommunikation. Bern 1969

8 Unterrichtsplanung als »Konstruktion«

Vorklärungen

Dem üblichen Sprachgebrauch folgend, müßte wohl jede Art von Unterrichtsplanung als Konstruktion bezeichnet werden. Hier jedoch ist damit eine besondere Konzeption gemeint, die von ihren Hauptvertretern, KÖNIG und RIEDEL, erstmals 1970 ausdrücklich unter dem Titel »Unterrichtsplanung als Konstruktion« veröffentlicht wurde (KÖNIG/ RIEDEL 1970).
Von »Konstruktion« wird im Unterschied zur »Gestaltung« gesprochen. Gestaltung bezeichnet nach Auffassung von KÖNIG/RIEDEL einen Vorgang, bei dem ein vorgegebenes oder auch selbstgesetztes Ziel verhältnismäßig einfach erreicht werden kann, weil sowohl das Ziel als auch alle zu dessen Erreichung erforderlichen Maßnahmen – bis ins letzte Detail – auf einmal überblickt werden können. Gestaltung vollzieht sich, obwohl sie durchaus mehrere Aspekte zu berücksichtigen haben kann, gleichsam in einem simultanen geistigen Zugriff. Dies kann nur bei Sachverhalten der Fall sein, die sehr einfach und wenig komplex sind. Unterricht aber ist überaus komplex; KÖNIG/RIEDEL beziehen sich auf die Aussage WINNEFELDS, daß Unterricht von großer »Faktorenkomplexion« sei. Mit dem Mittel der Gestaltung kann man ihn deshalb nach ihrer Auffassung auch nicht planen, statt dessen muß die Planung konstruiert werden: »Komplexe Produkte dagegen müssen konstruiert werden« (KÖNIG/RIEDEL I, 1975, S. 1). Konstruktion bedeutet hier, daß »die notwendigen Teilmaßnahmen aufgrund vorgegebener, systemkonformer Regeln (Algorithmen) abgeleitet« werden (ebd.). Unterrichtsplanung als Konstruktion zu begreifen ermöglicht mithin, sie Schritt für Schritt zu vollziehen, sie in aufeinanderfolgende Phasen zu zerlegen und jede Planungsmaßnahme für sich zu treffen. Daß sie dadurch nicht isoliert und ohne Bezug zu den übrigen Maßnahmen und zur gesamten Planung vorgenommen wird, dafür sorgen die erwähnten systemkonformen Regeln, die sie unter die Regelhaftigkeit des Gesamtvorgangs zwingen. Damit ist schon sichtbar geworden, was eine mit dem Begriff »Konstruktion« arbeitende Konzeption der Unterrichtsplanung vorrangig leisten muß:
– erstens muß sie die Phasen der Unterrichtsplanung analysieren und beschreiben;
– zweitens muß sie die Regeln oder Algorithmen ableiten, nach denen in jeder Phase bzw. jede Teilmaßnahme geplant werden kann.
Dies haben KÖNIG/RIEDEL in jahrelanger Arbeit unternommen, woraus ein umfangreiches Paket an Strukturierungshilfen für die Unterrichtsplanung erwachsen ist. Bevor diese in groben Umrissen dargestellt werden, ist noch auf eine wichtige, von den Verfassern des Konzeptes ausdrücklich hervorgehobene Abgrenzung einzugehen:
Planung als Konstruktion bezieht sich ausschließlich auf die Phase der Planung des Unterrichts; konstruiert wird nur ein Plan, nicht aber schon die Realität von Unterricht (vgl. hierzu besonders die Ausführungen unter »Didaktischer Hintergrund«, S. 190ff.).
Dem Lehrer erwachsen für sein Unterrichtsgeschäft drei technische Aufgaben: die *Planung* – die *Verwirklichung* – die *Überprüfung* (KÖNIG/RIEDEL I, 1975, S. 2ff.). Die

---

Literatur zu diesem Kapitel siehe Seite 199.

Vorschläge beziehen sich nur auf die erste dieser drei Aufgaben, auf die Planung von Unterricht.

8.1 Die Planung

8.1.1 Planung als ein Moment didaktischer Tätigkeit

Für den Lehrer ist die Planung des Unterrichts im Rahmen der »konstruktiven« Unterrichtsplanungskonzeption eine Phase seiner didaktischen Tätigkeit, allerdings neben der Realisierung von Unterricht seine umfassendste, ständigste und bedeutsamste Aufgabe. In seine Planungstätigkeit, umschrieben als »Konstruktion«, muß er seine gesamten pädagogischen und didaktischen Kenntnisse einfließen lassen und mit seiner Fähigkeit zu planender Konstruktion verbinden. Wie weitreichend das Umfeld ist, das es bei der Planung zu berücksichtigen gilt, machen König/Riedel an der von ihnen vorgenommenen Strukturierung von Unterricht einsichtig. Nach ihrer Auffassung kann man drei Teilbereiche innerhalb der Unterrichtswirklichkeit unterscheiden:

1. Bereich der »*Ist*-Erscheinungen und *Ist*-Wirkungen«:
Darunter fallen alle beobachtbaren Vorgänge im Unterricht, beispielsweise Formen der Lehre und des Lernens, Arten der Gesellung usw. Diese sind entweder vorhanden oder ergeben sich aus dem verflochtenen Geschehensprozeß des Unterrichts.
2. Bereich der »*Soll*-Wirkungen«:
Hierunter fallen alle dem Unterricht gestellten Aufgaben, sowohl hinsichtlich ihres Zustandekommens als auch ihrer Auswirkungen, wobei der Bereich des eigentlichen Unterrichts überschritten und gesamtgesellschaftliche Verhältnisse einbezogen werden.
3. Bereich der »*Soll*-Erscheinungen«:
Dies ist gleichsam jener Bereich, der – unter dem Gesichtspunkt der Planung – die Brücke zwischen den an den Unterricht gestellten Aufgaben und seiner späteren Realität schlägt. Er umfaßt dann alle Vorgänge und Akte, die für den Unterricht vorgesehen sind. Hierher gehören nicht die realen und wahrnehmbaren Vorgänge, sondern die in Aussicht genommenen. Es ist ein Bereich von Entscheidungen, wo sich alles noch in der Vorstellung abspielt.

Obwohl Unterrichtsplanung ausschließlich dem letztgenannten Bereich der sogenannten »*Soll*-Erscheinungen« angehört, kann sie nur angemessen erfolgen, wenn die Konstellationen aus den erstgenannten beiden Bereichen und die – möglicherweise – davon ausgehenden Wirkungen berücksichtigt werden. Dies macht deutlich: Unterrichtsplanung läßt sich aufgrund der unterschiedenen Teilbereiche in der Unterrichtswirklichkeit zwar als didaktische Teilaufgabe des Lehrers für bestimmte Zwecke herauslösen, ist aber letzten Endes auf vielfache Weise mit dem gesamten didaktischen Geschäft des Lehrers verbunden. Hier machen König/Riedel zweifellos dieselbe Voraussetzung, die auch im Berliner Modell von Unterricht enthalten ist, daß nämlich alle Momente, Erscheinungen und Vorgänge im Unterricht in einem sich wechselseitig beeinflussenden Zusammenhang stehen, so daß mithin auch jede auf den Unterricht bezogene Tätigkeit dies zu beachten hat. Im folgenden soll jedoch nur die »konstruktive« Tätigkeit des Lehrers näher beschrieben werden. Gemäß den vorklärenden Ausführungen geht es hierbei zunächst um die Bestimmung der Teilbereiche bzw. Teilaufgaben, die sich stellen.

8.1.2 Planungselemente

Elf Planungselemente haben KÖNIG/RIEDEL festgestellt, über die der Lehrer in der Planungsphase Entscheidungen treffen muß:

1. Unterrichtsobjekt
   Dabei geht es nicht nur um die Auswahl von Unterrichtsinhalten (Gegenstände, Stoffe, Lerninhalte usw.), sondern immer auch um deren Zubereitung für die besondere Lehr- und Lernsituation. Z. B. erschöpft sich die Aufgabe des Lehrers nicht darin, zu entscheiden, daß im Geschichtsunterricht eines 7. Schuljahres der 30jährige Krieg behandelt wird, auch nicht nur in der weiterführenden Eingrenzung auf Daten, Schlachten, Verträge usw., die gelernt werden sollen; er muß vielmehr u. a. auch die Komplexitätsstufe festlegen, unter der dies erlernt werden soll (Einzelfakten? Zusammenhang? usw., Kenntnisnahme? Tiefere Einsicht? usw.).

2. Lernprozeß
   Der Lehrer muß feststellen, welche Wege die Schüler zu den eingegrenzten »Objekten« führen können, wobei er sich letztlich für jene bzw. jenen entscheiden sollte, auf dem die Schüler so eigenständig wie möglich lernen können.

3. Operationen
   Der schon bestimmte Lernprozeß ist überaus komplex und muß in seine einzelnen Operationen zerlegt werden, d. h., es gilt jene Akte, jene Verrichtungen und Tätigkeiten der Art und Reihenfolge nach zu bestimmen, durch die Schüler den Lerngegenstand angehen sollen.

4. Operationsergebnis
   Das einer Unterrichtseinheit aufgegebene Ziel wird in der Regel nur durch eine Folge einzelner und aneinandergereihter Unterrichtssituationen erreicht werden. Für jede dieser Situationen muß ein je eigenes Ziel bestimmt werden, und zwar als Ergebnis der von den Schülern in dieser Situation durchgeführten Operation, wobei es deutlich zur Verwirklichung des übergeordneten Zieles beitragen muß.

5. Operationsobjekt
   Das Handeln des Schülers in den einzelnen Phasen des Lernprozesses – seine Operationen – kann nicht ohne ein Objekt geschehen, mit dem er umgeht und an dem er im Umgang das Operationsergebnis erreichen kann; es wird deshalb auch in enger Anlehnung an Kriterien der Lerner bestimmt. Es versteht sich, daß solche Objekte am besten in einem erkennbaren Zusammenhang mit dem übergeordneten Unterrichtsobjekt stehen sollten. Solch ein Operationsobjekt könnte im Falle unseres Beispiels – 30jähriger Krieg – unter Umständen der »Prager Fenstersturz«, der reale Vorgang, sein.

6. Hilfsmittel
   Sie haben die Aufgabe, »den raumzeitlichen Kontakt zwischen Lernendem und Operationsobjekt herzustellen« (KÖNIG/RIEDEL I, 1975, S. 14). In unserem soeben erwähnten Beispiel könnte das durch einen alten Kupferstich geschehen. KÖNIG/RIEDEL geben u. a. folgendes Beispiel (KÖNIG/RIEDEL I, 1975, S. 185):

Operationsergebnis	Operationsobjekt	Hilfsmittel
Technik »Würfel herstellen« erkannt	Abbildung eines Würfelnetzes, Papier, Papiermesser, Klebstoff	Tisch

7. Interaktionen
Bestimmt werden muß die Art und Weise, in der die Schüler miteinander und mit dem Lehrer handeln, wie sie untereinander in Beziehung treten sollen, um zu den Operationsergebnissen zu gelangen. Gerade hier wird besonders deutlich, daß dabei nicht nur die übrigen Planungselemente berücksichtigt werden müssen, sondern daß hier vor allem mit Blick auf den Bereich von »*Soll*-Wirkungen« entschieden werden muß. Denn die Interaktionsformen auch des Unterrichts in kleinsten Phasen müssen mit gesellschaftlichen Vorstellungen über wünschenswerte Formen zwischenmenschlichen Umgangs übereinstimmen. Es wäre also grundfalsch, hier nur technologisch vorzugehen, d. h. nach dem Grundsatz höchster innerer Effizienz; genauso falsch wäre es aber auch, den Effizienzgesichtspunkt völlig zu negieren.

8. Indirekte Initiationen
Direkte Initiationen gehen vom Operationsobjekt auf den Schüler aus und regen ihn zum Lernen, zur Auseinandersetzung mit dem Objekt an. Aber es gibt auch Situationen, in denen solche direkten Ausflüsse nicht vorhanden oder – wenn vorhanden – zu schwach sind, so daß von außen in die Auseinandersetzung eingegriffen werden muß. Das kann z. B. ein vom Lehrer ausgehender Impuls oder eine Frage sein. Wenn das Bild des Prager Fenstersturzes – weder das geschichtliche Geschehen selbst noch seine Darstellung durch den Kupferstich – die Bereitschaft des Schülers nicht genügend stark auslöst oder in ungewollte Richtungen lenkt, dann könnte etwa ein Impuls des Lehrers »Schaut euch das Bild doch einmal genauer an!« helfen. Indirekt sind also alle Initiationshilfen, die zusätzlich in den bereits angelaufenen Prozeß der Auseinandersetzung von Schüler und Objekt eingegeben werden.

9. Organisatorische Maßnahmen
»Unter der Organisation der Unterrichtssituation wird die der jeweiligen Funktion entsprechende räumliche und zeitliche Verteilung der zuvor bestimmten Operationsobjekte, Hilfsmittel, Operationen und Interaktionen verstanden« (KÖNIG/RIEDEL I, 1975, S. 204). Es geht also letzten Endes darum, alle Maßnahmen zu bestimmen, damit die bereits getroffenen Entscheidungen auch wirksam werden können, und zwar geschieht dies durch entsprechende Zubereitung der zeitlichen und räumlichen Umstände. Das kann z. B. die Maßnahme sein, den Kupferstich zum Prager Fenstersturz fünf Minuten lang hängen zu lassen, oder auch jene, den Stich an die Frontseite des Klassenraumes zu hängen.

10. Anfangszustand (der Lernenden)
Die Feststellung der Ausgangslage bei den Lernenden, der in einer Klassengruppe bestehenden Unterschiede usw. muß selbstverständlich erfolgen, um endgültige Entscheidungen treffen zu können. Der Anfangszustand ist bei KÖNIG/RIEDEL nicht nur, wie allgemein üblich, auf das übergeordnete Lernziel bezogen, sondern in einer eng begrenzten Situation auf jedes der bereits erwähnten Elemente. So müßte z. B. festgestellt werden, ob ein Schüler überhaupt ein Bild betrachten und durch Betrachtung des Kupferstichs eine Vorstellung des historischen Geschehens gewinnen kann.

11. Endzustand
Bereits im Stadium der Planung ist zu bestimmen, welcher Zustand als Zeichen dafür angesehen werden kann, daß der Unterricht sein Ziel auch erreicht hat. Es geht mithin um Überprüfung und Kontrolle des Lehr- und Lernerfolgs.

Unterrichtsplanung als »Konstruktion«

Die elf von KÖNIG/RIEDEL herausgestellten Planungselemente bezeichnen vordringlich jene Momente des Unterrichts, über die der Lehrer vorwegnehmend Entscheidungen zu treffen hat. In der tatsächlichen Durchführung von Unterricht wird dann jeweils nur eine – oder gelegentlich wenige – Entscheidung möglich sein. Dennoch ist während des Befassens mit jedem Element die ganze Breite aller möglichen Maßnahmen zu reflektieren. Entscheidungen werden planend erst nach Durchlaufen aller Planungssequenzen möglich, endgültig aber erst in der Realisierung, im Unterricht getroffen.

Sichtbar ist eine strenge Abfolge der Elemente; die Bestimmung von Elementen ist in vielen Fällen von vorhergegangenen abhängig, so daß der Planungsprozeß ein auf zunehmende Detaillierung und Differenzierung der Bestimmungen gerichteter Vorgang ist, bei dem sich die wahrscheinlich besten Möglichkeiten zusehends klarer erkennen lassen. Um die Folge der Elemente bzw. Planungsschritte noch deutlicher in den Blick zu rücken, haben KÖNIG/RIEDEL sie zu vier aufeinanderfolgenden Sequenzen zusammengefaßt.

8.1.3 Planungssequenzen

In eine der vier Sequenzen fassen KÖNIG/RIEDEL die jeweils besonders eng zusammengehörigen Planungselemente zusammen, d. h. jene, die sich nur in gleichzeitiger Beachtung bestimmen lassen, weil sie sich wechselseitig bedingen (vgl. KÖNIG/RIEDEL I, 1975, S. 16ff.).

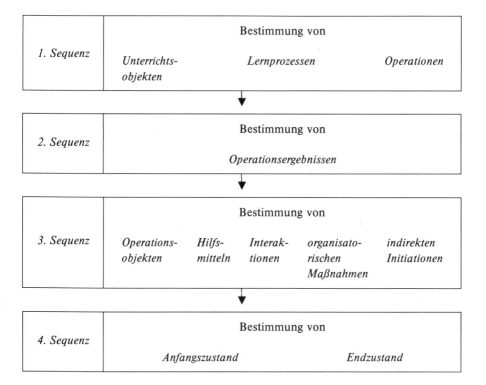

Vereinfacht lassen sich die vier Sequenzen bzw. Phasen der Planung zusammenfassen als:

KÖNIG/RIEDEL legen Wert darauf, daß in jeder Sequenz für jedes Element alle dem Lehrer bekannten didaktischen Möglichkeiten auf ihre Verwertbarkeit reflektiert werden und daß die Eingrenzung auf wenige – bzw. eine – übrigbleibende Maßnahmen durch Einbeziehung der im engeren und weiteren Umkreis bereits getroffenen Entscheidungen erfolgt. Das Ergebnis des Planungsprozesses, bei dem idealerweise sogar alle nur denkbaren didaktischen Möglichkeiten durchlaufen werden sollten (was vom Lehrer selbst bei nur annäherungsweiser Verwirklichung eine ungeheuer umfassende Kenntnis der *Soll-* und *Ist-*Bereiche sowie -Auswirkungen erfordert), ist nun keineswegs schon ein fertiger Unterricht. Das Ergebnis ist vielmehr ein geistiges Konstrukt, das in der Regel zwar die unter den geltenden Umständen optimalen Lösungen für den Unterricht enthält, aber seinem Charakter und seiner Funktion nach ein bloßes Angebot ist. Wie dies realisiert wird, hängt von der konkreten Realisationssituation ab. In diese Situation wird das durch Planung erzielte Konstrukt als ein Moment miteingebracht. In dieser Situation wird nach Auffassung von KÖNIG/RIEDEL aber auch nicht mehr »konstruiert«, sondern »gestaltet«, da das Ziel und alle zu dessen Verwirklichung erforderlichen Maßnahmen bekannt sind, nicht zuletzt wegen der zuvor erfolgten konstruktiven Planung.

Bevor der didaktische Hintergrund dieses Planungsmodells erörtert und das Modell selbst dadurch verständlicher wird, soll in den Worten von KÖNIG/RIEDEL der Planungsverlauf noch einmal zusammenfassend dargestellt werden (I, 1975, S. 247 ff.):

»– Zunächst untersucht der Planende durch die Bestimmung der Grundform und der

Komplexitätsstufe von Unterrichtsobjekten verschiedene Aspekte, unter denen ein Unterrichtsgegenstand behandelt werden könnte, um der Gefahr einer unkritischen Übernahme tradierter Inhalte zu entgehen. Die notwendigen Entscheidungen ermöglichen und verlangen den bewußten Gebrauch didaktischer Freiheiten.
- Durch die Klassifizierung bzw. Strukturierung der Unterrichtsobjekte wird gewährleistet, daß die Klassenmerkmale der zu behandelnden Elemente bzw. die Teilfunktionen der Systeme oder Teiltechniken der Techniken in den Vordergrund des Unterrichts gestellt werden und daß entsprechende Voraussetzungszusammenhänge beachtet werden.
- In der Detaillierung des Unterrichtsobjekts müssen die im Unterricht zu behandelnden Teile des Unterrichtsobjekts so eindeutig bestimmt werden, daß einerseits eine direkte Ableitung von Operationsergebnissen möglich wird und daß der Planende andererseits gezwungen wird, sich alle wesentlichen Teile des Unterrichtsobjekts zu vergegenwärtigen.
- Durch die Bestimmung der Lernprozesse und Operationsstufen werden Unterrichtsziele formuliert, die jenen Lernzustand genau kennzeichnen, der durch den Unterricht erzeugt werden soll, und die Qualität des Weges festlegen, auf dem dies erreicht werden soll. Die notwendigen Entscheidungen sind immer abhängig von der Art des Unterrichtsobjekts.
- Instrumente für die Aufnahme des Anfangszustands und Endzustands werden vom Unterrichtsziel abgeleitet und garantieren die den Bedürfnissen der Schüler entsprechende Konstruktion des Unterrichts.
- Bei der Erzeugung der Operationsergebnisse wird nicht nur dafür gesorgt, daß die in der Detaillierung des Unterrichtsobjekts festgelegten Objektteile von den Lernenden erkannt werden, sondern daß sie mit diesen auch produzierend operieren.
- Die Bestimmung des Operationsobjekts erfolgt unter Beachtung von Kriterien, die die Disposition des Lernenden und die Art des Unterrichtsobjekts in Betracht ziehen.
- Durch die Detaillierung der Operationen wird die Basis für eventuell notwendige Hilfen des Lehrenden geschaffen.
- Die Größe des Soziosystems und damit die Auswahl einer der vielen Interaktionen geschieht nicht isoliert unter bloß methodischen Gesichtspunkten, sondern einerseits im Hinblick auf zu fördernde soziale Verhaltensweisen und andererseits auf Notwendigkeiten, die sich aus den schon zuvor getroffenen didaktischen Entscheidungen über Unterrichtsobjekte, Lernprozesse und Operationen ergeben.
- Die Planung der zu fördernden oder zu hemmenden Begleitprozesse bildet die Grundlage für die gezielte und bewußte langfristige Ausbildung von Einstellungen und Verhaltensweisen.
- Die Überlegungen zu organisatorischen Maßnahmen und indirekten Initiationen verknüpfen bereits Entscheidungen der Unterrichtsplanung mit jenen der Unterrichtsrealisierung.«

8.1.4 Algorithmen

Für jedes Planungselement haben KÖNIG/RIEDEL Algorithmen entwickelt, d. h. dem didaktischen System des Unterrichts – besser: ihrer Auffassung von Unterricht – konforme Regeln und Handlungsanweisungen: »Die einzelnen Algorithmen liefern keine fertigen Planungsentscheidungen, wohl aber Entscheidungshilfen. Sie zeigen jene Stellen auf, an denen der Planende selbst und bewußt didaktische Entschlüsse fassen muß.« (II, 1975, S. 5)

KÖNIG/RIEDEL liefern mit ihren Algorithmen also bloß Konstruktionshilfen für die Unterrichtsplanung. Betrachtet man diese als Werkzeuge, so sind sie besonderer Art: Sie lassen sich nicht nur handhaben, sondern zwingen ihren Benutzer zunächst sogar, sie an ganz bestimmten Stellen einzusetzen. Mit anderen Worten: Wer nach einem Schraubenschlüssel greift, hat normalerweise bereits die zu lockernde Schraube ausgemacht; wer zum Algorithmus greift, kann das mit ihm zu lösende Problem möglicherweise auch schon geortet haben, aber selbst wenn das nicht der Fall wäre, würde er durch die Ausgestaltung des Algorithmus darauf stoßen.»Wegen der vielen Möglichkeiten, die unterschiedlichen Arten von Unterrichtsobjekten, Lernprozessen und Operationen zu kombinieren, muß eine entsprechend große Anzahl von Verfahrensvorschriften für die Planung der verschiedenen Unterrichtssituationen vorhanden sein.« (S. 5) Die Algorithmen füllen in der Tat ein Buch mit über einhundert Seiten und können hier deshalb auch nicht wiedergegeben werden (vgl. KÖNIG/RIEDEL II, 1975).

8.2 Didaktischer Hintergrund

Auffällig an diesem Konzept zur Unterrichtsplanung ist vor allem zweierlei: zum einen die besondere Sprache, zum anderen die große Zahl von Kategorien. Die von KÖNIG/RIEDEL zur Bezeichnung der von ihnen herausgestellten Planungselemente verwendeten Begriffe weisen – wenn überhaupt – nur entfernte Ähnlichkeiten mit den derzeit üblichen Begriffen in der didaktischen Diskussion auf. Schon allein das verweist darauf, daß hier nicht die üblichen didaktischen Theorien als Basis Verwendung fanden, sondern daß auch das didaktische Fundament der Planungskonzeption besonderer Art sein muß. Für das zweite genannte Charakteristikum, die große Kategorienzahl, muß ebenfalls die zugrunde gelegte besondere didaktische Theorie verantwortlich sein. In der Tat haben KÖNIG/RIEDEL parallel – oder zuvor – zur Konzeption der Unterrichtsplanung einen besonderen didaktischen Ansatz entwickelt, der in der Darstellung gegenwärtiger Positionen in der didaktischen Theoriebildung wohl deshalb zumeist unerwähnt bleibt, weil er ausschließlich zu dieser Planungskonzeption, zur Planung als Konstruktion, in Beziehung gesetzt worden ist. Obwohl er als theoretische Basis sicher auch andere didaktische Tätigkeitsbereiche tragen könnte, wie z. B. den der Programmierten Unterweisung, ist es dazu nicht gekommen. KÖNIG/RIEDEL entwarfen ein Modell »Systemtheoretischer« Didaktik (vgl. KÖNIG/RIEDEL 1973). Einige ihrer wesentlichen Merkmale sowie Einflüsse auf das Planungskonzept – über die besondere Terminologie und den hohen Grad an Differenziertheit hinaus – sollen im folgenden vorgestellt werden.

8.2.1 Problembereiche Systemtheoretischer Didaktik

Die »Systemtheoretische Didaktik« versteht sich als »eine Disziplin . . ., die alle Aspekte der Situationen umfaßt, in denen Lernen stattfinden soll« (KÖNIG/RIEDEL 1973, S. 3). Im Vergleich zu den bekannten Ansätzen in der gegenwärtigen Didaktik erweist sich der systemtheoretische Ansatz mithin als ein überaus umfassender; er sieht sein Gegenstandsfeld in denkbar weitestem Sinne. Entsprechend der Vorstellung, daß im didakti-

schen Wirklichkeitsfeld, im Unterricht vor allem, drei Bereiche unterschieden werden können, entwickelt die Systemtheoretische Didaktik drei Problembereiche mit je besonderen Fragestellungen:
- Dem Bereich von »*Ist*-Erscheinungen und *Ist*-Wirkungen« entspricht der wissenschaftlich-didaktische Teilbereich; Aufgabe der Didaktik ist es hier, die realen Erscheinungen und Wirkungszusammenhänge im Unterricht zu beschreiben, zu untersuchen und zu erklären, und zwar mit dem Ziel, den Unterricht beherrschbar zu machen.
- Dem Bereich von »*Soll*-Wirkungen« entspricht der ideologisch-didaktische Teilbereich; Aufgabe der Didaktik ist es hier, die in den Unterricht eingegangenen und für ihn vorgesehenen Wertsetzungen aufzudecken und zu reflektieren, unter Umständen auch Werte zu »setzen«.
- Dem Bereich von »*Soll*-Erscheinungen« entspricht der technisch-didaktische Teilbereich; Aufgabe der Didaktik ist es: »Hier werden Unterrichtssituationen aufgrund der durch den wissenschaftlich-didaktischen Teilbereich gewonnenen Ergebnisse produziert.« (KÖNIG/RIEDEL 1973, S. 5)

Der letztgenannte Teilbereich Systemtheoretischer Didaktik befaßt sich auch mit dem Problem der Unterrichtsplanung. Aus ihm heraus ist das Konzept der Unterrichtsplanung als Konstruktion erwachsen. Mit Blick auf Ergebnisse »wissenschaftlich-didaktischer« Untersuchungen sind »Verfahrensvorschriften« dafür entwickelt worden, wie im »ideologisch-didaktischen« Teilbereich gestellte Ziele im Unterricht verwirklicht werden können. Diese Verfahrensvorschriften sind vor allem die erwähnten Algorithmen sowie ihre als Planungselemente bezeichneten Bezugsfelder.

Es darf nicht unerwähnt bleiben, daß zwar drei Teilbereiche didaktischer Theoriebildung innerhalb der Systemtheoretischen Didaktik unterschieden werden, daß sie aber keineswegs isoliert betrieben werden können. Wie in der didaktischen Wirklichkeit alle Erscheinungen zusammenhängen, so stehen auch didaktische Teilfragen und -tätigkeiten in dauerndem Zusammenhang. Für die Unterrichtsplanung bedeutet das vor allem, daß nur jener Lehrer diese Aufgabe bestmöglich erledigen kann, der auch in den anderen Bereichen zu Hause ist, also sowohl ein umfassendes Wissen über den Unterricht, seine Strukturen und Wirkungszusammenhänge besitzt als auch fähig ist, Ziele zu erkennen, zu reflektieren und zu setzen. Die Unterrichtsplanung als Konstruktion ist also keinesfalls ein bloß technisches Geschäft, zumindest nicht in der Begründung durch KÖNIG/RIEDEL.

8.2.2 Verwendung der Systemtheorie
Ihren Namen hat die hier erörterte Didaktik von der Verwendung systemtheoretischer Prinzipien und Verfahren. Um ihren selbst gegebenen Auftrag einzulösen, nämlich Verfahrensvorschriften für die Produktion von Unterricht zur Verfügung zu stellen – wovon wir hier den Teilbereich der Konstruktion bzw. Planung betrachten, der übrigens bisher als einziger aus dem technisch-didaktischen Bereich hinreichend durchforstet wurde –, wird der Unterricht in seinen drei unterschiedlichen Bereichen mit Hilfe systemtheoretischer Verfahren untersucht: »Die Systemtheoretische Didaktik wendet die Verfahren der Systemtheorie, insbesondere das Denken in Systemen, an, um Probleme in wissenschaftlich-didaktischen, ideologisch-didaktischen und technisch-didaktischen Bereichen zu lösen.« (KÖNIG/RIEDEL 1973, S. 13) Von der für die System-

Modelle der Unterrichtsplanung

theorie typischen Art, in Systemen zu denken, versprechen sich KÖNIG/RIEDEL bessere Einsichten in die Unterrichtswirklichkeit, als das bisher möglich war. Grundsätzlich halten sie das »Denken in Systemen (für) geeignet . . ., die Komplexität von Sachverhalten so weit zu reduzieren, daß die Lösung der anstehenden Probleme ermöglicht wird« (S. VII). Da Unterricht besonders komplex ist, müßte auch hier durch ›Denken in Systemen‹ die erforderliche Einfachheit erreicht werden können. Solche Einfachheit wurde auch schon von anderen didaktischen Ansätzen erreicht, z. B. von der lerntheoretischen Didaktik. Deshalb verweisen KÖNIG/RIEDEL auf den ihrer Auffassung nach wesentlichen Vorteil systemtheoretischen Durchdenkens unterrichtlicher Strukturen: Bisherige Theorien dachten in »Kategorien«, die Systemtheoretische Didaktik hingegen in »Funktionen« (vgl. S. 13ff.). Während im lerntheoretischen Modell der Berliner Didaktik die kategoriale Struktur des Unterrichts transparent gemacht wurde (sechs Kategorien für vier Entscheidungs- und zwei Bedingungsstrukturen) und auch die These von der Interdependenz aller Strukturen verfochten wurde – aber eben nur auf diese wechselseitige Abhängigkeit hingewiesen wurde –, deckt die Systemtheoretische Didaktik die tatsächlichen Beziehungen im Unterricht auf und schließt daraus auf notwendige Zusammenhänge und Folgen, z. B. für die Unterrichtsplanung.

Ausgehend von der Analyse einer »zufälligen Lernsituation«, bei der ein Lernender und ein Objekt aufeinandertreffen, werden zusehends kompliziertere Lernsituationen analysiert. Eine solche auf Funktionen, auf Abhängigkeiten und Beziehungen einzelner Momente des Unterrichts zielende Analyse bringt in der Tat Vorteile gegenüber einer statisch-kategorialen Betrachtung mit sich. Sie erlaubt, jedes Moment des Unterrichts für sich zu betrachten, d. h., es gleichsam nach innen zu durchleuchten; sie gestattet aber auch, dasselbe Moment im Zusammenhang des gesamten Unterrichtsgeflechtes zu betrachten. Einmal wird es als übergeordnet, das andere Mal als eingeordnet begriffen. »Aufgrund dieser Relativierungsmöglichkeiten ist es einerseits möglich, Phänomene äußerst differenziert zu betrachten, andererseits aber auch, ständig den Überblick über den Funktionszusammenhang aller Phänomene zu erhalten.« (S. 14)

Die Aufgabe isolierter Betrachtung unterrichtlicher Einzelkategorien zugunsten ihrer Betrachtung in übergeordneten Zusammenhängen wie auch die nach innen fortgeführte Strukturierung stellen gewiß einen Vorteil dar. Sie erschweren aber zugleich auch die praktischen Aufgaben, beispielsweise die Unterrichtsplanung. Denn das konstruierende Denken muß in viele und dazu noch vielfach verzweigte Kanäle eindringen, um einen Plan von Unterricht hervorzubringen. Es bleibt festzuhalten, daß die Anwendung der Systemtheorie auf didaktische Verhältnisse dazu führen soll, nicht nur vereinzelte Knotenpunkte, sondern das gesamte Geflecht didaktischer Wirklichkeit samt seinen Bewegungen aufzuhellen. Was hiervon bisher schon aufgehellt werden konnte, ist als regelbestimmend in die Handlungsanweisungen (Algorithmen) für die Unterrichtsplanung eingegangen.

8.2.3 Kybernetische Didaktik

Obwohl von seiten der Systemtheoretischen Didaktik selbst nicht darauf hingewiesen wird, ist ihre Verwandtschaft mit der kybernetischen Spielart gegenwärtiger didaktischer Theoriebildung nicht zu leugnen. Bei der Lektüre wird dies ohne weiteres schon an der Verwendung gleicher illustrativer Beispiele deutlich. KÖNIG/RIEDEL greifen gerne auf die thermostatgesteuerte Zentralheizung zurück, um zu veranschaulichen, wie in der

Systemtheoretischen Didaktik Einzelelemente sowohl für sich als auch im Funktionszusammenhang mit dem Gesamtsystem untersucht werden können. Dasselbe Beispiel findet sich wiederholt auch in Erörterungen der kybernetischen und informationstheoretischen Didaktik, wo der aus kybernetischer Betrachtungsweise entlehnte Regelkreis und seine Verwendungsmöglichkeiten erläutert werden (vgl. CUBE 1968, S. 391 ff.).

Am überzeugendsten für die bestehende Verbindung spricht aber wohl die Einschätzung des »Vaters« kybernetischer Pädagogik und Didaktik in Deutschland, FRANK: »Geschichtlich, aber auch sachlich, ist die ›systemtheoretische Didaktik‹ (RIEDEL/KÖNIG) als Abzweigung der kybernetischen Pädagogik zu betrachten. Statt den Unterricht auf die sechs von HEIMANN übernommenen Dimensionen des Bildungsraums zu projizieren, zerlegt sie ihn in interaktive Systemglieder. Dies ist eine nur methodische Abweichung vom Hauptzweig . . . Hinzu kommt jedoch noch ein Unterschied in der Problemstellung: Bezweckt werden nicht in erster Linie maschinen-technische, sondern sozio-technische Objektivierungen (durch arbeitsteilig vorgehende Pädagogengruppen).« (FRANK 1974, S. 341)

Wenn in Darstellungen gegenwärtiger didaktischer Entwürfe die Systemtheoretische Didaktik nicht als eigener Ansatz ausgewiesen wird, so liegt das einerseits sicher daran, daß sie kaum Bedeutung über den engeren Wirkungsbereich ihrer Verfasser hinaus gewinnen konnte. Andere zweifellos systemtheoretisch orientierte didaktische Untersuchungen nehmen von diesem Versuch zum Entwurf einer eigenständigen Theorie gar keine Notiz (vgl. besonders FLECHSIG/HALLER 1975). Andererseits liegt es auch daran, daß die Systemtheoretische Didaktik nach KÖNIG/RIEDEL ohne viel Federlesen in die von BLANKERTZ unterschiedenen hauptsächlichen Positionen aktueller didaktischer Theoriebildung eingeordnet wird, und zwar sowohl der Berliner Didaktik als auch der informationstheoretisch-kybernetischen Didaktik zugeordnet wird. Von der Berliner Didaktik hat sie zweifellos die Intention nach vollständiger Erfassung aller Faktoren des Unterrichts und die These durchgängiger Interdependenz aller Unterrichtsfaktoren übernommen. In die informationstheoretisch-kybernetische Position paßt sie sich aus den von FRANK vorgetragenen Gründen ein.

Daß einer Planung nach ›funktionalen‹ Vorstellungen, wie sie bei allen Regelkreis-Modellen wirken, Grenzen gesetzt sind, daß solche Planung sich vor allem von vornherein auf das als planbar Eingeschätzte beschränkt, versucht neuerdings KRÖLL herauszustellen. Er vergleicht Planungsansätze nach ›funktionalem‹ Verständnis mit solchen von ›selbstreferentientiellem‹ Verständnis. Unter letzteren versteht er Planungsansätze, die sich an LUHMANNS Gedanken der Selbstreflexion orientieren, d. h. die nicht nur etwas planen, sondern – durch Selbstreflexion – sich selbst auch immer mit in die Planung einbeziehen. Das eröffnet reale Planungsvorgänge, wie KRÖLL meint, die in iterativen Vollzügen den tatsächlichen Bedingungen wie auch Absichten geplanter Lernvorgänge eher gerecht zu werden (vgl. KRÖLL 1993 u. 1989).

8.3 Zur didaktischen Funktion der Planung

Aus dem von KÖNIG/RIEDEL differenziert gezeichneten Strukturmodell der Didaktik läßt sich die Hauptfunktion der Planung selbstverständlich ablesen: Planung soll ein theoretisches Konstrukt von – unter den jeweils waltenden Umständen – bestmöglichem

Unterricht liefern. Aber wozu dies? Es könnte – wohl besonders aufgrund des technischen Anscheins der gesamten Konzeption – der Eindruck entstanden sein, es gehe ausschließlich nach dem Prinzip des ›high efficiency‹ um Absicherung der Reibungslosigkeit von Unterricht. Hierzu muß man die Konzeption zunächst selbst befragen.

8.3.1 Zweckbewußtes Handeln

Erste Intention dieser Konzeption ist jene, die allen Unterrichtsplanungskonzeptionen eigen ist und sie sogar begründet, nämlich die Notwendigkeit, daß Unterricht geplant werden muß, zum Ausdruck zu bringen und zugleich ein Instrument hierfür anzubieten. Das angebotene Instrument soll hier »dem Lehrenden zu jedem Zeitpunkt zweckbewußtes Handeln ermöglichen . . . und nicht nur die unreflektierte Imitation tradierter oder ›moderner‹ Unterrichtsformen« (KÖNIG/RIEDEL 1970, Umschlagtext) zulassen. Dem Planenden soll das aus zahlreichen Konstruktionsverfahren bestehende Instrument unentbehrlich werden, so daß die bloße und in keiner Hinsicht gedanklich durchdachte und verantwortete Übernahme »bewährter« oder auch nur bekannter Unterrichtsverfahren überwunden wird. Weiterhin und vor allem soll der Planende durch das Instrument zu zweckbewußtem Handeln gebracht werden, d. h., er soll seine Planungsentscheidungen einzig und allein am Unterricht ausrichten, die vorgesehenen Maßnahmen unter dem Gesichtspunkt ihrer unterrichtlichen Funktion durchdenken und über sie entscheiden. Zweckbewußt darf nicht mit zweckrational verwechselt werden; während letzteres die ausschließliche oder vorwiegende Ausrichtung aller didaktischen Entscheidungen am – vermeintlichen – Zweck des Unterrichts meint, bedeutet »zweckbewußt« nichts mehr, als Unterrichtsplanung und Unterricht tatsächlich zu verklammern. Daß es auch nicht-zweckbewußt zugehen kann, zeigen die vielen Unterrichtsentwürfe zu Prüfungszwecken, die mehr mit Blick auf die Prüfer als auf den Unterricht zustande gekommen sind (also wohl Zweckbindung, aber nicht an den Unterricht!). Daß das Planungshandeln des Lehrers »zu jedem Zeitpunkt« zweckbewußt ist, soll durch die zahlreichen und lückenlosen Konstruktionsvorschriften garantiert werden, die für jedes unterrichtliche Moment und jeden Planungsschritt zur Verfügung gestellt werden: »Bewußtes Handeln wird um so eher zu erreichen sein, je detaillierter und in sich stimmiger die Planung« ist (KÖNIG/RIEDEL I, 1975, S. 1).

8.3.2 Verantwortungsbewußtes Handeln

Die Notwendigkeit, Unterricht zu planen und die Planung zweckbewußt zu vollziehen, folgt aus der Verantwortung gegenüber den Schülern: »Wir gehen davon aus, daß Unterrichten nicht blinde Betriebsamkeit, sondern ein dem Schüler gegenüber verantwortungsbewußtes Handeln ist.« (ebd.) Bei KÖNIG/RIEDEL spielt aber nicht nur der Grundgedanke eine Rolle, daß Unterricht letzten Endes für die Person des Schülers eingerichtet ist und dementsprechend in jeder Hinsicht in Verantwortung vor ihm erfolgen muß. Sie orientieren – ihrer eigenen Aussage nach – den gesamten Unterricht und damit auch die Planung an der Person des Schülers. Ihre Absicht besteht nicht nur darin, Unterricht so zu planen, daß Schüler durch ihn lernen, sondern vielmehr ausdrücklich auch darin, ihn so zu konstruieren, daß Schüler als weitgehend selbsttätig Handelnde agieren können: »Lernende sollen in der Anwendung aller notwendigen (Intern-)Operationen gleichmäßig ausgebildet werden, damit alle (bekannten) ›intellektuellen Fähigkeiten‹ gefördert werden. Alle Lernprozesse, die zum Erwerb von Unterrichtsobjekten führen, sollen in gleichem Ausmaß verwendet werden, um Lernende in die Lage zu versetzen, jede neue Situation selbständig und möglichst ökonomisch zu bewältigen. Alle Interaktionen sollen als mögliche Formen sozio-technischer Funktionsübernahme angewendet werden, damit Lernende in die Lage versetzt werden, soziale Konflikte auf rationaler Basis zu lösen.« (KÖNIG/RIEDEL 1970, S. 13)

Die gesamte aufwendige Apparatur zur Konstruktion des Unterrichts soll also nicht nur einen effizienten Unterricht schlechthin gewährleisten, sondern darüber hinaus noch sicherstellen, daß im Unterricht ein Handlungsgefüge, ein interaktives System entsteht, in dem Schüler selbst tätig sein können und durch das ihre geistige Fähigkeit, der Erwerb geistiger Methoden und ihre Soziabilität gefördert werden.

8.3.3 Flexibles Handeln

Gegen den Vorwurf, die umfassende und lückenlose Planung führe zur Erstarrung des Unterrichts, wehren sich KÖNIG/RIEDEL entschieden, und zwar vor allem mit dem Argument, daß die Phase der Planung von Unterricht nicht mit jener von dessen Durchführung verwechselt werden dürfe und daß gerade eine sorgfältige und detaillierte Planung erst einen lebendigen Unterricht ermögliche (Planung: »Konstruktion« – Realisation: »Gestaltung«):

– »Unterrichtsplanungen konstruieren bedeutet also nicht, ein starres Unterrichtsprodukt zu machen, es heißt vielmehr, in einer sinnvollen Abfolge notwendiger, aufeinander abgestimmter Teilmaßnahmen zu Entscheidungen zu kommen, die nicht mehr unbedingt verändert werden müssen, bevor sie realisiert werden.« (KÖNIG/RIEDEL I, 1975, S. 2)
– »Gerade ein Lehrer, der eine derartige detaillierte und differenzierte Planung seiner Unterrichtsrealisation zugrunde legt, hat aufgrund der vielen Entscheidungsnotwendigkeiten auch andere Konkretisierungsmöglichkeiten durchdacht. Das gilt insbesondere für die Struktur des Unterrichtsobjekts und die Vielfalt möglicher Lernprozesse, Operationen und Operationsobjekte. Mit diesem Fundus an Variationsmöglichkeiten ist er bestens ausgestattet, um schnell und flexibel auf Interessenlagen und Einwände der Lernenden reagieren zu können, ohne daß die Qualität seines Unterrichts dadurch verringert wird.« (KÖNIG/RIEDEL 1973, S. 87)
– »Demgemäß verhindert das Planungsinstrument der Systemtheoretischen Didaktik eine günstige Realisation des Unterrichts nicht; im Gegenteil – es ermöglicht sie erst.« (S. 88)

8.4 Beispiele

8.4.1 Bestimmung von organisatorischen Maßnahmen, Begleitprozessen und indirekten Initiationen (zit. nach KÖNIG/RIEDEL 1975, S. 275–277)

(Zu zwei Operationsergebnissen der Unterrichtseinheit »Warmwasserheizung«)

Erstes Beispiel: Operationsergebnis: Relation »Wenn Wasser erwärmt wird, dehnt es sich aus« erkannt.

1.1/1.2 Org. Maßnahmen zum Operationsobjekt/zu den Hilfsmitteln:
   Vorher Teile des Operationsobjekts und Hilfsmittel (den Lernenden nicht sicht-

Modelle der Unterrichtsplanung

bar) in der Reihenfolge des Aufbaus bereitgestellt. Aufbau des Versuchs für alle sichtbar auf dem Demonstrationstisch vornehmen.
1.3 Org. Maßnahmen zu den Operationen
Halbkreisförmige Gruppierung der Lernenden, Kleinere in der 1. Reihe.
1.4 Org. Maßnahmen zum Soziosystem: –
2.1 Begleitprozesse beim Operationsergebnis: –
2.2 Begleitprozesse beim Operationsobjekt:
Lernende imitieren unbewußt die Handhabung des Bunsenbrenners (Ausgang für spätere Konditionierung entsprechender Verhaltensweise).
2.3 Begleitprozesse bei Operationen:
Genaues Beobachten von Versuchsabläufen.
2.4 Begleitprozesse bei Interaktionen:
Vermeidung unkontrollierter Verbalreaktionen, damit die Beobachtung anderer nicht gestört wird.
2.5 Begleitprozesse bei Hilfsmitteln: –
3. Beachtung von Variationsmöglichkeiten: –, da noch nicht alle Operationsergebnisse behandelt.

Die Arbeitsschritte 4–6 werden durchgeführt, nachdem die Arbeitsschritte 1 und 2 auf alle Operationsergebnisse angewendet und gegebenenfalls Änderungen aufgrund des Arbeitsschritts 3 vorgenommen wurden.

4. Überprüfung der direkten Initiierung:
Operationsobjekt initiiert direkt das Erkennen der Relation.
4.1 direkte Initiierung ausreichend → 6
6.1 Aufträge, die sich auf Begleitprozesse beziehen:
»Beobachtet genau, wie ich den Versuch aufbaue und was danach geschieht. Sprecht während des Versuchsablaufs noch nicht; ihr könnt anschließend eure Beobachtungsergebnisse austauschen.«
6.2 Aufträge, die sich auf Operationen beziehen:
»Stellt euch im Halbkreis um den Demonstrationstisch, die Kleineren vorne, damit alle gut sehen können.«
6.3 Aufträge, die sich auf Interaktionen beziehen: –

Zweites Beispiel: Operationsergebnis: »Wasser unten erwärmt, steigt auf, kühlt ab, fällt« auswertend anwenden.

1.1 Org. Maßnahmen zum Operationsobjekt: –
1.2 Org. Maßnahmen zu den Hilfsmitteln:
Nach Abschluß des Operationsergebnisses »Relation erkannt«: Austeilen der Arbeitsbögen durch Gruppensprecher.
1.3 Org. Maßnahmen zu den Operationen: –
1.4 Org. Maßnahmen zum Soziosystem: –
2.1 Begleitprozesse beim Operationsergebnis: –
2.2 Begleitprozesse beim Operationsobjekt: –
2.3 Begleitprozesse bei Operationen: –
2.4 Begleitprozesse bei Interaktionen:
Arbeitsbogen dient nicht der Beurteilung oder Kontrolle, sondern dem eigenen Lernvorgang.
2.5 Begleitprozesse bei Hilfsmitteln: –
3. Beachtung von Variationsmöglichkeiten: –, da noch nicht alle Operationsergebnisse behandelt.

4. Überprüfung der direkten Initiierung:
4.2 nicht ausreichend → 5
5.1/5.2 Aufträge zum Operationsergebnis, zum -objekt und zu den Hilfsmitteln:
»Seht euch alle Zeichnungen genau an, erinnert euch, warum das Wasser im Kreis strömt. Kreuzt erst dann an, wenn ihr euch mit allen Zeichnungen genau auseinandergesetzt habt.«
6.2 Aufträge zu Interaktionen:
»Denkt daran, daß ihr selbst überprüfen könnt, ob ihr alles richtig verstanden habt. Das ist natürlich nicht möglich, wenn ihr die Ergebnisse von euren Nachbarn übernehmt.«

Zusammenfassung der Entscheidungen, die in der 3. Planungssequenz zu einem Unterrichtsziel der Unterrichtseinheit »Warmwasserheizung« getroffen wurden:
Die Entscheidungen beziehen sich auf jene Operationsergebniskette zum 2. Unterrichtsziel, die unter Betonung der Operation »konvergent denken« in bezug auf Relationen entstanden ist.

Für den Anfangszustand wird angenommen, daß den Lernenden die Element/ Merkmals-Kombinationen »Wasser – Temperatur«, »Wasser – Volumen« und »Wasser – Gewicht« beherrschen und nicht mehr diesbezüglich erinnert werden müssen. Daher wird im gesamten Unterricht nur einmal ein Element erkannt und auswertend angewendet. Daß dies nicht typisch ist, zeigt die andere Variation der Operationsergebniskette.

8.4.2 Algorithmus zur Bestimmung von organisatorischen Maßnahmen, Begleitprozessen und indirekten Initiationen
(KÖNIG/RIEDEL II, 1975, S. 110–112)

1. Schreiben Sie zu jedem Operationsergebnis auf, welche *organisatorischen Maßnahmen* getroffen werden müssen, um zu gewährleisten,
1.1 daß das *Operationsobjekt* zum richtigen Zeitpunkt und am richtigen Ort vorhanden ist,
1.2 daß die notwendigen *Hilfsmittel* zum richtigen Zeitpunkt und am richtigen Ort den Kontakt zwischen Lernenden und Operationsobjekt ermöglichen,
1.3 daß die Lernenden zum richtigen Zeitpunkt und am richtigen Ort die notwendigen *Operationen* durchführen können,
1.4 daß die Lernenden zum richtigen Zeitpunkt und am richtigen Ort im festgelegten Soziosystem interagieren können.
2. Überprüfen Sie für jedes Operationsergebnis, welche von Ihnen zuvor geplanten *Einstellungen* bzw. *Verhaltensweisen* im Zusammenhang mit den jetzt geplanten Unterrichtssituationen in Form von *Begleitprozessen* gefördert werden können. Vergleichen Sie dazu Ihre Entscheidungen in den Arbeitsschritten 14/15 und 17/18 des Algorithmus zur Strukturierung und Detaillierung von Einstellungen bzw. Verhaltensweisen.
Schreiben Sie solche Einstellungen bzw. Verhaltensweisen auf, die im Zusammenhang stehen
2.1 mit dem Objektteil des *Operationsergebnisses,*
2.2 mit dem Bekanntheitsgrad des *Operationsobjekts,*
2.3 mit der *Operationsfähigkeit* der Lernenden,
2.4 mit der *Interaktionsfähigkeit* der Lernenden,
2.5 mit der Handhabung von *Hilfsmitteln.*

Modelle der Unterrichtsplanung

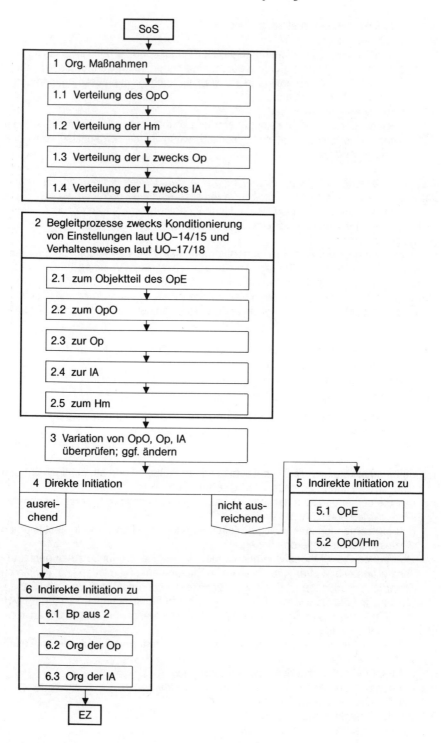

3. Überprüfen Sie, nachdem Sie die Arbeitsschritte 1 und 2 auf alle Operationsergebnisse angewendet haben, ob Sie in den bisherigen Entscheidungen zur dritten Planungssequenz genügenden Gebrauch von den Möglichkeiten zur *Variierung von Unterrichtssituationen* gemacht haben.
Beachten Sie dabei besonders die Entscheidungen hinsichtlich:
• der Operationsobjekte
• der Operationen
• der Interaktionen.
Ändern Sie bereits getroffene Entscheidungen, falls negative Begleitprozesse aufgrund von stereotypen Wiederholungen zu befürchten sind.
4. Überprüfen Sie bei jedem Operationsergebnis, ob die durch das Operationsobjekt erfolgende *direkte Initiierung* ausreicht, um die Lernenden zu den gewünschten Operationen zu veranlassen.
4.1 Erscheint Ihnen die direkte Initiierung als *ausreichend*, setzen Sie mit Arbeitsschritt 6 fort.
4.2 *Anderenfalls* setzen Sie mit Arbeitsschritt 5 fort.
5. Formulieren Sie in Form von *Aufträgen* notwendige Initiationen
5.1 zum *Operationsergebnis,*
5.2 zum *Operationsobjekt* und zu Hilfsmitteln.
6. Formulieren Sie in Form von *Aufträgen* notwendige Initiationen
6.1 zu den in Arbeitsschritt 2 aufgeführten *Begleitprozessen,*
6.2 zu notwendigen organisatorischen Maßnahmen hinsichtlich der durchzuführenden *Operationen,*
6.3 zu notwendigen organisatorischen Maßnahmen hinsichtlich der festgelegten *Interaktionen.* Setzen Sie fort mit dem Algorithmus zur Bestimmung von Instrumenten zur Aufnahme des Endzustandes.

KÖNIG merkt in einem Brief vom 3. 4. 1979 ausdrücklich zu den Beispielen an:
»Der aus dem Zusammenhang genommene Teil des Beispiels könnte mißverstanden werden, wenn nicht deutlich wird, daß der Algorithmus auch gegenteilige Entscheidungen zuläßt. So war es die Absicht des Kollegen, der das Beispiel geplant hat, die Konzentrationsfähigkeit seiner Schulklasse zu steigern. Genauso könnte ein anderer Lehrer, dem z. B. die Erhöhung der Kommunikationsfähigkeit vordringlich erscheint, im ersten Beispiel bei 2.4 die gemeinsamen Beobachtungen als willkommenen Anlaß zum direkten Gespräch ansehen und dementsprechend in 6.1 zum sofortigen Austausch der Beobachtungsergebnisse anregen. Im zweiten Beispiel würde dieser Kollege die Arbeitsbögen in Partnerschaften oder Gruppen bearbeiten lassen. Seine Notizen bei 2.4 bzw. 6.3 würden entsprechend anders ausfallen.«

Diese Bemerkung zeigt deutlicher als lange Erklärungen, wie sehr das Konzept auf die besonderen situativen Voraussetzungen von Unterricht zielt.

Literatur

CUBE, Felix von: Zum Begriff der Didaktik. In: Die Deutsche Schule, 60. Jg., 1968, S. 391–400
–: Der kybernetische Ansatz in der Didaktik. In: didactica, 2. Jg., 1968, S. 79–98
FLECHSIG, Karl-Heinz / HALLER, Dieter: Einführung in didaktisches Handeln. Stuttgart 1975
FRANK, Helmar: Zur Objektivierbarkeit der Didaktik. In: programmiertes lernen und programmierter unterricht. 4. Jg., 1967, S. 1–5

–: Ein Ansatz zu einer kybernetisch-pädagogischen Lehrplanungstheorie. In: Neue Unterrichtspraxis, 1974, S. 340–347
KÖNIG, Ernst / RIEDEL, Harald: Unterrichtsplanung als Konstruktion. Weinheim 1970
–: Systemtheoretische Didaktik. Weinheim/Basel 1973
–: Unterrichtsplanung. Bd. I: Konstruktionsgrundlagen und -kriterien. Weinheim/Basel 1975; Bd. II: Konstruktionsverfahren. Weinheim/Basel 1975
KRÖLL, Martin: Lehr-Lernplanung. Grenzen und Möglichkeiten. Köln 1989
–: Alternative Lösungsstrategien des Lehr-Lernplanungsproblems. In: Pädagogische Rundschau, 47. Jg. 1993, S. 413–421
RIEDEL, Harald (Hrsg.): Standort und Anwendung der Systemtheoretischen Didaktik. München 1979

Dritter Teil
Grundstruktur der Unterrichtsplanung: eine Einführung

Vorklärungen

Wer Unterricht plant, braucht klar strukturierte Vorstellungen über seine Tätigkeit. Er muß wissen, worauf seine Planung sich vor allem zu beziehen hat und wie sie organisiert werden muß. Eine solche Struktur der Planung läßt sich am besten danach bestimmen, welche Planungstätigkeiten *nacheinander* und *nebeneinander* anfallen. Mithin ist danach zu fragen, wie die Abfolge der Planungsarbeit sich darstellt und welche Momente sich dabei unterscheiden lassen. Auf diese Weise rücken *Stufen* der Unterrichtsplanung in den Blick, wo eine verdichtete Planungsarbeit erforderlich wird. Und es werden *Dimensionen* der verdichteten Planungsarbeit erkennbar. Unterrichtsplanung ist ein Prozeß, dessen Beginn erste vage Anstöße und Überlegungen zu einem Unterricht bilden und bei dessen Bewegung auf die Unterrichtswirklichkeit hin die Zahl und die Konkretheit der Überlegungen ständig zunimmt. Vom Standpunkt des Lehrers aus schälen sich also verschiedene aufeinanderfolgende *Planungsstufen* und für diese wiederum unterschiedliche *Planungsaufgaben* heraus. Im folgenden sollen zunächst diese Stufen und Aufgaben vorgestellt werden, um daran anschließend nach Ansatzpunkten und Hilfen für die Arbeit des Lehrers zu fragen.

1 Stufen der Unterrichtsplanung

In der Fachliteratur und in der Lehrerausbildung wird offensichtlich der größte Wert darauf gelegt, den Lehrer auf die unmittelbare und kurzfristige Planung von einzelnen Unterrichtsstunden bzw. Unterrichtseinheiten vorzubereiten. Oft erscheint das Planungsproblem auf diese Spanne – von Tag-zu-Tag-Planung – eingeengt. Tatsächlich aber beginnt die Planungstätigkeit des Lehrers schon weit eher und umfaßt weit größere Zeiträume, z. B. den der Schuljahre. Und selbst diese jahrumspannende Planung ist nicht der Anfang des gesamten Planungsprozesses.

Der Planungsprozeß für den Unterricht beginnt schon dort, wo erste Ansprüche an Schule und Unterricht erhoben und angemeldet werden. Und die hierdurch ausgelöste Planung führt auf einer ersten Stufe auch zu einem ersten Plan, d. h. zu einer Niederlegung und Festschreibung von Ansprüchen und Forderungen an Schule und Unterricht. Es handelt sich hierbei zumeist um bildungspolitische Forderungen, die sich in bildungspolitischen Programmen niederschlagen. Auch wenn Lehrer an solchen Planungen und Plänen noch nicht im Rahmen ihres beruflichen Auftrages beteiligt sind, wollen wir in bildungspolitischen Programmen die *erste Stufe* aller Unterrichtsplanung sehen. Aus ihnen erwächst nämlich jener festgeschriebene Plan, der für die Berufstätigkeit des Lehrers verbindlich-vorschreibenden Charakter besitzt, der »Lehrplan«. WENIGER hat dies seinerzeit als einen Vorgang der Auseinandersetzung »gesellschaftlicher Mächte« um die Durchsetzung ihrer spezifischen Vorstellungen in Schule und Unterricht beschrieben. Der Lehrplan bildet zugleich die *zweite Stufe* der Unterrichtsplanung.

Welche Stufen für unsere Darstellung unterschieden werden sollen, wird aus der Abb. 17 auf Seite 206 ersichtlich. Sie drückt zugleich stichwortartig aus, worüber die unterscheidbaren und aufeinanderfolgenden Pläne Aussagen machen und wer vor allem an ihrer Entwicklung beteiligt ist.

Während ein Lehrer an der Entwicklung und Festschreibung von Plänen der beiden ersten Stufen – bildungspolitische Programme und Lehrplan – in der Regel nicht teilnimmt, ist die Erstellung von Plänen auf den vier weiteren Stufen Teil seines gewöhnlichen Geschäfts. Jeder der dabei zu erstellenden Pläne hat seine spezifische Aussagestruktur, und dementsprechend ergeben sich für den Lehrer hinsichtlich jeden Planes besondere Aufgaben.

Wenn auch auf jeder Planungsstufe besondere Aufgaben zur Lösung anstehen, so durchziehen den gesamten Planungsprozeß doch gleichbleibende Aufgabenstellungen:
– Eine ist darin zu sehen, daß der Lehrer die Planung *zunehmend konkreter* zu gestalten hat. Er muß seine planerischen Entscheidungen und vorbereitenden Maßnahmen zusehends präziser auf den zur Verwirklichung anstehenden Unterricht beziehen und ausrichten. Seine Entscheidungen darüber, wie der Unterricht gestaltet sein soll, müssen von Stufe zu Stufe eindeutiger werden, bis am Ende unzweifelhaft ist, wie der Unterricht nach der Auffassung des Lehrers in allen Dimensionen aussehen soll. Seine Maßnahmen zur Vorbereitung des Unterrichts müssen am Ende so feste Grundlagen geschaffen haben, daß der wirkliche Unterricht sich vollends konstituieren kann.
– Eine weitere Aufgabe besteht darin, bei der Konkretisierung die *Kontinuität* des Planungsprozesses sicherzustellen. Beim Übergang von einer Planungsstufe zur ande-

Grundstrukturen der Unterrichtsplanung: eine Einführung

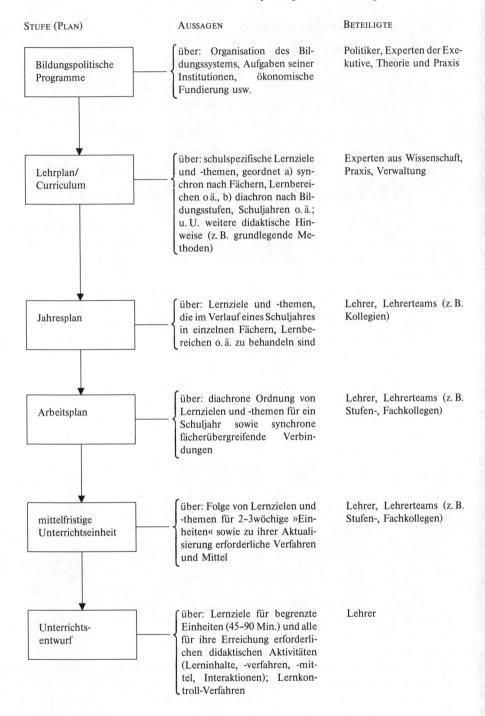

Abb. 17: Stufen der Unterrichtsplanung

ren muß die zentrale Aussage mit- und weitergetragen werden. Auf neuen Planungsstufen stehen zwar neuartige Entscheidungen an, aber diese sind immer auf die auf vorgeordneten Planungsstufen getroffenen Entscheidungen und deren Implikationen zu beziehen. Daß dies keine bloß logische Deduktion bedeutet, sei hier nur angedeutet; bei der Beschreibung der Stufenplanung wird das deutlich werden.
- Eine wesentliche Aufgabe ist es, auf jeder Stufe die *Aktualität* in den Planungsprozeß einzubringen. Auf jeder Stufe herrschen besondere Bedingungen und treten vor allem neue und zusätzliche Bedingungen und Voraussetzungen in das Blickfeld des Lehrers. Diese hat er bei der Konkretisierung der Planungsmaßnahmen zu berücksichtigen und nötigenfalls Korrekturen anzubringen oder auch Revisionen vorzunehmen. Entscheidungen kontinuierlich voranzutreiben heißt nicht, sie blind weiterzutragen, sondern sie auf jeder Stufe so aufzubereiten, wie dies die neu erkennbar werdenden Gesichtspunkte nahelegen.
- Darum ist eine wichtige Aufgabenstellung auch die *Rückmeldung der Erfahrungen* auf einer Stufe an die vorgeordnete Stufe bzw. an die dort Planenden. Nur auf diese Weise wird die erst allmählich in den Planungsprozeß einbringbare Kritik auch dort künftig einbeziehbar, wo kritisierbare Planungsvollzüge ihren Ursprung haben. So sollten Lehrer z. B. grundsätzlich an Lehrplan bzw. Lehrplangestalter rückmelden, was sich aufgrund ihrer Erfahrungen mit diesem vorgegebenen Plan als kritisierbar erwiesen hat. Einen Planungsprozeß bloß in einer Richtung als offen zu betrachten führt zu baldiger Erstarrung und Verkrustung von einmal entwickelten Plänen und macht sie dadurch letzten Endes unbrauchbar.
- Als letzte Aufgabenstellung sei hier aufgeführt, was nur von den Lehrern die Planungsstufen hinauf rückgemeldet werden kann: die *pädagogische Angemessenheit* der gesamten Planung. Nur wer unmittelbaren pädagogischen Umgang mit Kindern hat, kann dies feststellen, also nur der tatsächlich unterrichtende Lehrer. Seine Aufgabe – mehr als die aller anderen Planer – ist die pädagogische Vertretung der Interessen und Bedürfnisse von Schülern. Er hat sie auf jeder Stufe mit seinem ganzen Gewicht zu vertreten und darf den Planungsprozeß nicht nur als eine Reihung technischer Akte sehen.

2 Dimensionen der Unterrichtsplanung

Für die Folge der Unterrichtsplanung ließen sich als Fixpunkte verdichteter Planungsmaßnahmen Stufen unterscheiden; für die gleichzeitig nebeneinander erfolgenden Planungsakte kann von Dimensionen gesprochen werden. Welche Dimensionen voneinander unterschieden und deutlich herausgestellt werden können, ist einem bekannten und weit verbreiteten didaktischen Modell zu entnehmen, dem Berliner Modell der Didaktik. Dieses von HEIMANN entwickelte Modell bietet einen weiteren Vorteil: Es nennt nicht nur die strukturellen Momente des Unterrichts, sondern es bringt sie aus der Sichtweise des Lehrers zur Darstellung. Indem Entscheidungsfelder des Unterrichts dargestellt werden, ist die Planungsaufgabe des Lehrers im wesentlichen als Entscheidungsfindung charakterisiert (eingehend wird das Modell mit seinem didaktischen Hintergrund im Kapitel über das Berliner Modell in der lerntheoretischen Didaktik dargestellt, S. 82ff.).

Es wird angenommen, daß der Lehrer zur Vorbereitung des Unterrichts vier hauptsächliche Entscheidungen zu treffen hat:
- über Intentionen bzw. Lehr- und Lernziele
- über Themen bzw. Lehr- und Lerninhalte
- über Methoden bzw. Lehr- und Lernverfahren und
- über Medien bzw. Lehr- und Lernmittel.

Ergänzt werden sollte diese Reihe um zwei weitere wichtige Entscheidungen, solche
- über die Organisation und
- über die Interaktion.

Damit sind alle im gesamten Planungsprozeß bedeutsamen Entscheidungen benannt.

Das Berliner Modell nennt aber nicht nur die notwendigen Entscheidungen, sondern verdeutlicht auch, daß sie von gewissen Voraussetzungen abhängig zu machen sind und welche das sind. Alle für den Unterricht relevanten Einflüsse werden in zwei Gruppen zusammengefaßt, in
- die Gruppe anthropologisch-psychologischer Voraussetzungen und
- die Gruppe sozio-kultureller Voraussetzungen.

Im Schaubild (*Abb. 18* auf Seite 209) läßt sich der Zusammenhang zwischen den aufgeführten Momenten verdeutlichen und damit die Planungsaufgabe skizzieren.
Wenn wir auf die Stufung des Planungsprozesses zurückblicken, dann besteht die Aufgabe des Lehrers darin, die jeweiligen Entscheidungen von Stufe zu Stufe schärfer zu treffen und dadurch eindeutiger zu bestimmen, wie die intendierte Unterrichtsdimension verwirklicht werden soll. Nun verdeutlicht aber das Schaubild, daß die Aufgabe ganz so einfach doch nicht ist. Vielmehr stellen sich dem Lehrer weitere Aufgaben:
- Die Einzelentscheidungen – über Ziele, Inhalte, Methoden, Medien, Interaktionen, Organisation – sind nicht nur je für sich in einer linear-stringenten Folge vorzunehmen. Sie sind zugleich gegenseitig aufeinander abzustimmen, da sie als in strenger Interdependenz aufeinander bezogen und sich wechselseitig beeinflussend aufgefaßt werden. Von jeder Entscheidung gehen Einwirkungen auf die übrigen aus und müssen berücksichtigt werden. Der Lehrer kann also nicht isolierte Einzelentscheidungen treffen, sondern muß versuchen, sie alle aufeinander zu beziehen.
- Die wechselseitige Bezogenheit schließt zwar den ständigen Primat einer Entschei-

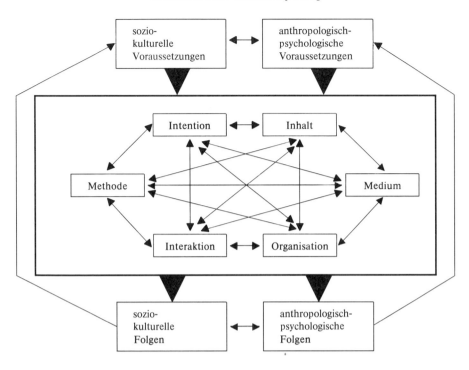

Abb. 18: Dimensionen der Unterrichtsplanung

dungsdimension vor den übrigen aus, nicht aber die Möglichkeit oder Notwendigkeit, Prioritäten zu setzen. Welche der Entscheidungen Priorität haben sollte, hängt zum einen von ihrer Bedeutung auf einer bestimmten Planungsstufe ab (– so werden in bildungspolitischen Programmen Zielsetzungen eine große, Medien hingegen kaum eine Rolle spielen –), zum anderen von der gewollten Zuwendung des Lehrers (– der beispielsweise die Methoden-Entscheidung für den Projektunterricht in den Vordergrund stellen kann –). Zu überlegen, ob und welche Prioritäten gesetzt werden sollen, stellt sich dem Lehrer auf jeder Planungsstufe neu als Aufgabe.
– Bei aller inneren Stringenz der Entscheidungen und ihrer Abgestimmtheit aufeinander und auf die Voraussetzungen darf der Lehrer nicht vergessen, daß es letzten Endes auf ihre Umsetzbarkeit in Unterrichtspraxis, auf ihre Realisierung ankommt. Die Realisierbarkeit aber ist nicht nur zu bedenken, sondern die Realisierung ist auch vorzunehmen (so muß z. B. die Entscheidung für den Einsatz eines bestimmten Filmes – noch in der Vorbereitungsphase – übergehen in die Beschaffung, Bereitstellung, Überprüfung usw. dieses Filmes).

Die praktische Planungstätigkeit des Lehrers, seine tägliche und jahraus, jahrein bleibende Arbeit, strukturiert sich also in zweifacher Weise:
– Sie erfolgt in aufeinander aufbauenden Stufen
– sie vollzieht sich in unterscheidbaren Dimensionen.

Vierter Teil

Planungsstufen: Strukturierungshilfen für die Planungsarbeit des Lehrers

1 Bildungspolitische Programme

1.1 Funktion und Struktur

Es mag ungewöhnlich erscheinen, bildungspolitische Programme als erste Stufe einer Unterrichtsplanung zu bezeichnen, die vom Lehrer verlangt wird. Der Lehrer ist zwar nicht planend an derartigen Programmen beteiligt, zumindest nicht in seiner beruflichen Tätigkeit, aber sie haben für seine Arbeit Bedeutung. Denn sie stehen nun einmal am Anfang eines sich allmählich auf den Unterricht zubewegenden Planungsprozesses und bestimmen jene Phasen in diesem Prozeß mit, in denen der Lehrer zur Planung aufgerufen ist.

Bildungspolitische Programme bieten kein einheitliches Bild, sondern unterscheiden sich in vieler Hinsicht, selbstverständlich in ihren inhaltlichen Aussagen, aber auch in ihrer programmatischen Struktur, in der Art, in der sie ihr Programm darbieten. Übereinstimmend sind sie aber alle in der Intention: Bildungspolitische Programme tragen bestimmte Vorstellungen über Erziehung und Bildung in die Öffentlichkeit, und zwar mit der Absicht, diese Vorstellungen im jeweils anerkannten Bildungssystem zu verwirklichen. Wenn beispielsweise die FDP des Landes Baden-Württemberg im Januar 1980 propagiert, Ökologie müsse zum Unterrichtsfach werden, dann will sie dies auch erreichen.

Die Veröffentlichung von Erziehungs- und Bildungsvorstellungen in politischen Programmen bringt sie in die allgemeine politische Diskussion ein. Dort müssen sie sich der Konkurrenz stellen, müssen mit anderslautenden, aber gleich gerichteten Programmen konkurrieren. Hier, auf dem öffentlichen Markt, spielt sich dann jene Auseinandersetzung ab, die WENIGER als »Kampf geistiger Mächte«, als »ein Ringen um eine Lagerung der Kräfte in Schule und Lehrer« beschrieb (WENIGER 1965, S. 22). Solche Programme werden nicht nur von etablierten politischen Parteien, sondern von vielen und unterschiedlichen Gruppierungen, aber auch einzelnen Personen in die Öffentlichkeit getragen. Sie unterscheiden sich in vielen Punkten voneinander. So gibt es vage Andeutungen, aber auch exakte und geschlossene Modellvorstellungen. Kann man die oben erwähnte Forderung der baden-württembergischen FDP nach Einführung eines Unterrichtsfaches Ökologie noch als vage und inhaltlich weitgehend ungeklärt betrachten, so stellt etwa das 1969 von der SPD vorgestellte »Modell für ein demokratisches Bildungswesen« ein durchdachtes und durchplantes Programm dar. Zweifellos durchdacht und logisch abgesichert waren auch die unter dem Titel »Mut zur Erziehung« aufgestellten Thesen, die eine Reform des Unterrichts intendierten. Diese Thesen unterscheiden sich vom »Strukturplan für das Bildungswesen«, den der Deutsche Bildungsrat entwickelte, dadurch, daß sie ausschließlich Erziehungsziele bzw. Erziehungsprinzipien behandeln, wohingegen der »Strukturplan« das Gesamtfeld von Schule und Unterricht umfaßt. Diese Beispiele zeigen, daß bildungspolitische Programme sich in vieler Hinsicht unterscheiden: hinsichtlich ihrer inhaltlichen Zielsetzungen, ihrer Verfasser und ihrer politischen Basis, ihres Umfangs und ihrer Konkretheit usw. Außer der Zielsetzung, sich durchzusetzen und verwirklicht zu werden, ist ihnen gemeinsam, daß diese Durchsetzungen im politischen Raum stattfinden.

Literatur zu diesem Kapitel siehe Seite 234.

Bildungspolitische Programme sind außerhalb der Schule angesiedelt und haben noch keinen unmittelbaren Einfluß auf diese. Eine Ausnahme bildet nur jenes bildungspolitische Programm, das als Konsens der jeweils zuständigen politischen Versammlung – oder als Willenserklärung von deren Mehrheit – in Form eines Schulgesetzes zustande kommt. In der Bundesrepublik Deutschland sind hierfür die Länderparlamente zuständig. Schulgesetze kann man noch den bildungspolitischen Programmen zurechnen, obwohl sie auch den Übergang von diesen zu den Lehrplänen leisten. *Schulgesetze,* ob sie von der Gesamtheit oder nur einer Mehrheit des zuständigen Parlaments getragen werden, beenden den Kampf der Programme und bringen Ruhe in das Geschäft der Bildung, obwohl Einflüsse aus bildungspolitischen Programmen auch zu späterer Zeit auf verschiedenen Wegen – beispielsweise durch den Lehrer – in die Planungsergebnisse gelangen können.

1.2 Planungsaufgaben des Lehrers

In welcher Weise hat ein Lehrer im Rahmen seiner Planungsaufgaben mit bildungspolitischen Programmen zu tun? Daß eine unmittelbare – in ihrer Art notwendigerweise politische – Beteiligung nicht zu den beruflichen Aufgaben eines Lehrers gehört, wurde schon gesagt. Bildungspolitische Programme werden auch nicht zum unmittelbaren Ansatzpunkt der Planungsentscheidungen eines Lehrers; er kann seine Planung nicht einfach an sie anschließen, trifft aber bei seiner Planung auf ihre realisierten Intentionen, sofern sich diese tatsächlich durchsetzen konnten. Und das macht erforderlich, daß der Lehrer mindestens Kenntnis über sie haben muß.

Kenntnisse über bildungspolitische Programme zu besitzen gehört beim Lehrer nicht bloß zu einer recht verstandenen Allgemeinbildung. Lehrer betonen gerne, daß sie sich nicht als bloße Umsetzer vorgegebener Pläne begreifen, nicht nur als technische Relaisstationen auf pädagogischen und didaktischen Wegen betrachten. Wer solches postuliert, muß konsequenterweise Kenntnis von aktuellen bildungspolitischen Programmen nehmen, um die Hintergründe seines Tuns – in diesem Fall besonders seiner Planungstätigkeit – durchschauen und klären zu können. Die Kenntnis bildungspolitischer Programme setzt den Lehrer instand, ihre Genese zu verfolgen und zu erkennen, wie sie Eingang in die Schulwirklichkeit finden, ob sie unverändert oder in Varianten dort wirksam werden, wo und in welchem Zusammenhang sie auftauchen usw. Umgekehrt kann er auch einzelne Phänomene der Schulwirklichkeit auf bestimmte bildungspolitische Programme und auf deren Urheber zurückführen.

Es geht also keinesfalls um Identifikation des Lehrers mit einzelnen bildungspolitischen Programmen oder einigen von deren Aussagen, wenn gefordert wird, daß der Lehrer sich um Kenntnis solcher Programme zu bemühen habe. Es geht vielmehr darum, daß der Lehrer auf diese Weise selbst zur rationalen Aufklärung der Grundlagen seines Tuns beiträgt. Ein Lehrer in Baden-Württemberg sollte beispielsweise die längere Zeit heftig und kontrovers geführte Diskussion kennen, die letzten Endes dazu führte, daß ins Schulgesetz von 1976 die Formulierung aufgenommen wurde, die Schule sei »gehalten, die Schüler in Verantwortung vor Gott . . . zu erziehen« (Schulgesetz Baden-Württemberg, 10. 2. 76, Art. 1, 1. Teil, § 1 [2]). Ebenso sollte ein Lehrer in Hamburg Kenntnis von jenen Vorgängen und Debatten haben, die 1979 zur Einführung der Gesamtschule als Regelschule führten. In beiden Fällen haben bildungspolitische Programme sich gegen anderslautende Vorstellungen durchgesetzt und entscheidenden Einfluß auf die reale Gestaltung von Schule und Unterricht genommen. Für die Planungsaufgabe des Lehrers sind in beiden Fällen feste und unumgehbare Bedingungen gesetzt worden. Im ersten Fall sind alle seine pädagogischen und didaktischen Entscheidungen unauflöslich an den Auftrag gebunden, »die Schüler in Verantwortung vor Gott . . . zu erziehen«. Diese Bindung entspricht dem erklärten Willen der Mehrheit des baden-württembergischen Landtags. Kein Lehrer in Baden-Württemberg, zusätzlich noch durch seinen Eid an das Land gebunden, kann sich über eine solche Vorgabe hinwegsetzen. Im zweiten Fall wurden durch die Organisationsform »Gesamtschule« und dieser eigene Implikationen ebenfalls bestimmte Voraussetzungen für die Unterrichtsplanung durch den Lehrer geschaffen.

Die Planungsaufgabe des Lehrers hinsichtlich bildungspolitischer Programme besteht also darin, sich auf jeden Fall Kenntnisse über sie zu beschaffen, und zwar so hinreichende Kenntnisse, daß ihm die besondere Bedingtheit seines pädagogischen und didaktischen Handelns transparent wird. Nur so werden ihm alle seine weiteren Entscheidungen im Planungsvollzug voll einsichtig, nur auf diese Weise vermeidet er von Anfang an, unversehens unerklärbaren Zwängen anheimzufallen.

Was die Planungstechnik betrifft, so läßt sich nur schlecht ein genereller Vorschlag machen. Die nötigen Informationen kann man auf viele Arten sammeln und aufbereiten. Neben der eigenen Auseinandersetzung mit bildungspolitischen Programmen sollte aber auf jeden Fall auch die ständige Verbindung zur pädagogischen und didaktischen Theorie bestehen, wo aktuelle Entwicklungen entsprechender Art erörtert werden. Die eigene Auffassung wird dadurch nicht nur möglicherweise um zusätzliche Gesichtspunkte erweitert, sondern auch eine – wenn auch zunächst lockere – Verbindung zwischen Lehrern hergestellt und somit deren Vereinzelung vermieden.

2 Lehrplan/Curriculum

Vorklärungen

Für die Gestaltung von Schule und Unterricht spielt der Lehrplan eine große Rolle. In ihn sind alle von zuständiger politischer und administrativer Seite entschiedenen und beabsichtigten pädagogischen und didaktischen Maßnahmen für Schule und Unterricht eingegangen. Der darin tätige Lehrer entnimmt sie dem Lehrplan und macht sie zum Kern seiner eigenen Unterrichtsplanung. Wegen der großen Bedeutung des Lehrplans für die Planungsarbeit des Lehrers ist ihm hier breiter Raum gewidmet. Es wird auf viele Einzelaspekte eingegangen, aber keineswegs in so großer Intensität und hinsichtlich so vieler Details, wie dies für den Lehrer schlechthin notwendig ist. Die Ausführungen nehmen Bezug auf die Planungsaufgabe des Lehrers, sie ersetzen nicht das Studium besonderer Erörterungen zur Lehrplan- und Curriculumtheorie.

2.1 Zur Funktion des Lehrplans

Die hauptsächliche Funktion des Lehrplans besteht in der »Vereinheitlichung« von Bildung (vgl. auch E. WENIGER 1965, bes. S. 34ff.). Mit der verfassungsmäßigen Festschreibung eines allgemeinen und gleichen Rechts auf Bildung aller Heranwachsenden in einer staatlichen Gemeinschaft wurde zugleich notwendig, dieses Recht – zusätzlich zur gesetzlich geregelten Organisation des Bildungssystems – auch inhaltlich abzusichern. Dies leistet der Lehrplan. In ihm ist festgehalten, welche pädagogischen Zielsetzungen in der Schule verfolgt werden sollen und was alle Schüler gelehrt werden soll bzw. was sie lernen sollen. Unabhängig von den im Geltungsbereich eines Lehrplans zahlreich möglichen Unterschieden in den Bedingungen des Lehrens und Lernens sollen diese Ziele und Inhalte für alle Schüler verwirklicht werden. Der Lehrplan erfüllt auf diese Weise einen Anspruch der Heranwachsenden, indem er zur Angleichung der Bildungspraxis an die Bildungsnorm beiträgt.

In der Bundesrepublik Deutschland ist aufgrund des föderalistischen Prinzips der Kulturhoheit der Länder der Geltungsbereich eines Lehrplans auf jeweils ein Bundesland begrenzt (vgl. Art. 7 des Grundgesetzes der Bundesrepublik Deutschland: »Das gesamte Schulwesen steht unter der Aufsicht des Staates« in Verbindung mit Art. 30: »Die Ausübung der staatlichen Befugnisse und die Erfüllung der staatlichen Aufgaben ist Sache der Länder ...«). Für die Erstellung von Lehrplänen sind die einzelnen Bundesländer zuständig. Im Bereich der Bundesrepublik Deutschland gibt es deshalb stets sechzehn unterschiedliche Lehrpläne. Abgesehen von vereinzelten Übereinstimmungen, besonders im fachlichen Teil, sind die Unterschiede so wesentlich, daß Übertragungen kaum möglich sind.

Lehrpläne verpflichten Schulen und Lehrer dazu, die in ihnen festgeschriebene Bildung zu verwirklichen. Lehrer sind auf die Lehrpläne des jeweiligen Bundeslandes verpflichtet.

Literatur zu diesem Kapitel siehe Seite 234.

Lehrplan/Curriculum

Lehrpläne stellen ein notwendiges Bindeglied zwischen der schulischen Bildungspraxis und der bildungspolitischen Szenerie dar. Schulpraxis kann nicht unabhängig von den in der Gesellschaft ausgetragenen bildungspolitischen Auseinandersetzungen gestaltet werden; Schulpraxis kann aber auch nicht in unmittelbarer Verzahnung mit derartigen Vorgängen stehen. Die für ein sinnvolles und erfolgversprechendes Lehren und Lernen unbedingt erforderliche Ruhe wird durch den Lehrplan erreicht, der die Schule gleichsam gegen das – ausdrücklich auf sie gerichtete – bildungspolitische Kampfgetümmel abschirmt. Im Lehrplan sind nur jene Zielsetzungen und inhaltlichen Ansprüche an den Bildungsauftrag der Schule noch enthalten, die sich in der politischen Auseinandersetzung behaupten und durchsetzen konnten.

Im Unterschied zu jenen früheren Zeiten, als man aufgrund stabiler Verhältnisse ein festes Lehrgut tradieren und »einen ›Lehrplan‹ in Marmor hauen« konnte, wie DOLCH feststellte, sind Lehrpläne der Gegenwart vor allem wegen der ständig wechselnden politischen – und damit auch bildungspolitischen – Verhältnisse und Anschauungen überaus kurzlebig (DOLCH 1965, S. 359). Diese Tatsache stellte der ehemalige Kultusminister von Nordrhein-Westfalen, HOLTHOFF, sogar ausdrücklich einem – inzwischen überholten – Lehrplan voraus: »Neue Bestimmungen zur Schulorganisation und neue Lehrpläne stellen in unserer Epoche des Wandels aller Lebensverhältnisse Bemühungen um die Integration von Schule und Wirklichkeit dar. Sie sind Stationen eines Prozesses, in dem Ziele, Inhalte und Methoden der Schule ständig überprüft und korrigiert werden müssen.« (Grundsätze, Richtlinien, Lehrpläne für die Hauptschule in Nordrhein-Westfalen, 1968, B 0/2) Bezeichnend für die Schnellebigkeit gegenwärtiger Lehrpläne ist auch die Aussage des baden-württembergischen Ministerpräsidenten SPÄTH im Jahre 1979, daß die Landes-Lehrpläne in den nächsten beiden Jahren »entrümpelt« werden müßten; er sagte dies zu einem Zeitpunkt, als die neuesten Lehrpläne, auf die er sich bezog, noch nicht einmal alle fertiggestellt und in Kraft getreten waren.

Die schulische Zeit des Lehrens und Lernens ist viel zu kurz, als daß Heranwachsende alles lernen könnten, was überhaupt zu lernen ist. Sie reicht auch nicht aus, um all jenes zu lehren, das sich in der bildungspolitischen Auseinandersetzung als angeblich lernsnotwendig durchsetzen konnte. Es ist vielmehr eine stark eingrenzende Auswahl aus dem jeweils vorhandenen Angebot an Lehr- und Lernbarem vorzunehmen. Eine solche Auswahl geschieht bei der Erstellung von Lehrplänen. Hierauf wies schon WENIGER in seiner Lehrplantheorie hin: »Die Aufgabe des Lehrplans ist die Festlegung der Bildungsziele und Auswahl und Konzentration ... des Unterrichtsstoffes.« (WENIGER 1965, S. 22)

Halten wir das Ergebnis der kurzen Betrachtung fest:
- Ein Lehrplan bildet die Gelenkstelle zwischen den bildungspolitischen Ansprüchen an die Lehr- und Lerninhalte der Schule und der tatsächlichen Lehr- und Lernpraxis der Schule.
- Ein Lehrplan ist zugleich Puffer zwischen diesen beiden, um die für schulisches Lehren und Lernen notwendige Ruhe zu bewahren.
- Ein Lehrplan sagt aus, welche Zielsetzungen und Inhalte in der Schule verwirklicht werden sollen, und leistet dadurch eine Vereinheitlichung – gleiche Bildung für alle Betroffenen – der Bildung.

Folgt man TILLMANN, der die Funktionen von Lehrplänen für die Tätigkeit von Lehrern bestimmt, so sind diese: *Orientierung* von Lehrern darüber, was sie zu unterrichten haben, und *Legitimation* der Lehrertätigkeiten nach außen (1999). Eine von TILLMANN betreute

Dissertation ist der Frage nach der tatsächlichen Inanspruchnahme von didaktischen Planungsmodellen durch Lehrer im Unterrichtsalltag noch näher nachgegangen und gelangt dabei zu einem sehr ambivalenten Ergebnis (vgl. TEBRÜGGE, 2001, bes. S. 197 ff.).

2.2 Zur Struktur des Lehrplans

Lehrpläne weisen, von besonderen Erscheinungsformen abgesehen (vgl. den Abschnitt 2.3 über »Formen des Lehrplans«, S. 221 ff.), alle dieselbe Grundstruktur auf:

– *Lehrpläne gelten für ein Bundesland:*
Auf die Tatsache, daß Lehrpläne in den Zuständigkeitsbereich der Bundesländer gehören, wurde schon hingewiesen. In ihren Bezeichnungen kommt dies zum Ausdruck, z. B.
- »Richtlinien für die Volksschulen des Landes Niedersachsen« (1962)
- »Vorläufige Arbeitsanweisungen für die Hauptschulen Baden-Württembergs« (o. J.)
- »Richtlinien und Stoffplan für die Leibeserziehung an Volks-, Real-, Höheren und Berufsbildenden Schulen im Lande Nordrhein-Westfalen« (1960)

– *Lehrpläne gelten für eine Schulart bzw. Schulstufe:*
Die oben angeführten Beispiele verweisen auf Lehrpläne, die jeweils für Schularten aufgestellt werden. Grundsätzlich sind Lehrpläne an der bestehenden Schulorganisation orientiert. Für jede Schulart gibt es einen besonderen Lehrplan, wie in den Beispielen u. a. für die seinerzeitige »Volksschule« und die »Hauptschule«. Wo in einem Land das Schulsystem derartig organisiert ist, daß die Lehr- und Lernanforderungen über Schulgrenzen hinaus dieselben sind, gibt es auch stufenbezogene Lehrpläne, z. B. für die »Orientierungsstufe«.

– *Lehrpläne machen Aussagen über den Auftrag der Schulart bzw. Schulstufe:*
Lehrpläne enthalten jeweils – oft unter deutlichem Bezug auf den Auftrag des Bildungssystems im Bundesland überhaupt (Schulgesetz, Verfassungsartikel) – eine präambelartige Aussage über den besonderen Auftrag der Schule, für die sie gelten. Im baden-württembergischen »Bildungsplan für die Grundschulen« von 1977 heißt es beispielsweise gleich anfangs unter der Überschrift »Leitgedanken zur Arbeit in der Grundschule« (S. 9):

1.1. Der Auftrag der Grundschule
1.1.1. Der Erziehungs- und Bildungsauftrag der Grundschule ist im Grundgesetz für die Bundesrepublik Deutschland, der Verfassung des Landes Baden-Württemberg und dem Schulgesetz für Baden-Württemberg verankert.
1.1.2. Die Grundschule ist die gemeinsame Grundstufe unseres Schulwesens. Ihr besonderer Auftrag ist gekennzeichnet durch:
- Förderung der verschiedenen Begabungen der Schüler in einem gemeinsamen, vierjährigen Bildungsgang;
- Entfaltung verborgener und nicht entwickelter Fähigkeiten oder Eigenschaften durch stützende, fördernde und ermutigende Hilfen;
- Weckung der sittlichen, religiösen, sozialen und freiheitlich demokratischen Gesinnung, auf der das Zusammenleben gründet;
- Einübung von Verhaltensweisen und Umgangsformen, die für das Zusammenleben in der Schule und in den sozialen Gemeinschaften gelten;
- allmähliche Hinführung der Schüler von den Formen spielerischen zu den systematisierten Formen schulischen Lernens und Arbeitens;

Lehrplan/Curriculum

- Förderung der Kräfte des eigenen Gestaltens und schöpferischen Ausdrucks;
- Vermittlung von Kenntnissen und Fertigkeiten, die für die Lebensbewältigung wichtig und für die Schularbeit grundlegend sind.

Oftmals werden der Darstellung des Auftrages noch Grundsätze u. ä. hinzugefügt, deren Einhaltung in der Schule vom verantwortlichen Verfasser des Lehrplans erwartet wird. Im Anschluß an den obigen Auftrag geht der baden-württembergische Grundschullehrplan noch auf folgende Punkte näher ein (ebd., S. 9ff.):
- das Grundschulkind
- Arbeitsformen der Grundschule
- Anmerkung zur Differenzierung
- Spielen und Lernen in der Grundschule.

Durch solche einleitenden Aussagen wird der Gesamtrahmen abgesteckt, in dem sich die Praxis des Lehrens und Lernens in der jeweiligen Schule vollziehen soll: die Zielsetzung des gesamten Lehr- und Lerngeschehens; pädagogische und didaktische Prinzipien für die Gestaltung der Praxis; in den Lehrplan eingegangene weitere pädagogische und didaktische Vorstellungen, die auch bei der praktischen Umsetzung beachtet werden sollten.

- *Lehrpläne machen Aussagen über den zeitlichen Umfang und die Aufteilung der verfügbaren Zeit des Unterrichts:*
Genau vorgeschrieben wird der Schule durch den Lehrplan, wie viele Unterrichtsstunden sie für ihren Auftrag aufwenden darf und wie sie diese Stunden auf unterscheidbare Einzelaufträge zu verwenden hat. Der schon zitierte Grundschul-Lehrplan von Baden-Württemberg schreibt folgende wöchentliche »Stundentafel« vor (S. 17):

2. Stundentafel
für die Grundschulen in Baden-Württemberg
(gültig ab 1.8.1977)

Fach	Klasse			
	1	2	3	4
Religion [1]	2	2	2	2
Deutsch	7	7	7	7
Sachunterricht	3	4	4	4
Mathematik	5	5	5	5
Bildende Kunst/Textiles Werken	1	2	3	3
Musik	1	1	1	1
Sport [2]	3	3	3	3
Insgesamt	22	24	25	25

[1] Nach Absprache mit den Kirchenbehörden werden unbeschadet der Rechtslage zwei Stunden Religionsunterricht erteilt.
[2] In Klassen, in denen die 3. Sportstunde noch nicht erteilt werden kann, ist diese Stunde für Musik oder Bildende Kunst zu verwenden.

Für Stütz- und Fördermaßnahmen zugunsten einzelner Schülergruppen stehen der Schule für Klasse 1 und 2 je zwei, für die Klassen 3 und 4 je drei Lehrerstunden zusätzlich zur Verfügung.
Durch solche Vorgabe wird zugleich die innere Organisation der Schule bestimmt, in diesem Fall die Aufteilung des Unterrichts in einzelne »Fächer«. Der Lehrplan stellt hier gleichsam ein »synchrones« Ordnungsprinzip des Lehrens und Lernens auf, indem er festlegt, welche Schwerpunkte nebeneinander gebildet werden sollen (vgl. FLECHSIG o. J., S. 116ff.).

– *Lehrpläne sind am Fachprinzip orientiert und machen besonders Aussagen über den Unterricht in den Fächern:*
Die Orientierung schulischen Lernens am Fachprinzip reicht weit in die Vergangenheit zurück (vgl. DOLCH 1965); und selbst wenn es gelegentlich Ansätze dazu gibt, dieses Prinzip aufzubrechen – z. B. durch »fächerübergreifenden« Unterricht, Projekt-Unterricht –, hält es sich in der pädagogischen Theorie und Praxis doch hartnäckig weiter. Durch Lehrpläne und ihre vorgebende Funktion für den Unterricht wird das Fachprinzip sogar zementiert. Hier ist wichtig: Lehrpläne machen ihre Aussagen nach Unterrichtsfächern geordnet.

– Zu Beginn der fachspezifischen Aussagen wird im Lehrplan beschrieben, *welchen besonderen Auftrag das Fach in der Schule zu erfüllen hat.*
Und oftmals werden auch nähere Erläuterungen zum besseren Verständnis dieses Erziehungs- und Bildungsauftrages hinzugefügt. Über den Auftrag des Faches »Deutsch« heißt es z. B.:
»Der Deutschunterricht hat die Aufgabe, die sprachlichen Fähigkeiten des Schülers zu entwickeln und zu fördern.«
(Vorläufige Lehrpläne für die Klassen 5 und 6 der Hauptschulen, Realschulen sowie der Gymnasien der Normalform. Baden-Württemberg, 1977, S. 8)
oder:
»Der Deutschunterricht soll die sprachliche Fähigkeit der Schüler erweitern und differenzieren sowie erste Einblicke in Funktion und Struktur der Sprache vermitteln.«
(Bildungsplan für die Grundschulen, Baden-Württemberg, 1977, S. 20)
Derart deutliche Zielansprachen finden sich allerdings erst in den Lehrplänen der letzten Jahre. In älteren hingegen begegnet man statt dessen häufig weitschweifigen Gedankengängen über die traditionell von den Fächern betreuten Inhalte, ihre Bedeutung für den Menschen, vor allem die Kinder u. ä.

– Im Mittelpunkt des Lehrplans stehen *Aussagen über Einzelziele und Einzelinhalte, wie sie in einem Unterrichtsfach gelehrt und gelernt werden sollen.*
Hierin konkretisiert sich die weiter vorn umschriebene Funktion der Auswahl und Konzentration aus dem Potential alles Lernbaren. So konkret wie möglich wird beschrieben:
– welche Zielsetzungen das Fach verwirklichen soll
– welche Inhalte und Themen fachlicher Art behandelt werden sollen
  und u. U. auch noch
– welche Verfahren und Mittel verwendet werden sollten.
Ziele und Inhalte werden diachron geordnet vorgegeben. Da der Unterricht in

unseren Schulen traditionell der Folge nach am Prinzip der Jahrgangsklasse orientiert ist, wird dies Prinzip auch im Lehrplan eingehalten. Ziele und Inhalte eines Faches sind bestimmten Klassenstufen zugeordnet. Und innerhalb einer Klassenstufe ist oft noch die Folge für ein Schuljahr vorgeschrieben, wobei sowohl sachliche, aus dem Stoff und seiner Struktur sich ergebende, als auch pädagogisch-didaktische Gründe eine Rolle spielen können. Auf jeden Fall findet der Lehrer die Fachziele und -inhalte bis zur Zeiteinheit Schuljahr geordnet vor.

Halten wir fest, welche Aussagen über seine Tätigkeit der Lehrer dem Lehrplan entnehmen kann und muß:
- *über den Erziehungs- und Bildungsauftrag der besonderen Schule oder Schulstufe*
- *über die Stundentafel*
- *über den besonderen Auftrag der einzelnen Fächer*
- *über die Einzelziele und -inhalte der Fächer und ihre Verteilung auf die Klassenstufen und ihre Abfolge.*

2.3 Formen des Lehrplans

Für den Lehrplan gibt es unterschiedliche Bezeichnungen; da ist – außer vom Lehrplan – auch die Rede von »Richtlinien«, »Bildungsplan«, »Arbeitsanweisung«, und in der aktuellen Diskussion ist die Bezeichnung »Curriculum« geläufig. Im folgenden soll auf einige hinter diesen Bezeichnungen verborgene Probleme eingegangen werden, jedoch abgekürzt und nur insoweit, als der Lehrer sie für seine Planungstätigkeit kennen sollte.

2.3.1 Minimalplan–Maximalplan–Richtlinien

Zu unterscheiden ist zunächst der »Minimal-« vom »Maximal-Lehrplan«. Während der Minimalplan ein Minimum dessen, was in einem bestimmten Zeitraum zu lehren und zu lernen ist, vorgibt, gibt der Maximalplan ein Maximum vor.

Der Minimalplan räumt dem Lehrer für seine Planungsaufgabe einen großen Spielraum ein. Er verpflichtet ihn nur auf wenige vorformulierte Zielsetzungen und Themen des Unterrichts, nur auf so viele und jene, die auf seiten des Lehrplanverantwortlichen für unbedingt notwendig erachtet werden, damit der Unterricht in einem Jahrgang, in einem Fach die übergeordneten Erziehungs- und Bildungsziele erreichen kann. Zugrunde liegt hierbei die Auffassung grundsätzlicher oder zumindest weitgehender Situativität allen Unterrichts. Unterricht wird als abhängig von situativen Bedingungen angesehen, von solchen, die Lehrer und Schüler jeweils in ihn einbringen, von solchen, die sich aus der regionalen Lage, dem Standort mit der aktuellen Situation der Schule ergeben usw. Auf jeden Fall wird angenommen, daß es aus pädagogischen Gründen sinnvoll sei, auf eine völlige Gleichschaltung und restlose Vorplanung des Lehrens und Lernens für den Geltungsbereich eines Bundeslandes zu verzichten. Eine »Gleichschaltung« unterbleibt, um bei notwendiger Gleichheit von Bildung und Erziehung in einem Bundesland zugleich deren mögliche Vielfältigkeit zu gewährleisten, wie sie durch unterschiedliche Traditionen, wesentliche regionale Einflüsse usw. geradezu geboten erscheint. Eine »Verplanung« unterbleibt, um die situativen Voraussetzungen angemessen auffangen und berücksichtigen zu können.

Ein solcher Minimalplan verzichtet vor allem darauf, die gesamte verfügbare Zeit eines Schuljahres mit vorgegebenen Themen usw. auszufüllen. Als ein Minimalplan gibt sich z. B. der baden-württembergische »Bildungsplan für die Grundschulen« von 1977 aus. In ihm heißt es u. a.: »Die Lehrpläne sind auf 30 Unterrichtswochen je Schuljahr ausgelegt. Die Zahl der Ziele je Fach orientiert sich an den Wochenstunden der Stundentafel. Damit ist den Schulen ein Freiraum für Übungen und Wiederholung, Spiel und Feier offengehalten worden«. (S. 14) Gemessen an den jährlich üblichen 39 Schulwochen müßte genügend planerischer Freiraum bleiben. Diesen Freiraum hat der Lehrer zu nutzen und auszufüllen. Da ihm nur ein Minimum an Zielsetzungen und Themen vorgegeben wird, stellt sich ihm besonders die Aufgabe, dieses Minimum unter situativen Bedingungen auszuweiten (durch zusätzliche Ziele und Themen), zu vertiefen (durch zusätzliche Fragen, durch weitere Bearbeitungsaspekte und -verfahren, durch Übungen), zu erweitern (durch Anlagerung ähnlicher Ziele und Inhalte) oder zu relativieren (durch anders gerichtete Ziele und Inhalte). Auf jeden Fall beschränkt sich die Planungsarbeit des Lehrers bei einem minimalen Lehrplan nicht auf die bloße Übernahme und Umsetzung vorgegebener Anweisungen für den Unterricht, sondern sie verlangt ihm ein hohes Maß an pädagogisch konstruktiver und didaktisch kreativer Arbeit ab. Für einen erzieherisch fruchtbaren Unterricht dürfte ein Minimallehrplan am sinnvollsten sein; und auch für den Lehrer dürfte er Grundlage besonders befriedigender Arbeit sein.

Der Maximalplan gibt mehr Zielsetzungen und Themen für ein Schuljahr vor, als tatsächlich im Unterricht behandelt werden können. Hier ist der gesamte planerische Raum von den Lehrplangestaltern ausgenutzt und ausgefüllt, ja manchmal sogar überfüllt worden. Kreativ im Sinne planerischer Entscheidungen über zusätzliche Ziele und Themen für den Unterricht kann ein Lehrer hier nicht mehr tätig werden. Seine Planungsaufgabe ist darauf eingeschränkt, aus dem überreichlichen Angebot eine den situativen Bedingungen des Unterrichts angemessene Auswahl zu treffen. Der Minimalplan gewährleistet, daß alle betroffenen Schüler dasselbe lernen, gestattet darüber hinaus jedoch noch zusätzliche Zielsetzungen. Der Maximalplan gibt zwar einen Rahmen vor, aber er gewährleistet nicht, daß auch allen betroffenen Schülern dasselbe Lernangebot gemacht wird. In der Praxis scheint sich der Minimallehrplan durchzusetzen, weil er am besten vermittelt zwischen den allgemeinen bildungspolitisch fundierten Forderungen auf seiten der Lehrplangestalter und den ausschließlich in konkreten Situationen erfüllbaren besonderen Erziehungsansprüchen auf seiten der Schüler.

Ähnlich dem Minimallehrplan wirken sich Richtlinien auf die Arbeit des Lehrers aus. So heißt es z. B. in den »Richtlinien für die Volksschulen des Landes Niedersachsen« von 1962 über den Charakter dieser Richtlinien:

»Die nachfolgenden Richtlinien sollen das Leben und die Arbeit in den Volksschulen des Landes regeln. Sie geben dem Lehrer die Grundsätze und Maßstäbe, mit denen er in pädagogischer und politischer Verantwortung den anvertrauten Schüler erziehen, Unterrichtsinhalte auswählen, über Unterrichtsverfahren und -mittel entscheiden kann.

Pädagogische Arbeit erfordert diesen Entscheidungsraum; in ihm müssen sich die pädagogische Überzeugung, die Gestaltungsfreude und die persönliche Eigenart des Lehrers auswirken können. In pädagogischen Situationen entstehen immer wieder Aufgaben, die nur von ihm selber erkannt und gelöst werden können. Je mehr diese Richtlinien den Lehrer sachlich überzeugen und in seiner persönlichen Verantwortung bestärken, desto besser wird er seine Aufgabe erfüllen.« (S. 9)

Noch größer ist der Freiraum des Lehrers bei Lehrplänen mit Richtliniencharakter, noch stärker aber auch die pädagogische und didaktische Forderung an ihn. Er wird nicht angewiesen, etwas Bestimmtes und auf eine bestimmte Art und Weise zu lehren, sondern soll durch Argumentation »überzeugt« werden, wie es in den obigen niedersächsischen Richtlinien heißt. Auch hinsichtlich der Zielsetzungen und Inhalte des Unterrichts wird nicht die Umsetzung bestimmter Einzelziele und -inhalte verlangt. Der Lehrer wird vielmehr auf seine Aufgabe in einer Altersstufe und einem Fach hingewiesen, und ihm wird ein beispielhaftes Angebot unterbreitet, wie z. B. für den Erdkunde-Unterricht auf der 2. Bildungsstufe (4.–6. Schuljahr) (S. 53/54):

2. Bildungsstufe
Zu Beginn der zweiten Bildungsstufe (4. Schuljahr) weitet sich der Anschauungsbereich zunächst auf die erwanderbare Heimat aus. Stadtkinder lernen benachbarte Dörfer, die Landkinder die Stadt kennen. Auf diese Weise gewinnen sie Einblicke in andere Lebensbedingungen und Arbeitsformen.

Die Kinder des 4. Schuljahres sollen ferner auf Wanderfahrten zwei oder drei vom vertrauten Bereich abweichende typische Landschaften mit ihren unterschiedlichen Natur- und Lebensverhältnissen kennenlernen und zur Heimat in Beziehung setzen (Flachland – Bergland, Binnenland – Küste, Marsch – Geest, Dorf – Großstadt).

Ob darüber hinaus noch andere für das Land Niedersachsen eigentümliche oder lebenswichtige geographische Gegebenheiten betrachtet werden können, hängt wesentlich von ihrer Beziehung zur Heimat (z. B. unser Moor – andere Moore in Niedersachsen, unser Sielhafen – große Häfen in Niedersachsen) und den Möglichkeiten der Veranschaulichung ab. Eine abgerundete Behandlung des Landes Niedersachsen mit all seinen Boden-, Natur- und Wirtschaftsverhältnissen, Siedlungen und Grenzen soll auf dieser Altersstufe nicht erfolgen.

Die zweite Bildungsstufe ist vor allem durch eine ausgreifende, auf die dingliche Welt gerichtete Wißbegier, durch Entdeckerdrang und Abenteuerlust der Schüler gekennzeichnet. Sie sind deshalb für das erdkundliche Bildungsgut besonders aufgeschlossen und bieten gute Voraussetzungen für den Erwerb eines reichen Tatsachenwissens. Der Drang in die Ferne legt es nahe, bereits im 5. Schuljahr nicht nur Beispiele aus Deutschland, sondern aus der ganzen Welt zu wählen. Es entspricht dem Denken dieser Altersstufe, typische Erscheinungen an charakteristischen Einzelbildern zu erfassen. Die Schüler erfahren den Einfluß der Landschaft auf die Lebensweise der Bewohner – vor allem auf Nahrung, Kleidung, Wohnung und Arbeit. Fruchtbarer oder karger Boden, Überfluß oder Mangel an Wasser, Gunst oder Ungunst des Klimas und der Verkehrslage, Armut oder Reichtum an Bodenschätzen, große oder geringe Bevölkerungsdichte werden als Wesenszüge von Landschaften erkannt. Anfangs sind Einzelbilder auszuwählen, die vorwiegend durch einen solchen Wesenszug bestimmt sind; später wird, nun auch an größeren Räumen, sichtbar, daß erst mehrere typische Merkmale eine Landschaft kennzeichnen.

Beispiele für charakteristische Einzelbilder:
Menschen kämpfen mit der Nordsee um Land;
Braunkohle als Grundlage der Industrie in Mitteldeutschland;
Bauern auf dem fruchtbaren Boden der schlesischen Ebene;
die Bevölkerung des unwirtlichen Norwegens lebt vom Meer;
Fruchtgärten an der Küste und wasserarme Steppen im Innern Spaniens;
die Ausnutzung reicher Erdölschätze verändert das Leben der Bewohner Arabiens;
Argentinien als Steppenland mit Weizenfeldern und Viehherden.

Wo es ungezwungen möglich ist, sollen Einzelbilder nach den Gesichtspunkten der Ähnlichkeit oder Gegensätzlichkeit nebeneinandergestellt werden (z. B. der Weinbauer in der Pfalz und in Frankreich, Wasserüberfluß in den Nordseemarschen und künstliche Bewässerung in Spanien). Die räumliche Einordnung der erarbeiteten Sacheinheiten gibt den Kindern bereits auf dieser Altersstufe eine Vorstellung vom Kartenbild der Erde und läßt sie – bei sorgfältiger Auswahl der Beispiele – die Mannigfaltigkeit der Natur- und Lebensräume Deutschlands und der Welt erkennen.

Richtlinien verlangen dem Lehrer nicht nur die Auswahl von Inhalten und Themen für den Unterricht in einem Schuljahr ab, sie legen ihm auch die besondere Pflicht zu sorgfältiger Interpretation der beispielhaften Lehrplan-Vorgaben auf. Er muß sich zunächst klare Vorstellungen darüber verschaffen, welche Aufgaben der Unterricht in einem Fach und Schuljahr nach Auffassung der Lehrplangestalter erfüllen soll, und dann einen entsprechenden Unterricht auf die Situation hin in allen Dimensionen planen. Er ist letzten Endes für den gesamten Unterricht und seine Auswirkungen verantwortlich. Im Zeitalter curricularer Vorplanung verschwinden Richtlinien immer mehr.

2.3.2 Lehrplan – Curriculum
Es ist sicher nicht falsch, wenn man den in den letzten zehn Jahren bei uns wieder heimisch gewordenen Begriff Curriculum mit »Lehrplan« übersetzt. Curricula sind Lehrpläne. Zum einen gibt es aber dennoch einige Auffassungsunterschiede zum traditionellen Lehrplandenken, und zum anderen verbergen sich hinter dem einen Begriff durchaus unterschiedliche Konzeptionen. Auf beides soll kurz eingegangen werden.

Erstens ist auf den unterschiedlich weiten Bereich von Unterrichtsplanung hinzuweisen, der mit »Curriculum« und mit »Lehrplan« abgedeckt wird. Mit Lehrplan wird nur eine Stufe, ein Plan im gesamten Planungsprozeß bezeichnet, nämlich jene, mit der wir uns – gemessen an der weiter vorn aufgezeigten Stufung – gerade befassen und die am Anfang aller gezielten Unterrichtsplanung steht. Curriculum hingegen umgreift alle gezielte Unterrichtsplanung, vom ersten groben Einkreisen beabsichtigter Maßnahmen und praktischer Möglichkeiten bis hin zu den letzten konkreten Entscheidungen über die Unterrichtsgestaltung. In diesem Sinne ist dann oft auch von »curricularer Lernplanung« die Rede. Und in verkürzendem Sinne wird häufig auch der bloße Lehrplan als Curriculum bezeichnet.

Zweitens ist auf einen wesentlichen Wandel in der Orientierung der Unterrichtsplanung hinzuweisen. Lehrpläne im deutschsprachigen Bereich haben sich traditionellerweise an Inhalten und Themen des Lehrens und Lernens orientiert. Sie machten folglich vor allem Aussagen darüber, was im Unterricht gelehrt und gelernt werden sollte, welche Themen und Inhalte behandelt werden sollten. Curricula dagegen orientieren sich an Lernzielen, daran, wozu, zu welchem Zweck gelehrt und gelernt werden soll. Curricula machen folglich vor allem Aussagen über Lernziele, die im Unterricht verfolgt und verwirklicht werden sollen. Curricula und lernzielorientierter Unterricht gehören zusammen.

Drittens ist auf den unterschiedlich großen Interpretationsraum hinzuweisen, den Vorgaben im Lehrplan und im Curriculum für Lehrer haben. Angaben in Lehrplänen haben, wie TOPITSCH durch sprachlogische Untersuchungen feststellte, in vielen Fällen den Charakter von »Leerformeln« gehabt. Lehrer konnten die Vorgaben also nach Belieben interpretieren, sofern sie sich überhaupt als konkretisierbar und interpretierbar erwiesen. Das hat wohl auch daran gelegen, daß Inhalte und Themen vorgegeben wurden und sich die Frage stellte, was denn nun an ihnen gelernt werden solle, welche Lernziele mit ihnen verwirklicht werden sollen.

Curricula bemühen sich, möglichst eindeutig zu formulieren und so konkret wie möglich zum Ausdruck zu bringen, welche Lernziele dem Unterricht und dem Lehrer zur Verwirklichung aufgegeben sind. Wie weit die Konkretisierung dabei geht, hängt dann von der Art des Curriculum ab (vgl. unten: »offenes« und »geschlossenes« Curriculum).

Viertens ist auf die Überprüfung, die Evaluation hinzuweisen, die ein Moment des

Lehrplan/Curriculum

Curriculum bildet. Lehrpläne traditioneller Art sind bloße Pläne, nur Vorentwürfe von Praxis; was ihnen fehlt, ist die Absicht der Selbstüberprüfung. Für Curricula hingegen ist dies ein strukturelles Moment: Wo sie Lernpraxis programmatisch entwerfen, bauen sie möglichst zugleich die spätere Rückmeldung über ihre eigene Wirksamkeit ein. Dadurch wird das, was der Begriff »Curriculum« bezeichnet, zu einem permanenten Prozeß.

Fünftens ist auf die zunehmende und beabsichtigte Rationalisierung hinzuweisen, die mit dem Begriff des Curriculum intendiert wird. Über die Entstehung traditioneller Lehrpläne wissen wir wenig. Außer der Erklärung WENIGERs, Lehrpläne kämen durch einen gesellschaftlichen Konsens zustande, für den der »neutrale Staat« die Vermittlerrolle einnehme, gibt es keine wissenschaftlich abgesicherte Theorie zur Lehrplanentwicklung (vgl. unten Abschnitt 2.4, S. 230f.). Das Curriculum dagegen erhebt den Anspruch auf seine wissenschaftlich-theoretische Absicherung. Curriculare Lernplanung meint immer auch den Anspruch, Lernplanung habe in allen Phasen und sämtlichen Dimensionen aufgrund wissenschaftlich gewonnener Erkenntnisse und nach Maßgabe wissenschaftlicher Verfahrenskriterien zu erfolgen.

Sechstens ist auf zwei Hauptformen des Curriculum hinzuweisen, die sich beträchtlich voneinander unterscheiden: auf das geschlossene und das offene Curriculum. Gemessen an den von einem Lehrer zu treffenden Entscheidungen über Unterricht, die wir weiter vorn als Dimensionen aufzeigten, macht das geschlossene Curriculum verbindliche Vorgaben über alle Entscheidungen. Dem Lehrer bleibt kein Freiraum mehr, er wird zum bloßen Techniker, zum Umsetzer von Lehrplananweisungen, da ihm verpflichtend für jeden Unterricht vorgegeben wird, welche Ziele an welchen Inhalten mit welchen Verfahren und Mitteln verwirklicht werden sollen. Man spricht daher auch von einem ›teacher-proof‹-Curriculum. Ganz anders dagegen das offene Curriculum: Es gibt allein verbindliche Lernzielangaben vor und ordnet ihnen allenfalls Inhalte und Hinweise auf Verfahren und Mittel zu, die dem Lehrer als abgesicherter Rat gelten sollen, ihn jedoch nicht fest binden. Der »Bildungsplan für die Grundschulen« in Baden-Württemberg von 1977 für das »Textile Werken« im 1. Schuljahr kann dies veranschaulichen (siehe Auszug auf der folgenden Seite).

Ähnlich wie beim Minimal-Lehrplan und den Richtlinien kann hier der Lehrer den Unterricht nach situativen Gesichtspunkten gestalten. In diesem »Bildungsplan« heißt es ausdrücklich:

»Der Bildungsplan für die Grundschulen in Baden-Württemberg bildet die Grundlage für die Unterrichtsgestaltung. Die in den Lehrplänen genannten Ziele sind verbindlich. Die Inhalte stehen zur Auswahl, jedoch ist mindestens eines der vorgegebenen Beispiele davon der Bearbeitung des Unterrichtsziels zugrunde zu legen. Die Hinweise geben Impulse und Anregungen für die Gestaltung von Unterrichtseinheiten.« (S. 14)

Da derart offene Curricula in gemeinsamer Arbeit von Lehrern auf regionaler, örtlicher und schulischer Ebene zusehends konkreter ausgestaltet, d. h. praxisnah weiterentwickelt werden können, ist auch von »praxisnahen Curricula« die Rede (vgl. zu den hier kurz umrissenen Positionen die Ausführungen im Kapitel über »lernzielorientierte Unterrichtsplanung«, S. 114ff.). In der Praxis nähern sich die Lehrpläne zusehends dem Bild offener Curricula, da sie einer sinnvollen und fruchtbaren pädagogischen Arbeit offensichtlich am besten entsprechen, sowohl was die Berücksichtigung von Interessen – der bildungspolitischen auf der einen, der von Schülern auf der anderen Seite – als auch die richtige Einschätzung der Bedeutung der Person des Lehrers betrifft.

Planungsstufen: Strukturierungshilfen für die Planungsarbeit des Lehrers

5.1. Klasse 1
5.1.1. Umgang mit textilem Material (vorgeschlagene Stundenzahl: 10)

Ziele	Inhalte	Hinweise
Erste Erfahrungen mit textilem Material erwerben.		
– Textile Materialien für eine bestimmte Gestaltungsaufgabe auswählen:	Ordnen und Auswählen von verschiedenen textilen Materialien im Hinblick auf eine kindgemäße Aufgabenstellung.	z. B. Märchenfigur, Collage.
– Verändern einer textilen Fläche:	Untersuchen und Verändern verschiedener textiler Materialien, z. B. durch Ausziehen von Fäden, Verschieben von Fäden, Einziehen von verschiedenen Materialien, Färben (Fingerdruck)	z. B. Masken
– mit verschiedenen Garnen experimentieren;	z. B. durch Flechten, Binden, Wickeln, Trieseln, Knoten.	
– verschiedene textile Flächen auf ihre äußeren Merkmale hin unterscheiden.	Durch Beschauen und Befühlen verschiedener textiler Materialien Unterschiede feststellen, z. B. einfarbig – bunt, matt – glänzend u. a.	→ K Zeichnen/Grafik

Curricula und Lehrpläne stehen nicht in strengem Gegensatz zueinander. Die heutigen Lehrpläne, wie immer sie sich auch nennen mögen, haben den Charakter von Curricula. In sie sind die wesentlichen Elemente der Curriculumtheorie eingedrungen. Am besten läßt sich der Lehrplan als ein fixierter Plan im Prozeß curricularer Lernplanung begreifen, als Plan, der leistet, was weiter vorn näher erläutert wurde.

2.3.3 Horizontalplan – Vertikalplan
Wenn der »Horizontal-Lehrplan« dem »Vertikal-Lehrplan« gegenübergestellt wird, so handelt es sich hierbei keineswegs um zwei in grundsätzlichen Fragen konträre Konzeptionen. Es handelt sich vielmehr um Unterschiede im äußeren Bild eines Lehrplans, um Unterschiede in der Form der Selbstdarstellung. Da die Form den Umgang des Lehrers mit dem Lehrplan entscheidend mitbestimmen kann, soll auch auf diese beiden besonderen Formen eingegangen werden.

Eine horizontale oder vertikale Form können alle Lehrpläne annehmen, ob sie nun als Minimal- oder Maximalplan, als geschlossenes oder offenes Curriculum konzipiert sind. Worin sich die beiden Formen unterscheiden, ist die Anordnung der Aussagen über vorgesehenen Unterricht. Im Vertikalplan sind die Aussagen untereinander geordnet, im Horizontalplan nebeneinander (vgl. die Beispiele auf den Seiten 227–229).

Lehrplan/Curriculum

Themen
1 Klasse 5 und 6 (Beobachtungsstufe)
1.1 *Vom Menschen und seiner Gesundheit*
Das Skelett – Stütze des Körpers (Körperhaltung, Haltungsschäden)
Gelenke und Muskeln – Bewegung des Körpers (Bewegungsablauf, Training)
Nahrung und Ernährung – Verdauliches und Unverdauliches (richtige und falsche Ernährung, Genußmittel, kranke Zähne, Verdauungsweg)
Arbeitsweise von Lunge und Herz – Aufgaben des Blutes (Richtiges Atmen, Bedeutung reiner Luft, Blutkreislauf)

Ergänzungsthemen
Bau und Aufgaben der Haut – Körperpflege
Nerven und Sinne – Bedeutung von Ruhe und Erholung
Zähne und Zahnpflege
Hilfe bei Verletzungen und Vermeidung von Infektionen (Wundschnellverband, Keimfreiheit)

1.2 *Haustiere des Menschen*
Der Hund – ein Säugetier: Greifsäuger (Jagdverhalten, Zehengänger, Gebiß)
Das Rind – ein säugender Wiederkäuer: Huftier (Paarhufer, Zehenspitzengänger, Hornträger, Gebiß)
Entwicklung vom Wild- zum Haustier – Bedeutung für den Menschen

Ergänzungsthemen
Ernährungsarten (Fleisch-, Pflanzen- und Allesfresser), Brutpflegeverhalten (Nesthocker, Nestflüchter) und Körperbau anderer Haustiere (z. B. Katze, Pferd, Schwein, Schaf)

1.3 *Vom Bau und Leben besonders angepaßter Säugetiere*
Anpassung an das Leben im Boden – Körperbau und Funktion (z. B. Maulwurf)
Anpassung an das Leben im Wasser – sekundäre Anpassung (z. B. Robbe)
Anpassung an das Leben in der Luft – Orientierung (z. B. Fledermaus)

Ergänzungsthemen
Ernährungsweisen der Nagetiere und Insektenfresser (z. B. Hausmaus, Feldmaus, Igel)
Bedeutung der Nager für den Menschen – Steppentier (z. B. Feldhase, Kaninchen)

1.4 *Körperbau und Lebensweise ausgewählter Wirbeltiere*
Bau und Leben eines Vogels – Entwicklung aus dem Ei (z. B. Huhn)
Aufzucht der Jungen bei Singvögeln – Arten des Nestbaues (z. B. Schwarzdrossel)
Die Eidechse als wechselwarmes Kriechtier (z. B. Zauneidechse)
Der Frosch und sein Gestaltwandel (z. B. Wasserfrosch, Teichfrosch)
Bau und Leben eines Fisches (z. B. Karpfen, Goldfisch, Forelle)

Vertikal-Lehrplan (Fach: Biologie im 5./6. Schuljahr. Hamburg 1973, 32/42/43.5.10)

Will man den maßgeblichen Einfluß der Form auf die Lehrertätigkeit kurz fassen, so ist zu sagen: Unabhängig vom Grad der tatsächlichen Verpflichtung wird die strenge äußere Zuordnung in horizontalen Plänen sich vermutlich bindender auf die Planungsentscheidungen des Lehrers auswirken als bei vertikaler Anordnung. Bei vertikaler Anordnung informiert sich der Lehrer Schritt für Schritt, um dann zu entscheiden, wie der Unterricht gestaltet werden soll. Die horizontale Anordnung suggeriert unter Umständen durch ihre offensichtliche Stringenz schon die Entscheidungen, die dann nicht mehr vom Lehrer selbst vollzogen, sondern bloß anerkannt und übernommen werden.

5.1 Stütz-, Schutz- und Bewegungssystem beim Menschen

Lernziele	Lerninhalte	Unterrichtsverfahren	Lernzielkontrollen
5.1.1 Einsicht in die Notwendigkeit des menschlichen Stützsystems	Auswirkungen der Schwerkraft auf den menschlichen Körper	Demonstration an Papierfiguren, Puppen: nicht versteift – versteift	Freies Berichten
5.1.2 Einblick in den Bauplan des menschlichen Skeletts	Bauelemente: Knochen Bauprinzip: Innenskelett Wichtige Teile des Skeletts: Wirbelsäule, Brustkorb, Schulter- und Beckengürtel, Arme und Beine, Schädel	Demonstration am Skelett, Untersuchen am eigenen Körper	Benennen der wichtigsten Skeletteile (vgl. Lerninhalt) an einer vorgegebenen Schemazeichnung Identifizieren ähnlich gebauter Knochen an Präparaten
5.1.3 Einsicht, daß der aufrechte Gang besondere Stützprobleme für den Menschen mit sich bringt	Sonderstellung des Menschen, aufrechter Gang, doppelt s-förmig gebogene Wirbelsäule	Experimentelles Arbeiten an verschieden geformten Drahtmodellen von Wirbelsäulen	Berichten zu den Experimenten
5.1.4 Bereitschaft zur richtigen Körperhaltung	Schäden durch einseitige Belastungen Richtige Haltung beim Gehen und Sitzen, insbesondere beim Schreiben	Vergleichende Untersuchung deformierter Wirbelsäulen am Drahtmodell	
5.1.5 Einsicht, daß das Skelett des Menschen gelenkig gegliedert ist und dadurch eine aktive Bewegung ermöglicht	Gliederung einzelner Skelettabschnitte, z. B. Arm in – Oberarm – Unterarm (Elle, Speiche) – Hand (Handwurzelknochen, Mittelhandknochen, Fingerknochen)	Beobachtungen und Versuche am eigenen Körper Betrachtung von Gliedmaßenskeletten	Beschriften von Arm- und Beinskelett
5.1.6 Einsicht in das Zusammenwirken der einzelnen Elemente bei der Bewegung des Menschen	Beispiel: Bewegung des Armes oder des Beines Zusammenspiel zwischen Knochen, Muskeln, Sehnen bei Gelenken	Demonstration an Funktionsmodellen Erklären der Funktion von Muskeln, Sehnen und Knochen bei Gelenken	Ordnen von Sätzen, die den Bewegungsablauf wiedergeben

Lernziele	Lerninhalte	Unterrichtsverfahren	Lernzielkontrollen
5.1.7 Einsicht in die Funktionsweise typischer Gelenke	Beweglichkeit in Abhängigkeit vom Bau der Gelenke: Kugel-, Scharnier-, Sattelgelenk	Versuche und Demonstration am eigenen Körper Formen von Gelenkmodellen mit Knetmaterial Einsatz von Funktionsmodellen	Schließen von den Bewegungsmöglichkeiten auf den Bau eines Gelenkes
5.1.8 Kenntnis der vielfältigen Verletzungsarten	Knochenbrüche, Verstauchungen, Zerrungen, Auskugeln	Erfahrungsberichte der Schüler, Röntgenbilder	

Horizontal-Lehrplan (Fach: Biologie in der Orientierungsstufe. Bayern 1976)

2.3.4 Spiral-Lehrplan

Die besondere Konzeption des »Spiral«-Lehrplans geht auf J. S. BRUNER zurück (vgl. BRUNER 1970). Das charakteristische Strukturmerkmal dieses Lehrplans ist der Aufbau fachlicher Unterrichtsinhalte in wiederkehrend-spiralförmiger Art. Um dieses Prinzip als sinnvoll einzusehen, muß man zwei von BRUNER gesetzte Voraussetzungen kennen.

Die erste Voraussetzung: BRUNER vertritt die Auffassung, daß es im fachgebundenen Unterricht wesentlich darauf ankommt, Schüler die Struktur der entsprechenden Fachwissenschaft lernen zu lassen (»structure of the discipline«). Solche Struktur wird aus den Grundbegriffen und -konzepten einer Wissenschaft gebildet, die diese im Verlaufe ihrer Geschichte geschaffen hat, um zu erkennen und Erkanntes festzuhalten. Das Erlernen solcher Struktur hält er aus manchen Gründen für didaktisch besonders wertvoll und fordert, »daß das Curriculum für ein Fach von dem fundamentalen Verständnis des Faches her aufgebaut werden soll, das sich aus den tragenden, seine Struktur ausmachenden Prinzipien gewinnen läßt« (S. 42; vgl. auch S. 30ff.).

Die zweite Voraussetzung: BRUNER ist der Auffassung: »Jedes Kind kann auf jeder Entwicklungsstufe jeder Lerngegenstand in einer intellektuell ehrlichen Form erfolgreich gelehrt werden« (S. 44). Er hält es also für ohne weiteres möglich, schon im jüngsten Alter – beispielsweise Sechsjährige im 1. Schuljahr – jene Grundbegriffe und Grundprinzipien zu lehren, die Bestandteile der Struktur einer Disziplin, eines Faches sind.

Zum spiralförmigen Lehrplan, der »bei seinem Verlauf wiederholt auf diese Grundbegriffe zurückkommen und auf ihnen aufbauen (sollte), bis der Schüler den ganzen formalen Apparat... begriffen hat« (S. 26), kommt es bei diesen Voraussetzungen ganz zwangsläufig. Das heranwachsende Kind nimmt zwar in jedem Alter die wissenschaftlichen Strukturkategorien auf, aber stets nur in einer seinem Lebensalter spezifischen Art und Weise und dadurch immer nur einzelne ihrer Aspekte. Das macht wiederholte Beschäftigung mit den Strukturkategorien notwendig, damit später die gesamte Struktur beherrscht wird. Eine solche wiederholte lehr- und lernmäßige Auseinandersetzung nimmt im Laufe der Schuljahre Spiralform an. Ein solcher Spiral-Lehrplan kann mit vielen der hier schon vorgestellten Konzeptionen zusammengehen.

2.4 Entstehung von Lehrplänen

Lehrer werden tagtäglich mit dem geltenden Lehrplan konfrontiert und auf ihn als Grundlage ihres didaktischen Handelns hingewiesen. Sie sollten daher auch wissen, wie dieser Lehrplan zustande gekommen ist. In der Praxis ist das Wissen hierüber bei Lehrern aber gering. Dies liegt wohl vor allem daran, daß die realen Vorgänge bei der Entwicklung und Entstehung von Lehrplänen wenig erforscht sind.

Eine erste Erklärung hat in den zwanziger Jahren E. WENIGER versucht: Er sieht den Lehrplan als das Ergebnis einer Auseinandersetzung gesellschaftlicher Mächte um ihre Vertretung – bzw. die Vertretung ihrer Vorstellungen – in Schule und Unterricht an. Die entscheidende Rolle weist er dabei dem Staat zu. Der Staat gilt ihm zwar einerseits als eine der konkurrierenden gesellschaftlichen Mächte, andererseits aber auch als neutrale Macht, als jene Instanz, die alle konkurrierenden Ansprüche gegeneinander abwägt, um einen einheitlichen Lehrplan zu erstellen.

Gegen WENIGERS Vorstellung von einer in Bildungsangelegenheiten neutralen Haltung des Staates ist viel argumentiert worden. Aber sie verweist in der Tat auf den realen Gang der Dinge bei der Entstehung eines Lehrplans. Politisch verantwortlich ist aufgrund der Verfassung der Bundesrepublik Deutschland (vgl. Art. 30 in Verbindung mit Art. 7 des Grundgesetzes) jedes einzelne Bundesland für die Entwicklung von Lehrplänen. Größtenteils vollzieht sich aber die tatsächliche Entwicklung dann im Wirkungsbereich der Administration. Beauftragt wird nämlich die zuständige Bildungsverwaltung mit dieser Aufgabe, also das Kultusministerium, die Senatsbehörde für Schulwesen u. ä., die mit dem Mittel größtmöglicher Konsensbildung den Lehrplan zu entwickeln strebt.

Diese oberste Bildungsbehörde wird in der Regel zum entscheidenden und mächtigen Zentrum der Lehrplanerstellung. Diese Behörde verwaltet die Entwicklung von Lehrplänen. Sie stellt das Organisationssystem für die Entwicklung auf, gliedert Aufgaben aus, setzt Kommissionen für ausgegliederte Teilaufgaben ein und bestellt deren Mitglieder. Die Bildungsverwaltung entscheidet mithin darüber, welche Fragen überhaupt zu erörtern sind und wer als Experte an der Erörterung teilnehmen soll. Die Verwaltung lenkt auch die redaktionelle Entwicklung von Lehrplänen. Sie ist Drehscheibe für die vorgeschriebene öffentliche Diskussion von Entwürfen, denn sie leitet Entwürfe an anhörungspflichtige Gruppen und Institutionen weiter (Parteien, Verbände, Elternvertretungen usw.); sie nimmt auch deren Stellungnahmen und Rückantworten entgegen. Sie steht schlechthin im Zentrum der gesamten Kommunikation bei der Lehrplanentwicklung. Sie ist schließlich auch mit der endgültigen Veröffentlichung und der Weiterleitung der Lehrpläne an die Schulen und Lehrer beauftragt und für deren richtige Einhaltung verantwortlich. Die Rolle der Bildungsverwaltung bei der Entstehung von Lehrplänen ist die weitaus bedeutungsvollste im Prozeß der Lehrplanentstehung. Wie sie sich real artikuliert, ist von Bundesland zu Bundesland unterschiedlich und müßte im Einzelfall geklärt werden.

In die Entwicklung von Lehrplänen gehen auf verschiedenen Ebenen und durch verschiedene Beteiligte durchaus auch von den Erziehungswissenschaften entwickelte Theorien und Strategien ein (vgl. ACHTENHAGEN/MEYER 1971; FREY 1972, 1976; HAFT/ HAMEYER 1975; KLAFKI 1972; WHEELER 1974). Die in der gegenwärtigen Lehrplan- und Curriculumtheorie vorgestellten und diskutierten wissenschaftlichen Ansätze treten in der Praxis allerdings selten sauber in Erscheinung, so daß wohl mit Recht bezweifelt werden kann, ob sie überhaupt durchschlagen. Dafür nur ein kurzes Beispiel: In der Curriculumtheorie steht zweifelsfrei fest, daß aus obersten Normen, wie sie in Schulgesetzen, Verfassungsartikeln usw. enthalten sind, auf deduktivem Wege Lehrziele eines Lehrplans nicht entwickelt werden können. Dennoch haben 1979 in zwei Bundesländern ausdrücklich solche Vorhaben stattgefunden – und sind offensichtlich gescheitert.

2.5 Bedeutung des Lehrplans für den Lehrer

Für die pädagogische und didaktische Arbeit des Lehrers in der Schule ist der Lehrplan Dreh- und Angelpunkt. Von wo aus auch immer ein Lehrer in die Schul- und Unterrichtsarbeit einsteigt, in welche Schule und welche besondere Schularbeit er auch immer eintritt, der Lehrplan gibt ihm Auskunft darüber, was von ihm erwartet wird und was er zu tun hat. Ja, der Lehrplan schreibt ihm sein pädagogisches und didaktisches Handeln weitgehend vor. Der Lehrplan verpflichtet den Lehrer zu bestimmtem Tun, er ist für den Lehrer verbindlich. Wie weit dabei die vorschreibende Verpflichtung geht bzw. welche pädagogischen und didaktischen Freiräume dem Lehrer ausdrücklich bleiben, hängt von der Art des Lehrplans und seinem dadurch besonderen Grad an Verbindlichkeit ab.

Im Lehrplan als einer Gelenkstelle zwischen allgemeinen politischen und gesellschaftlichen Verhältnissen und dem besonderen gesellschaftlich-politischen Auftrag von Schule und Unterricht wird dieser Auftrag konkretisiert. Der Lehrer – unter anderen auch der Lehrer! – hat die Aufgabe übernommen, diesen Auftrag mit zu verwirklichen. Wie der Auftrag lautet und wie er nach Möglichkeit verwirklicht werden soll, das erfährt der Lehrer aus dem Lehrplan.

Im einzelnen gibt der Lehrplan dem Lehrer Auskunft darüber,
- *welchen besonderen Erziehungsauftrag im allgemeinen Bildungs- und Schulsystem jene Schule bzw. Schulstufe übertragen bekommen hat, an der bzw. auf der er tätig ist*
- *welche innere Organisation die Schule zur Erfüllung ihres Auftrages aufzubauen hat, vor allem, wie der Unterricht fachlich gegliedert sein soll und welche Zeit den einzelnen Fächern zur Verfügung gestellt wird (Stundentafel)*
- *welchen allgemeinen Auftrag ein Fach zu erfüllen hat*
- *welche besonderen Lernziele und Lerninhalte in einem Fach zur Verwirklichung anstehen und mit welchen möglichen Verfahren und Mitteln dies geschehen kann.*

Obwohl es auf den ersten Blick scheint, als wenn der Lehrer gar keinen eigenen Entscheidungsraum und kein freies Handlungsfeld mehr hat, ist dem nicht so. Gerade im weiteren Verlauf der Planung wird sich zeigen, daß es ganz entscheidend auf den Lehrer ankommt, auf seine Art, sein Verantwortungsbewußtsein und seine Fähigkeit, den Lehrplan didaktisch »umzusetzen« und pädagogisch zu »entfalten« in einen situationsgerechten und erzieherisch wirksamen Unterricht.

Es wäre einseitig, nur die Bindung des Lehrers in Richtung auf seine schulische und unterrichtliche Tätigkeit zu sehen. Er hat auch die Pflicht, die ihm allerdings zugleich ein Recht bedeutet, in Richtung auf den Lehrplan zu handeln, und zwar durch die auf seinen Erfahrungen mit dem Lehrplan, dessen Realisierbarkeit und Wirksamkeit, fußende

Rückmeldung. Lehrpläne sind in ständiger Bewegung; sie in die richtige Bewegung zu versetzen und zu steuern ist eine Aufgabe des Lehrers. Denn letzten Endes erlebt kaum jemand anders die Realität des Lehrplans so intensiv wie der Lehrer.

2.6 Planungsaufgaben des Lehrers

Die Planungsaufgabe des Lehrers im Zusammenhang mit dem Lehrplan besteht nicht darin, Entscheidungen zu treffen, wie das bei üblicher Planung der Fall ist, sondern vielmehr darin, sich zu informieren und den Lehrplan mit Blick auf seine besondere Situation zu interpretieren. Dementsprechend gliedert sich seine Planungsaufgabe wie in der Übersicht auf Seite 233 dargestellt.

Kein Lehrer, ob er seine Berufspraxis aufnimmt oder zum ersten Mal mit einem neuen Lehrplan arbeiten muß, kann darauf verzichten, sich solche grundsätzlichen Informationen zu beschaffen. Allein auf diese Weise stellt er sicher, daß sein Unterricht sich in das vorgesehene System allgemeiner Bildung einordnet, ihm nicht zuwiderläuft oder gar bei den Schülern Widersprüchlichkeiten auslöst. Die genaue Kenntnis des Lehrplans erlaubt ihm, seine persönliche Kompetenz und Qualifikation sinngemäß einzusetzen.

Ein Vorschlag:
Der Lehrer sollte das Ergebnis seiner Information und Interpretation schriftlich (auf etwa 1–2 Seiten) zusammenfassen. So hat er eine Art Gedächtnisstütze, zu der er im Zweifelsfall zurückkehren kann, zugleich aber auch eine Grundlage für Vergleiche mit anderen Lehrern. Gerade solches Vergleichen, solche gemeinsame Arbeit am Lehrplan schärft den Blick und macht für die tägliche Arbeit sicher. Überhaupt ist gemeinsame Bearbeitung von Unterrichtsplanung zu empfehlen, und zwar dort, wo die besondere Situation sie noch nicht unmöglich macht, also vor allem auch am Lehrplan. Die isolierte tägliche Unterrichtsvorbereitung auf eine einzelne Stunde erscheint dem Lehrer oft erst sinnvoll, wenn er sie vor den erzieherischen Gesamtauftrag stellt. Und auf der anderen Seite erhält sie ihre sinnvolle Ausrichtung auch erst, wenn sie vor diesem Gesamtauftrag geschieht.

Lehrplan/Curriculum

Einarbeitung in den Lehrplan

---

1. Planungskomplex: *Information über Art und Struktur des Lehrplans*
Fragen:
- Um welche Art von Lehrplan handelt es sich?
  (Minimal-, Maximalplan? Richtlinien?)
- Welchen Grad an Verbindlichkeit weist er auf?
  (Worin ist er verbindlich?)
- Wie sind seine Aussagen aufgebaut und aufeinander bezogen?
  (Inhalts- oder lernzielorientiert? Horizontal-, Vertikallehrplan? Spiralplan?)
- Ist er schulartübergreifend oder schulartspezifisch?
  (Schulart? Schulstufe?)
- Ist sein Zustandekommen erkennbar?
- Auf welche Gesetze usw. nimmt er Bezug?
  (Landesverfassung? Schulgesetz?)
- Welche Gesetze, Verordnungen usw. ergänzen ihn?
  (Organisationserlasse?)

---

2. Planungskomplex: *Informationen über allgemeine Aussagen des Lehrplans*
Fragen:
- Welche Zielsetzungen aus dem Schulgesetz sind vorangestellt?
- Welche Zielsetzungen sind in Form einer Präambel o. ä. vorangestellt?
- Welche Zielsetzung ist der Schulart, Schulstufe aufgetragen?
- Welche Zielsetzungen hat das Fach, die Fächergruppe, der Lernbereich im Rahmen der Schule?
- Welche Zielsetzungen sind in dem Jahrgang, der Klasse u. ä. zu verfolgen?

---

3. Planungskomplex: *Informationen über besondere Aussagen des Lehrplans**
Fragen:
- Welche Zielsetzungen hat dies Fach, haben diese Fächer in dem betreffenden Schuljahr, auf der betreffenden Schul-, Bildungsstufe?
- Wie ordnen sich die besonderen Zielsetzungen in die umfassenderen des Faches, der Schule, des Bildungssystems ein?
  (Gleichsam eine Umkehrung der Blickrichtung bei planendem Lehrer!)

* Die hier zu ermittelnden Informationen gehören auch zur Planungsstufe »Jahresplan«, sollten aber auch bei der allgemeinen Einarbeitung in den Lehrplan schon in den Blick genommen werden.

2.7 Beispiel: Arbeit am Lehrplan von *Peter Clößner**

Fach: Biologie
Schule: Klösterle Ravensburg/Baden-Württemberg
Schuljahr: 8., Realschule (1978/79)

Der Lehrplan des Landes Baden-Württemberg sieht folgende Lernbereiche vor:
1. Ökosystem Gewässer   Zeitvorschlag: 11 Wochen
2. Probleme der Gesunderhaltung   Zeitvorschlag: 5 Wochen
3. Grundlagen der Fortpflanzung bei Mensch,
   Tier und Pflanzen   Zeitvorschlag: 5 Wochen
4. Grundbegriffe der Verhaltenslehre   Zeitvorschlag: 6 Wochen
5. Stammesgeschichte der Lebewesen
   in Einzelbildern   Zeitvorschlag: 4 Wochen

Das im folgenden zu planende Schuljahr umfaßt ausnahmsweise 43 Wochen. Auch wenn vielleicht viele Stunden ausfallen werden, da es weit in den Sommer hineinreicht und mit hitzefrei zu rechnen ist, so läßt sich doch vermuten, daß es möglich sein wird, einige Lernbereiche ausführlicher zu behandeln.

So möchte ich die Lernbereiche 1, 2 und 3 als Schwerpunktthemen um je 2–3 Wochen erweitern, und zwar aus folgenden Gründen:
a) Thema 1 (Ökosystem Gewässer) ist im Gegensatz zu den übrigen Themen nicht spiralcurricular angelegt, wird also nicht wiederkehren;
b) Thema 2 (Probleme der Gesunderhaltung) bekommt besondere Bedeutung, denn wenn die Schülerinnen einmal Mütter sind, werden sie ein Wissen über Krankheiten und gesunde Körperpflege benötigen.
Außerdem könnte hier ein Fachübergriff zur Ernährungslehre vollzogen werden;
c) Thema 3 möchte ich schwerpunktmäßig behandeln, denn ich vermute, hiermit Neigungen und dem Interesse der Schülerinnen entgegenzukommen!

* Die Planung von CLÖSSNER wird durch die gesamte Planungsfolge (Lehrplan → Jahresplan → Arbeitsplan → mittelfristige Unterrichtseinheit → Unterrichtsentwurf) verfolgt; jeweils wird sein Plan als Beispiel wiedergegeben. CLÖSSNER wählt im Rahmen der gegebenen Möglichkeiten seine persönliche Art der schriftlichen Fassung.

Literatur

ACHTENHAGEN, Frank / MEYER, Hilbert (Hrsg.): Curriculumrevision – Möglichkeiten und Grenzen. München 1971 (besonders S. 159ff.)
BRUNER, Jerome S.: Der Prozeß der Erziehung. Berlin/Düsseldorf 1970
DOLCH, Josef: Lehrplan des Abendlandes. Ratingen ²1965
FLECHSIG, Karl-Heinz: Leitfaden zum Kolleg »Theorie des Unterrichts«. Konstanz o. J.
FREY, Karl: Theorien des Curriculum. Weinheim/Basel ²1972, besonders S. 153ff.
–: Curriculum. In: L. ROTH (Hrsg.): Handlexikon zur Erziehungswissenschaft. München 1976, S. 76ff., besonders S. 80ff.
HAFT, Henning / HAMEYER, Uwe (Hrsg.): Curriculumplanung. Theorie und Praxis. München 1975
KLAFKI, Wolfgang u. a. (Hrsg.): Probleme der Curriculumentwicklung. Frankfurt 1972
TEBRÜGGE, Andrea: Unterrichtsplanung zwischen didaktischen Ansprüchen und alltäglicher Berufsanforderung. Frankfurt a. M., Berlin, Bern u. a. 2001
TILLMANN, Klaus-Jürgen: Brauchen Lehrer Lehrpläne?, in: STEFFENS, Ulrich / BARGEL, Tino (Hrsg.), Qualitätsentwicklung und Qualitätssicherung von Schulen. Strategien, Instrumente und Erfahrungen, Wiesbaden 1999, S. 122–133
TOPITSCH, Ernst: Zeitgenössische Bildungspläne in sprachkritischer Betrachtung. In: HASELOFF, Otto Walter / STACHOWIAK, Herbert (Hrsg.): Schule und Erziehung. Berlin 1960, S. 124ff.
WENIGER, Erich: Didaktik als Bildungslehre. Teil 1: Theorie der Bildungsinhalte und des Lehrplans. Weinheim ⁶/⁸1965
WESTPHALEN, Klaus: Lehrplan – Richtlinien – Curriculum. Stuttgart 1985
WHEELER, D. K.: Phasen und Probleme des Curriculum-Prozesses. Ravensburg 1974

3 Jahresplan

Als auf den Lehrplan folgende Stufe der Unterrichtsplanung wurde schon der Jahresplan genannt. Dieser war früher auch unter der Bezeichnung *Stoffplan* bekannt. Da die Planung, wie schon erwähnt, sich von der Stoff- zur Zielorientierung verlagert hat, ist es angebracht, vom Jahresplan zu sprechen. So wird nur der Planungszeitraum angesprochen, eine Festlegung auf mögliche Konzeptionen aber vermieden.

3.1 Zur Funktion des Jahresplans

Der Jahresplan markiert den Übergang von vorgegebener zu eigener Planung. Es gehen zwar in überwiegender Zahl Entscheidungen von fremder Seite – durch Übernahme aus dem Lehrplan – in den Jahresplan ein, aber der schriftliche Plan ist der erste vom Lehrer im gesamten Planungsprozeß erstellte. Der Jahresplan wird für die weitere eigenständige Unterrichtsplanung des Lehrers zum Dreh- und Angelpunkt; zu diesem Plan kann er immer wieder zurückkehren und einen neuen Weg einschlagen, vorausgesetzt allerdings, daß der Jahresplan überlegt und in jeder Hinsicht gerechtfertigt erstellt worden ist. Auch wenn die Unterrichtspraxis noch so fern liegt, sollte der Jahresplan aus den genannten Gründen besonders sorgfältig erstellt werden.

Die didaktische Funktion der Jahresplanung besteht darin, den Unterricht für den Zeitraum eines Jahres – genauer: eines Schuljahres – hinsichtlich der zu bearbeitenden, d. h. zu lehrenden und zu lernenden, Ziele und Inhalte bzw. Themen abzusichern. Da Unterricht in der Regel fachgebunden oder fachgruppenorientiert erteilt wird, bezieht sich diese Absicherung in erster Linie auf die jeweiligen Fächer oder Fachgruppen. Da sich deren Zielsetzungen denjenigen der Schule u. ä. einordnen, wird auf diese Weise zugleich der übergeordnete Erziehungs- und Bildungsauftrag mit abgesichert.

Auf den Lehrer kommt in der Jahresplanung die Aufgabe zu, die Lernziele und -inhalte zusammenzustellen, die im Zeitraum des Schuljahres anstehen. Zunächst wird er dies durch *Übernahme* aus dem Lehrplan zu tun haben: Er wird sich anhand des Lehrplanes informieren, welche Lernziele und -inhalte verbindlich vorgegeben sind. Aber nicht bloße Übernahme ist seine Aufgabe. Er muß vielmehr alles tun, um herauszufinden, welcher besondere Erziehungs- und Bildungsbeitrag in dem betreffenden Fach von den spezifischen Zielen und Inhalten geleistet werden soll, welche Gewichtung für den erzieherischen Gesamtauftrag von Schule und Unterricht sie haben. Im Idealfall wird es zu einer Identifikation des Lehrers mit den Vorgaben kommen. Dies wird am ehesten dort der Fall sein, wo der Lehrer den Legitimationsprozeß für die Ziele und Inhalte noch einmal mit Blick auf seine Schüler nachvollzieht und erkennt, daß sie vor diesen gerechtfertigt sind. Er kann dann mit seiner ganzen Person in die weitere didaktische Arbeit einsteigen.

Allein die Übernahme von Vorentscheidungen reicht in der Regel nicht aus. Da Lehrpläne selten genau so viele Lernziel- und Themenkomplexe vorgeben, wie in einem

---

Literatur zu diesem Kapitel siehe Seite 240.

Schuljahr auch tatsächlich verwirklicht werden können, stellt sich dem Lehrer die Aufgabe der *Auswahl* in Frage kommender Lernziele usw. Dabei kann diese Auswahl zwei Ursachen und Zielrichtungen haben. Ist der Lehrplan ein Minimalplan, muß der Lehrer die Vorentscheidungen ergänzen, d. h. seine Auswahl aus dem gleichsam »freien« Angebot möglicher Ziele und Inhalte treffen. Handelt es sich aber um einen Maximalplan, hat er seine Auswahl unter den Vorentscheidungen des Lehrplans zu treffen.

Abhängig ist die Auswahl-Entscheidung des Lehrers erstens von der tatsächlich verfügbaren Zeit, zweitens von der besonderen zeitlichen Situation und drittens von den jeweiligen Schülern:
– In der Regel weist ein Schuljahr 39 Unterrichtswochen auf, so daß man dadurch ein Grundmaß für die mögliche Anzahl realisierbarer Ziele hat. Im konkreten Fall hingegen können besondere Umstände zu fühlbarer Verringerung der verfügbaren Unterrichtszeit führen, auf die sich ein Lehrer frühzeitig, schon bei der Jahresplanung, einstellen sollte. Solche Umstände können beispielsweise sein:
  · die Häufung unterrichtsfreier Tage auf einzelne Fächer wegen der besonderen Wochen-Stundenplanung (Ferienbeginn und -ende, Feiertage usw.)
  · die Randlage von Unterrichtsstunden (erste oder letzte am Tag), die erfahrungsgemäß häufig von Störungen betroffen sind usw.
Wie viele Zielsetzungen und Themen hinsichtlich der verfügbaren Unterrichtszeit möglich sind, hängt besonders auch von der Art des beabsichtigten Unterrichts ab. Soll er als strenger Fachunterricht ganzjährig durchgehen oder in ›Epochen‹ erteilt werden? Umfang und Art der Themen müßten sich dem anpassen.
– Ganz entscheidend wichtig ist, die Besonderheiten eines Schuljahres zu berücksichtigen und sie in jenen freien Raum der Planung einzubeziehen, der dem Lehrer geblieben ist. Warum sollten z. B. nicht die Olympischen Spiele, das »Jahr des . . .«, das Jubiläum der . . ., das Jahrhundertfest der Stadt u. ä. Eingang in den Unterricht finden! Wahrscheinlich werden solche aktuellen Elemente den Unterricht für Schüler interessanter und damit auch ergiebiger gestalten. In den meisten Fällen werden die vom Lehrplan verbindlich vorgegebenen Lernziele durchaus an aktuellen Vorgängen verwirklicht werden können. Für zusätzliche Ziele und Themen – über den Lehrplan hinaus – gilt dies ganz besonders, sie können aus dem aktuellen Erlebnis- und Bedürfnisbereich der Schüler gewonnen werden.
– Ohne Kenntnis dessen, was Schüler bereits gelernt haben, ist keine Jahresplanung möglich. Es ist durchaus nicht unüblich – zumindest nicht in der Schulpraxis –, daß inhaltlich vorwegnehmend unterrichtet wird. Ob dies der Fall ist oder ob vorgesehene Themen schon unter anderem Aspekt behandelt wurden, klärt der Blick in die Klassenbücher der vorangegangenen Schuljahre, besser aber noch das Gespräch mit den Kollegen, die den Unterricht in den vorangegangenen Schuljahren erteilt haben.
Bei der Jahresplanung wird zumeist an neue Lernziele gedacht, an jene, womit die Schüler erstmals oder wiederholt unter andersartiger Zielsetzung konfrontiert werden. Vergessen, zumindest aber benachteiligt, wird die nicht weniger wichtige *Übung*. Der *Übungsplan* aber ist unbedingter Bestandteil aller Jahresplanung. Hier, wo die voraussichtlichen Besonderheiten des Schuljahres – Feste, Feiern, Ereignisse jeder Art – ins Auge gefaßt werden, muß der Übungsplan entworfen werden. Hier können Übungsziele so an aktuelle Ereignisse oder auch an den Plan »neuen« Lernens angekoppelt werden,

daß die Übung später nicht penetrant und trocken wirkt, sondern oftmals die Form immanenter Wiederholung annimmt.

Der Jahresplan soll das gesamte Lehr- und Lerngeschehen des bevorstehenden Schuljahres so gut wie möglich absichern. Daß dieser Plan – wie alle – offen für fällige Revisionen sein muß, versteht sich von selbst (vgl. dazu das Kapitel über »Grundsätze der Unterrichtsplanung und -vorbereitung«, S. 32ff.).

3.2 Zur Struktur des Jahresplans

Der Jahresplan weist eine einfache Struktur auf. Als erster vom Lehrer eigenständig erstellter Plan enthält er nicht mehr als alle im Verlauf des anstehenden Schuljahres im Unterricht zu verwirklichenden Lernziele und -inhalte, und zwar jeweils für ein Fach bzw. einen Lernbereich.

Ausgangspunkte für die entsprechenden Entscheidungen des Lehrers sind:
– der Lehrplan und seine besonderen Vorgaben
– das Schuljahr in seinem zeitlichen Umfang und mit seinen besonderen Merkmalen sowie
– die Schüler mit ihrem »sachstrukturellen Entwicklungsstand«, d. h. ihren Kenntnissen und Fähigkeiten hinsichtlich der vorgesehenen besonderen Lernziele.

Die Anzahl der Lehr- und Lernziele bzw. -themen ist so auf das Schuljahr abzustimmen, daß sie auch tatsächlich verwirklicht werden können. Eine weitergehende Systematik ist für den Jahresplan noch nicht nötig. Die ausgewählten Ziele und Themen können in beliebiger Folge aufgeführt werden. Über die Reihenfolge ihrer Behandlung im Unterricht wird erst auf der nächsten Planungsstufe entschieden.

3.3 Planungsaufgaben des Lehrers

Planung von Jahresplänen

---

1. Planungskomplex: *Informationen über den Lehrplan*

Fragen:

– Welche besonderen Ziele, Inhalte usw. schreibt der Lehrplan für das Fach in diesem Schuljahr vor?
  (Verbindlich? Beispielhaft? usw.)
– Zu welcher übergeordneten pädagogischen Zielsetzung sollen sie beitragen?
– Wie sind sie im Hinblick auf die Schüler dieser Klasse einzuschätzen?
  (Können sie unverändert übernommen werden? Sind kleine Änderungen oder gar ein Austausch wünschenswert? Was leisten sie für Erziehung und Bildung dieser Schüler?)

↓

Planungsstufen: Strukturierungshilfen für die Planungsarbeit des Lehrers

---

2. Planungskomplex: *Informationen über das Schuljahr*

Fragen:

- Für welche Klasse und welches besondere Schuljahr muß geplant werden?
  (Vorgegebene Stundenzahl und -verteilung auf die Wochentage? usw.)
- Welche Besonderheiten weist dies Schuljahr auf?
  (Beginn und Ende? Unterrichtswochen? Ferien? Tatsächlich verfügbare Unterrichtstage? Feiertage? usw.)
- Welche besonderen Ereignisse stehen in dem Zeitraum des Schuljahres bevor?
  (Feste? Jubiläen? Kulturelle, sportliche usw. Ereignisse?)
- Welche Unterrichtsform soll in diesem Fach praktiziert werden?
  (Stundenweise oder Epochen? Verbindung zu anderen Fächern? usw.)

---

3. Planungskomplex: *Informationen über die Schüler*

Fragen:

- Wie viele und welche Schüler nehmen an dem Unterricht teil?
- Was wissen, können usw. die Schüler schon hinsichtlich der vorgesehenen Ziele/Themen?
  (Laut Klassenbuchberichten? Laut Aussagen der bisher zuständigen Lehrer? Leistungsnachweise in Zeugnissen u. ä.?)
- Legen diese Schüler eine besondere Auswahl, Behandlung usw. von Zielen/Themen nahe?

---

4. Planungskomplex: *Entscheidungen über Lernziele, Lerninhalte, -themen*

Fragen:

- Welche Ziele, Inhalte/Themen sollen gelehrt und gelernt werden?
- Welche sollen, wie viele können noch zusätzlich zum Lehrplan aufgenommen werden?
- Wo wird eine Modifikation vorgegebener, vorgeschlagener Ziele, Inhalte, Themen nötig?
  (Vom sachstrukturellen Entwicklungsstand der Schüler her? Von den aktuellen Gegebenheiten her?)

Ein Vorschlag:
Die ausgewählten und möglichst eindeutig formulierten Ziele und Inhalte werden übersichtlich niedergeschrieben (DIN-A4-Format). Besonderer Wert ist darauf zu legen, die Entscheidungen eindeutig auszudrücken, so daß zu späteren Zeitpunkten nie ein Zweifel darüber aufkommen kann, welche Zielsetzungen beabsichtigt sind und an welchen Inhalten sie verwirklicht werden sollen.

3.4 Beispiel: Jahresplan
von *Peter Clößner**

Fach: Biologie
Schuljahr: 8., Realschule (1978/79; 1. 8. 78–25. 7. 79; 43 Schulwochen)
Klasse: 8c (30 Schülerinnen; Durchschnittsalter: 14 J.)

Die einzelnen Lernbereiche in kurzen Ziel- und Inhaltsangaben

1. Ökosystem Gewässer:
1. Lernziel = Fähigkeit zur Unterscheidung zwischen Produzent und Konsument
  Inhalte: Pflanzliche und tierische Einzeller
2. Lernziel = Anpassung und Abhängigkeitsverhältnisse der Lebewesen im Wasser erkennen
  Inhalte: Plankton, Wasserfloh, Insektenlarven, Kaulquappen und Fische
3. Lernziel = Kenntnis und Beurteilung eines verschmutzten Gewässers
  Inhalte: Lebensgemeinschaft, biotische und abiotische Faktoren, Leitorganismen, Sauerstoffgehalt im fließenden und stehenden Gewässer
4. Lernziel = Kenntnis über Möglichkeiten der Gewässerreinigung und Ursachen der Verunreinigung
  Inhalte: Selbstreinigung, Kläranlage
  Waschmittel als Hauptfaktor der Verunreinigung

2. Probleme der Gesunderhaltung:
1. Lernziel = Kenntnis über Entstehung von Infektionskrankheiten und Vorbeugemaßnahmen gegen sie
  Inhalte: Lebensweise von Bakterien und Viren, Abwehrmechanismen unseres Körpers, Immunisierung, Seuchen und Hygiene
2. Lernziel = Kenntnis von Bau und Funktion der gesunden Atemorgane
  Inhalte: Atemmechanik, Gasaustausch, Einfluß des Rauchens

3. Grundlagen der Fortpflanzung bei Mensch, Tier und Pflanzen:
1. Lernziel = Kenntnis der Unterschiede von Meiose und Mitose
  Inhalte: Ei- und Samenzellen, Befruchtung, Embryonalentwicklung
2. Lernziel = Wasser als das ursprüngliche Medium erkennen, in dem Fortpflanzung erstmals möglich war
  Inhalte: Fortpflanzung bei Frosch und Fisch, Generationswechsel der Moose und Farne

---
* Vgl. die Anmerkung auf Seite 234.

4. Grundbegriffe der Verhaltenslehre:

1. Lernziel = Fähigkeit, Instinkthandlungen zu erkennen und von erlernten oder einsichtigen Handlungen abgrenzen können
Inhalte: Reflex, Schlüsselreiz, Handlungskette, bedingter Reflex, angeborenes und erlerntes Verhalten, einsichtige Handlung

5. Stammesgeschichte der Lebewesen in Einzelbildern:

1. Lernziel = Einblick in die Veränderungen der Tier- und Pflanzenwelt seit dem Kambrium
Inhalte: Fossilien
2. Lernziel = Erkennen der Voraussetzungen zur Besiedlung des Festlandes
Inhalte: Pflanzlicher Wuchs, Bildung der Extremitäten
3. Lernziel = Erkennen der Vorzüge des getrennten Blutkreislaufs und der Warmblütigkeit.
Inhalte: Reptilien in allen Lebensräumen, heutige Säugetiere und Vögel in allen Lebensräumen

Literatur

BACH, Heinz: Die Unterrichtsvorbereitung, Hannover 1957, besonders S. 21 ff.

BARSIG, Walter/BERKMÜLLER, Hans: Die Unterrichtsvorbereitung für die Schule von heute. Donauwörth [7]1977

PETERSSEN, Wilhelm H.: Dimensionen und Stufen der Unterrichtsplanung. In: Pädagogische Welt, 31. Jg., 1977, S. 579 ff., besonders S. 582 ff.

STADLER, Hans: Planung und Realisierung von Unterricht. In: Junglehrer. Informationen für die Schulpraxis. Hrsg. von der GEW Baden-Württemberg. Ludwigsburg, 8. überarbeitete Aufl., 1979, S. 20 ff.

ZIMMERMANN, Werner u. a.: Von der Curriculumtheorie zur Unterrichtsplanung. Paderborn 1977

4 Arbeitsplan

Der Arbeitsplan wurde früher auch als »Stoffverteilungsplan« bezeichnet. Das war angebracht und zutreffend, solange fast ausschließlich der »Stoff« des Unterrichts geplant wurde und es darum ging, den im »Stoffplan« zusammengestellten Stoff zu »verteilen«. Seit aber mehr zielorientiert geplant wird, ohne daß auf Planung von Inhalten und Themen – den Stoff – verzichtet würde, ist die Bezeichnung zu eng und einseitig geworden. Statt dessen spricht man vom Arbeitsplan.

4.1 Zur Funktion des Arbeitsplans

Der Arbeitsplan ist – nach dem Jahresplan – ein weiterer Schritt auf die Unterrichtspraxis zu. Und entsprechend der Tatsache, daß bei dieser Bewegung auf die Praxis zu immer mehr Voraussetzungen des Unterrichts berücksichtigt werden müssen, werden bei der Erstellung des Arbeitsplanes weitere Bedingungen in die Planung einbezogen. Dabei handelt es sich vor allem um Bedingungen, die das zur Planung anstehende Schuljahr mit sich bringt. Die bisherige Planung – die im Jahresplan festgehaltenen Entscheidungen über Lernziele und -inhalte – auf das konkrete Schuljahr zuzuschneiden, darin liegt die Funktion des Arbeitsplanes. Zwei – verhältnismäßig extensive – Aufgaben stellen sich vor allem: zum ersten die diachrone Ordnung, zum zweiten die synchrone Ordnung der entschiedenen Lernziele und -inhalte sowie die Zuordnung weiterer vorgesehener Maßnahmen.

Eine *diachrone Ordnung* vorzunehmen heißt, die Lernziele und -inhalte in jene Folge zu bringen, in der sie im Verlaufe des Schuljahres gelehrt und gelernt werden sollen. Dies geschieht für jedes Unterrichtsfach oder jeden fächerübergreifenden Lernbereich. Die Ordnung wird sowohl *sachlich-logischen* als auch *didaktisch-logischen* Gesichtspunkten folgen. Die sachlogischen Gesichtspunkte, aus der Struktur des Stoffes, des Gegenständlichen von Lernzielen und -inhalten folgend, werden wohl von der dem Unterrichtsfach korrespondierenden Fachwissenschaft und Fachdidaktik aufgedeckt, so daß der planende Lehrer dort Auskunft suchen muß. Die didaktische Logik wird von Allgemeiner Didaktik und Fachdidaktik entwickelt und muß von dort abgerufen werden, z. B. didaktische Modelle, Prinzipien usw., die bestimmte Folgen als sinnvoll und realisierbar ausgeben. Für den Lehrer wird es vor allem darauf ankommen, das pädagogisch-didaktisch Wünschenswerte mit dem sachlich Möglichen in Übereinstimmung zu bringen, so daß eine erzieherisch vielversprechende Folge von Lernzielen und -inhalten für das Schuljahr aufgebaut wird.

Selbstverständlich gibt es noch zahlreiche weitere Realitäten, die unter Umständen nachhaltig eine gewisse Folge oder Anordnung von Lernzielen und -inhalten bedingen. Da ist zunächst der sachstrukturelle Entwicklungsstand der Schüler, der möglicherweise nur ganz bestimmte Folgen zuläßt und andere ausschließt. Hier kann man von psychologischen Gesichtspunkten sprechen, die beachtet werden müssen.

Literatur zu diesem Kapitel siehe Seite 255.
 Wie ernst auch die Schulaufsicht diese langfristige Planung nimmt, zeigt ein Erlaß des baden-württembergischen Kultusministeriums, der solche Planungen von allen Lehrern verlangt. Vgl. Verwaltungsvorschrift v. 2. 4. 1990, Unterrichtsplanung an allgemeinbildenden Schulen (Stoffverteilungsplan). In: Kultus und Unterricht, H. 12, Stuttgart 1990, S. 333

Weiterhin spielt die schon erwähnte Zeit eine ganz wesentliche Rolle, und zwar besonders in zweifacher Hinsicht: zum einen vom bloßen Umfang, zum anderen von der Struktur her. Vom zeitlichen Umfang her ist z. B. die Länge der Zeiträume zwischen den Ferien im betreffenden Schuljahr daraufhin zu sichten, ob sie eine vollständige Behandlung vorgesehener Themen zuläßt, außerdem ist die durch häufige Feiertage stark gekürzte Stundentafel in einem Fach festzustellen usw. Von der Struktur des Schuljahres her muß gefragt werden, ob in den Fächern bestimmte Themen an bestimmte Jahreszeiten, Jahresereignisse u. ä. gebunden sind, beispielsweise die Behandlung von »Frühblühern« im Biologieunterricht. In den meisten Fällen wird es sich allerdings weniger um tatsächliche Sachzwänge als um didaktische Entscheidungen handeln, die aufgrund besserer Einsicht getroffen werden. Wenn jahreszeitliche Gegebenheiten eine besonders aussichtsreiche Behandlung einer Thematik zuzulassen scheinen, sollte man eine dementsprechende Zuordnung vornehmen. Auf diese Weise entsteht eine vom konkreten Schuljahr her entworfene Folge von Zielsetzungen und Themen.

Eine *synchrone Ordnung* vorzunehmen heißt, danach zu fragen, welche Lernziele und -inhalte zeitlich nebeneinander behandelt werden können, und sie dementsprechend einander zuzuordnen. Wo ein Lehrer mehrere Fächer in einer Klasse unterrichtet, wird er die Jahrespläne aller Fächer daraufhin sichten, ob es sich anbietet, bestimmte Themen *gleichzeitig*, wenn auch in verschiedenen Fächern, zu lehren und zu lernen. Dabei kann er sich von sachlichen Argumenten leiten lassen, etwa wenn ähnliche oder verwandte Themen anstehen. Eine Rolle spielen können didaktische Argumente, wenn beispielsweise nach dem *Prinzip der Kontrastbildung* über völlig unterschiedlich strukturierte Themen gleichzeitig unterrichtet werden soll. Und nicht zuletzt gilt das *ökonomische Prinzip,* etwa wenn an aufwendige Materialien gedacht wird, die für mehrere Themen verwendet werden können. Wenn ein Lehrer dasselbe Fach in verschiedenen Klassen behandelt, wird er versuchen, aufwendige Apparaturen möglichst selten aufbauen, aber recht oft einsetzen zu können. Wo all dies möglich und notwendig ist, hat das der Lehrer bei der Arbeitsplanung festzustellen.

Synchron zugeordnet werden sollten zu diesem Planungszeitpunkt auch die einzelnen Themen aus dem *»Übungsplan«,* wie er vor allem in den Fächern Deutsch und Mathematik erforderlich ist, und *besondere schulische und unterrichtliche Unternehmungen,* z. B. das traditionelle städtische Kinderfest, das Schulsommerfest, der Klassentanzabend, der Landheimaufenthalt, die Wandertage, die Bundesjugendspiele usw. Sie sind so langfristig zu planen, weil sie unter Umständen starke Rückwirkungen auf den Unterricht haben können. Sie machen Organisationsbemühungen erforderlich, sie strahlen auf die Unterrichtsthemen aus usw. Vergessen werden sollte auch nicht, die von der Schulverwaltung verlangten *Leistungs- und Prüfungsarbeiten* zeitlich einzuplanen. Zu diesem Zeitpunkt besteht noch die Möglichkeit, sie sinnvoll auf den Unterricht zu beziehen, wohingegen sie unter Zeitdruck oft krampfhaft wirken. Wo auch immer *Verklammerungen* möglich und notwendig sind – zwischen Themen verschiedener Fächer, dem Unterricht in verschiedenen Klassen, mit besonderen Maßnahmen usw. –, sollte der Lehrer sie hier vornehmen und in den Arbeitsplan einfließen lassen.

Ein möglichst umfassender und in jeder Hinsicht gut durchdachter Zeitplan legt keineswegs bloß fest. Er läßt genügend Platz für das notwendige pädagogische Risiko, für (zufällige) Gelegenheiten und spontane Eingebungen. Er bereitet aber auch vor und vermag den Lehrer rechtzeitig daran zu erinnern, bestimmte Dinge in die Wege zu leiten.

4.2 Zur Struktur des Arbeitsplans

Die Struktur eines Arbeitsplans ist verhältnismäßig komplex, nach den erörterten Elementen aber leicht einzusehen. Zunächst einmal bestimmen zeitliche Elemente den Plan. Am besten ist es wohl, das verfügbare Schuljahr in Unterrichtswochen (Montag bis Samstag bzw. Freitag) einzuteilen, und zwar in vom Datum her konkrete Wochen, z. B. 10.–15. März 1980, 17.–21. März 1980 (im letzten Fall ein unterrichtsfreier Samstag) usw. Eine Unterrichtswoche ist eine Zeiteinheit, die zu diesem Planungszeitpunkt groß genug ist, um für sie überhaupt schon planen zu können, zugleich aber auch klein genug ist, um eine saubere Planung zu gewährleisten. Vor allem auch die von Schulseite aus traditionellerweise vorgenommene Stundenplanung für Wochen spricht dafür.

Der zeitliche Raster weist einerseits eine vertikale, andererseits eine horizontale Ordnung auf. Vertikal läßt sich die zeitliche Folge der Unterrichtsziele und -themen, horizontal die zeitliche Gleichordnung ablichten.

4.3 Planungsaufgaben des Lehrers

Planung von Arbeitsplänen

---

1. Planungskomplex: *Zeitstruktur des Schuljahres*

Fragen:

- Welche Unterrichtswochen stehen zur Verfügung?
  (Zwischen den Ferien? Anzahl der nahtlos folgenden Wochen? usw.)
- Wann fällt der nach dem Stundenplan vorgesehene Unterricht aus?
  (Halbe o. ä. Wochen wegen Ferienbeginn, -ende? Unterrichtsfreie Samstage? Feier-, Festtage? usw.)
- Wann sind besondere Ereignisse zu beachten?
  (Wiederkehrende Feiertage, örtlich-regionale Feste, die im Unterricht berücksichtigt werden bzw. werden sollten?)

---

2. Planungskomplex: *Diachrone Ordnung von Lernzielen, -themen*

Fragen:

- Gibt es von der Sache, dem Gegenständlichen her notwendig einzuhaltende Folgen für die Behandlung von Lernzielen und -inhalten, oder werden sie nahegelegt?
- Verlangt der sachstrukturelle Entwicklungsstand der Schüler eine bestimmte Folge, oder legt er sie nahe?
- Werden pädagogische und didaktische Modelle, Prinzipien usw. verfolgt, die eine bestimmte Folge nahelegen?

- Sind Themen vorgesehen, die ausschließlich oder am besten zu bestimmten Zeiten behandelt werden können/sollten?
  (Jahreszeiten? Feiertage? Aktuelle Ereignisse?)
- Sind Themen und Zeiträume vom Umfang her in Übereinstimmung zu bringen?
  (Umfangreiche Themen in langen, nahtlosen Zeiträumen!?)

3. Planungskomplex: *Synchrone Ordnung (Verklammerung) von Lernzielen, -inhalten, -themen*
Fragen:
- Wo bietet es sich an, den Unterricht in verschiedenen Klassen/verschiedenen Fächern zeitlich gleichzuordnen?
  (Weil thematische Ähnlichkeiten bestehen? Weil es didaktisch geboten erscheint? Weil Mittel usw. sinnvoll eingesetzt werden können?)

4. Planungskomplex: *Zuordnung besonderer Maßnahmen*
Fragen:
- Wo kann die in einzelnen Fächern notwendige systematische Übung sinnvoll an Themen angeknüpft werden?
- Wann sollen die für das Schuljahr vorgesehenen/vorgeschriebenen Ereignisse/ Unternehmungen stattfinden?
  (Schul-, Klassenfeste? Wandertage? Bundesjugendspiele? Klassenarbeiten?)

4.4 Beispiele zum Arbeitsplan

4.4.1 Biologie Realschule 8. Schuljahr
von *Peter Clößner*[*]

Schuljahr 1978/79: 1. 8. 1978–25. 7. 1979; 43 Schulwochen. Die fünf ausgewählten Lernbereiche sollen wie folgt über das Jahr verteilt werden:
Ökosystem Gewässer – Schuljahrbeginn (August/September/Oktober)
Probleme der Gesunderhaltung – Winterzeit (Dezember/Januar)
Stammesgeschichte der Lebewesen in Einzelbildern – (März)
Grundlagen der Fortpflanzung bei Mensch, Tier und Pflanzen – (Frühling: April/Mai)
Grundbegriffe der Verhaltenslehre – (Sommer: Juni/Juli)
Diese Reihenfolge gewährleistet, daß
- zur Behandlung des Ökosystems Gewässer genügend Algen zu finden sind (Algenblüte: August/September);
- Probleme der Gesunderhaltung in der kalten Jahreszeit als aktuelle Themen behandelt werden können;

[*] Vgl. die Anmerkung auf Seite 234.

Arbeitsplan

- die Behandlung der Fortpflanzung von Pflanze und Tier in die Zeit ihrer Fortpflanzung fällt;
- die Grundbegriffe der Verhaltenslehre dann besprochen werden, wenn die Tierwelt in höchster Aktivität ist (Aufzucht der Jungen) und die schönsten Verhaltensweisen zeigt.

Außerdem erhält jeder Lernbereich den ihm angemessenen Zeitraum; die im Lehrplan vorgeschlagene Reihenfolge der Themen, der ja didaktisch-logische Überlegungen zugrunde liegen, wurde weitgehend eingehalten.

Ökosystem Gewässer

Zeit

1. 8.–5. 8. 78	Organisatorisches Erkunden von speziellen Neigungen der Sch. Übung: Umgang mit dem Mikroskop
7. 8.–11. 8.	Einzeller unter dem Mikroskop: – Wimper und Geißelbewegung – autotrophe und heterotrophe Ernährung (Produzent/Konsument)
14. 8.–19. 8.	Ziel: Einrichtungen zum Aufenthalt und Nahrungserwerb an der oberen Wasserschicht kennen (Wasserfloh)
21. 8.–26. 8.	Ziel: Süßwasserpolyp als Spezialist für Planktonfang kennen Atmung von Insektenlarven kennen (Konsumenten 1. und 2. Ordnung)
28. 8.–2. 9.	Entwicklung des Gelbrandkäfers Anpassung im Verhalten: – Fluchtverhalten (Stechmückenlarven) – Überproduktion (Kaulquappe) – Aktivitäten bei Fröschen
4. 9.–8. 9.	Anpassung von Wasserpflanzen an ihre Umgebung
11. 9.–16. 9.	Mikroskopische Untersuchung von Algenwatten Ziel: – vegetative und sexuelle Fortpflanzung – Schwimmfähigkeit durch Sauerstoffblasen
18. 9.–23. 9.	Wiederholung und Zusammenfassung Ziel: Zusammenhang zwischen Form und Sinkgeschwindigkeit kennen
25. 9.–30. 9.	Ziel: vom Auftreten bestimmter Organismen auf den Verschmutzungsgrad des Wassers schließen
2. 10.–7. 10.	Ziel: die Abhängigkeit der Lebewesen von biotischen und abiotischen Faktoren kennen
9. 10.–14. 10.	Schema eines Ökosystems Biologisches Gleichgewicht
16. 10.–20. 10.	Ziel: Ursachen und Folgen des wechselnden O_2-Gehaltes eines Sees im Laufe des Jahres kennen

Herbstferien

2. 11.–4. 11.	Wiederholung: Schema eines Ökosystems
6. 11.–10. 11.	Ziel: Abhängigkeit des Stoffwechsels bei Mikroorganismen von der Sauerstoffzufuhr kennen Begriffe: Selbstreinigung, Turbulenz, Umkippen, BSB_5-Wert

Planungsstufen: Strukturierungshilfen für die Planungsarbeit des Lehrers

13. 11.–18. 11.	Ziel: Abnahme gelöster organischer Substanzen mit Zunahme des Belebtschlammes in Beziehung bringen
20. 11.–25. 11.	Ziel: Phosphat als Mangelfaktor und als Ursache der Eutrophierung kennen Waschmittel als Hauptphosphatlieferanten kennen und daraus für sich umweltfreundliche Verhaltensweisen ableiten
27. 11.–2. 12.	Wiederholung: Begutachtung der Langzeitversuche, Lernzielkontrollen

Probleme der Gesunderhaltung

4. 12.–8. 12.	Experimente zur Lebensweise von Bakterien Ziel: Vorbeugungsmaßnahmen ableiten können
11. 12.–16. 12.	Ziel: Kennen von häufigen Infektionskrankheiten und ihren besonderen Erregern
18. 12.–22. 12.	Ziel: Kenntnis der körpereigenen Abwehrmechanismen Klassenarbeit (die aber auf Wunsch der Sch. auch nach Weihnachten verlegt werden kann)

Weihnachtsferien

15. 1.–20. 1. 79	Ziel: Fähigkeit zur Unterscheidung zwischen aktiver und passiver Immunisierung
22. 1.–27. 1.	Wirkungsweise einzelner Medikamente Diskussion über Seuchen und Hygiene
29. 1.–3. 2.	Ziel: Erkennen der Atemmechanik Bau der Lunge Fachübergriff: Sport
5. 2.–9. 2.	Ziel: experimentell Vorgänge des Gasaustausches ermitteln Zusammenhang zwischen Atemgröße und körperlicher Belastung kennen/erfahren
12. 2.–17. 2.	Ziel: Rauchen als schädlich für Lunge und Blutkreislauf erkennen
19. 2.–23. 2.	Wiederholungen

4 Tage Faschingsferien

Stammesgeschichte

1. 3.–3. 3.	Ziel: Tierstämme des Kambriums kennen
5. 3.–9. 3. (Museumsbesuch)	Ziel: Entstehung stabiler Extremitäten einerseits und das wachsende Nahrungsangebot andererseits als Voraussetzung für die Eroberung des Landes kennen
12. 3.–17. 3.	Ziel: Auftreten neuer Tier- und Pflanzengruppen erklären
19. 3.–24. 3.	Ziel: Erkennen, daß die Trennung der Blutkreisläufe die Reptilien zu größerer Leistungsfähigkeit befähigte
26. 3.–31. 3.	Ziel: Erkennen, daß Warmblütigkeit den Vögeln und Säugetieren Vorteile gegenüber den Reptilien verschaffte
2. 4.–6. 4.	Wiederholung zur Stammesgeschichte ›Lehrwanderung‹ durch den Frühling

Osterferien

Fortpflanzung bei Mensch und Tier

23. 4.–28. 4.	Ziel: Unterschiede zwischen Ei- und Samenzelle kennen Entwicklung (von Ei, Samenzelle) in den jeweiligen Keimdrüsen beschreiben

Arbeitsplan

30. 4.–5. 5.	Ziel: Halbierung des Chromosomensatzes diploider Lebewesen kennen
7. 5.–11.5.	Ziel: Befruchtung als Verschmelzung einer männlichen und weiblichen Keimzelle erkennen und beschreiben
14. 5.–19. 5.	Ziel: Erkennen, daß mitotische Teilungen viele Zellen bereitstellen, aus denen ein Lebewesen aufgebaut wird
21. 5.–26. 5. (Besuch einer Fischzucht)	Aus Vergleich mit der Fortpflanzung bei Säugetieren das Wasser als ursprüngliches Medium für Befruchtung und Entwicklung erkennen
28. 5.–1. 6.	Ziel: Über Rolle des Wassers bei der Befruchtung der Moose und Farne Bescheid wissen Wiederholungsstunde

5 Tage Pfingstferien

Grundbegriffe der Verhaltenslehre

7. 6.–9. 6.	Wiederholungsstunde
11. 6.–16. 6.	Ziel: Schema eines Reflexbogens kennen Klassenarbeit
18. 6.–23. 6.	Ziel: Erkennen, daß eine Instinkthandlung durch einen Schlüsselreiz ausgelöst wird und reflexhaft abläuft
25. 6.–30. 6.	Ziel: Erkennen, daß das Ergebnis einer Instinkthandlung wiederum Schlüsselreize für eine folgende Instinkthandlung darstellt
2. 7.–7. 7.	Ziel: erlernte (bedingte) Reflexe in ihrer Entstehung schildern erlernte und angeborene Reflexe unterscheiden
9. 7.–13. 7.	Ziel: aus komplizierten Verhaltensabläufen angeborene und erlernte Anteile herausfinden
16. 7.–21. 7.	Ziel: Unterschied zwischen Probieren und Lösen durch Kombinieren bei einsichtiger Handlung erfassen

4.4.2 Unterricht im 3. Schuljahr – inhaltsorientierte Planung – 1961/62

Zeit Thema	Heimatkunde	Muttersprachliche Bildung		
		Lesen	Gedichte	Sprachlehre

14. 4.–29. 4.
Rund um
unser
Elternhaus
	Heimat –
	    Fremde:
	– Heimatliebe
	– Elternhaus,
	    Sprache
	– Familie
		– Mütterchen,
		  S. 157
		– Die Kätz-
		  chen, S. 10
		– Die Wall-
		  hecke brennt,
		  S. 12
			– Muttersor-
			  gen, S. 157
			– Goldjeblöm,
			  S. 12
			– April, S. 9
				– Unsere Vor-
				  namen
				– Berufe
				  unserer Väter
				– Tier- und
				  Pflanzen-
				  namen

1. 5.–13. 5.
Der Früh-
ling ist
gekommen
	Frühling in
	unserer Stadt:
	– Arbeiten
	– Geschäfte
	– Kleidung
	– Pflanzen und
	  Tiere
	– Wachstum
		– Die Schwal-
		  ben bauen,
		  S. 18
		– Wie aus
		  dem Ei der
		  Fuchs-
		  schmetterling
		  wird, S. 21
			– Das Vogel-
			  nest, S. 20
			– Sei beschei-
			  den, S. 26
			– Frühlings-
			  lied, S. 15
				– Bestimmte
				  und unbe-
				  stimmte
				  Geschlechts-
				  wörter
				– Einzahl und
				  Mehrzahl der
				  Hauptwörter
				– Zusammen-
				  gesetzte
				  Hauptwörter

11. 9.–23. 9.
Die Stadt,
in der wir
leben (1.)
	Stadtbild und
	Stadtplan:
	– Straßenzüge
	– große Gebäude
	– Verkehr
	– Geschäfte
		– Können
		  Spinnen
		  fliegen,
		  S. 82
		– Fehntjer
		  Jungen,
		  S. 70
			– Wind-
			  freude,
			  S. 78
				– Tat- und
				  Leideform
				– Befehls-
				  form
				– Mittelwort

26. 3.–7. 4.				*Letzte Einheit*

Arbeitsplan

Rechtschreiben	Rechnen	Religion	Musik	Zeichnen	Sonstiges
– Vor- und Familiennamen – aus »a« wird »ä«	– Wiederholung: Malnehmen, Teilen, Zuzählen, Zuziehen – Aufbau der Tausender	– Abrahams Berufung und Verheißung Isaaks: 1. Mose 12, 1–9 1. Mose 15, 1–6 – Isaaks Opferung, 1. Mose 22, 1–9 – »Ach bleib mit Deiner Gnade …«	– Es tönen die Lieder – Geburtstagswünsche – Ja, der Berg'sche Fuhrmann	– Unser Haus	
– äu – eu – Verkleinerungen	– Zuzählen und Abzählen von Zehnern im Bereich bis 1000	– Jakob erlistet sich die Erstgeburt, 1. Mose 25, 27–34 – Jakob erlistet sich den Segen, 1. Mose 27, 1–40 – »In allen meinen Taten …«	– Der Mai ist gekommen – Der Mai, der Mai, der lustige Mai	– Frühlingsblumen – Buntgekleidete Menschen	Gang über den Stadtwall
– t – tt – k –ck – gg	– Fortsetzung (Einmaleins der Zehnerzahlen)	– Der sinkende Petrus, Matth. 14, 22–33 – anschließend: »Vertrauen«	– Bunt sind schon die Wälder – Wollt ihr wissen	– Unser Rathaus (Bleizeichnung) – Ein großes Geschäft mit Schaufenstern (Farbe)	Gang durch die Stadt (Delft-Ring – Große Str. – Brückstr. – Neutorstr.)

im Schuljahr

4.4.3 5. Schuljahr – inhaltsorientierte Planung – 1963/64

Zeit	Religion	Muttersprachliche Bildung			Übungsplan
		Lesestücke	Gedichte	Sprachlehre
20. 1.–1. 2.	– Das Gebot der Liebe – Vom reichen Jüngling	– Rübezahl und der Bauer, S. 250 – Der ungeschliffene Gastwirt, S. 256	– Vergleichende Betrachtung von Gedichten zum »Rauhreif«	– Hauptwort: Namenkunde, S. 48/50 – Verhältniswörter, S. 86
3. 2.–15. 2.	– Heutige Missionstätigkeit (Einzelbilder)	– Die Menagerie, S. 53	– Auf dem Eise	– Richtige Folge von Tätigkeiten, S. 79
17. 2.–29. 2.	– Die Geschichte der Kirchen in Emden (Gods own Kerk …)	– Gerdauen ist doch schöner, S. 223	– In meiner Heimat, S. 258	– Wörtliche Rede, S. 42–43
2. 3.–14. 3.	– Von der Toleranz	– Der Löwe und die Maus, S. 141	– Die Ameisen, S. 268	– Wir schreiben Geschichten

usw.

Arbeitsplan

		Sachunterricht	
Rechtschreiben	Geschichte	Erdkunde/Naturkunde	Rechnen/Raumlehre
– Zeichensetzung: Komma bei Aufzählung	– »Peter wird Buchdrucker« (Leben in einer mittelalterlichen Stadt: Zunftleben)	– »Glas aus dem Erzgebirge«	– Neue Maße – Zahlendarstellung – Raummaße /bis S. 58
– Aufsuchen der Grundform (Stammwort)	– »Thilo hat einen eigenen Lehrer« (Leben auf einer Ritterburg)	– »Vom Sargasso-Meer ins Fehntjer-Tief« (Entwicklung und Weg des Aals)	– Hohlmaße: $l = dm^3$ $hl = 100\,l$ – Gewichte /bis S. 63
– Analoge Wörter	– »Menschen verlassen ihre Heimat« (Flüchtlingsschicksal heute – Völkerwanderung früher)	– »Vulkane in der Eifel«	– Neue Maße – Zähl-, Zeitmaße /bis S. 68
– Trennungsregeln	– »Ludger: Er kämpft gegen die Götter der Ostfriesen« (Missionierung Ostfrieslands)	– »Tiere in unseren Häusern« Monographie: Spinne	– Durchschnitt – Schlußrechnung – Große Zahlen /bis S. 73
usw.			

4.4.4 Biologie Hauptschule 7. Schuljahr von Helmut Eisenreich*

Lehrplan-einheiten	1. Schulhalbjahr					
	(August) September	Oktober	November	Dezember	Januar	
7.1 Weiterführung der Zellenlehre		1. 1–1. 4 Einzeller und Algenfaden unter dem Mikroskop. ⑤	1. 5–1. 6 Vergleich tierischer und pflanzlicher Zellen. ①			
7.2 Grundzüge des Stoffwechsels	2.1 Die Fotosynthese der grünen Pflanzen (siehe Mai). (4,5) (Zimmerpflanzen müssen sich noch in ihrer Vegetationsperiode befinden!)			2.2 Ernährung und Verdauung. ④	2.3 Blut und Blutkreislauf. ④	
7.3 Mikroorganismen in ihrer Bedeutung für den Menschen			3.1 Alkoholische Gärung durch Hefepilze. *3.2 Milchsäuregärung durch Bakterien. ⑤	3.3 Schimmelpilze (auch in Verbindung mit 4.2.6). ③		
7.4 Einblick in ein Ökosystem: Wald	Lerngang: 4.1.1 Artenkenntnis im Herbstwald, Auswahl von Pflanzen für die Jahresbeobachtungen (Langzeitbeobachtungen), Früchte von Bäumen und Sträuchern. 4.1.2 Geschützte Pflanzen und Tiere. 4.2.3 Gefährlichkeit von Giftpilzen (6.7). 4.2.4 Ernährung der Pilze (6.7). 4.2.6 Tiere und Mikroorganismen des Bodens (3, 4); Abbau organischer Stoffe, Zersetzer (Zeit des sog. »zweiten Maximums« der Bodenfauna). ④		4.2.1 Nahrungsketten. 4.2.2 Nahrungsnetze, Erzeuger, Pflanzenfresser, Fleischfresser (Produzent, Erst- und Zweit-Konsument). ②	Lerngang: 4.1.1 Artenkenntnis im Winterwald; Fortsetzung der Jahresbeobachtung (die winterliche »Artenarmut« ermöglicht die Konzentration auf Exemplarisches); immergrüne Pflanzen; Beobachtungen an Wild- und Vogelfutterstellen, Fährten und Spuren im Schnee, Fraß- und Nagespuren. 4.3.1 Wirtschaftliche Nutzung der Wälder; Holzgewinnung (Holzfäller), Holzarten, Alter der Bäume; vergleichende Betrachtung: Mischwald, Monokulturen, Schonungen usw. Biologisches Gleichgewicht: Jagd. 4.4.1 Einfluß des Waldes, z. B. auf Kleinklima, Wind- und Temperaturmessungen (6, 7). ④	

* Auszug aus: EISENREICH, Helmut: Der vorläufige Lehrplan für das Fach Biologie in Klasse 7 der Hauptschule. In: Die Unterrichtspraxis. Beilage zur Lehrerzeitung Baden-Württemberg. Heft 1, 1980, S. 4/5

Arbeitsplan

2. Schulhalbjahr					
Februar	März	April	Mai	Juni	Juli
2.4 Atmung. ③	*2.5 Übersicht über den Stoffwechsel beim Menschen. ②		2.1 Die Fotosynthese der grünen Pflanzen. (4, 8, 9) (Voraussetzung für 4.2.4 und 4.2.7). ⑤	2.6 Der Mensch als Glied von Stoffkreisläufen (in Verbindung mit 2.1 und 4.2.7 bzw. 6.3.7). ②	
	Lerngang: 4.1.1 Artenkenntnis im Vorfrühling, Frühblüher; Fortsetzung der Jahresbeobachtungen. 4.1.2 Geschützte Pflanzen und Tiere. 4.2.6 Tier und Mikroorganismen des Bodens; Abbau organischer Stoffe (im März sog. »erstes Maximum« der Bodenfauna). (8, 9, 10) ④		4.2.7 Nahrungskreislauf im Wald; Erzeuger, Verbraucher, Zersetzer (Produzent, Konsument, Destruent). 4.2.6 Regenwurm. *4.2.8 Übertragung auf ein anderes Ökosystem. ②	Lerngang: Jahresausflug in ein Waldgebiet: 4.2.3 Gefährlichkeit von Giftpilzen. (9, 10) 4.2.4 Ernährung der Pilze. (9, 10) *4.2.5 Entwicklungsstadien von Pilzen. 4.4.1 Einfluß des Waldes auf Wasserhaushalt und Klima. 4.4.2 Erholungswirkung des Waldes, Rauchverbot. 4.3.1 Eingriffe des Menschen in das biologische Gleichgewicht des Waldes. ④	

Planungsstufen: Strukturierungshilfen für die Planungsarbeit des Lehrers

Lehrplan-einheiten	1. Schulhalbjahr				
	(August) September	Oktober	November	Dezember	Januar
7.5 Gliedertiere und ihre Umwelt-beziehungen					
7.6 (Alternative zu 7.4) Einblick in ein Ökosystem: Acker	Lerngang: 6.1.1 Artenkenntnis: Ackerpflanzen und Tiere. Auswahl geeigneter Äcker für die Jahresbeobachtungen. (Langzeitbeobachtungen) 6.3.5 Bodenbearbeitungs-maßnahmen. 6.3.6 Bodenorganismen (3, 4), Zersetzung organischer Stoffe (siehe Wald 4.2.6) ④		6.3 Der Stoffkreislauf im Acker. Vergleichende Bodenunter-suchungen, Notwendigkeit der Düngung. ④		6.1.2 Nah-rungsketten 6.1.3 Nah-rungsnetze (siehe Wald 4.2.2). ②

Arbeitsplan

2. Schulhalbjahr					
Februar	März	April	Mai	Juni	Juli
		Lerngang zu einem Imker: 5.1 Die Honigbiene, ein staatenbildendes Insekt. ④		*5.2 Die Entwicklung eines Gliedertieres (Auswahl!). ②	
	Lerngang: *6.1.1 Artenkenntnis: Ackerpflanzen und Tiere; Fortsetzung der Jahresbeobachtungen.* 6.2 Wachstum der Getreidepflanzen, Getreide zum Keimen bringen. 6.3.6 Bodenorganismen. (8, 9, 10) Zersetzung organischer Stoffe (siehe Wald 4.2.6).		6.3.6 Regenwurm, *Asseln, Insektenlarven, 6.3.7 Nahrungskreislauf im Acker (siehe Wald 4.2.7). 6.3.8 Übertragung auf ein anderes Ökosystem. ②	*Lehrgang: Jahresausflug durch Gebiete mit Sonderkulturen:* *6.2 Auch Getreidepflanzen blühen. 6.2.2 Mehltau schädigt das Getreide. *6.2.3 Vor- und Nachteile einer Monokultur. 6.4 Unkräuter als Konkurrenten von Kulturpflanzen. Unkrautbekämpfung. (4, 5) Schädlingsbekämpfung. (4, 5) 6.5 Kartoffelkäfer. ④	
		④			

Literatur

BACH, Heinz: Die Unterrichtsvorbereitung. Hannover 1957, besonders S. 24 ff.

BARSIG, Walter/BERKMÜLLER, Hans: Die Unterrichtsvorbereitung für die Schule von heute. Donauwörth [7]1977

HILLER, Gotthilf Gerhard: Ebenen der Unterrichtsvorbereitung. In: ADL-AMINI, Bijan/KÜNZLI, Rudolf (Hrsg.): Didaktische Modelle und Unterrichtsplanung. München 1980, S. 119–141

KLIER, Wolfgang: Projektbericht aus der Arbeit an einer Planungsmappe für die Unterrichtsvorbereitung. In: Die Schulpraxis. Beilage zur Lehrerzeitung Baden-Württemberg, 1979, S. 33 ff.

WERNER, Otto: Hinweise zur Erstellung von Stoffverteilungsplänen/Arbeitsplänen. In: Die Unterrichtspraxis. Beilage zur Lehrerzeitung Baden-Württemberg, 1979, S. 30 ff.

5 Mittelfristige Unterrichtseinheit

Zeitlich gesehen erfolgt im Planungsprozeß nun eine ziemliche Einengung. Hat der Arbeitsplan sich noch auf den Zeitraum eines Schuljahres bezogen, so bezieht sich die nun zu planende Unterrichtseinheit nur noch auf eine Zeit von 1–3 Wochen. Im Grunde wird die begonnene Arbeitsplanung fortgeführt, so daß gelegentlich auch für dieses Planungsstadium noch von Arbeitsplanung gesprochen wird (vgl. z. B. WERNER 1979), denn weiterhin erfolgt eine fortschreitende Abstimmung von Planungsabsichten auf die Wirklichkeit, in der der Unterricht sich vollziehen wird. Da aber gegenüber dem schuljahresbezogenen Arbeitsplan jetzt weitere Planungsaufgaben hinzutreten, gleichwohl die Konkretheit unmittelbarer Unterrichtsplanung noch nicht erreicht wird, soll von mittelfristiger Planung und einer mittelfristigen Unterrichtseinheit gesprochen werden.

5.1 Zur Funktion der mittelfristigen Unterrichtseinheit

Der Planungsprozeß tritt, gemessen an seinem gesamten Verlauf, in ein mittelfristiges Stadium; der Übergang von der langfristigen zur kurzfristig-unmittelbaren Planung von Unterricht ist zu leisten. Bei den weiteren Schritten auf die konkrete Unterrichtspraxis hin treten zusätzliche Voraussetzungen in den Blick und sind neue Dimensionen des unterrichtlichen Lehr- und Lerngeschehens zu reflektieren und zu entscheiden. War die bisherige Planung auf Ziele und Inhalte beschränkt, so bezieht sich die mittelfristige Planung nun auch auf Methoden und Medien des Unterrichts. In diesem Stadium bleibt es aber nicht bei bloßen Entscheidungen, es müssen auch schon praktische Vorbereitungen eingeleitet werden, z. B. die Beschaffung, Bereitstellung usw. von Lehr- und Lernmitteln. Der Grad der Verbindlichkeit der Planung nimmt zu, der Zeitpunkt der Umsetzung von Entscheidungen ist bereits zu nahe gerückt, als daß noch allzuviel Raum für unverbindliche Gedankenspielerei wäre (was aber die grundsätzliche Revidierbarkeit und Revisionsbedürftigkeit didaktischer Entscheidungen nicht einschränkt!).

Vor mittelfristigen Unterrichtseinheiten wird erstmals das gesamte Handlungsgefüge des künftigen Unterrichts in den Blick genommen, und alle Entscheidungen und Maßnahmen werden so weit fortgeführt, wie das zu diesem Zeitpunkt möglich ist. Darin besteht die Funktion dieser Planungsphase: die bereits weitgehend entschiedenen Zielsetzungen und Themen – im Arbeitsplan – in ein erfolgssicherndes Lehr- und Lerngefüge für den real zur Verfügung stehenden Zeitraum von 1–3 Unterrichtswochen umzusetzen, wobei sowohl noch theoretische Reflexionen als auch schon praktische Maßnahmen erforderlich werden.

Im Vordergrund stehen wiederum Überlegungen zu den Lernzielen, Erörterungen darüber, ob, in welcher Abgrenzung, mit welcher Gewichtung usw. sie in der ›kurzen‹ Zeit von 1–3 Unterrichtsstunden verwirklicht werden können und sollten. Um hier Gedanken konkret erfassen zu können, muß zunächst einmal die *tatsächliche Unterrichtszeit* festgestellt werden. Der Lehrer muß wissen, wie viele Unterrichtsstunden in

---

Literatur zu diesem Kapitel siehe Seite 264.

den Wochen zur Verfügung stehen und wann und unter welchen Umständen sie verfügbar sind. Der real mögliche Unterricht hängt nicht nur von der Anzahl der Unterrichtsstunden ab, sondern ebensosehr davon, ob es sich um Stunden handelt, in denen die Schüler voll oder nur mäßig belastbar sind. Also muß z. B. festgestellt werden, ob es sich um Randstunden des Unterrichtstages handelt, an welchen Tagen sie überhaupt liegen und durch welche Fachstunden die Schüler vorher und nachher belastet werden. Psychologische Kenntnisse über Lernvermögen und wöchentliche wie tageszeitmäßige Leistungsschwankungen von Schülern müssen aktualisiert werden. Die Präzisierung und Abstimmung der Lernziele auf diese Zeit muß als erstes erfolgen. Dazu sind spezielle Erörterungen anzustellen, die bloße Übernahme aus dem Arbeitsplan wird in den meisten Fällen nicht genügen.

Der Abstand von Arbeitsplanung und mittelfristiger Planung ist für den Lehrer zu groß, als daß er noch alle Implikationen des Lernziels vor Augen hätte. Also muß er sich diese zunächst klar und deutlich vor Augen führen. Er muß sich noch einmal den *Stellenwert des Ziels* verdeutlichen, und zwar für fachgebundene wie überfachliche Lernprozesse. Er muß es mit Blick auf die Schüler (gerade diese, in dieser Situation seiner Klasse, und nicht irgendwelche!) vor sich legitimieren, d. h. nach der Berechtigung dafür fragen, gerade diese Schüler gerade dieses lernen zu lassen. Und erst wenn der Lehrer das getan hat, kann das Lernziel als gerechtfertigt angesehen und mithin weitergeplant werden.

Die weitere Lernzielplanung kann den Schritten lernzielorientierter Planung folgen (vgl. das Kapitel »Lernzielorientierte Unterrichtsplanung«, S. 114ff.). D. h., es müßte die Elementarisierung des übergeordneten Ziels vorgenommen werden, in dem danach gefragt wird, welche Teil-Lernziele zu seiner Verwirklichung als notwendig angesehen werden. Solche als Grobziele auf einem mittleren Abstraktionsniveau formulierten Lernziele könnten dann in die Reihenfolge ihrer vorgesehenen Erreichung gebracht und den einzelnen verfügbaren Unterrichtsstunden zugeordnet werden.

Beispiel
(verändert nach: WERNER 1979)
Fach: Deutsch/5. Schuljahr
Thema: »Wir Fahrschüler«
Ziele: Sprechen und Schreiben; Umgang mit Texten; Reflexion über Sprache

Montag, 10. 3. 80	– Schüler sollen angemessene sprachliche Formen verwenden
Dienstag, 11. 3. 80	– Schüler sollen Informationen zu Sachverhalten beschaffen
Mittwoch, 12. 3. 80	– Schüler sollen Wörter nach ihrer inhaltlichen Zusammengehörigkeit zu Bedeutungsfeldern zusammenstellen
Donnerstag, 13. 3. 80	– Schüler sollen normgerecht schreiben, besonders das Schriftbild bewahren
Samstag, 15. 3. 80	– Schüler sollen am Beispiel von Verkehrszeichen Einsicht in die Natur von Zeichen gewinnen

usw. (über insgesamt 4 Wochen)

Das von WERNER übernommene Beispiel enthält bereits das Thema, nämlich »Wir Fahrschüler«. Wo das noch nicht der Fall ist, wo nicht schon aus dem Arbeitsplan einander zugeordnete Lernziele und Unterrichtsthemen übernommen werden können, muß spätestens zu diesem Zeitpunkt ein Thema formuliert werden, das die mittelfristige Unterrichtseinheit umgreift. Das Thema bindet gleichsam den Unterricht und liefert die Basis, auf der Lehren und Lernen stattfinden. Die Formulierung des Themas faßt einige wichtige Überlegungen zu den Lernanlässen und Lernerfahrungen zusammen. Um an das Beispiel anzuschließen:

- Woran, an welchen Inhalten, sollen die Schüler das Sprechen und Schreiben, den Umgang mit Texten, die Reflexion über Sprache (hier sind mehrere Zielkomplexe aus dem Lehrplan zusammengefaßt) lernen?
- Wie soll/kann das Lernen thematisiert werden? Für das hier gemeinte 5. Schuljahr bietet sich das Thema »Wir Fahrschüler« an.

Bei WERNER ist das Beispiel auch in die Inhaltsdimension weitergeplant (verändert):

	Ziele	Inhalte	
Montag, 10. 3. 80	(wie oben!)	– ein Schüler löst eine Fahrkarte	– (Fahrkarte lösen)
Dienstag, 11. 3. 80	(wie oben!)	– wir üben den Umgang mit Fahrplänen	– (Umgang mit Fahrplan)
Mittwoch, 12. 3. 80	(wie oben!)		– (Verkehr)
Donnerstag, 13. 3. 80	(wie oben!)		– (Wortfamilie »Fahren«)
Samstag, 15. 3. 80	(wie oben!)		– (Fahrbahnmarkierungen; Verkehrszeichen)

usw.

Die Planung von Lernanlässen und -erfahrungen ist aber mit der Thematisierung noch nicht beendet. Es gilt auch die Lernverfahren zu planen, d. h. die Art und Weise des Lehrens und Lernens zu bestimmen. Im einzelnen muß gefragt werden, wie die Schüler dazu motiviert werden können, sich mit dem Thema zu befassen, welche didaktischen Akte erforderlich sind, in welcher Folge und an welchen Tagen sie vorzusehen sind. Das wird wieder in engster Anlehnung an die konkreten Voraussetzungen erfolgen, indem nach aktuellen Anlässen und Auslösern, nach besonderen Interessen und Bedürfnissen der Schüler (gerade dieser!) gefragt wird.

Was an methodischen Einzelheiten schon geklärt werden kann, muß zu diesem Zeitpunkt geklärt werden. Dazu gehört vor allem auch die Entscheidung über grundsätzliche methodische Konzeptionen. Spätestens jetzt muß entschieden werden, ob das fachlich orientierte Thema in Form einer Epoche organisiert werden soll, was dann u. a. mehr verfügbare Unterrichtsstunden brächte, ob *fächerübergreifend* unterrichtet werden soll usw. Solche Entscheidung würde über das engere Thema hinaus auf andere Themen und andere Fächer Auswirkungen haben. Während sich z. B. bei strenger *Fächerteilung* die Planung auf die Fachthematik beschränken könnte, müßte bei *fächerübergreifender* Organisation auf zeitliche und inhaltliche Parallelen Wert gelegt werden. Spätestens jetzt ist auch zu entscheiden, ob ein »Projekt« durchgeführt werden soll, ob »exemplarisch« und »genetisch« gelehrt und gelernt werden soll usw. Solche methodischen Entscheidungen sind wegen der allgemeinen Interdependenz im didaktischen

Handeln wiederum bei den übrigen Entscheidungen (etwa über Zielsetzungen, Inhalte, Mittel und Sozialformen) zu berücksichtigen.

Nach Lernziel, -thema und -methode bilden die Medien einen wichtigen Planungsbereich, in dem mittelfristig zu planen ist. Um den Unterricht technisch, d. h. hinsichtlich der einzusetzenden Lehr- und Lernmittel, abzusichern und vorzubereiten, muß jetzt über diese Mittel befunden werden. Der Lehrer wird erörtern, welche Medien erforderlich sind, um die vorgenommenen Ziele bei der entschiedenen Thematik erreichen zu können. Dabei wird neben dem bloß technischen Aspekt – des möglichst effizienten, reibungslosesten Erreichens der Lernziele – auch der pädagogische Gedanke an wünschenswerte, vertretbare Mittel eine Rolle zu spielen haben. Wer wüßte aber nicht, daß im Schulalltag schon die bloße Verfügbarkeit von Medien größte Bedeutung hat! Auf jeden Fall muß der Lehrer zu diesem Zeitpunkt außer seinen Entscheidungen auch bereits Maßnahmen zur Medienbeschaffung treffen. Er muß feststellen, welche Mittel vorhanden sind (im Lehr- und Lernmittelzimmer, anhand des FWU-Kataloges usw.) und wo sie vorhanden sind. Er muß sie bestellen, überprüfen und für den Einsatz vorbereiten. Damit all dies fristgerecht geschieht, sollten in den schriftlichen Plan die vorgesehenen Medien so exakt wie möglich eingetragen werden.

Die geplante mittelfristige Unterrichtseinheit sollte ein eindeutiges Bild des für den Zeitraum von 1–3 Wochen vorgesehenen Unterrichts bieten, sollte zeigen, an welchen Tagen und in welchen Stunden welche Ziele, in welcher Thematisierung, mit welchen Verfahren und Mitteln verfolgt werden. Zugeordnet sein sollten auch – noch exakter als im Arbeitsplan – beabsichtigte Übungen, Prüfungsarbeiten und vor allem auch *Hausaufgaben*. Um aus der oft sinnlosen Hausaufgabenpraxis herauszukommen, sollten eingeordnete Aufgaben in Form vorbereitender und nachbereitender Eigenarbeit von Schülern in den Plan eingefügt werden. Ein guter mittelfristiger Plan sollte für jeden Unterrichtstag und jede Unterrichtsstunde sagen können, wie der Lehrer den Unterricht beabsichtigt.

5.2 Zur Struktur der mittelfristigen Unterrichtseinheit

Die Struktur des Plans einer mittelfristigen Unterrichtseinheit ergibt sich aus ihren beiden bestimmenden Momenten: der Zeit und den didaktischen Dimensionen.

Beispiel

Unterrichtseinheit: Biologie, 8. Schuljahr/1979/80, 10. – 22. 3. 80

Dienstag, 11. 3. 1. Stunde	
Freitag, 14. 3. 6. Stunde	
Dienstag, 18. 3. 1. Stunde	
Freitag, 21. 3. 6. Stunde	

Planungsstufen: Strukturierungshilfen für die Planungsarbeit des Lehrers

Der Plan sollte eine exakte Auflistung der verfügbaren Unterrichtszeit aufweisen, wobei sowohl die Wochentage mit Datum als auch die Lage der Unterrichtsstunde am Tage – zumindest wenn diese extremer Art ist – dargestellt werden sollten (vgl. das Beispiel auf Seite 259). Zugeordnet zu den verfügbaren Zeiten enthält der Plan die Entscheidungen des Lehrers über beabsichtigte didaktische Maßnahmen:

Beispiel
nach *U. Mauch*

Fach: Mathematik
Schuljahr: 5., Realschule
Zeit: 5.–10. 2. 1979
Thema der Unterrichtseinheit: »Größen als Eigenschaft. Fläche und Flächeninhalt, Volumen und Rauminhalt«

	Ziele	Inhalte	Methoden	Medien
Dienstag, 6.2. 2. u. 3. Std.	Sch. sollen Flächen klassifizieren nach ihrem Flächeninhalt durch Zerlegen	Vergleich von Flächeninhalten: – ist so groß wie – ist größer als – ist kleiner als	themengleicher und arbeitsgleicher Gruppenunterricht	Overheadprojektor, Folien, Scheren und Papier
Mittwoch, 7.2. 5. Std.	Sch. sollen Hohlkörper nach ihrem Fassungsvermögen klassifizieren	Vergleich von Rauminhalten: – faßt soviel wie	– " –	Würfel, Stangen, Platten, Blöcke, Hohlkörper
Donnerstag, 8.2. 1. Std.	– " –	– " – – faßt mehr als	– " –	– " –

Dabei ist jede Form der schriftlichen Fassung möglich, sofern sie übersichtlich, leicht lesbar und vom Arbeitsaufwand her vertretbar ist.

5.3 Planungsaufgaben des Lehrers

Planung mittelfristiger Unterrichtseinheiten

> **1. Planungskomplex:** *Verfügbare Zeit*
>
> *Fragen:*
>
> – Wie viele Unterrichtsstunden werden zur Behandlung des Themas benötigt?
> – Wie viele Unterrichtswochen – mit wie vielen Unterrichtsstunden – sind erforderlich?
> – Wann liegen die vom Stundenplan her verfügbaren Unterrichtsstunden? (Wochentage? Stundenfolge am Tag? Doppelstunden?)

Mittelfristige Unterrichtseinheit

2. Planungskomplex: *Lernziele*

Fragen:

- Welchen Stellenwert im fachlichen Lehrgang (und in überfachlicher Hinsicht) hat das übergeordnete Lernziel?
- Wie rechtfertigt sich das übergeordnete Lernziel gegenüber den Schülern? (Müssen / können / wollen sie gerade dies und gerade jetzt lernen?)
- Wie kann das übergeordnete Lernziel verwirklicht werden? (In welche Teillernziele läßt es sich zerlegen? Wie sind diese der Folge nach zu ordnen?)
- Welche Teillernziele sollen in den verfügbaren Unterrichtsstunden erreicht werden? (Wie lassen sie sich eindeutig formulieren? Wie müssen sie auf die Zeit abgestimmt werden?)

↓

3. Planungskomplex: *Lernanlässe und -erfahrungen*

Fragen:

- Woran sollen die Schüler diese Lernziele erreichen? (Thema? Inhalte? Was bietet sich thematisch und an Inhalten gerade jetzt für diese Schüler an?)
- Wie kann das Thema motivationsträchtig werden?
- Welchen »sachstrukturellen Entwicklungsstand« haben diese Schüler schon? (Was ist für sie neu? Was Wiederholung? Was unbedingt nötig? Was freies Additum?)

↓

4. Planungskomplex: *Lernverfahren und -mittel*

Fragen:

- Wie sollen die Schüler lernen? (Nach welcher Konzeption? Welchen Methoden?)
- Welche Mittel sollen eingesetzt werden? (Welche stehen zur Verfügung? Wo? Wie sind sie zu beschaffen? Wann müssen sie bestellt/besorgt werden? Sind sie in Ordnung? Wie müssen sie vorbereitet und eingesetzt werden?)

↓

5. Planungskomplex: *Besondere und sonstige Maßnahmen*

Fragen:

- Sind in diesem Zeitraum Klassenarbeiten, Wandertage usw. vorgesehen? (Wann sollen/können sie stattfinden? Was ist in die Wege zu leiten? Wann?)
- Welche Informationen u. ä. sind rechtzeitig an die Schüler heranzutragen? (Was ist mitzubringen? Wo, wann haben sie zu sein? usw.)

5.4 Beispiel: Mittelfristige Unterrichtseinheit
von *Peter Clößner**

Fach: Biologie
Schuljahr: 8., Realschule
Zeitraum: 6. 11.–2. 12. 1978 (nach den Herbstferien)
Thema: »Ökosystem Gewässer. Hier: Belastung der Gewässer«

1. Woche (6. 11.–10. 11.)
Ziel: Die Abhängigkeit des Stoffwechsels bei Mikroorganismen von der Sauerstoffzufuhr kennen
1. Stunde
– Aufgrund von Erfahrungen aus vorangegangenen Stunden und mit Hilfe einer Karte, auf der die Verschmutzung der Wasserläufe von Baden-Württemberg oder Deutschland eingezeichnet ist, soll erkannt werden, daß ein verschmutzter Fluß sich selbst wieder zu reinigen vermag.
Belastungskarte
aus Klee oder Heyn »Wasser«; evtl. auch zu beziehen bei Bundesanstalt für Gewässerkunde. Wenn mehrere Karten zur Verfügung stehen, dann in Gruppenarbeit; evtl. Zusammenarbeit mit dem Geographielehrer.

– Die Ursachen zur Selbstreinigung sollen herausgefunden werden. Beobachtung (an der Karte): Schnell bewegtes Wasser ist weniger verschmutzt als langsam fließendes. Modellversuch: organisch belastetes Tümpelwasser mit und ohne Belüftung ansetzen und beobachten.	2 kleine Aquarien, Aquarienpumpe; *Arbeitsblatt* für 2 Schüler mit Anweisung zur Beobachtung während 8–10 Tagen; *Tümpelwasser* von Schülern mitbringen lassen (wegen der Echtheit)
– Als Voraussetzung für Selbst-Reinigung soll der Sauerstoffgehalt und als Voraussetzung für diesen sollen der Pflanzenwuchs und die Turbulenz des Flusses genannt werden.	*Dias* Bilder eines Flusses; *Arbeitsblatt* mit Versuchsaufbau und Belastungskarte
2. Stunde – Messen des Sauerstoffgehaltes eines Flusses an verschiedenen Stellen	*Aqua-Merk Sauerstoffbestimmung* Wasserproben von Schülern mitbringen lassen (vor und hinter Weingarten/Ravensburg), evtl. Gruppenarbeit
– Überlegen, wodurch Sauerstoff verbraucht wird (durch Bakterien, die die Selbstreinigung bewirken, durch Lebewesen)	
– Den biochemischen Sauerstoffbedarf in 5 Tagen (BSB_5-Wert) als Maß für die Reinheit eines Gewässers einführen	Wasserprobe 5 Tage lang verschlossen ins Dunkle stellen, dann erneut Sauerstoffgehalt bestimmen (Schülerexperiment)

* Vgl. die Anmerkung auf Seite 234.

- Den Begriff »Umkippen« zur Benennung des Zustandes eines Gewässers einführen, der eintritt, nachdem aller Sauerstoff verbraucht ist.

In Wasserprobe mit dem Mikroskop Bakterien (Lebewesen) entdecken, Geruch feststellen

2. Woche (13. 11.–18. 11.)
Ziel: Die Abnahme gelöster organischer Substanz mit der Zunahme des Belebtschlammes in Beziehung bringen

3. Stunde
- Mikroskopische Untersuchung von Belebtschlamm

Langzeitversuch: 2 Schüler mikroskopieren täglich, beobachten die Vermehrung der Einzeller und den Rückgang der Trübung des Schlammes;
Arbeitsblatt mit Anweisung zum Langzeitversuch

- Film über Ernährung bei Bakterien, Protozoen und Rädertierchen

Film: 360546 oder 360506,
Dias: 100242 oder 100340

4. Stunde
- Besuch einer Kläranlage

evtl. zusammen mit Parallelklasse;
Arbeitsblatt mit Schema einer Kläranlage entwerfen;
Fachübergriff: Chemie;
Fällung von $FeCl_3$

3. Woche (20. 11.–25. 11.)
Ziel: Phosphat als Hauptfaktor und als Ursache der Eutrophierung kennen. Waschmittel als Hauptphosphatlieferanten kennen und daraus umweltfreundliche Verhaltensweisen ableiten

5. Stunde
- Gesetz vom Minimumfaß (Liebig)
- Auswirkung wiederholter Phosphatdüngung auf Tümpelwasser (Kontrollversuch)

Fachübergriff: Chemie;
Langzeitversuch (rechtzeitig ansetzen);
Tümpelwasser selbst besorgen;
Phosphatgehalte vorher und nachher bestimmen mit Aqua-Merk Phosphatbestimmung

- Folgen der Eutrophierung besprechen

CVK-Dia-Serie: »Der Bodensee«

6. Stunde
- Phosphatnachweis in Waschmitteln
- Die Auswirkungen von Waschmitteln mit der Wasserhärte in Beziehung bringen
- *Umweltfreundliche Verhaltensweisen:* nur soviel Waschmittel wie nötig

Waschmittelpackung
Aqua-Merk Phosphatbestimmung;
Wasserhärte des Stadtteils beim Wasserwerk erfragen

4. Woche (27. 11.–2. 12.)

7. und 8. Stunde
Ziel: Zusammenfassung und Wiederholung.
In diesen Stunden soll auch eine erste umgreifende mündliche Lernzielkontrolle erfolgen.

Literatur

BACH, Heinz: Die Unterrichtsvorbereitung. Hannover 1957
MESSER, Adolf u. a.: Planungsaufgabe Unterricht. Ravensburg ³1976
WERNER, Otto: Hinweise zur Erstellung von Stoffverteilungsplänen/Arbeitsplänen. In: Die Unterrichtspraxis. Beilage zur Lehrerzeitung Baden-Württemberg, 1979, S. 30ff.

6 Unterrichtsentwurf

Vorklärungen

In den meisten maßgeblichen Veröffentlichungen wird das Problem der Unterrichtsplanung zeitlich eingegrenzt auf die unmittelbare Planung, die Von-Tag-zu-Tag-Vorbereitung, auf den Unterrichtsentwurf. Auch in der Lehrerausbildung erfolgt die Qualifizierung für die Planungstätigkeit vorwiegend, oft ausschließlich, für diese kurzfristige Planung. Ich halte das für eine unzulässige Verkürzung der gesamten Planungsproblematik.
In der hier vorliegenden Darstellung ist Unterrichtsplanung als ein langfristig angelegter und gestufter Prozeß erörtert worden. Der Unterrichtsentwurf stellt dabei nur eines, und zwar das letzte Glied solcher Planungskette dar, bevor der reale Unterricht sich konstituiert. Den Lehrer nur mit den besonderen Problemen dieser letzten Planungsstufe bekannt zu machen oder ihn gar nur für diese letzte große Planungsaufgabe als zuständig anzusehen bedeutet eine Verkennung der tatsächlichen Problemlage und dürfte pädagogisch nicht vertretbare Folgen mit sich bringen. Abgesehen von der Tatsache, daß Lehrer zu bloßen Relaisstationen anonym begonnener Planungen würden, letzten Endes zu bloßen didaktischen Technikern, deren Aufgabe sich wesentlich in der effizienten Umsetzung vorgegebener Soll-Werte erschöpfte, kann eine derart verkürzte Planung durch Lehrer niemals den pädagogischen Ansprüchen genügen. Es kann weder die erforderliche Kontinuität der Planung von der Legitimation erzieherischer Zielsetzungen bis hin zu deren realer Umsetzung erreicht werden, noch kann die von der Erziehungswirklichkeit her notwendige Vielfältigkeit der Unterrichtspraxis bei vergleichbar gleichem Standard für alle betroffenen Schüler gewährleistet werden.
Der Unterrichtsentwurf bedeutet uns aus diesen Gründen nur den letzten Planungsschritt für den Lehrer; er kann ihn nur nach schon vorhergegangenen eigenständigen Planungsschritten angemessen vollziehen. Daß es Ausnahmesituationen gibt, wird im folgenden unter den Stichworten »Feiertags-« und »Alltags-Planung« erörtert werden.

6.1 Zur Funktion des Unterrichtsentwurfs

Deutlich dürfte nach den Vorbemerkungen, vor allem aber auch nach der gesamten Darstellung, geworden sein: Der Unterrichtsentwurf ist zwar der letzte in der langen Reihe von Unterrichtsplänen, die ein Lehrer zu erstellen hat, in ihm läuft aber auch die gesamte Planungsproblematik wie durch einen Trichter zentriert zusammen. Alle zu irgendeinem Zeitpunkt an den Lehrer gestellten Ansprüche und alle irgendwann in Erscheinung getretenen Planungsprinzipien kumulieren hier. Im Grunde genommen müßten deshalb konsequenterweise alle in dieser Abhandlung erörterten Grundsätze, alle Forderungen, alle Problembeschreibungen, alle Arbeitsvorschläge noch einmal und dann im von der besonderen Situation her neu bestimmten Zusammenhang vorgestellt werden. Wenngleich bewußt mit ziemlicher Redundanz gearbeitet wurde, verbietet sich solche Wiederholung aus verschiedenen Gründen. Es soll hier nur auf die Kernfragen noch einmal eingegangen werden.

Literatur zu diesem Kapitel siehe Seite 301f.

Planungsstufen: Strukturierungshilfen für die Planungsarbeit des Lehrers

Der Unterrichtsentwurf ist der letzte in der vom Lehrer erstellten und streng aufeinander bezogenen Reihe von Plänen; anschließend an bildungspolitische Programme und den Lehrplan hat er Jahrespläne, Arbeitspläne und mittelfristige Unterrichtseinheiten aufgestellt. An diese schließt er nun die kurzfristigen und auf begrenzte Unterrichtseinheiten gerichteten Unterrichtsentwürfe an. Der Unterrichtsentwurf ist somit als kontinuierliche und konsequente Fortsetzung der bisherigen Planungsüberlegungen und -entscheidungen aufzufassen. Der Lehrer ist gut beraten, wenn er die einmal und früher vollzogenen oder eingeleiteten Entscheidungen fortsetzt und sich an sie hält. Diese waren nämlich – vorausgesetzt: der Lehrer hat solide geplant – in großer Distanz zum Geschehen und daher ohne Druck durch zeitliche und andere mögliche »Sachzwänge« ergangen. Die kurzfristige Planung hingegen steht voll unter dem Druck der Situation: Die Zeit drängt, der Plan muß in kurzer Zeit »stehen«; das Studium maßgeblicher Literatur ist nicht mehr möglich; die realen Umstände sind nur noch begrenzt veränderbar und müssen größtenteils hingenommen werden; neben die Planung treten angeblich unaufschiebbare Aufgaben, wie Verwalten, Korrigieren usw. Halten wir fest: Im Anschluß an die Planungsreihe hat der Unterrichtsentwurf die kontinuierliche und konsequente Fortführung der Entscheidungen und deren endgültige Umsetzung in Praxis zu gewährleisten.

Aber: Allein diese stringente Bindung an die vorhergegangene gedankliche Planungstätigkeit trifft nicht das gesamte Problem. Es würde die Planung gleichsam fast zum Selbstzweck machen. Die – angenommene – gedankliche Stimmigkeit muß sich vielmehr gefallen lassen, zu diesem Zeitpunkt radikal auf ihre *praktische* Dignität hin befragt zu werden. Von der realen Situation aus ist zu fragen, ob die auf sie zuführende Planung angemessen ist, ob z. B. die vorgenommenen Zielsetzungen für diese – und gerade diese – Situation sinnvoll und pädagogisch vertretbar sind, ob das Thema richtig gestellt wurde, ob die Unterrichtsmethoden angebracht, die Medien optimal sind usw. Festzuhalten ist: Bevor der Unterrichtsentwurf erstellt werden kann, ist die gesamte Planung vom Gesichtspunkt der situativen Erfordernisse her ein letztes Mal radikal in Frage zu stellen. Erst wenn dies geschehen ist, wenn die eingeleitete Planung standgehalten hat bzw. Korrekturen als notwendig erkannt wurden, kann die konstruktive Planungsarbeit für den Unterrichtsentwurf beginnen. Dann gilt es, einen endgültigen Plan des kurz bevorstehenden Unterrichts zu entwerfen.

Der Unterrichtsentwurf ist der umfassendste und detaillierteste Plan in der Planungsreihe. Er umgreift sämtliche vorher regelungsnotwendigen und regelbaren Aspekte und Vorgänge des Unterrichts. Man kann also auch sagen, daß der Unterricht soweit wie möglich »geregelt« wird. Allerdings muß man den besonderen Charakter solcher Regelung festhalten: Der Unterrichtsentwurf ist ein Plan, und es handelt sich um beabsichtigte Maßnahmen und Gestaltungen, nicht um Unterrichtswirklichkeit, sondern um Unterrichtsmöglichkeit. Das klingt banal, ist es wohl auch, muß aber nach meinen Erfahrungen immer wieder betont werden. Was meint es im einzelnen?

– *Der Unterrichtsentwurf ist ein theoretisches Konstrukt:*

Er bildet keine Unterrichtswirklichkeit ab, sondern spiegelt ein gedankliches Bild wider, wie es sich ein Lehrer über den künftigen Unterricht zusammengestellt hat. Bestenfalls ist es ein in sich stimmiges und widerspruchsfreies Gedankenbild. Der Entwurf bringt zum Ausdruck, wie der Unterricht sein soll, d. h., welche erzieherischen Absichten in ihm verwirklicht werden sollen und auf welchem Wege dies geschehen soll.

Unterrichtsentwurf

Als – niedergeschriebenes – Ergebnis eines langen und intensiven Denk- und Entscheidungsprozesses soll der Entwurf den beabsichtigten Unterricht absichern. Er soll zu gegebener Zeit die Beteiligten daran erinnern (besonders den Lehrer), was in welcher Weise zu tun ist. Er übt hier durchaus eine bloß unterstützende Funktion (»Gedächtnisstütze«) aus. Darüber hinaus aber bietet er als Bild des »Soll-Zustandes« auch die Möglichkeit zum Vergleich, der jeweils feststellbare »Ist-Zustand« des Unterrichts ist mit dem beabsichtigten, erwarteten Zustand zu vergleichen, um daraus Schlüsse auf weiteres – dem Plan entsprechendes oder ihm gegenüber verändertes – Handeln ziehen zu können. Der Unterrichtsentwurf ist seinem Charakter nach ein theoretisches Konstrukt, impliziert aber seine Verwirklichung, drängt gleichsam darauf, die Unterrichtswirklichkeit an sich anpassen zu lassen.

– *Der Unterrichtsentwurf ist ein Konstrukt auf Widerruf:*
Wegen dieser sehr starken Tendenz auf Verwirklichung möglichst ohne Abstriche muß vor Augen geführt werden, daß der Entwurf nur auf Widerruf angelegt ist. Wer das Konstrukt entwirft, hat jederzeit die Möglichkeit, es zu verändern, d. h. Entscheidungen zurückzunehmen, auszutauschen, zu verändern. Das dem realen Unterricht vorgängige Konstrukt hat nur so lange Gültigkeit, hat nur so lange Anspruch auf Verwirklichung, als sich die darin eingegangenen Voraussetzungen als unverändert erweisen. Sobald sich diese aber verändert zeigen, muß auch der Plan verändert werden, und zwar in einem zum Unterrichtsverlauf simultanen Vorgang.

– *Der Unterrichtsentwurf ist ein Plan möglichen Unterrichts:*
Das soeben erörterte Problem wird, weil sich das aus praktischen Erfahrungen als notwendig erwiesen hat, noch einmal unter variiertem Gesichtspunkt aufgegriffen. Der Unterrichtsentwurf zeigt eine von vielen Möglichkeiten auf, den anstehenden Unterricht zu strukturieren. Der Lehrer hat in einem diskriminierenden Verfahren, bei dem er gedanklich alle Möglichkeiten durchspielte, jeweils jene eine Entscheidung herbeigeführt, die unter den herrschenden Umständen als beste angesehen werden muß. Das hört sich verhältnismäßig einfach an, beschreibt in Wahrheit aber einen ungeheuer komplexen Vorgang. Der Lehrer übernimmt Planungsvorgaben (fremde oder eigene), durchdenkt sie auf ihre Verwirklichung, bezieht dazu die faktische Situation mit ihren vielen Variablen ein, aktualisiert sein gesamtes Hypothesenwissen usw. Ergebnis ist auf jeden Fall ein Plan, von dem der Lehrer meint, daß er die beste aller Möglichkeiten festschreibt, den Unterricht zu gestalten. Es ist selbstverständlich, daß bloß möglicher Unterricht ohne großen Aufwand verändert werden kann, wenn dies gewünscht wird, und verändert werden muß, wenn das notwendig wird.

– *Der Unterrichtsentwurf soll nicht festlegen, sondern offenhalten:*
Der Plan ist es gerade, der frei macht dafür, das späterhin Gewünschte und Notwendige zu berücksichtigen. Hier gilt das schon früher aufgegriffene Wort von GROPIUS, daß ein Plan »nicht festlegt, sondern offenhält für die Zukunft«. Wer ohne Plan in die Zukunft, auch in den Unterricht, hineingeht, liefert sich dem ungewissen Zufall und den Zwängen des Augenblicks aus, gibt sich den zahlreichen unterschiedlichen, möglicherweise widerstreitenden Einflüssen der Unterrichtssituation hin. Der Unterricht verliert seinen Charakter der zweckvollen Erziehungsveranstaltung und wird zum globalen Erfahrungsfeld, in dem alles mögliche geschehen kann, unter Umständen aber eben keine Erziehung sich vollzieht. Der Unterrichtsentwurf soll dem vorbeugen; indem er die wesentlichen vorgesehenen Phasen und Vorgänge des Unterrichts beschreibt, macht

er den Lehrer frei für den Augenblick. Sein ganzes Augenmerk kann sich auf die Situation richten, sie auf notwendige und wünschenswerte Veränderungen des Plans hin registrieren und durchdenken. Selbst wenn er die im Augenblick erkennbare noch bessere Möglichkeit des Unterrichts nicht wahrnimmt, garantiert der Plan eine der besten Möglichkeiten.

Um auch tatsächlich für »künftige Chancen offenzuhalten« und nicht zu einer Sackgasse für Entscheidungen über den Unterricht zu werden, sollte der schriftliche Entwurf nicht nur jeweils die eine für am geeignetsten gehaltene Möglichkeit der Unterrichtspraxis enthalten, sondern am besten auch stichwortartig für einzelne Situationen mögliche Alternativen.

Selbst im Gedränge des unterrichtlichen Geschäfts kann sich der Lehrer durch einen Blick in den Entwurf, sofern es überhaupt nötig wird, seine Überlegungen und Entscheidungen wieder ins Gedächtnis rufen und der Situation dadurch besser entsprechen. Alternativen zu planen und sie auch schriftlich auszuweisen, fordert auch SCHULZ für die Planung nach dem Berliner Modell der Didaktik (SCHULZ 1965, S. 45). Da die Planung selbst in den meisten Fällen auf ›diskriminierende‹ Weise geschieht, d. h., von vielen ins Auge gefaßten Möglichkeiten werden alle bis auf eine verworfen und ausgeschieden, sollten dem Lehrer in der Regel die jeweils in Frage kommenden Alternativen auch tatsächlich bekannt sein. Wo dies nicht der Fall ist, sollten Lehrer sich zur Suche nach Alternativen zwingen.

Mehr als ein Exkurs:
Non scholae, sed discipulis docemus!

In Orientierung an dem bekannten – gegenüber dem Original allerdings verfälschten – Anspruch, wie er Schülern entgegengehalten wird, kann Lehrern vor Augen geführt werden, daß sie »nicht für die Schule, sondern für die Schüler unterrichten«. Selbstverständlich soll mit diesem Postulat nicht mehr hinter die von der pädagogischen Soziologie formulierte Einsicht zurückgegangen werden, daß Lehrer »Agenten der Gesellschaft« seien und als solche ihr gesamtes erzieherisches und unterrichtliches Geschäft zu betreiben hätten. In den Blickpunkt der Betrachtung soll hier nur verstärkt das Problem der Legitimation von Unterricht gegenüber den Schülern gerückt werden, und zwar nicht irgendwelcher anonymer Schüler, wie sie bei Lehrplänen Berücksichtigung finden, sondern die Rechtfertigung gegenüber den gerade jetzt und gerade hier durch den Unterrichtsentwurf betroffenen Schülern.

Welcher Lehrer, dem man sagte, er solle bei der kurzfristig-unmittelbaren Unterrichtsplanung seine Schüler nicht vergessen, würde nicht mit voller Überzeugung erwidern, daß er das selbstverständlich nicht täte!? Doch das, was dann faktisch wie selbstverständlich geschieht, ist hier nicht gemeint. ›Selbstverständlich‹ werden die Schüler zumeist in bloß technischer Hinsicht in planende Überlegungen einbezogen (Können sie diese Methode schon nutzen? Müßten sie – und wie – darauf erst vorbereitet werden? usw.). Hier aber soll die Rede nicht von Schülern als bloß Lernenden sein, sondern von Menschen und Partnern, mit denen sich Lehrer im Unterricht treffen. Man kann sich oft des Eindrucks nicht erwehren, daß didaktische Erörterungen junge, heranwachsende Menschen auf den einzigen Aspekt des Lernens reduzieren, so, als ob sie beim Betreten von Schule und Unterricht alle »menschlichen« Züge ablegten und nur noch in ihrer Schüler-»rolle« lebten.

Das sind zwar Binsenweisheiten, die Erfahrung lehrt aber, daß diese Umstände geäußert werden müssen:
- Kinder und Jugendliche wechseln nicht ihre Rollen und werden zu bloßen Schülern, wenn sie in den Bannkreis von Schule und Unterricht geraten.
- Sie bleiben Kinder und Jugendliche mit all ihren allgemeinen und ihren besonderen Problemen. Sie bringen ihre persönlichen Eigenarten in den Unterricht mit ein, ihre Vorlieben und Abneigungen, ihre Interessen und Bedürfnisse, ihre scheuen Erwartungen und verborgenen Ängste.

Und diese zu respektieren, meint das Postulat an die Lehrer: »Non scholae, sed discipulis docemus!« Dies auch bei der Unterrichtsplanung nicht zu vergessen, dazu dient der Exkurs, zumal der Unterrichtsentwurf als letzter Planungsschritt letztmalig vor der Unterrichtspraxis Gelegenheit zu solchem Respekt gegenüber Schülern bietet.

Gerade gegenwärtig scheint es viele einzelne Ansätze zu geben, die solchen Anspruch einzulösen gedenken. Sie treten unter Plakaten wie »schülerorientierter«, »offener«, »handlungsorientierter«, »entdeckender«, »kreativer« usw. Unterricht auf. Ohne auf sie näher einzugehen, sei nur festgestellt, daß sie zwar in vielen Fällen unter dem Anspruch des Respektes vor den Kindern auftreten, in Wirklichkeit aber wiederum eigene pädagogische Ideologien »verkaufen« wollen, oder: daß sie sich in großer Wirklichkeitsferne bewegen und bloße Utopien ohne Verwirklichungschance bleiben.

Offensichtlich von letzterer Kritik läßt sich auch H. L. MEYER leiten, wenn er den gleichen Gedanken eines Unterrichts in Respekt vor den Schülern mit einer »konkreten Utopie« beantwortet. Nicht eine bloße Gedankenspielerei, sondern eine Utopie mit dem ernsthaften Drang nach Verwirklichung – und sind die ersten Schritte auch noch so klein – schlägt er vor. Er ist sich völlig darüber im klaren, daß dies wegen des »grundsätzlich entfremdeten Lernens« in unseren Schulen »nur ansatzweise und widersprüchlich« geschehen kann (MEYER 1980, S. 189ff., Zitat: S. 204). MEYER stellt unter dem Stichwort »Handlungsorientierung« für seine Vorstellung von »Unterrichtsvorbereitung . . ., in . . . der Schüler zum wichtigsten Brennpunkt der Vorbereitungsarbeit« werden, einige Anregungen zusammen, wie z. B. »etwas mit Kopf, Herz, Händen, Füßen und allen Sinnen zu machen«, »den Klassenraum zu verlassen« (S. 189 bzw. 211).

Mir gefällt, daß MEYER die Möglichkeit für Lehrer, einen schülerorientierten Unterricht durchzusetzen, realistisch einschätzt und auch »ansatzweise« und »widersprüchliche« Anfänge zuläßt und fordert. Dieser Forderung schließe ich mich an:
- Lehrer sollten jeden sich bietenden Ansatz nutzen, um die Unterrichtsplanung aus dem nötigen Respekt vor den Schülern heraus zu verwirklichen. Für den Unterrichtsentwurf bedeutet dies vor allem: einerseits die schon bekannten oder erkennbaren Neigungen, Interessen, Bedürfnisse (und ihr Gegenteil) bei den Schülern für den in Aussicht genommenen Unterricht (mit seinen Zielen, Inhalten, Verfahren, Mitteln usw.) aufzunehmen und die Entscheidungen davon abhängig zu machen; dies wird – sofern konsequent betrieben – mit Sicherheit in vielen Fällen zu ganz anderem Unterricht führen, als er in der Regel erteilt wird. Andererseits sollte ein Lehrer nicht immer wieder versuchen, allein – und bestenfalls als »Anwalt des Kindes« – über Neigungen etc. seiner Schüler zu befinden, sondern sie selbst diese äußern und in Vorschlägen zum Unterricht berücksichtigen lassen. Die Anerkennung von MEYERS

»konkreter Utopie« wird wohl hinreichend verdeutlichen, daß hier nicht wiederum ein Traumziel angesprochen wird, sondern daß von kleinen und kleinsten Ansätzen in der täglichen Planungsarbeit die Rede ist.

– Lehrer sollten sich dessen bewußt sein, daß das skizzierte Handeln mit großer Sicherheit dazu führen wird, daß der Unterricht zumindest streckenweise anders verläuft, als »man« dies in der Regel erwartet, und daß er, der Lehrer, sich in vielem gegen theoretische Postulate der Didaktik stellen muß. Vor allem aber wird der Lehrer erleben, daß seine eigene theoretische Begründung der Planung des Unterrichts Widersprüche erkennen läßt, daß seine Gedanken in sich widersprüchlich sind, und er muß lernen, mit solchen Widersprüchen zu leben.

Als Befürworter einer an den Lernzielen orientierten Unterrichtsplanung muß ich hier auf den größten auftretenden Widerspruch hinweisen: Lernzielorientierte Planung ist auf höchste Effektivität von Unterricht aus, wobei dies mit einer langfristig angelegten Befähigung von Schülern zur Selbstbestimmung legitimiert wird. Es bleibt nicht aus, daß derartig langfristige Orientierungen in Konflikt mit kurzfristigen Wünschen, Bedürfnissen usw. von Schülern geraten, zumal von diesen Einsicht in solche Orientierungen oft nicht erwartet werden kann. Wer aber schülerorientiert plant, muß als seinen obersten Grundsatz den nach »Freude und Spaß« am Unterricht und Lernen befolgen. Damit wird er nun zwar einen den Schülern gefallenden Unterricht grundlegen können, diesen aber auch oft in Gegensatz zur langfristig orientierten Lernzielplanung bringen müssen. Vorgeschlagen wird, daß Lehrer lernen, mit diesem Gegensatz zu leben und ihn – wo immer dies ansatzweise möglich erscheint – aufzulösen versuchen. Um dem Postulat »Non scholae, sed discipulis docemus!« entsprechen zu können, sollten Lehrer, nach welchem Modell auch immer sie Unterricht planen, vor endgültigen Entscheidungen im Unterrichtsentwurf danach fragen – besser noch: mit ihren Schülern erörtern –, wie der kurz bevorstehende Unterricht so gestaltet werden kann, daß er bei allen Lernnotwendigkeiten Freude und Spaß macht. Und dies gilt für den Lehrer in gleicher Weise wie für die Schüler: Der Unterricht soll allen Beteiligten Freude und Spaß bereiten. Wie das im einzelnen Fall aussieht, kann nicht generell beschrieben, sondern nur vor Ort konkretisiert werden.

Wie einfach es aber im Grunde sein kann, soll ein Beispiel von MEYER illustrieren (MEYER 1979, S. 269ff.):

ERSTES BEISPIEL

Sachunterricht im 2.Schuljahr
Während der letzten Praxisphase versuchte eine studentische Arbeitsgruppe, im Rahmen einer Unterrichtseinheit "Landwirtschaft" das Thema Hühnerzucht handlungsorientiert durchzuführen. Ziel dieser Teil-Einheit sollte es sein, die natürlichen Lebensbedingungen der Hühner mit der Intensiv-Hühnerhaltung zu vergleichen. Die Schüler dieser zweiten Klasse kannten alle irgendwoher die kleinen Hühnerställe; kaum jemand hatte von den großen Hühner-Fabriken gehört, die vollmechanisiert sind.

Es wäre nun ziemlich einfach gewesen, einen Lehrfilm über die Hühnerzucht zu besorgen. Es gibt auch eine interessante Kurzge

Unterrichtsentwurf

schichte zum Thema Intensiv-Haltung; man hätte an der Tafel den üblichen Vergleich "Hühnerzucht früher/heute" hinzaubern und dann abschreiben lassen können.
Die fünf Studentinnen haben jedoch etwas anderes getan:
- Sie haben im ersten Schritt zusammen mit den Schülern aus altem Zeitungspapier und sehr viel Tapetenkleister lebensgroße Papp-Hühner gebastelt. Der Klassenraum sah ziemlich verschmiert aus; Haare und Pullover ebenfalls; aber alle Schüler waren beschäftigt, keiner der sonst ziemlich auffälligen "Störer" war in dieser Doppelstunde auffällig.
- Am nächsten Tag wurden zwei Gruppen gebildet; die erste Gruppe sollte einen Hühnerstall bauen, der den natürlichen Lebensbedingungen entgegenkommt. Die zweite Gruppe sollte eine Intensivstation bauen, die möglichst nach ökonomischen Gesichtspunkten ausgerichtet ist.
In beiden Gruppen (die in zwei verschiedenen Räumen waren) wurden die Tische und Stühle zur Seite geräumt (das kostet ein Zehntel der Zeit, die bei einer falsch gewählten Sozialform für die dauernden Ermahnungen aufgebracht werden muß!),und alle setzten sich im Kreis auf den Fußboden. Dann wurde in einem kurzen Lehrervortrag berichtet, woher die Hühner stammen und welche Lebensgewohnheiten sie in ihrem Heimatland Hinterindien hatten.
Dann ging es an den Bau des Hühnerstalls; mit einfachsten Hilfsmitteln (Schwamm als Futternapf; Karton als Stall; Gras wurde draußen vom Rasen geholt) war in zwanzig Minuten ein Hühnerstall gebaut, in den die Schüler sehr viel Vorwissen und noch mehr Phantasie investierten.
Die Parallelgruppe hatte derweil mit einigen Pappkartons die Einzelboxen aneinandergereiht und dann mit einer Rolle Klopapier zwei Fließbänder für das Futter und für die Kotbeseitigung gezaubert.
- Im dritten Schritt besuchten sich die beiden Gruppen gegenseitig und berichteten, warum sie ihren Hühnerstall so und nicht anders eingerichtet hatten.
Besonders einer der Schüler, der im "normalen" Unterricht permanent störte und sehr schwache Leistungen zeigte, entpuppte sich als sprachgewandter Conférencier, der auf jede Nachfrage eine differenzierte und begründete Antwort parat hatte.

Planungsstufen: Strukturierungshilfen für die Planungsarbeit des Lehrers

In ihrem <u>Auswertungsbericht</u> schreiben die fünf Studentinnen zu diesem Abschnitt ihres Unterrichtsvorhabens:

> "Um einen handlungsorientierten Unterricht zu gestalten, braucht man die Anleitung eines erfahrenen Lehrers. Es gehört Mut dazu, einen nicht alltäglichen Unterricht zu planen. Wir hätten nicht gewußt, wie wir uns bei einem Unterricht, den man nicht so genau planen kann,**verhalten sollen.**Uns ging es die ersten vierzehn Tage so, daß wir uns nicht von dem üblichen Unterrichtsstil entfernen wollten.
> In den gemeinsam mit dem Hochschullehrer vorbereiteten Hühnerstall-Stunden wurde das dann anders. Wir sahen, daß es auch anders geht. Während wir in den ersten zwei Wochen mehr oder weniger Frontalunterricht erteilten, merkten wir nun, daß die Kinder viel mehr Freude und Spaß am Unterricht hatten, viel spontaner reagierten und Phantasie entwickelten. Einige Schüler, von denen man sonst nicht viel Mitarbeit kannte, "tauten" förmlich auf. Uns ging es ähnlich. Der Unterricht war nicht mehr so genau vorgeplant und ließ Freiräume für Spontaneität. Außerdem wurden wir in unserem Unterrichten freier und ungezwungener. Durch verschiedene, teilweise für uns und die Schüler neuartige Methoden konnten wir sie für das Thema "Landwirtschaft" begeistern."

Soweit der Auswertungsbericht. Selbstgemachte Erfahrungen dürften immer lehrreicher als noch so gut gemeinte Vorlesungslektionen sein. Das macht auch dieser Bericht deutlich. Gerade deshalb würde ich den ersten Satz des Berichts, daß handlungsorientierter Unterricht für Berufsanfänger nur mit Hilfe eines erfahrenen Lehrers zu realisieren sei, relativieren.

Sind in diesem Beispiel die <u>drei Kriterien</u> für handlungsorientierten Unterricht aus Abschnitt 1 eingelöst?

- Ohne Zweifel haben in diesem Unterricht die Schüler und die fünf Studentinnen <u>gemeinsam gehandelt</u>.
- Die Schüler haben die Entscheidung über das Handlungsprodukt (den Hühnerstall-Bau) nicht selbst getroffen; sie haben aber ansatzweise bei der <u>Gestaltung</u> der Handlungsprozesse selbst entschieden, was wie und <u>warum</u> zu tun sei.
- Das dritte Kriterium ist allerdings in diesem Teil der Unterrichtseinheit <u>nicht</u> berücksichtigt worden.

Nun läßt sich gegen die Beweiskraft dieses Beispiels einwenden, daß es im ganzen öffentlichen Schulwesen vielleicht kein anderes Schulfach gibt, in dem der Lehrer ein Mehr an Handlungsspielräumen hätte. Die Richtlinien für dieses Fach lassen in den meisten Bundesländern viele Freiräume; es gibt keine kanonisierten fachwissenschaftlichen Erwartungen und auch die Elternschaft begrüßt in der Regel einen derart aufgelockerten Sachunterricht, weil sie fälschlich davon ausgehen, daß dieses Fach für die Zuweisung zu den weiterführenden Schulen einen geringen Stellenwert **habe.**

Wer in starren Planungsschablonen denkt oder Planungsmodelle als Einbahnstraßen mißversteht, vergibt sich die Möglichkeit zu spontanem, unkonventionellem, spaßmachendem Unterricht.

Falsch angelegte Planungen letztmalig zu korrigieren ist auf der Stufe des Unterrichtsentwurfes möglich.

6.2 Zur Struktur des Unterrichtsentwurfs

Der Unterrichtsentwurf erhält seine Struktur aus seiner Aufgabe, ein Plan bestmöglichen Unterrichtsgeschehens in dessen voller Länge und ganzer Breite zu sein. Daraus folgt, daß er sowohl in diachroner (Länge) als auch in synchroner Hinsicht (Breite) eine Strukturierung bringt.

Was die *diachrone* Strukturierung betrifft, so geht es um die Folgeordnung vorgesehener didaktischer Maßnahmen, um die Anordnung, Abgrenzung usw. von Schritten und Phasen des Unterrichts zu einer »Verlaufsstruktur«. Viele bekannte didaktische Modelle haben diese zum Inhalt. HERBART beispielsweise sprach von der notwendigen »Artikulation« des Unterrichts, die er an dem »Atem des Geistes«, am Vorgang des Erkennens, orientieren wollte. Sein vierstufiges Modell (Klarheit – Assoziation – System – Methode) führte schließlich über die durch seine Nachfolger (Herbartianer, z. B. REIN, STOY, ZILLER) vorgenommenen Variationen zu einer nachteiligen Erstarrung des Unterrichts in unseren Schulen, indem jede einzelne Unterrichtsstunde – und nicht der einzelne Erkenntnisvorgang – in das starre Korsett der »Formalstufen« gepreßt wurde. Nicht anders wirkte sich auch die hypostasierende Beanspruchung reformpädagogischer Vorstellungen aus, wie z. B. die starre Anwendung der Arbeitsschritte nach KERSCHENSTEINERS Modell der »Arbeitsschule«. Nicht von solchen programmatischen Modellen ist hier aber die Rede, sondern von der bloßen Notwendigkeit, den zeitlichen Verlauf des Unterrichts durch die diachrone Ordnung vorgesehener didaktischer Maßnahmen zu strukturieren und dies im Entwurf, im Plan, auch festzuhalten.

Was die *synchrone* Strukturierung betrifft, so geht es darum, die gleichzeitig vorgesehenen didaktischen Maßnahmen aufeinander abzustimmen. Welche Dimensionen dabei zu unterscheiden sind, hat das Berliner Modell der Didaktik am deutlichsten machen können. Von HEIMANN als »Entscheidungsfelder« erkannt, geben sie an, welche Entscheidungen ein Lehrer treffen muß und daß sie aufeinander zu beziehen sind. Geringfügig verändert sind dies:

- Lernziele (Lehrziele) Es ist zu entscheiden, welche Zielsetzungen die Schüler erreichen sollen, wozu der Unterricht eingerichtet wird und beitragen soll.

- Lerninhalte (Lehrinhalte) Es ist zu entscheiden, woran die Ziele verwirklicht werden sollen, wie sie thematisiert werden sollen. Obwohl Ziele ohne Inhalte gar nicht formulierbar sind, hat sich die Trennung von Zielen und Inhalten in der theoretischen didaktischen Diskussion eingebürgert, vor allem wohl auch als Folge lernzielorientierten Denkens, das nicht selten – fälschlicherweise – eine völlige Austauschbarkeit von Inhalten annimmt.

- Lernverfahren (Lehrverfahren) Es ist zu entscheiden, welche Wege zur Verwirklichung der Zielsetzung eingeschlagen werden sollen, wer was tun soll usw.

- Lernmittel (Lehrmittel) Es ist zu entscheiden, welche Mittel ausgewählt und eingesetzt werden sollen.

Planungsstufen: Strukturierungshilfen für die Planungsarbeit des Lehrers

- Sozialformen Es ist zu entscheiden, in welcher Art und Weise die am Unterricht beteiligten Personen allein und miteinander handeln und umgehen sollen.

Nimmt man den diachronen und den synchronen Aspekt zusammen, so ergibt sich als Grundform des Unterrichtsentwurfs ein Strukturgitter, das die Folgeordnung und Zuordnung beabsichtigter didaktischer Akte verdeutlicht.

Zeit	Ziele	Inhalte	Verfahren	Mittel	Sozialformen

Abb. 19: Grundmuster eines Unterrichtsentwurfs

Diese Grundstruktur läßt sich vielfach variieren. Wie sie letzten Endes praktisch beansprucht wird, hängt vor allem davon ab, welchem der gegenwärtig diskutierten Modelle der Unterrichtsplanung man den Vorzug gibt. Geht eines der Modelle von der Priorität einer der genannten Dimensionen aus, dann wird diese auch optisch in den Vordergrund gerückt, z. B. beim lernzielorientierten Konzept, bei dem das »Lernziel« auch dem Unterrichtsentwurf eine besondere Form aufprägt.

Zeit	Inhalte	Verfahren	Mittel	Sozialformen
	Briefkasten: Farbe Größe Aufschrift Klappe/ Schlitz	gesteuertes Unterrichts- gespräch	originaler Briefkasten Bild (Sach- kundebuch, S. 14)	Sitzordnung wie üblich und gewöhnt, in Tischgruppen, mit Ausrichtung zur Vordertafel
Lz.: Sch. beschreiben den Briefkasten (... ist gelb, ... hat einen Schlitz, ... hat eine Zeittafel, ... trägt eine schwarze Aufschrift »Deutsche Bundespost«)				

Abb. 20: Grundmuster eines lernzielorientierten Unterrichtsentwurfs

Ähnlich lassen sich viele anders gewichtende Modifikationen der Struktur denken. Von praktischen Erfordernissen her wird es wohl meistens zu einer Vereinfachung und Reduzierung der vertikalen Spalten kommen.

Unterrichtsentwurf

Zeit	erwünschtes Schülerverhalten/ geplantes Lehrerverhalten	Mittel	inhaltliche Schwerpunkte
↓	– L. stellt ohne Ankündigung einen originalen Briefkasten vor die Klasse	– Briefkasten	Briefkasten allgemein
	– Sch. sollen zunächst frei äußern, was ihnen einfällt, dann aber (u. U. durch behutsame Lenkung) die Merkmale des Kastens beschreiben		Merkmale des Briefkastens: gelbe Farbe, hat Schlitz, Aufschrift usw.
	– wenn es Schwierigkeiten gibt, wird L. ein Bild des Kastens zur Hilfe nehmen (alle schlagen Buch auf)	– Bild in Sachkundebuch (S. 14)	
	– Beschreibung wird von L. an Tafel festgehalten		

Abb. 21: Vereinfachtes Muster eines Unterrichtsentwurfs

Da Unterrichtsentwürfe, wenn sie von Fremden gelesen werden, auch erkennen lassen sollen, warum die beschriebenen Entscheidungen vom Lehrer getroffen wurden, sollten sie auch dem »Kommentar« bzw. der »Begründung« Raum geben.

Zeit	(wie üblich)	*Didaktischer Kommentar*
↓		– Kasten kann Auslöser sein, über persönliche Erlebnisse, Erfahrungen usw. zu sprechen; diese können später im Unterricht aufgegriffen werden
		– Das Buch-Bild zeigt die Merkmale eines Briefkastens überaus pointiert, und allzuviel Zeit sollte nicht darauf verwandt werden müssen

Abb. 22: Kommentar zu didaktischen Entscheidungen

Wie schon weiter vorn erörtert, sollten in den Entwurf nicht nur die für bestgeeignet gehaltenen Maßnahmen eingetragen werden, sondern auch solche, die als Alternativen in Frage kommen, wenn der Unterricht einen anderen Verlauf nimmt, als vorgesehen war. Alternativen können sich auf jede der unterschiedenen Dimensionen beziehen und für jeden Zeitpunkt eingetragen werden.

Ein bloßes Gerippe wäre der Unterrichtsentwurf, würde er nur die Verlaufsstruktur aufweisen, aus der das Nach- und Nebeneinander didaktischer Maßnahmen ersichtlich ist. Der schriftliche Entwurf sollte noch weitere Forderungen erfüllen:

Planungsstufen: Strukturierungshilfen für die Planungsarbeit des Lehrers

– *Datenteil*
Da Unterrichtsentwürfe häufig für fremde Leser (Schulräte z. B.) geschrieben werden, häufig auch Dokumentation sind, sollten sie in einem ersten Teil die Daten aufweisen, die für den betreffenden Unterricht maßgebend sind.
Beispiel für den Daten-»Kopf« eines Unterrichtsentwurfs:

Lehrer: stud. paed. Flora Soft
Anlaß des Unterrichts: Prüfungslehrprobe im I. Studienfach
Prüfer: Dr. Oskar Maltius
Fach: Biologie
Zeit: 16. 4. 1982, Do., 3. Std. (9.10–9.55)
Klasse: 3a, Bergschule/Hinterzarten, (17 Mädchen/14 Jungen), Lehrer Zäpfele
Lernziel: Sch. sollen Bedeutung der Zwiebel für die Tulpe kennen
Thema: Die Tulpen blühen schon

– *Reflexionen*
Die im Entwurf beschriebenen Maßnahmen sind ja nicht urplötzlich erschienen, sondern Ergebnis eines langen und intensiven pädagogisch-didaktisch ausgerichteten Denkprozesses. Diesen in kurzen Worten zu beschreiben ist unbedingt notwendig, wenn nach vollzogenem Unterricht dessen Angemessenheit bedacht werden soll. Für fremde Leser sind oft auch Hinweise auf Selbstverständlichkeiten (für die der Unterrichtende sie hält!) nötig, sind besonders auch die Begründungs- und Legitimationszusammenhänge (warum gerade dieses Thema? diese Methode? usw.) offenzulegen.
Ansatzpunkte zur schriftlichen Zusammenfassung didaktischer Entscheidungsvorgänge können z. B. sein:

Didaktische Reflexionen

– *zum Lernziel und -thema:*

– *zum Lernverfahren i. w. S.:*

– *sonstige:*

– *Verwendete Literatur*
Sowohl aus Gründen intellektueller Redlichkeit als auch aus dokumentarischen Gründen (z. B. Wiederverwendbarkeit von Entwürfen) sollte alle Literatur aufgeführt werden, deren sich der Planende bedient hat.

– *Besondere Ereignisse und Aufträge*
Ein Unterrichtsentwurf sollte absichern, und dazu gehört auch, die vielen »Kleinigkeiten« festzuhalten, die im Gedränge des Geschäfts so leicht durch das Gedächtnis rutschen. Gemeint sind hier u. a.
· Geburtstage u. ä. von Schülern, denen man gratulieren möchte;
· Aufträge an einzelne Schüler, z. B. Eltern etwas ausrichten, einzelne Teilarbeiten vorzeigen, nachholen usw.;

Unterrichtsentwurf

· organisatorische Bekanntgaben an die Klasse, z. B. Termine.

Solche Gedächtnisstützen sollten unmittelbar vor dem Unterrichtsverlauf aufgelistet werden, jeweils vor der Stunde, in der sie abgerufen werden sollen.

Zeit	
0	– Manfred als neuen Mitschüler vorstellen, ihn über sich selbst erzählen lassen
	– Heidi Diktatberichtigung zeigen lassen
	– Lied: »Hoch auf dem gelben Wagen ...«
8	– L. stellt ohne Ankündigung einen originalen Briefkasten vor die Klasse

Abb. 23: Gedächtnisstützen im Unterrichtsentwurf

– *Tafelbild*
Viele Lehrer planen zwar die Wandtafel mit ein, oft aber ohne deren reale Möglichkeiten auch zu beachten, ihre Fläche, deren Aufteilung, Sichtbarkeit von seiten der Schüler usw. Um daraus resultierende Nachteile zu vermeiden, sollte das Tafelbild so genau wie möglich vorgeplant und auch schriftlich festgehalten werden.

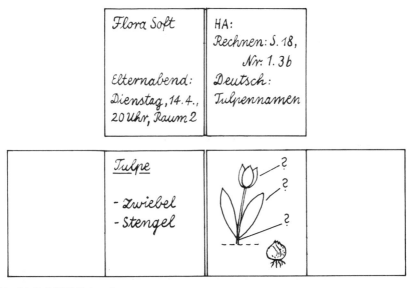

Abb. 24: Tafelbild-Entwurf

– *Hausaufgaben*
Solange Hausaufgaben zur Schulpraxis gehören, sind sie genauso sorgfältig zu planen wie der gesamte Unterricht. Nur dadurch können sie sinnvoller Bestandteil des Lernens sein und nicht bloß Verlegenheitslösungen. Hausaufgaben sollten deshalb auch in den Unterrichtsentwurf aufgenommen, und zwar am besten an das Ende der Verlaufsplanung gestellt werden.

– *Besorgungen*
Lehrer haben im Umfeld des Unterrichts überaus viel zu beschaffen und zu besorgen, von dem der Unterricht oft unmittelbar, oft mittelbar abhängt. Deshalb sollten auch diese Besorgungen in den Unterrichtsentwurf aufgenommen werden: Gemeint ist z. B. rechtzeitige Beschaffung und Überprüfung von Geräten (aus dem Lehrmittelzimmer? vom Kollegen?); oder es sind Rückfragen an Kollegen bzw. den Schulleiter nötig (Schreibt schon jemand am 17. 4. eine Klassenarbeit? Kann man die Fachstunde des Kollegen für die Exkursion in der nächsten Woche nutzen?); es gibt Verwaltungsakte (Zahnarztliste ist abzugeben! Versicherungsunterlagen wegen Silvias Unfall müssen spätestens 16. 4. beim Rektor sein!) usw. In der Tagesplanung eines Lehrers haben solche Aufgaben ihren Platz. (Im Abschnitt über »Alltägliche Unterrichtsplanung« wird hierauf noch einmal eingegangen.)

6.3 Planungsaufgaben des Lehrers

Planung eines Unterrichtsentwurfs

---

1. Planungskomplex: *Erfassung situativer Voraussetzungen*

Fragen:

– Welchen »sachstrukturellen Entwicklungsstand« haben diese Schüler schon? (Was wissen/können sie schon im Hinblick auf das anstehende Lernziel/-thema? Was kann vorausgesetzt werden an besonderen Fähigkeiten und Kenntnissen?)

– Welche allgemeinen Fähigkeiten und Einstellungen herrschen bei diesen Schülern vor? (Welche Arbeits-/Lernweisen und -techniken sind ihnen vertraut? Welche bevorzugen sie?)

– Wie wird sich möglicherweise die konkrete Unterrichtsstunde auswirken? (Wann liegt sie? Wie sind die Schüler vorher/nachher belastet?)

– Welche sachlichen Einflüsse können sich möglicherweise auswirken? (Raumsituation? Klassengröße? Schulausstattung? usw.)

---

2. Planungskomplex: *Entscheidung über Lernziele und -inhalte*

Fragen:

– Welchen Stellenwert in fachlicher und fachübergreifender Hinsicht hat das Lernziel? (Wie ordnet es sich in die längerfristige Planung, in Lehrgänge usw. ein?)

– Wie ist das Lernziel gegenüber diesen Schülern zu rechtfertigen? (Müssen/sollen/können/wollen sie gerade dies und gerade jetzt lernen?)

– Wie läßt sich das Lernziel inhaltlich so präzise wie möglich auf die Unterrichtsstunde abstimmen? (Ist es in der verfügbaren Zeit überhaupt zu verwirklichen? Wie muß es aussagekräftig formuliert werden?)

- Wie kann das Lernziel am besten erreicht werden? (Ist es in Teillernziele zu zerlegen? Welche sachlichen/inhaltlichen Zwischenschritte sind nötig? Wie sollten sie folgemäßig geordnet werden?)
- Wie soll der erwartete Lernerfolg kontrollierbar gemacht werden? (Kommt eine strenge Operationalisierung der Lernziele in Frage, oder verbietet sie sich geradezu? Welche Aufgabenstellungen lassen eine Kontrolle zu?)

3. **Planungskomplex:** *Entscheidung über Lern- und Lehrverfahren*

Fragen:

- Wie soll das anstehende Problem für diese Schüler interessant gemacht werden? (Ist schon Interesse vorhanden? Welche motivierenden Maßnahmen bieten sich an/ kommen in Frage?)
- Wie sollen sich diese Schüler mit dem Lerninhalt auseinandersetzen? (Kennen sie schon bestimmte Verfahren? Soll ein bestimmtes Verfahren oder sollen verschiedene Verfahren im Wechsel praktiziert werden? In welcher Folge? Soll ein didaktisches Prinzip aktualisiert werden?)

4. **Planungskomplex:** *Entscheidung über Sozialformen*

Fragen:

- In welcher Weise sollen die Schüler untereinander und mit dem Lehrer zusammenarbeiten? (Sind von der inhaltlichen und methodischen Seite her bestimmte Formen notwendig/anderen vorzuziehen? Erfordern die Schüler und ihnen gegenüber bestehende pädagogische Verpflichtungen bestimmte Formen, bzw. welche schließen sie aus?)
- Welche organisatorischen Vorleistungen müssen erbracht werden? (Vorbereitung des Raumes? Sitzordnung und Gestühl?)

5. **Planungskomplex:** *Entscheidung über Lern- und Lehrmittel*

Fragen:

- Welche Mittel sollen eingesetzt werden? (Bieten sich einzelne von der methodischen Enscheidung, der Sache her usw. an? Sind einzelne von vornherein ausgeschlossen?)
- Wo sind diese Mittel, und wie sind sie bereitzustellen? (Sind sie in der Schule vorhanden? In der Bildstelle? Müssen sie noch hergestellt oder herbeigeschafft werden? Sind sie auch im vorgesehenen Sinne funktionstüchtig?)

6. Planungskomplex: *Einzelne Maßnahmen zur Absicherung*

Fragen:

- Sind den Schülern bestimmte Informationen weiterzugeben? (Termine? Unterlagen mitbringen? usw.)
- Sind einzelne Schüler besonders anzusprechen? (Geburtstage u. ä.? Besondere Arbeiten? usw.)
- Wie soll das Tafelbild aussehen?
- Welche Hausaufgaben sollen gestellt werden? (Sind sie im Hinblick auf den Lernprozeß tatsächlich sinnvoll? Wie müssen sie gestellt, wie vorbereitet werden? Wie sollen sie später kontrolliert werden?)

6.4 Beispiele zum Unterrichtsentwurf

6.4.1 Biologie Realschule 8. Schuljahr
von *Peter Clößner**

Fach: Biologie
Schule: Klösterle/Ravensburg
Schuljahr: 8., Realschule
Klasse: 8c (30 Schülerinnen; Durchschnittsalter: 14 J.)

Übergeordnetes Grobziel:
Die Abhängigkeit des Stoffwechsels bei Mikroorganismen von der Sauerstoffzufuhr kennen

Lernzielbestimmung
1. *Legitimierung*
Das erste Grobziel dieser Unterrichtseinheit ist sicher nicht in einer Unterrichtsstunde von 45 Minuten zu erreichen. Das wird deutlich an der Zahl der im Lehrplan angegebenen Inhalte (Selbstreinigung, Turbulenz, Umkippen, BSB_5-Wert). Für den im folgenden zu planenden Unterrichtsverlauf gilt es herauszufinden, was zur Verwirklichung dieses Grobziels geleistet werden kann.

Aus sachlogischen Gesichtspunkten müßten die Inhalte »Umkippen« und »BSB_5-Wert« in die folgende Unterrichtsstunde zurückgestellt werden (auch aus didaktisch-logischen Gründen).

Um »Selbstreinigung« als natürliches Phänomen in Abhängigkeit des Sauerstoffgehaltes darzustellen, gibt es grundsätzlich zwei Wege:
1.) Vom Modellversuch ausgehend, könnte man die Abhängigkeit der Selbstreinigung von der Sauerstoffzufuhr zeigen und daraufhin fragen, ob es in der Natur genauso geschieht.
   (Die Antwort würde hier vom Lehrer gegeben, und die Schüler müßten sie hinnehmen!)
2.) Man könnte aber auch von Beobachtungen am Gewässer ausgehen, feststellen, daß eine Reinigung stattfindet, dann fragen, wodurch sie zustande kommt, und zur Überprüfung einen Modellversuch ansetzen.

* Vgl. die Anmerkung auf Seite 234.

Ich möchte mich für diese zweite Möglichkeit entscheiden, denn ich glaube hier mit W. Klafki übereinzustimmen, der sich gegen die »generalisierende« Herleitung des Allgemeinen wendet, sondern die »echte Frage«, die sich dem Schüler selbst stellt, befürwortet und als einzigen Beginn eines Bildungsprozesses ansieht (W. Klafki, Das pädagogische Problem des Elementaren und die Theorie der kategorialen Bildung).

Zudem bietet diese Möglichkeit einen Durchstoß auf die Ebene des »Fundamentalen« naturwissenschaftlicher Arbeitsweise, nämlich der Theoriebildung aus Beobachtung, Fragestellung, Versuchsplanung, Untersuchung und erneuter Beobachtung.

Als erstes Teilziel des übergeordneten Grobziels möchte ich somit formulieren:
Die Schüler sollen die biologische Selbstreinigung eines Gewässers als natürlichen Vorgang selbst erkennen und in ihren Ursachen begründen können.

2. *Elementarisierung*
Die Strukturmomente als einzelne Teilziele:
a) Was die Schüler wissen sollten, um das Lernziel zu erreichen:
- ..., daß es unterschiedliche Grade der Verschmutzung gibt;
- ..., daß Bakterien die Fähigkeit haben, tote Stoffe in neue lebenswichtige Stoffe umzuwandeln;
- ..., daß Bakterien für ihre Tätigkeit Sauerstoff benötigen;
- ..., daß es vier Wassergüteklassen gibt;
- ..., daß jede Wassergüteklasse durch spezielle »Leitorganismen« erkannt werden kann;
- ..., daß einem längeren Fluß mehr Verschmutzung zugeführt wird als einem kurzen Flußlauf;
- ..., daß Pflanzen Sauerstoff produzieren;
- ..., daß Sauerstoff im Wasser gelöst vorkommt;
- ..., daß auch Turbulenz Sauerstoff ins Wasser bringt.

b) Was sie können sollten:
– die Belastungskarte lesen;
– die Aquarienpumpe bedienen.

c) Haltungen, die die Schüler besitzen (oder erwerben) sollten:
– Beobachtungen sammeln, ordnen und vergleichen.
– Aus unterschiedlichen Beobachtungen eine Fragestellung entwickeln.
– Einen Versuch planen, ansetzen und auswerten, um die Fragestellung zu lösen.

3. *Ordnen der Teilziele*
Entsprechend dem eingeschlagenen Weg (siehe Legitimierung des Lernziels) und der sach-logischen Struktur ergibt sich folgende Reihenfolge:
– unterschiedliche Grade der Verschmutzung in 4 Wassergüteklassen einteilen;
– Wassergüteklasse an Leitorganismen erkennbar;
– eigene Beobachtung: Verschmutzung eines Flusses muß nicht ständig »zunehmen, sondern sie kann auch geringer werden«;
– Hypothesenbildung;
– Versuch ansetzen (Wasserprobe belüftet/unbelüftet);
– Deutung (hypothetisch, wird erst in der folgenden Stunde durch das Versuchsergebnis gefestigt werden): Bakterien haben die Fähigkeit, tote Stoffe in neue, für andere Lebewesen wichtige Stoffe umzuwandeln;
– Bakterien benötigen Sauerstoff;
– Pflanzen produzieren Sauerstoff;
– Turbulenz bringt auch Sauerstoff ins Wasser.

4. Operationalisierung*

1.) Die Schüler sollen sagen, daß es vier Wassergüteklassen gibt, ohne in ihren Aufzeichnungen nachzusehen.
2.) Die Schüler sollen zu jeder Wassergüteklasse mindestens zwei Leitorganismen nennen, ohne in ihren Aufzeichnungen nachzusehen.
3.) Die Schüler sollen durch den Blick auf die Karte (in Partnerarbeit) eigene Aussagen in kurzen Stichwörtern niederschreiben. Dabei sollen sie ihre Aussagen an exakte Punkte auf der Karte knüpfen.
4.) Die Schüler sollen aufgrund der Beobachtung, daß die Verschmutzung nicht nur immer zunimmt, sondern auch von selbst wieder geringer werden kann, Hypothesen bilden, Vermutungen äußern, wie es zu einer solchen Selbstreinigung kommen kann.
5.) Die Schüler sollen zur Überprüfung ihrer geäußerten Vermutungen einen Versuch planen, ansetzen und überwachen. Der Versuch soll sich nur auf die eine Vermutung beziehen, daß zur Selbstreinigung Sauerstoff nötig ist.
6.) Die Schüler sollen versuchen, eine schriftliche Erklärung für die Selbstreinigung zu entwerfen, die damit beginnt, daß Bakterien als Destruenten (Reduzenten) mit ihrer Fähigkeit, tote Stoffe abzubauen und in neue, für andere Lebewesen wichtige Stoffe umzuwandeln, dazu in der Lage sind.
7.) Die Schüler sollen die begonnene schriftliche Erklärung aufgrund des Schüler-Lehrer-Gespräches so vervollständigen, daß geschrieben steht, daß Bakterien für ihre Tätigkeit Sauerstoff benötigen und daß dieser durch Pflanzen oder Turbulenz ins Wasser gelangen kann.

---

* Auch wenn hier keine strenge Operationalisierung durchgeführt wird, soll das Beispiel unverändert übernommen werden.

Unterrichtsentwurf

Geplanter Unterrichtsverlauf

Grobziel: ... die biologische Selbstreinigung eines Gewässers als natürlichen Vorgang selbst erkennen und in ihren Ursachen begründen können.

Zeit	Inhalt	Unterrichtsschritt/Methode	Interaktion	Medium	Begründung	Notizen
00	Wassergüteklassen	Begrüßung Wiederholung/ Bereitstellen von Vorwissen	SLG	Kenntnisse der vorangegangenen Stunde	Dieser Einstieg entspricht der geforderten Kontinuität des Unterrichts. Hier wird die Verbindung zwischen Leitorganismen und Wasserkartierung ersichtlich	

Die Schüler sollen sagen, daß es vier Wassergüteklassen gibt, ohne in ihren Aufzeichnungen nachzusehen.

Zeit	Inhalt	Unterrichtsschritt/Methode	Interaktion	Medium	Begründung	Notizen
05	Leitorganismen	Bereitstellen von Vorwissen	SLG	Kenntnisse der vorangegangenen Stunde	Wiederholung = Verfestigung Hinführung zum Thema	

Die Schüler sollen zu jeder Wassergüteklasse mindestens zwei Leitorganismen nennen, ohne in ihren Aufzeichnungen nachzusehen.

Zeit	Inhalt	Unterrichtsschritt/Methode	Interaktion	Medium	Begründung	Notizen
10	unterschiedliche Verschmutzung eines Flusses	L. teilt Kopien der Belastungskarte aus L. erklärt die Zeichen der Karte	FU	Belastungskarte	Das Medium Karte wurde gewählt, da es zeitlich unmöglich ist, einen oder mehrere Flüsse abzuwandern, um unterschiedliche WGKL. festzustellen. Auch lassen sich mit der Karte die Beobachtungen und Aussagen der Schüler konkretisieren	
		L. gibt Anweisung, die Beobachtungen niederzuschreiben	PA	Schülerheft		

Zeit	Inhalt	Unterrichtsschritt	Interaktion	Medium	Begründung	Notizen
15	*Die Schüler sollen durch den Blick auf die Karte (in Partnerarbeit) eigene Aussagen in kurzen Stichworten niederschreiben; dabei sollen sie ihre Aussagen an exakte Punkte auf der Karte knüpfen.*					
	unterschiedliche Verschmutzung eines Gewässers	L. sammelt die gefundenen Beobachtungen an der Tafel; L. unterstreicht die Beobachtung, daß Verschmutzung nicht immer zunimmt, sondern auch geringer wird, und schlägt vor, nach Ursachen zu suchen (in Partnerarbeit)	SLG PA	Tafel; Schülerheft; Belastungskarte	prinzipiell auf alle Beobachtungen eingehen, nur *eine* Beobachtung herausheben	
20	*Die Schüler sollen aufgrund der Beobachtung, daß die Verschmutzung nicht nur immer zunimmt, sondern auch von selbst wieder geringer werden kann, Hypothesen bilden, Vermutungen äußern, wie es zu einer solchen Selbstreinigung kommen kann.*					
	Selbstreinigung	L. wägt die geäußerten Vermutungen bzgl. ihres Wahrheitsgehaltes ab; L. fragt, wie die Schüler ihre Vermutung überprüfen könnten	SLG	Erfahrungsbereich; Belastungskarte	prinzipiell auf alle brauchbaren Vermutungen eingehen	
25	*Die Schüler sollen zur Überprüfung ihrer geäußerten Vermutungen einen Versuch planen, ansetzen und überwachen. Der Versuch soll sich nur auf die eine Vermutung beziehen, daß zur Selbstreinigung Sauerstoff nötig ist.*					
	Modellversuch	*Problemlösung:* Versuch aufbauen; L. beauftragt 2 Sch. mit der Betreuung des Versuches	SLG	Tümpelwasser; 2 kleine Aquarien; eine Aquarienpumpe	anschauliches Experiment	
	Zusammenfassung	Problemlösung: (theoretisch) Die Sch. sollen auf einem Konzept die vermuteten Vorgänge niederschreiben, die zur Selbstreinigung führen (evtl. Impulse geben!)	FU	Schülerheft; Kenntnisse der vorangegangenen Stunden	eigenes Problemlösen	

Unterrichtsentwurf

Zeit	Inhalt	Unterrichtsschritt/Methoden	Interaktion	Medium	Begründung	Notizen
30						Die Schüler sollen versuchen, eine schriftliche Erklärung für die Selbstreinigung zu entwerfen, die damit beginnt, daß Bakterien als Destruenten (Reduzenten) mit ihrer Fähigkeit, tote Stoffe abzubauen und in neue, für andere Lebewesen wichtige Stoffe umzuwandeln, dazu in der Lage sind.
30	Selbstreinigung	Ergebnisse herausstellen: L. zeichnet an Tafel, daß Bakterien tote Stoffe abbauen	SLG	Schülerheft Tafel	Zusammenfassende Diskussion	
	Sauerstoffbedarf	L. fragt nach Bedürfnissen der Bakterien	SLG	Kenntnisse; Tafel		
	Pflanzenbewuchs	L. fragt, woher Sauerstoff kommt	SLG	Kenntnisse; Tafel		
	Turbulenz	L. fragt, woher Sauerstoff noch kommen kann	SLG	Erfahrungsbereich; Tafel		
40						Die Schüler sollen die begonnene schriftliche Erklärung aufgrund des Schüler-Lehrer-Gespräches so vervollständigen, daß geschrieben steht, daß Bakterien für ihre Tätigkeit Sauerstoff benötigen und daß dieser durch Pflanzen oder Turbulenzen ins Wasser gelangen kann.

285

Anlage: Belastungskarte

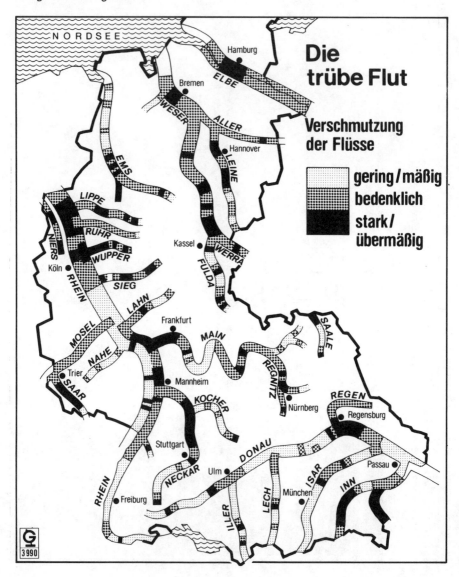

6.4.2 Chemie Hauptschule 6. Schuljahr
von *Veronika Willbold*

Willbold, Veronika, stud. paed.
6. Schuljahr – 6b (14 Jungen, 6 Mädchen)
Osterschule, Weingarten
X. Ypsilon, Ausbildungslehrer
Fach: Chemie
Thema: Trennung von Stoffgemischen
Grobziel: Die Schüler erkennen, daß Stoffgemische durch Filtration und Destillation getrennt werden können.

Begründung des Grobziels:
In dieser Einheit sollen grundlegende Arbeiten im Labor gelernt und eingeübt werden, die später immer wieder angewandt werden, z. B. bei der Gewinnung von reinen Stoffen. Zudem werden neue Begriffe wie Filtration und Destillation eingeführt, die bei der Besprechung von anderen Lerneinheiten benötigt werden.

Damit die Schüler das Lernziel erreichen können, müssen der Stoffbegriff und die Gemengearten bekannt sein. Diese Lerneinheit steht vor der Einführung des Begriffes »Chemische Reaktion«, um Verwechslungen und Mißverständnissen zwischen der Trennung von Stoffgemischen und der eben erwähnten chemischen Reaktion vorzubeugen.

Das Lernziel »Trennung von Stoffgemischen« ist ferner im Lehrplan des 6. Schuljahres vorgeschrieben und von daher legitimiert.

Richtziele des Chemieunterrichts, die besonders angesprochen werden:
1. Die Schüler benennen wichtige Geräte und geben den Verwendungszweck an.
2. Die psychomotorischen Fähigkeiten der Schülerhand werden gefördert.
3. Die Schüler werden an einfache chemische Substanzen herangeführt und bauen die Angst vor ihnen ab.
4. Durch die Arbeit in Zweiergruppen und die Sicherheitsvorschriften, die bei Arbeiten im Labor und beim Umgang mit Chemikalien beachtet werden müssen, wird das Verantwortungsgefühl der Schüler und ihre Kooperationsbereitschaft gefördert.

Feinziele:
1. Die Schüler lösen das Stoffgemisch »Kochsalz und feiner Sand« mit Wasser und bringen das Kochsalz dabei vollständig in Lösung.
2. Die Schüler sollen in der Lage sein, die Geräte nach einer vorgegebenen Skizze zu holen und zur Filtration zu benützen.
3. Die Schüler stellen durch Geschmacksprobe des Filtrats fest, daß es sich um Kochsalzlösung handelt.
4. Nach einer vorgegebenen Skizze holen die Schüler die notwendigen Geräte und verdampfen einen Teil der Kochsalzlösung in einer schwarzen Abdampfschale, so daß sie weiße Kochsalzkristalle erhalten und diese als solche identifizieren.
5. Anhand des bisher Behandelten erarbeiten die Schüler mit Hilfe des Lehrers den Destillationsvorgang, wobei die Schüler erkennen, daß der Dampf abgekühlt werden muß.
6. Die Schüler holen sich die zur Destillation von Kupfersulfat in wäßriger Lösung aufgezeichneten Geräte und führen den Destillationsversuch so durch, daß blaues Kupfersulfat im Erlenmeyerkolben bleibt und im Reagenzglas klares Wasser konden-

siert. Die Identifizierung der Destillationsprodukte erfolgt durch Vergleich mit den reinen Stoffen.

Begründung der Feinziele und deren Anordnung:
Da die Schüler zum ersten Mal im Labor arbeiten, müssen sie zunächst mit den Räumlichkeiten und ihrem Arbeitsplatz vertraut gemacht werden. Aus demselben Grund ist es notwendig, bestimmte organisatorische Fragen wie Austeilen der Geräte und Substanzen und Aufräumen zu klären. Hierbei wird der Klasse die endgültige Entscheidung überlassen, damit die Einhaltung der gewählten Regeln durch die Klassengemeinschaft gewährleistet ist. In dieser Altersstufe ist es angezeigt, daß der Lehrer die Substanzen bereitstellt.

Die Feinziele beschreiben wichtige Ergebnisse des unterrichtlichen Geschehens, die jeweils Ausgangspunkte für den nächsten Unterrichtsschritt sind. Sie fassen also wichtige Ergebnisse des Unterrichts zusammen. Die Anordnung der Feinziele erfolgt nach sachlich-logischen und didaktisch-logischen Gesichtspunkten, da die Schüler durch das jeweils erarbeitete Vorwissen mit nur geringer Hilfe des Lehrers die gestellten Probleme lösen können.

Die Versuche werden in Zweiergruppen ausgeführt, wodurch die Schüler Kooperationsbereitschaft ausbilden und unter Beweis stellen können. Der Versuchsaufbau ist so gewählt, daß die manuellen Fertigkeiten der Schüler nicht über Gebühr beansprucht werden. Aus demselben Grund baut der Lehrer die Versuchsanordnung zuerst auf. Als Hilfsmittel dient die Skizze. Somit lernen die Schüler, Skizzen zu lesen.

Für diese Unterrichtseinheit sind 2×90 Minuten vorgesehen, damit die Schüler genügend Zeit für den Versuchsaufbau bzw. -abbau haben.

Da die ersten beiden Versuche durch die Substanzen voneinander abhängig sind, soll der erste Teil nach dem 4. Lernziel abgeschlossen werden.

Zu Beginn der zweiten 90 Minuten wird der behandelte Stoff durch eine kurze Wiederholung aufgefrischt. Auf diese Weise wird der Einstieg in das Lernziel 5 erleichtert, wobei die Kinder den Destillationsbegriff unbefangener erarbeiten können. Hier muß allerdings berücksichtigt werden, daß es sich um den schwierigsten Schritt im Unterrichtsgeschehen handelt: Die Kinder werden vom Alltagsbeispiel, das zur Motivierung gewählt wurde, auf eine abstraktere Ebene geführt. Der Lehrer wird sich daher stärker ins Unterrichtsgespräch einschalten müssen. Dennoch muß darauf geachtet werden, daß die Kreativität der Schüler nicht unterdrückt wird.

Bei allen Versuchen soll auf die Vorschläge der Schüler eingegangen werden. Allerdings soll die Diskussion durch die Schüler bestritten werden. Dadurch lernen sie, andere Meinungen anzuhören, abzuwägen und zu akzeptieren. Dies ist ein wichtiger Schritt, um eine gute Zusammenarbeit zu erreichen.

Die Destillation wird mit Kupfersulfat und Wasser durchgeführt, da Alkohol sich sehr leicht entzünden läßt. Durch diese beiden Substanzen können die Schüler den Charakter der Destillation eindeutig erkennen: Die blaue wäßrige Lösung soll am Ende des Versuchs so getrennt sein, daß das blaue Kupfersulfat im Erlenmeyerkolben kristallisiert zurückbleibt und im Reagenzglas farbloses Wasser kondensiert hat.

Für die ersten beiden Versuche sind Substanzen gewählt, die die Schüler aus ihrem Alltagsleben kennen. Die Identifizierung erfolgt durch Geschmacksprobe. Der Lehrer muß die Schüler jedoch darauf hinweisen, daß nur dann probiert werden darf, wenn die Substanz als ungefährlich bekannt ist. Anordnungen dieser Art trifft der Lehrer

Unterrichtsentwurf

Zeit	Lehrerverhalten	Schülerverhalten	Sozialformen	Medien	Begründung
0'	kurzes Vorstellen des Lehrers Anweisung, Bänke abzuräumen		FU		Platz für den Versuchsaufbau
4'	Lehrer erklärt die Räumlichkeit: – Schränke und deren Inhalt, wobei die Schränke geöffnet werden – Arbeitsplatz: a) Gashahn: Anweisung, Gashahn geschlossen zu halten, da Explosionsgefahr durch ausgeströmtes Gas				Orientierung im Raum, da dieser den Schülern noch unbekannt ist
				Gashahn	Sicherheitsvorschriften werden nach und nach gegeben, damit die Schüler nicht überlastet werden
	b) Lehrer nimmt den Bunsenbrenner auf seinem Platz und erklärt kurz die Funktion	Schüler betätigen den Bunsenbrenner: – Öffnen des Gashahns – Entzünden der Flamme – Einstellen der Flamme – Löschen der Flamme	PA/EA	Bunsenbrenner	Vertrautwerden mit der Funktionsweise des Bunsenbrenners
	c) Lehrer zeigt die Geräte, die sich an jedem Platz in einem Schrank befinden	Schüler holen aus dem Schrank am Arbeitsplatz Wasserflasche, Asbestnetz, Dreifuß und Reagenzglasständer	PA/EA		Schüler kommen mit den wichtigsten Arbeitsgeräten in Kontakt

Planungsstufen: Strukturierungshilfen für die Planungsarbeit des Lehrers

Zeit	Lehrerverhalten	Schülerverhalten	Sozialformen	Medien	Begründung
22'	Lehrer und Schüler erarbeiten gemeinsam Regeln für die Arbeit im Labor: 1. Ausgeben der Geräte und Substanzen 2. Aufräumen am Ende eines Versuches oder am Stundenende		UG		Punkt kann nur allgemein angedeutet werden, da Entscheidung den Schülern überlassen wird
—		Schüler bilden Zweiergruppen			
28'	Lehrer sagt, daß Eltern den Kindern erlaubt hätten, in einer Sandgrube zu zelten. Kinder wollen kochen; einer läßt alles Salz auf den Boden fallen; keine Möglichkeit, Salz zu bekommen Frage: Was macht ihr jetzt? Lehrer zeigt Salz-Sand-Gemenge	Schüler diskutieren mit Lehrer das Problem (Lehrer hält sich stark zurück) Vorschlag, Gemenge zu lösen, da beide Stoffe unterschiedliche Eigenschaften haben	UG	Salz-Sand-Gemisch	Beispiel zur Motivation der Schüler Wiederholung des Stoffbegriffs
32'		Schüler lösen ausgegebenes Salz-Sand-Gemenge (wurde vorher nach den aufgestellten Regeln ausgegeben) Schüler formulieren die Beobachtung	PA UG	Becherglas Wasser	Schüler bereiten Gemenge für Filtration vor
37'	Lehrer stellt Frage, wie man die Lösung sauber bekommen kann (wenn diese sich nicht durch Schülerbeitrag erübrigt)	Vorschlag: Filter benutzen	UG		

Unterrichtsentwurf

Zeit	Lehrerverhalten	Schülerverhalten	Sozialformen	Medien	Begründung
39'	Lehrer baut Versuch mit Unterstützung der Schüler auf	Schüler bauen Versuch auf Schüler führen den Versuch durch	PA	s. Medienaufstellung Versuch I	Vermeidung einer Überforderung der Schüler
43'	Lehrer notiert Versuchsaufbau an der Tafel und kontrolliert den Versuchsaufbau der Schüler				Salzlösung zum Verdampfen wird gewonnen
III					
52'	Lehrer gibt Anweisung, Lösung zu probieren, macht auf Gefahr der Geschmacksprobe aufmerksam	Schüler stellen fest, daß es sich um Kochsalzlösung handelt	UG	Kochsalzlösung	Bestimmung der Endprodukte der Filtration, um Irrtümer zu vermeiden
IV					
54'	Frage des Lehrers: Wie bekommt man das Kochsalz aus der Lösung?	Vorschlag, Wasser zu verdampfen	UG		
56'	Lehrer baut mit Unterstützung der Schüler den Versuch auf	Schüler bauen Versuch auf und führen ihn durch Nach Versuchsende schildern sie ihre Beobachtungen: Salz kristallisiert aus Schüler räumen ihre Tische auf	PA	s. Aufstellung zu Versuch II	
80'	Lehrer gibt die Arbeitsblätter aus	Schüler füllen im UG Arbeitsblätter aus	UG	Arbeitsblätter I und II	Wiederholung und Zusammenfassung des behandelten Stoffes

291

Planungsstufen: Strukturierungshilfen für die Planungsarbeit des Lehrers

Zeit	Lehrerverhalten	Schülerverhalten	Sozialformen	Medien	Begründung
0'	**Zweite 90-Minuten-Einheit** Begrüßung durch den Lehrer, Eintragungen ins Klassenbuch				
4'	Lehrer fragt, was in der letzten Stunde behandelt wurde, und ruft Schüler auf	Einzelne Schüler berichten kurz Einzelheiten über das Filtrieren und Verdampfen, wobei beim Filtrieren darauf zu achten ist, daß dabei lösliche Stoffe von unlöslichen getrennt werden, beim Verdampfen die Lösung so lange gekocht wird, bis das ganze Wasser verdampft ist Zwei Schüler skizzieren dabei den Versuchsaufbau an der Tafel	UG/FU	Tafel	Gemeinsame Wiederholung, um aufzufrischen

Schüler sollen Fähigkeit entwickeln, Skizzen anzufertigen und zu lesen |
| ∨ 23' | Lehrer verweist auf Bestandteile der Lösung: Salz und Wasser Dabei bezeichnet er das Wasser als Lösungsmittel Frage: Was würdet ihr tun, wenn ihr auch das Lösungsmittel haben wollt? Evtl. Beispiel: Gewinnung von Trinkwasser in der Wüste aus salzigem Wasser Lehrer fragt: Wie kühlt man ab? Lehrer baut den Versuch auf | Schüler beginnen Problem zu diskutieren; Vorschlag, Dampf abzukühlen

Schüler machen Vorschläge zum Versuchsaufbau | | Geräte s. Aufstellung von Versuch III | Beispiel zur Motivation |

Unterrichtsentwurf

Zeit	Lehrerverhalten	Schülerverhalten	Sozialformen	Medien	Begründung
VI 40'	Lehrer gibt Kupfersulfatlösung vor. Bis die Schüler den Versuch aufbauen, zeichnet er die Skizze an die Tafel	Mit den ausgegebenen Geräten bauen die Schüler den Versuch auf	PA	Kupfersulfatlösung Tafel s. Aufstellung Versuch III	Charakter der Destillation kann durch Kupfersulfatlösung besser erkannt werden
	Lehrer kontrolliert Versuchsaufbau	Schüler führen Versuch so durch, daß blaues $CuSO_4$ im Erlenmeyerkolben bleibt und im Reagenzglas Wasser aufgefangen wird Schüler formulieren nach Versuchsende ihre Beobachtungen			
65'	Lehrer schreibt die gemeinsam erarbeiteten Formulierungen an die Tafel und sagt den Schülern, daß man diesen Vorgang »Destillation« nennt		UG/FU	Tafel	
68'		Schüler räumen auf	PA		
73'	Lehrer gibt Arbeitsblatt aus	Schüler füllen unter Anleitung des Lehrers Arbeitsblatt aus	UG/FU	Arbeitsblatt III	Unklarheiten können besprochen werden
82'	Lehrer faßt anhand der Arbeitsblätter die UE zusammen: – Lösen und Filtrieren – Verdampfen und Destillieren				
90'	Stundenende				

Arbeitsblatt 1:

Trennung von Stoffgemischen

1. Filtrieren:
Wir wissen:

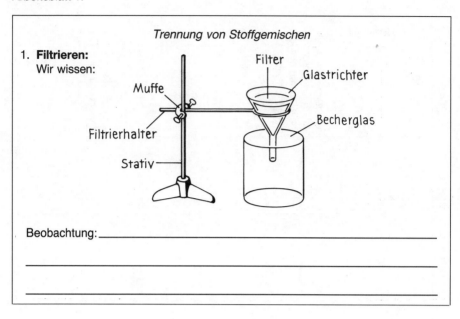

Beobachtung: _____
_____
_____

Arbeitsblatt 2:

Verdampfen

Problem: Wir wollen das Salz wieder zurückgewinnen.

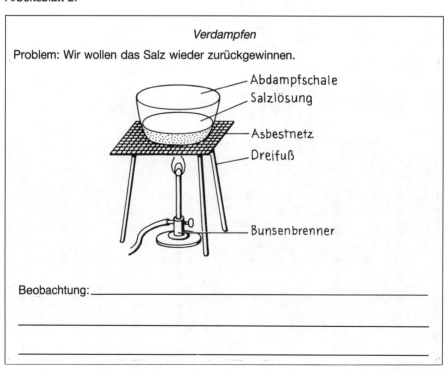

Beobachtung: _____
_____
_____

Arbeitsblatt 3:

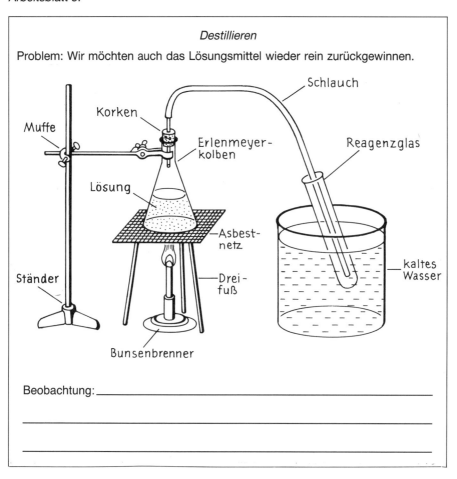

Destillieren

Problem: Wir möchten auch das Lösungsmittel wieder rein zurückgewinnen.

Beobachtung: _____

_____

_____

Medien

Versuch 1:	11 Stative	Packung Filterpapier
	11 Muffen	Streichhölzer
	11 Filtrierhalter	Salz-Sand-Gemenge
	11 Glastrichter	10 Wasserflaschen
	21 Bechergläser	
Versuch 2:	11 schwarze Abdampfschalen	11 Asbestnetze
	11 Dreifüße	11 Bunsenbrenner
Versuch 3:	11 Stative	11 Bunsenbrenner
	11 Muffen	11 Schläuche
	11 Reagenzglashalter	11 Reagenzgläser
	11 Korken	11 Glasrohre (gebogen)
	11 Erlenmeyerkolben	11 große Bechergläser oder Glaswannen
	11 Dreifüße und Asbestnetze	$CuSO_4$-Lösung

Mehr als ein Exkurs:
Der alltägliche Unterrichtsentwurf

Wohl kein Lehrer kann Tag für Tag jede einzelne Unterrichtsstunde so planen und vorbereiten, wie dies hier in aller Ausführlichkeit erörtert worden ist. Diese Feststellung gilt für alle hier dargestellten Planungsmodelle und darüber hinaus auch für alle nicht erwähnten Varianten. Warum dennoch diese Darstellung und Erörterung vorgenommen wurden, wird noch begründet werden.

Wenn nach Gründen dafür gefragt wird, weshalb Lehrer nicht alltäglich modellentsprechend planen können, wird als erster Grund immer die »Zeit« aufgeführt. Ein Grund, der unmittelbar einleuchtet, denn bei einer Verpflichtung zu durchschnittlich 24 bis 28 Lehrstunden wöchentlich kann es sich kein Lehrer leisten, jede dieser Stunden unter allen erwähnten Aspekten und in jeder nur denkbaren Hinsicht zu planen und dann auch noch das Ergebnis solchen Planens schriftlich festzuhalten. Wieviel Planungszeit ein Lehrer tatsächlich zur Verfügung hat, versuchte – wenn auch überaus grobschlächtig – Klaus HAGE unter Bezug u. a. auf die bekannte Arbeitszeitstudie von KNIGHT-WEGENSTEIN zu berechnen: »Es bleiben übrig für Unterrichtsvorbereitung 200 Arbeitsstunden oder, verteilt auf 23 Unterrichtsstunden, 13 Minuten für jede Unterrichtsstunde« (HAGE 1980, S. 3; vgl. auch DERS., 1981).

Wenn dennoch so viele ausführliche Unterrichtsentwürfe erstellt werden und kursieren, dann handelt es sich wohl nur in den seltensten Fällen um solche, die aus der »alltäglichen« Unterrichtspraxis stammen. Also müssen sie in der Mehrzahl – um im sprachlichen Gegensatz zu formulieren – aus der »feiertäglichen« Unterrichtspraxis stammen. Tatsächlich trifft diese Feststellung zu: Ausführliche Entwürfe werden ausgearbeitet von Studenten in der Ausbildung, die »Lektionen« halten müssen, von Referendaren, die ihren Seminar- oder Fachleiter erwarten, von Prüflingen im II. Staatsexamen, deren Unterricht prüfungsrelevant bewertet wird, von Lehrern, die sich um Aufstiegsposten beworben haben und den Schulrat zu Besuch erwarten usw. In allen Fällen handelt es sich um aus dem gewöhnlichen und »grauen« Alltag des Schullebens und des Lehrerberufs herausragende Gelegenheiten. Ob der Ausdruck »Feiertage« in diesem Kontext angebracht ist, soll hier allerdings nicht näher untersucht werden. In der gegenwärtigen Diskussion hat sich die Gegenüberstellung von Feiertags- und Alltagsdidaktik eingebürgert und wird – in heuristischer Absicht – wohl auch dazu führen, wirklichkeitsnäheres didaktisches Denken herbeizuführen. (Obwohl die Berliner Didaktik gegen das »Stratosphärendenken« bildungstheoretischer Modelle angetreten war, ist sie wohl selbst häufig in der »Stratosphäre« steckengeblieben!) Als alarmierend sind in diesem Zusammenhang Untersuchungen zu werten, in denen nachgewiesen wird, daß Lehrer auf eigene didaktische Reflexionen und eigenständige didaktische Entscheidungen verzichten und statt dessen zu vorgegebenen Entscheidungen und vorgefertigten Argumentations- und Handlungssystemen greifen (vgl. z. B. OEHLSCHLÄGER 1978; THIEMANN 1980; ADL-AMINI/KÜNZLI 1980). Die von HEIMANN schon 1962 geäußerte Befürchtung, Lehrer würden zur »Kompendienliteratur« greifen, scheint durch derartige Untersuchungen bewiesen zu sein.

Was mit Blick auf die besondere Arbeitszeitsituation des Lehrers erklärlich, möglicherweise sogar verständlich ist, birgt große Gefahren in sich:
– Lehrer, die über lange Zeit zu entsprechender »Kompendienliteratur« greifen und

sich an solchen Griff gewöhnen, verlieren allmählich die Fähigkeit und den Mut zu eigenständigem pädagogischen und didaktischen Denken.
– Didaktische Entscheidungen orientieren sich ausschließlich an vorgefertigtem Material, das bloß noch angewandt wird. Die tatsächliche Situation gerät zur Nebensächlichkeit, weder die Bedürfnisse und Interessen der je besonderen beteiligten Menschen noch die besonderen realen Faktoren mit positiven oder negativen Auswirkungen werden genügend berücksichtigt. Folge ist eine Nivellierung und Gleichschaltung allen Unterrichts, deren gefährliche Auswirkungen erst dann voll sichtbar werden, wenn näher untersucht wird, von welcher Seite und mit welchen Absichten Material vorgefertigt wird.

Der Schluß aus solchen Überlegungen liegt auf der Hand: Wohl kein Lehrer, der seine erzieherische Aufgabe ernst nimmt und der um die Abhängigkeit der Verwirklichung dieser Aufgabe von der je besonderen Situation weiß, wird auf eigene Unterrichtsplanung – und zwar situationsgerechte Planung – verzichten wollen! Aber: Dazu fehlt ihm doch die Zeit. Also muß ihm noch eine andere Art von Unterrichtsplanung gestattet sein als jene ausführliche und zeitraubende Planung, wie sie hier dargestellt wurde.

Da eine Herausnahme einzelner Planungsdimensionen schlechterdings nicht möglich ist (wohl eine zeitlich verkürzte und weniger intensive Reflexion einzelner Dimensionen), muß dort gekürzt werden, wo das ohne Substanzverlust am ehesten möglich ist: bei der schriftlichen Fassung der Planung! Mein Vorschlag geht deshalb auch dahin, Unterrichtsentwürfe für die alltägliche Praxis so kurz wie möglich abzufassen, sie auf das Notwendigste zu beschränken. Statt vieler Worte sollen die Beispiele auf den folgenden Seiten zur Verdeutlichung dienen (auf Ringbuch-Bögen im DIN-A 5-Format; Vorteil: Sie lassen sich gut sammeln).

Solche Kurz-Aufzeichnungen, die vor allem die Notwendigkeiten des Unterrichts absichern sollen, haben nur einen Sinn, wenn die gedankliche Reflexion vorhergegangen ist. Sie können »Spickzettel« sein, wie MEYER die Funktion solcher Kurzformen bezeichnet und vor allem für Anfänger befürwortet (MEYER 1980). Ich meine allerdings, daß sie weniger für Anfänger als für routinierte Lehrer in Frage kommen. Derartige Kurzentwürfe werden ihrer Funktion insonderheit dort gerecht, wo die Planung auf den lang- und mittelfristig vorgeordneten Planungsstufen möglichst umfassend und stringent vorgenommen worden ist. In solchen Fällen genügen für die tägliche Unterrichtsvorbereitung Kurzentwürfe (vgl. unten Seite 298–300).

Warum dann aber »Feiertags-Modelle« von Unterrichtsentwürfen? Unter zwei Gesichtspunkten lassen sie sich rechtfertigen:
– Unterrichtsentwürfe sind fester Bestandteil eines Rituals, dem gegenwärtig kein (zukünftiger) Lehrer entweichen kann. Zum Nachweis dessen, daß man gelernt hat, was man lernen sollte (Studenten, Referendare), und daß man besonders gut kann, was man können sollte (Prüflinge, Aufstiegsanwärter), werden vom Lehrer ausgefeilte und umfassende Unterrichtsentwürfe verlangt. Sie lassen eine Überprüfung der Planungsfähigkeit von Lehrern zu, ermöglichen besonders aber auch – über den Vergleich von Plan und Wirklichkeit, Soll und Ist – die Überprüfung der Fähigkeit des Lehrers, seine Entscheidungen und sein Handeln rational zu begründen. Solange es Lehrerprüfungen (i.w.S.) gibt, wird und muß es schriftliche Unterrichtsentwürfe geben, um Überprüfbares zu schaffen. Ausreichend abgesicherte und begründete sowie umfassend dargestellte Modelle der Unterrichtsplanung gewährleisten, daß

2. 6. 80   ①

erledigen: – mit Balbo? wegen Wandertag
16.6. sprechen (Begleitperson usw.)
– Filme bestellen
  → "Knoblauch"
  → "Antonio – wo ist er zu Hause?"
– Bücher über Gastarbeiter aussuchen

2. Std.: 8.20 – 9.05

2c / Sachunterricht: Antriebsarten für Fahrzeuge

0' – Tiba: Geburtstag (Liedwunsch!)
3' – frei über Pfingstferien erzählen (was so
     auf der Seele liegt und runter muß)
10' LZ: Bisherige Erfahrungen der Sch. sollen
     "aufgearbeitet" und künftige Erfahrungen
     vorbereitet werden
     heute: "Gummi-Antrieb"
     (kennen u. verwenden!)

① Führe selbstgebasteltes Fahrzeug vor:
   eine geschlossene Kaffee-Dose, die
   vorgerollt wird und dann "von
   selbst" zurückrollt
   | keine weiteren Informationen;
   | bloß Aufforderung, zu beobachten

② Staunen, Stutzen, Warum? Wieso? Wie?

③ Sch. probieren mit der Dose selbst
   (noch 3 weitere vorbereitet) – spielen-
   vermuten!

④ Vermutungen im Gespräch zusammenfassen

Unterrichtsentwurf

⑤ Dosen öffnen - untersuchen - zeigen! - bestätigen! - korrigieren

⑥ Was braucht man für ein solches Fahrzeug?
   Tafel: Dose / Zylinder
           Gummiband
           Gewicht
           Haken
           Stäbchen

HA: Versucht mal, selbst so ein Fahrzeug zu bauen!

3. Std.: 9.10 - 9.55

2c / Deutsch: Kurze Nachricht verfassen

0' - Situation: Mutter findet Zettel
    "Ich komme wieder. Bin weg. Dein Kurt"

-?- freie Äußerungen

10' - L.: Ich sehe, Ihr würdet es anders machen!!!

Kurze Nachricht neu verfassen, an Tafel schreiben

20' - Merkmale herausarbeiten
   → blau unterstreichen
   → Begriffe sammeln: = wer
                         wohin?
                         mit wem?
                         wozu?

③

bis wann?
wer?

30' – in Gruppen eine eigene Mitteilung
        an Mutter verfassen

45' HA: " Pilze sammeln gegangen! "

└ 4. Std.: 10.10 – 10.55

5 a / Deutsch: Gastarbeiter bei uns
0' – Aufsatz (Reinschriften) von Gerd, Hilde,
       Ursula einsammeln
     – mitteilen: am 16.6. fällt Deutsch aus!

3' LZ: Sch. sollen Gastarbeiter bewußt als Nach=
         barn usw. sehen und ihre "Andersar=
         tigkeit" anerkennen lernen
         heute: Schulfreund als andersartig sehen
                  (Ursachen dafür)

① Aydin (vorbereitet) berichtet über sich:
   – woher ich komme
   – warum ich hier bin
   – wie wir hier leben
   – wie wir in der Türkei leben
   (kurz, in Gegensätzen zum üblichen hier,
    einzelne Gegenstände u. Bilder liegen vor)

② A. fordert zu Fragen auf

45' ③ Gespräche usw. abwarten

HA: Was hat sich in Deiner Um=
      gebung durch Gastarbeiter verän=
      dert!? Sammeln ganz konkreter
      Fakten!

sowohl Prüfer als Prüflinge ein weitgehend einheitliches Bild der erwarteten bzw. zu erbringenden Planungen und Pläne haben. Längst ist Allgemeingut, daß in der Tat die Erwartungen der Abfragenden (Prüfer, Schulräte usw.) an Pläne, nicht aber die tatsächlichen Unterrichtserfordernisse die Erstellung von Plänen bestimmen. Modelle können dazu beitragen, die Erwartungen an die Unterrichtswirklichkeit anzupassen und Verfremdungen vorzubeugen oder zu überwinden.
– Unterrichtsentwürfe nach Modell-Vorgabe zu planen und auszuarbeiten ist für Anfänger, aber auch für Routiniers notwendig. Anfänger wachsen nur so in die Aufgabenstruktur der Unterrichtsplanung hinein, gewinnen nur auf diese Weise ein ihre Tätigkeit strukturierendes Kategoriensystem (vgl. hierzu auch LIEPE, 1983). Sie werden auf Notwendigkeiten verwiesen, erkennen Abhängigkeiten und Prioritäten. Routiniers erstarren in ihrer Routine, wenn sie nicht von Zeit zu Zeit auf abgesicherte Planungsmodelle zurückgreifen. Die Gefahr der Erstarrung liegt darin, daß unvertretbar verkürztes erzieherisches Handeln und im Laufe der Zeit verfälschtes Denken miterstarren und zwangsläufig zu »falscher« Praxis führen müssen. Modelle als idealtypisch angelegte Konstrukte können die Planung so steuern, daß »richtige« Praxis entsteht – wenn schon nicht zwangsläufig, dann zumindestens eher möglich als ohne sie.

Literatur

ADL-AMINI, Bijan/KÜNZLI, Rudolf (Hrsg.): Didaktische Modelle und Unterrichtsplanung. München 1980
BARSIG, Walter/BERKMÜLLER, Hans: Die Unterrichtsvorbereitung für die Schule von heute. Donauwörth ⁷1977
BECKMANN, Hans-Karl/BILLER, Karlheinz: Unterrichtsvorbereitung, Probleme und Materialien. Braunschweig 1978
BROMME, Rainer/SEEGER, Falk: Unterrichtsplanung als Handlungsplanung. Königstein/Ts. 1979
BROMME, Rainer: Das Denken von Lehrern bei der Unterrichtsvorbereitung. Weinheim 1981
DICHANZ, Horst/MOHRMANN, Karin: Unterrichtsvorbereitung. Probleme, Beispiele, Vorbereitungshilfen. Stuttgart 1976
GRZESIK, Jürgen: Unterrichtsplanung. Eine Einführung in ihre Theorie und Praxis. Heidelberg 1979
HACKER, Hartmut/POSCHARD, Dieter (Hrsg.): Zur Frage der Lernplanung und Unterrichtsgestaltung. Hannover 1977
HAGE, Klaus: Unterrichtsvorbereitung. Zum Verhältnis von schulischen Rahmenbedingungen und konkretem Planungsverhalten. Maschinenschriftlich überarbeitete Fassung eines Vortrages auf dem 7. Kongreß der DGfE in Göttingen. Hagen 1980
–: Rahmenbedingungen alltäglicher Unterrichtsvorbereitung, in: Die Deutsche Schule, 73. Jg. 1981, H. 5
HAGMÜLLER, Peter: Einführung in die Unterrichtsvorbereitung. Düsseldorf 1980
HUBER, Franz: Der Unterrichtsentwurf. Theoretische Grundlegung und praktische Beispiele. Bad Heilbrunn 1965
KÖNIG, Ekkehard/SCHIER, Norbert/VOHLAND, Ulrich (Hrsg.): Diskussion Unterrichtsvorbereitung – Verfahren und Modelle. München 1980
LIEPE, Jürgen, Planung, in: betrifft erziehung, Teil 1, 1983, Nr. 4, S. 35–42, Teil 2, 1983, Nr. 5, S. 37–44
LOSER, Fritz: Alltägliche Unterrichtsvorbereitung und Unterrichtstheorie. In: Bildung und Erziehung, 28. Jg., 1979, S. 395–403
MESSER, Adolf/SCHNEIDER, Josef/SPIERING, Theo: Planungsaufgabe Unterricht. Ravensburg ²1975

MEYER, Hilbert: Leitfaden zur Unterrichtsvorbereitung. Königstein/Ts. 1980 (in Vorform: Oldenburg 1979)
OEHLSCHLÄGER, Heinz-Jörg: Zur Praxisrelevanz pädagogischer Literatur. Stuttgart 1978
PETERSSEN, Wilhelm H.: Didaktik als Strukturtheorie des Lehrens und Lernens. Ratingen 1973
–: Grundlagen und Praxis des lernzielorientierten Unterrichts. Ravensburg ³1978
ROTH, Heinrich: Die Kunst der rechten Vorbereitung. In: ders.: Pädagogische Psychologie des Lehrens und Lernens. Hannover ⁴1960, S. 127–138
SCHULZ, Wolfgang: Unterrichtsplanung. München 1980
THIEMANN, Friedrich (Hrsg.): Konturen des Alltäglichen. Königstein/Ts. 1980

7 Beispiel gestufter Unterrichtsplanung

Vorklärungen

Das über alle Planungsstufen reichende folgende Beispiel hat Beate KUNKEL für das Schuljahr 1980/81 erstellt, und zwar für den Biologieunterricht in einem 5. Schuljahr der Hauptschule. Die Überlegungen zum Lehrplan in Baden-Württemberg werden nur verkürzt wiedergegeben.

7.1 Auszüge aus dem Lehrplan

Im einzelnen sieht der Lehrplan von Baden-Württemberg* bei 2 Stunden pro Schulwoche für Biologie im 5. Schuljahr der Hauptschule folgende Lernbereiche vor:

Lehrplaneinheiten	vorgeschlagene Stundenzahl
1. Kennzeichen des Lebendigen	7
2. Tiere sind an ihren Lebensraum angepaßt und erfahren ihre Umwelt mit den Sinnen	8
3. Sinnesleistungen des Menschen	5
4. Ernährung des Menschen	7
5. Fortpflanzung und Entwicklung bei Pflanzen	10
6. Pflanzenfamilien	6
verbindliche Einheiten	43
zusätzliche Lehrplaneinheiten:	
7. Vom Wildtier zum Haustier	4
8. Bedrohte Wirbeltiere	4

Das Schuljahr 1980/81 umfaßt 37 Unterrichtswochen. Bei 2 Stunden pro Woche bleiben für den Biologieunterricht pro Schuljahr	74 Stunden
Der Lehrplan schlägt für seine verbindlichen Lernbereiche vor.	43 Stunden
Somit bleiben für den Lehrer zur freien Verfügung.	31 Stunden
Rechnet man die zwei zusätzlichen Einheiten mit insgesamt noch ab,	8 Stunden
so bleiben effektiv zur freien Verfügung des Lehrers.	23 Stunden

Diese Aufstellung zeigt ganz eindeutig, daß der Lehrplan für Biologie als ein Minimalplan konzipiert wurde. Inwieweit das in der Praxis zutrifft, wird der Jahresplan zeigen.

* Vorläufige Lehrpläne für die Klassen 5 und 6 der Hauptschulen, Realschulen sowie der Gymnasien der Normalform. In: Kultur und Unterricht, Lehrplanheft 4. 1977 (13. 6. 77).

Planungsstufen: Strukturierungshilfen für die Planungsarbeit des Lehrers

7.2 Jahresplan

Folgendes Planungsbeispiel bezieht sich auf eine 5. Hauptschulklasse im Schuljahr 1980/81. Sie besteht aus 22 Schülern (9 Jungen, 13 Mädchen) mit einem Durchschnittsalter von 11 Jahren. Die Schule steht in einem vorwiegend landwirtschaftlich strukturierten Gebiet.

Das Schuljahr 1980/81 beginnt am 8. September 1980 und endet am 8. Juli 1981. Für den Unterricht stehen somit 37 Unterrichtswochen zur Verfügung. Vergleicht man mit anderen Schuljahren (der Durchschnitt liegt bei etwa 39 Unterrichtswochen), so bleibt relativ wenig Zeit.

Nach der Stundentafel der Hauptschule stehen der 5. Klasse wöchentlich zwei Biologiestunden zur Verfügung. Diese wurden in der Klasse 5a auf Montag, 2. Schulstunde, und Dienstag, 2. Schulstunde, verteilt. Das hat zur Folge, daß Beobachtungsaufgaben oder Aufträge zum Sammeln von Materialien nur jeweils am Dienstag gestellt werden können. Die Zeit von Montag auf Dienstag reicht für solche Aufgaben nie aus. –

Im folgenden Abschnitt sind die effektiv zur Verfügung stehenden Biologiestunden im Schuljahr 1980/81 aufgelistet. Aus ökonomischen Gründen habe ich gleichzeitig die zeitlichen Abstände, die zwischen den Ferien anfallen, berücksichtigt, obwohl dies eigentlich erst Aufgabe des nachfolgenden Arbeitsplanes wäre.

Unterrichts-Woche	Bemerkung	verbleibende Unterrichts-Stunden	Unterrichts-Wochen
1.	Mo: 1. Schultag – kein Fachunterricht Di: Erkundung der Schülerinteressen	--	--
2.–6.	- - -	12	6
	HERBSTFERIEN		
8.–14.	- - -	14	7
	WEIHNACHTSFERIEN		
15.–21.	- - -	14	7
22.	Mo/Di: bewegliche Ferientage wegen Fastnacht	--	--
23.–27.	- - -	10	5
	OSTERFERIEN		
28.	- - -	2	
29.	vorher langes Wochenende	2	12	6
30.–32.	- - -	6	
33.	vorher langes Wochenende	2	
	PFINGSTFERIEN		
34.–35.	- - -	6	3
37.	Mo: beweglicher Ferientag Di: letzter Schultag	--	--
		68	34

Feiertage, Ferientage, Anfang und Ende des Schuljahres fallen so, daß von den 37 Unterrichts-Wochen nur noch 34 Unterrichts-Wochen mit 68 Schulstunden übrigbleiben, d. h. 6 Stunden weniger. Dies sind aber nur die fest vorausplanbaren Fehlstunden. Hinzu kommen noch solche Ereignisse wie Bundesjugendspiele, Weihnachtsfeier, Wandertag, Ausflug usw., die nicht auf den Tag genau geplant werden können, bei der Gesamtplanung aber berücksichtigt werden müssen.

Wenn man sich den Lehrplan noch einmal in Bezug auf die zur freien Verfügung stehenden Stunden (31) betrachtet, müssen nun diese sicheren Fehlstunden abgezogen werden. Dies bedeutet, daß von den 31 Stunden lediglich 25 Stunden übrigbleiben. Zieht man davon noch die zwei zusätzlichen Themen ab, kann der Lehrer im Endeffekt nur über 17 Stunden frei verfügen, wobei berücksichtigt werden muß, daß hierbei die nicht planbaren Fehlstunden noch nicht berücksichtigt worden sind.

– *Lernziele und Lerninhalte im Schuljahr 1980/81*
An dieser Stelle möchte ich noch einmal anführen, daß Ziele und Inhalte verbindliche Vorgaben des Lehrplans sind. In den vorangestellten Vorbemerkungen wird betont, daß die praktische Schülerarbeit im Mittelpunkt stehen soll. Zusätzlich sollen, wie in den Richtzielen angeführt, biologische Arbeitsweisen gelernt werden. Um diesen beiden Forderungen gerecht zu werden, muß genügend Zeit veranschlagt werden, um solche Fertigkeiten zu lernen. Die im Lehrplan vorgeschlagenen Stunden reichen bei kaum einer Lehrplaneinheit aus. Gerade das 5. Schuljahr, das in diesem Schuljahr mit dem Fach »Biologie« und so mit den fachtypischen Arbeitsweisen zum ersten Mal konfrontiert wird, benötigt viel Zeit, um diese Ziele zu erreichen.

1. Lehrplaneinheit: Kennzeichen des Lebendigen

1. Lernziel: – Kennzeichen des Lebendigen erfassen
 – Belebtes und Unbelebtes voneinander abgrenzen können
 – Lernen, Tiere verantwortungsvoll zu pflegen
 Inhalt: Goldhamster – Stofftier

2. Lernziel: – Lernen, Pflanzen verantwortungsvoll zu pflegen
 Inhalt: Zimmerpflanzen im Klassenzimmer

3. Lernziel: – Die Bausteine der Lebewesen (Zellen anhand eigener Untersuchungen kennenlernen)
 – Mit Lupe und Mikroskop umgehen können
 – Erleben, daß die Arbeit mit dem Mikroskop neue Dimensionen erschließt
 Inhalt: Zwiebelhaut, Moosblättchen, Mundschleimhaut

Die vorgeschlagene Stundenzahl für die Lehrplaneinheit (7 Stunden) reicht bei weitem nicht aus, zumal gerade beim 3. Lernziel ein neues Arbeitsgerät, das Mikroskop, eingeführt werden muß. Die Schüler müssen erst mit diesem neuen Hilfsmittel vertraut gemacht werden und sich an seine Funktionsweise und Handhabung gewöhnen, zumal weiterführende Schulstufen im Sinne des Spiralcurriculums diese biologische Arbeitstechnik z. T. voraussetzen, wenn dort sinnvolle Arbeit möglich sein soll. Deshalb werde ich für diese Einheit 12 Stunden veranschlagen.

Planungsstufen: Strukturierungshilfen für die Planungsarbeit des Lehrers

2. Lehrplaneinheit: Tiere sind an ihre Umwelt angepaßt und erfahren ihre Umwelt mit den Sinnen

1. Lernziel: – Kenntnis über die Anpassung der Tiere an ihre Umwelt
– Gezielte Beobachtungen und einfache Versuche mit lebenden Tieren durchführen und lernen, zu protokollieren und auszuwerten
– Lernen, mit Tieren verantwortungsvoll umzugehen
Inhalt: Katze, Fisch

2. Lernziel: – siehe 1. Lernziel
– Filme und Bilder auswerten
Inhalt: Maulwurf

Bei dieser Einheit ist es schade, daß die Inhalte schon so fest vorgegeben sind. Gerade hier könnte man stark die Schülerinteressen und die örtlichen Bedingungen berücksichtigen. Sicherlich wäre der Vergleich Hund – Katze/Fisch – Delphin sehr interessant, aber diese Themen sind nur dann zu behandeln, wenn noch genügend Zeit bleibt, und dies ist sehr unwahrscheinlich. Gerade bei dieser Lehrplaneinheit wird deutlich, daß der Lehrplan sehr viele verbindliche Ziele und Inhalte enthält und es nur schwer möglich ist, in Bezug auf Ziele und Inhalte den im Minimalplan eigentlich vorgesehenen Freiraum zu nutzen.

Da dieses Thema aber im Sinne des Spiralcurriculums die nächsten Schuljahre durchzieht, beschränke ich mich in der 5. Klasse auf die vorgeschlagenen 8 Stunden.

3. Lehrplaneinheit: Sinnesleistungen des Menschen

1. Lernziel: – Erkennen, daß wir unsere Umwelt durch Sinne erfassen können
Inhalt: Sinnesorgane des Menschen

2. Lernziel: – Die Bedeutung einzelner Sinnesorgane für das Erfassen der Umwelt beurteilen
– Gefahren für Sinnesorgane nennen
– Erkennen, daß Sinnesbehinderte Hilfe der Mitmenschen benötigen
Inhalt: Auge / Ohr / Tastsinn

Da dieses Thema in der 7. Klasse noch einmal eingehender auftaucht, müssen 8 Stunden genügen, um diese Ziele zu verwirklichen.

4. Lehrplaneinheit: Ernährung des Menschen

1. Lernziel: – Die Bedeutung einer gesunden Ernährung erfassen und daraus Konsequenzen für den Alltag ziehen können
Inhalt: Grundnährstoffe in der Nahrung
Nachweis von Fett, Zucker und Eiweiß, gesunde Ernährung

2. Lernziel: – Erfassen der Bedeutung einer richtigen Zahnpflege
Inhalt: Nahrungsaufnahme und Weg der Nahrung, Aufbau der Zähne, Zahntypen, Zahnpflege

Angesichts der zunehmenden Zahl von Schulkindern mit Übergewicht und Zahnproblemen scheint mir diese Lehrplaneinheit einen besonderen Stellenwert zu haben. Es geht besonders darum, festgefahrene Ernährungsgewohnheiten aufzuschlüsseln und hinsichtlich ihrer Qualität zu überprüfen. Dennoch muß auf eine allzu intensive Behandlung verzichtet werden (10 Stunden), da auch dieses Thema im 7. Schuljahr wieder auftaucht und im Schuljahr 1980/81 sehr wenig Zeit zur freien Verfügung bleibt.

5. Lehrplaneinheit: Fortpflanzung und Entwicklung bei Pflanzen

1. Lernziel: – Kennenlernen der Fortpflanzung und Entwicklung einer Pflanze
   – Kenntnis von Keimling und Keimungsvorgang
   Inhalt: Keimung der Gemüsebohne

2. Lernziel: – Die Entwicklung einer Pflanze von der Blüte zur Frucht verfolgen und darstellen können
   Inhalt: Aufbau einer Blütenpflanze
   Tulpenblüte/Kirschblüte
   Bestäubung und Befruchtung der Kirschblüte/Kirschfrucht

Gerade bei dieser Lehrplaneinheit gibt es für die Schüler sehr viele Möglichkeiten zu eigenständigem Handeln und zum Einüben biologischer Arbeitsweisen. So können hier relativ leicht einfache Versuche, Langzeitbeobachtungen und genaue Betrachtungen vorgenommen werden. Gruppenarbeit und Partnerarbeit werden eingeübt. Versuche werden geplant, durchgeführt, protokolliert und ausgewertet usw.

Weil dies sehr wichtige Grundhaltungen sind, die im Biologieunterricht angestrebt werden, habe ich für diese Ziele 12 Unterrichtsstunden geplant.

6. Lehrplaneinheit: Pflanzenfamilien

1. Lernziel: – Ordnungskriterien im Pflanzenreich kennenlernen und exemplarisch einige Pflanzen einer Familie zuordnen können
   Inhalt: Lippenblütengewächse, Kreuzblütengewächse

Um diese Einheit handlungsorientiert zu gestalten und dieses für die Schüler relativ uninteressante Thema zu beleben, möchte ich eine Lehrwanderung vorausschicken. Hierbei können wiederum übergeordnete Ziele verfolgt werden. Zum Beispiel:
– das Abstraktionsvermögen durch Sammeln, Ordnen und Klassifizieren von Naturobjekten entwickeln
– Freude gewinnen an der Schönheit der Natur usw.

7. Lehrplaneinheit: Vom Wildtier zum Haustier

Diese zusätzliche Einheit werde ich nicht behandeln, obwohl sie, gerade im ländlichen Bereich, angebracht wäre.
Man kann bei der 2. Lehrplaneinheit auf diese Zielsetzungen zwar eingehen, dennoch möchte ich die 8. Lehrplaneinheit bevorzugen, weil ich annehme, daß sie eher den Interessen der Schüler entspricht. Außerdem kommt es einem obersten Ziel der gesamten Biologie entgegen, wenn auf das Bewußtsein der Verantwortung des Menschen der Natur gegenüber aufmerksam gemacht wird.
An dieser Stelle möchte ich noch einmal betonen, daß dies kein starrer Plan sein soll, dessen Einhaltung unbedingt erforderlich ist. Er soll viel eher die Möglichkeit bieten, sich kommenden Bedingungen angemessen anzupassen. Deshalb muß die Planung jederzeit revidierbar sein, wenn es die Umstände erfordern. Da die 8. Lehrplaneinheit ohnehin zusätzlich zu bearbeiten ist, möchte ich sie auch ziemlich offen halten, um hier die Interessengebiete der Schüler besonders stark berücksichtigen zu können.

8. Lehrplaneinheit: Bedrohte Tierwelt

1. Lernziel: – Kenntnis und Begründung der Bedrohtheit einiger Tierarten
   – Angabe möglicher Schutzmaßnahmen
   – Sich der zunehmenden Verantwortung des Menschen der Tierwelt gegenüber bewußt werden

   Inhalt: (eventuell)
   Singvögel – Spritzmittel
   Störche – Feuchtbiotope
   Igel – Straßenverkehr
   Wal – Ausbeutung

Um dem übergeordneten Richtziel »Freude gewinnen an der Schönheit der Natur« gerecht zu werden, möchte ich, in Anlehnung an die Vorbemerkungen aus dem Lehrplan (»Kontaktaufnahme mit Förstern ... ist empfehlenswert«), eine Lehrwanderung in den Wald einschieben.

Zwar läßt es sich ganz konkret nicht mit den direkten Lernzielvorgaben des Lehrplanes in Einklang bringen, aber dennoch bietet sich dieser Lerngang besonders an unserer Schule an. Wenn eine Schule kaum 300 m vom Wald entfernt steht und die Kinder durch die Berufe ihrer Eltern und die räumliche Nähe eine enge Beziehung zum Wald haben, so sollte diese Gelegenheit nicht versäumt werden. Auch können die biologischen Arbeitstechniken wie Sammeln, Ordnen usw. eingeübt werden.

Genauere Zielsetzungen möchte ich noch offenhalten, da dies auch einer Absprache mit dem Förster bedarf.

Wahrscheinlich wird in der 7. Klasse diese Thematik unter der Zielsetzung »Ökosysteme kennenlernen« noch einmal behandelt. Sie scheint mir dennoch auch schon in der 5. Klasse sinnvoll zu sein, zumal auf dieser Schulstufe »der Wald« unter anderen Gesichtspunkten betrachtet wird. –

Um einen genauen Überblick zu bekommen, habe ich die zeitliche Verteilung der Ziele und Inhalte noch einmal aufgelistet. In Klammern stehen jeweils die vom Lehrplan vorgeschlagenen Stundenzahlen, während die weiteren Angaben meinen Entscheidungen für das Schuljahr 1980/81 entsprechen.

LPE 1: Kennzeichen des Lebendigen	(7) –	12 Std.
LPE 2: Anpassung an den Lebensraum	(8) –	8 Std.
LPE 3: Sinnesleistungen des Menschen	(5) –	8 Std.
LPE 4: Ernährung des Menschen	(7) –	10 Std.
LPE 5: Fortpflanzung und Entwicklung bei Pflanzen	(10) –	16 Std.
LPE 6: Pflanzenfamilien	(6) –	6 Std.
LPE 7: Vom Wildtier zum Haustier	(4) –	– –
LPE 8: Bedrohte Tierwelt	(4) –	4 Std.
Lehrwanderung: Wald (mit dem Förster)	(–) –	2 Std.
Lehrwanderung: Sommerwiese	(–) –	2 Std.
		68 Std.

7.3 Arbeitsplan

Zeit	
8. 9.–12. 9. 80	Kein Fachunterricht

15. 9.– 4. 10. 80
(3 Wochen)
	1. LPE: *Kennzeichen des Lebendigen*
	LZ: –Kennzeichen des Lebendigen erfassen
	  –Belebtes und Unbelebtes voneinander abgrenzen können
	  –Lernen, Tiere verantwortungsvoll zu pflegen
	  I: Goldhamster / Stofftier
	LZ: –Lernen, Pflanzen verantwortungsvoll zu pflegen
	  I: Zimmerpflanzen im Klassenzimmer

6. 10.–18. 10. 80
(2 Wochen)
	5. LPE: *Fortpflanzung und Entwicklung bei Pflanzen*
	LZ: –Kennenlernen der Fortpflanzung und Entwicklung einer Pflanze
	  –Kenntnis von Keimling und Keimungsvorgang
	  I: Keimung der Gemüsebohne

20. 10.–24. 10. 80 (1 Woche)	Lerngang mit dem Förster Test Nr. 1
25. 10.– 2. 11. 80	HERBSTFERIEN

3. 11.–29. 11. 80	2. LPE: *Tiere sind an ihre Umwelt angepaßt...*
	LZ: –Kenntnis über die Anpassung der Tiere an ihre Umwelt
	  –gezielte Beobachtungen und einfache Versuche mit lebenden Tieren durchführen und lernen, zu protokollieren und auszuwerten
	  –Lernen, mit Tieren verantwortungsvoll umzugehen
	  I: Katze, Fisch
	LZ: –Filme und Bilder auswerten
	  I: Maulwurf

1. 12.–19. 12. 80
(3 Wochen)
	1. LPE: *Kennzeichen des Lebendigen*
	LZ: –Die Bausteine der Lebewesen (Zellen) anhand eigener Untersuchungen kennenlernen
	  –Mit der Lupe und mit dem Mikroskop umgehen können
	  –Erleben, daß die Arbeit mit dem Mikroskop neue Dimensionen erschließt
	  I: Zwiebelhaut, Mundschleimhaut, Moosblättchen
	Test Nr. 2

20. 12. 80–11. 1. 81	WEIHNACHTSFERIEN

12. 1.– 7. 2. 81
(4 Wochen)
	3. LPE: *Sinnesleistungen des Menschen*
	LZ: –Erkennen, daß wir unsere Umwelt durch Sinne erfassen können
	  I: Sinnesorgane des Menschen
	LZ: –Die Bedeutung einzelner Sinnesorgane für das Erfassen der Umwelt beurteilen
	  –Gefahren für Sinnesorgane nennen
	  –Erkennen, daß Sinnesbehinderte Hilfe der Mitmenschen benötigen
	  I: Auge/Ohr/Tastsinn
	Test Nr. 3

9. 2.–21. 3.81
(5 Wochen)
28. 2.– 3. 3.
(frei wegen
Fastnacht)
	4. LPE: *Ernährung des Menschen*
	LZ: –Die Bedeutung einer gesunden Ernährung erfassen und daraus Konsequenzen für den Alltag ziehen können
	I: Grundnährstoffe in der Nahrung
	    Nachweis von Fett, Zucker, Eiweiß
	    gesunde Ernährung
	LZ: –Erfassen der Bedeutung einer richtigen Zahnpflege
	I: Nahrungsaufnahme und Weg der Nahrung
	    Aufbau der Zähne, Zahntypen, Zahnpflege
	Test Nr. 4

23. 3.– 4. 4.81 (2 Wochen) 6. 4.–10. 4.81 (1 Woche)	5. LPE: *Fortpflanzung und Entwicklung bei Pflanzen* LZ: –Die Entwicklung einer Pflanze von der Blüte zur Frucht verfolgen und darstellen können I: Aufbau einer Blütenpflanze Tulpenblüte/Kirschblüte Lerngang: Wiesenpflanzen LZ: –Sammeln, Ordnen und sachgemäße Aufbewahrung von Pflanzen
11. 4.–26. 4.81	OSTERFERIEN
27. 4.–23. 5.81 (4 Wochen)	5. LPE: *Fortpflanzung und Entwicklung bei Pflanzen* LZ: –Die Entwicklung einer Pflanze von der Blüte zur Frucht verfolgen und darstellen können I: Bestäubung und Befruchtung der Kirschblüte Kirschfrucht Test Nr. 5
25. 5.– 5. 6.81 (2 Wochen)	6. LPE: *Pflanzenfamilien* LZ: –Ordnungskriterien im Pflanzenbereich kennenlernen und exemplarisch einige Pflanzen einer Familie zuordnen können I: Lippenblütengewächse Kreuzblütengewächse
6. 6.–14. 6.81	PFINGSTFERIEN
15. 6.–20. 6.81 (1 Woche)	6. LPE: *Pflanzenfamilien* LZ: –dito I: dito Test Nr. 6
22. 6.– 4. 7.81 (2 Wochen)	8. LPE: *Bedrohte Tierwelt* LZ: –Kenntnis und Begründung der Bedrohtheit einiger Tierarten –Angabe möglicher Schutzmaßnahmen –Sich der zunehmenden Verantwortung des Menschen der Tierwelt gegenüber bewußt werden mögliche Inhalte: Singvögel – Spritzmittel Störche – Feuchtbiotope Igel – Straßenverkehr Wal – Ausbeutung
6. 7.81 7. 7.81	beweglicher Ferientag letzter Schultag

Beispiel gestufter Unterrichtsplanung

7.4 Mittelfristige Unterrichtseinheit

Übergeordnete Lernziele aus dem Arbeitsplan:
1. – Erkennen, daß wir unsere Umwelt durch Sinne erfassen können
   Inhalt: Sinnesorgane des Menschen
2. – Bedeutung einzelner Sinnesorgane für das Erfassen der Umwelt beurteilen können
   – Gefahren für Sinnesorgane nennen
   – Erkennen, daß Sinnesbehinderte Hilfe der Mitmenschen benötigen
   Inhalt: Auge/Ohr/Tastsinn

Neben biologischen Grundeinsichten gilt es bei jeder Einheit biologische Arbeitstechniken zu erlernen.

Planungsstufen: Strukturierungshilfen für die Planungsarbeit des Lehrers

Die Ziele sollen in den nächsten 4 Wochen folgendermaßen erreicht werden:

Ziele	Inhalte	Methoden	Medien
1. Woche Montag, 12. 1. 81 – 2. Stunde			
Die Schüler sollen erkennen, daß die Sinne die Umwelt eines Lebewesens gestalten	Die Welt des Flohs (Temperaturwelt) Die Welt des Maulwurfs Mehr Sinne verraten mehr über die Umwelt	Motivation Unterrichtsgespräch themengleicher Gruppenunterricht	Wärmefoto Farbfoto Temperaturfoto des Flohs (aus CVK S. 171) Sachbücher
Dienstag, 13. 1. 81 – 2. Stunde			
Die Sinne und Sinnesorgane des Menschen entdecken und lokalisieren können	Die Sinnesorgane des Menschen	Detektivspiel In 3er Gruppen werden durch einfache Versuche Sinnesleistungen des Menschen herausgefunden Zusammenfassung der Gruppenergebnisse im Frontalunterricht	Arbeitsblatt 1 Schachteln mit – Reißzwecken – Bleistift – Schlüssel – Strohhalm – Kieselstein und Kandiszucker – Salz und Zucker – Murmel – Zitrone und Ball – Kakao- und Kaffeepulver Arbeitsblatt 2

Beispiel gestufter Unterrichtsplanung

Ziele	Inhalte	Methoden	Medien
2. Woche Montag, 19. 1. 81 – 2. Stunde			
Die Bedeutung des Auges für das Erfassen der Umwelt beurteilen können Erkennen, daß Blinde auf die Hilfe der Mitmenschen angewiesen sind	Die Welt der Blinden Blindenschrift Auge – führendes Sinnesorgan	Vorführversuch Orientierung ohne Augen	Text im Buch S. 28 Blindenalphabet Blindenzeitung
Dienstag, 20. 1. 81 – 2. Stunde			
Leistungen des Auges kennenlernen und Gefahren und Schutzmaßnahmen angeben können	Leistungen des Auges: Veränderung der Pupille bei Lichteinwirkung räumliches Sehen Gefahren und Schutzmaßnahmen für das Auge (Lidschutzreflex)	Untersuchen der verschiedenen Leistungen des Auges in Partnerarbeit (einfache Versuche)	Arbeitsblatt mit Versuchsanweisungen Testbilder zur Farbenblindheit Modell des Auges Nähnadel und Faden

Planungsstufen: Strukturierungshilfen für die Planungsarbeit des Lehrers

Ziele	Inhalte	Methoden	Medien
3. Woche Montag, 26. 1. 81 – 2. Stunde			
Die Bedeutung des Ohrs für das Erfassen der Umwelt beurteilen können	Richtungshören (zwei Ohren sind notwendig) Bedeutung des Gehörs	Versuche mit der ganzen Klasse als Gruppe Erraten von Geräuschen Ortung von Schallquellen	Modell
Dienstag, 27. 1. 81 – 2. Stunde			
Den Weg der Erregung zwischen Reizquelle, Sinnesorgan und reagierendem Organ beschreiben	Einfache Darstellung Reiz – Schallwellen – Ohr – reagierendes Organ	Versuche zur Erzeugung von Schallwellen Weg der Erregung wird im Unterrichtsgespräch erarbeitet Hausaufgabe: Herstellen eines Fadentelefons	Bildtafel Bau des Ohres Buch S. 30 Stimmgabel Lineal

Beispiel gestufter Unterrichtsplanung

Ziele	Inhalte	Methoden	Medien
4. Woche Montag, 2. 2. 81 – 2. Stunde			
Die Bedeutung des Tastsinnes für das Erfassen der Umwelt beurteilen	Tastsinn	Ertasten unbekannter Gegenstände mit/ohne Handschuhe mit Fingerspitzen Handrücken Versuche zum Abstand der Tastkörperchen auf der Hand Versuche werden in Gruppenarbeit (4 Gruppen) durchgeführt	verschiedene Gegenstände wie Radiergummi, Streichhölzer .... Zirkel Arbeitsblatt zum Eintragen der Ergebnisse
Dienstag, 3. 2. 81 – 2. Stunde			
Gefahren für Sinnesorgane angeben können	Zusammenfassung: Erfassen der Umwelt durch Sinne Reizüberflutung Lärmeinwirkung	Versuch: Stören der Konzentrationsfähigkeit durch Lärm	Modelle

315

7.5 Unterrichtsentwurf

Vorüberlegungen
Meine 5. Klasse befindet sich noch sehr auf der konkret-operationalen Stufe. Das bedeutet, daß die Schüler stark auf handlungsorientiertes Unterrichtsgeschehen angewiesen sind.
Da im Biologieunterricht die praktische Schülerarbeit im Mittelpunkt stehen soll, habe ich auf Handlungsorientierung sehr viel Wert gelegt. Da in der Klasse nur 22 Schüler sind, lassen sich leicht sieben Gruppen herstellen, die unterschiedliche Versuche durchführen. Da die Schüler bisher nur wenig Versuche selbständig durchgeführt haben, wird eine genaue schriftliche Arbeitsanweisung notwendig sein.
Um eine spielerische Phase der Schüler voll auszunutzen, habe ich als Motivation das Detektivspiel ausgewählt. Es läuft folgendermaßen ab:
Einem Schüler werden die Augen verbunden. Die übrigen Schüler verfolgen das Spiel und tragen die Ergebnisse in ein vorbereitetes Arbeitsblatt ein.
Der Lehrer legt vor den Schüler, dessen Augen verbunden sind, eine Schachtel mit einem entsprechenden Gegenstand. Der Detektiv soll nun den Gegenstand erkennen. Dabei ist eine bestimmte Reihenfolge zu beachten (vgl. Arbeitsblatt).
Die Fragen auf dem Arbeitsblatt drängen die Schüler dazu, ihre Beobachtungen zu formulieren. Dadurch werden die Sinne und die entsprechenden Organe direkt angesprochen. Folgende Ziele werden in der Unterrichtsstunde verfolgt:
Grobziel: Die Sinne und Sinnesorgane des Menschen entdecken und lokalisieren können
Feinziele: Die Schüler sollen Folgendes können:
- spielerisch entdecken, über welche Sinne der Mensch verfügt;
- durch Gruppenarbeit die Fähigkeit zu Kommunikation und Kooperation entwickeln;
- Beobachtungen formulieren und auswerten;
- die Wahrnehmungen Riechen, Hören, Tasten, Sehen und Schmecken den entsprechenden Sinnesorganen zuordnen;
- erkennen, daß nur alle Sinnesorgane gemeinsam einen richtigen Eindruck von Gegenständen vermitteln.

Beispiel gestufter Unterrichtsplanung

Unterrichtsverlauf
(Genaue Angaben über Zeit halte ich hier für unpraktisch, da die Unterrichtssituation nicht minutiös vorgeplant werden kann)

Zeit	Lehrer-Schülerinteraktionen	SF	Medien	Bemerkungen
1.	L: Gestern haben wir über die Welt des Flohs gesprochen S: äußern sich: Floh Temperaturtier Hund Nasentier	UG	Bilder aus der letzten Stunde: Temperaturphoto des Flohs aus CVK, S. 171	Wiederholung vom Vortag: Anknüpfungspunkt für die 2. Stunde
2.	L: *Über welche Sinne verfügt der Mensch?* Um diese Frage zu beantworten, machen wir ein kleines Spiel: Detektivspiel	FU		Zielangabe der Stunde

3.
ca.
1/3
	L: Erläuterung der Spielbedingungen
	S: Verteilen der Arbeitsblätter
	    Festlegen des Detektivs
	    Verbinden der Augen
	    Austeilen der Schachteln
		GA	Schachteln mit:
			– Schlüssel
			– Reißzwecken
			– Salz und Zucker
			– Zitrone und Ball
			– Kakao- und Kaffeepulver
			– Kieselstein und Kandiszucker
			– Strohhalme
			
			Arbeitsblatt 1
				spielerisches Entdecken der Sinnesorgane des Menschen
				
				Einüben von genauem Beobachten und sprachlichen Formulierungen

4. ca. 2/3	S: Spieldurchführung Festhalten der Ergebnisse im Arbeitsblatt	GA		

Planungsstufen: Strukturierungshilfen für die Planungsarbeit des Lehrers

Zeit	Lehrer-Schülerinteraktionen	SF	Medien	Bemerkungen
5.	S: Berichten über ihre Ergebnisse	UG	Arbeitsblatt 1	
6.	Sammeln der Ergebnisse an der Tafel Erarbeitung des Tafelanschriebs Zuordnung der Sinne zu den entsprechenden Sinnesorganen	UG	Tafel (Arbeitsblatt 2)	Abstrahieren von der spielerischen Tätigkeit
ca. 3/3	Bei »Tasten« muß im Gespräch auch auf Temperatur und Schmerzsinn (durch einfache Demonstration) eingegangen werden Wenn möglich werden bereits bekannte Reize festgehalten			Zusammenfassung und Wiederholung der Unterrichtsstunde
7.	Beantwortung der Zielangabe			Hefteintrag
8.	Fülle das Arbeitsblatt aus	EA	Arbeitsblatt 2	

Beispiel gestufter Unterrichtsplanung

Arbeitsblatt 1

	1. Schritt	2. Schritt	3. Schritt
Verbindet dem Detektiv die Augen.	Nimm die Schachtel in die Hand. Versuche herauszufinden, was in der Schachtel ist, ohne sie zu öffnen.	Die Schachtel darf geöffnet werden. Was kann der Detektiv über den Inhalt der Schachtel sagen?	Die Augenbinde wird abgenommen. Was sagt er über den Gegenstand?
Schreibe auf, welche Eigenschaften der Detektiv erkennt.			
Was vermutet er?			
Was ist tatsächlich enthalten?			
Wie konnte der Detektiv den Gegenstand erkennen?	hören	riechen, tasten	sehen, schmecken
Welche Körperteile haben ihm geholfen?	Ohren	Nase / Hand	Augen, Zunge

Arbeitsblatt 2 (gleichzeitig Tafelanschrieb)

Sinn	Sinnesorgan	Reiz
Sehsinn	Auge	Licht
Hörsinn	Ohr	(Schall)
Geschmackssinn	Zunge	Geschmacksstoffe
Geruchssinn	Nase	Riechstoffe
Tastsinn	⎫	Berührung
Temperatursinn	⎬ Haut	Temperatur
Schmerzsinn	⎭	sehr starke Reize

8 Zur Planung fächerverbindenden Unterrichts – Ein offenes Modell

Die in diesem Handbuch bisher vorgestellten Konzepte und Modelle der Planung von Unterricht wie auch das Stufenkonzept für lang- und mittelfristige Planungsarbeit stellen zwar durchaus die übliche Art, Unterricht als Fachunterricht zu organisieren, in Frage, gehen aber bei ihren pragmatischen Vorschlägen nirgends näher – und vor allem für Anfänger hilfreich – darauf ein, wie sich die Planungsarbeit von Lehrern ändert, wenn Unterricht fachübergreifend oder fächerverbindend organisiert wird. Da aber gerade zur Zeit zahlreiche Aktivitäten in Richtung auf solche fachauflösenden Organisationsformen unternommen werden, – einerseits zeigen dies viele Beispiele aus der Praxis an, über die in Fachzeitschriften berichtet wird, andererseits wird die Forderung danach auch in neuen Lehrplänen erhoben, so beispielsweise in den seit dem Schuljahr 1994/95 geltenden ›Bildungsplänen‹ in Baden-Württemberg –, scheint es dringend angebracht, dafür ein besonderes Planungsmodell zur Verfügung zu stellen. Folgend soll deshalb ein Modell für die Planung fächerverbindenden Unterrichts vorgestellt werden, das so offen gehalten ist, daß es für alle Schularten und Schulstufen, für alle jeweils beteiligten Fächer und Lernbereiche in Frage kommt. Es nimmt alle entsprechenden, also auf alle Planungssituationen bezogenen, grundsätzlichen Postulate an Planungsvorschlägen auf, die in diesem Handbuch an verschiedenen Stellen ausgeführt worden sind.

8.1 Ansprüche und Grundlegung – Was fächerverbindender Unterricht ist und nicht ist!

Auf die bekannte Tatsache, daß es eine Begriffsvielfalt und einen Begriffswirrwarr um die hier gemeinte Art der Unterrichtsorganisation gibt, soll nicht näher eingegangen werden. Letzten Endes sind alle Spielarten darauf gerichtet, den überkommenen Fachunterricht zu überwinden, ob nun von fach- oder fächerübergreifendem, von fächerverbindendem, überfachlichem Unterricht, von Gesamt- oder Konzentrationsunterricht, von den einzelnen Realisierungsformen Projektunterricht, Vorhaben oder Leittext-Lernen o. ä. die Rede ist. Zwar lassen sich auch durchaus Nuancen ausmachen, in denen die jeweils gemeinten Konzepte sich unterscheiden mögen, doch geht es offensichtlich immer darum, vermeintliche Nachteile eines gefächerten Unterrichts aufzuheben. In kurzer Erörterung sollen zunächst Ansprüche umrissen werden, die ein Planungsmodell für fächerverbindenden Unterricht erfüllen muß.

Die Planung fächerverbindenen Unterrichts muß gewährleisten,
daß Vorteile des Fachunterrichts erhalten bleiben
Für die übliche Organisation von Unterricht – als Fachunterricht – sprechen neben ihrer langen Tradition und neben ihren administrativen Vorteilen – sie läßt sich bei unseren schulischen Bedingungen leicht handhaben – offenbar auch noch weitere Gründe. Und zwar werden in der Regel vor allem drei – in sich verwobene – Argumente dafür

vorgetragen: *Erstens* wird darauf hingewiesen, daß erst durch die fachliche Systematik auch die Fähigkeit zu systematischer Wirklichkeitssicht bei Heranwachsenden ausgebildet wird. Unterrichtsfächer gehen letztlich auf die Fachwissenschaften zurück. Fachwissenschaften ihrerseits sind die Folge eines langen Prozesses der Aufgliederung menschlicher Bemühungen um Erkenntnis der globalen Wirklichkeit. Erst die Ausdifferenzierung der anfangs bloß philosophischen Erkenntnisbemühungen in zahlreiche spezifische Zugriffe in die Wirklichkeit hat außer zur gewaltigen Zunahme menschlicher Erkenntnisse auch zu deren Präzision und Zutreffenheit geführt. Systematische Weltsicht hat gleichsam evidente Bedeutung für Menschen, ist ihrer anthropologischen Grundausstattung – als verstandesausgestattet – für Welt und Wirklichkeit offenbar angemessen. Und hieran schließt sich *zweitens* der Hinweis auf den Vorteil wissenschaftssystematischen Vorteils für die Welt- und Wirklichkeitsbewältigung durch den Menschen an: Was für die Menschheit insgesamt sich als überaus vorteilhaft erwiesen habe – die Organisation von Erkenntnisbemühungen in einzelnen wissenschaftlichen Disziplinen – müsse für den einzelnen Menschen und seine maßgeblichen Bemühungen ebenfalls überaus vorteilhaft sein. Solche Parallelisierung von Erkenntnisbemühungen – ein bloßer Analogieschluß – hat als bedeutsames Argument vor wenigen Jahrzehnten dem Konzept wissenschaftsorientierten Unterrichts zugrunde gelegen (vgl. S. 362 ff.). Wo hier möglicherweise zweckrationale Annahmen hypostasiert wurden, nimmt *drittens* eine umfassendere Begründung pädagogische und bildungstheoretische Auffassungen über den Wert fachlich organisierten Unterrichts auf. Das einzelne Fach wird hier nicht mehr isoliert gesehen, seine unterrichtliche Bedeutung nicht mehr nur auf das Fach für sich zurückgeführt, sondern das Fach als Folge menschlicher Erkenntnisbemühungen in Verbindung gebracht mit den durch solche Erkenntnisorganisation zwangsweise auch immer eintretenden Erkenntnisfolgen, insbesondere den daraus resultierenden Erkenntnisbeschränkungen. Und da ist es besonders WAGENSCHEIN gewesen, der den Fachunterricht nicht überwinden, sondern überhöhen wollte. Am Fachinhalt soll über diesen selbst hinaus das Fach insgesamt erkennbar werden und weiterhin über das Fach hinaus Einsicht in menschliches Erkenntnisvermögen und dessen Begrenztheit getan werden. Beibehaltung des Fachunterrichts, der aber konsequent zu ganzheitlicher Bildung fortgeführt werden sollte, das ist das wohl bisher entscheidenste Argument für die Beibehaltung des Fachunterrichts gewesen (vgl. hierzu S. 360 ff.).

Nicht eines dieser drei Kernargumente allein, sondern sie alle zusammengefaßt, sprechen für die Beibehaltung des gefächerten Unterrichts, vorausgesetzt es gelingt, ihn in der hier angenommenen Weise fruchtbar werden zu lassen. Fachunterricht sollte so angelegt sein, daß er erstens Heranwachsende zu systematischer Sicht und zweitens zu ebenso systematischer Bewältigung von Welt und Wirklichkeit befähigt und drittens zur Widerspiegelung des Erkenntnisvorgangs auf sich selbst anleitet. Ein Modell für die Planung fächerverbindenden Unterrichts muß gewährleisten, daß diese Möglichkeiten des Fachunterrichts mit in die Planung aufgenommen und so für den vorgesehenen Unterricht aufbereitet werden können.

Zur Planung fächerverbindenden Unterrichts – Ein offenes Modell

**Die Planung fächerverbindenden Unterrichts muß gewährleisten,
daß gravierende Nachteile des Fachunterrichts überwunden werden**
Trotz der langen Tradition fächergeteilten Unterrichts hat es zu allen Zeiten auch Zweifel an seiner pädagogischen Wirksamkeit gegeben. Besonders in der kindzugewendeten Reformpädagogik wurde der Stachel wider den Fachunterricht gelöckt. Argumentiert wurde vor allem damit, daß die Wirklichkeit der Kinder und späteren Erwachsenen nicht dieselbe wie die der Wissenschaftler sei, oder einfacher: daß durch Unterrichtsfächer das Wissen über Welt und Wirklichkeit zersplittert, kästchenweise, oft sogar gegeneinander abgeschottet u. ä. vermittelt würde, wohingegen Welt und Wirklichkeit einheitlich, ganzheitlich, komplex u. ä. seien und auch so erlebt würden. Wo es um Bewältigung von Welt und Wirklichkeit gehe, lasse Fachunterricht die Menschen ›im Regen stehen‹; angesichts ganzheitlich-komplexer Lebensprobleme müsse der einzelne seine ihm vereinzelt und unzusammenhängend vermittelten Kenntnisse selber bündeln und auf das jeweilige Problem fokussieren. Darauf werde er durch Fachunterricht ungenügend vorbereitet. Auch Anhänger des Fachprinzips müssen diese Argumentation anerkennen und sind so gezwungen, nach Abhilfen zu suchen. Fächerverbindender Unterricht als ein *mittleres Prinzip* soll die Vorteile des Fachunterrichts bewahren und seine Nachteile überwinden, zumindest mindern helfen. Er muß mithin auf eine ganzheitlich-komplexe Weise an Welt und Wirklichkeit heranführen, anders ausgedrückt: er muß Begegnungen solcher Art absichern.

Damit die Organisation des Unterrichts auch entsprechend erfolgt, ist in der Planung wesentliches Augenmerk darauf zu legen. Und zwar genügt es hierfür nicht, nach einer wie bisher fachorientierten Planung von Lernzielen und -inhalten nur das Arrangement des Lehr- und Lernprozesses, also bloß die Frage des Weges, der Methode, gemeinsam anzugehen. Zwar muß von Beginn aller Planung an bewußt auf ein Arrangement zugesteuert werden, das ein ganzheitlich-komplexes Lernen zuläßt, darüber hinaus aber muß bereits von Anfang an in allen Planungsdimensionen gemeinsam verfahren werden. Ein Planungsmodell für fächerverbinden Unterricht muß ausweisen, wo und unter welchen Fragestellungen die beteiligten Lehrenden zusammenarbeiten.

**Die Planung fächerverbindenden Unterrichts muß gewährleisten,
daß dieser Unterricht mehr ist als bloß eine additive Zusammenführung
einzelner Unterrichtsfächer**
Unterricht in einer bestimmten Zeit unter ein Thema zu stellen, zu dem dann alle unterrichteten Fächer einen ihrer traditionellen Beiträge leisten, löst die Forderung nach Beibehaltung der Vorteile und Überwindung der Nachteile des Fachunterrichts nicht ein. Dabei schaut allenfalls ein durchaus interessanter und themenzentrierter Unterricht heraus, doch bleiben die Beiträge einzelner Fächer in der Regel unverbunden nebeneinanderstehen. Das Thema bildet dabei durchaus einen didaktischen Kitt, so daß oberflächlich der Eindruck eines vernetzten und sehr gefälligen Unterrichts entstehen kann. Doch zur Legitimation reicht das nicht aus. Pädagogische Legitimation kann ausschließlich vom Standpunkt der betroffenen Lernenden aus erfolgen. Also müssen bildungstheoretische Überlegungen angestellt werden, die dazu führen, daß Fachbeiträge integrierenden Charakter erhalten, d. h. für sich zwar wahrnehmbar und auch legitimierbar bleiben, doch darüber hinaus geradezu essentielle Bausteine für Bildung und Erziehung der Heranwachsenden sind.

Ein Planungsmodell für fächerverbindenden Unterricht muß sicherstellen, daß alle Fachbeiträge unter ein leitendes Ziel gestellt werden und ihre Berechtigung von hier aus erfahren. Es muß dazu anleiten, einen Begründungszusammenhang für alle Einzelentscheidungen über Unterricht zu vereinbaren und einzuhalten.

Die Planung fächerverbindenden Unterrichts muß gewährleisten, daß ein der Situation entsprechendes Lehr-Lern-Arrangement getroffen wird
Für fächerverbindenden Unterricht gibt es nicht bloß ein methodisches Konzept, sondern es bieten sich alle möglichen Lehr- und Lernformen an, sofern sie nur den impliziten Zielsetzungen dieser Unterrichtsorganisation sowie den expliziten Zielen der jeweiligen Unterrichtseinheit entsprechen. Zu oft findet man in der Praxis Vorentscheidungen methodischer Art, zu oft wird beispielsweise gleich von Anfang mit der Absicht zusammengearbeitet, einen *Projektunterricht* zu installieren. Ob aber dieser oder ein ganz anderes methodisches Arrangement als erfolgversprechend in Frage kommt und zwischen den Beteiligten vereinbart werden sollte, läßt sich bloß angesichts der gesamten Situation und den für diese bereits getroffenen Entscheidungen – über z. B. besondere Ziele, Strukturierung des Themas – beurteilen.

Ein Planungsmodell für fächerverbindenden Unterricht muß deshalb unbedingt die Frage der Unterrichtsmethode so lange offenhalten wie nötig und muß die Beteiligten anleiten, sich um ein situationsgerechtes Lehr-Lern-Arrangement zu bemühen.

Das hier im folgenden vorgeschlagene Planungsmodell nimmt also zum einen aktuelle Postulate und auch aktuelle didaktische Lösungsvorschläge dafür auf, begreift sich aber zum zweiten auch als ein grundsätzlich offenes Modell, offen für alle Schularten und -stufen, für alle Fächer und Lehrenden, für alle ernstzunehmenden Legitimationskonzepte, für alle Situationen.

8.2 Zur Systematik der Planung

Um die Planung fächerverbindenden Unterrichts als eine übliche, zugleich aber besondere Planungsaufgabe von Lehrern auszuweisen, wird für ihre Darstellung folgende Systematik gewählt:
1. Die sich bei alltäglicher Unterrichtsplanung stellenden Planungs*felder* werden aufgelistet.
2. Die für die Planung fächerverbindenden Unterrichts wichtige *Beteiligung von Lehrern* wird geklärt.
3. Die in den einzelnen Planungsfeldern anfallenden Planungs*aufgaben* und *-tätigkeiten* werden vorgestellt und im einzelnen erörtert.
4. Ein Vorschlag für den *Entwurf* einer Planung fächerverbindenden Unterrichts wird dargestellt.

8.2.1 Planungsfelder
In allen didaktischen Modellen für die Unterrichtsplanung finden sich einzelne Planungsfelder, und zwar jeweils in Anlehnung an die besonders verwendeten Kategorien für das didaktische Geschehen. Dabei fällt auf, daß trotz mancher Unterschiede im

Zur Planung fächerverbindenden Unterrichts – Ein offenes Modell

Grunde genommen immer wieder dieselben Felder gemeint sind, und zwar m. E. die folgenden:

1.

Bedingungen
(Erfassung und Analyse)

⇩

2.

Ziele
(Legitimation, Bestimmung / Begründungszusammenhang)

⇩

3.

Inhalte / Themen
(Strukturierung)

⇩

4.

Methoden / Medien / Sozialformen
(Lehr-Lern-Arrangement)

Abb. 25: Auf Unterricht bezogene Planungsfelder

Wenn statt des üblichen Unterrichts nunmehr aber fächerverbindender Unterricht geplant werden soll, muß eine weitere Phase der Planung hinzutreten, und zwar als Vor-Phase vor die Regelplanung. Dabei geht es vor allem darum, daß eine fächerverbindende Planung überhaupt erst in Bewegung kommt, d. h. jemand muß die maßgebliche *Initiative* ergreifen. Deshalb soll hierfür von *Initiativ-Phase* gesprochen werden:

Vor-Phase

Initiativ-Phase

Es sei gleich hier davor gewarnt, die Phasenfolge – abgesehen von der Initiativ-Phase – als eine stringent einzuhaltende und in immer derselben Anordnung zu bearbeitende Vorgehensweise zu begreifen. Erfahrungen zeigen, daß sich eine solche Folge von Planungsaktivitäten anbietet, weil man durch sie in der Regel die gesamte Planung mit geringstem Aufwand und effizient vornehmen kann. Doch grundsätzlich ist Planung ein Prozeß, bei dem eigentlich alle Felder gleichzeitig in den Blick genommen werden müßten, weil sie alle in einem interdependenten Zusammenhang stehen, sodaß sich Entscheidungen in einem Feld simultan auf alle anderen auswirken können. Und das würde z. B. verlangen, nach jeder neuen Entscheidung alle bisher schon getroffenen zu überprüfen und erneut zu treffen. Da eine solche ständige Rückkoppelung aber aus einsichtigen Gründen einfach unmöglich ist, genügt es, sich bei allem linearen Fortschreiten immer wieder der faktischen Vernetzung aller Entscheidungen in allen Feldern bewußt zu sein und bei erkennbar eintretenden Widersprüchen oder auch bloß großen Reibungsverlusten alle Entscheidungen aufeinander abzustimmen.

8.2.2 Beteiligung von Lehrern

Fächerverbindender Unterricht wird stets von mehreren Lehrern erteilt werden müssen, abgesehen möglicherweise vom Unterricht in den ersten Grundschulklassen. Das erfordert, in einem Planungsvorschlag auch darüber etwas auszusagen, wie die Lehrer an den einzelnen Planungsfeldern beteiligt sind, ob immer alle, nur einige oder gar bloß einer allein ein Planungsfeld zu bearbeiten hat. Vorgeschlagen wird folgende Beteiligung:

> **Initiativ-Phase**
> Hier ist vor allem der Klassenlehrer gefragt,
> der alle in Frage kommenden Lehrer zusammenruft.

⇩

Planungsschritt ①

> **Bedingungen**
> Alle am Thema beteiligten Lehrer

⇩

Planungsschritt ②

> **Ziele**
> Alle am Thema beteiligten Lehrer

⇩

Planungsschritt ③

> **Inhalte/Themen**
> Lehrer eines Faches
> (einzeln oder Gruppe)

⇩

Planungsschritt ④

> **Methoden/Medien/Sozialformen**
> Alle am Thema beteiligten Lehrer

Abb. 26: Beteiligung der Lehrer

Über die *Rahmenbedingungen* der vorgesehenen fächerverbindenden Unterrichtseinheit müssen alle beteiligten Lehrer Bescheid wissen, da sie für alle didaktischen Entscheidungen zu berücksichtigen sind. Deshalb sollten auch alle an der Erfassung und Analyse der maßgeblichen Bedingungen beteiligt werden. Die Beteiligung aller Lehrer bietet zudem noch den Vorteil, daß unter Umständen eine umfassendere Erfassung und Analyse stattfinden kann, weil die Kenntnis aller in die Waagschale geworfen wird. Selbstverständlich ist, daß eine gemeinsame Vereinbarung über die *Zielsetzung* der Unterrichtseinheit getroffen wird. Nur wo alle beteiligten Lehrer sich für ein- und dasselbe Ziel bzw. einen Komplex von Zielen aussprechen, wird es bzw. er auch durch später getrennte Bemühungen zu verwirklichen sein. Hier wird der Begründungszusammenhang für die Unterrichtseinheit erstellt. Und dieser kann nur durch einen gemeinsamen Konsens entstehen, er kann nicht oktroyiert werden. Daher müssen alle in Frage kommen Lehrer sich an der Zielfindung und -formulierung beteiligen. Die Befassung mit dem *Thema* bzw. den Teilthemen oder Themenaspekten, aus der/denen die Strukturierung erwächst, kann hingegen durch die jeweils zuständigen Fachlehrer oder Fachlehrergruppen erfolgen. Sicherlich wäre auch hier die gemeinsame Arbeit vorzuziehen, doch scheint mir das besonders aus Gründen zeitlichen Aufwands u. ä. kaum möglich zu sein. Zudem erfolgt, wie später noch dargestellt wird, ein Informationsaustausch, bei dem mögliche Interpretationsunterschiede u. ä. aufgegriffen werden können. Was die abschließende Planung des *Lehr-Lern-Arrangements* angeht, so sollten die Lehrer wieder zusammenarbeiten. Nur dadurch scheint mir möglich zu werden, daß weder einseitige Methodenkumulationen zu methodischer Schlagseite der Unterrichtseinheit führen, noch methodische Dysfunktionalitäten – hier: sich gegenseitig aufhebende Maßnahmen – sich einstellen können. Methodenvielfalt ist geboten und kann so in der Planungsphase auf Zielsetzungen und Inhalte abgestimmt und untereinander vereinbart werden.

8.2.3 Planungsaufgaben und -tätigkeiten

Die in den Planungsfeldern anstehenden Planungsaufgaben und -tätigkeiten werden schrittweise dargestellt und – wo nötig – kurz erläutert. Auch hier werden übersichtliche und verkürzende Darstellungsformen gewählt, die eine schnelle Information ermöglichen.

Initiativ-Phase

Planungsziel:

Einigung aller in Frage kommenden Lehrer, ein bestimmtes Thema fächerverbindend zu unterrichten.

Planungsaktivitäten:

Es ist vor allem Aufgabe des zuständigen Klassenlehrers, durch eine gezielte Initiative alle in Frage kommenden Lehrer zusammenzurufen und eine Vereinbarung darüber treffen zu lassen, daß ein bestimmtes Thema fächerverbindend unterrichtet werden soll.

Planungsschritt

Bedingungen
Alle am Thema beteiligten Lehrer

Planungsziel:

Bestmögliches Erfassen, Erkennen, Analysieren aller Umstände, Voraussetzungen, Faktoren, die sich möglicherweise auf den beabsichtigten Unterricht auswirken können. Bestmögliche Kenntnis ihrer voraussichtlichen Wirkungen auf den vorgesehenen Unterricht.

Planungsaktivitäten:

1. Lehrplanaussagen zum fächerverbindenden Thema
Unterricht in Schulen findet nun einmal nicht im luftleeren Raum statt, sondern ist aus einsichtigen Gründen (vgl. S. 216ff.) an Lehrplanvorgaben zu orientieren und anzubinden. Dies umso mehr, wo Landes-Lehrpläne ausdrücklich fächerverbindende Themen vorschreiben, wie dies beispielsweise bei den ›Bildungsplänen‹ in Baden-Württemberg der Fall ist, in denen jahrgangsweise bis zu fünf solcher Themen zu finden sind. Man erkundet hier gleichsam den gesetzlich-administrativen Rahmen für die fächerverbindende Unterrichtseinheit, und zwar sowohl die konkreten inhaltlichen Forderungen wie auch den den Lehrern möglichen Spielraum.

- Jahrgangszuordnung
  Welchem Klassenjahrgang ist das Thema zugeordnet? Welchem läßt es sich am besten zuordnen? Welches der zugeordneten maßgeblichen Themen sollte aufgegriffen werden?
- Zielsetzung
  Ist dem Thema bereits von seiten des Lehrplans eine bestimmte Zielsetzung beigegeben oder steht sie im Belieben der Planenden? Wie ordnet sich das fächerverbindende Thema der Zielsetzung des Faches oder Lernbereichs, der Fächergruppe unter bzw. wie dem jahrgangs- oder stufenspezifischen Auftrag (besonders bei zeitlich horizontal angeordneten Bildungsplänen)?
- Aspekte des Themas
  Sind Aspekte des Themas zusätzlich angezeigt oder gar verbindlich gemacht? Welche? In welche Fächer verweisen sie? Wo müßten sie fachintern aufgegriffen werden? Welche müssen unbedingt durchgehend eingenommen werden?
- Hinweise
  Finden sich zusätzliche Hinweise? Sind Hinweise auf Erfahrungen, weitere Intentionen der Lehrplangestalter, auf andere Planungsdimensionen und -felder usw. vorhanden?
- Lehrplanbezüge
  Werden Fächerverweise gemacht? Liegt möglicherweise eine Spiralanordnung vor, die zu Rückblicken und Vorausschauen in den Lehrplan zwingt? Welche Form weist der Lehrplan überhaupt auf? Welchen Grad an Verbindlichkeit hat er?

2. Allgemeine dauerhaft wirksame Voraussetzungen

Es gibt Voraussetzungen, die nicht bloß situativer Art sind und sich *hic et nunc* auswirken, sondern solche, die über längere Zeit hinweg bedingungssetzend sind. Möglicherweise sind sie schon früher einmal erfaßt worden; dann aber kommt es noch immer darauf an, sie in Bezug zum besonderen Thema zu setzen und ihre Auswirkungen darauf zu reflektieren.

- Schulsystemebene (z. B. besonderer Erziehungs- und Bildungsauftrag der Schulart, -stufe u. ä.)
  Lehrplänen sind in der Regel präambelähnlich die aus den jeweiligen Schulgesetzen der Bundesländer entnommenen Aufgaben von Schulen vorangestellt. Dabei wird oft unterschieden zwischen den allgemeinen Erziehungs- und Bildungsaufträgen, die das Schulgesetz allen allgemeinbildenden Schulen vorschreibt, und den besonderen Erziehungs- und Bildungsaufträgen, die den einzelnen Schularten oder Schulstufen aufgegeben sind. Alle schulischen Maßnahmen müssen sich letztlich um Erreichung dieser Zielsetzungen bemühen. Demnach ist auch das fächerverbindende Thema auf seine zielerreichenden Möglichkeiten hin abzuklopfen. Sein Stellenwert für den Erziehungs- und Bildungsauftrag der Schule ist so genau wie nur möglich zu bestimmen und festzuhalten.
- Schulebene (z. B. räumliche Lage und Ausstattung; Lehrerressourcen)
  Die in der Regel von allen Beteiligten für hinlänglich bekannt gehaltenen Schul-Bedingungen sind hinsichtlich ihrer möglichen positiven wie einengenden Wirkungen bei Durchführung des besonderen Themas zu durchdenken. Das sollte so konkret wie nur möglich geschehen, denn eine in Gedanken vorwegnehmende Behandlung des Themas geschieht jetzt zu diesem Zeitpunkt; was jetzt nicht geklärt wird, wird sich später unversehens und unter Umständen außerordentlich nachteilig auswirken. Man sollte nicht vergessen: Bekanntermaßen *steckt der Teufel im Detail!* Schludereien und Nachlässigkeiten hier rächen sich späterhin. Das kann sicher auch nicht nur am grünen Tisch vor sich gehen; man wird sich sicherlich in verschiedene Räumlichkeiten, in Mediensammlungen usw. begeben müssen, um konkrete Kenntnisse zu erlangen. Man wird Lehrerinteressen, -bedürfnisse, -wünsche einholen müssen; man wird offen miteinander umgehen müssen...
- Klassenebene (z. B. Schülerpotential; Raum- und Materialressourcen)
  Alle über die beteiligten Lernenden einholbaren Informationen sind auch einzuholen. Dabei werden einerseits die realen Fakten aufbereitet: Zahl, Alter, Verteilung der Schüler u. ä.; Ausstattung der verfügbaren Räumlichkeiten usw. Andererseits wird es oft sicher auch darauf ankommen, hier geradezu zwangsläufig ins Spiel kommende Vorurteile – mögen sie nun positiver oder negativer Art sein – rational aufzuarbeiten, um sie nicht doch ungewollterweise sich auswirken zu lassen.

3. Besondere kurzfristig wirksame Voraussetzungen

Neben dauerhaft wirksamen Bedingungen finden sich auch solche, die in der Regel bloß situativ wirksam sind oder werden können. Erfaßt und reflektiert werden müssen sie auf jeden Fall, um zu vermeiden, was umgangssprachlich als *kurz daneben ist auch vorbei* ausgedrückt wird. Wenn es je Konsens über einen Sachverhalt in der didaktischen Theoriebildung unseres Jahrhunderts gegeben hat, dann darüber, daß alles Lerngeschehen sich in je besonderen Situationen ereignet und daß dementsprechend auch alles didaktische Denken und Entscheiden dies berücksichtigen und selbst ebenso situativer Art sein muß. Das aber verlangt, die Bedingungsstruktur der Situation genau zu kennen.

- Entwicklungsstand der Schüler (z. B. Alterserscheinungen)
  Neben allgemeinen wissenschaftlich erreichten Kenntnissen über Entwicklungs-, Reifungs-, Lernstand von Schülern sollten hier Besinnungen auf gerade die Schüler erfolgen, die hier unterrichtet werden sollen. Aus Klischees heraus – und in die Befindlichkeit der besonderen Schüler hinein, das stellt sich als Planungsaufgabe hier.
- Sachstruktureller Entwicklungsstand der Schüler (Lernstatus hinsichtlich des anstehenden Themas)
  Noch präziser sollte der je besondere Lernstatus der besonderen Schüler zu dem anstehenden besonderen fächerverbindenden Thema erhellt werden. Was genau wissen/können/wollen gerade diese Schüler bereits im Hinblick auf diese Thematik? Daraus lassen sich dann später Konsequenzen ziehen, wie z. B. darauf, was unbedingt, was wünschenswerterweise oder was vielleicht gar nicht mehr aufgegriffen und behandelt werden muß.
- Aktuelle Vorgänge (z. B. außerhalb der Schule: Zeitströmungen; bes. Ereignisse; innerhalb der Schule: Ereignisse, Schuljahrsdaten)
  Es ist nicht nur notwendig, Bezug auf sie zu nehmen; es bietet auch Vorteile, sie einzubeziehen, sich auf sie zu beziehen. Das sichert einen in sachlicher Hinsicht ganzheitlichen Unterricht ab.

⇩

Dokumentation derjenigen Voraussetzungen, die als bedingungswirksam für den beabsichtigten Unterricht angesehen werden und deshalb von allen Beteiligten im weiteren Planungsprozeß beachtet werden sollten.

Planungsschritt ②

Ziele
Alle am Thema beteiligten Lehrer

Planungsziel:

Rechtfertigung, Bestimmung, Formulierung der Lernziele, die mit dem beabsichtigten Unterricht angestrebt werden. Der Begründungszusammenhang für die fächerverbindende Unterrichtseinheit wird gelegt.

Auf jeden Fall muß hier ein umfassender Konsens erreicht werden, wenn fächerverbindender Unterricht seine zweifellos möglichen Vorteile auch aktualisieren soll; ansonsten würde es bei einem bloß gefälligen, additiven Unterricht bleiben. Und der Konsens muß für jeden einzelnen beteiligten Lehrer zum Inhalt eines Vertrages werden, durch den er sich und seine didaktischen Aktivitäten für den Verlauf der Einheit an das gemeinsam verantwortete Ziel bindet. Neben die Formulierung von Lernzielen muß demnach unbedingt das gemeinsame Bekenntnis dazu treten.

Planungsaktivitäten:

1. Bezugnahme auf den Lehrplan
Das besondere fächerverbindende Thema ist in den umfassenden pädagogischen und didaktischen Auftrag der Schule einzuordnen; es geht also um Grundlegung von Kontinuität des Unterrichts. Dabei sind die möglichen Beiträge der beteiligten Fächer zu klären. Gemessen an den bereits im ersten Planungsschritt erhobenen Aussagen von Lehrplänen, stellt sich hier als neue Aufgabe zusätzlich die konstruktive Wendung der Lehrplanaussagen: Die Vorgaben gehen nunmehr als Implikationen in die Rechtfertigung, Bestimmung und Formulierung von Lernzielen ein, mit denen sich die beteiligten Lehrer identifizieren können und die sie unbedingt in ihren Lehranteilen zu verwirklichen suchen müssen. Von Vorteil wäre es, wenn es hier – ganz im Sinne von WENIGER und KLAFKI (›didaktische Analyse‹) (vgl. S. 47ff.) – zur Einsicht und möglicherweise sogar zum Nachvollzug in die pädagogische Begründung der Lehrplangestalter für das fächerverbindende Thema käme.

Die Lehrplananalyse und -interpretation bezieht sich vor allem auf folgende Punkte:

- Besondere Zielsetzung des fächerverbindenden Themas
- Pädagogischer Auftrag des Schuljahres
- Pädagogische Aufträge der beteiligten Fächer
- Pädagogischer Auftrag der besonderen Schulart oder -stufe (und der Schule überhaupt)

2. Bezugnahme auf die Bildungstheorie
Lehrpläne implizieren zwar Bildungsvorstellungen, doch selten in der umfassendvollständigen oder gar systematischen Art von ausdrücklichen Bildungstheorien. Deshalb sollten die Planenden unbedingt Bezug auf eine von allen anerkannte Bildungstheorie nehmen und von ihr aus noch einmal ihre Legitimation der Zielsetzungen vornehmen. Vor allem: Lehrer sind nicht bloß Umsetzer von Lehrplanvorgaben, sondern

integrieren diese unter den Bedingungen und Möglichkeiten der Unterrichtssituation, besonders aber den Bildungsansprüchen ihrer Schüler, in ihr didaktisches Geschäft. Und dieses wird in der Regel von mehr oder weniger explizit vorhandenen Bildungstheorien her gerechtfertigt (ob Lehrer das nun mehr bewußt oder unbewußt tun, wird hier nicht diskutiert). Ausdrückliche und verständlich formulierte Bildungstheorien werden von Lehrern didaktisch instrumentalisiert und leisten die nötige Integration aller Aktivitäten bei Planung, Vorbereitung und Durchführung des Unterrichts. Lehrer sollten sich stets dessen bewußt sein, daß sie professionelle Erzieher und Lehrende sind, von denen zu recht erwartet werden kann, daß sie ihre Gedanken und Maßnahmen auf eine rationale und nachvollziehbare Basis stellen. Und was läge da näher, als sich auf aktuelle Bildungstheorien zu beziehen, von dort aus die situative Rechtfertigung, Bestimmung und Formulierung von Lernzielen für die fächerverbindende Unterrichtseinheit vorzunehmen.

Als Beispiele für aktuelle Bildungstheorien seien drei Ansätze in Stichworten angeführt:

- *Exemplarischer Bezug 1: Bildungstheoretische Didaktik nach* WOLFGANG KLAFKI
  Individualbildung: Beitrag zur Förderung der drei Grundqualifikationen =
  - Selbstbestimmungsfähigkeit
  - Mitbestimmungsfähigkeit
  - Solidaritätsfähigkeit

  Allgemeinbildung: Erörterung der Förderung unter drei Aspekten =
  - Chancengleichheit für alle betroffenen Lernenden
  - allseitige Bildung
  - Bildung durch das Allgemeine (›Schlüsselprobleme‹)

  Literatur: KLAFKI, Wolfgang: Neue Studien zur Bildungstheorie und Didaktik. 2., erw. Aufl., Weinheim u. Basel 1991

- *Exemplarischer Bezug 2: Lernziel Handlungsfähigkeit*
  Handlungsfähigkeit setzt voraus =
  - solide Kenntnisse
  - virtuose Fertigkeiten
  - feste Einstellungen/Haltungen
  - Schlüsselqualifikationen

  Handlungsfähigkeit ist ein ganzheitlich-integratives Ergebnis aus =
  - Fach-/Sachkompetenz
  - Sozialkompetenz
  - Methodenkompetenz

  Literatur: PETERSSEN, Wilhelm H.: Lehrerwissen – Schülerwissen. In: Lehren und Lernen. 19. Jg. 1993, H. 7, S. 8ff.

- *Exemplarischer Bezug 3: Bildung 2000 (*KLEMM/ROLFF/TILLMANN*)*
  Bildung ist an fünf Merkmale gebunden =
  - Gestaltbarkeit
  - Durchschaubarkeit

- Sinnlichkeit
- Ganzheitlichkeit
- Solidarität

Literatur: KLEMM, Klaus/ROLFF, Hans-Günter/TILLMANN, Klaus-Jürgen: Bildung für das Jahr 2000. Reinbek 1985, bes. S. 168ff.

3. Bestimmung und Formulierung der Lernziele

Was diese Aufgaben betrifft, so kann man hier den Vorschlägen vor allem der lernzielorientierten Didaktik folgen (vgl. S. 114ff.). Was wichtig ist, um den bis jetzt getroffenen Konsens über Zielsetzungen auch für die Dauer der Unterrichtseinheit wirksam sein zu lassen, ist die möglichst präzise und eindeutige Formulierung der Lernziele. Sie werden für den einzelnen Lehrer wie für Lehrergruppen, die künftig an der Einheit weiterarbeiten, gleichsam zum roten Faden, zum Maßstab, an dem sie ihre didaktischen Aktivitäten orientieren, auf Zutreffenheit und Gültigkeit messen können. Denn die Ziele müssen jeden Abschnitt, jede Dimension der Unterrichtseinheit durchziehen, um diese tatsächlich zu einer fächerverbindenden werden zu lassen. Vor allem müssen sie zunächst zur Befassung mit den Lerninhalten der einzelnen beteiligten Fächer herangezogen werden, wenn diese auf mögliche Beiträge zur Zielverwirklichung hin untersucht werden. Die Formulierung muß so erfolgen, daß die Ziele zur Integrationskraft werden und aus einem bloß Fachbeiträge bündelnden einen tatsächlich fächerverbindenden Unterricht machen.

⇩

Dokumentation der Vereinbarungen zwischen den beteiligten Lehrern über die für notwendig und möglich erachteten Lernziele, an die sich alle weitere Planung nahtlos anschließen muß. Eindeutige Formulierung der Lernziele, die verfolgt werden sollen.

Planungsstufen: Strukturierungshilfen für die Planungsarbeit des Lehrers

Planungsschritt ③

> **Inhalte / Themen**
> Lehrer eines Faches

Planungsziel:

Strukturierung des Themas, so daß die Lernenden in der Auseinandersetzung damit auch tatsächlich lernen können, was sie lernen sollten. Klärung der von den beteiligten Fächern her möglichen Beiträge für die Erreichung der Lernziele. Auswahl und Ordnung von Lerninhalten.

Planungsaktivitäten

1. Sich-sachkundig-Machen
   (subjektives Wissen aneignen)

Daß man alle didaktische Arbeit am thematischen Inhalt damit beginnt, sich erst einmal selber sachkundig zu machen, wird zwar allgemein und uneingeschränkt anerkannt, doch lehrt die Praxis, daß dies durchaus nicht immer in der gebotenen Weise geschieht. Geboten ist zunächst einmal, sich nicht auf Informationen zu verlassen, die man über das anstehende Thema schon hat oder bloß zu haben meint. Auf jeden Fall gilt es, sich soweit wie möglich, so genau wie möglich, so umfassend wie nötig neu oder erneut über das Thema zu informieren. Geboten ist auch, sich um eigenständige Informationen zu bemühen und sich nicht auf solche aus schon zweiter oder gar dritter Hand zu verlassen. Das ist eines professionellen Erziehers nicht nur nicht würdig, sondern läßt ihn möglicherweise unvermutet in Fallstricke geraten, wie sie durch tendenziöse, interessenorientierte, ideologische u. ä. Informationsangebote an Lehrer absichtlich ausgelegt wurden. Und auch hier *steckt der Teufel im Detail,* was heißen soll: Gerade bei anscheinend offensichtlichen und einfach erscheinenden Sachverhalten wird gerne auf solide Informationssammlung verzichtet. Und das führt erfahrungsgemäß nicht selten zu absurden Lehrsituationen. Beteiligte Lehrer müssen sich immer wieder neu aus dem ungeheuren Vorrat an objektivem Wissen den für die Unterrichtsarbeit notwendigen Stand subjektiven Wissens aneignen. Und durch ihre wissenschaftliche Ausbildung sind sie dazu befähigt.

2. Fachliche Relevanzprüfung und Auswahl
   (mögliche Förderung der Fach-/Sachkompetenz)

Um die besonderen Kräfte des je besonderen Faches in die fächerverbindende Einheit einbringen zu können, sollte man zuerst einmal sich darüber ein klares Bild verschaffen. Worin liegen die fachspezifischen Bildungskräfte der hier vorgesehenen Inhalte? Sollten sie eingebracht werden oder besser übergangen werden, um die übergeordnete Zielsetzung erreichen zu können? Was für sich und fachspezifisch betrachtet didaktisch positiv erscheint, muß nämlich im Zusammenhang mit anderen Beiträgen nicht unbedingt auch die positive Wirkung beibehalten. Da sind sorgfältige Überlegungen anzustellen, möglichst im Fachlehrerkreis.

3. Überfachliche Relevanzprüfung und Auswahl
(mögliche Förderung von Sozial- und Methodenkompetenz; ... von Bildung im Sinne...)

Erst nach der fachlichen Frage sollte jene nach der allgemeinen bildungswirksamen Kraft der ins Auge gefaßten Inhalte gestellt werden. Dann aber sollte sie so intensiv wie möglich verfolgt werden. Die Gefahr ist groß, sich hier an Vorurteile zu klammern und Pauschalismen zu tradieren. Es geht um die Feststellung des in dieser einen fächerverbindenden Einheit möglichen Bildungsbeitrages durch die besonderen Inhalte des Faches. An fachorientiertes didaktisches Denken gewöhnte Leser tun sich hier zwangsläufig schwer und sollten sich besonders stark um die über Fachgrenzen hinausgehende Sichtweise bemühen. Es lohnt sich! Zum Maßstab wird, wie schon einmal erwähnt, vor allem die zugrundegelegte Bildungstheorie mit ihren zentralen und didaktisches Denken zentrierenden Kategorien. An ihnen läßt sich leicht reflektieren, ob und welche Beiträge aus dem Fach und den besonderen Fachinhalten her für die übergeordneten und vorher vereinbarten Zielsetzungen möglich sind. Mut gehört sicherlich dazu, fachlich liebgewordene Inhalte unter Umständen über Bord werfen zu müssen; nach meiner Erfahrung kommt man aber bei konzentrierendem Unterricht gar nicht darum herum.

4. Ordnung der ausgewählten Inhalte
(diachrone Ordnung)

Für die fachlichen Beiträge sollten Ordnungen vorgenommen werden, bevor man das Lehr-Lern-Arrangement beschließt. Dabei können und sollten auf der einen Seite fachlogische Gesichtspunkte eine Rolle spielen, auf der anderen Seite sollten aber auch didaktische Vorstellungen wesentlich berücksichtigt werden, um eine den Notwendigkeiten wie dem Wünschenswerten entsprechende diachrone Ordnung der Lerninhalte vorzunehmen. Daß sich die Reflexion dabei bis tief in Argumente aus dem Psychologischen und Anthropologischen hinein zu begeben hat, versteht sich von selbst. Nicht nur die Fachsystematik schreibt bestimmte Folgen vor – m. E. aber weitaus weniger als in der Regel angenommen wird! –, auch medizinische wie psychologische Erkenntnisse tun dies. Bewußt machen sollten sich die Lehrer die von ihnen verfolgten didaktischen Prinzipien und Konzepte, denn oft legen diese auch ganz bestimmte Folgeordnungen für Lerninhalte nahe.

5. Vermittlungsgesichtspunkte

Nicht methodische Überlegungen i. e. S. sollten schon hier angestellt werden (Wie soll gelernt werden?), sondern solche, die einst KLAFKI dazu brachten, nach der ›Zugänglichkeit‹ eines Themas, des Sachverhalts für bestimmte Kinder zu fragen (Wie lernen Kinder in der Regel dies?). Heranwachsende bzw. manche Gruppen von Kindern haben zu bestimmten Themen besondere Affinitäten oder schon besondere Weisen entwickelt, an sie heranzugehen. Diese sollten Lehrer sich deutlich zu machen suchen. Dabei spielt auch die Fachsicht eine Rolle: Wie läßt sich gerade dieser Sachverhalt unverfälscht, unverfremdet usw. darstellen? Man gewinnt hier aus Sicht des Inhalts Einsichten, die in die späteren Methodenentscheidungen eingebracht werden sollten.

⇩

> **Dokumentation des Sachverhalts und der getroffenen Auswahl von Inhalten in übersichtlicher Weise, mit Zuordnung möglicher Zugänge durch die Lernenden.**

Planungsschritt ④

Methoden / Medien / Sozialformen
Alle am Thema beteiligten Lehrer

Planungsziel:

Vereinbarung über ein fächerverbindendes Arrangement, das erfolgreiche Lernprozesse hinsichtlich des anstehenden Themas unter den zugeordneten Zielsetzungen gewährleisten kann.

Planungsaktivitäten:

1. **Austausch über die bisher ausgewählten Beiträge und deren fachliche und überfachliche Bedeutung für die vorgesehenen Lernziele**

Vorgeschlagen wird, daß die Themen-Strukturierungen der Lehrer oder Lehrergruppen zunächst allen Beteiligten einzeln bekanntgemacht werden. Dabei sollte jedem klar werden, worin der zielförderliche Beitrag der Einzelinhalte oder Inhaltskomplexe gesehen wird. Diskussionen sind zuzulassen; Revisionen, Umstellungen, Kürzungen usw. sind erforderlichenfalls vorzunehmen; erwünschte zusätzliche Informationen sind zu liefern.

2. **Ordnung der vorgesehenen Beiträge**
   - **in synchroner und**
   - **diachroner Weise**

Ergebnis dieser Ordnungsphase muß eine Art Raster sein, in dem alle einzelnen Beiträge in ihrem zeitlichen Zueinander – nebeneinander und nacheinander – angeordnet sind. Soweit auch situative Bedingungen eindeutig zugehörig sind, also z. B. Räume, Lehrer usw., können sie ebenfalls schon hier in das Raster aufgenommen werden. Ordnung ist nötig und erleichtert die weitere Zusammenarbeit. Aber: Die einmal geschaffene Ordnung darf nicht zum Selbstzweck verkommen, sondern muß als durchaus veränderbar betrachtet werden.

3. **Zuordnung von ›Methoden‹**
   - **methodische Prinzipien / Grundsätze**
   - **methodische Konzeptionen**
   - **methodische Aktivitäten von Lernenden und Lehrenden (zugleich: Sozialformen)**

Hier beginnt die eigentlich methodische Strukturierung der Unterrichtseinheit; hier wird das Design für die gesamte Lehr-Lern-Einheit geschaffen. Dabei hilft bekanntes Kategoriendenken Ordnung in das Arrangement zu bringen (vgl. die oben an drei Punkten ausgerichtete Kategorisierung). *Didaktische Prinzipien,* an die alle sich halten sollten, müssen erörtert und verständlich gemacht werden, bevor man sich auf sie einigen kann. Kommt eine Einigung zustande, dann sollten die Prinzipien – z. B. selbstgesteuertes Lernen, wo immer möglich! Realbegegnungen, wo immer sie sich anbieten! – schriftlich festgehalten und plakativ später über dem methodischen Arrangement angeordnet werden. Es gibt mittlerweile *methodische Konzeptionen*, von denen angenommen wird, daß sie eher als andere für fächerverbindenden Unterricht in Frage kommen, wie beispielsweise Projektlernen. Grundsätzlich sollten die Beteiligten aber offen für alle nur möglichen Konzepte sein und sich nicht von vornherein Beschränkungen auferlegen. Eine fächerverbindende Einheit ist so komplex und so umfassend, daß im Grunde genommen alle nur möglichen bekannten methodischen Ansätze in Frage kommen. Wichtig ist nur, daß die gewählten Methoden zum einen genau dort, wo sie inhaltlich bezogen und zeitlich eingesetzt werden sollen, auch tatsächlich isomorph sind und daß sie zum anderen im Rahmen der gesamten Einheit auch nicht nur ein Körnchen Sand für Lehren und Lernen bedeuten. Über bereits bekannte sollten auf jeden Fall auch neue methodische Ansätze eingebracht werden; alle sich einordnenden Einfälle sind erwünscht, methodische Phantasie ist vonnöten. Das wird sich am ehesten darin erweisen, wie die *Aktivitäten von Lehrenden und Lernenden* im einzelnen vorgesehen sind. Wer tut was, wie, wo und mit wem? Für mich gehören hierhin auch Entscheidungen über die je vorgesehene *Sozialform*, über die Art der Zusammenarbeit. Und wenn das Medienproblem herausgelöst und in einer besonderen Phase erörtert wird, dann hat das vor allem seinen Grund darin, daß Medien zusätzlich neben dem Entscheidungsproblem immer auch ein späteres Beschaffungs- oder Herstellungsproblem für Lehrende bedeuten.

4. Auswahl von Medien
Medien müssen sich in das Arrangement einpassen. Sie dürfen nicht bloß nach ihrem Eigenwert ausgewählt werden, sondern immer danach, ob dieser sie für das gesamte Arrangement erforderlich macht oder sie wenigstens zuläßt.

⇩

Dokumentation des gesamten Arrangements, das von allen Beteiligten nur in besonderen Fällen aufgegeben werden darf, in einem übersichtlichen Raster. Aus ihm muß ersichtlich werden, welche Lehr-Lern-Aktivitäten von wem, zu welcher Zeit, an welchem Ort, auf welche Weise vollzogen werden sollen.

Simultane Kontrolle
ständig über den gesamten Verlauf der Einheit hinweg:
gegenseitige Information; Austausch und Vergleich

8.3 Beispiel: Entwurf für eine fächerverbindende Unterrichtseinheit

Thema: Das Feuer – Kultivierung eines Urelements*

Schule:	Grundschule
Schuljahr:	1995/96
Klasse:	4
Zeitraum:	1. 7.–15. 7. 96
Thema:	Das Feuer – Kultivierung eines Urelements
Beteiligte Fächer:	Heimat- und Sachunterricht (HuS)
	Deutsch
	Bildende Kunst (BK)
Beteiligte Lehrer:	Sandra Schilling
	Anja Schuhmacher
	Kathrin Sontheim

1. Übergeordnete Zielsetzung

Das fächerverbindende Thema »Das Feuer – Kultivierung eines Urelements« soll unter folgende pädagogisch übergeordnete Ziele gestellt werden:

Grundlegend soll die Schule und hiermit auch der Unterricht den Kindern Wissen, Fähigkeiten und Fertigkeiten vermitteln und die Kinder erziehen.

Fächerverbindendes Arbeiten soll dabei als durchgängiges Prinzip des Unterrichts gelten und diese grundlegende Zielsetzung mit zu erreichen versuchen.

Insbesondere im freien Arbeiten und im projektorientierten Lernen sollen die Kinder die Möglichkeit haben, fächerverbindend zu Themen aus dem Lehrplan oder aus ihrer eigenen Lebenswirklichkeit zu arbeiten. Durch fächerverbindende Themen soll dem auf Ganzheitlichkeit und auf die Persönlichkeit des Kindes ausgerichteten Bildungsauftrag der Grundschule entsprochen werden.

Der Unterricht (gerade auch der fächerverbindende Unterricht) soll sich am intellektuellen, sozialen, emotionalen und psychomotorischen Entwicklungsstand der Kinder orientieren.

Die Kinder sollen ihre eigenen Erlebnisse und Erfahrungen mit einbringen dürfen.

Daneben soll Handlungsbezug, Lebensnähe und Anschaulichkeit oberstes Gebot sein.

Besonders beim fächerverbindenden Unterricht sollte die Zusammenarbeit der beteiligten Lehrer ein übergeordnetes Ziel sein. Dies sollte sich vor allem auf die Abstimmung der Erziehungsstile, der Lehrweise (Sozialformen, Methoden . . .) und den Erfahrungsaustausch beziehen.

All diese übergeordneten und pauschalen Ziele sollten auch für das Thema »Das Feuer – Kultivierung eines Urelements« gelten und dementsprechend zu erreichen versucht werden.

---

* Dieser Entwurf entstand in einem Seminar im Sommersemester 1996:
  Pädagogische Hochschule Weingarten, Erziehungswissenschaft/Schulpädagogik

2. Beiträge der Fächer

Mit Blick auf die übergeordnete Zielsetzung sollen die Kinder das Feuer als nützliches und faszinierendes Element kennenlernen, sich aber auch dessen Gefahren bewußt werden.

Dazu sollen die Fächer Heimat- und Sachunterricht, Deutsch und Bildende Kunst integrierend ihre Beiträge leisten.

Im einzelnen bedeutet dies:

Heimat- und Sachunterricht

Der Heimat- und Sachunterricht soll bei diesem Thema folgende Beiträge leisten:

Er soll die Kinder ermutigen, Phänomene aus der Natur wahrzunehmen (hier: das Feuer), über Ursachen- und Wirkungszusammenhänge nachzudenken und Erklärungsversuche zu wagen. Die unterschiedlichen Vorkenntnisse und Vorerfahrungen sollen akzeptiert und in den Unterricht miteingebracht werden.

Der Heimat- und Sachunterricht soll die verschiedensten Zugänge zu Naturphänomenen erschließen und den Kindern ermöglichen, selber zu beobachten, zu experimentieren, zu deuten und zu vergleichen.

Entdeckendes Lernen soll hierbei eine wichtige Rolle spielen. Es soll den individuellen Ansichten und Lernformen Raum gegeben werden.

Auch Lehrgänge sollen dazu beitragen, Naturphänomene in all ihren Zusammenhängen zu verstehen.

Die Verknüpfungen zu anderen Lernbereichen sollen die Vielfältigkeit des Themas verdeutlichen.

(Konkrete Ziele siehe Punkt 3)

Deutsch

Das Fach Deutsch möchte auch bei diesem Thema mit dazu beitragen, die sprachliche Bildung und damit die Gesamtpersönlichkeit der Kinder zu fördern. Durch das »Miteinander sprechen« über ein Thema (hier: Feuer) wird die sprachliche Ausdrucksform, die Artikulation usw. verbessert und gestärkt.

Wie bei jedem anderen Thema auch, sollen Situationen geschaffen werden, die die Kinder anleiten, mit eigenen Worten zu argumentieren, darzulegen, Fragen zu stellen und zu beantworten.

Durch das Erzählen in der Gruppe, das Weitergeben von Beobachtungen und Erfahrungen soll die mündliche Sprachfähigkeit gefördert und gestärkt werden.

Desweiteren sollen die Kinder lernen, selbständig mit Bild- und Printmedien umzugehen und diese zu nutzen.

Auch das »schriftliche Element« will beim Thema »Feuer« durch das Fach Deutsch nicht vernachlässigt werden. Das Schreiben von Texten, deren ästhetische Gestaltung (Schrift) usw. soll die kognitiven Fähigkeiten der Kinder unterstützen.

(Konkrete Ziele siehe Punkt 3)

Bildende Kunst

Das Fach Bildende Kunst will beim Thema »Feuer« die Kinder besonders zu bildnerischem Denken und Umsetzen anregen, zur Entdeckung der persönlichen Wahrnehmungs-, Ausdrucks- und Wirkungsmöglichkeiten anleiten.

Das Zeichnen und Malen soll mit dem mündlichen und schriftlichen Sprachgebrauch (Deutsch) kooperieren, aber auch mit dem praktischen Handeln (HuS) in eine Wechselbeziehung treten.
Gestaltungsmotive sollen sich aus dem kindlichen Erfahrungs- und Erlebnisraum, aus Bildern, Geschichten, praktischem Handeln . . . ergeben und so auch die Inhalte aller anderen Fächer aufgreifen.
(Konkrete Ziele siehe Punkt 3)

Ergänzende pädagogische Ziele
Die Kinder sollen
– bei Gruppen- und Partnerarbeit, bei Versuchen und Experimenten das soziale Verhalten, den Umgang miteinander üben.
– diszipliniertes Verhalten auch außerhalb der Schule lernen, etc.

3. Konkrete Ziele der am fächerverbindenden Unterricht beteiligten Fächer:

Heimat- und Sachunterricht
Die Kinder sollen
– zu einem sachgerechten Umgang mit dem Feuer befähigt werden.
– die Bedeutung des Feuers im Leben der Menschen kennenlernen.
– die Zusammenhänge zwischen dem Nutzen des Feuers und den Lebensgewohnheiten der Menschen erschließen.
– erkennen, daß für die Entstehung von Feuer das Zusammenwirken von »Brennmaterial«, Sauerstoff und Zündtemperatur notwendig ist.
– anhand konkreter Situationen Ursachen für Brände und Gefahren für Menschen, Tiere und Pflanzen entdecken.
– Regeln zur Verhütung von Bränden aufstellen.
– bezogen auf Situationen, in denen ein Feuer entstanden ist, angemessene Vorsichtsmaßnahmen entwickeln.
– den regelgerechten Umgang mit gefährlichen Brennstoffen lernen.
– erkennen, daß man Feuer auf verschiedene Weise löschen kann.
– die »Geschichte des Feuers« kennenlernen
– selber versuchen, Feuer zu machen und zwar mit den Mitteln der Urmenschen.
– ihre Ängste vor Feuer bewußt einschätzen und überwinden.
– ihre Neugier und Risikolust, die sie im außerschulischen Spiel mit Feuer zeigen, in angemessener Weise ausleben und abschätzen.
– Versuche und Beobachtungen gemeinsam mit anderen durchführen.
– aktuelle Energieersatzquellen für Feuer kennenlernen und deren Vor- und Nachteile abschätzen.
– Feuerbräuche kennenlernen und darstellen.
– in Eigenarbeit eine Tonlampe herstellen und so praktisch frühere Lichtquellen erfahren.
– bei einem Besuch bei der Feuerwehr ihr Wissen erweitern und festigen.
– in einem Feuerbuch ihre Ergebnisse, Materialien . . . festhalten und sammeln, etc.

Deutsch
Die Kinder sollen
– Texte (Gedicht, Berichte, Informationen . . .) lesen und deren Inhalte erfassen.
– Inhalte wiedergeben und in eigenen Worten darstellen.
– Informationsquellen eigenständig nutzen können (Broschüren, Prospekte . . .).
– eigene Texte verfassen und darstellen (Feuerbuch).
– miteinander reden, diskutieren, vergleichen,
– lernen sich auszudrücken, Fragen richtig zu stellen und auch zu beantworten etc.

Bildende Kunst
Die Kinder sollen
– Texte künstlerisch gestalten.
– gewonnene Erfahrungen, Erlebnisse . . . in Zeichnungen und Bildern ausdrücken.
– Farbe als starkes Ausdrucksmittel kennenlernen und verwenden etc.

Zur Planung fächerverbindenden Unterrichts – Ein offenes Modell

4. Zeitraster

1. Woche

Std.	MONTAG	DIENSTAG	MITTWOCH	DONNERSTAG	FREITAG
1		Deutsch – »Das Feuer« von James Krüß (Gedicht)			
2		Bildende Kunst – Verzieren des Gedichts	HuS – Versuche zur Brennbarkeit		
3			HuS – Versuche zur Brennbarkeit		
4			HuS – Was Feuer alles zum Brennen braucht	Deutsch – Feuer bei den Urmenschen	
5				HuS – Feuer entfachen wie die Urmenschen	HuS – Das Feuer als Lichtquelle
6				HuS – Feuer entfachen wie die Urmenschen (Forts.)	HuS – Herstellung einer Beleuchtungsmöglichkeit aus früherer Zeit
19.00 Uhr	Entzünden eines Lagerfeuers, Grillfest				

343

Planungsstufen: Strukturierungshilfen für die Planungsarbeit des Lehrers

2. Woche Std.	MONTAG	DIENSTAG	MITTWOCH	DONNERSTAG	FREITAG
1	HuS – Elektrischer Strom kann Feuer ersetzen	Deutsch – Zeichen und Symbole in verschiedenen Kulturräumen am Beispiel »Feuer«			Deutsch / HuS – Besuch bei der Feuerwehr
2	Deutsch – Wir sind täglich auf Strom angewiesen		HuS – Feuer kann Schaden anrichten	Deutsch – Vorbereitung des Besuchs bei der Feuerwehr	Deutsch / HuS – Besuch bei der Feuerwehr (Forts.)
3			HuS – Löschen von Bränden		Deutsch / HuS – Besuch bei der Feuerwehr (Forts.)
4					Deutsch / HuS – Besuch bei der Feuerwehr (Forts.)
5					Deutsch / HuS – Besuch bei der Feuerwehr (Forts.)
6					Deutsch / HuS – Besuch bei der Feuerwehr (Forts.)

Zur Planung fächerverbindenden Unterrichts – Ein offenes Modell

3. Woche	MONTAG	DIENSTAG	MITTWOCH	DONNERSTAG	FREITAG
Std.					
1					
2	Deutsch / BK – Dokumentation der fächerverbindenden Unterrichtseinheit »Feuer«				
3	Deutsch / BK – Dokumentation der fächerverbindenden Unterrichtseinheit »Feuer«				
4					
5					
6					

5. Arrangement

Montag, 1. Woche

Thema: Entzünden eines Lagerfeuers
Ziele:
– Feuer praktisch und hautnah erfahren
– verschiedene Brennmaterialien kennenlernen und ausprobieren
– den Nutzen von Feuer erkennen (Wärmen, Grillen . . .)
– das Gedicht »Das Feuer« hören und konkrete Vergleiche herstellen
– soziales Verhalten beim gemütlichen Beisammensein üben
– die Klassengemeinschaft stärken
Methoden/Sozialformen:
– gemütlicher Treff aller (mit Eltern) am Grillplatz (um 19.00 Uhr)
– Entfachen des Feuers durch die Schüler unter Anleitung des Lehrers
– Verwenden von verschiedenen Brennstoffen
– gemeinsames Beobachten und Analysieren
– Gedichtvortrag Lehrer
– gemeinsames Grillfest in fröhlicher Runde
Medien:
– Elterneinladung (Beispiel siehe Seite 355)
– verschiedene Brennmaterialien
– Grillgut
– Gedicht »Das Feuer« von James Krüß

Dienstag, 1. Woche – 1. Stunde

Fach: Deutsch
Thema: »Das Feuer« von James Krüß (Gedicht)
Ziele:
– Die Kinder sollen sich mit Hilfe des Gedichts Feuer vorstellen.
– Sie sollen erkennen, wie genau und ausdrucksstark man mit Worten beschreiben kann.
– Sie sollen diese beschreibenden Worte (Verben, Adjektive) nennen und charakterisieren.
– Es sollen Erinnerungen an das Grillfest geweckt, Erfahrungen ausgetauscht werden.
– Das Gedicht soll niedergeschrieben werden.
Methode/Sozialformen:
– Versammeln der Klasse im Sitzkreis
– Schüler schließen die Augen, hören das Gedicht und stellen sich Feuer vor
– Kinder nennen die beschreibenden Verben, schildern ihre Vorstellungskräfte.
– Sie gehen zurück an ihren Platz und schreiben das Gedicht von der vorbereiteten Folie ab.
Medien:
Folie »Das Feuer« von James Krüß

Zur Planung fächerverbindenden Unterrichts – Ein offenes Modell

Dienstag, 1. Woche – 2. Stunde

Fach: Bildende Kunst
Thema: Verzieren des in der vorhergehenden Stunde abgeschriebenen Gedichts
Ziele:
- Die Phantasie der Schüler soll angeregt werden.
- Sie sollen die Ausdruckskraft von Farben kennenlernen und nutzen, das Geschriebene verzieren.

Methoden/Sozialformen:
- Lehrer leitet die Stunde ein, nennt Arbeitsaufgabe (Verzieren des Gedichts) und Arbeitsmittel (Wachsfarben)
- Er verzichtet auf weitere Hilfestellungen (nur bei Nachfrage), läßt die Schüler eigenständig kreativ werden.

Medien:
- Gedicht
- Wachsfarben

Mittwoch, 1. Woche – 2. + 3. Stunde

Fach: Heimat- und Sachunterricht
Thema: Versuche zur Brennbarkeit
Ziele:
- Die Kinder sollen in eigenen Versuchen verschiedene Materialien testen und nach »brennbar« und »nicht brennbar« einteilen.
- Sie sollen die Ergebnisse in einer Tabelle festhalten.
- Der sachgerechte Umgang mit Feuer soll gelernt werden.
- Bei der Partnerarbeit sollen das Miteinander und Füreinander geschult werden (soziales Lernen).

Methoden/Sozialformen:
- Der Lehrer erklärt im Klassenzimmer die durchzuführenden Versuche, erläutert die Vorsichtsmaßnahmen und den sachgerechten Umgang mit Brennstoffen.
- Durchführung der Versuche auf dem Schulhof in Partnerarbeit.
- Material wird mit einer Zange angefaßt, in Teelichtflamme gehalten und beobachtet.
- Beobachtungen werden auf Arbeitsblatt festgehalten, später gemeinsam ausgewertet.

Medien:
- Eimer mit Wasser
- Brennmaterial (Papier, Stoff, Kohle, Holzspan, dickes Holzstück, Holzspächtelchen, Stein, Metallschraube, Alufolie, Haare, Plastik, Nylon, Styropor, Heubündel, Plastiklineal, Wolle . . .)
- Geräte (Teelicht, Streichhölzer, feuerfeste Ablage, Zange)

Mittwoch, 1. Woche – 4. Stunde

Fach: Heimat- und Sachunterricht
Thema: Was Feuer alles zum Brennen braucht
Ziele:
– Die Kinder sollen in eigenen Versuchen herausfinden, daß für die Entstehung von Feuer das Zusammenwirken von Brennmaterial, Zündtemperatur und vor allem von Sauerstoff notwendig ist.
– Sie sollen Rückschlüsse und Parallelen zur vorhergehenden Doppelstunde ziehen, wo vor allem auf das Brennmaterial eingegangen worden ist.
– Sie sollen sich vor allem der Notwendigkeit des Sauerstoffs bewußt werden.
– Durch die Ergebnisse der Versuche sollen die Schüler zu eigenen Schlußfolgerungen und Erklärungsversuchen angeregt werden.
– Sie sollen bei der Partnerarbeit das kooperierende Miteinander üben.

Methoden/Sozialformen:
– Der Lehrer versammelt die Klasse im Halbkreis um das Pult und erklärt die durchzuführenden Versuche, die vorhandenen Geräte und die Vorgehensweise.
– Er teilt ein Arbeitsblatt aus, auf dem die Schüler ihre Beobachtungen, Daten usw. eintragen sollen.
– Die Schüler führen in Partnerarbeit die Versuche durch, halten ihre Ergebnisse auf einem Arbeitsblatt fest.
– Im Sitzkreis werden die Ergebnisse besprochen und die Schlußfolgerung herausgearbeitet: Feuer braucht zum Brennen neben Brennmaterial und Zündtemperatur unbedingt Sauerstoff.
– Die Schlußfolgerung wird ebenfalls auf einem Arbeitsblatt festgehalten.

Medien:
– Arbeitsblatt (siehe Seite 356)
– drei gleich große Kerzen   (pro Zweiergruppe)
– drei verschieden große Gefäße
– Streichhölzer
– feuerfeste Unterlage
– Uhr

Donnerstag, 1. Woche – 4. Stunde

Fach: Deutsch
Thema: Feuer bei den Urmenschen
Ziele:
Die Schüler sollen erkennen
– wie der Mensch zum Feuer gekommen sein könnte.
– wie der Mensch das Feuer kennen- und beherrschen lernte (Feuer entfachen)
– wie sich durch die Nutzung des Feuers die Lebensgewohnheiten veränderten
Die Schüler sollen üben
– die notwendigen Texte in einem Buch zu finden.
– die wichtigsten Informationen aus den Texten zu entnehmen.
– die Informationen in geordneter Reihenfolge festzuhalten.
– ihr erarbeitetes Wissen mitzuteilen.

Zur Planung fächerverbindenden Unterrichts – Ein offenes Modell

Methoden/Sozialformen:
- Einführung zum Thema durch den Lehrer
- Herstellen eines Fragekatalogs der Kinder an der Tafel
- in kleinen Gruppen bearbeiten die Schüler mehrere Texte aus den ausliegenden Schulbüchern auf diese Fragen hin
- Die Informationen werden auf einer Seite für das Feuerbuch festgehalten.
- Am Ende tragen die Schüler ihre Ergebnisse im Sitzkreis vor.

Medien:
- Verschiedene Schulbücher (Auszüge):
Der Tausendfüßler, Unsere neue Welt: Zur Sache, Im Blickpunkt (BW), Den Sachen auf der Spur, erfahren und begreifen SW, Sachbuch (Südwest 4).

Donnerstag, 1. Woche – 5. + 6. Stunde

Fach: Heimat- und Sachunterricht
Thema: Feuer entfachen wie die Urmenschen
Ziele:
Die Schüler sollen
- die verschiedenen Möglichkeiten des Feuermachens kennenlernen.
- durch eigenes Ausprobieren der Techniken die Schwierigkeiten kennenlernen.
- Bezug zu bereits Gelerntem herstellen können.

Methode/Sozialformen:
- Feststellen der unterschiedlichen Möglichkeiten des Feuermachens im Klassengespräch
- Anhand eines Informationsblattes den Feuerbohrer und die Feuersteine gemeinsam besprechen.
- Nach dem Hinweis auf Sicherheitsvorkehrungen wird in kleinen Gruppen (4 Pers.) versucht, Feuer zu entfachen. Schüler sollten möglichst beide Arten ausprobieren.
- Festhalten der Erfahrungen auf einem Arbeitsblatt.

Medien:
- Informationsblatt »Wie kamen die Menschen zum Feuer?« (nach: Sachbuch Südwest 4, S. 27)
- 4 Paar Feuersteine
- 2 verschiedene Feuerbohrer (s. Informationsblatt)
- Zunder, getrocknetes Gras, kleine Zweige
- feuerfeste Unterlage
- pro Gruppe einen Eimer Wasser
- Arbeitsblatt »Feuer entfachen wie die Urmenschen«: Welche Erfahrungen hast du mit dem Feuerquirl (a), dem Feuerbohrer (b) und den Feuersteinen (c) gemacht?

Planungsstufen: Strukturierungshilfen für die Planungsarbeit des Lehrers

Freitag, 1. Woche – 5. Stunde

Fach: Heimat- und Sachunterricht
Thema: Der Mensch nutzt das Feuer immer besser.
Das Feuer als Lichtquelle.
Ziele:
Schüler sollen
- erfahren, in welchen Bereichen die Nutzung des Feuers eine Rolle spielt(e).
- erkennen, daß durch die Nutzung des Feuers sich die Lebensbedingungen verbessern.
- am Beispiel »Feuer als Lichtquelle« lernen, wie der Mensch die Nutzung des Feuers verbesserte.

Methoden/Sozialformen:
- Einleitung erfolgt als Rückgriff auf die vorangegangene Stunde.
- Im Klassengespräch werden die verschiedenen Nutzungsbereiche des Feuers und die Verbesserung der Lebensbedingungen erarbeitet.
- Die Entwicklung der Lichtquelle wird an der Tafel gemeinsam erarbeitet. Lehrer zeigt und kommentiert die entsprechenden Gegenstände bzw. Bildkarten.
- Schüler halten die Ergebnisse anhand eines Arbeitsblattes fest.

Medien:
- Tafelanschrieb: chronologische Entwicklung des Feuers
- Kienspan,
- Öllampe,
- Kerze,
- Gaslicht,
- Petroleumlampe,
- Glühbirne,
- Arbeitsblätter »Verschiedene Lichtquellen: Von der Steinzeit bis heute«

Freitag, 1. Woche – 6. Stunde

Fach: Heimat- und Sachunterricht
Thema: Herstellung Beleuchtungsmöglichkeiten aus früherer Zeit
Ziele:
Herstellung einer Öllampe aus Ton und eventuell eines Kienspans
Methoden/Sozialformen:
- Gemeinsame Besprechung der Arbeitsanleitung
- Jeder Schüler erstellt eine Öllampe aus Ton. Wer früher fertig ist, darf noch einen Kienspan herstellen und ausprobieren.

Medien:
- Für die Öllampe: Arbeitsanleitung (siehe Seite 357); Ton; Öl; Docht; Holzstäbchen; dürre Holzstäbchen
- Für den Kienspan: Befestigungsstativ; Harz; feuerfeste Unterlage; Eimer mit Wasser

Montag, 2. Woche – 1. Stunde

Fach: Heimat- und Sachunterricht
Thema: Elektrischer Strom kann Feuer ersetzen
Ziele:
Die Schüler sollen
– die Bereiche kennenlernen, in denen nach wie vor Feuer benutzt wird.
– die Bereiche kennenlernen, in denen das Feuer durch Strom ersetzt wurde.
– erkennen, welche Vorteile diese Entwicklung für unsere Lebensbedingungen gebracht hat.
– auch die Nachteile, welche der Strom mit sich bringt, sehen.
Methoden/Sozialformen:
– Im Klassengespräch wird festgestellt, wo wir heute noch Feuer brauchen und was wir anstelle dessen benutzen.
– In Partnerarbeit wird ein Arbeitsblatt ausgefüllt. Im Klassenzimmer befinden sich Hilfskarten, die zum Ausfüllen herangezogen werden können.
– auf die Vor- und Nachteile des Stroms wird wiederum im Klassengespräch eingegangen
– Am Ende der Stunde werden einige der in früheren Stunden hergestellte Öllampen ausprobiert. Ein konkreter Vergleich zwischen elektrischem Licht und dem Licht einer Beleuchtung aus früherer Zeit ist möglich.
– Die restlichen Öllampen werden mit Docht versehen und werden im Klassenzimmer ausgestellt.
Medien:
– Arbeitsblatt
– Hilfskarten
– feuerfeste Unterlage
– Docht
– Öl
– Eimer Wasser

Montag, 2. Woche – 2. Stunde

Fach: Deutsch
Thema: Wir sind täglich auf Strom angewiesen
Ziel:
Die Schüler sollen
– anhand ihres Tagesablaufs schildern, in welchen Situationen sie auf Strom angewiesen sind.
Methode/Sozialform:
– Die Schüler fertigen in Einzelarbeit einen Aufsatz an.
Medien:
– keine besonderen

Dienstag, 2. Woche – 1. Stunde

Fach: Deutsch
Thema: Zeichen und Symbole in verschiedenen Kulturräumen am Beispiel »Feuer«
Ziel:
Die Schüler sollen
- erkennen, daß das Feuer auch einen symbolischen und mythischen Charakter besitzt.

Methoden/Sozialformen:
- Die Schüler hatten sich zu Hause über Bräuche mit Feuer zu informieren und ihr Material mitzubringen (Bücher, Bilder . . .).
- An der Tafel werden die gefundenen Bräuche festgehalten.
- Die Schüler schließen sich in Gruppen zusammen und beschäftigen sich jeweils mit einem dieser Bräuche näher.
- Anschließend stellen sie den anderen Schülern »ihren« Brauch vor.
- Der Lehrer klärt die restlichen Fragen.

Medien:
- Tafelanschrieb: Fastnachtsfeuer, Funken, olympisches Feuer, Osterfeuer, Feuer in der Kirche
- Schulbücher: – CVK-Sachbuch (BW)
  – erfahren und begreifen sw
  – Sachbuch Südwest 4
- Schülerlexikon

Mittwoch, 2. Woche – 2. Stunde

Fach: Heimat- und Sachunterricht
Thema: Feuer kann Schaden anrichten
  Wie kann man Brände verhindern?
Ziele:
- Die Kinder sollen über eigene Erlebnisse und Erfahrungen berichten (»Feuer-Erlebnisse«)
- Die Kinder sollen erkennen, daß Feuer auch Schäden hervorrufen kann.
- Die Kinder sollen Gründe für das Entstehen von Bränden kennenlernen.
- Die Kinder sollen Möglichkeiten zur Feuerverhütung lernen.

Methoden/Sozialformen:
- Die Kinder erzählen über Brände (aus dem eigenen Ort, eigene Erfahrungen, . . .).
- Anhand von Zeitungsartikeln wird erarbeitet, wie es zu den Bränden kam (FU/ Sitzkreis) . . . und wie man Brände vermeiden kann.
- Regeln/Zeichen werden als Wandbild festgehalten (Gruppenarbeit).

Medien:
- Zeitungsartikel
- Bildmaterial
- Wandplakate (Bastelmaterial)
- Zeichen, die auf Brandgefahr hinweisen (aus Pappe)

Mittwoch, 2. Woche – 3. Stunde

Fach: Heimat- und Sachunterricht
Thema: Löschen von Bränden
Ziele:
– Die Kinder sollen selbständig einen Löschversuch durchführen.
– Die Kinder sollen begreifen, daß Löschen eine Umkehr des Brennvorgangs ist.
– Die Kinder sollen erkennen, daß verschiedene Brände verschiedene Löscharten verlangen.
Methoden/Sozialformen:
– eigene Löschversuche unter Anleitung (AB) in Partnerarbeit
– Fixierung der Ergebnisse auf einem Arbeitsblatt
– Arbeit der Feuerwehr wird kurz angeschnitten (FU)
Medien:
– Feuer
– Verschiedene Löschmittel: Sand, Wasser, Löschdecke, Feuerlöscher

Donnerstag, 2. Woche – 2. Stunde

Fach: Deutsch
Thema: Vorbereitung des Besuchs bei der Feuerwehr
Ziele:
– Die Kinder sollen selbständig einen Fragekatalog für den Besuch bei der Feuerwehr vorbereiten. Sie sollen merken: was weiß ich, was weiß ich nicht.
– Die Kinder sollen sich in die Lage eines Feuerwehrmannes versetzen.
Methoden/Sozialformen:
– Die Kinder erarbeiten in Partnerarbeit einen Fragenkatalog.
– Einige Kinder basteln ein Dankeschön für den Feuerwehrmann (z. B. Kerze, Lampe...)
Medien:
– Tafel (Brain-Storming ...)
– Bastelmaterial

Freitag, 2. Woche – vormittags

Fach: Deutsch und Heimat- und Sachunterricht
Thema: Besuch bei der Feuerwehr
Ziele:
– Die Schüler sollen einen Einblick in die Arbeit der Feuerwehr, der Feuerwehrmänner erhalten.
– Die Schüler sollen verschiedene Geräte bei der Feuerwehr sehen und eventuell ausprobieren.
– Die Schüler sollen erfahren, wie wichtig die Arbeit der Feuerwehr ist.
– Die Schüler sollen erfahren, wie ein Einsatz ungefähr abläuft.
– Die Schüler sollen lernen, sich auch außerhalb der Schule diszipliniert zu verhalten.

Methoden/Sozialformen:
- Lerngang zur Feuerwehr
- Vorführen von Geräten, Erklären eines Einsatzablaufs

Medien:
- Arbeitsblatt bzw. Interviewbogen

Montag, 3. Woche – 2. + 3. Stunde

Fach: Deutsch und Bildende Kunst
Thema: Dokumentation der fächerverbindenden Unterrichtseinheit »Feuer«
Ziele:
- Der Feuerwehrbesuch soll reflektiert werden.
- Die Ergebnisse der Unterrichtseinheit (Arbeitsblätter, Versuchsbeschreibungen, Informationsmaterial der Feuerwehr, Gedicht . . .) sollen in einem Feuerbuch festgehalten werden.
- Die Kinder sollen eine bleibende Erinnerung an das Thema »Feuer« haben, zugleich soll es zur Ergebnissicherung dienen.
- Die Kinder sollen ein Deckblatt nach ihren Vorstellungen gestalten.

Methoden/Sozialformen:
- Am Beginn der Stunde steht die Reflexion des Feuerwehrbesuchs (FU). Die Kinder berichten und schildern ihre Eindrücke. Sie tauschen sich aus und erzählen, was ihnen gefallen, was ihnen imponiert usw. hat.
- Die Kinder setzen sich in Gruppen zusammen, vergleichen ihre Materialien, gestalten ein Deckblatt, lochen die Blätter und binden sie mit einem Wollfaden zu einem Feuerbuch zusammen.

Medien:
- Materialien der vorangegangenen Unterrichtsstunden
- Farben
- Locher
- Wollfaden

6. Anhang
- Einladung an die Eltern (Seite 355)
- Arbeitsblatt »Was Feuer alles zum Brennen braucht« (Seite 356)
- Arbeitsblatt »Herstellung eines Öllämpchens« (Seite 357)

Liebe Eltern!

Ich möchte gerne mit Ihren Kindern am Montag, den um 19.00 Uhr am Grillplatz neben der Schule ein kleines Lagerfeuer entzünden, um möglichst ausdrucksstark in unsere neue Unterrichtseinheit »Feuer« einzusteigen. Hierzu sind auch Sie, liebe Eltern, herzlich eingeladen.

Um dabei auch gleich die verschiedensten Brennstoffe kennenzulernen, bitte ich Sie, verschiedene Brennmaterialien (Holz, feine Späne, grobe Späne, Papier) mitzubringen.

Haben wir unser Feuer entzündet, so besteht die Möglichkeit zum Grillen.
Bitte bringen Sie ihr Grillgut, Getränke ... selber mit.

In Vorfreude auf einen netten Abend verbleibe ich

mit freundlichen Grüßen

Was Feuer alles zum Brennen braucht

Name: _____

Trage ein: ● es brennt
           ○ es brennt nicht

Material	Vermutung	Ergebnis	Was du sonst noch beobachtet hast:
Papier			
Stoff			
Holzspan			
dickes Holzstück			
Stein			
Metallschraube			
Alufolie			
Haare			
Plastik			
Wolle			
Kohle, Brikett			
Heubündel			
Styropor			

Herstellung eines Öllämpchens

Ihr braucht dazu:

- ein Stück Ton, etwa pflaumengroß
- ein ca. 5 cm langes Stück Docht
- und etwas Öl (z. B. Speiseöl)
- ein Holzstäbchen

So wird es gemacht:
- das Tonstück zu einer Kugel rollen

- mit dem Daumen die Kugel eindrükken und ein Gefäß formen, das gut auf der Unterlage steht.
  Vorsicht: Boden und Ränder sollten nicht dünner als 1 cm werden.

- mit Daumen und Zeigefinger ein Schnäuzchen formen.

- aus einem Tonwürstchen einen Henkel formen und gut am Gefäß festdrücken.

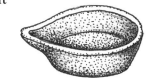

- mit dem Holzstäbchen können noch Verzierungen eingeritzt werden
- das Lämpchen an der Luft gut trocknen lassen. (eventuell im Tonofen brennen)
- das Gefäß mit etwas Öl füllen, den Docht mit Öl tränken, in das Lämpchen legen und anzünden.

Fünfter Teil

Planungsdimensionen: Strukturierungshilfen für die Planungsarbeit des Lehrers

Vorklärungen

Was unter ›Planungsdimensionen‹ verstanden wird, welche angenommen werden und woher sie abgeleitet worden sind, ist schon weiter vorn erläutert worden (vgl. das Kapitel »Dimensionen der Unterrichtsplanung«, S. 208f.). Wie sie ursprünglich im Berliner Modell dargestellt wurden, ist ebenfalls schon ausgeführt worden (vgl. das entsprechende Kapitel, S. 82ff.). Hier sei deshalb nur noch einmal darauf hingewiesen, daß als Dimensionen der Unterrichtsplanung solche Bereiche verstanden werden, die deutlich voneinander unterschieden werden können und in denen der Lehrer während seiner Planungstätigkeit analytisch und konstruktiv – also strukturierend – tätig werden muß. Für diese Aufgabe sind zahlreiche Hilfen entwickelt worden. Die bekanntesten und bedeutendsten sollen im folgenden vorgestellt werden. Gesagt werden muß noch, daß solche Strukturierungshilfen sich in einem ständigen Prozeß der Weiterentwicklung und Veränderung befinden. Diese Darstellung kann dementsprechend nur als eine aktuelle – und bewußt eingegrenzte – Bestandsaufnahme aufgefaßt werden, die unter Einbeziehung neuerer Aussagen fortgedacht werden muß. Referiert werden auch nicht die Ergebnisse der Lehr-Lern-Forschung, z. B. über den Zusammenhang zwischen bestimmten Schülermentalitäten, der Form des Unterrichts und dem meßbaren Lernerfolg. Vorgestellt werden ausschließlich Strukturierungsmodelle, in die dann der Planende selbst sein gesamtes Hypothesenwissen über Wirksamkeiten, Zusammenhänge usw. einbringen muß.

1 Lehr- und Lernziele

Vorklärungen

Die Entscheidung über Lern- und Lehrziele ist die wohl bedeutsamste von allen Unterrichtsentscheidungen. Ohne hier ausschließlich an die Konzeption lernzielorientierter Unterrichtsplanung zu denken, bestimmt meinem Verständnis nach die Zielentscheidung die gesamte Struktur des Unterrichts. Von ihr hängen alle übrigen Entscheidungen maßgeblich ab. Um die Formel von BLANKERTZ zu verwenden: Zwischen Zielen und den übrigen zu entscheidenden Unterrichtsmomenten besteht ein ›Implikationszusammenhang‹. Dieser ist durchaus zweiseitig, d. h., er gilt in beiden Richtungen, weist offensichtlich aber aus Richtung der Zielentscheidung die größere Wirkung auf. Wo beispielsweise eine Entscheidung über Lerninhalte unerwünschte Lernziele als Folge sichtbar macht, wird – so ist die Praxis nun einmal – die Inhaltsentscheidung revidiert. Nicht so hingegen bei Lernziel-Entscheidungen: Sie setzen Maßstäbe und erfordern die Stimmigkeit weiterer Entscheidungen; allenfalls kann sich erweisen, daß ein bestimmtes vorgesehenes Ziel sich in einer bestimmten Situation nicht erreichen läßt, weil die Bedingungen nicht so sind, daß die notwendige Stimmigkeit in der Gesamtstruktur des Unterrichts sich herstellen ließe.

Daß Zielentscheidungen so relevant sind, kann nicht verwundern, wenn man bedenkt, daß Unterricht ein pädagogischer Vorgang ist und pädagogische Vorgänge grundsätzlich zielgerichteter Art sind. Unterricht wird zudem ausdrücklich als ›intentionaler‹ Akt von ›funktionaler‹ Erziehung unterschieden. Die Lehrerentscheidung für ein Ziel ist stets eine Entscheidung über einen anderen Menschen, sie ist eine Entscheidung für einen ganz bestimmten Zustand, eine ganz bestimmte Art von Existenz, die ein anderer Mensch einnehmen soll. Eine solche Entscheidung ist immer ein Wagnis, wobei fraglich ist, wieweit sie überhaupt als existentielle Entscheidung über andere möglich und verantwortbar ist.

Solche Entscheidung ist in jedem Fall immer eine Wertentscheidung, nie eine bloße technische oder logische Angelegenheit. Auch in scheinbar nebensächlichen Vorgängen (z. B. ob die Schüler nun lernen sollen oder nicht, daß Paris die Hauptstadt Frankreichs ist) trifft der Lehrer eine Wertentscheidung, zumindest darüber, was er für wert hält, daß Schüler es lernen sollen. Deshalb sollte jede Zielentscheidung als originäre gesehen und getroffen werden. Sie sollte nach Möglichkeit immer unmittelbar gegenüber den betroffenen Schülern verantwortet werden. In zu großem Maße ist dies heute allerdings nicht mehr der Fall. Zielentscheidungen werden nur noch mittelbar an den Betroffenen gefällt, zum Bezugspunkt werden meistens vorentschiedene Systeme, z. B. das Fach (wenn nicht gar die korrespondierende Fachwissenschaft), ein Prinzip u. ä.

Die im folgenden dargestellten Strukturierungshilfen können und sollen auf keinen Fall die originären Entscheidungen von Lehrern ersetzen oder auch nur nachhaltig bestimmen. Sie sollen Lehrern Orientierungshilfen für ihr tägliches Geschäft sein, sollen ihnen die formalen Spielräume vor Augen führen, in denen sie entscheiden können, und formale Punkte in diesen Räumen setzen, um systematische und vergleichbare Entschei-

---

Literatur zu diesem Kapitel siehe Seite 375f.

dung zu begründen. Sie geben keine einzige Entscheidung selbst vor. Die Frage nach dem »cui bono« hat der Lehrer zu stellen, in jeder Situation von neuem. Die Raster usw. helfen ihm, Ordnung in sein Geschäft und seine Vorstellungen zu bringen.

1.1 Zielbereiche schulischen Lehrens und Lernens

Wenn man sich die zahlreichen Möglichkeiten vor Augen führt, Lernen in Schule und Unterricht zielgerichtet durchzuführen, so erkennt man auf den ersten Blick, daß stets eine Bandbreite für Entscheidungen gegeben ist, daß man sich für den Bereich entscheiden muß, dem das vorgesehene Ziel (vorwiegend) zugeordnet ist.

1.1.1 Raster von Intentionen (Berliner Modell)

Bereits im Berliner Modell der Didaktik von 1962 wird ein Raster vorgestellt, mit dessen Hilfe »Zwecksetzung und Sinngebung« des Unterrichts strukturiert werden können. HEIMANN unterscheidet drei Klassen von Zielsetzungen:
- die *kognitiv-aktive*,
  zu der alle Ziele gehören, bei denen es um die »Erhellung« des eigenen »Daseins« geht
- die *affektiv-pathische*,
  zu der alle Ziele gehören, bei denen es um die »Erfüllung« des eigenen »Daseins« geht
- die *pragmatisch-dynamische*,
  zu der alle Ziele gehören, bei denen es um die »Bewältigung« des eigenen »Daseins« geht.

Die von ihm vertretene These der strengen Interdependenz aller unterrichtlichen Momente bedeutet selbstverständlich auch für den Zielbereich, daß eine wechselseitige Beeinflussung aller nur denkbaren Ziele angenommen werden muß. Dies führt zu folgender Darstellung eines Rasters von Zielsetzungen (HEIMANN 1962, S. 416):

KLASSE ⟶	kognitiv-aktiv	affektiv-pathisch	pragmatisch-dynamisch
spezifische Akte der ⟶ Stufen ↓	Daseins-Erhellung	Daseins-Erfüllung	Daseins-Bewältigung
1. Anbahnung	Kenntnis	Anmutung	Fähigkeit
2. Entfaltung	Erkenntnis	Erlebnis	Fertigkeit
3. Gestaltung	Überzeugung	Gesinnung	Gewohnheit

Abb. 27: Raster von Zielsetzungen (Berliner Modell)

Lehr- und Lernziele

Außer der Tatsache, daß drei gleichsam nebeneinanderliegende Zielbereiche, auf die schulisches Lernen ausgerichtet sein kann, unterschieden werden können, verdeutlicht die Abbildung weiterhin:
- daß es in allen drei Bereichen eine Stufung geben kann, eine Art »aufsteigender Leistungs-Tendenz«, die HEIMANN als »Gesetz der dimensionalen Bereicherung« bezeichnet (HEIMANN 1962, S. 418). So kann z. B. eine bloße Fähigkeit sich zu einer virtuos beherrschten Fertigkeit entfalten und letztlich zur Gewohnheit werden, d. h. zum nicht mehr herauslösbaren Bestandteil der personalen Existenz;
- daß es, wie schon erwähnt, eine strenge Interdependenz zwischen den drei Bereichen gibt, die HEIMANN als »Gesetz der permanenten Induktion« bezeichnet (ebd.). Eine gewonnene Überzeugung z. B., zu der es über anfängliche Kenntnis und darauf aufbauende Erkenntnis kam, kann sich zur Gesinnung festigen und darüber hinaus in eine Gewohnheit übergehen mit den daraus resultierenden Folgen für die Person, daß das Erlernte zur Bewältigung existentieller Probleme und nicht bloß zu deren Erhellung beizutragen vermag.

Dieser Raster zeigt auf, wo mögliche Zielsetzungen ihren Schwerpunkt haben können, er postuliert keinesfalls, stets die höhere Stufe anzusteuern. Er macht aber u. U. auf Kopflastigkeiten und Einseitigkeiten im Unterricht aufmerksam und weist den Lehrer darauf hin, daß die von ihm verfolgten Zielsetzungen aufgrund permanenter Induktion und dimensionaler Bereicherung in der Person von Lernenden weiterwirken und zu anderen (erwünschten oder nicht erwünschten) Veränderungen führen können.

1.1.2 Taxonomien von Lernzielen

Weltweite Bedeutung haben die im englischsprachigen Raum entwickelten Taxonomien von Lernzielen gewonnen. Sie orientieren sich an den drei unterschiedenen Bereichen menschlichen Lernens, für die hierarchische Ordnungen entwickelt werden, so daß es Taxonomien gibt für:
- das kognitive Lernen,
  d. h. Lernen im Bereich von Denken, Wissen, Problemlösung und intellektuellen Fertigkeiten
- das psycho-motorische Lernen,
  d. h. Lernen im Bereich von erwerbbaren Fertigkeiten, die z. T. auch sichtbar sind
- das affektive Lernen,
  d. h. im Bereich von Gefühlen und Wertungen, von Einstellungen und Haltungen.

Für diese Bereiche sind Taxonomien erstellt worden, d. h. Ordnungsschemata, mit deren Hilfe die Aufeinanderfolge von Lernzielen erfaßt und dargestellt werden kann, wohlgemerkt: ihre systematische, nicht aber ihre reale Aufeinanderfolge in der Lernpraxis. Das Kriterium, nach dem die Ordnung vorgenommen wird, ist für jeden der drei Bereiche ein besonderes:
- für den kognitiven Bereich werden Lernziele nach dem *Grad ihrer Komplexität* unterschieden
- für den psycho-motorischen Bereich werden Lernziele nach dem *Grad der Koordination* (DAVE) bzw. dem *Grad der Komplexität* (GUILFORD) unterschieden
- für den affektiven Bereich werden Lernziele nach dem *Grad der Internalisierung* unterschieden.

Kognitiver Bereich: Nach dem Grad der Komplexität zu unterscheiden meint: Lernziele werden danach differenziert, wie komplex das in ihnen ausgedrückte Verhalten bzw. dessen Disposition ist. Überaus einfaches wird von sehr komplexem Verhalten unterschieden, z. B. die bloß reproduzierbare Kenntnis »1618 begann der 30jährige Krieg« von der Fähigkeit »das Jahr 1618 mit dem besonderen Ereignis des Ausbruches des 30jährigen Krieges für die Entwicklung der Vielstaaterei in Deutschland beurteilen«. Zu einer hierarchischen Ordnung kognitiven Verhaltens gelangt man dadurch, daß jedes komplexe Verhalten als aus einfachem zusammengesetzt aufgefaßt wird. Auf diese Weise erhält man ein Klassifikationssystem, das, ausgehend von einfachem, zu immer komplexerem Verhalten aufsteigt. BLOOM u. a. (1973) unterscheiden sechs grobe Stufen kognitiver Lernziele (*Abb. 28* auf Seite 367). Sehr anschaulich wird die Verflochtenheit und Hierarchie kognitiver Lernziele von MEYER (1974) dargestellt (*Abb. 29* auf Seite 367).

Affektiver Bereich: Hier wird nach dem Grad der Internalisierung unterschieden. Lernen im affektiven Bereich wird als ein Vorgang zunehmender Verinnerlichung des Erlernten begriffen: »... eine fortlaufende Verhaltensmodifikation ... von dem Aufmerksamwerden des Individuums auf ein bestimmtes Phänomen bis zu einer durchgängigen Lebensanschauung, die alle Handlungen beeinflußt« (KRATHWOHL 1975, S. 32). Es gibt somit eine aufsteigende Reihe von Verhalten, beginnend mit dem Gewahrwerden von möglichen Werten oder Wertobjekten über deren zunehmende Verfestigung in der Person bis hin zu ihrer bestimmenden Auswirkung auf das Handeln der Person. In fünf Stufen wird unterschieden (*Abb. 30* auf Seite 368). Auch hier läßt sich das Veranschaulichungsgitter von MEYER wieder verwenden (*Abb. 31* auf Seite 368).

Psycho-motorischer Bereich: Für diesen Bereich ist die Entwicklung von Taxonomien noch nicht abgeschlossen. Es gibt bisher zwei Vorschläge, denen man folgen kann.
Ein Vorschlag stammt von DAVE. Er hierarchisiert nach dem Kriterium der Ordnung, d. h. danach, wie groß der Grad an Koordination des Verhaltens ist, das zum psycho-motorischen Bereich zählt. DAVE (1968) unterscheidet fünf Stufen (*Abb. 32* auf Seite 369; ausführliche Darstellung auch bei Möller 1973, S. 255ff.). MEYERS Gitter veranschaulicht auch diese Stufung (*Abb. 33* auf Seite 369).

Ein weiterer Vorschlag stammt von GUILFORD (1958). Er ordnet nach dem Grad an Komplexität, den psycho-motorisches Verhalten haben kann, und gelangt zu sieben Stufen (*Abb. 34* auf Seite 370).

Zusätzliche Anmerkungen:
- Von allen Taxonomien sind nur die groben Kategorien dargestellt worden. Vor allem die von BLOOM u. a. erstellten Taxonomien sind noch weiter aufgegliedert bis in feinste Verhaltensweisen hinein.
- Taxonomien bewirken keine unmittelbaren Entscheidungen über Lernziele, sondern bieten Entscheidungshilfen, indem sie aufzeigen, welche Entscheidungen überhaupt möglich sind und in welchem Zusammenhang sie stehen können. MESSNER hat drei

Lehr- und Lernziele

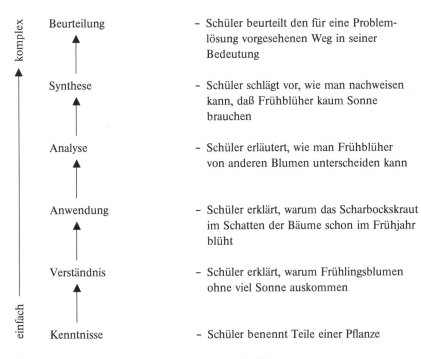

Abb. 28: Stufen kognitiver Lernziele nach BLOOM (1973)
(Unterscheidung nach dem Grad der Komplexität des Verhaltens)

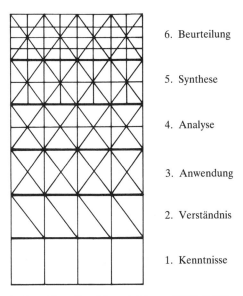

Abb. 29: Lernzielstufen im kognitiven Bereich nach MEYER (1974, S. 99)

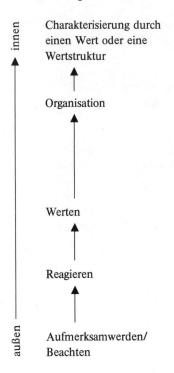

Abb. 30: Lernzielstufen im affektiven Bereich nach KRATHWOHL (1975)
(Unterscheidung nach dem Grad der Verinnerlichung)

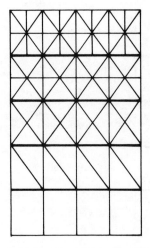

Abb. 31: Lernzielstufen im affektiven Bereich nach MEYER (1974, S. 105)

Lehr- und Lernziele

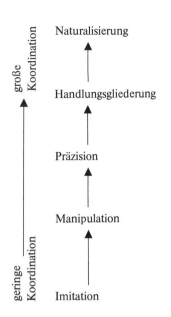

- Schüler schaltet ohne Nachdenken in höhere und niedere Gänge, kuppelt mühelos ein und aus

- Schüler hält an Stopstraße, kuppelt aus und wieder ein, um erneut anzufahren

- Fahrschüler schaltet ohne Anweisung präzise in den ersten Gang und läßt langsam die Kupplung kommen

- Fahrschüler schaltet nach der Anweisung des Fahrlehrers in den ersten Gang und läßt auf seine Anweisung hin langsam die Kupplung kommen

- Kind/Fahrschüler ahmt das Kuppeln und Gangschalten nach

Abb. 32: Lernzielstufen im psycho-motorischen Bereich nach DAVE (1968)*

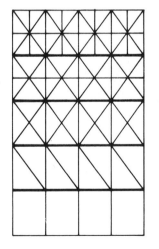

5. Naturalisierung

4. Handlungsgliederung

3. Präzision

2. Manipulation

1. Imitation

Abb. 33: Lernzielstufen im psycho-motorischen Bereich nach DAVE (vgl. MEYER 1974, S. 107)

* Die Beispiele stammen von Schwester Edith Maria Olk u. Maren Venherm.

Planungsdimensionen: Strukturierungshilfen für die Planungsarbeit des Lehrers

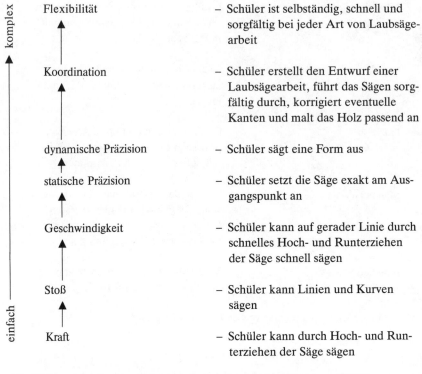

Abb. 34: Lernzielstufen im psycho-motorischen Bereich nach GUILFORD (1958)*
(Unterscheidung nach dem Grad der Koordination des Verhaltens)

Stoßrichtungen aufgezählt, wo Taxonomien didaktische Funktion haben können (MESSNER in: BLOOM 1973, S. 227 ff.):
· bei der Schaffung einer Übersicht über die Lernziel-Entscheidungsmöglichkeit;
· als Hilfsmittel zur Entdeckung von Lernzielen;
· als Hilfsmittel zur Evaluation, d. h. Überprüfung der Wirksamkeit von Unterricht.
– Die Taxonomien sollen Lernziele in den drei Bereichen nicht gegeneinander abschotten. Zwischen den Lernzielen aller Bereiche gibt es vielfältige Beziehungen. So heißt es bei KRATHWOHL ausdrücklich: »Unsere Trennung zwischen dem affektiven und dem kognitiven Bereich dient einem analytischen Zweck und ist rein willkürlich.« – »Im Prinzip wird jeder Bereich als Hilfsmittel für den anderen gebraucht.« (KRATHWOHL 1975, S. 59)

1.1.3 »Heuristische« Lernziele (WULF)
Schon bei der Darstellung der Konzeption lernzielorientierter Unterrichtsplanung wurde auf ›heuristische‹ Lernziele eingegangen (vgl. oben S. 140 f.), deshalb sollen sie hier nur kurz angesprochen werden. Von heuristischen Lernzielen spricht WULF, der damit vor allem auf ein heuristisches Lernen als solches, das auf Methoden bezogen ist, abhebt. Ihm geht es besonders darum, Unterrichtsprozesse nicht bloß als Mittel zur Erreichung

* Die Beispiele stammen von Schwester Edith Maria Olk u. Maren Venherm.

von Lernzielen anzusehen, sondern die Prozesse selbst auch zu Zielen zu erheben. Einerseits können alle möglichen Methoden, geistige, positivistische usw., zu Lernzielen werden (»Ziele erster Ordnung«), andererseits die Lern-Methoden, der Unterricht selbst (»Ziele zweiter Ordnung«). WULF will mit seinem Vorschlag der Gefahr entgegenwirken, daß Unterricht prozeßhafte Zielsetzungen vernachlässigt.

1.2 Zielperspektiven schulischen Lehrens und Lernens

In überwiegendem Maße ist schulischer Unterricht fachlich organisiert – heute gelegentlich auch lernbereichsorientiert –, was dazu führt, daß Lernziele oftmals nur auf das Fach bezogen werden, wohingegen weitreichende erzieherische Zielsetzungen aus dem Blick verloren werden. Dieser Gefahr vorzubeugen ist ausdrückliche Absicht einiger Lernzielkategorisierungen, auf die im folgenden eingegangen werden soll.

1.2.1 »Fachliche« und »allgemeine« Lernziele (Strukturplan)

Der vom Deutschen Bildungsrat veröffentlichte »Strukturplan für das Bildungswesen« wies schon recht früh (1970) auf die Tatsache hin, daß kein Fach sich auf eigene, fachimmanente Lernziele beschränken kann, sondern über sich hinausweisen muß. Er unterschied aus diesem Grunde fachliche von allgemeinen Lernzielen (DEUTSCHER BILDUNGSRAT 1970, S. 82ff.). Als Beispiele für allgemeine Lernziele werden aufgeführt:
- »problemlösendes Denken«
- »selbständiges und kritisches Denken, intellektuelle Beweglichkeit, kulturelle Aufgeschlossenheit, Ausdauer, Leistungsfreude, Sachlichkeit, Kooperationsfähigkeit, soziale Sensibilität, Verantwortungsbewußtsein und Fähigkeit zur Selbstverantwortung« (ebd., S. 83ff.).

Postuliert wird:
»Man muß fragen, wie sich die einzelnen Unterrichtsziele der Lernbereiche in Hinsicht auf jene allgemeineren Lernziele fruchtbar auswirken und wie die allgemeinen Ziele in den einzelnen Lernbereichen in konkrete Unterrichtsziele zu übersetzen oder zu übertragen sind.« (S. 84)

Für den Lehrer also eine Aufgabe mit beidseitiger Fragestellung:
– Welche Bedeutung haben die einzelnen Lernziele für übergeordnete Zielsetzung bzw. könnten und sollten sie haben?
– Welche besonderen Lernziele können die übergeordneten Zielsetzungen am besten verwirklichen?

Diese Unterscheidung kann helfen, fachverkrustetes Denken aufzubrechen und durch eine umfassende pädagogisch-erzieherische Sichtweise auch im alltäglichen Unterricht zu ersetzen.

1.2.2 »Instrumentelle« und »potentiell-emanzipatorische« Lernziele (KLAFKI)

Ähnlich der Unterscheidung im *Strukturplan* wird bei KLAFKI zwischen instrumentellen und potentiell-emanzipatorischen Zielen unterschieden* (vgl. KLAFKI 1977, S. 10):

---

* Bei KLAFKI ist zwar anfangs noch die Rede von »Themen«, dem Sinn nach aber handelt es sich um Lernziele.

– potentiell-emanzipatorisch ist ein Unterricht, wenn er unmittelbar auf oberste erzieherische Zielsetzungen angelegt ist, d. h. auf »Selbst- und Mitbestimmungsfähigkeit«, »Fähigkeit zur Reflexion über gesellschaftliche Macht- und Interessenverhältnisse« usw.
– instrumentell ist ein Unterricht, wenn er mittelbar zu solchen Zielsetzungen beiträgt.

Daß im Unterricht stets beide Perspektiven auftreten und auch ihre je besondere Berechtigung haben, wird von KLAFKI ausdrücklich betont. In Fortführung seiner einst ausschließlich an Lerninhalten orientierten Untersuchungen zur »Didaktischen Analyse« (vgl. das Kapitel »Didaktische Analyse«, S. 47 ff.) unterscheidet KLAFKI nunmehr auch bei Lernzielen unterschiedliche Perspektiven bzw. Ebenen:

– eine erste »des allgemeinsten oder einiger allgemeiner Lernziele«, die sich beziehen auf »Selbstbestimmungs- und Solidaritätsfähigkeit«
– eine zweite der weiteren Bestimmung der genannten obersten Ziele, die aber noch über einzelnen Sachbereichen liegt, z. B. »Kritik- und Urteilsfähigkeit«, »Kommunikationsfähigkeit« usw.
– eine dritte der »bereichsspezifischen Konkretisierungen dessen, was auf der ersten und zweiten Lernzielebene formuliert wurde«, d. h. all dessen, was noch nicht in Fächern, sondern übergreifend in Problembereichen angesiedelt ist, z. B. dem von menschlicher Gesellschaft und Politik, Naturwissenschaft und Technik usw.
– eine vierte schließlich der »Lernzielbestimmungen im Bereich einzelner Fächer« (KLAFKI 1980, S. 34 ff.; vgl. besonders auch KLAFKI 1985).

KLAFKI geht es nach wie vor darum, einzelne besondere Ziele exemplarisch für umgreifende, oberste Erziehungsziele feststellen und verwirklichen zu lassen. Allerdings tritt an die Stelle des bloß formalen Begriffs des »Allgemeinen« und der »kategorialen Bildung« die inhaltliche Bestimmung: Unterricht muß zur Förderung der Fähigkeit von Schülern beitragen, mitbestimmen und über sich selbst bestimmen sowie solidarisch mit anderen sein zu können.

1.2.3 »Heuristische Matrix zur Bestimmung von Richtzielen« (SCHULZ)

Eine Fortsetzung des von HEIMANN entwickelten Rasters zur Analyse und Einordnung von Lernzielen ist die von W. SCHULZ aufgestellte Matrix (*Abb. 35* auf Seite 373). SCHULZ, selber seinerzeit an der Entwicklung des Berliner Modells der Didaktik beteiligt, forderte schon frühzeitig, dies Modell nicht wertneutral zu verwenden, sondern nach dem »cui bono« zu fragen. Er verlangte, das Modell unter »kritisch-emanzipatorische« Zielsetzungen zu stellen, worunter er besonders die Forderung der Fähigkeit zu solidarischem Verhalten verstand. In einem jüngsten Anlauf differenzierte er seine Vorstellungen über emanzipatorische Zielsetzungen im Unterricht aus. Die daraus entstandene Matrix bezieht er aus Gründen der Unterscheidung von seiner früheren Auffassung auf eine »Hamburger Didaktik« (vgl. Kapitel 4 im Zweiten Teil des vorliegenden Buches, S. 96 ff.).

Der Matrix liegt die Auffassung zugrunde:

»Didaktische Reflexion geschieht, wenn sie nicht nur verkürzter Rationalität verpflichtet ist, unter der Perspektive der Förderung möglichst weitgehender Verfügung aller Menschen über sich selbst.« (SCHULZ 1980, S. 85) Die Matrix soll dem Lehrer in der täglichen Praxis helfen festzustellen, ob seine Lernziele dieser Zielsetzung förderlich sind, oder entsprechende Lernziele zu bestimmen. Die durch Unterricht ermöglichte

- Sacherfahrung
- Gefühlserfahrung und
- Sozialerfahrung

soll eine Förderung und Steigerung der Fähigkeit zu
- kompetentem
- autonomem und
- solidarischem Verhalten

leisten. Ob Lernziele dies leisten bzw. welche Lernziele dies leisten können, soll durch die Matrix systematisch erkannt werden.

Themen (Erfahrungsaspekte)	Intentionen (Absichten)	I Kompetenz	II Autonomie	III Solidarität
Sacherfahrung	1	I/1	II/1	III/1
Gefühlserfahrung	2	I/2	II/2	III/2
Sozialerfahrung	3	I/3	II/3	III/3

Abb. 35: Heuristische Matrix zur Bestimmung von Richtzielen emanzipatorisch relevanten professionellen didaktischen Handelns (SCHULZ 1980, S. 83)

1.3 Zielhierarchien schulischen Lehrens und Lernens

Hierarchische von perspektivischen und bereichsmäßigen Ordnungssystemen für Lernziele zu unterscheiden ist recht schwierig, da vielfältige Überschneidungen bestehen. Hierarchisch ordnen auch die Taxonomien und die heuristische Matrix von SCHULZ Lernziele. Bei beabsichtigter hierarchischer Betrachtung sind also auch die bereits aufgeführten Kategorien heranzuziehen.

1.3.1 Abstraktionsniveaus (MÖLLER)

Nach dem Grad der Konkretheit bzw. Abstraktheit ihrer Formulierung unterscheidet MÖLLER (1973) drei Lernziel-Ebenen (*Abb. 36* auf Seite 374).

Die hierarchische Ordnung von Richt-, Grob- und Feinzielen bedeutet nun keineswegs die Begründung einer logischen Deduzierbarkeit von Lernzielen in der Weise, daß Grob- aus Richtzielen, Fein- aus Grobzielen logisch ableitbar wären. Um von Zielen einer – sprachlich – höheren zu solchen einer niederen Ebene zu gelangen, sind stets neue Entscheidungen erforderlich (vgl. das Kapitel über »lernzielorientierte Unterrichtsplanung«, S. 114ff.). Vom inhaltlichen Bereich her kann es auch hierarchische Verhältnisse von Lernzielen geben, die sprachlich einer Ebene angehören, so sind z. B. die beiden

Richtziele	Sie sind äußerst abstrakt gehalten und vieldeutig, so daß alternative Interpretationen möglich sind.	Z. B.: Schüler sollen Wechselbeziehung zwischen Mensch und Landschaft einsehen.
Grobziele	Sie sind so konkret gehalten, daß zwar viele, aber nicht alle alternativen Interpretationen ausgeschlosssen sind.	Z. B.: Schüler sollen um Notwendigkeit des Deichbaus an der deutschen Nordsee-Küste wissen.
Feinziele	Sie sind so eindeutig gehalten, daß nur eine Interpretation möglich ist.	Z. B. Schüler sollen wissen, daß in Ostfriesland der Marschengürtel teils unter NN liegt.

Abb. 36: Lernziel-Ebenen nach MÖLLER (1978)

Lernziele »Schüler sollen Kohlevorkommen im Ruhrgebiet kennen« und »Schüler sollen Umfang der Schwerindustrie im Ruhrgebiet kennen« zwar sprachlich dem Ziel »Schüler sollen das Ruhrgebiet kennen« gleichgeordnet – alle sind »Grobziele« –, inhaltlich aber untergeordnet. Der Raster kann dazu verhelfen, sich darüber klarzuwerden, ob man als Lehrer auch tatsächlich jenen Grad an eindeutiger Vorstellung über Lernziele hat, der im je vorliegenden Fall notwendig ist. Um den jeweils erforderlichen Grad an Eindeutigkeit herzustellen, kann man sich des Verfahrens zur Operationalisierung nach MAGER bedienen. Dieses als »Drei-Komponenten-Beschreibung« bekannt gewordene Verfahren verlangt als
– erste Komponente = Beschreibung des Endverhaltens mit eindeutigen Begriffen
– zweite Komponente = Angabe von Mitteln usw., deren sich Schüler bedienen bzw. nicht bedienen dürfen
– dritte Komponente = Aufstellung eines Beurteilungsmaßstabes für die Qualität des Verhaltens.
Von diesen dürfte die erste Komponente am wichtigsten sein, d. h., in jedem Fall sollte ein eindeutiges Endverhalten beschrieben sein. Folgt man allen drei Postulaten, so würde ein Beispiel sein: »Die Schüler messen ein vorgegebenes Feld *(eindeutige Verhaltensangabe)* mit Hilfe des Flächenmeßgerätes BETA *(Mittelangabe)* aus und geben die Fläche mit einer Maximalabweichung von 4% genau an *(Beurteilungsmaßstab).*« (MAGER, 1965; vgl. auch unsere ausführliche Darstellung im Kapitel über »lernzielorientierte Unterrichtsplanung«, S. 114ff.).

1.3.2 Ziel-Stufen (Strukturplan)
In Anlehnung an die Taxonomie von Lernzielen im kognitiven Bereich hat der DEUTSCHE BILDUNGSRAT in seinem »Strukturplan für das Bildungswesen« eine Lernziel-Stufung (*Abb. 37* auf Seite 375) vorgeschlagen (DEUTSCHER BILDUNGSRAT 1970, S. 78ff.).

Lehr- und Lernziele

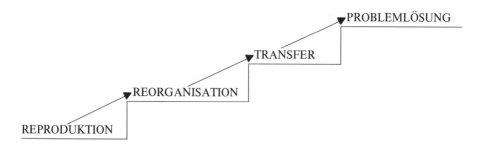

Abb. 37: Lernziel-Stufen (DEUTSCHER BILDUNGSRAT)

Dieses Stufenbild soll keine bloße Beschreibung sein, sondern sollte nach Intention der Verfasser Lehrer ausdrücklich dazu auffordern, ihre Zielsetzungen stets so zu entscheiden, daß – wo immer möglich – die oberste Stufe erreicht wird. Die hierarchische Relation macht deutlich, daß die jeweils höhere Stufe immer auf den unteren aufbaut, daß deshalb auch immer jene niederen Dispositionen vorhanden sein müssen, wenn die höhere angestrebt werden soll.

Literatur

BLOOM, Benjamin S. u. a.: Taxonomie von Lernzielen im kognitiven Bereich. Weinheim/Basel ²1973
DAVE, R. H.: Eine Taxonomie pädagogischer Ziele und ihre Beziehung zur Leistungsmessung. In: INGENKAMP, Karlheinz/MARSOLEK, Theodor (Hrsg.): Möglichkeiten und Grenzen der Testanwendung in der Schule. Weinheim 1968, S. 225–239
DEUTSCHER BILDUNGSRAT (Hrsg.): Strukturplan für das Bildungswesen. Stuttgart 1970, besonders S. 78 ff.
GUILFORD, J. P.: A system of psychomotor abilities. In: American Journal of Psychology, 71 (1958), S. 164–174
HEIMANN, Paul: Didaktik als Theorie und Lehre. In: Die Deutsche Schule, 54. Jg., 1962, S. 407–427
– /OTTO, Gunter/SCHULZ, Wolfgang: Unterricht – Analyse und Planung. Hannover 1965; darin besonders: SCHULZ, Wolfgang: Unterricht – Analyse und Planung, S. 13–47
KLAFKI, Wolfgang: Probleme einer Neukonzeption der didaktischen Analyse. Schriftenreihe des Pädagogischen Instituts der Landeshauptstadt Düsseldorf. H. 34. Düsseldorf 1977
–: Die bildungstheoretische Didaktik im Rahmen kritisch-konstruktiver Erziehungswissenschaft. Zur Neufassung der Didaktischen Analyse. In: Westermanns Pädagogische Beiträge, 32. Jg., 1980, S. 32–37
–: Neue Studien zur Bildungstheorie und Didaktik. Weinheim/Basel 1985
KRATHWOHL, David R./BLOOM, Benjamin S./MASIA, Bertram B.: Taxonomie von Lernzielen im affektiven Bereich. Weinheim/Basel 1975
MAGER, Robert F.: Lernziele und programmierter Unterricht. Weinheim 1965
MEYER, Hilbert: Trainingsprogramm zur Lernzielanalyse. Frankfurt/M. 1974
MÖLLER, Christine: Technik der Lernplanung. Weinheim ⁴1973

PETERSSEN, Wilhelm H.: Didaktik als Strukturtheorie des Lehrens und Lernens. Ratingen/Kastellaun/Düsseldorf 1973, besonders S. 62 ff.
–: Lernziel: Begriff, Struktur, Probleme. In: TWELLMANN, Walter (Hrsg.): Handbuch Schule und Unterricht. Bd. 4.1. Düsseldorf 1981, S. 215–232
SCHULZ, WOLFGANG: Die lerntheoretische Didaktik – Oder: Didaktisches Handeln im Schulfeld. Modellskizze einer professionellen Tätigkeit. In: Westermanns Pädagogische Beiträge, 32. Jg., 1980, S. 80–85
–: Unterrichtsplanung. München 1980
WULF, Christoph: Heuristische Lernziele – Verhaltensziele. In: ROBINSOHN, Saul B. (Hrsg.): Curriculumentwicklung in der Diskussion. Stuttgart/Düsseldorf 1972, S. 36–45

2 Lehr- und Lerninhalte

Vorklärungen

Wo Lernziele formuliert werden, auf welcher Abstraktionsebene auch immer, werden stets Lerninhalte mitformuliert. Lernziele lassen sich anders gar nicht ausdrücken, da sie sonst formal und unrealisierbar bleiben. Man spricht auch vom formalen und materialen Element eines Lernziels (vgl. dazu die entsprechenden Ausführungen im Kapitel über »lernzielorientierte Unterrichtsplanung«, S. 120ff.). Umgekehrt hat aus Sicht von Lerninhalten KLAFKI seinerzeit mit der These von der unauflöslichen Verbindung von didaktischer Theorie und Bildungstheorie behauptet, daß Lerninhalte immer ein Lernziel (= Bildungsziel) implizieren, daß dies ein essentielles Moment ihrer Konstituierung sei (vgl. das Kapitel über die »Didaktische Analyse«, S. 47ff.). Diese Verbindung von Ziel- und Inhaltsdimension unterrichtlicher und didaktischer Prozesse macht es schwer, Raster zur Strukturierung der Inhaltsdimension zu erstellen. Die meisten bekannt gewordenen Strukturierungshilfen sind aus solchen didaktischen Konzeptionen erwachsen, die vorwiegend inhaltsorientiert sind und den Inhalten im Lehr- und Lernprozeß große oder sogar größte Bedeutung beimessen. Allerdings wird sich zeigen, daß die Begründung hierfür häufig in schon vorentschiedenen Vorstellungen darüber liegt, was der Unterricht vor allem leisten soll, also in einer vorhergegangenen umfassenden Zielentscheidung.

Die im folgenden vorgestellten Strukturierungshilfen können dem Lehrer vor allem vor Augen führen, wie bestimmte Inhalte und Themen aussehen müssen oder sollen, an denen bestimmte Zielsetzungen besonders gut oder gar ausschließlich erreichbar sind. So können die einzelnen Konzeptionen auch zu Prinzipien für die auf Lerninhalte bezogenen Entscheidungen des Lehrers werden, also für die Auswahl von Inhalten, sofern er ihre Voraussetzungen – vor allem ihre Zielimplikation – anerkennt. Da deren Kenntnis für den Lehrer wichtig ist, werden sie in diesem Kapitel über Lehr- und Lerninhalte mitdargestellt; die Raster allein würden in den meisten Fällen nichtssagend sein.

2.1 Grundraster inhaltlich-thematischer Entscheidungen (HEIMANN)

Auf drei »konstante Grundformen« sieht HEIMANN im Rahmen seiner umfassenden Strukturanalyse die Inhaltsentscheidungen rückführbar: »Die Inhalte präsentieren sich entweder als Wissenschaften, Techniken oder Pragmata« (HEIMANN 1962, S. 418). Am Beispiel des Deutschunterrichts erläutert er die drei Kategorien:
- *Wissenschaft*   z. B. Literaturgeschichte;
- *Techniken*   z. B. grammatische Schulung, stets im Sinne »formal« bestimmbarer Inhalte;
- *Pragmata*   z. B. konstruktiver Aufsatz, stets im Sinne »inhaltlich« bestimmbarer, d. h. auf die Ausführung realer Vorgänge bezogener Themen.

Literatur zu diesem Kapitel siehe Seite 393.

Im Unterricht wird sich zeitweise oder auch fachweise der eine oder andere Schwerpunkt zeigen, doch im Grunde sind alle Formen von gleicher Bedeutung. Das heißt auch: Selbst in scheinbar so formal-technisch bestimmten Fächern wie etwa der Leibeserziehung wird es immer auch bedeutsame wissenschaftliche und pragmatische Inhalte geben.

2.2 »Elementare« Inhalte (KLAFKI)

Lapidar, wenn auch sehr weit ausholend, beantwortet KLAFKI die Frage, wie Inhalte und Themen des Unterrichts beschaffen sein sollten: Als Unterrichtsinhalte kommen nur »Bildungsinhalte« in Frage, und dies können ausschließlich elementare Inhalte sein, sog. *Elementaria*. Elementar strukturierte Inhalte sind nach KLAFKI solche, die stets ein »Besonderes« und ein »Allgemeines« aufweisen; z. B. die »Ente«: Sie bildet als Ente einen ganz besonderen Lerninhalt, über ihr Merkmal »Schwimmfuß« bietet sie zugleich aber auch eine »allgemeine« Einsicht an. Schüler können am Beispiel des Schwimmfußes der Ente eben diesen Fuß als Kennzeichen von Schwimmvögeln kennenlernen, mithin eine allgemeinere als bloß für den besonderen Vogel Ente, nämlich für Schwimmvögel generell geltende Einsicht erwerben. Dies Beispiel zeigt auch, welche Absicht mit derartig strukturierten Lerninhalten verfolgt wird: Schüler lernen nicht nur etwas über den besonderen Schwimmvogel Ente, sondern auch über die Schwimmvögel allgemein, und das befähigt sie in diesem Fall, einen Vogel als Schwimmvogel zu erkennen, sobald sie einen Vogel mit Schwimmfuß sehen.

Die zugleich mit dem Besonderen erworbene Einsicht wird für Lernende gleichsam zu einem Schlüssel, mit dem sie sich gleiche oder ähnlich strukturierte Sachverhalte – wie jener, an dem sie die Einsicht gewannen – selbständig erschließen können. Allgemeine Schlüsselkategorien sind offensichtlich das im Unterricht verfolgte Ziel. Jedem Schüler so viele Schlüsselkategorien zu vermitteln wie nur möglich, um ihn dadurch zu selbständiger Erkenntnis, eigenständigem Handeln usw. (elementare Inhalte sind nicht nur kognitiver Art!) zu befähigen, darin hat dieses Konzept sein Ziel (zur dahinterstehenden Bildungsauffassung und deren Herleitung vgl. die entsprechenden Ausführungen im Kapitel über die »Didaktische Analyse«, S. 53 ff.).

Für den Lehrer folgt aus dieser Vorstellung die Aufgabe, solche Lerninhalte auszuwählen und in den Unterricht zu bringen, die elementar strukturiert sind, die also über ein Besonderes und ein Allgemeines verfügen. Wenn aber diese Relation – Besonderes und Allgemeines – einziges Merkmal von Lerninhalten sein sollte, so könnte die Inhaltsauswahl am besten ausschließlich von den Fachwissenschaften geleistet werden, d. h. jenen Wissenschaften, die hinter den Schulfächern stehen. Gerade das jedoch schließt KLAFKI aus. Das würde die Annahme voraussetzen, Lerninhalte trügen schon von sich aus jenen Wert in sich, der ihre spezifische Lernwirkung ausmacht. Ihre spezifische Lernwirkung, deretwegen sie ausgewählt werden, entfalten diese Lerninhalte aber nicht nur in der konkreten Lernsituation, sondern sie gewinnen sie auch darin erst, d. h., sie konstituieren sich zuallererst darin. Und so benennt KLAFKI noch zwei weitere Kriterien – außer der Beziehung eines Besonderen zum Allgemeinen – für die von ihm gemeinten Inhalte.

Ein weiteres Kriterium ist die *Ergreifbarkeit* des ›Allgemeinen‹ im besonderen Inhalt.

Das klingt banal, geht es doch um die allen bekannte Einsicht, daß sich nur lernwirksam auswirken kann, was Schüler auch tatsächlich lernen können, wozu sie die Lernfähigkeit besitzen, hier also: das Allgemeine im Besonderen zu sehen und zu ergreifen. Worauf es aber KLAFKI mit diesem Hinweis ankommt, ist die Notwendigkeit, solche elementar strukturierten Inhalte nicht ein für allemal, sondern für jede Situation neu auszuwählen. Ob ein Inhalt als elementar strukturiert bezeichnet werden kann – und damit ausgewählt werden sollte –, hängt eben nicht nur von einem implizierten Allgemeinen ab, sondern auch davon, ob dies auch von den jeweiligen Schülern ausgenutzt werden kann, ob sie das Allgemeine auch tatsächlich zur Schlüsselkategorie ihres künftigen Lebens machen können. Und als drittes Kriterium ist hinzuzufügen: ob sie dies auch tatsächlich zur Schlüsselkategorie ihres künftigen Lebens machen sollten. Hier steht die Wertfrage an, ob die in Frage kommende Schlüsselkategorie für das künftige – und auch gegenwärtige – Leben der Lernenden überhaupt einen Wert besitzt. Woran aber wird das gemessen?

Zunächst maß KLAFKI dies am »gebildeten Laien«, d. h. an der Vorstellung von einem Menschen, der gleichsam in jeder Hinsicht auf der Höhe seiner Zeit steht. Nicht entschieden werden sollte die Frage an irgendwelcher Spezialausbildung, etwa im Vorgriff auf berufliche Bildung u. ä., sondern allgemein am Bild des erwünschten Menschen unserer und der künftigen Zeit. Diese seinerzeit noch rein geisteswissenschaftlich begründete Vorstellung hat KLAFKI aufgrund von aktuellen Strömungen in der pädagogischen Theorie und Praxis verändert: An die Stelle des »gebildeten Laien« ist das Bild eines Menschen getreten, dem eine möglichst große Fähigkeit zu eigen ist, *über sich selbst bestimmen,* bei Entscheidungen *mitbestimmen* und mit anderen *solidarisch* sein zu können. Ob eine Schlüsselkategorie zu solcher Befähigung beitragen kann, wird zum Maßstab für ihre Aufnahme in den Unterricht.

Dem Lehrer gibt diese Konzeption für die didaktische Inhaltsentscheidung also drei Kriterienkomplexe vor:
– Läßt der in Frage kommende Inhalt zu, daß meine Schüler eine allgemeine Kenntnis, Einsicht usw. erwerben können? Ist der Inhalt so strukturiert, daß er neben seiner Besonderheit auch ein über sich hinausweisendes Merkmal aufweist?
– Läßt sich dies Allgemeine an diesem Inhalt auch von meinen Schülern in dieser Lernsituation erfassen?
– Sollten meine Schüler dies Allgemeine überhaupt erwerben? Trägt es dazu bei, ihre Selbst- und Mitbestimmungsfähigkeit, ihre Solidaritätsbereitschaft zu fördern?

Daß die von KLAFKI angebotene Strukturierungshilfe umfassend ist und nicht nur auf kognitive Inhalte bezogen ist, wie viele fälschlicherweise annehmen, wird an den von ihm aufgezeigten sieben Grundformen »elementarer« Inhalte deutlich. Nach den möglichen Unterschieden in der Beziehung zwischen dem je besonderen Inhalt und dem an ihm erfahrbaren Allgemeinen führt er folgende Formen auf:

– das FUNDAMENTALE	– nur als Erlebnis existent und erfahrbar	– z. B. in einer »Grenzsituation« sich selbst erfahren
– das EXEMPLARISCHE	– Allgemeines wird *am* Besonderen erfahrbar	– an einem fallenden Stein das Fallgesetz
– das TYPISCHE	– Allgemeines wird *im* Besonderen erfahrbar	– im Ulmer Münster (beim Betrachten usw.) der gotische Baustil

– das KLASSISCHE	– Allgemeines wird als Wert erfahren	– an der Geschichte vom barmherzigen Samariter die Nächstenliebe
– das REPRÄSENTATIVE	– Allgemeines wird als Vergegenwärtigung erfahrbar	– an der Stadtmauer wird die Vergangenheit lebendig
– die EINFACHE ZWECKFORM	– Allgemeines (Form) und Besonderes (Zweck) fallen zusammen	– durch Lesen das Lesen lernen (Lesefertigkeit)
– die EINFACHE ÄSTHETISCHE FORM	– Allgemeines und Besonderes fallen zusammen	– am Bild »Der Goldene Schnitt«

Ob ein Lehrer sich dieser Konzeption zur Inhaltsauswahl anschließen will, muß er davon abhängig machen, ob er die implizierten Vorstellungen über Erziehungs- und Bildungsziele anerkennen kann und will. Wenn er sich dieser Konzeption anschließen will, kann er auch auf das ausdrücklich für die Unterrichtsvorbereitung entwickelte Instrument der Didaktischen Analyse zurückgreifen. (Die Analyse und ihr gesamter Hintergrund sind im betreffenden Kapitel – oben S. 47ff. – ausführlich dargestellt.)

2.3 »Exemplarische« Inhalte (WAGENSCHEIN)

Das von WAGENSCHEIN entwickelte Prinzip des Exemplarischen wird oft mit dem des Elementaren von KLAFKI gleichgesetzt. Sie unterscheiden sich jedoch in wichtigen Punkten. Inhalte des Unterrichts, die nach WAGENSCHEIN die Bezeichnung exemplarisch verdienen, sollen wesentlich mehr leisten als elementare Inhalte. Zunächst einmal sind exemplarische Inhalte immer fachorientierte Inhalte, und zwar an den hinter den Schulfächern stehenden Fachwissenschaften orientierte Inhalte. Was sie exemplarisch, d. h. über sich hinausweisend, im Lernprozeß leisten sollen, läßt sich stufenförmig darstellen:
– *Auf einer ersten, unteren Ebene sollen Exempla einen größeren Sach- bzw. Wissensbereich erschließen:*
 Im Erdkundeunterricht wird z. B. die Sahara behandelt. Selbstverständlich ist sie, wie Geographen nicht müde werden zu betonen, eine einmalige, eine individuelle Erscheinung, so wie dies auch die Kalahari, die Negev, die Gobi usw. sind. Aber von ihren je besonderen Erscheinungsmerkmalen abgesehen, weisen die Wüsten doch dieselbe Struktur auf, und zwar jene, die es erlaubt, sie alle als Wüste zu bezeichnen. Mithin könnten Schüler am Beispiel der Sahara erfahren, was eine Wüste ausmacht. Sie gewännen – ähnlich wie bei KLAFKI – eine Schlüsselkategorie, die sie auf verwandte Erscheinungen anwenden können, um sich diese zu erschließen. Sie wären imstande, die Gobi, die Kalahari, die Negev usw. als Wüste zu klassifizieren.
– *Auf einer zweiten Ebene sollen Exempla Einsicht in den besonderen Erkenntnisprozeß der zugehörigen Wissenschaft vermitteln:*
 Der Erdkundeunterricht z. B. dürfte nicht bei der Vermittlung der Kategorie »Wüste« stehenbleiben. Er müßte dazu fortschreiten, Schülern zu zeigen, wie die erdkundliche Wissenschaft zu solcher Kategorie gefunden hat und welches ihre spezifische Art der Erkenntnisfindung ist. Möglicherweise über die große Trockenheit, deren Ursachen, das Nomadenleben der Wüstenbewohner, die Oasenkulturen usw. können

Schüler miterleben, daß die erdkundliche Fragestellung darin besteht, immer nach der Abhängigkeit menschlicher Lebensformen vom Lebensraum sowie umgekehrt der Abhängigkeit der heutigen Erscheinungsform von Lebensräumen von menschlicher Einwirkung zu fragen und dementsprechend ihre Antwort zu formulieren.
- *Auf einer dritten Ebene wird die Relativität wissenschaftlicher Erkenntnisbildung einsehbar:*
Die erdkundliche Fragestellung z. B. kann als ganz spezifische und als bewußt begrenzte Fragestellung deutlich werden. Dies zu erfahren führt zugleich dazu, die Relativität letztlich auch aller anderen Wissenschaften zu erfahren oder mindestens zu erahnen.
- *Auf einer vierten Ebene schließlich kann die Relativität menschlichen Erkennens überhaupt eingesehen werden:*
Mit der Erfahrung der Begrenztheit wissenschaftlicher Erkenntnisse einher geht die Ahnung von der eingeschränkten Erkenntnismöglichkeit des Menschen überhaupt. Damit würde ein Schüler in ein entscheidendes Moment menschlicher (und somit seiner eigenen) Existenz Einblick nehmen. Hierauf kommt es WAGENSCHEIN an.

In der Diskussion, vor allem der fachdidaktischen, ist WAGENSCHEINS Vorstellung häufig auf die erste exemplarische Ebene eingeengt begriffen worden. Das hat dann u. a. dazu geführt, daß etliche Fächer behaupten, bei ihnen sei das Prinzip ohne Bedeutung, weil ihre Gegenstände ausschließlich individuellen Charakter hätten und keinen Ansatz zur Übertragbarkeit böten. Ob es tatsächlich Gegenstände von Wissenschaften gibt, die ausschließlich Individualität haben, sei dahingestellt. Auf jeden Fall aber kann letztlich an jeder wissenschaftlichen Erkenntnis die besondere Art und Weise von deren Gewinnung und darüber hinaus der Charakter ›fach‹-wissenschaftlicher Erkenntnis und des Verhältnisses von Mensch und Wirklichkeit eingesehen werden. Das exemplarische Prinzip läßt sich m. E. in jedem Fach aktualisieren.

Für Lehrer stellt sich die Frage, wie denn solche Exempla auszuwählen sind; bisher ist nur erörtert worden, was sie leisten sollen. Und hier hat WAGENSCHEIN noch keine Antwort gegeben, anders als KLAFKI. WAGENSCHEIN bescheidet sich vielmehr mit dem Rat, abzuwarten, bis und ob sich aus dem Unterrichtsgeschehen heraus einmal eine entsprechende Gelegenheit bietet, gemeinsam mit den Schülern die Stufenfolge exemplarischer Einsichten zu gehen. Das bedeutet für den Lehrer: Die exemplarische Konzeption kann ihm weniger eine Hilfe für die dem Unterricht vorausgehende Auswahl von Inhalten sein als vielmehr eine Hilfe dazu, sich bietende Gelegenheiten auszunutzen und sich dann für die notwendige intensive und ausführliche Befassung mit dem gegebenen Inhalt zu entscheiden, statt sich um enzyklopädische Vollständigkeit und Abdeckung aller vom Fach her möglichen Themen zu bemühen. Allenfalls die Fachwissenschaft oder Fachdidaktik kann vorausschauend ›Verdichtungsstellen‹ im fachlichen Gegenstandsbereich ausmachen und zur Auswahl vorschlagen. WAGENSCHEIN selbst weist den Lehrer darauf hin, daß die Erschließung solcher verdichteter Inhalte bis hin zur obersten exemplarischen Ebene nur über das »genetische« Verfahren möglich ist, also nicht in einem darbietenden Unterricht, sondern nur in einem Unterricht geleistet werden kann, in dem die Schüler Fragehaltungen haben und Fragen stellen, denen entdeckend und nach-entdeckend gefolgt wird.

2.4 »Wissenschaftsorientierte« Inhalte

Eine große Rolle haben in den siebziger Jahren Konzeptionen gespielt, die eine Auswahl von Lerninhalten in engster Anlehnung an die etablierten wissenschaftlichen Disziplinen vertreten. In den in diesen Jahren entstandenen Curricula und Lehrplänen ist häufig nach derartigen Konzeptionen verfahren worden, z. B. auch für die Entwicklung von Lehrplänen für die Grundschule. Und besonders das hat zu massiver Kritik an wissenschaftsorientierter Inhaltsauswahl geführt. Die beiden hauptsächlichen Konzeptionen – bekannt geworden als: »Struktur der Disziplin« und »Prozesse als Inhalt« – werden hier wegen ihrer gegenwärtig überaus kritischen Erörterung und ihrer großen Bedeutung für die aktuelle Diskussion pädagogischer Grundprobleme nicht isoliert, sondern im folgenden Exkurs mit kritischen Untertönen dargestellt. Dort werden sie hinsichtlich ihrer Besonderheit, ihrer Begründung und ihrer Problematik behandelt.

Mehr als ein Exkurs:
Prioritäten bei der Lernplanung – am Beispiel wissenschaftsbestimmen Lernens erörtert

Die grundlegende Frage, ob nämlich letzten Endes Fachwissenschaften Priorität bei der Lernplanung beanspruchen können, wird an dieser Stelle behandelt, weil soeben maßgebliche Konzeptionen zur Inhaltsstrukturierung behandelt wurden, bei denen dieses Problem einbeschlossen ist. Es wird zwar auf der Ebene der Entwicklung von Curricula behandelt, um das Gesamtproblem anzusprechen, die Aussagen treffen aber sinngemäß auf jede Lernplanung zu.

Vorklärungen
In der jüngeren Curriculumdiskussion, besonders in der Diskussion über curriculare Inhaltsprobleme, kehrte als eine Forderung ständig wieder, Lernen solle im wesentlichen wissenschaftsorientiert sein. Dieses Postulat wird allerdings nicht im Hinblick auf alle nur denkbaren Lernprozesse erhoben, sondern nur im Hinblick auf das Lernen in der Schule, es betrifft also nur die durch Unterricht ausgelösten und gesteuerten Lernvorgänge. Im folgenden wollen wir uns mit der Forderung nach wissenschaftsbestimmtem Lernen auseinandersetzen. Dabei soll von Lernvorgängen in einer besonderen Schulart abgesehen und das Problem generell – so wie auch die Forderung generell erhoben wird – betrachtet werden. Die Erörterung geschieht in drei Schritten von unterschiedlicher Weite: Zuerst werden die Argumente vorgestellt, mit denen die spezifische Forderung gestützt wird; dann werden relevante Konzeptionen wissenschaftsbestimmten Lernens dargestellt, schließlich werden die Konzeptionen unter curricularen Aspekten einer kritischen Betrachtung unterzogen.

1 Argumente
Wenn leitende Prinzipien für die Auswahl und Konzentration von Lerninhalten aufgestellt werden, so geschieht das spätestens seit Aufkommen der »geisteswissenschaftlichen« Pädagogik im Rückgriff auf die Erziehungswirklichkeit, nicht mehr aber auf bloß normativ-deduktivem Wege. Obwohl die Erziehungswirklichkeit ein äußerst komplexes und schwer einsehbares Geschehen ist, haben sich für Auswahltheorien zwei Bezugs-

Literatur zum EXKURS *siehe Seite 393.*

punkte herauskristallisiert: gesellschaftliche Bedürfnisse auf der einen und individuelle Bedürfnisse auf der anderen Seite. Lerninhalte werden zumeist so ausgewählt, daß sie immer zugleich sozialen und individuellen Ansprüchen gerecht werden (WENIGER 1965). Auch die Argumentation für wissenschaftsorientiertes Lernen enthält soziale und individuelle Schwerpunkte. Zusammengefaßt nach ihrer vorwiegenden Tendenz sind es vor allem drei Argumente, die vorgebracht werden (vgl. TÜTKEN 1970, S. 61ff.):
– das Argument der »verwissenschaftlichten« Welt,
– das Argument der hervorragenden Bedeutung von Wissenschaften für die Organisation von Erfahrungen,
– das Argument der Kontinuität von Wissen.

Es wird von keiner Seite mehr in Zweifel gezogen, daß Wissenschaften gegenwärtig das Bild unserer Umwelt prägen. Es gibt kaum noch einen Bereich, zu dessen Gestaltung nicht wissenschaftliche Erkenntnisse herangezogen würden. In seinem bekannten Essay über den Menschen in der »wissenschaftlichen Zivilisation« hat SCHELSKY versucht, den strukturellen Zusammenhang von Wissenschaft und Umwelt zu erhellen (SCHELSKY 1965, S. 439ff.). Er kommt dabei u. a. zu dem Ergebnis, daß die durch wissenschaftlich-technische Bedingungen geprägte Umwelt neue Gesetzlichkeiten aufweist und in neuen gesetzmäßigen Bahnen verläuft, die sich von jenen einer ursprünglichen und naturwüchsigen Welt beträchtlich unterscheiden. Folgt man der SCHELSKYSCHEN Erklärung, mit der in dem hier beanspruchten Punkt alle anderen Erklärungsversuche weitgehend übereinstimmen, so leuchtet ein, daß in einer »verwissenschaftlichten« Welt jedermann über elementare wissenschaftliche Kenntnisse verfügen sollte. Ohne diese wäre er weder in der Lage, die Erscheinungen seiner Umwelt zu verstehen, noch gar fähig, gestaltend in die Umwelt einzugreifen.

Gewichtiger als das erste, gleichwohl mit diesem zusammenhängend, ist das zweite Argument, das übrigens derzeit auch am häufigsten vorgetragen wird. Es basiert auf der Annahme der Möglichkeit einer Parallelisierung von individuellen und gattungsmäßigen Erfahrungs- und Erkenntnisvorgängen. Es wird davon ausgegangen, daß die Funktion von Wissenschaften vor allem darin zu sehen sei, dem Menschen die Wirklichkeit geordnet und systematisch zu erschließen. Wenn man dieser Auffassung zustimmt – und das kann man ohne weiteres, weil es sich um eine äußerst weite Definition handelt –, dann muß man mit den Verfechtern dieses Arguments zweifellos auch feststellen, daß Wissenschaften sich in ihrer Funktion bewährt haben. Sie haben den Menschen zu umfassender und systematischer Erfahrung seiner selbst und der Umwelt geführt. Geschlossen wird nun weiterhin, daß anzunehmen sei, wenn Wissenschaften sich für die Menschheit insgesamt so sehr bewährt hätten, dann müßten sie auch für die Erfahrungsorganisation von Individuen besonders gut geeignet sein. Wenn man aber alle Individuen zu wissenschaftlich orientierter Erfahrung befähigen will, so läßt sich das am besten über entsprechende Erziehungsvorgänge im Kindes- und Jugendalter erreichen, also in den Schulen.

Eine Frage bleibt hier zunächst offen: Warum wird soviel Wert auf individuelle Fähigkeiten zu systematischer Erfahrung gelegt? Daß jedermann möglichst imstande sein sollte, Erfahrungen leicht, schnell und zutreffend zu machen, versteht sich von selbst. Aber das hier behandelte Argument für wissenschaftsbestimmtes Lernen geht noch von einer anderen Voraussetzung aus. Lernen wird – zurückgehend auf behavioristische Ansätze – als Veränderung des Verhaltens von Individuen aufgrund von Erfahrungen begriffen. Wohlgemerkt: Im Mittelpunkt einer solchen Auffassung vom Lernen steht der Erfahrungsbegriff. Von der Art, dem Umfang, der Tendenz usw. der Erfahrung hängt es letzten Endes ab, in welche Richtung sich das Verhalten ändert, was mithin ein Individuum »lernt«. Ohne an dieser Stelle weiter darauf einzugehen – im kritischen Teil müssen wir hierauf zurückkommen –, soll nur festgehalten werden: Wenn das zweite Argument die hervorragende Bedeutung von Wissenschaften für die Organisation von Erfahrungen in den Vordergrund stellt, dann bedeutet das: man erhofft sich von einem entsprechenden Lernen, daß Individuen durch Befähigung zu ähnlichen Erfahrungen zugleich instand gesetzt werden, ihr Verhalten mit »wissenschaftlichen« Mitteln zu steuern.

Das dritte Argument für wissenschaftsbestimmtes Lernen trägt BRUNER vor (BRUNER 1970). Er vertritt die Auffassung, daß dadurch eine Kontinuität des Wissens zwischen Laien und Experten geschaffen werde. Und das trägt – wie er unausgesprochen andeutet – zur Überwindung gesellschaftlicher Zersplitterung bei. BRUNER ist es auch, der am deutlichsten die Möglichkeit wissenschaftsorientierten Lernens in der Schule betont, indem er die These vertritt, es sei grundsätzlich möglich, jeden wissenschaftlichen Gegenstand auf jeder Altersstufe intellektuell redlich zu lehren bzw. zu lernen (ebd., S. 44).

In allen drei Argumenten klingen sowohl soziale als auch individuelle Aspekte an. In einer von Wissenschaften geprägten Welt braucht jedes Individuum – aus Gründen des Überlebens und besseren Lebens – elementare wissenschaftliche Kenntnisse, um seine Umwelt verstehen, seine Probleme lösen, sein Verhalten steuern und mit anderen kommunizieren zu können. Zugleich aber ist eine Gesellschaft wie unsere – hochspezialisiert und -differenziert – auf derartig ausgebildete Individuen angewiesen.

Nach diesem verkürzten Durchgang durch die Argumentation fragen wir jetzt nach bereits vorliegenden Konzeptionen wissenschaftsbestimmten Lernens.

2 Konzeptionen

Vorausgesetzt wurde bisher, daß ein allgemeiner Konsens darüber bestehe, was mit der Formel »wissenschaftsbestimmtes Lernen« gemeint sei. Durch die Darstellung der Argumente für ein solches Lernen dürfte deutlich geworden sein, was tatsächlich gemeint ist. Wissenschaftsorientiertes Lernen meint nicht bloß eine erziehungswissenschaftliche Steuerung von Lernprozessen, nicht nur die Übertragung und Anwendung von wissenschaftlich gewonnenen Einsichten in den Lernvorgang bzw. auf schulischen Unterricht. Wissenschaftsbestimmtes Lernen meint vielmehr die Ausrichtung des durch Unterricht gesteuerten Lernens an den sogenannten Fachwissenschaften.

Schulischer Unterricht ist seit langem an Fachwissenschaften ausgerichtet. Die Organisation des Unterrichts in Fächern ist letzten Endes ein (allerdings reduziertes) Abbild der Differenzierung von Wissenschaften in Disziplinen. In DOLCHs großer Untersuchung abendländischer Lehrpläne wird der Weg aufgezeigt, auf dem von den *septem artes* über den Fachunterricht an Gymnasien auch der Volksschulunterricht fachliche Gliederung annahm (DOLCH 1965). Aber der fachlich differenzierte Unterricht allein ist mit der Forderung nach Wissenschaftsorientierung nicht gemeint. Die Forderung zielt vielmehr auf eine ganz bestimmte Dimension von Lernprozessen, und zwar auf die inhaltlich-thematische. Wenn wissenschaftsbestimmtes Lernen postuliert wird, dann wird damit verlangt, daß Lerninhalte aus Wissenschaften entnommen und nach wissenschaftlichen

Lehr- und Lerninhalte

Maßstäben ausgewählt werden sollten. In der Geschichte der deutschsprachigen Pädagogik ist dies keine neue Forderung. So waren beispielsweise die logisch-systematischen Lehrgänge mittelalterlichen Unterrichts entsprechend aufgebaut, wie SCHWAGER feststellte (SCHWAGER 1958). Und in der neueren Didaktik entwickelte WAGENSCHEIN mit dem »Exemplarischen« ein Prinzip fachwissenschaftlich bestimmter Inhaltsauswahl. Aber von diesen und anderen Ansätzen ist in der gegenwärtigen Diskussion kaum die Rede. Die Diskussion konzentriert sich fast ausschließlich auf zwei in der amerikanisch-englischen Lernforschung entworfene Konzeptionen, die bekannt geworden sind als »Struktur der Disziplin« (»structure of the discipline«) und »Prozesse als Inhalt« (»process as content«).

Die Konzeption »Struktur der Disziplin« ist am nachhaltigsten von BRUNER vertreten und vorgetragen worden. Dieses Modell geht von der Voraussetzung aus, daß jede wissenschaftliche Disziplin eine je eigene und spezifische Struktur entwickelt hat – eine Struktur, die im Verlaufe ihrer Geschichte immer deutlicher zutage getreten ist und sich zunehmend ausdifferenziert hat. Als Struktur wird dabei der Zusammenhang von »fundamentalen Ideen« und »Grundbegriffen« einer Wissenschaft verstanden (»fundamental ideas« und »basic concepts«). Obwohl auch andere Aspekte eine Rolle spielen, muß man wohl das Strukturverständnis in dieser Konzeption dahingehend interpretieren, daß darunter das besondere Gefüge von Grundbegriffen, -kategorien und -prinzipien begriffen wird, das sich eine Wissenschaft geschaffen hat, um Wirklichkeit erfaßbar und erfahrbar zu machen. Im Unterschied zu andersartigen Erfahrungen werden wissenschaftliche, durch Struktursysteme gesteuerte Erfahrungen von Wirklichkeit als systematisch, reliabel und objektiv aufgefaßt.

Entsprechend diesen Vorstellungen sollen Schüler im Unterricht wissenschaftliche Grundbegriffe, -kategorien und -prinzipien lernen. Am deutlichsten ist die Praxis dieser Konzeption bisher wohl im Unterricht der Primarstufe geworden, in dem schon Sechsjährige mit Kategorien der CANTORschen Mengenlehre bekannt gemacht werden und umgehen lernen. Zu Lerninhalten werden bei dieser Konzeption also wissenschaftliche Grundbegriffe, zum Maßstab ihrer Lernfolge die Struktur von Wissenschaften unter Berücksichtigung der Entwicklung des Lernvermögens der betroffenen Adressaten.

Was mit dieser Konzeption beabsichtigt ist, liegt klar auf der Hand: Die Lernenden sollen instand gesetzt werden, ihre Erfahrungen mittels wissenschaftlicher Kategorien und Strukturen zu organisieren. Was erhofft wird, ist eine Systematisierung und Objektivierung von Erfahrungen. Worauf gezielt wird, ist vor allem der Intellekt der Lernenden. Inzwischen hat BRUNER sowohl weitere Erfordernisse eines derart wissenschaftsbestimmten Lernens als auch positive lernpsychologische Folgen dargestellt. Von den Erfordernissen, die ansonsten mit aktuellen didaktischen Forderungen übereinstimmen, ist am markantesten die nach der Spiralform von Lehrplänen: Strukturen wissenschaftlicher Disziplinen lernt man nur, wenn man die einzelnen Strukturmomente zu wiederholten Malen unter altersspezifischen Fragestellungen und mit zunehmender Intensität durchläuft, so daß dem Unterricht ein Spirallehrplan zugrunde gelegt werden muß. An vorteilhaften Lernfolgen des Strukturlernens – wobei auch diese mit Ergebnissen der neueren Lernpsychologie erklärt werden können – nennt BRUNER drei: Strukturen werden leicht begriffen; Strukturen werden gut behalten; Strukturen werden leicht übertragen (BRUNER 1970, S. 35ff.).

Werden bei der soeben erörterten Konzeption wissenschaftliche Strukturen zu Lerninhalten umgeformt, so sind es bei der zweiten genannten Konzeption – die Bezeichnung »Prozesse als Inhalt« verrät es schon – wissenschaftliche Prozesse. Hier geht man von der Voraussetzung aus, daß Wissenschaften besonders durch ihre spezifischen Prozesse gekennzeichnet sind, durch die sie Wirklichkeit erhellen. Gemeint sind letzten Endes Methoden, die zur Erhellung von Wirklichkeit verwendet werden. Und Methoden von Wissenschaften sollen zu Inhalten von Lernprozessen im Unterricht werden.

Wie bei der Struktur-Konzeption so wird aber auch bei der Prozeß-Konzeption nicht unmittelbar auf das mittlerweile bestehende komplexe Gefüge – hier der Methode – des wissenschaftlichen Potentials zurückgegangen. Es wird vielmehr versucht, elementare wissenschaftliche Methoden herauszukristallisieren, aus denen sich erst im Laufe eines schulzeitdauernden Lehrgangs methodische Systeme von Disziplinen aufbauen lassen. In einsatzbereiten und zum Teil erprobten Modellen werden als in Frage kommende Methoden z. B. für den naturwissenschaftlichen Unterricht auf der Primarstufe genannt: Beobachten, Messen, Zählen, Beschreiben usw. Es handelt sich um Verfahren, die personunabhängig einsetzbar sind und bei gleicher Handhabung zu annähernd gleichen Ergebnissen führen sollten. Keineswegs wird der in den Wissenschaften geforderte strenge Maßstab an Objektivität von Methoden eingehalten. Doch darum geht es in dieser Konzeption auch gar nicht. Die Vermittlung von Methoden geschieht – wie die von Strukturen – in der Absicht, die Lernenden zu einer besseren Organisation ihrer Erfahrungen zu befähigen. Dabei wird, wenn man in forschungslogischen Begriffen spricht, vor allem abgehoben auf die Reliabilität und Validität der Methoden. Das heißt: Die Lernenden sollen solche Methoden erwerben, mit deren Hilfe sie ihre Lebensprobleme – nicht aber wissenschaftliche Probleme – lösen und diese Methoden so handhaben können, daß sie die jeweils angemessenste und zuverlässigste auswählen und anwenden.

Hinter dieser Konzeption steht die Auffassung, daß prozeßhafte den statischen Lerninhalten vorzuziehen seien. Einerseits verspricht man sich davon lernpsychologische Vorteile, vor allem in formaler Hinsicht; man erwartet, daß auf diese Weise zugleich »das Lernen erlernt wird«. Andererseits geht man von der Tatsache des raschen Wandels aller Tatbestände und mithin auch der Umwelt von Lernenden in unserer Zeit aus und erhofft, daß jemand mit allen veränderten Umständen eher fertig werden kann, sofern ihm Methoden zur Erfassung der Umstände verfügbar sind. In anderen Zusammenhängen wird statt vom Lernen von Methoden auch vom Lernen von »Problemlösungsstrategien« gesprochen.

Zusammenfassend ist festzuhalten: Beide Konzeptionen, die einer »Struktur der Disziplin« wie die der »Prozesse als Inhalt«, sind mit dem unmittelbaren Ziel aufgestellt worden, Heranwachsende zu einer besseren Organisation ihrer Erfahrungen zu befähigen, zu systematischerer und zutreffenderer Erfahrung, als sie ohne Kenntnis und Beherrschung entsprechender Inhalte möglich wäre. Während die eine Konzeption zu diesem Zweck dem Lernen von wissenschaftlichen Strukturen Priorität einräumt, setzt die andere mehr auf das Erlernen von wissenschaftlich orientierten Verfahren. Ohne hier näher darauf einzugehen, sei vermerkt, daß die vorgenommene Zielsetzung wohl nur verwirklicht werden kann, wenn beide Konzeptionen kombiniert werden und Schüler Strukturen *und* Verfahren lernen (PETERSSEN 1972, S. 573 ff.).

3 Kritik

Aus der kurzgefaßten Darstellung der wesentlichsten Konzeptionen wissenschaftsbestimmter Auswahl von Lerninhalten ging hervor, daß sie hinsichtlich der Zielsetzung übereinstimmen, diese jedoch über unterschiedliche wissenschaftsorientierte Inhalte verwirklichen wollen. Zielsetzung ist die Überwindung eines bloß Informationen übermittelnden Unterrichts bzw. bloß Informationen aufnehmenden und speichernden Lernens zugunsten einer Befähigung von Heranwachsenden zu eigenständiger Aufbereitung von Informationen, wobei die besondere Befähigung darin bestehen soll, wissenschaftlich bewährte Kategorien- und Verfahrenssysteme aktualisieren zu können. Es ist nunmehr danach zu fragen (– vorausgesetzt, die intendierten Ziele können auch tatsächlich verwirklicht werden –), was diese Konzeptionen denn nun wirklich leisten bzw. – mit kritischem Unterton –, was sie nicht leisten und wo ihre Schwächen liegen. Zu diesem Zweck werden wir zunächst die Grenzen eines wissenschaftsbestimmten Lernens der geschilderten Art zu zeichnen haben, um daran anschließend nach angemessenen Ergänzungen sowie abschließend nach deren Auswirkungen auf weitere curriculare Bereiche zu fragen.

Was also leistet wissenschaftsorientiertes Lernen der beschriebenen Art? Es ist leicht einzusehen, daß es nicht alle Lernbereiche abdeckt. Wenn man sich der Kategorien von Lernzieltaxonomien bedient, dann wird unmittelbar einsichtig: Während die Bereiche des kognitiven und psychomotorischen Lernens von wissenschaftsbestimmtem Lernen besetzt sind, bleibt der Bereich affektiven Lernens offen. Wissenschaftliche Strukturen und Verfahren zu kennen und sie angemessen handhaben zu können setzt nicht eine bestimmte Einstellung zu ihnen voraus. Ein solches Lernen bleibt, wie BRUNER selber zugesteht, vordergründig auf die Intellektualität des Lernenden bezogen; sie zu fördern und zu entwickeln zu einem jeweils möglichen Optimum, das ist es, was die beschriebenen Konzeptionen leisten können und wollen.

Wenn wir die Person des Lernenden betrachten und von ihm aus die Frage nach den Grenzen stellen, kommen wir zu denselben Ergebnissen. Angenommen, es gelingt, Lernenden eine ausreichende Kenntnis von Grundkategorien und -verfahren sowie Fertigkeiten im Umgang mit ihnen zu vermitteln, was wäre über den Status der so Ausgebildeten zu sagen? Ganz gewiß würde »Selbständigkeit« den Status solcher Personen kennzeichnen, und zwar Selbständigkeit im Hinblick auf erkennendes und gestaltendes Handeln. Sie wären fähig, Erscheinungen ihrer Umwelt systematisch aufzuklären, statt zufälliger Erhellung ausgesetzt zu sein. Die ihnen verfügbaren Kategorien und Methoden würden mit großer Wahrscheinlichkeit gewährleisten, daß ihre Erfahrungen und Erkenntnisse zutreffend sind. Die Stimmigkeit von Erkenntnissen mit der Wirklichkeit macht sie zuallererst verwertbar, die so Ausgebildeten könnten also ihre Erkenntnisse nutzen, um auf die Wirklichkeit verändernd einzuwirken. Dies zudem um so mehr, als sie gelernt haben, statt isolierter Bruchstücke größere Zusammenhänge zu sehen. Strukturen zu lernen bedeutet nach BRUNER, »zu lernen, wie die Dinge aufeinander bezogen sind«. Wer Dinge in ihrem Zusammenhang erkennt, ist eher imstande, bei aktiven Eingriffen in die Wirklichkeit neuartige Zusammenhänge zu stiften, als jener, der nur über isoliertes und bruchstückhaftes Wissen und Können verfügen kann. Die Verwertbarkeit strukturellen Wissens ist sicherlich relativ groß. Weiterhin würde die Selbständigkeit in bezug auf die Steuerung des eigenen Verhaltens sicher größer sein. Das eigene Verhalten steuern zu können setzt voraus (– wenn wir uns auf die Vorstellung berufen, Lernen sei Veränderung des Verhaltens aufgrund von Erfahrungen –), Erfahrungen planmäßig und zweckgerichtet machen zu können. Die referierte Lernformel impliziert, daß bestimmte Erfahrungen bestimmte Verhaltensänderungen bewirken, daß es mithin immer auf die besondere Art von Erfahrungen ankommt, wenn das Verhalten auf ein Ziel hin verändert werden soll. (Schule beispielsweise nützt dies aus, indem sie Schülern Erfahrungen ganz bestimmter Art ermöglicht, nämlich im und durch Unterricht, durch die sich Schülerverhalten gleichsam zwangsläufig in vorentschiedener Richtung ändert.) Aber zurück zum Lernenden: Wer gelernt hat, Erfahrungen systematisch und angemessen machen zu können, müßte – zumindest in technischer Hinsicht – auch imstande sein, dies dergestalt auszunützen, daß er bei Kenntnis seiner Verhaltensabsichten diesen entsprechende Erfahrungen in Gang bringt. Nichts anderes ist übrigens mit der Formel vom »Lernen lernen« gemeint. Wo die Schule sich ausdrücklich die Aufgabe stellt, über das Lernen von etwas hinaus auch das Lernen selbst zu lehren, kann sie dies nur, indem sie dazu befähigt, verhaltensändernde Erfahrungsvorgänge selbständig auslösen und durchführen zu können.

Aufgrund des bisher Gesagten läßt sich schon pointiert zusammenfassen, was wissenschaftsbestimmtes Lernen zu leisten vermag: Es steigert die Selbständigkeit des Lernenden, und man kann annehmen, daß es dies besser tut als Lernvorgänge »nichtwissenschaftsbestimmter« Art. Aber diese Selbständigkeit darf nicht verwechselt werden mit einer möglichen Autonomie von Individuen. Wir wollen dies verdeutlichen und zur Erörterung stellen, indem wir von »zweckrationaler« Bildung sprechen, die – bestenfalls – das Ergebnis wissenschaftsbestimmten Lernens sein kann, wenn es auf den beschriebenen Konzeptionen aufbaut, ohne daß weitere Postulate erfüllt würden.

Als zweckrational gebildet wollen wir jemanden bezeichnen, der imstande ist, bei ihm bekannten Absichten und Zielen diese schnell und mit angemessenem Aufwand zu verwirklichen bzw. sich an sie anzupassen, weil er über entsprechende Mittel verfügt. In wissenschaftsbestimmten Lernprozessen erworbene Fähigkeiten und Inhalte haben nach unserer Auffassung den Charakter bloßer Mittel, wie er in der Definition soeben angesprochen wurde. Sie befähigen zwar dazu, vorentschiedene Ziele auf rationale und rationale Weise zu erreichen, nicht aber zugleich auch dazu, über diese Ziele und den Grad ihrer subjektiven Wünschbarkeit entscheiden zu können. Wer tatsächlich über wissenschaftliche Grundkategorien und -verfahren verfügen kann (– und dies in einer von den Wissenschaften intendierten Weise –), sollte eigentlich in der Lage sein, den für ihn besten und schnellsten »Weg nach Rom« einzuschlagen. Wozu er aber nicht ohne weiteres auch in der Lage sein dürfte, ist die Entscheidung darüber, ob es für ihn überhaupt sinnvoll und erstrebenswert ist, »nach Rom« zu wollen und einen Weg dahin auszuwählen und zu begehen. In den erörterten Konzeptionen wissenschaftsbestimmten Lernens bleibt dieser Aspekt ausgeklammert. Sie erinnern in fataler Weise an die Versuche, allgemeindidaktische Modelle bloß auf informationstheoretisch-kybernetischer Basis aufzubauen und – gemäß einer Metapher bei PLUTARCH – alle Funktionen eines Schiffes und seiner Besatzung durchzudenken bis auf eine, nämlich die wichtigste: die Kapitänsfunktion. Aber wie im Hinblick auf die informationstheoretisch-kybernetische Didaktik wiederholt nachgewiesen wurde – daß sie für sich allein nicht bestehen kann, wohl aber Wert innerhalb umfassenderer didaktischer Theoriebildungen gewinnt –, so läßt sich auch für die gemeinten Konzeptionen wissenschaftsbestimmten Lernens sagen: Für sich allein genommen entspricht ihre Reichweite nicht jenen

Lehr- und Lerninhalte

Forderungen, die wir an Bildungskonzeptionen zu stellen haben, wohl aber können ihre positiven Effekte im Rahmen übergreifenderer Überlegungen zur Entfaltung kommen. Bevor wir derartige Überlegungen versuchen, müssen wir aus Gründen der Klarheit noch bei den soeben verfolgten Gedankengängen verweilen. Hervorgehoben werden muß, daß unserer Auffassung nach keine Bildungskonzeption bei der Vermittlung von »Mitteln« stehenbleiben darf; nicht nur die Virtuosität im Umgang mit wissenschaftlichen Kategorien und Verfahren darf das Endziel entsprechender Modelle sein. Bildungskonzeptionen müssen in emanzipatorischer Absicht angelegt sein, d. h., sie müssen versuchen, den Educandus zur Selbstbestimmung zu führen, was bedeutet, daß er sich selbst Ziele setzt oder zumindest erst über sie reflektiert, bevor er sie zu erreichen versucht. Eine solche Intention vermißt man bei den angesprochenen wissenschaftsorientierten Lernmodellen.

Woran liegt das? Ganz sicher liegt es nicht an den Wissenschaften selbst, sondern vielmehr an der Art, wie sie didaktisch in Anspruch genommen werden. Und zwar erfolgt die Inanspruchnahme in verkürzter und verkürzender Weise. Wissenschaften werden von vornherein schon nur als Mittel betrachtet – als bewährte Mittel zur Organisation menschlicher Erfahrungen –, so daß es nicht verwunderlich ist, wenn nur dieser Mittelcharakter für Lernvorgänge beansprucht wird. Was übersehen oder übergangen wird, ist die Tatsache, daß Wissenschaften nicht ohne Absichten und ohne Interessen die Organisation von Erfahrungen über die Wirklichkeit vornehmen und daß es mit zum wissenschaftlichen Geschäft gehört, über spezifische Absichten und Interessen zu reflektieren und sich ihrer bewußt zu werden. Was mithin gleichsam abgeschnitten wird, wenn Wissenschaften auf ihre Zweck-Mittel-Relation reduziert werden, ist Wissenschaftstheorie als der zu jeder Disziplin gehörende Aspekt einer Besinnung auf sich selbst. Bedeutet diese Feststellung, daß es unserer Auffassung nach ausreichen würde, den wissenschafts- und erkenntnistheoretischen Aspekt in die Konzeptionen aufzunehmen – wie dies ja beispielsweise in dem ebenfalls wissenschaftlich orientierten Modell des exemplarischen Lernens von WAGENSCHEIN der Fall ist –, um sie unseren Forderungen entsprechen zu lassen? Die Antwort lautet: nein. Vom Standpunkt der Wissenschaften aus, deren Kategorien und Verfahren in den Unterricht transponiert werden sollen, würde es sicher ausreichen, um eine unverfälschte Selbstdarstellung der Disziplinen zu gewährleisten. Vom didaktischen Standpunkt aus kann das nicht der richtige Weg sein, und zwar vor allem aus zwei Gründen nicht. Zum ersten dürfte es unmöglich sein, den wissenschaftstheoretischen Aspekt von Einzeldisziplinen für alle Altersstufen einsichtig zu machen und in lernbare Inhalte zu übersetzen. Zum zweiten sind Absichten und Interessen der Lernenden – was ihre Gegenwart wie auch ihre Zukunft anbelangt – nicht identisch mit jenen von wissenschaftlichen Disziplinen, so daß deren Behandlung nicht die Probleme von Heranwachsenden lösen hilft. Ohne noch weiter hierauf einzugehen, wollen wir auf didaktische Notwendigkeiten zu sprechen kommen, die u. E. entstehen, wenn wissenschaftsbestimmtes Lernen nicht eine bloß zweckrationale Bildung bewirken soll.

Drei Forderungen müßten unserer Meinung nach erfüllt werden:
- im Hinblick auf den Curriculum-Ansatz dürfte keine unmittelbare Orientierung an wissenschaftlichen Disziplinen erfolgen
- im Hinblick auf die synchrone Ordnung von Lerninhalten müßte die an Fachwissenschaften orientierte Organisation des Unterrichts aufgegeben werden

– im Hinblick auf die diachrone Ordnung von Lerninhalten darf nicht die wissenschaftsimmanente Systematik maßgeblich sein.

Nach den bisherigen Erörterungen können wir als wahrscheinlich annehmen, daß wissenschaftsbestimmtes Lernen in Form von Strukturen und Verfahren vorzügliche Mittel zur Organisation auch von persönlichen und individuellen Erfahrungen vermittelt. Sinnvoll wird eine wissenschaftlich fundierte Fähigkeit zur Organisation von Erfahrungen aber erst, wenn sie dazu beiträgt, Lernende zur Bewältigung persönlicher »Lebenssituationen zu qualifizieren«. Damit eine solche Organisationsfähigkeit aber auch für die Bewältigung der persönlichen Lebenspraxis von Lernenden sinnvoll und aktualisierbar wird, reicht es nicht aus, Strukturen und Verfahren von Wissenschaften isoliert und allein nach wissenschaftlichen Ordnungsgesichtspunkten zu lehren.

Für die Entwicklung von Curricula bedeutet dies vor allem, daß Wissenschaften nicht unmittelbar zum Ansatz für die Auswahl von Grundkategorien und -verfahren werden können, sondern nur mittelbar. Welche Kategorien und Verfahren Heranwachsende zu lernen haben, kann nicht ausschließlich und auch nicht vorwiegend mit Blick auf die betroffenen Wissenschaften entschieden werden. Wissenschaften können – um es ganz scharf auszudrücken – im Hinblick auf die Erstellung von Curricula nur Dienstleistungsfunktion haben. Das bedeutet selbstverständlich keine Diskriminierung von Fachwissenschaften, sondern bezieht sich einzig auf das Problem der Auswahl von Lernzielen für Lernvorgänge in der Schule. Für diese kann keine Fachdisziplin beanspruchen – ohne didaktisch reflektiert zu sein –, ohne Abstriche ihre vollständige Struktur einzubringen. Was für Lernvorgänge von Wert ist, läßt sich nur entscheiden mit Blick auf die Lernenden und ihre Lebenssituationen. Eine dieser Auffassung entsprechende Curriculumtheorie stellt die unter der Leitung von ROBINSOHN entwickelte – und von seinen Mitarbeitern punktuell variierte– Konzeption dar (ROBINSOHN 1969). In ihr wird der erste Schritt zur Gewinnung von Curricula darin gesehen, *Lebenssituationen* festzustellen und zu identifizieren, in denen der Lernende gegenwärtig und mit großer Wahrscheinlichkeit auch in Zukunft lebt und auf deren Bewältigung ihn die Schule vorzubereiten hat. Nach Analyse der durchweg recht komplexen Situationen besteht der nächste Schritt darin, nach *Qualifikationen* zu fragen, die jemand haben muß, um diese Lebenssituationen bewältigen zu können. Ohne die Curriculumentwicklung nach dem Konzept ROBINSOHNs noch weiter zu verfolgen, ist festzuhalten: Fachwissenschaften kommen hier erst auf der dritten Entwicklungsstufe ins Spiel. Sie haben nicht mehr die Kompetenz, grundsätzlich darüber zu entscheiden, ob ihre Gegenstände und ihre Methoden zu lernen seien. Sie haben nur noch darüber zu befinden, was sie dazu beitragen können, den Lernenden die für diese für erforderlich gehaltenen Qualifikationen zu vermitteln. Mit anderen Worten: Wenn bereits grundsätzlich entschieden ist – allerdings werden alle Entscheidungen reversibel angelegt –, welche Qualifikationen Lernende erwerben sollen, werden Fachwissenschaften gefragt, was sie speziell zur Verwirklichung beitragen können. Auf die von uns erörterten Vorstellungen wissenschaftsbestimmten Lernens übertragen, würde dies heißen: Welche strukturellen Elemente und Verfahrenstechniken Schüler lernen sollen, wird nicht von Fachwissenschaften und nicht durch ausschließlichen Rückgriff auf deren System zu entscheiden sein, sondern ist daran zu bemessen, was sie zur Erreichung von Qualifikationen beizutragen vermögen, die Lernende zur Bewältigung von Lebenssituationen benötigen. Weder Theorie noch Praxis von Wissenschaften, sondern allein die Praxis von Lernenden kann Ansatzpunkt für die Entwicklung von Curricula sein. Mit dieser Einstufung werden die Konzeptionen wissenschaftsorientierten Lernens keineswegs abgewertet, sondern nur relativiert zu dem Zweck, ihre Potenzen für die Lernenden möglichst voll auszuschöpfen.

Nachdem wir uns nun bezüglich des Problems der »Auswahl« von Lerninhalten für die Priorität didaktischer vor fachwissenschaftlichen Gesichtspunkten ausgesprochen haben, stellt sich die Frage, ob dies für das Problem der »Konzentration« von Lerninhalten auch der Fall ist. Konzentration meint zunächst die synchrone Ordnung von Lerninhalten, die Art und Weise, in der sie für Lernprozesse in der Schule nebeneinander angeordnet werden; traditionell geschieht ihre Ordnung nach Fächern, wobei Schulfächer als stark reduzierte Abbilder von Fachwissenschaften erscheinen (z. B. Biologie als der Wissenschaft Biologie entsprechendes Schulfach). Es ist viel Kritik an dieser Ordnung vorgetragen worden, wovon uns im Rahmen unserer Erörterung aber nur ein Moment interessiert, das sich auch unmittelbar auf die vorhergehenden Überlegungen beziehen läßt: Die Praxis eines derartig organisierten Unterrichts weist zu große Differenzen zur Lebenspraxis von Lernenden auf, so daß eine qualifizierende Vorbereitung auf Lebensbewältigung gar nicht erwartet werden kann. Was steckt hinter dieser Behauptung? Vor allem wird darauf angespielt, daß ein in viele Fächer aufgesplitterter Unterricht den Lernenden isolierte Inhalte vermittelt – hier ein Scheibchen, dort ein Scheibchen – und den Lernenden selbst die Last überläßt, sie zu integrieren, wie dies bei der Lösung von Lebensproblemen erforderlich wird. Ein solcher – als negativ vermerkter – desintegrativer Zug ist auch einem Unterricht eigen, der auf den beschriebenen Modellen wissenschaftsorientierten Lernens aufbaut. Die Struktur-Konzeption postuliert zwar den Zusammenhang aller zu lernenden Grundbegriffe für eine Fachdisziplin, aber die Schüler sind gerade wegen der engen Anlehnung an wissenschaftliche Disziplinen gezwungen, viele spezifische Strukturen nebeneinander zu erwerben und aufzubauen. Und es ist zu vermuten, daß sie dadurch kaum instand gesetzt werden, die komplexe Praxis ihres Lebens unter allen notwendigen Aspekten aufzuschließen und zu bewältigen. Denn das erfordert eine der jeweils komplexen Wirklichkeit adäquate Integration von Strukturen und Verfahren verschiedener Fachdisziplinen.

Als zur Zeit vielversprechendster Vorschlag zur Überwindung des desintegrativen Fachunterrichts kann wohl der des »Projekts« gewertet werden. Seine Entwicklung läßt sich bis ins 16. und 17. Jahrhundert zurückverfolgen, wo Projektausbildung in Rom und Paris für Architekten eine wesentliche Rolle spielte. KNOLL weist überaus akribisch nach, wie der Gedanke bereits von dort aus über das amerikanische Schulwesen des letzten Jahrhunderts in die Pädagogische Bewegung hineingelangte (KNOLL, 1993). Und dort wird im allgemeinen – wie KNOLL wohl zurecht meint: fälschlich – der Beginn des Projektdenkens bei DEWEY und KILPATRICK gesehen. Allerdings wird deren Grundkonzept von KERSCHENSTEINER beansprucht, von KRETSCHMANN und HAASE (»Vorhaben«) in Deutschland popularisiert und durch den maßgeblichen Übersetzungsbeitrag von Peter PETERSEN (1935) endgültig auch bei uns etabliert. Gegenwärtig hat es sowohl für den Schul- wie den Hochschulbereich große Bedeutung erlangt; man erwartet schier alles von ihm, was man schlechthin von modernem Lehr-Lern-Arrangement erwartet. Was ein projektorientiertes Lernen u. E. leisten könnte, wäre einerseits eine Auswahl von Lernsituationen und Themen nach Maßgabe von Bedürfnissen und Interessen der Lernenden. Und das dürfte die Heranwachsenden mit Sicherheit besser auf die Bewältigung ihrer Praxis vorbereiten als alle nach anderen und adressatenfremden Gesichtspunkten getroffene Auswahl. Hinzuzufügen ist allerdings, um einem heute weit verbreiteten falschen Verständnis von Praxisbezug entgegenzuwirken, daß ein dergestalt praxisorientierter Unterricht dies in einem doppelten Sinne sein muß: Er muß sowohl die gegenwärtige Praxis des Schülers als auch die zukünftige des Lernenden berücksichtigen. Nur wo dieser Doppelaspekt des Praxisbezuges von Lernen beachtet wird, können Lernvorgänge davor bewahrt bleiben, einseitig die gegenwärtige einer gewollten zukünftigen Existenz des Zöglings zu opfern (und umgekehrt).

Andererseits leistet projektorientiertes Lernen die von Anfang an sinnvolle Integration aller zur Bewältigung von komplexen Praxisproblemen erforderlichen und aus verschiedenen Fachwissenschaften entnommenen Strukturbegriffe und Techniken. Denn im Projekt steht ein wirkliches (weder ein akademisches noch ein bloß spielerisches) Problem zur Lösung an. Das Erlernen von wissenschaftlichen Grundkategorien und -verfahren geschieht durch Anwendung auf Ernstfälle für den Lernenden, der sie dadurch in ihrer wirklichkeitserschließenden und erfahrungsorganisierenden Funktion kennen und schätzen sowie auch tatsächlich praktizieren lernen kann. –

Mit der Erörterung von Fragen der Auswahl und der synchronen Ordnung von wissenschaftsbestimmten Lerninhalten ist schon die Frage nach ihrer diachronen Ordnung mitbeantwortet, d. h. die Frage nach ihrer Aufeinanderfolge in schulischen Lehrgängen. Wenn weder für die Auswahl noch für die Nebeneinanderanordnung von Lerninhalten ein Primat fachwissenschaftlicher Prinzipien anerkannt wurde, dann kann dies ebensowenig für die Aufeinanderfolge der Fall sein. Ob eine bestimmte Folge sachlogisch zutreffend ist, kann selbstverständlich nur von den für die jeweiligen Lerninhalte zuständigen Fachwissenschaften entschieden werden. Aber dies bedeutet nicht, wie etwa in der historischen Didaktik und Unterrichtsgeschichte zeitweilig gemeint wurde, daß die Systematik von Wissenschaften mit den ihnen eigenen logisch-hierarchischen Folgesystemen unverändert auch Maßstab für schulische Lehrgänge sein müßte. In der Konzeption der »Struktur der Disziplin« wird, wie schon erwähnt, aus lernpsychologischen Gründen ähnlich argumentiert, indem die Folge der Inhalte in einem spiralförmigen Lehrplan gefordert wird.

4 Zusammenfassung

Wenn wir das Ergebnis unseres – zugegebenermaßen verkürzenden – Durchgangs durch zwei aktuelle Konzeptionen wissenschaftsbestimmten Lernens zusammenfassen, so ist zu sagen:
– Wissenschaftsbestimmtes Lernen ist ganz sicher ein vielversprechender Weg zur Optimierung von Lernprozessen im schulischen Unterricht, da es vermutlich besser als andere Auswahlgesichtspunkte für Lerninhalte die Schüler mit angemessenen Instrumentarien zur Bewältigung von Wirklichkeit versorgen wird.
– Damit die Lernenden aber auch tatsächlich fähig werden, wissenschaftliche Strukturbegriffe und Verfahren zur Bewältigung ihrer persönlichen Lebenssituationen verwenden zu können, und nicht nur unter einseitig technischen Aspekten zweck-rational gebildet werden, erscheint es uns notwendig:
  1. die Auswahl wissenschaftlicher Lerninhalte unter qualifikatorische Gesichtspunkte zu stellen;
  2. den Fachunterricht aufgrund seiner desintegrativen Wirkung zugunsten eines fächerübergreifenden und projektbezogenen Unterrichts aufzugeben;

3. die Folge wissenschaftlicher Lerninhalte immer auch von Bedingungen auf seiten der Lernenden abhängig zu machen.

Daß der hier vorwiegend unter inhaltlichem Aspekt geführten Überlegung weitere unter methodischem, organisatorischem usw. folgen müßten, ist eine Selbstverständlichkeit, soll abschließend aber ausdrücklich gesagt sein.

Literatur

BRUNER, Jerome S.: Der Prozeß der Erziehung. Düsseldorf/Berlin 1970
DOLCH, Josef: Lehrplan des Abendlandes. Ratingen ²1965
FICHTNER, Bernd: Lerninhalte in Bildungstheorie und Unterrichtspraxis. Köln 1980
HEIMANN, Paul: Didaktik als Theorie und Lehre. In: Die Deutsche Schule, 54. Jg., 1962, S. 407 bis 427
KLAFKI, Wolfgang: Das pädagogische Problem des Elementaren und die Theorie der kategorialen Bildung. Weinheim, 2., erw. Aufl., 1963
–: Studien zur Bildungstheorie und Didaktik. Weinheim $^{3/4}$1964, besonders S. 25 ff. und S. 126 ff.
–: Die bildungstheoretische Didaktik im Rahmen kritisch-konstruktiver Erziehungswissenschaft. Zur Neufassung der Didaktischen Analyse. In: Westermanns Pädagogische Beiträge, 32. Jg., 1980, S. 32–37
KNOLL, Michael: 300 Jahre Lernen am Projekt. In: Pädagogik, H. 7/8, 1993, S. 58–63
PETERSEN, Peter (Hrsg.): Der Projekt-Plan. Grundlegung und Praxis von John Dewey und William Heard Kilpatrick, Weimar 1935
PETERSSEN, Wilhelm H.: Zum Problem des wissenschaftsbestimmten Lernens in der Hauptschule. In: aula, 5. Jg., 1972, S. 573 ff.
ROBINSOHN, Saul B.: Bildungsreform als Revision des Curriculum. Neuwied ²1969
SCHELSKY, Helmut: Der Mensch in der wissenschaftlichen Zivilisation. In: ders.: Auf der Suche nach Wirklichkeit. Düsseldorf/Köln 1965, S. 439 ff.
SCHULZ, Wolfgang (Hrsg.): Aspekte und Probleme der didaktischen Wissensstrukturierung. Frankfurt/M./Berlin/Bern u. a. 1999
SCHWAGER, Karl-Heinrich: Wesen und Formen des Lehrgangs im Schulunterricht. Weinheim o. J. (1958)
TÜTKEN, Hans: Curriculum und Begabung in der Grundschule. In: Grundschulkongreß 69. Bd. 3: Inhalte grundlegender Bildung. Frankfurt/M. 1970, S. 61 ff.
WAGENSCHEIN, Martin: Verstehen lehren. Weinheim/Berlin 1968
–: Ursprüngliches Verstehen und exaktes Denken. Stuttgart 1965, besonders S. 324 ff. (Was das Exemplarische Lehren nicht ist) und S. 400 ff. (Das Exemplarische Lehren als fächerverbindendes Prinzip)
WENIGER, Erich: Didaktik als Bildungslehre. Teil I: Theorie der Bildungsinhalte und des Lehrplans. Weinheim $^{6/8}$1965

3 Lehr- und Lernverfahren

Vorklärungen

Die Methodenfrage hat in der pädagogischen und didaktischen Diskussion immer eine große Rolle gespielt. Noch in den ersten beiden Jahrzehnten unseres Jahrhunderts wurden kontroverse Auffassungen über Unterrichtsmethoden in teilweise heftigen »Schul«-Kämpfen ausgetragen, z. B. zwischen den beiden Arbeitsschul-Konzeptionen von KERSCHENSTEINER und GAUDIG. Heute wird die Methodenfrage weitaus gelassener erörtert. Allerdings fällt auf, daß die Methodenfrage heute häufig als ein dem Ziel- und Inhaltsproblem nachgeordnetes Problem aufgefaßt wird. Die Unterrichtsmethode wird durchaus als bedeutsames didaktisches Problem angesehen, die Entscheidung für konkrete Verfahren aber oft als abhängig von vorgängigen Ziel- und Inhaltsentscheidungen begriffen.

In der Tat hängt es ganz wesentlich von dem eingeschlagenen Weg des Lehrens und Lernens, von den praktizierten Verfahren ab, ob ein Unterricht sein Ziel erreicht, ob die vorgesehenen pädagogischen Zielsetzungen verwirklicht werden können. Die Methodenfrage ist sicherlich eine eminent wichtige technische Angelegenheit, und sie muß deshalb mit rationalem Kalkül durchdacht und entschieden werden. Aber sie nur als technische Frage zu begreifen wäre grundfalsch. Führen wir uns einmal vor Augen: Schüler müssen in Schule und Unterricht vieles, sehr vieles lernen, an dem sie unmittelbar gar kein Interesse haben und das zu lernen ihnen nicht nur keine Freude, sondern vielfach Unbehagen bereitet. Um solches Lernen zumindest nicht ganz unerfreulich werden zu lassen, sind entsprechende methodische Kunstgriffe und Maßnahmen gut geeignet. Aber dieser Gesichtspunkt – eine Vermeidungsabsicht – sollte nicht der maßgebliche sein. Vielmehr sollten Entscheidungen über Lehr- und Lernverfahren in dem Bewußtsein getroffen werden, den Schülern soviel Spaß und Freude wie möglich in Schule und Unterricht und am Lernen zu verschaffen (vgl. auch MEYER 1987). Ob Unterricht Freude macht, ob Kinder gerne in die Schule gehen und ob sie dauerhaftes Interesse am Lernen haben, hängt wesentlich von den Unterrichtsmethoden ab. HEIMANN behauptet zu Recht: »Von allen Unterrichtsstrukturen ist die methodische am leichtesten und zweckmäßigsten variabel zu halten« (HEIMANN 1962, S. 421). Der Phantasie eines Lehrers sind gerade hier die weitesten Spielräume gegeben. Und Lehrer sollten nicht zögern, den Spielraum auch zu nutzen und sich mit ihrer gesamten persönlichen Kreativität hier einzubringen. Die im folgenden wiedergegebenen Strukturierungshilfen sollen denn auch in keiner Weise einengen, sondern als Klassifikationsvorschläge nur ein wenig Ordnung in die analytische und konstruktive Methodenarbeit des Lehrers bringen. Daß dies aus unterrichtspraktischen Gründen unbedingt erforderlich ist, findet in einer neueren Veröffentlichung auch ADL-AMINI (ADL-AMINI 1994). Er selber schlägt ein *Drei-Ebenen-Modell* zur Klassifizierung von Methoden vor, wobei allerdings die drei Ebenen als gleichsam interne einer jeden Methode aufgefaßt werden: erste – »Methode als Weg«, zweite – »Methode als Ziel« und dritte – »Methode als Allgemeine Methodik« (vgl. ebenda, S. 56ff.).

Literatur zu diesem Kapitel siehe Seite 404.

3.1 Ebenen methodischer Entscheidungen (HEIMANN)

HEIMANN kommt das Verdienst zu, die in der Regel recht pauschal geführte Methodendiskussion darauf hingewiesen zu haben, daß sie sich grundsätzlich auf verschiedenen Ebenen bewegen kann, weil die Unterrichtsmethode mehrere Entscheidungsaspekte impliziert. Wer über Unterrichtsmethoden entscheidet, muß fünf Einzelentscheidungen treffen, und zwar über:
- die *Artikulation* des Unterrichts,
  d. h. über Phasen, Stufen, Stadien und deren Folge
- die *Gruppen-* und *Raumorganisation*,
  d. h. über die Art der sozialen Kommunikation und ihre Umstände
- die *Lehr-* und *Lernweisen*,
  d. h. die einzelnen Aktionen von Lehrenden und Lernenden
- *methodische Modelle*,
  d. h., ob der Unterricht insgesamt oder teilweise nach dem Vorbild bekannter Modelle gestaltet werden soll
- *Prinzipien*,
  d. h., welche bekannten und anerkannten Handlungs- und Gestaltungsgrundsätze verwirklicht werden sollen (HEIMANN 1962, S. 420).

Entsprechend der von ihm aufgestellten These der Interdependenz nimmt HEIMANN auch für die unterscheidbaren Aspekte der Methodenentscheidungen an, daß sie in einem Verhältnis wechselseitiger Beeinflussung zueinander stehen. Welcher Art diese Beeinflussung ist, hat BLANKERTZ in die Formel zu fassen versucht: »Aber nur in dieser negativ ausschließenden Weise waltet der Zusammenhang, nicht positiv ableitend.« (BLANKERTZ 1969, S. 102) Das meint: Methodische Teilentscheidungen können nicht auseinander deduziert werden, aber eine Teilentscheidung kann andere unmöglich machen, so läßt z. B. die Entscheidung für Gruppenunterricht »darbietende« Lehrweisen nicht mehr zu.

HEIMANN war es auch, der aufgrund der zunehmenden Bedeutung von Lehr- und Lernmitteln die Medien-Entscheidung aus dem methodischen Komplex herauslöste. Mit derselben Berechtigung können auch weitere Aspekte herausgelöst werden, wie im vorliegenden Buch die Interaktions- bzw. Sozialformen, weil der Entscheidung darüber besonderer Wert beigemessen wird.

3.2 Artikulation des Lehr- und Lernprozesses

Für die Phasenfolge sind von unterschiedlichen Ansätzen aus zahlreiche Vorstellungen entwickelt worden. Dargestellt werden sollen hier nur ein historisch sehr bekanntes und ein aktuelles lernpsychologisch orientiertes Modell. Sie können dem Lehrer bei der Planung helfen, eine vertretbare Prozeßstruktur des Unterrichts zu entwerfen.

3.2.1 Formalstufen (HERBART)

Schon zu Beginn des letzten Jahrhunderts – 1806 – veröffentlichte HERBART seine Auffassung darüber, wie der Unterricht artikuliert sein sollte. Die Strukturgesetzlichkeit hierfür hatte er durch eine Analyse des menschlichen Erkenntnisprozesses offengelegt. Der »Atem des Geistes« erschloß sich ihm aus der Vorstellung, daß sich der Lernende

Planungsdimensionen: Strukturierungshilfen für die Planungsarbeit des Lehrers

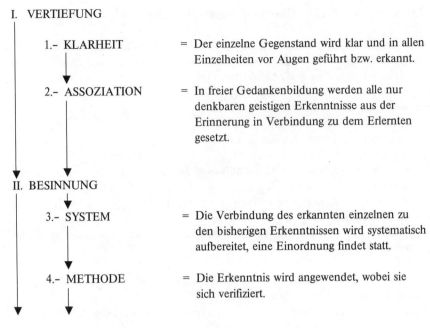

Abb. 38: Formalstufen des Unterrichts nach HERBART

bzw. Erkennende mit Gegenständen auseinandersetzt und daß dies einem Einatmen – »Vertiefung« – und Ausatmen – »Besinnung« – gleichkommt. Durch zusätzliche Unterscheidung von je zwei weiteren Stufen in diesen beiden Phasen gelangte er zu folgendem Bild des Lernvorgangs (Abb. 38 auf Seite 396):

Aus dieser Vier-Stufung haben Schüler HERBARTS (›Herbartianer‹, u. a. ZILLER, REIN, STOY) fünf Stufen entwickelt, indem z. B. die Stufe der *Darbietung* noch vorgeschaltet wurde, um die Aufgabe des Lehrers deutlicher in den Vordergrund zu stellen. HERBART war der Auffassung, daß kein Unterricht auf diese Stufung verzichten könne. An der verheerenden Erstarrung und Verkrustung des gesamten Unterrichts in deutschen Schulen in »Formalstufen« war er nicht schuld. Es waren seine Schüler und andere Epigonen, die jede Unterrichtsstunde in das Korsett der Formalstufen zwängten, wohl in der irrigen Annahme, man könne Erkenntnis- bzw. Lernprozeß und Unterrichtsstunde als zeitlich übereinstimmend ansehen. Bei HERBART findet sich kein Hinweis auf eine solche Gleichsetzung. Wo das Bild der Begegnung von Schülern mit Gegenständen bzw. Lerninhalten noch für das bessere Verständnis von Unterricht genutzt wird, da können m. E. auch die HERBARTschen Formalstufen noch eine wichtige Rolle für die Strukturierung didaktischer und unterrichtlicher Prozesse spielen.

3.2.2 Lernschritte (H. ROTH)

Eine psychologisch orientierte Phasenfolge für den Unterricht hat H. ROTH vorgelegt. Er kam nach Analyse empirisch gewonnener Vorstellungen über das Lernen zu der Auffassung, daß Lernen – unabhängig von der je besonderen Art – stets in sechs

Lehr- und Lernverfahren

STUFE	indirektes Lernen	direktes Lernen	Lehren
1. MOTIVATION	Eine Handlung kommt zustande.	Ein Lernwunsch erwacht.	Ein Lernprozeß wird angestoßen (eine Aufgabe gestellt, ein Motiv erweckt).
2. SCHWIERIGKEITEN	Die Handlung gelingt nicht. Bisherige Verhaltensqualifikationen reichen nicht aus. Ringen mit Schwierigkeiten.	Die Übernahme oder der Neuerwerb einer gewünschten Leistungsform macht Schwierigkeiten.	Lehrer entdeckt die Schwierigkeiten der Aufgaben für den Schüler bzw. die kurzschlüssige oder leichtfertige Lösung des Schülers.
3. LÖSUNG	Ein neuer Lösungsweg zur Vollendung der Handlung oder Lösung der Aufgabe wird durch Anpassung, Probieren oder Einsicht entdeckt.	Die Übernahme oder der Neuerwerb der gewünschten Leistungsform erscheint möglich und gelingt mehr und mehr.	Der Lehrer zeigt den Lösungsweg oder läßt ihn finden.
4. TUN UND AUSFÜHREN	Der neue Lösungsweg wird aus- und durchgeführt.	Die neue Leistungsform wird aktiv vollzogen und dabei auf die beste Form gebracht.	Der Lehrer läßt die neue Leistungsform durchführen und ausgestalten.
5. BEHALTEN UND AUSÜBEN	Die neue Leistungsform wird durch den Gebrauch im Leben verfestigt oder wird vergessen und muß immer wieder neu erworben werden.	Die neue Verhaltens- oder Leistungsform wird *bewußt* eingeübt. Variation der Anwendungsbeispiele. Erprobung durch praktischen Gebrauch, Verfestigung des Gelernten.	Der Lehrer sucht die neue Verhaltens- oder Leistungsform durch Variation der Anwendungsbeispiele einzuprägen und einzuüben. Automatisierung des Gelernten.
6. BEREITSTELLEN, ÜBERTRAGUNG, INTEGRATION	Die verfestigte Leistungsform steht für künftige Situationen des Lebens bereit oder wird in bewußten Lernakten bereitgestellt.	Die eingeübte Verhaltens- oder Leistungsform bewährt sich in der Übertragung auf das Leben oder nicht.	Lehrer ist erst zufrieden, wenn das Gelernte als neue Einsicht, Verhaltens- oder Leistungsform mit der Persönlichkeit verwachsen ist und jederzeit zum freien Gebrauch im Leben verfügbar ist. Übertragung auf das Leben wird zu lehren versucht.

Abb. 39: Raster aus Lernschritten und Lernvorgängen nach H. ROTH

aufeinanderfolgenden »Schritten« bzw. »Stufen« erfolgt. Die Kennzeichnung der stufenspezifischen Aktivitäten unterscheidet ROTH danach, ob es sich
- um »indirektes Lernen« handelt,
  d. h. um ein »Lernen als Rückwirkung von Handlungen«, z. B. das unbewußte Erlernen der Körperkoordination beim Werfen durch das mehr zufällige Werfen von Steinen ins Wasser
- um »direktes Lernen« handelt,
  d. h. um ein Lernen »bei bewußter Lerneinstellung«, z. B. das autodidaktische Erlernen der Schlaghaltung beim Tennis durch Spielen an der Ballwand
- um »Lehren« handelt,
  d. h. um ein »Lernen auf Grund von Anstößen durch den Lehrer«, z. B. gewöhnlich im schulischen Unterricht (vgl. ROTH 1960, S. 245 ff.).

ROTH entwickelte – unter Beachtung dieser seiner Meinung nach hauptsächlichen Lernvorgänge – einen sechsstufigen Raster (*Abb. 39* auf Seite 397).

Zusätzlich zu dieser Strukturierungshilfe hat ROTH durch systematische Auswertung lernpsychologischer Erkenntnisse »Lernhilfen« entwickelt und den einzelnen Stufen zugeordnet (vgl. 1960, S. 249 ff.).

3.3 Lehr- und Lernformen

Die methodische Strukturierung des Unterrichts ist nicht nur ein Problem der Aufeinanderfolge einzelner Lehr- und Lernphasen bzw. Lehr- und Lernschritte, sondern vor allem auch der Lehr- und Lernformen. Vom planenden Lehrer werden hier Entscheidungen darüber verlangt, welche Tätigkeiten vollzogen werden sollen, wer sie ausführen soll usw. Im Verlauf der Geschichte von Pädagogik und Didaktik hat sich eine Kategorisierung herausgebildet, die von unterschiedlichen Ansätzen her nur noch in geringfügigen Äußerlichkeiten Abweichungen aufweist. Bevor auf eine solche Darstellung von Grundformen des Lehrens und Lernens eingegangen wird, soll ein Versuch vorgestellt werden, der die Aufeinanderbezogenheit von Lehren und Lernen zugleich mit Grundformen darstellt.

3.3.1 Lehren und Lernen: Formen – Akte – Techniken (UHLIG)

Nicht nach »logischen, psychologischen oder stofflichen Ordnungen« hält UHLIG die Unterscheidung von unterrichtlichen Methoden für möglich, sondern allein nach der »Lehrertätigkeit« (UHLIG 1953/54, S. 500). Er geht von der Auffassung aus, daß Methoden letzten Endes durch die Absicht bestimmt werden, Schüler zu Lerntätigkeiten zu bringen, die ihre Bildung bewirken. Dementsprechend sieht er die auslösende Funktion beim Lehrer und in dessen Lehren. Um die Bezogenheit des Lernens auf das Lehren – und umgekehrt – darzustellen, gliedert UHLIG (S. 506) das Lehren – und demgemäß auch das Lernen – begrifflich-hierarchisch auf (*Abb. 40* und *41* auf Seite 399).

Die hauptsächlichen Formen möglichen Lehrens und Lernens gliedert UHLIG (S. 502) dreifach auf (*Abb. 42* auf Seite 400).

UHLIGS Ordnungsschemata ermöglichen über die Kategorien Form – Akt – Technik die methodische Strukturierung bis in die letzte Tätigkeit im Unterricht hinein und dadurch eine verhältnismäßig genaue Feststellung tatsächlicher oder geplanter Einseitig-

Lehr- und Lernverfahren

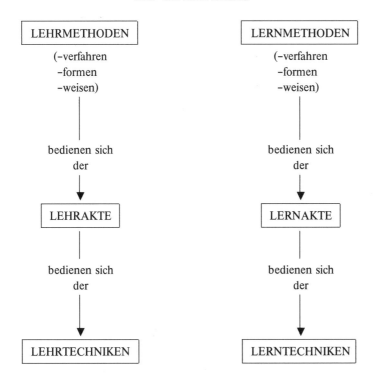

Abb. 40: Ordnungsschema für den Begriff Lehrmethode nach UHLIG

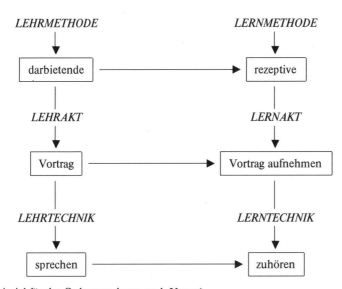

Abb. 41: Beispiel für das Ordnungsschema nach UHLIG*

* In diesem Beispiel erscheinen aufgrund der besonderen Lehrform die waagerechten Pfeile nur in einer Richtung zugespitzt (Lehre auf Lernen), das kann bei anderen Formen anders, nämlich doppelpfeilig sein.

LERNMETHODEN (-verfahren -formen -weisen)	LEHRMETHODEN (-verfahren -formen -weisen)	LEHRAKTE
die *rezeptive* Lernmethode	die *darbietende* Lehrmethode	z. B. Vortrag – Anschreiben von Texten und mathematischen Entwicklungen – erläuterter Demonstrationsversuch – erläutertes Vorzeigen von Lehrobjekten – Anzeichnen
die *geleitet-produktive* Lernmethode	die *anleitende* Lehrmethode	z. B. Gesprächsführung – Begutachtung – Richtigstellung – Beispiel geben
die *selbständig-produktive* Lernmethode	die *anregende* Lehrmethode	z. B. Aufgabenstellung – Aufzeigen eines Problems – Vermittlung von Lehrobjekten, Stoffquellen und Arbeitsmitteln

Abb. 42: Arten der Lern- und Lehrmethoden nach UHLIG

keiten u. ä. Ob auch falsche Maßnahmen als solche erkannt werden können, hängt davon ab, wieweit – über den von UHLIG formal abgesteckten Rahmen hinaus – Wirkungszusammenhänge zwischen pädagogisch-methodischen Absichten und methodischen Einzelaktivitäten nachgewiesen werden.

3.3.2 Grundformen (KLINGBERG)
Drei methodische Grundformen für »die Begegnung und Auseinandersetzung zwischen Schüler, Bildungsgut und Lehrer« unterscheiden KLINGBERG u. a.:
»1. durch Darbietung des Lehrers,
 2. durch selbständiges Arbeiten der Schüler,
 3. gemeinsames Erarbeiten eines Problems durch Lehrer und Schüler« (KLINGBERG 1965, S. 136).
In unterschiedlicher Weise gelangen sie zu weiteren »Ordnungsprinzipien«, »die geeignet sind, die Fülle der konkreten Erscheinungen zu klassifizieren und auf wesentliche Sachverhalte zurückzuführen« (S. 136; zu den Kategorien vgl. ebd., S. 139ff. – *Abb. 43* auf Seite 401).

Was über diese bloß formale Klassifikation hinaus die Strukturhilfe von KLINGBERG u. a. besonders wertvoll für Lehrer macht, ist die ausführliche Erörterung der Wirksamkeit einzelner methodischer Akte und die Vorgabe von Fragen, mit deren Hilfe Lehrer ihre Entscheidungen vorklären können (vgl. ebd., S. 131 ff.).

Lehr- und Lernverfahren

Darbietende Unterrichtsmethode	*Selbständige Schülerarbeit*	*Erarbeitende Unterrichtsmethode*
- das Vormachen - das Vorzeigen - das Vorführen - das Vortragen		(besonders das GESPRÄCH) GESPRÄCH und *didaktische Aufgabe* - Gespräch zur Erarbeitung von neuem Wissen, Herausbildung von Überzeugungen und zur Entwicklung von Fähigkeiten - Wiederholungsgespräch - Prüfungsgespräch GESPRÄCH und *didaktische Führung* - Lehrgespräch mit starker Betonung des Belehrens und der direkten Führung durch den Lehrer - locker gehaltenes Gespräch, bei dem der Lehrer zwar führt, jedoch stärker in den Hintergrund tritt - Diskussion und Debatte als Vorformen des wissenschaftlichen Gesprächs GESPRÄCH und *didaktische Mittel* - Frage -- mit Aufforderungscharakter zur Selbsttätigkeit der Schüler -- zur Steuerung der Denkfähigkeit -- zur Kontrolle der Leistungen -- zum Erfassen des Frag-Würdigen und Üben der Fähigkeit, fragen zu können - Impulse -- sprachliche -- gegenständliche -- mimisch-gestische

Abb. 43: Grundformen der Lehrmethode nach KLINGBERG u. a.

3.3.3 Lerntypen (GAGNÉ)

Nicht unter umfassend didaktischer, sondern eingeschränkt lernpsychologischer Fragestellung hat GAGNÉ acht »Lerntypen« unterschieden. Zur Unterscheidung und Darstellung bedient er sich der in jedem Lernvorgang vorkommenden Komponenten *Reiz* und *Reaktion:* »Es handelt sich um die Reizsituation, symbolisiert durch S, um eine Gruppe von Reaktionen, R, und um die erschlossene Verknüpfung zwischen beiden, häufig durch einen Satz verbindender Linien dargestellt.« (GAGNÉ 1969, S. 31)

- Lerntyp 1: *Signallernen*
    S ——————— R
    z. B. Bedingter Reflex beim PAWLOWschen Hund
- Lerntyp 2: *Reiz-Reaktions-Lernen*
    Ss ——————→ R
    z. B. Schüler lernen, auf ein bestimmtes Kopfdrehen des Lehrers völlig ruhig zu sitzen (da sie wiederholt erfahren haben, daß dann gewöhnlich ein Zornausbruch erfolgt)
- Lerntyp 3: *Kettenbildung*
    Ss ——→ R ——→ Ss ——→ R
    z. B. Schüler lernt, auf den Zuruf des Lehrers ›Rolladen‹ (den er begrifflich längst kennt) zum Fenster zu gehen und den Rolladen zu heben bzw. zu schließen
- Lerntyp 4: *Sprachliche Assoziation*
    Ss ——→ R ____ Ss ——→ R
    z. B. Schüler lernt, was »Autodidakt« bedeutet, indem er auf seine Kenntnis von ›Auto‹ (= Selbstfahrer) zurückgreift
- Lerntyp 5: *Multiple Diskrimination*
    z. B. Schüler lernt, die Tiere in Arten zu unterscheiden und seine Artenkenntnisse zutreffend ständig weiter auszubauen
- Lerntyp 6: *Begriffslernen*
    z. B. Schüler lernt, sich mit dem Begriff »süß« entsprechende Empfindungen verbinden und vorstellen zu können
- Lerntyp 7: *Regellernen*
    z. B. Schüler lernt, daß man vor »und« ein Komma setzt, wenn ein vollständiger Hauptsatz folgt
- Lerntyp 8: *Problemlösen*
    z. B. Schüler lernt, aus bekannten Regeln Lösungsmöglichkeiten für ein neues Problem abzuleiten, also zu »denken«

Abb. 44: Lerntypen nach GAGNÉ

Diese von GAGNÉ aufgezeigten Lerntypen stehen in einem hierarchischen Verhältnis so zueinander, daß die jeweils höher eingeordnete Art die rangmäßig nieder eingeordneten voraussetzt. Zum Beispiel setzt »Kettenbildung« das »Reiz-Reaktions-Lernen« im entsprechenden inhaltlichen Bereich voraus (*Abb. 45* auf Seite 403).

Die Lerntypen vermögen dem Lehrer – außer bei der Strukturierung unterrichtlicher Lernziele (vgl. oben das entsprechende Kapitel, S. 363 ff.) – bei einer genaueren Abstimmung unterrichtlicher Maßnahmen methodischer Art auf seine Lehr- und Lernabsichten Hilfestellung zu geben. Dazu wird es allerdings nötig sein, die ausführlichen Erläuterungen bei GAGNÉ nachzulesen.

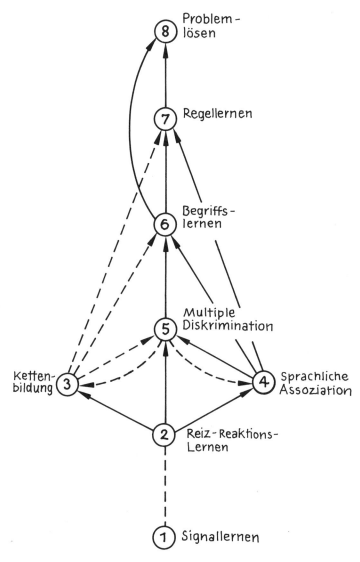

Abb. 45: Zum Zusammenhang der Lerntypen von GAGNÉ (nach A. J. ROMISZOWSKI 1974, S. 31)

3.3.4 Muster des Lehrverhaltens (WEINERT)

Obwohl für Forschungen über Unterrichtsmethoden erstellt, ist eine von WEINERT vorgenommene Klassifikation von Lehrmethoden auch für Lehrer interessant und hilfreich. WEINERT (1970, Sp. 1232) klassifiziert Lehrmethoden nach der Herkunft. Er gibt nur ein Klassifikationssystem der möglichen Herkunft, keinen der üblichen Unterscheidungsraster für die methodischen Aktivitäten selbst (*Abb. 46* auf Seite 404).

Planungsdimensionen: Strukturierungshilfen für die Planungsarbeit des Lehrers

1. – *Muster, die sich aus Lehrtradition herleiten*
   z. B.: Ein Lehrer lehrt, wie er selber gelehrt wurde
2. – *Muster, die sich aus sozialen Lernerfahrungen des Lehrers herleiten*
   z. B.: Ein Lehrer bekräftigt das Schülerverhalten so, daß die Ideologie der mittelständischen Gesellschaft entwickelt wird
3. – *Muster, die sich aus philosophischen Traditionen herleiten*
   z. B.: Ein Lehrer lehrt im Einklang mit der Tradition von Fröbel und Rousseau
4. – *Muster, die durch Bedürfnisse des Lehrers bewirkt werden*
   z. B.: Ein Lehrer übernimmt ein Lehrverfahren, weil er sich selbst bestätigen muß
5. – *Muster, die durch Bedingungen der Schule und der Gemeinde bewirkt werden*
   z. B.: Ein Lehrer leitet seine Klasse, um ein formelles und sehr diszipliniertes Verhalten zu erzielen, weil dieses Muster vom Rektor verlangt wird
6. – *Muster, die sich aus der Erforschung des Lernens herleiten*

Abb. 46: Lehrmuster nach den Wurzeln geordnet (WEINERT)

Für unmittelbare Entscheidungen über Unterrichtsmethoden gibt das Klassifikationssystem WEINERTs nichts her. Wohl aber für die Reflexion des Lehrers über sich selbst, über seine Art und Weise zu lehren, indem es die möglichen Ursprünge zu klären hilft. Und dadurch wirkt es auch auf reale Entscheidungen ein, weil es dem Lehrer Schlagseiten, Nicht-Erwünschtes usw. vor Augen führt und so auf Korrekturen drängt.

Literatur

ADL-AMINI, Bijan/OELKERS, Jürgen/NEUMANN, Dieter (Hrsg.): Pädagogische Theorie und erzieherische Praxis. Bern/Stuttgart 1979
ADL-AMINI, Bijan: Medien und Methoden des Unterrichts, Donauwörth 1994
–: Didaktik in der Unterrichtspraxis. Grundlegung und Auswirkungen der Theorie der Formalstufen in Erziehung und Unterricht. Bern/Stuttgart 1979
ASCHERSLEBEN, Karl: Einführung in die Unterrichtsmethodik. Stuttgart 1974
BLANKERTZ, Herwig: Theorien und Modelle der Didaktik. München 1969
DANN, Hans-Dietrich/DIEGRITZ, Theodor/ROSENBUSCH, Heinz S. (Hrsg.): Gruppenunterricht im Schulalltag. Realität und Chancen. Erlangen 1999
EINSIEDLER, Wolfgang: Lehrmethoden. München 1981
FLITNER, Wilhelm: Theorie des pädagogischen Wegs und der Methode. Weinheim ^{3}1965
GAGNÉ, Robert M.: Die Bedingungen des menschlichen Lernens. Hannover 1969
GEISSLER, Georg: Das Problem der Unterrichtsmethode. Weinheim/Berlin ^{7}1967
GEISSLER, Harald: Modelle der Unterrichtsmethode. Stuttgart ^{2}1979
HEIMANN, Paul: Didaktik als Theorie und Lehre. In: Die Deutsche Schule, 54. Jg., 1962, S. 407 bis 427
HERBART, Joh. Friedrich: Allgemeine Pädagogik. Hrsg. von H. HOLSTEIN. Bochum, 3. Aufl., o. J.
KLAFKI, Wolfgang: Die Methoden des Unterrichts und der Erziehung. In: ders.: Funk-Kolleg Erziehungswissenschaft, Bd. 2. Frankfurt/M. 1972, S. 127 ff.
KLINGBERG, Lothar/PAUL, Hans-Georg/WENGE, Horst/WINKE, Günter: Abriß der Allgemeinen Didaktik. Berlin 1965, besonders S. 131 ff.
MEYER, Hilbert: Unterrichtsmethoden. Bd. I: Theorieband. Bd. II: Praxisband. Frankfurt/M. 1987
ROMISZOWSKI, A. J.: The Selection and Use of Instructional Media. London 1974
ROTH, Alois: Die Elemente der Unterrichtsmethode. München ^{2}1969
ROTH, Heinrich: Pädagogische Psychologie des Lehrens und Lernens. Hannover ^{4}1960; darin besonders: Die »originale Begegnung« als methodisches Prinzip, S. 116 ff.; Pädagogische Auswertung der Psychologie des Lernens, S. 195 ff.
STRAKA, Gerald A./MACKE, Gerd: Lehren und Lernen in der Schule. Stuttgart 1979; darin: Gagnés Ansatz des kumulativen Lernens, S. 76 ff.
UHLIG, Albert: Zum Begriff und zur Unterscheidung der Lehrmethoden. In: Wissenschaftliche Zeitschrift der Friedrich-Schiller-Universität Jena, 3. Jg., 1953/54, S. 497–507
WEINERT, Franz: Analyse und Unterscheidung von Lehrmethoden. In: INGENKAMP, Karlheinz (Hrsg.): Handbuch der Unterrichtsforschung. Teil III. Weinheim 1970, Sp. 1217 ff.

4 Lehr- und Lerninteraktionen

Vorklärungen

Im Berliner Modell der Didaktik ist die Entscheidung über unterrichtliche Sozialformen noch in jener über die Methode enthalten. Sie wird zwar als eine besondere Ebene methodischer Unterrichtsgestaltung hervorgehoben, jedoch noch nicht explizit erörtert. Bedeutung wurde den unterrichtlichen Sozialformen schon immer beigemessen, wie zahlreiche Untersuchungen und Veröffentlichungen darüber anzeigen. Daß man sich in der didaktischen Diskussion verstärkt und konzentriert diesem Problem zuwandte, ist aber wohl Folge der Entstehung und Verbreitung der »kommunikativen Didaktik«. Diese didaktische Position stellt die Entscheidung über Kommunikation und Interaktion im Unterricht als bedeutsamste heraus und hat auch vielfältige Vorschläge dafür entwickelt. Aber nicht auf derartige inhaltliche Vorschläge soll hier zunächst eingegangen werden, sondern auf grundsätzliche analytische Hilfen.
Das didaktische Interaktionsproblem muß unter zwei Gesichtspunkten betrachtet werden:
– Dem Lehrer stellt sich die Aufgabe, zu überlegen und zu entscheiden, wie und auf welche Art die am Unterricht beteiligten Personen – Schüler wie auch Lehrer – »zusammenarbeiten« sollen. Es geht dabei nicht mehr um die Art und Weise, in der Schüler sich mit dem Unterrichtsinhalt auseinandersetzen sollen (das wäre das Problem der Lernmethode i. e. S.), sondern um die Art der Gesellung von Schülern und Lehrern. Dieses Problem folgt aus der tradierten Weise, schulisches Lehren und Lernen in Gruppen zu organisieren. Das Prinzip, Schulklassen zu bilden, beinhaltet immer auch die Forderung, darüber zu reflektieren, ob und wie solche Klassengruppen für bestimmte Lernvorgänge beibehalten oder aufgelöst werden sollen. Dem Lehrer stellt sich die Aufgabe der sozialen Organisation des Lehrens und Lernens im Unterricht.
– Die Tradition schulischen Unterrichts gibt besonders dem Lehrer große Bedeutung für die unterrichtliche Interaktion. Er ist nicht bloß Techniker, der gemütslos verfügbare soziale Techniken des Lehrens und Lernens einsetzt. Er bestimmt mit seiner Person das grundlegende soziale Klima in der Lehr- und Lerngemeinschaft. Von seiner sozialen Grundeinstellung hängt das tatsächliche Interaktionsgeschehen ab. Die Didaktik hat von der Sozialpsychologie für diesen Wirkungszusammenhang die Kategorie »Führungsstile« übernommen und weist unter dieser Bezeichnung Lehrer darauf hin, welche grundsätzlichen Möglichkeiten sozialer Gestaltung des Lehr- und Lernprozesses bestehen.
Für beide Gesichtspunkte des Interaktionsproblems sollen anschließend bekannte und hilfreiche Analyse- und Konstruktionsmodelle dargestellt werden.

Literatur zu diesem Kapitel siehe Seite 422.

4.1 Soziale Organisationsformen des Lehr- und Lernprozesses

Eingegangen wird nur auf solche Organisationsformen, die im Rahmen einer Schulklasse in Frage kommen. Nur für diesen Bereich liegt die Entscheidung noch beim Lehrer; die soziale Organisation des Lehrens und Lernens über den Klassenrahmen hinaus – nach YATES die interschulische und innerschulische Differenzierung in Schularten nach dem sog. »streaming«- oder »setting«-System – stellt für den Lehrer bloß noch einen Komplex von Voraussetzungen für seine didaktischen Entscheidungen dar.

4.1.1 Sozialformen des Unterrichts I (KÖSEL)

Der Unterricht in einer Klasse kann sozial zwischen zwei Polen angesiedelt sein: Entweder lernen alle in engster Abhängigkeit vom Lehrer dasselbe und auf dieselbe Weise, oder jeder einzelne Schüler lernt für sich selbst und hat nur noch einen lockeren äußeren Kontakt mit den übrigen Schülern der Klasse. KÖSEL (1973) unterscheidet die Sozialformen *Frontalunterricht – Partnerarbeit – Gruppenunterricht – Alleinarbeit*.

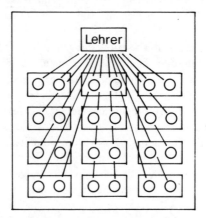

Abb. 47: Frontalunterricht nach KÖSEL

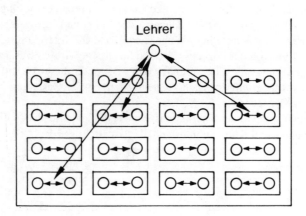

Abb. 48: Partnerarbeit nach KÖSEL

Frontalunterricht:
»Der Lehrer steuert zentral Unterrichtsverlauf und Information, ›er hat alle Fäden in der Hand‹, er verteilt die Möglichkeit zur Kommunikation und Reaktion. Ein ziemlich einheitlicher Arbeitsrhythmus, ein für alle verbindliches, vorgegebenes Arbeitstempo entscheiden über den Lernvorgang. Schülermitwirkung in der Planung ist der Tendenz nach nicht erwünscht, eigener gedanklicher Durchdringung durch die Schüler ist nur bedingt Raum gegeben.« (KÖSEL 1973, S. 9) Ihre Bezeichnung hat diese Sozialform vom Standort des Lehrers im Klassenraum und der Ausrichtung aller Schüler und all deren Aktivitäten auf ihn: Er steht zumeist »vor der Front« der Schüler, am Kopfende des Raumes (*Abb. 47* auf Seite 406).

Partnerarbeit:
Wo der Schülerblock in kleinere Einheiten von jeweils zwei zusammenarbeitenden Schülern aufgebrochen wird, spricht man von Partnerarbeit: »Bei der Partnerarbeit sind jeweils zwei Schüler für kurze Zeit zu einer Arbeitsgemeinschaft verbunden. Die Partnergruppen erhalten genaue Arbeitsanweisungen durch den Lehrer; damit wird Zeit gewonnen, und die Partner haben mehr Raum, Lösungen zu entwickeln und miteinander diese Lösungen im intimeren Kreis zu beurteilen.« (KÖSEL 1973, S. 10/11; hier *Abb. 48* auf Seite 406).
SIMON sieht einen besonderen Vorteil dieser Sozialform: »Die Partnerarbeit erweist sich als ausgezeichnete Hilfe für den Lehrer, der einen im autoritären Geist groß gewordenen Schülerblock langsam auflockern will, ohne viel von der mitgebrachten Ordnung zu zerstören.« (SIMON o. J., S. 35)

Gruppenunterricht:
Eine bündige Beschreibung dieser an sich sehr komplexen und vielgestaltigen Sozialform (vgl. unten den Abschnitt »Formen des Gruppenunterrichts«, S. 391 f.) gibt SALZMANN: »Gruppenunterricht im heutigen Verständnis ist eine pädagogisch, didaktisch und organisatorisch bedeutsame Unterrichtsform zwischen blockähnlichem Klassenunterricht und Individualunterricht, in der thematisch meist zusammengehörige Aufgaben verschiedenen Arbeitsgruppen zugewiesen werden. Gruppenunterricht verbindet Sozial- und Sachlernen.« (SALZMANN 1970, S. 176; dort teilweise in Abkürzungen) Die Auflösung des Klassenblocks in einzelne Gruppen veranschaulicht *Abb. 49* auf Seite 408.

Alleinarbeit:
Um mögliche Mißverständnisse auszuschließen, weist KÖSEL darauf hin, daß Alleinarbeit »meist in Kombination mit dem Frontalunterricht durchgeführt« wird. »Sie ist in dieser Form kein Selbstunterricht, sondern ein kleines Element innerhalb einer umfassenden Planung und Steuerung durch den Lehrer . . . die intensivste ›Einzelarbeit‹ wird im Programmierten Unterricht verlangt« (S. 14/15). Die Schüler sind zwar im Klassenverband, aber jeder ist für sich und ohne formellen Lernkontakt zu den Mitschülern tätig (*Abb. 50* auf Seite 408).

Planungsdimensionen: Strukturierungshilfen für die Planungsarbeit des Lehrers

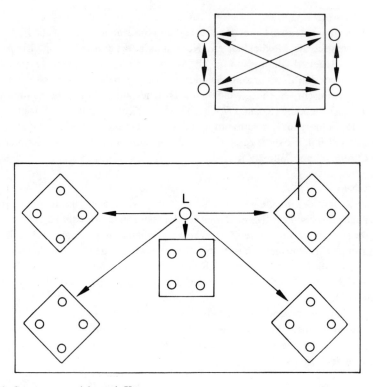

Abb. 49: Gruppenunterricht nach KÖSEL

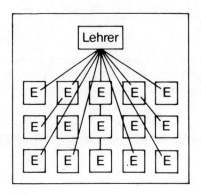

Abb. 50: Alleinarbeit nach KÖSEL

4.1.2 Sozialformen des Unterrichts II (ASCHERSLEBEN)

Als ein Problem methodischer Unterrichtsentscheidung sieht ASCHERSLEBEN die Sozialformen an, wie auch seine grundlegende Definition zeigt: »Sozialformen des Unterrichts sind jene Unterrichtsmethoden, die durch die Beziehungen der Schüler zueinander und zum Lehrer begründet werden.« (1974, S. 124) Er unterscheidet (vgl. S. 125):
1. *Klassenunterricht*
   1.1 Frontalunterricht
   1.2 Unterrichtsgespräch (Sonderform: Großgruppenunterricht)
2. *Differenzierung des Unterrichts*
   2.1 Gruppenunterricht (Sonderform: Partnerarbeit)
   2.2 Programmierter Unterricht
   2.3 Einzelarbeit

Frontalunterricht:
Er ist »als eine Sozialform (zu) kennzeichnen, in der die Kontakte zwischen Lehrer und Schüler überwiegen und in der es kaum oder gar nicht zu Kontakten zwischen den Schülern kommt« (S. 126).

Abb. 51: Frontalunterricht nach ASCHERSLEBEN

Als besonders häufig praktizierte Formen treten der Lehrervortrag und der fragendentwickelnde Unterricht auf.

Unterrichtsgespräch:
ASCHERSLEBEN unterscheidet zwei Formen: »a) das Unterrichtsgespräch mit dem Lehrer als Gesprächsteilnehmer und b) das Unterrichtsgespräch ohne Lehrer« (S. 126).

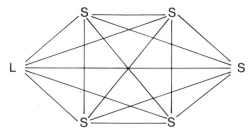

Abb. 52: Unterrichtsgespräch mit Lehrer nach ASCHERSLEBEN

Planungsdimensionen: Strukturierungshilfen für die Planungsarbeit des Lehrers

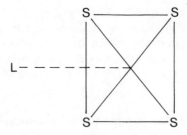

Abb. 53: Unterrichtsgespräch ohne Lehrer nach ASCHERSLEBEN

Gruppenunterricht:
Er zeichnet sich durch »engen Kontakt zwischen den Mitgliedern jeder Gruppe« aus sowie besonders auch dadurch: »Der Lehrer greift nur, wenn notwendig, in den Lernprozeß ein.« (S. 127)

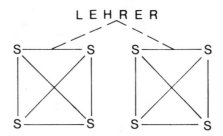

Abb. 54: Gruppenunterricht nach ASCHERSLEBEN

Programmierter Unterricht und Einzelarbeit:
In beiden – eigentlich nur durch die Art der Lehrmittel unterschiedenen – Formen lernt der Schüler trotz Einbindung in einen Klassenverband für sich allein.

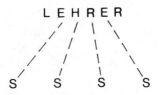

Abb. 55: Einzelarbeit nach ASCHERSLEBEN

Im übrigen weist ASCHERSLEBEN auf eine doppelte Funktion unterrichtlicher Sozialformen hin, auf eine mehr »didaktische« und eine mehr »methodische«: »Die didaktische

Funktion umfaßt Fragen nach der sozialerzieherischen Zielsetzung, die in den Sozialformen des Unterrichts gegeben ist. Hier wird von Kooperationsfähigkeit, von Solidarität, von der Fähigkeit zum Teamwork oder von der sozialen Integration gesprochen. Die methodische Funktion ist im engen Zusammenhang mit der Lerneffektivität im Unterricht zu sehen: Auch die Sozialformen des Unterrichts sollen den Lernprozeß steuern.« (S. 125)

4.1.3 Formen der Arbeitsteilung (WEISS)

WEISS geht der Problematik in soziologischer Sichtweise nach und sieht das wesentliche Merkmal zur Unterscheidung unterrichtlicher Sozialformen in der Arbeitsteilung, wie sie zwischen den Schülern der dauerhaft zusammengefügten Schulklasse vorgenommen werden kann. Auf diese Weise gelangt er zu folgender Kategorisierung von Sozialformen (vgl. WEISS 1964, S. 121 ff.):
1. *Einzelarbeit*
   1.1 Isolierte Einzelarbeit
   (z. B. Hausaufgaben)
   1.2 Unverbundene Nebeneinanderarbeit von einzelnen
   (HELLPACH: »atomäre Saalarbeit«)
   (z. B. Stillarbeit)
   1.3 Aufeinander bezogene Einzelarbeit
      1.3.1 Bezogenheit durch Wettbewerb
      1.3.2 Bezogenheit auf ein gemeinsames Werk, eine gemeinsame Aufgabe
2. *Kollektivarbeit*
   2.1 Gruppenarbeit
      2.1.1 Isolierte Gruppenarbeit
      2.1.2 Unverbundene Nebeneinanderarbeit der Gruppen
      2.1.3 Aufeinander bezogene Gruppenarbeit
         2.1.3.1 Gruppenwettbewerb
         2.1.3.2 Sachlich aufeinander bezogene Gruppenarbeit
   2.2 Klassenarbeit
   (z. B. Diskussion)

4.1.4 Formen des Gruppenunterrichts (KLINGBERG)

KLINGBERG u. a. unterscheiden drei Grundformen der sozialen Organisation des Unterrichts in Schulklassen (KLINGBERG 1965, S. 180):
- *frontale Arbeit:*
»Ausschließlich gemeinsames Vorgehen unter unmittelbarer Führung des Lehrers. Der Lehrer richtet seine Impulse an die gesamte Klasse und vereinigt alle Reaktionen der Schüler wieder auf sich.«
- *Einzelarbeit:*
»Selbständiges individuelles Lösen von Aufgaben ohne Informationsaustausch zwischen den Schülern. Während des Arbeitsaktes mittelbare Führung durch den Lehrer.«

– *Gruppenarbeit:*
»Selbständiges Lernen in der Gruppe. Die einzelnen Arbeitsphasen sind durch ein Zusammenspiel von kooperativem und individuellem Lernen gekennzeichnet. Zwischen den Schülern erfolgt ein Informationsaustausch. Die unmittelbare Führung durch den Lehrer tritt nach der Aufgabenstellung bis zur Kontrolle des Ergebnisses zurück.«

Vor allem für die Gruppenarbeit sind im Laufe der Zeit viele unterschiedliche Organisationsformen entwickelt worden. Bei KLINGBERG u. a. werden diese nach zwei Gesichtspunkten geordnet: erstens nach der Aufgabenstellung, und zwar ob diese für alle gebildeten Gruppen ›gleich‹ oder ›verschieden‹ ist; zweitens nach der Arbeitsteilung, und zwar ob in den einzelnen Gruppen alle Schüler dasselbe tun, oder ob sie arbeitsteilig vorgehen. Während das erste Kriterium auf einer Außensicht der Gruppen beruht und die Gruppen miteinander vergleicht, resultiert das zweite Kriterium aus einer Innensicht der Gruppe und vergleicht die Gruppenangehörigen einer Gruppe miteinander. Kombiniert man beide Sichtweisen bzw. Kriterien miteinander, so ergeben sich folgende Formen des Gruppenunterrichts (S. 184):

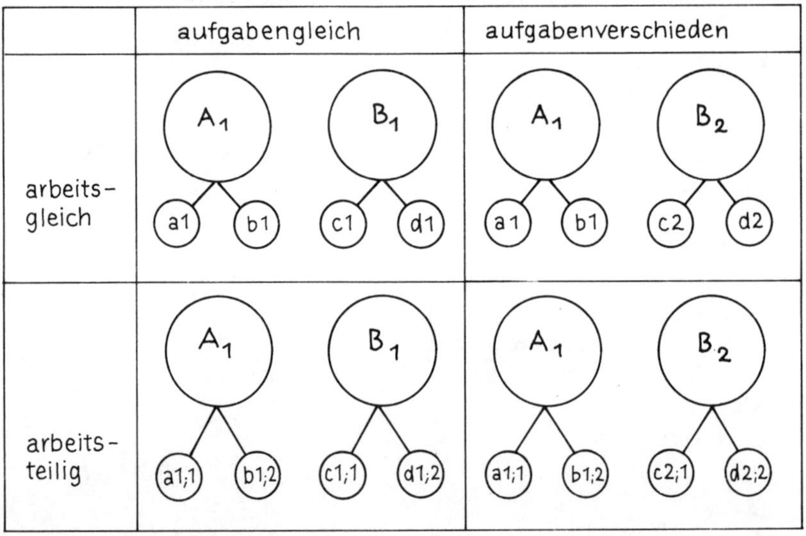

	aufgabengleich	aufgabenverschieden
arbeits-gleich	A_1 B_1 / a1 b1 c1 d1	A_1 B_2 / a1 b1 c2 d2
arbeits-teilig	A_1 B_1 / a1;1 b1;2 c1;1 d1;2	A_1 B_2 / a1;1 b1;2 c2;1 d2;2

a/b/c/d = Gruppenmitglieder
A/B = Gruppen
1/2 = Aufgaben

1;1/1;2 = Teilaufgaben zu Aufgabe 1
2;1/2;2 = Teilaufgaben zu Aufgabe 2

Abb. 56: Formen der Gruppenarbeit nach KLINGBERG u. a.

4.2 Führungsstile im Lehr- und Lernprozeß

Anders als im vorhergehenden Abschnitt über die soziale Organisation des Lehrens und Lernens und deren hauptsächliche Formen beschreibt das Stichwort Führungsstil keine kurzfristig und für begrenzte Unterrichtseinheiten zu treffenden Entscheidungen. Die Kategorie Führungsstil zielt vielmehr auf die beim Lehrer langfristig liegende Ursache für dauerhafte, grundlegende soziale Verhältnisse in seiner Schulklasse. Sie betrifft nicht nur zeitweise Formen der Gesellung, sondern das überdauernde soziale Klima, aus dem heraus dann je nach dessen besonderer Art charakteristische Sozialformen erwachsen.

Wenn im folgenden einige bekannte Kategorisierungs- und Systematisierungsversuche vorgestellt werden, dann geschieht dies also nicht, damit der Lehrer vor jeder Unterrichtsstunde überlegen und entscheiden kann, welchen Stil er denn nun aktualisieren möchte. Die Raster sollen ihm vielmehr dazu verhelfen, seinen besonderen Stil zu erkennen und – wo ihm dies nötig erscheint – langfristig zu ändern. Denn der Führungsstil ist Sache des Lehrers, und da von dem je besonderen Stil letzten Endes die gesamte Sozialstruktur des Unterrichts abhängt, sollte der Lehrer sich seines tatsächlichen Führungsverhaltens und dessen Übereinstimmung bzw. Abweichung vom pädagogisch wünschenswerten Stil bewußt sein und notwendige Korrekturen vornehmen. Der tatsächlich praktizierte Führungsstil ist weitaus mehr von rational begründbaren Intentionen des Lehrers als von unbestimmbaren Einflüssen abhängig, das haben die maßgeblichen Untersuchungen übereinstimmend gezeigt.

4.2.1 Führungsstile (LEWIN/LIPPIT/WHITE)

Erstmals gelang es Kurt LEWIN und seinen Mitarbeitern, durch Laboratoriumsversuche nachzuweisen, daß soziales Klima in Gruppen tatsächlich durch das Führungsverhalten leitender Personen bestimmt wird und daß solches Führungsverhalten rational steuerbar und einsetzbar ist. Dies zu wissen ist für Lehrer wichtig. Wenn auch LEWINs Experimente in außerschulischen Gruppen stattfanden, gelten die gewonnenen Einsichten – wie zahlreiche Folgeuntersuchungen bewiesen – auch für Schulklassen: Das soziale Klima in Schulklassen mit seinen je besonderen Erscheinungen und Auswirkungen ist wesentlich vom Führungsverhalten des Lehrers abhängig; der Lehrer selbst bestimmt, welche Art von Führungsverhalten er verwirklichen möchte. Die Hauptformen von Führungsstilen sind nach LEWIN: das *autoritäre*, das *demokratische* und das *laissez-faire-Verhalten*.

Die tabellarische Übersicht (*Abb.* 57 auf Seite 414) macht die Unterschiede der drei von LEWIN festgestellten Führungsstile hinsichtlich des Lehrerverhaltens und der grundsätzlichen Auswirkung besonders deutlich (vgl. unsere Literaturangaben, S. 422; Stichworte hier nach GORDON).

Die Bezeichnungen *autoritär* und *demokratisch* für Führungsverhalten muß man aus der besonderen Situation LEWINs heraus verstehen. Er emigrierte seinerzeit aus dem totalitären Deutschland und wandte in den USA sein Forschungsinteresse der Frage zu, wie es zu totalitären Entwicklungen kommen kann und ob sie durch eine gezielte Erziehung zur Demokratie vermieden werden könnten. Er untersuchte dies in groß angelegten Laboratoriumsversuchen, wobei vor allem die führenden Personen zu Beeinflussungsgrößen gemacht wurden. Die von LEWIN aus der politischen Terminologie übernommenen Begriffe bürgerten sich in der Sozialpsychologie überaus schnell ein und sind dort und in der Erziehungswissenschaft heute noch gebräuchlich. Die Erziehungs-

Planungsdimensionen: Strukturierungshilfen für die Planungsarbeit des Lehrers

FÜHRUNGSSTIL	LEHRERVERHALTEN	AUSWIRKUNGEN
autoritär	– legt alle Richtlinien fest – schreibt Techniken und Tätigkeiten von Fall zu Fall vor – schreibt die einzelnen Aufgaben vor – stellt die Arbeitsgruppen zusammen – verteilt Lob und Tadel nach persönlichen Gesichtspunkten – hält sich abseits von der Gruppe	– größere Leistungsquantität, geringere Qualität – geringere Arbeits- und Gruppenmoral, mehr Konflikte, Aggression, Sündenböcke – weniger Arbeitsbeharrlichkeit bei Abwesenheit des Lehrers
demokratisch	– läßt Richtlinien durch Gruppendiskussion und -entscheidung festlegen – hilft beim Zustandekommen von Entscheidungen – die einzelnen Schritte, die zum Ziel führen, ergeben sich aus der Diskussion, L schlägt allenfalls alternative Mittel und Verfahren vor – Schüler wählen ihre Arbeitsgenossen selbst – orientiert sich bei Erteilen von Lob und Tadel an »objektiven« und »sachlichen« Gesichtspunkten – versucht, Mitglied der Gruppe zu sein	– höhere Arbeits- und Gruppenmoral, weniger Konflikte, weniger Aggression, weniger Sündenböcke – größere Arbeitsbeharrlichkeit bei Abwesenheit des Lehrers – geringere Produktionsmenge, höhere Qualität
laissez-faire	– überläßt alle individuellen und Gruppenentscheidungen völlig den Schülern – beschafft Material – gibt Informationen nur auf Befragen – keinerlei Teilnahme, keine Beurteilung, keine Regelung, keine spontanen Bemerkungen	– geringere Arbeits- und Gruppenmoral – geringere Produktivität

Abb. 57: Führungsstile, Lehrerverhalten und Auswirkungen nach LEWIN

wissenschaft wandte sich aufgrund der Einsicht LEWINS, daß demokratisches Verhalten erlernbar sei, der Frage des notwendigen bzw. wünschenswerten Führungsverhaltens in der Schule zu. Für den Lehrer stellen LEWINS Kategorien auch heute immer noch eine wertvolle Hilfe dar; er sollte sie aber immer im Zusammenhang mit dem korrespondierenden gesamtgesellschaftlichen Zusammenhang sehen.

4.2.2 Erziehungsverhalten (TAUSCH/TAUSCH)

Die in Deutschland durchgeführten Untersuchungen von R. und A.-M. TAUSCH bauen auf LEWINS Ergebnissen auf; sie unterscheiden besonders zwei Führungsweisen von Erziehern:
– autokratisches und
– sozialintegratives Verhalten.

TAUSCH/TAUSCH definieren diese beiden grundsätzlich möglichen Verhaltensformen durch eine Reihe von Merkmalen, die sie zugleich als Indikatoren für eine Form ansehen, »wenn eine Anzahl von ihnen überwiegend oder häufig in einer Zeiteinheit verwirklicht wird« (TAUSCH/TAUSCH 1965, S. 77ff. bzw. S. 141ff.; hier *Abb. 58* auf Seite 396).

Das von TAUSCH/TAUSCH autokratisch genannte Verhalten kann in extremer Ausprägung eine *sehr autokratische* Form annehmen.

Planungsdimensionen: Strukturierungshilfen für die Planungsarbeit des Lehrers

AUTOKRATISCHE VERHALTENSFORM	SOZIALINTEGRATIVE VERHALTENSFORM
- häufige Befehle oder Anordnungen - Vorwürfe, Ungeduld, Kritik, Tadel, Setzen von Bedingungen - Verwarnungen, Drohungen, Strafen - großes Ausmaß des Redens und Fragens - geringe Respektierung von Wünschen und Belangen sog. untergebener Personen - ungleiche grundsätzliche Rechte von Führenden und Untergebenen - Überzeugung des Leiters von der Notwendigkeit häufiger Kontrolle der Geführten - geringe Akzeptierung anderer Menschen - geringes echtes Verständnis für sog. Untergebene durch den Leiter - eindeutige Determinierung der Aktivität der Geführten durch Erfahrungen, Urteile und Entscheidungen des Leiters - geringe Möglichkeit der Nachahmung des Verhaltens des Leiters durch sog. Untergebene »... autokratische Verhaltensformen können durch ein größeres Ausmaß in den Merkmalsdimensionen Unfreundlichkeit, Unhöflichkeit, Verständnislosigkeit, Erregung, Verärgerung, Pessimismus, Befehlen und Strafverteilung definiert werden. Sie können ferner definiert werden als Verhaltensformen, die überwiegend folgende seelische Vorgänge in Kindern bzw. Jugendlichen auslösen: negative Erfahrungen, ablehnende Reaktionen, Gefühle der Unfreiheit, Verschlechterung des Beziehungsverhältnisses, Hinderung seelischer Reifung.«	- geringe Häufigkeit von Ausdrucksformen der Macht, Stärke, Verfügungsgewalt und hierarchischer Überlegenheit über andere - Dirigierung und Führung anderer Personen zur Erreichung von Zielen nur in einem unbedingt notwendigen Ausmaß - notwendige Führung in einer Art, die die Gleichwertigkeit und Würde des Partners – insbesondere auch des Kindes – achtet - Anerkennung generell gleicher Würde und allgemein gleicher Rechte anderer Menschen, so auch der Kinder - größere Häufigkeit von Sprachäußerungen mit dem Merkmal der Reversibilität - größere Häufigkeit kooperativer Verhaltensweisen - Einsatz eigener Kräfte eher für die Belange, Standpunkte und Entscheidungen anderer als gegen sie - Berücksichtigung des Denkens und Fühlens anderer in den eigenen Handlungen und Maßnahmen - Ermöglichung eines größeren Ausmaßes spontanen Verhaltens anderer Individuen - Förderung der Unabhängigkeit, Sicherheit und Entscheidungsfreiheit anderer Personen »... sozialintegrative Verhaltensformen können durch einen größeren Anteil folgender Merkmalsdimensionen definiert werden: Freundlichkeit, Höflichkeit, Verständnis, Ruhe, Optimismus. Sozialintegrative Verhaltensformen können ferner definiert werden als Verhaltensformen, die überwiegend folgende seelische Vorgänge in Kindern bzw. Jugendlichen auslösen: positive Erfahrungen, annehmende Reaktionen, Verbesserung des Beziehungsverhältnisses, Förderung seelischer Reifung, unmittelbare Angepaßtheit, Angepaßtheit nach $1/2$ Jahr in ähnlicher Situation.«

Abb. 58: Merkmale und Dimensionen des Erziehungsverhaltens nach TAUSCH/TAUSCH

Lehr- und Lerninteraktionen

Für Erziehungsverhalten unterscheiden TAUSCH/TAUSCH die beiden Dimensionen *Lenkung* und *Schätzung*, die sie zu Koordinaten eines Darstellungssystems machen, in das letzten Endes jeder Führungstyp eingetragen werden kann: *Lenkung* erstreckt sich von *hoher Lenkung* bis zu *keiner Lenkung*, Schätzung von *Wertschätzung* bis zu *Geringschätzung*.

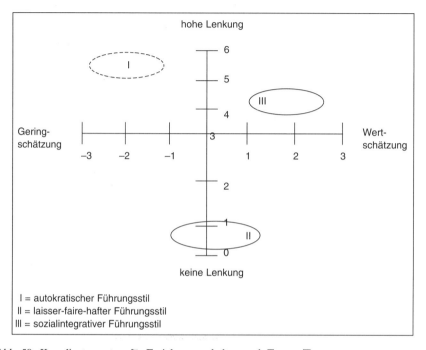

Abb. 59: Koordinatensystem für Erziehungsverhalten nach TAUSCH/TAUSCH

Um eine weitere interessante Dimension erweiterte NICKEL seinerzeit dies Zwei-Koordinatensystem, und zwar um *Anregung*. Während *Lenkung* die Steuerung des Lernverhaltens und Umgangs im Unterricht meint, *Schätzung* sich auf die grundsätzliche menschliche Einstellung von Lehrern zu ihren Schülern bezieht, ist *Anregung* auf die pädagogische Aufgabe des Unterrichts ausgerichtet, und zwar auf die Förderung von Bildung und Erziehung der Schüler. Diese kann ebenfalls zwischen zwei Extremen angesiedelt sein, zwischen hoher und keiner Förderung.

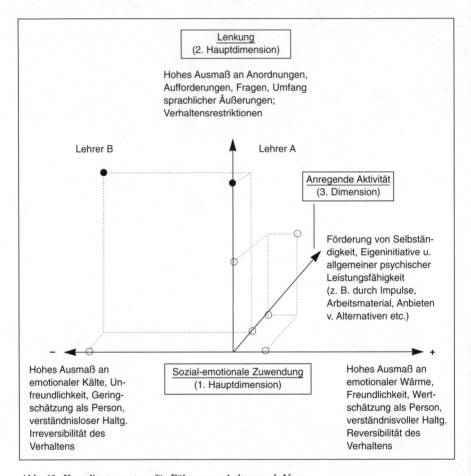

Abb. 60: Koordinatensystem für Führungsverhalten nach NICKEL

4.2.3 Integrationsweisen (GORDON)

Eine ausdrücklich und ausschließlich auf die Situation in der Schulklasse bezogene Untersuchung des Führungsverhaltens von Lehrern und daraus resultierenden Folgen im Schülerverhalten nahm GORDON vor. Er ging dabei von der in der Soziologie üblichen Unterscheidung zwischen formellem und informellem Aspekt bei Sozialbeziehungen aus. Den formellen Aspekt von Sozialbeziehungen in der Schulklasse sieht er im vorgegebenen System dieser Lehr- und Lernorganisation, den informellen in der Bedürfnis- und Beziehungslage der beteiligten Personen, also Schüler und Lehrer. Wenn er Führungsformen unterscheidet, so unter dem Gesichtspunkt der Integration, d. h., auf welche Weise der Lehrer die Schüler in das soziale Gebilde der zum Lehren und Lernen eingerichteten Schulklasse zu integrieren versucht. Und je nachdem, ob ein Lehrer sich dabei mehr am *System* (formelle Struktur) oder an den *Beteiligten* (informelle Struktur) orientiert, unterscheidet er den *instrumentalen* vom *expressiven Integrationstyp*. Seine Untersuchungen erbrachten, daß man auch einen Mischtyp annehmen muß, den instrumental-expressiven Integrationstyp.

1. *Instrumental*	a) Orientierung an den Zielen und der Erhaltung des Systems
	b) Integration beruht ausschließlich auf Autoritätsanwendung
2. *Instrumental-expressiv*	a) Orientierung geht auf Anpassung der Systemziele an Schüler oder Lehrer
	b) Kombination von Autorität und Führung (Empfehlung, Überredung und persönlicher Einfluß)
3. *Expressiv*	a) Orientierung an den Zielen und Bedürfnissen der Schüler oder des Lehrers
	b) Integration durch persönlichen Einfluß, Überredung, Empfehlung
	c) Bedürfnis als Kriterium des Handelns

Abb. 61: Integrationsformen nach GORDON

Unter dem Gesichtspunkt des schulischen Erziehungs- und Bildungsauftrags erweist sich nach GORDON die instrumental-expressive Integrationsform als ergiebigste, da sie sowohl das Lernen als auch die Sozialerziehung am besten fördert. Um dem Lehrer zu zeigen, durch welches Verhalten er eine Integrationsform verwirklichen kann, werden in einer Tabelle jene Lehrer-Verhaltensmerkmale mitangeführt, die GORDON in seiner Untersuchung als Indikatoren verwandte (*Abb. 62* auf Seite 420f.).

Planungsdimensionen: Strukturierungshilfen für die Planungsarbeit des Lehrers

INTEGRA-TIONSTYP	MERKMALE	LEHRERVERHALTEN	AUSWIRKUNGEN
Instrumental	– Orientierung an den Zielen und an der Erhaltung der Werte des Systems – Aufgabenbetonung bei den Schülern – Führungsfunktion auf Lehrer konzentriert – Autorität als primäre Grundlage des Einflusses	– sagt Schülern genau, wie sie ihre Hausarbeit zu machen haben – setzt die Schüler in Reihen, die zum Lehrer gerichtet sind – verlangt von den Schülern, daß sie um Erlaubnis bitten, wenn sie sprechen wollen – Beurteilungskarte beruht auf Leistungen, d. h. Testwerten, Aufsätzen, Berichten – gibt niedrige Zensuren – betont Tatsachenwissen der Schüler – verlangt wörtliche Wiederholung; fragt, die Schüler antworten – kontrolliert, ob die Schüler die Aufgaben vollständig machen	– hohe Produktion – geringe Gruppenmoral
Instrumental-expressiv	– Orientierung an der Anpassung der Ziele des Systems an die Schülerinteressen – Aufgabenbetonung, verbunden mit dem Bedürfnis nach unmittelbarer Befriedigung aus der Tätigkeit und den persönlichen Beziehungen – Integration auf dem Wege über eine Kombination von Autorität, Empfehlung, Überredung und persönlichem Einfluß	– verhandelt mit Schülern, paßt Forderungen der Bereitschaft der Schüler an – macht Gebrauch von Schülerführern, um andere Schüler zur Aufgabenerfüllung anzuhalten – bittet Schüler um Mithilfe bei der Arbeitsplanung – ermutigt Schüler durch freundlichen Schulterschlag – Beurteilungskarte beruht auf Leistung und Einstellung zur Klasse – kontrolliert, ob alle dasselbe lernen: Aufgabenorientierung – ermutigt Schüler, über Fragen zu diskutieren, die der Lehrer gestellt hat – ermutigt Schüler allgemein, Fragen zu diskutieren – ermutigt Schüler, dem Lehrer über persönliche Belange zu berichten, die sich außerhalb der Schule zutrugen	– hohe Produktion – hohe Gruppenmoral

Lehr- und Lerninteraktionen

INTEGRA-TIONSTYP	MERKMALE	LEHRERVERHALTEN	AUSWIRKUNGEN
		– organisiert die Klasse in Gruppen, die an Teilaufgaben im Rahmen eines Gesamtprojekts arbeiten	
Expressiv	– Orientierung an den Zielen und Bedürfnissen des Schülers als primäres Kriterium für die Tätigkeit und die Funktion des Lehrers – Betonung der Befriedigung des Schülers, aus Leistung und sozialen Beziehungen – Integration durch persönlichen Einfluß, Überredung, Empfehlung	– ermutigt Schüler, die Klasse zu unterrichten – läßt Schüler eigene Vorschläge für Neuerungen machen – ermutigt Schüler, von eigenen Ideen auszugehen, statt sich an die Lehrbücher zu halten – ermutigt Schüler zum Fragen und zur Beantwortung ihrer eigenen Fragen – legt Wert auf die Arbeit wegen der Befriedigung, die sie unmittelbar verschafft – hilft Schülern einzusehen, warum neue Arbeit für sie wichtig ist (zusätzlich): – wendet Aufmerksamkeit denen zu, die spezielle Hilfe brauchen – erlaubt den Schülern, gruppenweise an Projekten zu arbeiten, die nichts mit der Arbeit der Klasse als Ganzer zu tun haben – teilt einzelne Schüler speziellen Ausschüssen zu – spricht mit Schülern über Dinge, die sich außerhalb der Schule tun – teilt die Arbeit danach zu, was der Schüler glaubt, nötig zu haben	– geringe Produktion – hohe Gruppenmoral

Abb. 62: Integrationstypen und ihre Merkmale nach GORDON

Literatur

ASCHERSLEBEN, Karl: Einführung in die Unterrichtsmethodik. Stuttgart 1974
BÖNSCH, Manfred: Differenzierung des Unterrichts – Methodische Aspekte. München, 3., erw. Aufl., 1977
COPPES, Karl-Heinz: Partnerarbeit im Unterrichtsgeschehen der Grund- und Hauptschule. Weinheim ³1971
DIETRICH, Georg: Bildungswirkungen des Gruppenunterrichts. München ³1974
ENGELMAYER, Otto: Menschenführung im Raum der Schulklasse. München 1968
FISCHER, Margret: Die innere Differenzierung des Unterrichts in der Volksschule. Weinheim ⁹1971
FUHRICH, Hermann /GICK, Georg: Der Gruppenunterricht – Theorie und Praxis. Ansbach ⁴1971
GERNER, Berthold (Hrsg.): Erziehungsstile und Lehrerverhalten. Darmstadt 1976
GORDON, C. Wayne: Die Schulklasse als ein soziales System. In: HEINTZ, Peter (Hrsg.): Soziologie der Schule. Kölner Zeitschrift für Soziologie und Sozialpsychologie. Sonderheft 4. Köln/Opladen ³1965, S. 131–160
HERRMANN, Theo (Hrsg.): Psychologie der Erziehungsstile. Göttingen 1966
HOPF, Diether: Differenzierung in der Schule. Stuttgart 1974
INGENKAMP, Frank-Detlef: Zielerreichendes Lernen – Mastery Learning, Grundlagen – Forschungsbericht – Praxis. Ravensburg 1979
KLINGBERG, Lothar u. a.: Abriß der Allgemeinen Didaktik. Berlin 1965
KÖSEL, Edmund: Sozialformen des Unterrichts. Ravensburg 1973
LEWIN, Kurt: Die Lösung sozialer Konflikte. Bad Nauheim 1953
– /LIPPIT, R./WHITE, R. K.: Patterns of aggressive behavior in experimentally created ›social climates‹. In: Journal of Social Psychology, 1939, S. 271 ff.
MEYER, Ernst: Gruppenunterricht. Worms ⁵1969
– (Hrsg.): Neuer Stil in Schule und Unterricht. Stuttgart 1969
– (Hrsg.): Die Gruppe im Lehr- und Lernprozeß. Frankfurt/M. 1970
– (Hrsg.): Handbuch Gruppenpädagogik/Gruppendynamik. Heidelberg 1977
– /FORSBERG, Börje: Einführung in die Praxis der schulischen Gruppenarbeit. Heidelberg ²1976
MEYER-WILLNER, Gerhard: Differenzieren und Individualisieren. Bad Heilbrunn 1979
NICKEL, Horst: Nichtautoritäre Erziehung in der Schule, in: DERS.: Beiträge zur Psychologie des Lehrerverhaltens, Psychologische Aspekte einer nichtautoritären Erziehung in der Schule, München 1974, S. 63–87
PREUSS, Eckhardt (Hrsg.): Zum Problem der inneren Differenzierung. Bad Heilbrunn 1976
SALZMANN, Christian: Gruppenunterricht. In: Lexikon der Pädagogik. Bd. 2. Freiburg 1970, S. 176 ff.
SCHELL, Christa: Partnerarbeit im Unterricht. München 1972
SIMON, Alfons: Partnerschaft im Unterricht. München ³1965
TAUSCH, Reinhard/TAUSCH, Anne-Marie: Erziehungspsychologie. Göttingen. 2., wesentl. erw. Aufl., 1965
VETTIGER, Heinz: Gruppenarbeit. Düsseldorf 1977
WALZ, Ursula: Soziale Reifung in der Schule. Hannover ³1968
WEBER, Erich: Erziehungsstile. Donauwörth ²1970
WEISS, Carl: Pädagogische Soziologie. Bd. II: Soziologie und Sozialpsychologie der Schulklasse. Bad Heilbrunn ⁴1964
YATES, Alfred (Hrsg.): Lerngruppen und Differenzierung. Weinheim/Basel 1972

5 Lehr- und Lernmittel

Vorklärungen

Lange Zeit stand die didaktische Entscheidung über Medien, über Lehr- und Lernmittel im Schatten der methodischen Unterrichtsplanung, obwohl in der Theorie durchaus zahlreiche Erörterungen über solche Mittel insgesamt oder auch besondere ihrer Formen angestellt wurden. Es gab auch didaktische Konzeptionen, die sich zentral am Einsatz bestimmter Medien orientierten, wie z. B. jene auf weitgehende Selbstunterrichtung zielenden Konzepte des Einsatzes sog. *Arbeitsmittel*. In aller Klarheit als eine besondere didaktische Entscheidungsdimension wurden die Medien erstmals im Berliner Modell der Didaktik herausgestellt (HEIMANN 1962). Abgesehen vom persönlichen Interesse HEIMANNs ist die starke Zuwendung zum Medienproblem und die Herauslösung der Medienentscheidung aus der Methodenplanung wohl auf die Entwicklung technischer Mittel und deren Eindringen in den Schulunterricht zurückzuführen. Heute wird nicht mehr bezweifelt, daß zur Auswahl und zum Einsatz von Medien sorgfältige planerische Überlegungen angestellt werden müssen.

Medien erfüllen im unterrichtlichen Lehr- und Lernprozeß eine bedeutsame Funktion; ein Lernen ohne Medien ist nicht denkbar. Doch ist die Art von Medien überaus vielgestaltig, und der Lehrer hat für seine Planung eine große Bandbreite unterschiedlicher Medien zur Verfügung. Bevor Kategoriensysteme dargestellt werden, die diese Bandbreite strukturell ausbreiten, soll die Funktion von Medien im Unterricht ein wenig beleuchtet werden, damit die Planungsaufgaben deutlicher werden.

Medien haben im Unterricht eine mehrfache Funktion:
- Medien sind Mittel der Repräsentation
- Medien sind Mittel der Kommunikation
- Medien sind Mittel der Steuerung (vgl. den EXKURS, S. 428ff.).

Um zu verstehen, was *Repräsentation* hier meint, ruft man sich am besten ins Gedächtnis, was Lernen ist: Lernen beruht immer auf der Auseinandersetzung mit der Umwelt, immer auf Erfahrungen. Für schulisches Lernen ist bezeichnend, daß nicht abgewartet wird, bis sich eine bestimmte Erfahrung spontan einstellt, bis eine bestimmte inhaltliche Auseinandersetzung möglich wird, sie wird vielmehr gezielt herbeigeführt. Und zwar geschieht dies dadurch, daß die gemeinte Umwelt durch Mittel im Unterricht repräsentiert wird. Es sind die Lerninhalte, von denen weiter vorn die Rede war, die durch Medien so repräsentiert werden, daß Schüler sie erfahren, sich mit ihnen auseinandersetzen können und dadurch zu veränderten Verhaltensdispositionen gelangen (vgl. die Ausführungen im Kapitel »Lernzielorientierte Unterrichtsplanungs«, S. 114ff.).

Medien sind auch Mittel zur *Kommunikation* zwischen den am Unterricht beteiligten Personen. Dabei ist zu beachten, daß es sich größtenteils um eine spezifisch didaktische Kommunikation handelt, also um eine an die Lehr- und Lernstruktur des Unterrichts gebundene Kommunikation. Die Leistungsfähigkeit von Medien in didaktischer Kommunikation darf nicht mit jener in allgemeiner Kommunikation verwechselt werden.

Medien steuern schließlich den Lehr- und Lernprozeß im Unterricht. Dabei beruht die

---

Literatur zu diesem Kapitel siehe Seite 441 f.

je besondere Art der steuernden Einwirkung auf der spezifischen Eigenstruktur von Medien. Ob z. B. ein Wort oder ein Bild zur Repräsentation des Lerninhalts eingesetzt wird, bewirkt große Unterschiede hinsichtlich der Art und Weise, in der Schüler sich lernend mit eben dem Inhalt auseinandersetzen können. –

Von den zahlreichen Kategorisierungsversuchen der Medien sollen nur drei vorgestellt werden, da sehr viele übermäßig differenziert sind und vorwiegend für die Erforschung des Medienproblems entwickelt wurden, wir aber an Strukturierungshilfen für den täglichen Unterricht interessiert sind. Mit gleichem Interesse findet ADL-AMINI zu einem *Drei-Ebenen-Modell* für die einfache Klassifikation von Medien, auf das hier noch kurz hingewiesen werden soll: 1. Medien als »Hilfsmittel« (z. B. Wandtafeln); 2. Medien als »gestalteter Inhaltsträger« (z. B. Unterrichtsfilme) und 3. Medien als »materialisierte Form« (z. B. Montessori-Material) (ADL-AMINI 1994, bes. S. 22ff.).

5.1 Schematische Übersicht über Veranschaulichungsmittel (HUBER)

Noch nicht von Medien und ihren mehrfachen Funktionen im Unterricht, sondern von bloßen »Mitteln zur Veranschaulichung« mit eben nur dieser einen Funktion ist bei HUBER die Rede. HUBER sieht den Sinn solcher Mittel darin, möglichst »sinnliche Veranschaulichung« des zu lernenden Gegenstandes beim Schüler zu schaffen. Für ihn bildet die »sinnliche Anschauung die Grundlage der geistigen Anschauung« (HUBER 1965, S. 104), mithin die Grundlage des Lernens überhaupt. Seine Auffassung fußt letztlich wohl auf der erkenntnistheoretischen Einsicht KANTS, daß man nur mit Hilfe der Anschauung zu Erkenntnissen gelangen könne (vgl. den EXKURS, S. 428ff.).

Man würde HUBER falsch verstehen, wollte man aus der Anordnung zugleich eine Rangfolge der Wirksamkeit von Mitteln herauslesen: »Es läßt sich keine Rangfolge der Veranschaulichungsmittel aufstellen.« (S. 106) Welches Mittel jeweils größte Wirksam-

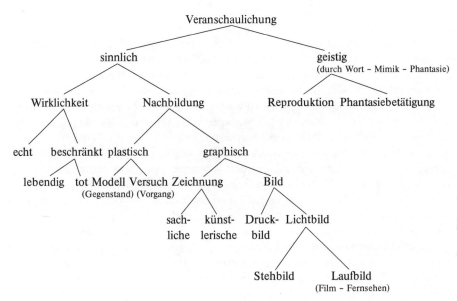

Abb. 63: Schematische Übersicht über Veranschaulichungsmittel nach HUBER (S. 105)

keit entfalten kann, ist von der Unterrichtssituation abhängig und kann nur bestimmt werden mit Blick auf den gemeinten Sachverhalt, den es zu lehren und zu lernen gilt, sowie mit Blick auf den Kenntnisstand der Schüler bezüglich dieses Sachverhaltes.

5.2 Matrix zur unterrichtlichen Funktion von Medien (GAGNÉ)

GAGNÉ versteht Medien als einen Teil schulischer Lernumwelt. Während der Vorschuljahre »reizen« die Objekte selbst und unmittelbar das lernende Kind und lösen die lernförderliche Auseinandersetzung mit ihm aus. Das Schulkind hat es in der Regel nicht mehr mit unverfälschten und natürlichen Objekten zu tun, sondern mit aufbereiteten. Alle solche für den Unterricht geschaffenen Mittel, deren Funktion darin besteht, Schülern Lernanreize zu bieten, faßt GAGNÉ als Medien auf.

In einer Matrix unterscheidet er sieben Grundformen von Medien und stellt dar, wofür sie im Unterricht seiner Meinung nach besonders geeignet sind (GAGNÉ 1969, S. 230):

Funktion	Medien						
	Objekte Demonstration	Mündliche Kommunikation	Gedruckte Medien	Ruhende Bilder	Bewegte Bilder	Tonfilm	Lehrmaschinen
Reiz-Darbietung	ja	begrenzt	begrenzt	ja	ja	ja	ja
Lenkung der Aufmerksamkeit und anderer Tätigkeit	nein	ja	ja	nein	nein	ja	ja
Modell der erwarteten Leistung bereitstellen	begrenzt	ja	ja	begrenzt	begrenzt	ja	ja
Äußere Hilfen geben	begrenzt	ja	ja	begrenzt	begrenzt	ja	ja
Denken steuern	nein	ja	ja	nein	nein	ja	ja
Transfer veranlassen	begrenzt	ja	begrenzt	begrenzt	begrenzt	begrenzt	begrenzt
Ergebnisse überprüfen	nein	ja	ja	nein	nein	ja	ja
Rückmeldung vermitteln	begrenzt	ja	ja	nein	begrenzt	ja	ja

Abb. 64: Unterrichtliche Funktion verschiedener Medien nach GAGNÉ

Man muß diese Klassifikation als eine von GAGNÉ überaus subjektiv vorgenommene betrachten. Eine eingehendere und kritische Einschätzung findet sich bei HEIDT (1976, S. 19ff.).

5.3 »Kegel der Erfahrung« (DALE)

Von allen audio-visuellen Mitteln als unterrichtlichen Medien spricht DALE. Für ihn ist selbstverständlich, daß die Schule auf den Einsatz dieser Mittel gar nicht mehr verzichten kann. Mit Überzeugung behauptet er, daß »richtig zubereitetes audiovisuelles Material uns helfen kann, unsere Lehre auf allen Stufen mit steigender Wirksamkeit zu betreiben« (DALE 1969, S. 140). Um dem Lehrer Hilfen für den geordneten und durchdachten Einsatz solchen Materials zu geben, ordnet DALE nicht etwa bloß alle bekannten Materialien nach ihrer je besonderen Erscheinungsart oder ihrer Eigenstruktur. Er geht vielmehr auf jene Situation zurück, in der sie ihre Funktion haben, nämlich auf die

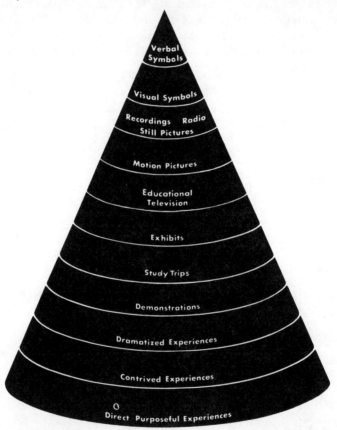

Abb. 65: Cone of experience DALE

Lernsituation im Unterricht. In solchen Lernsituationen schaffen audiovisuelle Materialien die erforderliche Erfahrungsgrundlage für das Lernen. Zwei Pole von erfahrungsschaffenden Materialien sieht DALE: Material, das unmittelbare, zweckvolle (– gemeint ist der je besondere Lernzweck –) Erfahrung schafft, und Material in Form verbaler Symbole, das überaus abstrakte und bloß mittelbare Erfahrungen auslöst. Die zwischen diesen beiden Polen möglichen Erfahrungen stellt er ›kegelförmig‹ dar. Auf dem unteren Band der unmittelbaren Erfahrung baut er zehn weitere Bänder auf (DALE 1969, S. 107).

Lehr- und Lernmittel

Dem Lehrer hilft der Kegel bei der Feststellung, wie abstrakt die Lernsituation ist, die das von ihm vorgesehene Material bewirken kann. Er kann daraufhin entscheiden, ob er eine solche – abstrahierende bzw. konkretisierende – Lernsituation verwirklichen möchte, ob gerade sie in der spezifischen unterrichtlichen Situation angebracht ist. DALE bietet dem Lehrer eine weitere Hilfe an, indem er zuordnet, welche Art von Tätigkeit durch das Material vorwiegend bewirkt wird, ob ein »Tun«, ein »Beobachten« oder eine »Versinnbildlichung«:

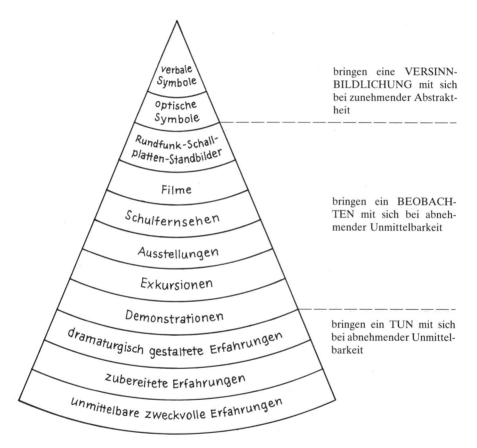

Abb. 66: Wirkungen der audiovisuellen Materialien in Unterrichts-/Lernsituationen nach DALE

Selbstverständlich bedeutet die Entfernung von unmittelbarer Erfahrung keine Minderung der Lernwirksamkeit des Materials. Welches Material das jeweils geeignetste ist, hängt davon ab, welchen Grad an Konkretheit bzw. Abstraktheit eine Lernsituation haben kann bzw. sollte. Und das ist nur mit Blick auf die betroffenen Schüler und die besonderen Lerninhalte feststellbar. Der »Kegel der Erfahrung« ist keine Abbildung der Wirksamkeit von Medien, sondern eine gute metaphorische Hilfe zur Strukturierung der Medienentscheidung.

Exkurs: **Über den Einsatz von Medien im Unterricht – Ein Beitrag zu den Bestimmungsgründen der Medienwahl**

1 Zur Fragestellung

Es gibt keinen Unterricht, in dem nicht bestimmte Medien eingesetzt werden, so daß für den Lehrer ein wesentliches Problem seiner Vorbereitung des Unterrichts die Frage ist, für welches Medium er sich jeweils entscheiden soll. Die Frage, der wir im folgenden nachgehen wollen, lautet: »Worauf hat der Lehrer bei seiner Entscheidung für den Medieneinsatz besonders zu achten?« Um diese Frage beantworten zu können, muß die Funktion von Medien im Unterricht ermittelt und genauer dargestellt werden; das Wissen um die Grundfunktion von Medien als Verständigungsmittel reicht nicht aus, um dem Lehrer Entscheidungshilfen zu gewähren.

Zur Klärung der Funktion von Unterrichtsmedien soll der Strukturzusammenhang aufgezeigt werden, in dem ein Medium mit den übrigen Momenten des Unterrichts steht. Das kann unter Rückgriff auf das von Heimann entwickelte Strukturmodell des Lehrens und Lernens geschehen, das als didaktisches Modell der Berliner Schule bekanntgeworden ist. Es geht von der Voraussetzung aus, daß jeder Unterricht vier Entscheidungen des Lehrers erforderlich macht, und zwar für eine *Zielsetzung,* einen *Inhalt,* eine *Methode* und ein *Medium* des Lehrens und Lernens, und daß diese Entscheidungen von *sozial-kulturellen* Voraussetzungen einerseits und von *anthropologisch-psychologischen* Voraussetzungen andererseits abhängig zu machen sind (Heimann 1962). Uns interessiert dabei die Beziehung, in der das Medium jeweils zu den anderen Momenten steht und die als »Interdependenz« aufgefaßt wird. Das heißt, die Entscheidung des Lehrers für den Einsatz eines Mediums ist nicht nur von Bedingungen sozialer und individueller Art sowie von Vorentscheidungen für Intentionen, Inhalte und Methoden abhängig, sondern sie wirkt auch auf diese zurück und macht unter Umständen veränderte Entscheidungen in allen anderen Dimensionen notwendig.

Unsere Ausgangsfrage spitzt sich demnach zu auf die Frage, in welchem Zusammenhang die Medienentscheidung mit den übrigen fünf Momenten des Unterrichts steht. Durch Erörterung der einzelnen Zusammenhänge kann in groben Umrissen geklärt werden, welches die Bestimmungsgründe für die Medienwahl durch den Lehrer sind.

2 Zur Mono- und Polyvalenz von Medien im Hinblick auf Unterrichtsintentionen

Hinsichtlich des Bezuges von Unterrichtsmedien und Unterrichtsintentionen wird von »Monovalenz« oder »Polyvalenz« gesprochen (vgl. Schulz 1965; Langeveld 1956).

Monovalent nennt man Medien, die so beschaffen sind, daß sie ausschließlich zur Verwirklichung einzelner konkreter Zielsetzungen herangezogen werden können, polyvalent hingegen jene, die zur Erreichung mehrerer und unterschiedlicher Lernziele beizutragen in der Lage sind.

Monovalenz oder Polyvalenz besitzen Medien aufgrund ihrer jeweils besonderen »Form-Qualität«, das heißt, sie bringen sie als einen Faktor in den Unterricht ein. Und dieser Faktor ist vom Lehrer bei seiner Vorbereitung von Lernsituationen im Unterricht zu berücksichtigen.

Betrachtet man die gebräuchlichen Medien, so ist leicht festzustellen, daß durchaus alle Grundformen polyvalent in dem Sinne sind, als sie sich auf unterschiedliche Weise einsetzen lassen. Die Sprache beispielsweise läßt sich als Kommunikationsmittel sowohl verwenden, um Informationen zu vermitteln und Wissen zu schaffen, als auch, um im Schüler gewisse Gefühle auszulösen oder zu verfestigen, oder auch, um die sprachliche Artikulation zu fördern. In ähnlicher Weise läßt sich ein kartographisches Werk, etwa ein Stadtplan, als Medium nutzen, um den Schüler die Straßenzüge kennenlernen zu lassen oder auch, damit der Schüler mit maßstabgerechten Plänen umzugehen lernt.

Monovalent sind dagegen fast durchaus nur komplexe Medien, das heißt solche, die im eigentlichen nicht mehr bloße Mittel zur Verständigung sind, deren sich Lehrer und Schüler wahlweise bedienen können, sondern die bereits geschlossene Lehrsysteme darstellen, denen von ihren jeweiligen Herstellern schon bestimmte Intentionen, Inhalte und Methoden eingelagert wurden. Dem Lehrer bleibt eigentlich nur noch die Wahl, solche Systeme als Ganze zu akzeptieren oder zu verwerfen, das heißt, er kann sie nicht für eigene Intentionen heranziehen, sondern sich nur noch deren Intentionen zu eigen machen. Das schließt nicht aus, daß seine Zielsetzung mit jener solcher Lehrsysteme übereinstimmt. Als Beispiel für derartige Medien sind manche Unterrichtsfilme, vor allem älterer Produktion, und der Programmierte Unterricht anzuführen. Gerade beim Programmierten Unterricht wurde durch die exakte Vorplanung aller Momente des Lehr- und Lernprozesses und seine Darbietung in einem festgeschweißten Zusammenwirken von Lehrprogramm und Lehrmaschine ein Systemganzes geschaffen, das dem Lehrer keine Entscheidung mehr läßt außer der einen, das System zu übernehmen oder nicht. HEINRICHS spricht hinsichtlich derartiger Medien mit Recht von ihrer »pädagogischen Souveränität«, denn sie sind voll und ganz in der Lage, den Lehrer zeitweise zu ersetzen, indem sie für die Dauer des Lernens mit einem Programm seine didaktischen Entscheidungsfunktionen übernehmen (HEINRICHS o. J., S. 5).

Polyvalenz und Monovalenz sind deskriptive Begriffe, die keine Werturteile implizieren. Mit der Charakterisierung von Medien als polyvalent oder monovalent ist nur die potentielle Beanspruchbarkeit von Medien zur Erreichung von Lernzielen des Unterrichts beschrieben. Über eine diesbezügliche Effektivität des Einsatzes ist damit noch nichts ausgesagt.

Worauf es für den Lehrer ankommt, ist, daß er zum einen Bescheid weiß, daß Medien eine monovalente oder eine polyvalente Form-Qualität haben können, zum anderen, daß die meisten Medien von ihrer Beschaffenheit her vielseitig einsetzbar sind. Das macht eine sorgfältige Prüfung der für den Unterricht in Aussicht genommenen Medien notwendig, bevor man sich für den Einsatz eines ganz bestimmten Mediums entscheidet. Denn um ein gestecktes Lernziel auf möglichst rationelle und optimale Weise zu erreichen, muß ein Medium in bezug auf gerade dieses Lernziel so eindeutig wie nur möglich sein. Es darf im Schüler kein ihm selbst mehr oder weniger bewußt werdender, durch die Form-Qualität des Mediums verursachter Zweifel hinsichtlich der mit dem Medium verfolgten Absicht auftreten. Das Medium hat die Funktion eines Verständigungsmittels zu erfüllen; es darf selbst nicht mehr zu einem Problem werden, sondern muß seine Funktion in einer konkreten Unterrichtssituation eindeutig ausüben, wenn es nicht zu einer Barriere auf dem Weg zum Ziel hin werden soll.

Die nach DALE zu stellende Frage, ob ein Material »unsere Absicht besser trifft als jedes andere Material«, ist so zu stellen, daß danach gefragt wird, ob die Schüler imstande sind, das für sie vorentschiedene Lernziel gerade mit dem jeweils in Aussicht genommenen Medium besser und eher zu erreichen als mit jedem anderen (DALE 1969). Die Frage nach Eindeutigkeit ist ein Maßstab dafür, ob ein Medium seine Verständigungsfunktion in einer bestimmten Unterrichtssituation optimal erfüllen kann. Von der positiven Beantwortung dieser Frage ist unter anderem die Entscheidung für den Medieneinsatz abhängig zu machen.

3 Zur Repräsentation von Unterrichtsinhalten durch Medien

Der grundsätzliche Bezug von Medien auf Unterrichtsinhalte wird von HEIMANN auf die Formel »Repräsentation der Unterrichtsinhalte durch bestimmte Medien« gebracht (HEIMANN 1962, S. 421). Dieser Auffassung des Inhaltsbezuges liegt die Einsicht zugrunde, daß Unterrichtsinhalte, wie PETER sagt, im eigentlichen »ideeller Natur« sind (PETER 1954, S. 75). Um dies an einem von ihm angeführten Beispiel zu erläutern: Wenn im Unterricht die »Lüneburger Heide« behandelt wird, so ist nicht die reale Landschaft selbst als ein räumlich Gegebenes Unterrichtsinhalt, sondern die einzelnen typischen Kriterien dieser Landschaft werden als ein »Geflecht von Zusammenhängen« zum Inhalt; dieses »Geflecht« ist keineswegs räumlicher Art und wird deshalb als der »Unterrichtsgegenstand von gedanklichem, ideellem Charakter« bezeichnet (vgl. PETER 1954, S. 76).

Im Unterricht müssen derartige ideelle Inhalte, um gelernt werden zu können, »vergegenständlicht« werden. Dies leisten Unterrichtsmedien, so daß ihre inhaltsbezogene Funktion vorläufig als »Vergegenständlichung« umschrieben werden kann. Nach PETER ist Vergegenständlichung notwendig, um im Schüler eine »Vorstellungsgrundlage« über den jeweiligen Unterrichtsinhalt zu schaffen, da er ihn nur dann im Lernprozeß erfassen kann. Diese Auffassung über die zum Lernen erforderliche Vorstellungsgrundlage geht zurück auf die Erkenntnistheorie KANTS, nach der Erkenntnis nur von solchen Gegenständen möglich ist, von denen man außer einem Begriff auch eine Anschauung hat, und auf die pädagogische Fassung dieser Aussage bei PESTALOZZI, der von der »Anschauung als Fundament der Erkenntnis« sprach.

Anschauung im Sinne KANTS heißt keineswegs »Veranschaulichung« in der Weise, daß Unterrichtsinhalte nunmehr illustrativ und bildhaft dargeboten werden müßten, so daß auch die vergegenständlichende Funktion von Unterrichtsmedien nicht mit Illustration gleichgesetzt werden kann. Das heißt, es geht nicht um Bilder sinnlich-visueller Art, sondern die inhaltsbezogene Funktion von Unterrichtsmedien besteht darin, eine Erfahrungsgrundlage des zu lernenden Inhalts für den Schüler zu legen. Eine Erfahrungsgrundlage für den Schüler zu schaffen bedeutet durchaus nicht nur, ihm Gelegenheit zur direkten Konfrontation und handelnden Auseinandersetzung mit der Wirklichkeit zu bieten, sondern erfahrbar wird ein Unterrichtsinhalt auch dadurch, daß man frühere Erfahrungen des Schülers erschließen kann. An unserem Beispiel aufgezeigt: Der Schüler muß keinesfalls in die Lüneburger Heide geführt werden, um diese als eine durch besondere Kriterien gekennzeichnete und typische Landschaft zu begreifen. An die Stelle einer solchen, wie in der Mediendidaktik unterschieden wird, »Primärerfahrung« können Formen der »Sekundärerfahrung« treten, wie zum Beispiel Film, Buch, Bilder, Karten usw. In früheren Lernprozessen zum Beispiel hat der Schüler erfahren, in welcher Weise Kartenzeichen die reale Wirklichkeit darstellen, so daß er aus einer Karte auf die wirklichen Merkmale der Lüneburger Heide schließen kann, etwa auf Ausdehnung, Lage, Höhenzüge, Wasserläufe und ähnliches.

Im Unterricht der Gegenwart tritt das Lernen an der Wirklichkeit gegenüber dem Lernen durch Sekundärerfahrungen zurück. Das ist einerseits eine Folge der allgemein zunehmenden Entwicklung und Verbreitung von Medien sowie ihrem unter Rationalisierungsaspekten stehenden Einsatz im Unterricht, andererseits ist der Unterricht geradezu auf Mittel zur Schaffung von Sekundärerfahrungen angewiesen. Da im planmäßigen Lehr- und Lerngeschehen die Wirklichkeit zumeist nicht präsent ist und der Augenblick nicht abgewartet werden kann, in dem sie sich zufällig einstellt, müssen verfügbare Mittel zu ihrer Repräsentation bereitgestellt werden. Unter diesem letzteren Gesichtspunkt entwickelte übrigens bereits COMENIUS im 17. Jahrhundert sein illustriertes Lehrbuch, den »Orbis sensualium pictus«, um seinem Anschauungsprinzip der »autopsia« auch in der Schulpraxis entsprechen zu können.

Um dem Lehrer einen Überblick über Medien-Grundformen und Hilfen für die Medienwahl zu geben, stellt DALE die Formen nach der Wirklichkeitsnähe bzw. -ferne der von ihnen jeweils ausgelösten Lernsituationen in einem »Kegel der Erfahrung« (»cone of experience«) dar. Auf der Basis des Lernens an der Wirklichkeit erhebt sich der Kegel und läuft in einer Spitze des Lernens anhand von abstrakten und symbolhaften Darstellungen der Wirklichkeit aus (DALE 1969, S. 107; vgl. die Abb. 65 und 66 im vorliegenden Buch auf den Seiten 426 und 427).

Dieser Kegel, an dem abgelesen werden kann, in welchem Abstand von der realen Wirklichkeit bestimmte Medien jeweils einen Unterrichtsinhalt repräsentieren, stellt nicht zugleich auch eine Wertskala dar. DALE hat damit auch nicht, wie ROTH in seiner »Pädagogischen Psychologie des Lehrens und Lernens« behauptet, »versucht, die Lernarten und Lernmittel nach dem Grad, wie sie beeindrucken und nicht vergessen werden, in eine Rangreihenfolge zu bringen« (ROTH 1960, S. 308). Die Zuordnung von Medien und Erfahrungssituationen entsprechend deren Abstand von Primärerfahrungen erfolgt lediglich zu dem Zweck, dem Lehrer ein einprägsames Schema medialer Grundformen zu bieten und ihm Unterscheidungskriterien an die Hand zu geben. Wie auch HUBER, der immer noch von »Veranschaulichungsmitteln« spricht, betont: »Es läßt sich keine Rangordnung der Veranschaulichungsmittel aufstellen. Man möchte vielleicht meinen, daß die Wirklichkeit an erster Stelle stünde; das ist meistens, aber durchaus nicht immer der Fall.« (HUBER 1965, S. 106) Aber auch das von HUBER angenommene »meistens« muß bezweifelt werden; man braucht nur an die Komplexität der wirklichen Gegenstände zu denken, die sie – unter dem didaktischen Aspekt von Anschauung – oft unüberschaubar macht und den Schüler in der Begegnung eher verwirrt als ihm eine klare Einsicht verschafft. Wo es beispielsweise um das Erkennen des Arbeitsprinzips eines Verbrennungsmotors geht, wird ein Schnittmodell dem Schüler anschaulichere und klarere Vorstellungen und Erfahrungen vermitteln als der Blick unter die Motorhaube eines Autos.

Die Effektivität eines Mediums hinsichtlich seiner Anschauungsfunktion hängt nicht davon ab, welchen Grad an Wirklichkeitsnähe der von ihm ausgelöste Lernprozeß hat, sondern allein davon, ob es den gemeinten Inhalt sachadäquat repräsentiert. Das wesentliche Prinzip, unter dem im Hinblick auf seine inhaltsbezogene Funktion ein Medium ausgewählt werden sollte, ist das der Isomorphie. Worauf der Lehrer mithin besonders zu achten hat, ist, ob die Struktur eines Mediums möglichst weitgehend mit der des Inhalts übereinstimmt. Wo dies der Fall ist, da wird das Medium eine eindeutige und vom Schüler nicht mißzuverstehende Repräsentation des Inhalts leisten. Wo dies aber nicht der Fall ist, da wird das Medium unklare Vorstellungsgrundlagen schaffen und unter Umständen in den Augen des Schülers etwas ganz anderes darstellen, als vom

Lehrer eigentlich gemeint ist. Um das an einem Beispiel zu verdeutlichen: Wo als Unterrichtsinhalt die wirtschaftliche Potenz der USA und der UdSSR im Vergleich behandelt werden soll, da wird der alleinige Einsatz von zweidimensionalen Landkarten mit Sicherheit falsche Vorstellungen über die geographischen Größenverhältnisse schaffen, wenn nicht für diese besondere Frage spezifische Statistiken oder der Globus eingesetzt werden.

Ob ein Medium einen intendierten Unterrichtsinhalt möglichst isomorph repräsentiert, kann vor allem durch sorgfältige Prüfung des Mediums selbst festgestellt werden.

Das hängt ab von seiner Form-Qualität. In der inhaltszentrierten Didaktik der Gegenwart wird zumeist außer acht gelassen, daß ein Medium aufgrund seiner besonderen Struktur Unterrichtsinhalte entscheidend beeinflussen und auf diese eine, wie HEIMANN ausdrückt, »modifizierende und lernförderliche oder -hemmende Wirkung« ausüben kann (HEIMANN, 1962, S. 421). HEIMANN verweist auch darauf, daß ein Medium »Inhalte durch seine Form-Qualität überraschend zu intensivieren, zu verfremden, zu akzentuieren, zu entsubstantialisieren und verflüchtigen« vermag (ebd.). Das bedeutet, daß Medienentscheidungen nicht einfach – und gleichsam »en passant« – aus bereits getroffenen Entscheidungen für Unterrichtsinhalte deduziert werden können, sondern sie sind sorgsam auf die jeweiligen Inhalte abzustimmen, wobei in Betracht gezogen werden muß, daß unter Umständen durch Rückwirkungen eine Akzentverschiebung des ursprünglich intendierten Inhalts notwendig wird.

Die Entscheidung für den Einsatz eines bestimmten Mediums unter dem Gesichtspunkt der Repräsentation von Unterrichtsinhalten ist danach zu treffen, ob es, wie FREYHOFF formuliert, den »Inhalt der Sache nach angemessen zur Darstellung« bringt (FREYHOFF 1961, S. 56). Der Lehrer kann eine solche Entscheidung mithin nur fällen, wenn er sie weder ausschließlich als sekundär und didaktischen Appendix der Inhaltsentscheidung noch ausschließlich als meßbar am »Grad ihrer [Verf.: der Medien] internen Perfektion« (FLECHSIG) auffaßt, sondern Medium und Inhalt in ihrer wechselseitigen Bezogenheit sieht und sie aufeinander abstimmt.

4 Zur Effektivitätssteigerung von Unterrichtsmethoden durch Medien

Die methodenbezogene Funktion von Medien kann mit DALE darin gesehen werden, die Lehre »reizvoller und effektiver« zu gestalten. Dies leistet ein Medium, wie BARROW am Beispiel des Fernsehens darstellt, durch eine ihm jeweils eigene »Attraktivität«, durch die die Aufmerksamkeit des Schülers geweckt, auf das Medium gelenkt und auf den repräsentierten Lerninhalt konzentriert wird (BARROW 1960, S. 243ff.)

Die unterrichtliche Effektivität eines Mediums ist mithin davon abhängig, ob es attraktiv genug ist, die Aufmerksamkeit des Schülers zu erwecken und auf sich zu lenken. Bei seinen Medienentscheidungen muß der Lehrer deshalb insbesondere die in Frage kommenden Materialien daraufhin sichten, ob sie derartig beschaffen sind, daß sie dem Schüler geradezu »ins Auge springen« und ihn auffordern, sich ohne weitere Ermunterungen mit ihnen zu befassen. Maria MONTESSORI beispielsweise entwarf ihr Entwicklungsmaterial vor allem unter dem Aufforderungsaspekt und verstärkte den Aufforderungscharakter des Materials durch leuchtende Farbgebung. Kaum noch attraktiv für heutige Schüler sind die in tristen Farben gehaltenen und oft ästhetisch untragbar gestalteten traditionellen Wandbilder, die nur geringen Anreiz auf sie ausüben. Attraktiv hingen sind allein schon aufgrund ihrer Wertschätzung in der außerschulischen Welt zum Beispiel Film und Fernsehen; bei ihrem Einsatz darf der Lehrer der Aufmerksamkeit der Schüler gewiß sein.

Bei einem Teil von Medien kommt es darauf an, daß ihre Attraktivität eine permanente Wirkung auf die Schüler hat, und zwar bei allen Medien, die über eine längere Unterrichtssequenz und nicht nur punktuell eingesetzt werden sollen. Dies ist zum Beispiel der Fall bei Fernsehen und Film. Die Attraktivität kann bei solchen Medien nicht durch eine äußere – und zumeist unveränderliche – Gestalt erreicht werden, sondern nur durch aufeinanderfolgende Impulse, die immer wieder von neuem die Aufmerksamkeit der Schüler erregen. Beim Film und beim Fernsehen leistet das auch nicht mehr die allgemeine Wertschätzung dieser Medien, sondern der Bewegungsablauf der Bilder und deren nach dramaturgischen Regeln gestaltete Sachhandlung. Einen besonderen Fall stellt der Programmierte Unterricht dar, bei dem eine permanente Zuwendung und Aufmerksamkeit über den Weg der steten Erfolgsbestätigung bewirkt wird; nach Auffassung SKINNERs ist dies sogar das wesentliche Merkmal des durch Programm und Maschine erfolgenden Lernens (SKINNER 1967, S. 22ff.).

Attraktivität ist also für den Lehrer ein Maßstab, nach dem er seine Medienentscheidungen treffen kann. Dabei ist allerdings zu berücksichtigen, daß Attraktivität allein nicht ausreicht, um einen effektiven Verlauf des Lehr- und Lernprozesses zu garantieren. Denn Attraktivität ist kein Selbstzweck, sondern nur ein Mittel, und zwar ein Mittel, um den Schüler an die intendierten und durch Medien repräsentierten Inhalte heranzuführen. Die methodenbezogene Funktion von Unterrichtsmedien läßt sich auch beschreiben als Brückenschlag zwischen Schüler und Inhalt. Greift man auf die Metapher der »Begegnung« – für den Bildungsvorgang – zurück, so bedeutet das: Durch den Einsatz von medialem Material soll die Begegnung von Schüler und Inhalt herbeigeführt werden und eine zeitweilige Verbindung zwischen ihnen entstehen, damit, um mit KLAFKI zu sprechen, die als bildend angesehene »kategoriale« und »doppelseitige Erschließung« stattfinden kann. Worauf der Lehrer also besonders zu achten hat, ist, daß die Attraktivität eines Mediums nicht die Aufmerksamkeit von Schülern nur auf das Medium selbst lenkt und sie dadurch unter Umständen nur zur Beschäftigung mit dem interessanten Apparat oder ähnlichem anhält. In einer solchen die Dinge verkehrenden Weise wird oftmals durch den Einsatz von Filmen eine Filmstunde absolviert, die zwar sehr amüsant, aber wenig informativ ist. Oder: Wo das Verhältnis des »Goldenen Schnitts« als eine ästhetische Relation Unterrichtsinhalt ist und zur Repräsentation ein aufregendes Kampfgenre gewählt wird, da werden die Schüler ohne zusätzliche Anleitung sich wahrscheinlich eher der Szenerie als dem Verhältnis der Dimensionen zuwenden.

Zum Maßstab aller methodischen Eingriffe in den Lernprozeß setzt HAUSMANN die »Faßlichkeit« (HAUSMANN 1959, S. 120ff.), so daß die Effektivität von Medien hinsichtlich ihrer methoden-unterstützenden Funktion ebenfalls daran gemessen werden kann, inwieweit sie zur »Faßlichkeit« der intendierten Information beitragen. Dabei wird vor allem zu berücksichtigen sein, daß ein Medium aufgrund seiner Strukturgesetzlichkeit nicht der praktizierten Methode entgegenwirkt und – anstatt die Faßlichkeit zu fördern sie mindert. Bevor Medien ausgewählt werden, müssen sie deshalb daraufhin überprüft werden, mit welchen Methoden sie vorzugsweise zusammengehen können. Wo die »Logik des Mediums« unberücksichtigt bleibt, da werden Methode und Medium sich – nach einem Wort HEIMANNs – gegenseitig »zum didaktischen Ballast« (HEIMANN 1965,

S. 24). Unter diesem Gesichtspunkt beispielsweise erklärt HEIMANN die negativen Effekte des 1964 in Hannover gestarteten Versuchs zum »closed-circuit-television«. Hier wurde versucht, das Medium Fernsehen nicht nur zur Multiplikation der Lehrerinformationen einzusetzen, sondern durch Rückkoppelung zugleich den traditionellen Unterricht mit seinen entwickelnden Verfahren der »klassischen Mäeutik und Heuristik« zu praktizieren, ohne vorab zu klären, ob eine solche Zuordnung von Methode und Medium überhaupt sinnvoll erscheint. Eines der »generellen« Strukturmerkmale des Fernsehens ist die »Eingleisigkeit« der über dieses Medium möglichen Kommunikation. Daraus folgt nach Meinung HEIMANNS, daß beim Einsatz dieses Mediums im Unterricht die methodische »Konzeption der dialogischen Rückkoppelung aus mediengesetzlichen Gründen einfach aufgegeben werden muß« (S. 20ff.). In diesem Fall wirkten Medium und Methode nicht zusammen und trugen verstärkt zur Faßbarmachung der Informationen bei, sondern sie wirkten einander entgegen und hoben ihre an sich positiven Potenzen gegenseitig auf.

An dem bereits dargestellten »Kegel der Erfahrung« von DALE läßt sich veranschaulichen, mit welchen methodischen Grundformen sich Medien optimal verbinden lassen.

Nach ihrer konkretisierenden bzw. abstrahierenden Formtendenz ordnet DALE sie in drei Klassen, die zu je besonderen Lernaktivitäten auf seiten des Schülers führen (vgl. *Abb. 66* im vorliegenden Buch, S. 427):

(1) Direkte Erfahrungen
(2) Zubereitete Erfahrungen } bringen eine TUN mit sich bei abnehmender Unmittelbarkeit
(3) Dramatische Teilnahme

(4) Demonstrationen
(5) Exkursionen
(6) Ausstellungen
(7) Filme } bringen ein BEOBACHTEN mit sich bei abnehmender Unmittelbarkeit
(8) Schulfernsehen
(9) Rundfunk, Schallplatten, Standbilder

(10) Optische Symbole
(11) Verbale Symbole } bringen eine VERSINNBILDLICHUNG mit sich bei zunehmender Abstraktheit

In dieser Dreigliederung läßt sich unschwer die traditionelle Dreiteilung unterrichtsmethodischer Grundformen erkennen. Legt man das Begriffssystem von UHLIG zugrunde, so lassen sich Medien und Methoden – bei vergröberter Tendenz –, wie hier auf Seite 413 dargestellt, einander zuordnen (UHLIG 1953/54, S. 497f.).

Im Rahmen der strukturellen Erörterung des Methodenbezuges von Medien zeigt sich an der vorgenommenen Zuordnung auch sehr deutlich, daß Medien keinesfalls nur Material darbietenden Charakters – im Sinne darbietender Lehrverfahren – sind. Medien sollen nicht nur darbieten und zeigen, sondern sie sollen auch den Lernprozeß des Schülers anregen und diesen aus einem bloß rezeptiven zu selbsttätig produktivem Lernverhalten überleiten. In diesem Sinne spricht NOWAK von der Möglichkeit, durch den Einsatz von Unterrichtsfilmen nicht nur Sachverhalte einsichtig darzustellen, son-

MEDIEN, die mit sich bringen	können vorwiegend zusammengehen mit	
	LEHRVERFAHREN	LERNVERFAHREN
ein TUN	anregender Art	selbständig-produktiver Art
ein BEOBACHTEN	anleitender Art	geleitet-produktiver Art
eine VERSINN-BILDLICHUNG	darbietender Art	rezeptiver Art

dern zugleich auch »Hilfen zur Motivierung des Lernens« zu geben (NOWAK 1966, S. 977). LANGEVELD verweist ebenfalls darauf, daß Medien den Schüler nicht zum »Kettengänger der Didaktik« machen sollen, sondern vor allem die »produktive Freiheit des Lernenden« zu fördern haben (LANGEVELD 1956, S. 546).

Wenn des öfteren von »Eindeutigkeit« gesprochen wurde, so sollte damit nicht ausgeschlossen werden, daß Medien auch nach dem methodischen Prinzip des »trial and error« ausgewählt werden können. Bestimmte Mittel können gezielt eingesetzt werden, um – wie LANGEVELD sagt – die »eigene Anstrengung und das fruchtbare Suchen« des Schülers nach angemessenen Lösungen des anstehenden Lernproblems zu aktivieren (ebd.). Unter dem leitenden Gesichtspunkt, bei größter Eindeutigkeit eines Lehrmittels für den Schüler diesem zugleich ein Höchstmaß an eigener Aktivität zu gewährleisten, konzipierte z. B. P. PETERSEN das sogenannte »Arbeitsmittel« (1963, S. 182f.).

Mit welchen methodischen Absichten aber ein bestimmtes Medium mit Aussicht auf eine optimale Effektivität zusammengehen kann, hängt weitgehend von der Strukturgesetzlichkeit des jeweiligen Mittels ab. Wo bestimmte methodische Verfahrensweisen und bestimmte Medien aufgrund der Form-Qualität eines Mediums nicht aufeinander abzustimmen sind, da darf es keineswegs zu einer gewaltsamen Zuordnung kommen. Wo aber aus besonderen Gründen weder auf eine bestimmte Methode noch auf ein bestimmtes Medium verzichtet werden kann oder soll, da müßte der Unterricht ganz bewußt auf unterschiedlichen Ebenen angesiedelt werden. Worauf es dabei ankommt, ist, daß die gegensätzlichen Momente nicht gewaltsam integriert, sondern in sinnvollem Wechsel innerhalb einer Unterrichtseinheit berücksichtigt werden. Sie können zwar aufeinander bezogen werden, aber jedes müßte streng für sich in seiner Eigengesetzlichkeit bestehen bleiben.

Für einen derartigen Wechsel in Verfahren und Medien spricht man von einem unterrichtlichen »Kontext-Modell«. Der Vorteil, den die Praktizierung eines kontextartigen Zusammenspiels von Methoden und Medien bietet, liegt auch darin, daß die Gefahr eines manieristischen Gebrauchs mancher Medienformen gebannt werden könnte. Um dem medialen Manierismus entgegenzuwirken und durch angemessenen Medieneinsatz einen optimalen Lernerfolg zu garantieren, ist man bereits seit längerem dazu übergegangen, sogenannte »multimedia-systems« zu entwickeln und unterschiedliche Medien – wie zum Beispiel Fernsehen, Film, Lehrmaschinen, Lehrersprache usw. – in einem »Medien-Verbund« einzusetzen. Zu dem Schluß, daß das »Lernen . . . bei einem optimalen Zusammenwirken verschiedener im Kontext stehender Verfahren wesentlich verbessert werden zu können« scheint, gelangt auch RUPRECHT, der in begrenzten Untersuchungen zur Medienabhängigkeit des Lernens feststellte, daß lernhemmende Wirkungen einzelner Methoden und Medien durch »Variation der anderen Methoden in bestimmten Grenzen ausgeglichen werden können« (RUPRECHT 1968, S. 17).

5 Zwischenbilanz

Die strukturelle Erörterung des Medienproblems, das heißt der Bezogenheit des Mediums auf die übrigen Strukturmomente des Unterrichts, erbrachte bisher, daß ein Medium seine Grundfunktion als Mittel zur Verständigung von Lehrenden und Lernenden wahrscheinlich optimal erfüllt, wenn es
- hinsichtlich der Intentionen möglichst eindeutig erscheint,
- die Repräsentation von Inhalten möglichst isomorph leistet,
- zur Steigerung methodischer Absichten einen höchstmöglichen Grad an dauerhafter Attraktivität besitzt.

Dementsprechend wären die Entscheidungen des Lehrers für den Einsatz von Medien vor allem davon abhängig zu machen, ob ein bestimmtes Mittel diese Qualifikationen aufweist.

Diese Fragen aber können nicht generell beantwortet werden, auch im Hinblick auf ein ganz bestimmtes Material nicht, da es sich bei den genannten Qualifikationen nur um solche relativer Art handelt. Ob ein Medium eindeutig, isomorph und attraktiv ist, hängt von den Gegebenheiten der Situation ab, in der es als Verständigungsmittel wirksam werden soll. Zum einen bedeutet das, wie schon öfter betont wurde, die Notwendigkeit der Abstimmung der Medienwahl mit den Entscheidungen für bestimmte Intentionen, Inhalte und Methoden; zum anderen aber unterliegen Medienentscheidungen Voraussetzungen, die sich auf das gesamte didaktische Geschehen auswirken und die unterschieden werden als »sozial-kulturelle« und »anthropologisch-psychologische« Voraussetzungen. Diese Voraussetzungen schaffen Faktoren, welche den Grad an Eindeutigkeit, Isomorphie und Attraktivität von Medien wesentlich beeinflussen. Da die Faktoren in jeder didaktischen Situation von spezifischer Art sind, muß der Lehrer sie in jeder und für jede zu schaffende Lehr- und Lernsituation neu bestimmen, bevor er endgültige Entscheidungen über den Medieneinsatz trifft.

6 Zum Einfluß soziokultureller Voraussetzungen auf Medienentscheidungen

Die Abhängigkeit der kommunikativen Eindeutigkeit von Medien von soziokulturellen Bedingungen ist in jüngster Zeit vor allem am Beispiel des relevantesten Verständigungsmittels im Unterricht diskutiert worden, an der Sprache. Zahlreiche empirisch gewonnene Befunde lassen den sicheren Schluß zu, daß das Sprachvermögen sich nicht nur aus endogenen Faktoren entwickelt, sondern daß es vor allem durch die Zugehörigkeit zu bestimmten sozialen Gruppen geprägt wird. Kinder erwerben jenen Sprachcode, der in dem sozialen Milieu gepflegt wird, in dem sie heranwachsen. Wenn wir alle besonderen Aussagen zu dieser Problematik außer acht lassen, so ist für uns bedeutsam, daß viele Kinder ausschließlich mit einem »restringierten« Sprachcode umgehen können und aus diesem Grade Lernschwierigkeiten haben, da sie den in der Schule praktizierten »elaborierten« Sprachcode nicht beherrschen. Sie sind zum großen Teil nicht in der Lage, die im elaborierten Sprachstil erteilten Lernanweisungen zu verstehen und ihnen

Folge zu leisten. Für diese Schüler erfüllt das zur Verständigung zwischen Lehrenden und Lernenden eingesetzte Medium Sprache seine Funktion nicht eindeutig genug.

Bei unserer Fragestellung interessiert uns nicht so sehr die in gewissem Rahmen notwendige sprachliche kompensatorische Erziehung, obwohl wir von der großen Bedeutung der Sprache als relevantestem Kommunikationsmittel im schulischen Unterricht auch eine solche Notwendigkeit begründen könnten: Damit Sprache ihre Verständigungsfunktion für alle Schüler eindeutig erfüllen kann, muß sie für einen Teil der Schüler zuvor zum Inhalt des Unterrichts werden. Viel mehr interessiert uns, daß der Lehrer bei seiner Medienwahl zu bedenken hat, daß die Eindeutigkeit von Verständigungsmitteln funktional abhängig ist von soziokulturellen Bedingungen, und zwar vorwiegend von solchen, die den Kommunikationsstil der am Unterricht beteiligten Personen prägen.

Im extremen Fall sind derartige Bedingungen immer schon berücksichtigt worden. So wurde bis vor etwa 25 Jahren der Anfangsunterricht in einigen ländlichen Schulen Ostfrieslands teilweise auf »Platt« erteilt, weil viele Schüler bei ihrem Schuleintritt nur diese Sprachform beherrschten. Aufgrund der unterschiedlichen Sprachcodes wäre der gleichrangige Einsatz verschiedener Medienformen im Unterricht sicherlich ein Weg, um für alle Schüler einer Klasse hinsichtlich der Verständigung und dem damit verbundenen Lernerfolg weitgehend gleiche Chancen zu schaffen.

Soziokulturelle Entwicklungen haben dazu beigetragen, daß das Isomorphie-Prinzip im schulischen Unterricht immer umfassender und angemessener aktualisiert werden kann. Durch den Film beispielsweise ist es ermöglicht worden, sachadäquate Einsichten in Tatbestände mit Bewegungsabläufen zu vermitteln; Farbe und Ton ermöglichen es, Bewegungsabläufe in optisch und akustisch angepaßter Weise zu repräsentieren, wenn dies vom intendierten Inhalt her notwendig wird. Soziokulturelle Einflüsse bedingen somit wesentlich die grundsätzliche Verfügbarkeit über isomorphe Mittel. Ob isomorphe Medien zur Verfügung stehen, hängt einerseits ganz fundamental davon ab, ob entsprechende Mittel schon erfunden und entwickelt sind. Durch die Erfindung des Buchdrucks zum Beispiel wurde es möglich, das Buch zu einem gebräuchlichen Unterrichtsmedium zu machen. Ohne diese Erfindung wäre die Didaktik des COMENIUS undenkbar, da sie weitgehend auf das illustrierte Lehrbuch als ein Mittel zur Veranschaulichung angewiesen war. Andererseits hängt die Verfügbarkeit isomorpher Medien vom Grad ihrer Verbreitung ab, was zweifellos unter anderem soziökonomisch bedingt ist, und zwar sowohl von den Herstellungskosten als auch von den durch zuständige Stellen aufgewandten finanziellen Mitteln her. SCHORB verweist darauf, daß der Film vor allem deswegen heute ein »alltägliches Hilfsmittel des Unterrichts« geworden ist, weil eine gut aufgebaute Verteilerorganisation ihn an alle Unterrichtsstätten heranführt (SCHORB 1965, S. 15).

Die »Wirksamkeit des Medieneinsatzes« hängt von der Attraktivität eines Mediums ab, diese unter anderem ihrerseits, wie W. SCHULZ formuliert, von dem »Prestige«, das ein Medium jeweils bereits im außerunterrichtlichen Raum besitzt (SCHULZ 1965, S. 36). Zur Zeit erfreut sich das Fernsehen in allen Bevölkerungsschichten einer großen Beliebtheit, und es zieht auch im Klassenraum – sobald das Gerät nur aufleuchtet – die Aufmerksamkeit der Schüler auf sich. Das Prestige von Medien wandelt sich fortwährend, so daß auch die Medienentscheidungen des Lehrers die gewandelten Einstellungen einbeziehen müssen, wenn sie nicht einerseits geradezu anachronistisch erscheinen sollen und andererseits die aufgrund soziokultureller Konstellationen vorhandene Bereitschaft des Schülers, sich manchen Medien ganz besonders stark zuzuwenden, nicht brach liegen lassen wollen. Anachronistisch mutet es zum Beispiel an, wenn der Lehrer – anstatt den Overhead-Projektor zu benutzen (was zumeist nicht allein von seinem guten Willen, sondern mehr von finanziellen Erwägungen abhängt) – in zeitraubender Arbeit großflächige Tafelbilder selbst herstellen muß. Oder: wenn bei aller derzeit möglichen grafischen Kunst Lehrbücher immer noch lieblos und monoton – und damit für Kinder völlig unattraktiv – gestaltet sind.

Faßt man die Erörterungen über die soziokulturelle Bedingtheit von Medienentscheidungen zusammen, so ist zu sagen:
- Erstens hat der Lehrer zur Feststellung der Unmißverständlichkeit von in Frage kommenden Medien immer auch die milieubedingte Fertigkeit der Schüler im Umgang mit den Kommunikationsmitteln zu berücksichtigen.
- Zweitens muß er im Hinblick auf die sachangemessene Repräsentation intendierter Inhalte den Anschluß an die gerade zur Zeit explosive Entwicklung neuer Medienformen behalten und seine Entscheidungen durch den ständigen Ausbau von Lehrmittelsammlungen vorbereiten.
- Drittens darf er den außerschulischen Umgang seiner Schüler mit modernen Medien nicht aus dem Blick verlieren oder gar ignorieren und muß um ständige Entrümpelung von Lehrmittelsammlungen bemüht sein (Spielfilme, die im Schulmilieu spielen, bedienen sich für ihre komischen Gags vorzugsweise rumpelkammerartiger Lehrmittelräume!).
- Vor allem aber sollte jeder Lehrer die Medienangebote von Verlagen usw. kritisch prüfen, ob sie überhaupt noch den gegenwärtigen soziokulturellen Bedingungen, soweit sie sich auf den Unterricht auswirken, entsprechen.

7 Zum Einfluß anthropologisch-psychologischer Voraussetzungen auf Medienentscheidungen

Als lernfördernde oder lernhemmende – und mithin bei allen didaktischen Entscheidungen zu berücksichtigende – Faktoren anthropologisch-psychologischer Art sind solche anzusehen, die durch die am Unterricht beteiligten Personen, Lehrer und Schüler also, eingebracht werden. Dabei kann es sich um persönliche oder entwicklungsbedingte Merkmale handeln oder um Vorkenntnisse und Fertigkeiten, die den Lern- und Lehrstatus kennzeichnen.

Wie die Medienentscheidungen von solchen Faktoren abhängen, kann am besten an extremen Fällen verdeutlicht werden. So machen etwa psycho-physische Mängel, wie zum Beispiel Blindheit oder Taubstummheit, von vornherein den Einsatz visueller oder auditiver Medien unmöglich. Statt der normalen Sprache sind für den Unterricht mit Blinden und Taubstummen spezielle Medien erforderlich, wie die »Blindenschrift« (Braille) und die »Fingersprache«. Unter dem Gesichtspunkt der Anpassung von Medien an den Entwicklungsstand der Schüler verlangte beispielsweise B. OTTO, daß die Unterrichtssprache der jeweiligen »Altersmundart« zu entsprechen habe.

Wie sehr ein bestimmter Lernstatus sich auf die Medienwahl auswirken kann, zeigt sich an folgendem Beispiel: Im heimatkundlichen Unterricht eines 3. Schuljahres einer norddeutschen Schule wurden Karten benutzt, auf denen der Marschengürtel grün, der Geestrücken gelb und Moorgebiete braun dargestellt waren. In diesem Schuljahr lernten die Schüler zugleich, daß Marsch fruchtbarer Boden, Geest weniger fruchtbarer und Moor unfruchtbarer Boden ist. Sie gewöhnten sich daran, die Symbolfarben der Karte mit den Bodenarten zu identifizieren. Als im 4. Schuljahr Atlanten eingeführt wurden, werteten die Schüler die Farben Grün, Gelb und Braun nicht wie im Atlas verwendet, nämlich als Darstellung von Höhenlagen, sondern sie verstanden sie als Symbole für die Bodengüte. Aufgrund des Lernstatus der Schüler (hier in falsche Richtung gelenkt durch ein falsch konzipiertes Medium) war es mithin nicht möglich, den Atlas mit seinen Karten ohne weiteres als ein eindeutiges und unmißverständliches Medium im Unterricht zu benutzen. Bevor das geschehen konnte, mußte der Lernstatus der Schüler verändert werden. Wie SCHULZ formuliert, um den »Vertrautheitsgrad in der Benutzung des Mediums« zu heben bzw. herzustellen, mußte zuvor das Medium selbst zum Unterrichtsgegenstand werden (SCHULZ 1965, S. 35).

Ob ein Medium seine kommunikative Funktion im Unterricht eindeutig erfüllen kann, hängt unter anderem wesentlich davon ab, wieweit die Schüler aufgrund ihrer psychophysischen Konstitution bereits imstande sind, es richtig einschätzen und gebrauchen zu können. Weitgehend vom Lernstatus der Schüler ist auch abhängig, welches Medium zur isomorphen Repräsentation von Sachverhalten in Frage kommt.

Eine sachadäquate Vergegenständlichung von Lerninhalten kann auf unterschiedlichen Abstraktionsebenen erfolgen und durch unterschiedliche Medienformen geleistet werden. Für welche Ebene und welche Form der Lehrer sich entscheidet, hängt maßgeblich vom Erfahrungsstand der Schüler ab. Wo beispielsweise im Unterricht eines 9. Schuljahres die Bedeutung des Suezkanals für den Welthandel erörtert werden soll, da kann unter Umständen auf den Einsatz von illustrierenden Bildern und Landkarten verzichtet werden. Statistiken mit Zahlen und grafischen Darstellungen – nach DALE zu den Medienformen mit höchster Abstraktionstendenz zählend – reichen eventuell aus, um den Sachverhalt »anschaulich« vorzustellen, und zwar dann, wenn die Schüler über ausreichende Erfahrungen zum Thema Suezkanal bereits verfügen, wenn sie zum Beispiel aus dem früheren Unterricht Kenntnisse über Lage, Verlauf usw. des Kanals haben sowie Fertigkeiten im Umgang mit Statistiken besitzen. Den Grundsatz der Isomorphie zu befolgen bedeutet nicht unbedingt, stets solche Medienformen einzusetzen, die eine besonders starke konkretisierende Tendenz haben und eine große Wirklichkeitsnähe der Erfahrung ermöglichen. Unter Ausnutzung früher gemachter Erfahrungen kommt es darauf an, isomorphe Mittel einzusetzen, die am wenigsten zeitraubend und aufwendig und mithin unterrichtsökonomisch vertretbar sind.

Ob ein Medium attraktiv erscheint und die Aufmerksamkeit der Schüler erweckt, kann letzten Endes nur im Hinblick auf bestimmte Schüler beurteilt werden. Von der Mentalität eines Schülers zum Beispiel hängt es ab, ob er sich lieber mit einem Buch oder mit einer Bildreihe beschäftigt, ob er sich Medien gegenüber eher passiv oder aktiv eingreifend verhält. Außerdem wird die Attraktivität von der Vertrautheit im Umgang mit Materialien bestimmt: Für manchen Schüler ist ein Medium reizvoll, das ihm geläufig ist, mit dem er sich gerne immer wieder erneut beschäftigt, weil er es beherrscht; für manchen anderen hingegen mag der häufige Umgang zu einer Abstumpfung führen und das Medium seinen Reiz verlieren. Die Frage nach der notwendigen Attraktivität kann nicht generell, sondern vom Lehrer jeweils nur situativ entschieden werden, wobei insbesondere die je spezifische Einstellung der Schüler zu bestimmten Medienformen zu berücksichtigen ist.

Zusammenfassend läßt sich zur anthropologisch-psychologischen Bedingtheit von Medienentscheidungen sagen:
- Erstens hat der Lehrer, um Medien von kommunikativer Eindeutigkeit auszuwählen, die psycho-physische Konstellation und den Lernstatus der Schüler zu berücksichtigen.
- Zweitens sollte er das Isomorphie-Prinzip immer auch in einem unterrichtsökonomisch vertretbaren Rahmen durch Einbeziehung des Erfahrungsstandes der Schüler zu verwirklichen suchen.
- Drittens kann er die Attraktivität bestimmter Medien nicht an seinem eigenen Enthusiasmus, sondern ausschließlich an der Einstellung der Schüler messen.

8 Zusammenfassung

Abschließend sollen die Ergebnisse der strukturellen Erörterung des unterrichtlichen Medienproblems in einem formalen Katalog von Fragen zusammengestellt werden, der dem Lehrer Hilfen für eine situationsangemessene Medienwahl bieten kann:

STRUKTURANALYSE   *FAKTORENANALYSE*

I. Ist dieses Medium eindeutig genug, um das intendierte Lernziel unmißverständlich erscheinen zu lassen?

1. Kann dieses Medium ohne weiteres seine Funktion als Verständigungsmittel erfüllen?
2. Läßt sich dieses Medium zur Verwirklichung ausschließlich eines oder mehrerer Lernziele verwenden?
2. Trifft gerade dieses Medium besser als jedes andere das intendierte Lernziel?

1. Ist der Schüler aufgrund seiner soziokulturellen Prägung gewohnt, dieses Medium in derselben Weise, wie es hier verwendet wird, oder in einer anderen zu gebrauchen? – Muß der Umgang damit zunächst geübt werden? Ist Kompensation überhaupt wünschenswert und erforderlich?
2. Ist der Schüler aufgrund seiner psychophysischen Konstitution überhaupt imstande, dieses Medium als Verständigungsmittel zu gebrauchen? – Liegt eine dauerhafte oder zeitweilige Unfähigkeit vor? Ist sie entwicklungsbedingt?

II. Repräsentiert dieses Medium den intendierten Inhalt derartig isomorph, daß es eine optimale Erfahrungsgrundlage für den Lernprozeß schafft?

1. Welcher Art ist die von diesem Medium vorwiegend geschaffene Erfahrungssituation? – Welchen Abstand von Primärerfahrungen hat sie?
2. Vermittelt dieses Medium eine sachadäquate Anschauung des Inhalts? – Verfremdet es?

1. Gibt es mittlerweile schon andere Medien, die den Inhalt sachangemessener, akzentuierter usw. repräsentieren? – Wo stehen solche Mittel zur Verfügung? Wie kann man sie sich beschaffen? Ist eine Anschaffung im Hinblick auf zukünftige Entwicklungen rentabel?

Lehr- und Lernmittel

3. Repräsentiert dieses Medium nur das Wesentliche oder auch Nebensächlichkeiten? – Akzentuiert, intensiviert oder verflüchtigt es?

2. Rechtfertigen vorhergegangene Sacherfahrungen der Schüler den Einsatz dieses Mediums? – Reicht diese Erfahrungsgrundlage aus, ist sie anschaulich genug? Kann unter Umständen ein weniger aufwendiges und zeitraubendes Medium dasselbe leisten?

III. Ist dieses Medium attraktiv genug, um Aufmerksamkeit zu erregen?

1. Zieht dieses Medium die Aufmerksamkeit nur auf sich, oder lenkt es sie auf den intendierten Inhalt?
2. Ist dieses Medium in der Lage, eine nur einmalige oder eine permanente Aufmerksamkeit zu erzeugen?
3. Mit welchen Methoden zusammen läßt sich dieses Medium am besten einsetzen? – Vermag es vorwiegend darzubieten, anzuleiten, anzuregen? Vermag es zu motivieren und zu aktivieren?
4. Entspricht dieses Medium der gewählten Methode? – Kann durch Einsatz zusätzlicher Medien, im Kontext, im Verband, die methodische Absicht verstärkt unterstützt werden?

1. Übt dieses Medium schon allein aufgrund seines Prestigewertes im außerschulischen Bereich eine besonders starke oder eine geringe Anziehungskraft auf die Schüler aus? – Sind eventuelle Vorbehalte zu überwinden?
2. Ist der Umgang mit diesem Medium den Schülern durch frühere unterrichtliche Erfahrungen bekannt, und übt eine eventuelle Geläufigkeit im Umgang einen besonderen Reiz aus, oder ist es dadurch zu einer gewissen Reizabstumpfung gekommen? – Sollten und könnten Einsatz und Stellenwert des Mittels im Unterricht in reizfördernder Weise variiert werden?

Literatur

ADL-AMINI, Bijan: Medien und Methoden des Unterrichts, Donauwörth 1994
ANDERSEN, Frede/SÖRENSEN, Kaj K.: Medien im Unterricht. Stuttgart ²1976
BACHMAIR, Ben: Medienverwendung in der Schule. 1979
BARROW, L. C. (Jr.): Proposed Theory for the Effect of Educational Television. In: SCHRAMM, Wilbur, (Hrsg.): The Impact of Educational Television. Urbana 1960
BÖNSCH, Manfred (Hrsg.): Funktionen und Formen von Lernmaterialien. Ravensburg 1976
DALE, Edgar: Audio-visual Methods in Teaching. New York ³1969
DICHANZ, Horst u. a.: Medien im Unterrichtsprozeß. München ²1979
DÖRING, Klaus W. (Hrsg.): Lehr- und Lernmittelforschung. Weinheim/Berlin/Basel 1971
–: Unterricht mit Lehr- und Lernmitteln. Weinheim/Berlin/Basel 1971
FREYHOFF, Ulrich: Lehr-, Lern- und Arbeitsmittel. In: GROOTHOFF, Hans-Hermann/STALLMANN, Martin (Hrsg.): Pädagogisches Lexikon. Stuttgart 1961
GAGNÉ, Robert M: Die Bedingungen des menschlichen Lernens. Hannover 1969, besonders S. 217ff.
GRAU, Rudolf / STUKE, Franz R. / ZIMMERMANN, Dietmar: Lernen mit Medien. Braunschweig 1977
HAUSMANN, Gottfried: Didaktik als Dramaturgie des Unterrichts. Heidelberg 1959
HEIDT, Erhard U.: Medien und Lernprozesse. Weinheim/Basel 1976, besonders S. 19ff.
HEIMANN, Paul: Didaktik als Theorie und Lehre. In: Die Deutsche Schule, 54. Jg., 1962, S. 407 bis 427

–: Zur didaktischen Orts- und Funktionsbestimmung schulinterner Fernsehsysteme. In: ders. /FRISTER, Erich/SCHULZ, Wolfgang (Hrsg.): Fernsehen schulintern. Berlin 1965

HEINRICHS, Heribert: Das Lehrmittel – eine didaktische Notwendigkeit. Definition, Einsatz und Bereitstellung. Schlüchtern o. J.

–: Audio-visuelle Praxis in Wort und Bild. München 1972

– (Hrsg.): Lexikon der audio-visuellen Bildungsmittel. München 1971

HOLSTEIN, Hermann: Zur Medienabhängigkeit des Schulunterrichts. Ratingen/Kastellaun/Düsseldorf 1973

–: Arbeitsmittel im Unterricht. Bochum o. J.

HUBER, Franz: Allgemeine Unterrichtslehre. Bad Heilbrunn, 9., überarb. Aufl., 1965

LANGEVELD, Martinus J.: Zur Theorie der Lehrmittel. In: Westermanns Pädagogische Beiträge, 8. Jg., 1956, S. 544–549

NOWAK, Werner: Didaktische Möglichkeiten des Films. In: Pädagogische Rundschau, 20. Jg., 1966, S. 971–978

PESTALOZZI, Johann Heinrich: Kritische Ausgabe. Bd. XVI. Hrsg. von BUCHENAU/SPRANGER/STETTBACHER. Berlin 1927 ff.

PETER, Rudolf: Grundlegender Unterricht. Bad Heilbrunn 1954

PETERSEN, Peter: Führungslehre des Unterrichts. Braunschweig [7]1963

PROTZNER, Wolfgang: Zur Medientheorie des Unterrichts. Bad Heilbrunn 1977

ROTH, Heinrich: Pädagogische Psychologie des Lehrens und Lernens. Hannover [4]1960

RUPRECHT, Horst: Zur Frage didaktischer Kontextmodelle und der Steigerung von Lernleistungen. In: didactica, 2. Jg., 1968, S. 165 ff.

SALZMANN, Christian/THIEMANN, Friedrich/WITTENBRUCH, Wilhelm: Unterrichtsmedien im Gespräch. Neuburgweier 1975

SCHORB, Alfons Otto: Der Film im Unterricht. In: Pädagogische Rundschau, 19. Jg., 1965, S. 156 bis 164

SCHULZ, Wolfgang: Unterricht – Analyse und Planung. In: HEIMANN, Paul/OTTO, Gunter/ders.: Unterricht – Analyse und Planung. Hannover 1965

SCHWARZE, Günter u. a.: Technik der Arbeit mit audio-visuellen Unterrichtsmitteln. Berlin 1969

SKINNER, B. F.: Verhaltenspsychologische Analyse des Denkprozesses. In: ders./CORRELL, Werner (Hrsg.): Denken und Lernen. Braunschweig 1967

UHLIG, Albert: Zum Begriff und zur Unterscheidung der Lehrmethoden. In: Wissenschaftliche Zeitschrift der Friedrich-Schiller-Universität Jena, 3. Jg., 1953/54, S. 497–507

WITTERN, Jörn: Mediendidaktik. Bd. I und II. Opladen 1975

6 Voraussetzungen des Lehrens und Lernens

Alle Entscheidungen des Lehrers über vorgesehenen Unterricht sind von Voraussetzungen abhängig zu machen, die sich auf die gesamte unterrichtliche Situation auswirken können. Eine bedeutsame Aufgabe bei der Unterrichtsplanung besteht mithin für den Lehrer darin, die möglicherweise wirksam werdenden Voraussetzungen zu erfassen, um sie dann bei den Entscheidungen berücksichtigen zu können.

6.1 Didaktische Theorien der Gegenwart und Voraussetzungs-Komplexe

Da, wie schon erwähnt, in allen bedeutenden didaktischen Theorien der Gegenwart die Auffassung vertreten wird, daß mannigfaltige Bedingungen auf Unterrichtsprozesse einwirken, versuchen sie auch, angemessene Kategorien zur Bezeichnung solcher Bedingungen zu erstellen. Bei einem Vergleich der didaktischen Theorien zeigt sich, daß sie alle von der Annahme ausgehen, es seien im wesentlichen *zwei* große Komplexe von Voraussetzungen feststellbar und zu unterscheiden. Und die dafür verwendeten Kategorien deuten an, daß die Vorstellungen über die Art der Voraussetzungen – bei kleinen Unterschieden – fast völlig übereinstimmen.

So spricht beispielsweise HEIMANN von den beiden Komplexen »anthropologisch-psychologische« und »sozial-kulturelle« Voraussetzungen (HEIMANN 1962, S. 416). »Anthropologisch-psychologische« Voraussetzungen gelangen über die am Unterricht beteiligten Personen in den Geschehenskreis hinein und können – aufgrund der angenommenen Interdependenz (HEIMANN) – auf alle darin befindlichen Momente einwirken. »Sozial-kulturelle« Voraussetzungen sind letzten Endes »die ganze Komplexion der gesellschaftlichen und kulturellen Faktoren« (HEIMANN 1962, S. 422). Sie gelangen auf unterschiedlichste Weise in den Kreis des Unterrichtsgeschehens, über Personen sowohl wie über Sachen, und können dort ihre determinierende Wirkung entfalten.

Auch KLAFKI spricht von zwei Bedingungskomplexen, die sich auf das didaktische Geschäft auswirken. Er nennt zur Erläuterung der von ihm verwendeten Formel »doppelte Relativität« einerseits Bedingungen, die durch die je besondere physische und psychische Konstitution der Adressaten eingebracht werden, andererseits solche, die aus der allgemeinen »geschichtlich-geistige(n) Situation« auf den je besonderen Bildungsvorgang einwirken (KLAFKI 1964, S. 132). Neuerdings erwartet KLAFKI vom planenden Lehrer eine explizite Analyse aller Unterrichtsbedingungen, ohne aber auch zu sagen, wie diese anzustellen ist (vgl. KLAFKI 1985, besonders S. 215ff.).

In der vor allem von FRANK und VON CUBE vertretenen ›informationstheoretisch-kybernetischen‹ Position der Didaktik kehren die HEIMANNschen Begriffe wieder, wie diese Position überhaupt die Strukturvorstellungen des Berliner Modells übernimmt. Sprachlich leicht abgewandelt heißt es bei FRANK »Psychostruktur« und »Soziostruktur« eines Lehr- und Lernprozesses (FRANK 1967, S. 2).

HEIMANN und KLAFKI haben ihre didaktischen Theorien von vornherein so angelegt,

---

Literatur zu diesem Kapitel siehe Seite 455.

daß sie bis in die Praxis hineinreichen. Und so geben beide u. a. dem Lehrer auch Hinweise für die Erfassung der situativen Voraussetzungen didaktischer Vorgänge. Bei KLAFKI finden sich solche Hinweise und Hilfen in den Fragen der »didaktischen Analyse«, die als Instrument zur Reflexion über das eigene didaktische Handeln geschaffen wurde und mithin dem Lehrer konsequenterweise auch die realen Bedingungen seiner ›Inhalts‹-Entscheidungen vor Augen führen muß (KLAFKI 1964, S. 135ff.).

Die eingestreuten Hilfen reichen nun aber keineswegs aus, um dem Lehrer tatsächlich einen Überblick über situativ wirksame Bedingungen zu verschaffen. Dazu sind sie zu unsystematisch gehalten und zu einseitig nur unter der thematisch-inhaltlichen Dimension des Unterrichts konzipiert, an der KLAFKIS didaktische Theorie ›im engeren Sinne‹ insgesamt orientiert ist.

Auch HEIMANNS Hilfen für eine »Faktoren-Analyse« erlauben keine differenzierte Erfassung situativer Voraussetzungen. HEIMANN spricht zwar auch von »4 Situationstypen«, die das »Situationsgefüge« von Unterrichtsvorgängen ausmachen (HEIMANN 1962, S. 422), verfolgt diesen Gedanken aber nicht weiter. Statt dessen meint er, die situativen Bedingungen nach ihrer Wirkung als solche »normbildender«, »bedingungensetzender« und »formschaffender« Art unterscheiden zu können (S. 423).

Dem Lehrer rät er deshalb, vor allen didaktischen Entscheidungen »Normenkritik«, »Faktenbeurteilung« und »Formverständnis« zu praktizieren, um zu wirklich situationsangemessenen Entscheidungen zu gelangen. Dies setzt im eigentlichen schon die Kenntnis der situativen Wirkfaktoren voraus, trägt zu ihrer Erfassung hingegen kaum bei.

Festzuhalten bleibt mithin, daß in didaktischen Entwürfen der Gegenwart zwar auf den Tatbestand situativ wirksam werdender Voraussetzungen ausdrücklich hingewiesen und auch auf die Notwendigkeit der Berücksichtigung dieser Voraussetzungen für didaktische Entscheidungen hingewiesen wird, daß aber Anleitungen zur Erfassung solcher Bedingungen nur unzulänglich gegeben werden. Der für den Unterricht verantwortliche Lehrer ist nun aber dringend auf Modelle zur Erfassung angewiesen.

Ein solches Modell sollte an die heute allgemein gebräuchlichen und von HEIMANN geprägten Kategorien anschließen, um dem Praktiker nicht ein völlig neues Begriffssystem zuzumuten, sondern ihm die nahtlose Integration der Faktoren-Analyse in seine am ›Berliner Modell‹ orientierte Unterrichtsplanung zu ermöglichen. Aus diesem Grunde ist u. E. auch der mit äußerst detaillierten Kategorien ausgestattete und wirkungsvolle Vorschlag von KRAMP in Vergessenheit geraten, weil er in Anlehnung an die inhaltsorientierte didaktische Theorie KLAFKIS entwickelt wurde, wohingegen derzeitig das didaktische Modell der Berliner Schule im Vordergrund steht und weitaus am häufigsten praktiziert wird (vgl. KRAMP 1964, S. 38ff.), selbst bei lernzielorientierter Planung.

Wir werden also im folgenden versuchen, durch Rückgriff auf die Bezeichnungen ›anthropologisch-psychologische‹ und ›sozio-kulturelle‹ Voraussetzungen *einen praktikablen Vorschlag für die Erfassung situativer Bedingungen von Lehr- und Lernprozessen* zu erarbeiten. Dieser sollte aus Gründen der Praktikabilität im alltäglichen didaktischen Geschäft des Lehrers einerseits nicht zu differenziert sein, gleichwohl die wichtigsten Faktoren erfassen können, andererseits in Begrifflichkeit und Aufbau leicht einprägsam sein. Daß der Vorschlag dies in der Tat ist, hat sich bisher in einigen entsprechenden Handhabungen durch Studienanfänger im Rahmen von Unterrichtsanalysen gezeigt.

6.2 Zur Erfassung anthropologisch-psychologischer Voraussetzungen

Eingangs sei noch einmal betont: Es kann hier nicht um einen Vorschlag zur wissenschaftlichen Erfassung von Faktoren des Unterrichts gehen; der Vorschlag bezieht sich in pragmatischer Absicht auf die alltägliche Aufgabe von Lehrern, einen Unterricht so zu strukturieren, daß er unter den konkret gegebenen Umständen einen optimalen Lernerfolg auf seiten der Schüler gewährleistet; und dies erfordert vor Abstimmung didaktischer Entscheidungen auf die Situation zuvor die Erfassung und Analyse situationsbestimmter und -bestimmender Voraussetzungen.

Wenn unter anthropologisch-psychologischen Voraussetzungen alle Bedingungen verstanden werden, die durch beteiligte Personen in den Unterricht eingebracht werden, dann bietet es sich an, ihre Erfassung durch eine bei eben diesen Personen anwendbare Systematik zu versuchen. Und der einfachste Systematisierungsansatz dürfte unter Rückgriff auf Rollen der beteiligten Personen jener sein, sie als ›*Lehrer*‹ und ›*Schüler*‹ zu unterscheiden. Dies würde bedeuten: Man könnte anthropologisch-psychologische Voraussetzungen als solche *auf seiten des Schülers* von solchen *auf seiten des Lehrers* unterscheiden.

Um sie in den Griff zu bekommen, wendet man sich mithin dem Lehrer und den Schülern zu, und zwar – und dies gilt für alle weiteren noch nennbaren Dimensionen – in ihrer jeweils konkreten augenblicklichen Verfassung. Das heißt: Nicht Lehrer- und Schülerstereotype, wie sie in der Kompendienliteratur vielfach tradiert werden, und nicht Vorurteile über Schüler- und Lehrerrolle, wie sie unkritisch, aber mit großer Wirksamkeit weitergegeben werden, können Anhaltspunkte liefern, sondern allein *die Beobachtung ganz bestimmter Lehrer und Schüler in einem ganz bestimmten Unterrichtsvorgang* kann Quelle von Feststellungen über ihren situativen Zustand sein.

Bisherige Vorschläge zur Unterrichtsvorbereitung beschränkten die Aufgabe der Faktorenanalyse fast ausschließlich auf Voraussetzungen auf seiten der Schüler. Dies reicht aber keineswegs aus, um die unterrichtsrelevanten Faktoren auch tatsächlich weitgehend zu erfassen. Gegenwärtiger Unterricht ist durch das Wechselspiel zwischen Lehrer und Schülern gekennzeichnet. Über die Person des Lehrers in den Unterricht gelangende Voraussetzungen bilden Faktoren, durch die Lernprozesse von Schülern entscheidend beeinflußt werden können (vgl. GRASSEL 1970, besonders S. 21 ff. und S. 24 ff.). Sie zu kennen und zu wissen, ob sie lernförderlich oder lernhemmend wirken, ist für situationsangemessene Lehrentscheidungen unerläßlich.

Welche Voraussetzungen auf seiten der Schüler sind es, die der Lehrer vor allem kennen und bei seinen Lehrentscheidungen berücksichtigen sollte? Letzten Endes spielen zwar alle persönlichen Eigenarten eines Schülers eine mehr oder weniger große Rolle für sein Verhalten im Unterricht, aber nicht alle können und müssen auch berücksichtigt werden. Berücksichtigung finden müssen insbesondere jene Momente, die das *Lern*verhalten eines Schülers wesentlich beeinflussen oder – umgekehrt betrachtet – die das Lernverhalten eines Schülers ausmachen.

Und um das Lernverhalten eines Schülers möglichst einfach zu charakterisieren, kann zwischen zwei Aspekten unterschieden werden: zwischen der Lern*fähigkeit* und der Lern*bereitschaft*. Diese beiden konstituieren das Lernverhalten eines Schülers; Bereitschaft zum Lernen muß durch Fähigkeit zum Lernen ergänzt werden, wenn es tatsächlich zu einem Lernprozeß kommen soll, auf der anderen Seite nützt aber eine noch so virtuose Fähigkeit nichts, wenn nicht eine Bereitschaft den Lernprozeß zuallererst in Bewegung setzt.

Wenn wir eine Zwischenbilanz ziehen: Um anthropologisch-psychologische Voraussetzungen zu analysieren, kann der Lehrer sich den Lern-Personen, den Schülern, zuwenden und ihr Lernverhalten unter den Aspekten Lern*fähigkeit und -bereitschaft* erfassen. Im folgenden sind diese beiden Aspekte weiterzuverfolgen.

Lern*fähigkeit* ist ein ganzes Bündel einzelner Komponenten. Da wir aber keine Totalerfassung aller Faktoren anstreben, sondern einen im alltäglichen Geschäft praktikablen Vorschlag erarbeiten wollen, greifen wir nur die relevantesten Komponenten heraus. Diese sind u. E. besonders drei, und zwar: Lern*stand*, Lern*stil* und Lern*tempo* der Schüler. Diese drei reichen einerseits für eine hinreichend genaue Bestimmung der entsprechenden Voraussetzungen von alltäglichen Unterrichtsvorgängen aus; diese drei müssen andererseits aber auch so exakt wie möglich erfaßt werden.

Unter dem Lern*stand* eines Schülers ist nicht ein mit dem Begriff ›allgemein‹ charakterisierbarer Zustand zu verstehen, sondern ein ganz besonderer: der Stand des *Wissens*, *Könnens* und der *Einstellung* bzw. *Haltung* eines ganz bestimmten Schülers zu einem ganz bestimmten Lerninhalt.

Wir können uns den Sachverhalt noch einmal deutlicher vor Augen führen, wenn wir uns an Kriterien eines lernzielorientierten Unterrichts halten. Wo mit der Formel des lernzielorientierten Unterrichts operiert wird, da versteht man Unterricht als einen Vorgang, in dem Individuen planvoll und zweckgerichtet Gelegenheit gegeben wird, ihr Verhalten in jene Richtung zu verändern, die in Lernzielen ausgedrückt ist. Lernziele sind mithin Beschreibungen des von Lehrenden für Lernende erwünschten Endverhaltens.

Wenn ein solches Endverhalten – im einzelnen Lernprozeß – eindeutig beschrieben ist, dann können Maßnahmen zur Veränderung des Verhaltens von Lernenden in die entsprechende Richtung angemessen nur entschieden und veranlaßt werden, wenn man zuvor das *Ausgangsverhalten,* das Verhalten von Lernenden vor Beginn des Lernprozesses, kennt. In der Sprache der Kybernetik würde es heißen: Der konkrete Regelkreis kann erst aufgebaut werden, wenn man mit dem Soll- den Ist-Wert vergleicht.

Um komplexe Verhaltensweisen und -änderungen in den Griff zu bekommen, wird zwischen drei grundsätzlichen Verhaltensdimensionen unterschieden: der *kognitiven*, *psychomotorischen* und *affektiven*. Wollte man totale und trennschärfste Erfassungen der Unterrichtsvoraussetzungen, dann würden sicher die für die angeführten Verhaltensbereiche entwickelten Taxonomien eine gute Hilfe sein (vgl. oben die Ausführungen im Kapitel »Lehr- und Lernziele«, S. 363ff.).

Wir wiederholen noch einmal, daß es uns um eine praktikable Lösung geht. Und für diese können wir die dem Lehrer bekannten und geläufigen Ausdrücke *Wissen, Können* und *Haltung* benutzen, da sie in der Tendenz den drei Verhaltensdimensionen entsprechen.

Dies bedeutet: Wissen, Können und Haltung von Schülern im Hinblick auf ein ganz bestimmtes Lernziel muß ein Lehrer erkunden, um den Lernstand zu erfahren. Für diese Erkundung kann er zwar auf wissenschaftliche Abhandlungen zurückgreifen, wie z. B. Aussagen der Entwicklungspsychologie. Aber er darf diese Aussagen nicht einfach als für die von ihm gerade reflektierte Unterrichtssituation zutreffend übernehmen. Die Aussagen solcher Theorien sind ihrer Eigenart gemäß zu allgemein gehalten, als daß sie völlig auf die Besonderheiten von Unterrichtssituationen zutreffen könnten. Sie können dem Lehrer bei seiner Situationsklärung nur zur Anleitung dienen. Aussagen der gemeinten Theorien entsprechen statistischen Mittelwerten. Für die praktische und alltägliche Arbeit des Lehrers sollten sie als Richtwerte begriffen werden, mit denen man die konkrete Situation auf ihre realen Werte ausmißt.

Dementsprechend hat ein Lehrer also Fragen zu stellen wie:
– *Was wissen die Schüler bereits über die Sache X?*
– *Was können die Schüler schon hinsichtlich der Sache X?*
– *Welche Haltung nehmen die Schüler zur Sache X ein?*

Wenn er dies eruiert hat, dann kann er auf das schließen, was an Wissen, Können und Haltung der Unterricht noch zu vermitteln hat.

Zu einer wahrhaft situationsbezogenen Analyse des Lernverhaltens gehört nicht nur, daß man von Stereotypen abrückt und sich dem tatsächlichen und augenblicklichen Verhalten von bestimmten Schülern zuwendet. Es gehört bei unserer Unterrichtsorganisation ebenso dazu, daß man nicht ausschließlich eine Art Gesamtschüler einer Klasse annimmt, sondern daß man auf *die hervorstechendsten Besonderheiten einzelner Schüler* eingeht, wenn anders man der Forderung genügen will, Unterricht so zu konstruieren, daß er jedem Lernindividuum optimale Lernprozesse gestattet.

Als zweites Moment der Lernfähigkeit nannten wir den Lern*stil*. Auch hierfür bekommt der Lehrer Hinweise aus vor allem psychologischen Theorien. Dort findet er auch genügend Kategorien für differenzierte Feinanalysen von Lernsituationen. Sofern sich ein System an den vorwiegend zum Lernen verwendeten Sinnen orientiert, wird er etwas über visuelle und auditive Lerntypen finden und daraus insonderheit Schlüsse für den Medieneinsatz ziehen können usw.

Für unser praktikables Modell reichen, wie wir meinen, zwei Gesichtspunkte aus, um den Lernstil näher zu erfassen: erstens, ob es sich um einen *durch physisch-psychische Konstitution bedingten,* zweitens, ob es sich um einen *durch Unterricht erworbenen* Lernstil handelt.

Unter dem Gesichtspunkt »durch physisch-psychische Konstitution bedingt« vermag der Lehrer alle besonderen, vor allem alle extremen Lernstile der Schüler einer Klasse zu erfassen. Er wird bei einer solchen Betrachtung vielleicht darauf stoßen, daß es manche Schüler gibt, die schlecht hören bzw. sehen, daß es Schüler in der Klasse gibt, die wegen mangelnder Abstraktionsfähigkeit auf verbalem Wege nicht lernen können, daß Schüler zu unterrichten sind, denen permanente oder gelegentliche körperliche Beschwerden ein aufmerksames Lernen über längere Zeit hinweg unmöglich machen usw.

Wenn der Lehrer sich intensiv genug unter dem angeführten Aspekt mit den Adressaten seiner Lehre befaßt, sollte er eigentlich jene Faktoren entdecken, die Lernstile determinieren und dementsprechend in der Lehre zu berücksichtigen sind. Auf eine andere Erscheinung will der zweite Gesichtspunkt verweisen. Wenn man genügend Schulklassen beobachtet hat, wird deutlich, daß es so etwas wie *klassenspezifische Lernstile* gibt, d. h. Arten zu lernen, die von Schulklasse zu Schulklasse unterschiedlich sind. Man kann vermuten, daß solche klassenspezifischen Lernstile aus dem je besonderen Wechselspiel von Lehrer und Schülern resultieren, durch das sich die Schüler einen spezifischen Lernstil angewöhnten. Um dies an einem einfachen Beispiel zu erläutern: Manche Klassen haben direkt Vorlieben dafür, mit Nachschlagewerken und -karteien zu arbeiten oder – Gesprächsrunden für Problemerörterungen einzurichten usw.

Derartige eingeschliffene Lernstile, die nicht für einzelne Schüler, sondern für eine ganze Klasse bezeichnend sind, sollte ein Lehrer für seine Lehrentscheidung kennen und mithin zuvor erfassen. Anleitung dazu soll ihm die Formel »durch Unterricht erworbener« Lernstil sein.

Als drittes Moment der Lernfähigkeit nannten wir das Lern*tempo*. Auch ohne weitere Erläuterungen dürfte klar sein, was hierunter zu verstehen ist und daß entsprechend den bisherigen Ausführungen festgestellt werden sollte, wie das Lerntempo hic et nunc ist, im Hinblick also auf einen ganz bestimmten Lernprozeß.

Neben der Lernfähigkeit konstituiert die Lern*bereitschaft* das Lernverhalten von Schülern, wie schon gesagt wurde. Wie ausgeprägt sie im Hinblick auf eine zu lernende Sache schon ist, sollte jeder Lehrer für seine Lehrentscheidungen wissen (vgl. HECKHAUSEN 1969; MAGER 1970). Auch hier ist nicht die Rede von der allgemeinen Leistungsmotivation von Schülern, wenngleich diese sich auch auf alle Lernsituationen auswirkt und mithin berücksichtigt werden muß. Es ist vielmehr gemeint *die spezielle Lernmotivation von Schülern,* wie sie sich in ihrer Hinwendung zu einem bestimmten Zeitpunkt zu einem Lerninhalt zeigt.

Als zweiten bedeutsamen Komplex anthropologisch-psychologischer Voraussetzungen hatten wir weiter oben von solchen auf seiten der Schüler solche auf seiten des Lehrers unterschieden. Und um den Erfassungsraster möglichst einfach zu halten, schlagen wir vor, zur Erfassung dieses zweiten Komplexes mit denselben Kategorien zu arbeiten wie bei der Erfassung von Lernvoraussetzungen. Wenn also auf der einen Seite von Lernverhalten die Rede war, so kann auf der anderen von Lehrverhalten gesprochen werden. Und zur Feststellung des Lehrstatus eines Lehrers, d. h. seines Lehrverhaltens in einer konkreten Unterrichtssituation, scheint es sinnvoll und vertretbar, die bereits bekannten Kategorien zu benutzen.

Vertretbar ist dies auch, weil Lehren und Lernen im bzw. durch Unterricht nicht zwei getrennte Vorgänge darstellen, sondern nur als zwei unterscheidbare, aber aufeinander bezogene Aktionsbereiche ein und desselben Geschehens, nämlich Unterricht, aufgefaßt werden können. D. h., alle Aktivitäten des Lehrers beziehen sich auf dieselben Momente wie die des Schülers, so daß die ihre Qualität bestimmenden Bedingungen von denselben Momenten aus und unter Benutzung vergleichbarer Kategorien zu erfassen versucht werden können.

Entsprechend den gemachten Ausführungen kann das Lehrverhalten nach seinen zwei Komponenten *Lehrfähigkeit* und *Lehrbereitschaft* unterschieden werden. Was hierzu im Hinblick auf das Lernverhalten gesagt wurde, gilt sinngemäß auch für das Lehrverhalten; beide Komponenten sind essentielle Momente des Lehrverhaltens und bedingen einander wechselseitig. Ihre Auswirkungen auf Unterrichtsvorgänge und deren Effektivität können nicht ein für allemal festgestellt werden, sondern jeweils nur für einen konkreten Fall, so daß es auch zur Erfassung des Lehrverhaltens darauf ankommt, tatsächlich die *situativen* Konstellationen in den Griff zu bekommen und sich nicht mit Stereotypen zu begnügen.

Während es noch an einprägsamen Kategorien zu differenzierter Betrachtung der Lehrbereitschaft fehlt, lassen sich für die Lehrfähigkeit einige anführen. Die Lehrfähigkeit eines Lehrers kann dieser wohl am besten erfassen, wenn er seinen Lehr*stil* und seinen Lehr*stand* im Hinblick auf einen bestimmten Unterricht (mit bestimmten Lernzielen, Lerninhalten usw.) betrachtet.

Voraussetzungen des Lehrens und Lernens

Unter Lehr*stil* wird die besondere Art und Weise der Strukturierung von Unterricht durch einen Lehrer verstanden. Sie wirkt sich sowohl auf den Umgang mit Schülern aus, was gewöhnlich mit dem Begriff Führungsstil bezeichnet wird, als auch auf die sachlichen Komponenten des Unterrichts, wie z. B. Vorlieben für den Einsatz bestimmter Mittel, für die Aktualisierung bestimmter Unterrichtsprinzipien oder -modelle usw. Geprägt wird ein Lehrstil – und auf diesen Aspekt muß es uns vor allem ankommen – einerseits durch die *physisch-psychische Konstitution* des Lehrers, andererseits durch seine *Ausbildung*.

Voraussetzungen des Lehrstils lassen sich mithin danach unterscheiden, ob sie durch die physisch-psychische Konstitution bedingt sind oder durch Ausbildung erworben wurden. Im ersteren Fall könnte sich etwa die zeitweilige Heiserkeit des Lehrers dergestalt auswirken, daß er auf Vorträge u. ä. zugunsten starker Eigentätigkeit von Schülern verzichten muß. Im zweiten Fall kann das Studium den Lehrer zur Einsicht in die Notwendigkeit sozialintegrativen Verhaltens (vgl. TAUSCH/TAUSCH 1965, S. 129ff.) gebracht haben, was sich als Norm aller seiner Lehrentscheidungen bemerkbar macht. Auf jeden Fall ist hier nicht ein dauerhafter Lehrstil eines Lehrers gemeint, sondern die von vielen momentanen Einflüssen abhängige Art und Weise der Unterrichtsstrukturierung.

Den Lehr*stand* eines Lehrers wollen wir in Entsprechung zum Lernstand von Schülern auffassen als das spezielle *Wissen*, spezielle *Können* und die spezielle *Haltung* eines Lehrers. Speziell meint hier jeweils: im Hinblick auf die konkrete Thematik eines Unterrichtsprozesses. Auch ohne weitere Erläuterungen dürfte klar sein, daß diese Momente bei Lehrentscheidungen nicht übergangen werden können und, da sie keineswegs immer offen vorliegen, zuallererst durch exakte Fragen aufgedeckt werden müssen.

Die bisher genannten und in unterschiedlichem Umfang erörterten Kategorien kann hinsichtlich ihres Zusammenhangs *Abb. 67* auf Seite 450 einprägsam vor Augen führen.

6.3 Zur Erfassung sozio-kultureller Voraussetzungen

Unter sozio-kulturellen Voraussetzungen des Unterrichts sind alle Bedingungen zu verstehen, die ihren Ursprung in sozialen, politischen und kulturellen Zeitumständen haben und sich auf Lehr- und Lernvorgänge im Unterricht fördernd oder hemmend auswirken können. Es lassen sich im wesentlichen vier solcher Faktorengruppen unterscheiden:
– *sozio-ökonomische Voraussetzungen*
– *sozio-ökologische Voraussetzungen*
– *sozio-kulturelle (i. e. S.) Voraussetzungen*
– *ideologisch-normbildende Voraussetzungen*.

Als *sozio-ökonomische* Faktoren wollen wir alle Determinanten des Unterrichts auffassen, die letztlich aus finanziellen und Wirtschaftlichkeitsüberlegungen, -entscheidungen sowie -tatbeständen herrühren. Sie bedingen zumeist die materielle Ausstattung des Unterrichts. So wäre beispielsweise der jährliche Lehr- und Lernmitteletat ein solcher Faktor. Von den von seiten des zuständigen Kommunalparlaments bewilligten

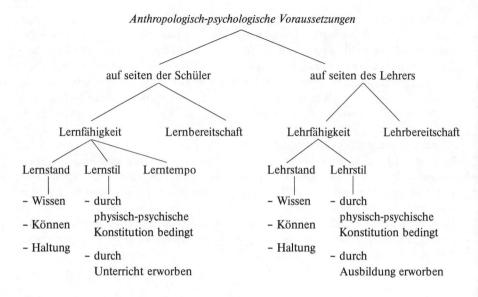

Abb. 67: Vereinfachende systematische Darstellung von anthropologisch-psychologischen Voraussetzungen des Unterrichts

Geldern hängt es u. a. ab, ob die für ein bestimmtes Thema unbedingt erforderlichen Illustrationen im entscheidenden Augenblick auch tatsächlich vorhanden sind; unter Umständen – wenn sie nämlich nicht bereitstehen – muß das Thema abgesetzt werden. D. h., von sozio-ökonomischen Faktoren kann es abhängen, ob Schüler überhaupt etwas Bestimmtes lernen.

Als *sozio-ökologische* Faktoren sollen hier insonderheit alle Bedingungen des Unterrichts aufgefaßt werden, die aus dessen Einlagerung in eine vor allem räumlich bestimmte Umgebung resultieren. So kann z. B. ein Unterricht beeinflußt werden dadurch, ob er in einer Land- oder Stadtschule stattfindet, dies kann sich u. a. auf die Zusammensetzung der Schüler und auf deren Lernpotential auswirken (Umweltanregungen usw.), auf Schülerzahl und mögliche Gruppenbildungen (zweiklassige Schulen u. ä.) usw.

Sozio-kulturelle Faktoren i. e. S. sind nach unserem Verständnis alle in einer geschichtlich-geistigen Situation vorherrschenden Strömungen, Einstellungen und Verhaltensmuster, die sich prioritätsbildend auf den Unterricht auswirken können. Darunter fallen z. B. vorwiegende Kommunikationsweisen, Sprachbildungen, Tabus und Symbole, durch die alle Unterrichtsdimensionen entscheidend geprägt werden.

Als *ideologisch-normbildende* Faktoren bezeichnen wir alle aus Interessenlagen einzelner gesellschaftlicher Mächte und Gruppen stammenden Unterrichtsbedingungen. Ihr hauptsächliches Kennzeichen ist wohl darin zu sehen, daß sie Unterricht zu einem bloßen Mittel formen, durch das Zwecke verwirklicht werden sollen, wie sie in eben dem Interesse gesellschaftlicher Einzelgruppen liegen. Keineswegs können von vornherein alle derartigen Einflüsse als negativ bewertet werden. Funktionalität oder Dysfunktionalität der Wirkung solcher Faktoren – gemessen am Unterricht – sind sicher nicht zugleich

Voraussetzungen des Lehrens und Lernens

auch Indikatoren für Zulässigkeit bzw. Unzulässigkeit solcher Einflüsse auf den Unterricht. Wir können diese Frage hier nicht weiterverfolgen.

Einige Nebenbemerkungen sind aber gerade hier sicher doch angebracht. Die Erfassung und Analyse der ersten drei Faktorengruppen erfolgt in der Absicht, alle den Lernerfolg von Schülern fördernden Bedingungen möglichst geschickt aufzugreifen bzw. alle mindernden Ursachen möglichst auszuschalten oder durch entsprechende Gegenmaßnahmen nicht zur Wirkung gelangen zu lassen. Die Faktorenanalyse in den ersten drei Bereichen dient mithin weitgehend der Optimierung von Lernprozessen und der Effektivitätssteigerung von Lehrprozessen.

Wozu aber Erfassung und Analyse ideologisch-normbildender Faktoren? Soll sie nur die Funktion haben, dem Lehrer die Voraussetzungen des eigenen Handelns aufzudecken, ohne daß es zu praktischen Konsequenzen käme, wie BLANKERTZ hinsichtlich der Didaktik HEIMANNs feststellt (BLANKERTZ 1969, S. 103 ff.)? Oder soll sie den Lehrer zu »parteilichem« Handeln leiten, wie GAMM dies verlangt (1972, besonders S. 57)?

Ob und in welcher Weise ein Lehrer parteilich sein will, das ist einerseits durch seine institutionalisierte Rolle bereits eingeschränkt, andererseits fällt es in die Verantwortung des Lehrers selbst. Auf keinen Fall aber kann die Analyse dabei stehenbleiben, ausschließlich den Lehrer über ideologische Voraussetzungen des Unterrichts aufzuklären; die Konsequenz müßte auf jeden Fall sein, daß auch die betroffenen Schüler darüber aufgeklärt werden. –

Nach diesem kurzen Exkurs kehren wir wieder zur Erörterung des Problems der Erfassung von Voraussetzungen zurück. Die Unterscheidung sozio-kultureller Voraussetzungen in vier Faktorenkomplexen darf nicht dahingehend mißverstanden werden, als ob es sich um isolierte Faktoren handelte. Sämtliche Faktoren stehen in einem wechselseitigen Abhängigkeitsverhältnis; dies gilt sowohl für den Zusammenhang der unterschiedenen sozio-kulturellen Faktoren untereinander als auch dieser mit den anthropologisch-psychologischen Faktoren. Die Unterscheidung geschieht hier in der Absicht, sie möglichst einfach in den Griff bekommen und auf ihre didaktische Relevanz hin überprüfen zu können.

Voraussetzungen	*Personeller Rahmen*		*Organisatorischer Rahmen*	
	Schüler	Lehrer	Schule	Klasse
sozio-ökonomische				
sozio-ökologische				
sozio-kulturelle i. e. S.				
ideologisch-normbildende				

Abb. 68: Raster zur Erfassung sozio-kultureller Voraussetzungen des Unterrichts

Planungsdimensionen: Strukturierungshilfen für die Planungsarbeit des Lehrers

Zu diesem Zweck soll noch eine weitere Kategorisierung versucht werden. Die soziokulturellen Bedingungen können über *Personen* oder über *Sachen* in den Unterricht eingebracht werden, so daß es sich für eine möglichst genaue Erfassung anbietet, die genannten vier Faktorenkomplexe noch einmal unter diese beiden Momente zu ordnen. Wenn man von einem *personellen* und einem *organisatorischen Rahmen* spricht, den die Faktoren für den Unterricht bilden können, und jeden Rahmen noch einmal aufgliedert, dann läßt sich ein sechzehnfeldiges Raster für ihre Erfassung erstellen (*Abb. 68* auf Seite 451).

Es ist anzunehmen, daß jeder Lehrer, dem es gelingt, alle sechzehn Felder zu füllen, einen hinreichend präzisen Überblick über die sozio-kulturellen Voraussetzungen hat, die jeweils zum betreffenden Zeitpunkt auf den Unterricht einwirken können und die er mithin für seine Lehrentscheidungen berücksichtigen muß.

Angebot:
Pragmatische Hilfe für die schnelle Erfassung und Ordnung von Voraussetzungen des Unterrichts

Anfängern wie auch Routiniers, die aus gegebenen Anlässen schriftliche Unterrichtsentwürfe vorlegen müssen, wird zusätzlich zu den Kategorisierungsvorschlägen auf den letzten Seiten empfohlen, die sich möglicherweise auf den Unterricht auswirkenden Voraussetzungen nach folgender Systematik zu erfassen, zu analysieren und geordnet festzuhalten.

Dauerhaft wirksame Voraussetzungen

Darunter sind jene Voraussetzungen zu verstehen, die sich über längere Zeit hinweg auf die besondere Lehr- und Lerngruppe auswirken können, die für sich auch – zumindest verhältnismäßig – unverändert bleiben. Es genügt, sie einmal für einen längeren Zeitraum, etwa ein Schuljahr, ein Praktikum o. ä., zusammenzufassen, so daß man immer wieder auf sie zurückgreifen kann.

Zu unterscheiden wären hier nach einem ebenenspezifischen Denken:
- die *Schule* (oder *Lehr-Lerninstitution*)
- die *Klasse* (oder *Lehr-Lerngruppe*)

Auf beiden Ebenen dauerhaft wirksame Voraussetzungen sollten noch weiterhin untergliedert werden:

SCHULE

Status
Um welche Schulart handelt es sich? Welche Stellung im Schul- und Bildungssystem hat diese Schule? Wie ist sie gesetzlich, verordnungsmäßig geregelt, d. h. welchen besonderen Auftrag hat sie, wie ist sie innerlich gegliedert, welche Rahmenbedingungen sind ihr gesetzt usw.?

Lage und Einzugsgebiet
Wo liegt die Schule (Land oder Stadt? Welcher Stadtteil? ...)? Aus welchen Familien stammen die Schüler?

Größe und Ausstattung
Wieviel und welche Räume hat die Schule? Welche besonderen Einrichtungen weist sie auf (Turnhalle? Sportplatz? Schulgarten? Mediensammlungen? ...)? Wie viele Schüler in wie vielen Klassen betreut sie? Wie viele Lehrer sind hier tätig? Welche weiteren Erzieher o. ä. sind hier tätig?

Besonderheiten
Was wird in der Schule Besonderes unternommen, von wem ...? Verbindungen zu Eltern, zur Kommune ...?

KLASSE

Status
Schuljahr? Einzige oder Parallelklasse? Besondere Aufgabe nach Schulgesetz, Lehrplan, Verordnungen? Klassenverband und Differenzierungsmaßnahmen?

Schülerzahl und -zusammensetzung
Schüler, Schülerinnen? Herkunft der Schüler, Schülerinnen? Wiederholer?

Schüler
Alter und ›Außenbild‹ (in pädagogischer und psychologischer Literatur?)? Allgemeiner Lernstand? Didaktische Verhaltensmuster (verfestigte Lehr-Lernmuster? ...)? Besondere Verhaltensmerkmale?

Raum
Größe, Lage, Ausstattung? Sitzordnung?

Lehrer
Klassenlehrer, Fachlehrer? Weitere Erzieher?

Besonderheiten

Im besonderen wirksame Voraussetzungen

Hierunter fallen alle jene, die sich als situativ wirksame Bedingungen auf den je besonderen Lehr-Lernprozeß auswirken können, also auf eine Unterrichtsstunde, eine Unterrichtseinheit u. ä. Diese gilt es deshalb auch je situativ zu erfassen und auf ihre möglichen Auswirkungen hin zu analysieren. Man kommt nicht darum herum, sich diese besonderen Voraussetzungen für jede neu zu planende Einheit erneut und in ihrer je besonderen Struktur vor Augen zu führen, um nicht an den konkreten Bedingungen vorbeizuplanen.

Hierfür kann man die im ›Berliner Modell‹ getroffene Unterscheidung nach *anthropologisch-psychologischen* und *sozial-kulturellen Bedingungen* heranziehen und sich dabei – gemessen an der ausführlichen Aufgliederung solcher Faktoren im vorhergehenden Abschnitt – auf die bedeutsamsten beschränken.

ANTHROPOLOGISCH-PSYCHOLOGISCHE VORAUSSETZUNGEN

Lernstand der Schüler
Dabei ist der sog. ›*sachstrukturelle Entwicklungsstand*‹ gemeint, d. h. die je besondere Kenntnis, Einstellung usw. zum jeweils anstehenden besonderen Lerninhalt und -thema. Denn es gilt auch didaktisch, die Schüler genau dort abzuholen, wo sie ›stehen‹. Und dazu ist es erforderlich, sich ein exaktes Bild darüber zu machen, was die Lernenden gerade im Hinblick auf das jeweils zu Lernende schon kennen, bereits können. So ist leicht zu entscheiden, ob möglicherweise auf Vorgesehenes verzichtet werden kann, weil es bereits beherrscht wird, ob es wiederholt und geübt werden sollte oder ob zusätzliche und Vorinformationen nötig sind, weil so allererst die anstehende Thematik angegangen werden kann.

Planungsdimensionen: Strukturierungshilfen für die Planungsarbeit des Lehrers

Lernstil der Schüler
Auch hier ist nicht vom – durchaus nach Lerngruppen unterschiedlichen – erworbenen Lernstil die Rede, sondern von der je besonderen Art, in der gerade diese Kinder in dieser Lerngruppe wahrscheinlich gerade diesen Lerngegenstand angehen werden. In Kenntnis solch besonderen Lernverhaltens kann dann entschieden werden, ob es vorzuziehen ist, wenn dieser für den Unterricht aufgegriffen wird, oder besser ein andersartiger gewählt werden sollte.

Lerntempo der Schüler
Das Lerntempo ist u. a. von den Lerngegenständen, dem Zeitpunkt, zu dem gelernt werden soll – man denke nur an Extremzeiten (erste Stunde in der Woche am frühen Montagmorgen, letzte Stunde am Nachmittag u. ä.) – abhängig. Es wäre völlig falsch, ein immer gleiches Lerntempo anzunehmen. Da die Lernzeit in der Schule ein ziemlich einflußreicher Faktor ist, muß man sich zwangsläufig des wahrscheinlichen Lerntempos vergewissern, um von da aus die bestmögliche Wahrnehmung der verfügbaren Zeit entscheiden zu können.

SOZIAL-KULTURELLE VORAUSSETZUNGEN

Häuslich-familiäre Bedingungen
Interesse und Fähigkeit von Lernenden, sich mit besonderen Themen auseinanderzusetzen, hängen sehr weitgehend davon ab, wie diese im Elternhaus durch dort vorherrschende sozio-kulturelle Bedingungen vorgeprägt worden sind. Vor allem im Hinblick auf mögliche notwendige Differenzierungsmaßnahmen im Lernprozeß ist die Kenntnis solcher Voraussetzungen überaus wichtig.

Ausstattung von Schule und Klassenraum
Gemeint sind hier die Bedingungen, Einrichtungsgegenstände usw., die für die Behandlung des besonderen Lernthemas bedeutsam sind. Sind sie vorhanden? Müssen sie beschafft, hergestellt werden? Wer sich dieser Voraussetzungen nicht sicher ist, scheitert nur zu leicht, weil beabsichtigte Maßnahmen späterhin wegen fehlender Voraussetzungen nicht durchgeführt werden können.

Generelle Zeitströmungen und Zeitereignisse
Auch diese, obwohl allgemeiner Art, sollten im Hinblick auf die besondere Situation analysiert werden. Zeitströmungen können sich auf seiten der Schüler wie auf seiten von Lehrer und Schule auf einzelne Lehr-Lernstunden auswirken. So können z. B. Themen durch sie von besonderer Bedeutung für die Lernenden sein oder auch umgekehrt überaus bedeutungslos, wie etwa die Beschlußfassung über die Änderung des Grundgesetzes zum Asylartikel bei der gleichzeitig stattfindenden unterrichtlichen Behandlung des Themas ›Sinti in unserer Heimatgemeinde‹.

Literatur

BLANKERTZ, Herwig: Theorien und Modelle der Didaktik. München 1969
CUBE, Felix von: Zum Begriff der Didaktik. In: Die Deutsche Schule, 60. Jg., 1968, S. 391 ff.
FRANK, Helmar: Zur Objektivierbarkeit der Didaktik. In: programmiertes lernen und programmierter unterricht, 4. Jg., 1967, S. 1 ff.
GAMM, Hans-Jochen: Das Elend der spätbürgerlichen Pädagogik. München 1972
GRASSEL, Hans: Probleme und Methoden der Lehrerforschung. In: Probleme und Ergebnisse der Psychologie, 1970, S. 9 ff.
HECKHAUSEN, Heinz: Förderung der Lernmotivierung und der intellektuellen Tüchtigkeiten. In: ROTH, Heinrich (Hrsg.): Begabung und Lernen. Stuttgart 1969, S. 193 ff.
HEIMANN, Paul: Didaktik als Theorie und Lehre. In: Die Deutsche Schule, 54. Jg., 1962, S. 407 ff.
KLAFKI, Wolfgang: Didaktische Analyse als Kern der Unterrichtsvorbereitung. In: ders.: Studien zur Bildungstheorie und Didaktik. Weinheim $^{3/4}$1964, S. 126 ff.
–: Die bildungstheoretische Didaktik im Rahmen kritisch-konstruktiver Erziehungswissenschaft – Zur Neufassung der Didaktischen Analyse. In: Westermanns Pädagogische Beiträge, 32. Jg., 1980, S. 32 ff.
–: Neue Studien zur Bildungstheorie und Didaktik. Weinheim/Basel 1985
KRAMP, Wolfgang: Hinweise zur Unterrichtsvorbereitung für Anfänger. In: ROTH, Heinrich/ BLUMENTHAL, Alfred (Hrsg.): Didaktische Analyse. Hannover 1964, S. 35 ff.
MAGER, Robert F.: Motivation und Lernerfolg. Weinheim/Berlin/Basel 1970
MÖLLER, Christine: Technik der Lernplanung. Weinheim/Berlin/Basel, 4., völlig neugestalt. Aufl., 1973
TAUSCH, Reinhard/TAUSCH, Anne-Marie: Erziehungspsychologie. Göttingen, 2., wesentl. erw. Aufl., 1965

Personenregister

Achtenhagen, F. 230, 234
Adl-Amini, B. 26, 113, 255, 296, 301, 394, 404, 424, 441

Barrow, L. C. 432, 441
Biermann, R. *169ff.*, 182
Blankertz, H. 41, 43, 90, 92, 93, 94, 127, 151, 363, 395, 404, 451, 455
Bloom, B. S. 121, 151, 367, 370, 375
Blumenthal, A. 151, 152, 455
Boeckmann, K. 137, 151
Boettcher, W. 159, 167
Born, W. 61, 80, 117, 151
Bromme, R. 20, 26
Brügelmann, H. 138ff., 151
Bruner J. S. 130, 137, 151, 229, 234, 384f., 387, 393

Casper, B. 27
Clößner, P. 234ff., 239ff., 244ff., 262ff., 280ff.
Cohn, R. 103, 113, 158
Comenius, A. 431
Correll, W. 442
Cube, F. von 193, 199, 443, 455

Dale, E. 426, 429, 431f., 434, 441
Dave, R. H. 369, 375
Derbolav, J. 57, 61
Dewey, J. 391
Dichanz, H. 18, 27, 155, 167
Dietz, B. 129, 151
Dohmen, G. 61, 95
Dolch, J. 217, 220, 234, 384, 393

Eisenreich, H. 252, 255
Eisner, E. W. 136, 141, 151

Feiks, D. 156, 163, 165, 167
Fend, H. 111, 113
Flechsig, K.-H. 193, 199, 432
Flitner, W. 54
Flügge, J. 152
Frank, H. 193, 199, 443, 455
Freire, P. 174, 182
Frey, K. 230, 234
Freyhoff, U. 443, 441
Frister, E. 442
Führ, Chr. 27

Gage, M. L. 20, 27
Gagné, R. M. 402f., 404, 425, 441
Gamm, H. J. 451, 455
Garlichs, A. 158ff., 161, 162, 164, 167
Gaudig, H. 394
Gebauer, M. 137, 151
Geiser, I. 48ff., 143ff.
Geißler, E. 20, 27
Glöckel, H. 18, 27, 155, 156, 166, 167
Götz, Th. 163, 168
Gordon, W. C. 413, 419ff., 422
Grassel, H. 445, 455
Groddeck, N. 159, 161, 162, 167
Groothoff, H.-H. 411
Gropius, H. 18

Gstettner, P. 165, 167
Guilford, J. P. 365, 370, 375

Haase, O. 391
Habermas, J. 78, 80, 164
Hacker, H. 26, 36, 43, 168
Haft, H. 230, 234
Hage, K. 296, 301
Haller, D. 165, 167, 168, 193, 199
Hameyer, U. 230, 234
Hartmann, N. 129, 130, 151
Haseloff, O. W. 43, 234
Hausmann, G. 18, 27, 36, 43, 433, 441
Heckhausen, H. 41, 43, 448, 455
Heidt, E. U. 425, 441
Heimann, P. 23ff., 32, 35, 36, 40, 43, 80, *82ff.*, 111, 113, 131, 132, 151, 168, 193, 273, 296, 364f., 372, 375, 377ff., 394f., 404, 423, 428, 430, 432ff., 441, 443f., 455
Heinrichs, H. 429, 442
Heintz, P. 422
Heipke, K. 142, 151, 168
Hellpach 411
Hentig, H. von 170, 182
Herbart, J. Fr. 273, 395f., 404
Hiller, G. G. 164, 168
Holefleisch, U. 151
Horn, R. 121, 151
Huber, F. 18, 19, 27, 424, 431, 442

Ingenkamp, K. H. 375, 404

Jannasch, H.-W. 19, 27
Jaspers, K. 19f., 27
Jeziorsky, W. 20, 27

Kant, I. 424, 430
Kerschensteiner, G. 273, 391, 394
Kilpatrick, W. H. 391
Klafki, W. 21ff., 23ff., 27, 40, 43, *47ff., 62ff.*, 94, 117, 121, 151, 230, 234, 371f., 375, 378ff., 443f., 455
Klingberg, L. 400f., 404, 411f., 422
Klink, J.-G. 18, 19, 27
Klotz, G. 36ff., 43
Knecht-von Martial, I. 78, 81
Knoll, M. 391, 393
Kochan, D. C. 95
König, Ek. 61, 95, 113
König, Er. *183ff.*
Kösel 406ff., 422
Kramp, W. 444, 455
Krathwohl, D. R. 121, 151, 368, 370, 375
Kretschmann, J. 391
Kröll, M. 26, 27, 193, 200
Künzli, R. 113, 296, 301
Kuhn, Th. 78, 81
Kunert, K. 164, 168
Kunkel, B. 303ff.

Langeveld, M. J. 428, 435, 442
Lattmann, U. P. 115, 151
Lenzen, D. 165, 168

Lewin, K. 413ff., 422
Liepe, J. 301
Lippit, R. 413ff., 422
Litt, Th. 20
Loser, F. 156ff., 166, 168, 174

Macdonald 162, 168
Macke, G. 114, 151
Mager, R. F. 38, 43, 124, 125, 129, 135, 151, 374, 375, 448
Marsolek, Th. 375
Masia, B. B. 121, 151, 375
Matthes, E. 70, 81
Mauch, U. 260f.
Maurer, F. 61, 95
Messner, R. 137, 151, 154, 158, 159, 160, 168, 370
Meyer, E. 18, 27
Meyer, H. L. 115, 117, 121, 124, 125, 136, 151, 161, 168, 230, 234, 269, 270ff., 297, 302, 367, 369, 375, 394
Möller, Chr. 39, 43, 119, 124, 151, 373, 375
Mohrmann, K. 18, 27, 155, 167
Montessori, M. 432
Moser, H. 166, 168

Naumann-Etienne, M. 161, 162, 168
Nickel, H. 418, 422
Nießen, M. 151
Nohl, H. 54

Oehlschläger, H.-G. 296, 302
Otto, B. 438
Otto, G. 40, 43, 61, 80, 82, 94, 113, 117, 151, 159, 167, 168, 375

Paul, H.-G. 404
Pestalozzi, J. H. 54, 430, 442
Peter, R. 430, 442
Petersen, P. 391, 393, 435, 442
Peterßen, W. H. 13, 62, 75, 79, 81, 115, 123, 131, 134, 136, 137, 151, 181, 182, 386, 393
Popham, J. W. 137, 152
Popp, W. 164, 168
Poschard, D. 27, 43, 168

Rabenstein, R. 27
Ramseger, J. 153, 168
Riedel, H. *183ff.*
Robinsohn, S. B. 89, 152, 376, 390, 393
Ros, M., 165, 168
Roth, H. 21ff., 27, 43, 131, 151, 152, 396ff., 404, 421, 442, 455
Roth, L. 235
Rumpf, H. 129, 132, 138, 152, 168
Ruprecht, H. 95, 113, 436, 442

Salzmann, Chr. 407, 422
Schäfer, K.-H. 164, 168
Schaller, K. 164, 168
Schelsky, H. 383f., 393
Schier, N. 61, 95, 113
Schittko, K. 154, 157, 161, 162, 168

Schorb, A. O. 34, 43, 437, 442
Schramm, W. 441
Schulz, W. 40, 43, 61, 63, 81, 82, 87ff., 90, 92, 94f., *96ff.,* 132, 135, 156, 168, 268, 302, 372f., 375, 376, 428, 437, 439, 442
Schwager, K.-H. 385, 393
Seeger, F. 20, 26
Seel, A., 26, 27
Seiler, H. 151
Simon, A. 407, 422
Sitta, H. 159, 167
Skinner, B. F. 433, 442
Skowronek, H. 134, 152
Spodek, B. 155, 162, 168
Stachowiak, H. 43, 235
Stallmann, M. 441
Straka, G. A. 114, 151
Sullivan, H. J. 137, 141, 152

Tausch, R. u. A. M. 415ff., 422, 449, 455
Tebrügge, A. 27, 217, 234
Thiemann, F. 154, 155, 158, 160, 163, 168, 296, 302
Thomas, H. 168
Topitsch, E. 34, 39, 43, 224, 234
Tütken, H. 383, 393
Twellmann, W. 152
Tymister, H. J. 159, 167

Uhlig, A. 41, 43, 398ff., 404, 434, 442
Ulshöfer, R. 155, 159, 163, 168

Vogelsberg, R. 151
Vohland, U. 61, 95, 113

Wagenschein, M. 380f., 385, 389, 393

Walberg, H. J. 155, 162, 168
Watzlawik, P. 170, 171, 182
Weinert, F. 403, 404
Weiss, C. 411, 422
Wenige, H. 404
Weniger, E. 23, 34, 43, 53, 54, 213, 216, 217, 230, 234, 383, 393
Werner, O. 257ff.
Wheeler, D. K. 230, 234
White, R. K. 413ff., 422
Winke, G. 404
Winnefeld, F. 36, 43, 183
Wintgens, H.-H. 47, 60, 61
Wittenbruch, W. 154, 155, 158, 160, 163, 168
Wittern, J. 19, 27
Wulf, Chr. 140, 152, 370, 376

Yates, A. 406, 422

Sachregister

Abstraktionsniveau 119, 335 ff.
ästhetische Form 57, 362
Alleinarbeit 390 f., 391, 393
Alltagsdidaktik 296 ff.
Alltagsplanung 296 ff.
Alternativen 154 ff., 167
Analyse, didaktische *47ff.*
Anmutung 325
Anregung 418
Anschauung 420
Arbeit, frontale 411
Arbeitsplan 241 ff.
Arbeitsteilung 411
Artikulation 85, 395
Assoziation 396
Attraktivität 432 ff.
Ausgangsverhalten 126, 428
Ausstellung 407, 414
Autonomie 97 ff., 335

Bedingungsfeld 83 f.
Begriffslernen 402, 403
Behaviorismus 133 ff.
Beobachten 415
Bereicherung, dimensionale 85, 327
›Berliner Modell‹ 82 ff.
Besinnung 396
Beziehungsaspekt 169, 172, 173
Besinnung, pädagogische 28 ff.
Bildung, kategoriale 53 ff.
Bildungsbegriff 53, 93
Bildungsideal 55
Bildungsinhalt *55ff.*, 340 ff.
Bildungspraxis 94
Bildungsrat, Deutscher 333 f.
Bildungsstufe 218, 223 f.
Bildungstheorie 53 ff., 83 ff.
Bildungsvereinheitlichung 216

Chairman-Regel 158
›cone of experience‹ 426
Curriculum 216 ff., 224 ff.
– geschlossenes 138, 153, 225
– offenes 138 ff., 153, 225
– Spiral- 229 ff.
– teacher proof 225
– Theorie 132 ff.

Datenteil 276
Demonstration 426, 427, 434
Didaktik 11, 55 ff., 91 ff., 111 ff., 131 ff., 161 ff., 181 ff., 190 ff.,
– Alltags- 296 ff.
– bildungstheoretische *53ff.*
– Feiertags- 296 ff.
– i.e. S. 55 ff.
– i.w. S. 91 ff.
– informationstheoretisch-kybernetische 192 ff.
– kommunikative 79, 164 f.
– kritisch-kommunikative 181
– kritisch-konstruktive 78
– lerntheoretische 79, 82 ff., 111 ff., 131 ff.
– systemtheoretische 191 ff.
Didaktikum 91
Diskrimination, multiple 402 ff.

Eindeutigkeit 38 ff., 119 ff., 408 ff.
Einzelarbeit, 410, 411
– isolierte 331
Elementaria 55 ff., 340 ff.
Emanzipation 77 ff., 112 f.
Endverhalten 124 f.
Entscheidungsfeld 83
Entscheidungsmodell 89, 96
Epochalunterricht 258
Epoche 258
Erfahrung 134, 410 f.
– zubereitete 407, 414
– zweckvolle 407, 414
Erfahrungsprozeß 134
Erfassung (von Voraussetzungen) 443 ff.
Erkenntnis 326
Erlebnis 284
Erziehungsverhalten 415 ff.
– autokratisches 416 ff.
– sozialintegratives 416 f.
Exempla 342 ff.
Exemplarisches 340, 342 ff.
exemplarische Bedeutung 340, 342
expressive objectives 141 f.

Fächerteilung 258
fächerübergreifend 258
fächerverbindender Unterricht 321 ff.
Faktoren 86
– ideologisch-normbildende 450 ff.
– sozio-kulturelle 86
– sozio-ökologische 450 f.
– sozio-ökonomische 449 ff.
Feiertagsdidaktik 296 ff.
Feiertagsplanung 296 ff.
Feinziel 124 f.
Fertigkeit 326
Finalnexus 129 f.
Formalstufen 395 ff.
Frontalunterricht 406, 407, 409
Führungsstil 413 ff.
– autokratischer 415 ff.
– autoritärer 413 ff.
– demokratischer 413 ff.
– laissez-faire 413 ff.
– sozialintegrativer 415 ff.

Gefühlserfahrung 89, 335
Gelegenheitsunterricht 18
Geringschätzung 417
Gesinnung 326
Gewohnheit 326
Grobziel 119 f., 335 f.
Grundsatz
– der Angemessenheit 32, *41ff.*
– der Eindeutigkeit 32, *38ff.*
– der Interdependenz 90, 94 f.
– der Kontinuität 32 ff.
– der Kontrollierbarkeit 90
– der Variabilität 90
– der Reversibilität 32, *35ff.*
– der Widerspruchsfreiheit 32, *40ff.*
Grundschule 218, 219, 225, 226
Gruppenarbeit 411 ff.
– arbeitsgleich 412

– arbeitsteilig 412
– aufgabengleich 412
– aufgabenverschieden 412
Gruppenorganisation 85, 377
Gruppenunterricht 407, 408, 410, 411 ff.
Gruppenwettbewerb 411

Haltung 118
›Hamburger Modell‹ 84 ff.
Handlungsmodell 96
Handlungsziel 142 f.
Hauptschule 217
Hausaufgaben 259, 277 f., 280, 299, 300
Horizontalplan 226 ff.

Ideologie 89, 93
Ideologiekritik 79, 89 ff.
Implikationszusammenhang 127, 325
Improvisation 18
Induktion, permanente 85, 327
Information 27
Inhalt 84, 85, 126, 359 ff.
– elementarer 56, 360 ff.
– exemplarischer 56, 361, 362 ff.
– wissenschaftsorientierter 364 ff.
Inhaltsaspekt 169, 171, 172 f., 173
Inhaltsauswahl 359 ff.
Initiativ-Phase 325 ff.
›input‹-Modell 139 f.
instructional objectives 136, 141 f.
Integrationsweise 419 ff.
– expressiv 420 ff.
– instrumental 420 ff.
– instrumental-expressiv 420 ff.
Intention 84
– affektiv-pathische 84
– kognitiv-aktive 84
– pragmatisch-dynamische 84
Interaktion 67, 405 ff.
Interdependenz *23ff.*, 83 ff., 94 ff.
Interesse, erkenntnisleitendes 164
Internet 20
Isomorphie 412

Jahresplan 235 ff.

Kausalnexus 129 f.
›Kegel der Erfahrung‹ 426 ff.
Kettenbildung 402, 403
Klarheit 396
Klassenarbeit 242; 244
Klassisches 56, 362
Können 121
Kollektivarbeit 393
Kommunikation 164 f.
Kompetenz 335
Konstrukt, theoretisches 266
Kooperation 157 ff.
Kulturgut 21
Kulturhoheit 216

Lehrakt 398, 399, 400
Lehrbereitschaft 448
Lehrfähigkeit 25
Lehrinhalt 126, 273, 377 ff.
Lehrmethode 84, 85, 126, 273, 406 ff.

459

Sachregister

- anleitende 400ff.
- anregende 400ff.
- darbietende 400ff.
Lehrmittel 84, 126, 273, 423ff.
Lehrplan 216ff.
- Entstehung 230ff.
- Formen 221ff.
- Struktur 218ff.
Lehrstand 448
Lehrstil 449
Lehrtechnik 400, 401, 402
Lehrverfahren 394ff.
Lehrverhalten 403ff.
Lehrziele 325ff.
Lenkung 417f.
Lernakt 400, 401, 402
Lernanlaß 258, 261
Lernbegriff 93ff.
Lernbereitschaft 430
Lernen
- aus Erfahrung 170ff.
- direktes 397, 398
- durch Lehre 170ff.
- indirektes 397, 398
- wissenschaftsbestimmtes 382ff.
Lernfähigkeit 446ff.
Lernform 398ff.
Lerninhalt 84, 85, 273, 278, 359ff.
Lernmethode 84, 85, 273, 279, 394ff.
- geleitet-produktive 400, 435
- rezeptive 400, 435
- selbständig-produktive 400, 435
Lernmittel 273, 279, 423ff.
Lernschritt 396ff.
Lernstand 446
Lernstil 447
Lerntechnik 400, 401, 402
Lerntempo 446
Lerntyp 402ff.
Lernverfahren 273, 279, 394ff.
Lernziel 114ff., 278, 325ff.
- affektives 121, 327, 328, 330
- allgemeines 333f.
- fachliches 333f.
- heuristisches 140ff., 332ff.
- instrumentelles 333
- kognitives 121, 327, 328, 329
- potentiell-emanzipatorisches 333
- psychomotorisches 121, 327, 328, 331
Lernziel-Bestimmung 116ff., 278, 334
Lernziel-Elementarisierung 119ff., 281
Lernziel-Formulierung 115, 118, 123ff.
Lernziel-Kontrolle 129f., 280
Lernziel-Legitimierung 116ff., 280, 288
Lernziel-Operationalisierung 123ff., 136, 137, 282
Lernziel-Ordnung 115, 122ff., 241f., 281, 288, 334
Lernziel-Stufen 67ff., 335, 336ff.
Lernziel-Taxonomie 327ff.
- affektiv 327, 328, 330
- kognitive 327, 328, 329
- psychomotorische 327, 328, 331
- lernzielorientierter Unterricht 114ff.

Macht, gesellschaftliche 213, 230
›match‹ 41
Matrix, heuristische 334ff.
Maximalplan 221ff.
Medienauswahl 259, 425, 428ff.
Medienentscheidung 86, 126, 259, 425ff.
Medium 84, 86, 423ff.
Methode 65, 66, 84, 85, 126
Minimalplan 221ff.
Mischtheorie 79
Mitbestimmungsfähigkeit 77
Modell, methodisches 66
Monovalenz 428ff.
›Mut zur Erziehung‹ 213

Nachbesinnung *28ff.*

Offenheit 154ff.
Offenlegung 156ff.
Operationalisierung 123ff.
Ordnung
- diachrone 241f.
- didaktisch-logische 122, 123f., 241
- sachlich-logische 122ff., 241
- synchrone 241, 242f.
Organisation 126
›output‹-Modell 139f.

Pädagogik, geisteswissenschaftliche 47, 78ff.
Paradigma 78
Partnerarbeit 406, 407
Passung, optimale 41
Personalität 159ff.
Perspektiven 97ff.
Perspektivenschema *62ff.*
Perspektivplanung 96, 97ff.
Phantasie, methodische 42
Phasen 66, 377
Planung
- gebunden-partizipative 171ff.
- dilettantische 157f.
- konstruktive 183ff.
- kooperative 171ff.
- kurzfristige 265ff.
- langfristige 235ff.
- lernzielorientierte 114ff.
- mittelfristige 256ff.
- nicht-vorschreibende 160f.
- offene 19, 153ff.
- schriftliche 17ff., *24ff.*
- schülerorientierte 169ff.
- vorschreibende 160ff.
Planungsdimensionen 208ff., 323ff.
Planungsgrenzen 19
Planungsprozeß 205ff.
Planungsstufen 39, 205ff., 213ff., 303ff.
Polyvalenz 428ff.
Primat
- der Inhalte *23ff.,* 94ff.
- der Intentionalität 24, 62, 80
Primitiv-Modell 36f.
Prinzipien (vgl. Grundsatz) *32ff.,* 90f., 154ff.
Problemlösung 337
›process as content‹ 385ff.
Produkt-Planung 139f.

Programm, bildungspolitisches 213ff.
Programmierter Unterricht 135f.
Projekt 391
Prozeß-Planung 96, 101ff., 169, 171ff.
Rahmenplanung 169
Raumorganisation 85, 395
Regellernen 402, 403
Reiz-Reaktions-Lernen 402, 403
Reorganisation 337
Repräsentation 430ff.
Repräsentatives 56, 380
Reproduktion 337
Richtlinien 221ff.
Richtziel 119, 336f.

Sachanalyse 21f.
- vorpädagogische *21ff.*
Sacherfahrung 89, 335
Schallplatte 427
Schülerarbeit 401
Schülerorientierung 127, 131, 268ff.
Schulfernsehen 427, 434
Schulgesetz 214, 231, 233
Schuljahr 221ff., 233, 235ff.
Schulstufe 218, 233
Selbstbestimmungsfähigkeit 77
Selbstreflexion 29
Signallernen 402, 403
Solidarität 77, 97
Solidaritätsfähigkeit 77, 335
Sozialerfahrung, 89, 335
Sozialformen 406ff.
Spiral-Lehrplan 229ff.
Spontaneität 20
Steuerungsmittel 423
Störungsvorfahrt-Regel 158
Stoffplan 235
Stoffverteilungsplan 241
Streitfragen *21ff.*
Struktur, Unterrichts- 72
›structure of the discipline‹ 385ff.
Strukturierungshilfe 213ff., 323ff.
Strukturplan 333, 336
Strukturplanung 87
Stufen 205ff., 213ff.
Stundenentwurf 265ff.
Stundentafel 219
Symbole
- optische 427, 434
- verbale 427, 434
Systemtheorie 191ff.

Tafelbild 277
Taxonomie 327ff.
- affektive 328, 330
- kognitive 328, 329
- psycho-motorische 328, 331, 332
Teillernziel 119ff., 122ff.
themenzentrierte interaktionelle Methode 158
Transfer 337
Tun 427, 434

Überzeugung 326
Übung 242
Übungsplan 242f.
Umrißplanung 96, 99ff.
Unterricht
- lernzielorientierter, 114ff., 135ff.

Sachregister

- offener 142, 161 ff.
- schülerorientierter 169 ff., 268 ff.
- zweckrationaler 127, 129 ff.

Unterrichtseinheit 256 ff.
- mittelfristige 256 ff.
- Unterrichtsentwurf 265 ff.
- alltäglicher 296 ff.

Unterrichtsgespräch 409 ff.
Unterrichtsinhalt 84, 85
Unterrichtskontrolle 11
Unterrichtsplanung (vgl. Planung)
Unterrichtsthema 84, 85
- inoffizielles 158

Unterrichtsvorbereitung 22, *31 f.*
Unterstützung 173
Utopie, konkrete 269 ff.

Veranschaulichung 430 ff.
Veranschaulichungsmittel 424 ff.
Verhalten 114 ff., 133 ff.
Verlaufsplanung 87, 88 f.
Vermittlungsaspekt 169, 171, 172 f., 173
Versinnbildlichung 427, 434
Vertiefung 396
Vertikalplan 226 ff.
Voraussetzungen 86, 278, 445 ff.

- anthropologisch-psychologische 86, 438 ff., 447 ff.
- sozio-kulturelle 86, 436 ff., 450 ff.
- Vorbereitung 31

Wissen 121

Zielhierarchie 119 ff.
Ziel-Stufen 364 ff.
Zivilisation, wissenschaftliche 56, 383
Zweckform, einfache 56, 380
Zweckrationalität 127, 129 ff.

Für Ihren Schulstart

Oldenbourg PRAXIS Bibliothek

Startpaket
Methoden und Praxistipps
für einen erfolgreichen Schulalltag
ISBN 978-3-637-00411-5

Diese vier Bände zusammen im praktischen Schuber erleichtern Ihnen den Berufsalltag. Sie finden darin erprobte Ideen, praktische Tipps und bewährte Methoden rund ums Unterrichten in der Grundschule.

Das ist drin im Paket:

Schwierige Schüler – was tun? (OPB 251)

Das Methoden-Handbuch Grundschule (OPB 252)
Unterrichtsmethoden kennen und anwenden

Das Kursbuch für den Schulalltag (OPB 253)
Tipps für Einsteiger und Dranbleiber

Hilfreiche Rituale im Grundschulalltag (OPB 254)
Erprobte Ideen, praktische Tipps, Klasse 1–4

Besuchen Sie uns unter www.oldenbourg-bsv.de